叢書・ウニベルシタス　1102

アメリカのニーチェ

ある偶像をめぐる物語

ジェニファー・ラトナー＝ローゼンハーゲン
岸 正樹 訳

法政大学出版局

AMERICAN NIETZSCHE: A History of an Icon and His Ideas
by Jennifer Ratner-Rosenhagen

Japanese translation licensed by
The University of Chicago Press, Chicago, Illinois, U.S.A.
through The English Agency (Japan) Ltd.

両親に

目次

凡例

一、本文中の行間にある（1）、（2）…は原注であり、＊1、＊2…は訳注である。

一、本文中の［ ］は著者による補足であり、〔 〕は訳者による補足である。

一、本書内で引用した既訳文献の訳者は以下の通り（敬称略）。多くの場合、訳文をそのまま引用するよう努めたが、文脈に応じて部分的に修正させていただいた箇所もある。記して感謝申し上げる。

フリードリッヒ・ニーチェ――小倉志祥、塚越敏、茅野良男、川原栄峰、池尾健一、信太正三、原佑、吉沢伝三郎、中島義生、塩屋竹男、渡邊二郎、三島憲一
テオドール・アドルノ――三光長治、渡辺祐邦・三原弟平
テオドール・アドルノとマックス・ホルクハイマー――徳永恂
ハンナ・アレント――寺島俊穂・藤原隆裕宜
コーネル・ウェスト――村山淳彦・堀智弘・権田建二
ラルフ・ウォルド・エマソン――酒本雅之、入江勇起男、小泉一郎
イマヌエル・カント――福田喜一郎
フランソワ・キュセ――桑田光平・鈴木哲平・畠山達・本田貴之
アルフレッド・ケイジン――刈田元司
ヨハン・ヴォルフガング・フォン・ゲーテ――高橋義孝
ウィリアム・ジェイムズ――大坪重明、桝田啓三郎、福鎌達夫、吉田夏彦
カリール・ジブラーン――佐久間彪

ジャック・デリダ――浜名優美・庄田常勝
フランツ・ノイマン――岡本友孝・小野英祐・加藤栄一
ジュディス・バトラー――竹村和子
フランシス・フクヤマ――渡部昇一
アラン・ブルーム――菅野盾樹
ハロルド・ブルーム――小谷野敦、アルヴィ宮本なほ子、高市順一郎
ヴァン・ワイク・ブルックス――國重純二
ランドルフ・ボーン――井上謙治
ルース・ベネディクト――米山俊直
トーマス・マン――三城満禧
H・L・メンケン――井上謙治
デーヴィッド・リースマン――加藤秀俊
リチャード・ローティ――須藤訓任・渡辺啓真、柳谷啓子・具島靖、齋藤純一・山岡龍一・大川正彦、室井尚・吉岡洋・加藤哲弘・浜日出夫・庁茂、冨田恭彦・戸田剛文、小澤照彦、野家啓一・伊藤春樹・野家伸也・柴田正良

アメリカのニーチェ

プロローグ

大西洋の横断――自生の知性、海外へ

本当のところ、わたしが他人の魂から受けとることのできるものは、教訓ではなくて、刺激なのです。

ラルフ・ウォルド・エマソン「神学部講演」（一八三八）

私は哲学者というものの偉さを、彼が実例を示すことのできる程度に応じて認める。

フリードリッヒ・ニーチェ「教育者としてのショーペンハウアー」（一八七四）
『反時代的考察』所収

書籍の売り上げ高が文学的業績の尺度であるなら、一八八一年のフリードリッヒ・ニーチェはまったくの失敗者であった。処女作『悲劇の誕生』（一八七二）は、少数のワグナー崇拝者や文献学者の間で評判になったものの、広汎な文学ジャーナリズムや読者層の注意を惹くことはできなかった。けれども、これがニーチェの生前最も売れた本であり、後は下り坂になる一方であった。翌年『反時代的考察』の第一篇「ダーフィト・シュトラウス、告白者と著述家」（一八七三）が当初注目をいくらか集めたものの、まもなく姿を消した。続く著作『人間的な、あまりに人間的な』(一八七八)と『曙光』(一八八一)は、ほとんど出版されたことすら知られていなかった。ニーチェはそれでも倦むことなく、反時代的天才の労作を世に問おうとしていた。一八八一年八月、友人への書簡の中で、ニーチェは冷淡な読者層への怒りを表明している。沈黙で自分を餓死させようとしているのだ、と。

自分の力を自分自身から引き出せもせず、喝采や激励や慰藉などを外部に期待せざるをえないとでもいうのなら、僕はどこのどういう人間だろう！　僕を力づけてくれる激励や賛意をこめた握手など、それが僕の気分をすっと爽快にしてくれるものと感じた時期や(……)そうした機会が、僕の生涯にあったことは本当だ。——ちょうどそんなとき、信頼できると思っていた人たちがみんな僕を見捨ててしまったのだ。(1)

だが数か月後、いつまでも続くかのような無視にニーチェが欲求不満を募らせていたころ、メリーランド州ボルチモアから手紙が届く。エリーズ・フィンケ、その夫、友人という三人のニーチェ崇拝者が命綱とも言うべきものを送ってきたのである。

謹啓
ここアメリカにおいて三名の者が(……)折節集い、ニーチェ博士の著作によってこの上なく親密に啓発されております。博士におかれましてはあずかり知らぬことと存じますが、せめて一度なりともこのことを博士にお伝え申し上げる気持ちを禁じ得ません。博士の思想の深さ、表現の崇高さのお力で、私どもは(……)もはや他の書物を読むこともかなわず、また望みもいたしませんことをここに申し上げる次第であ

ります。　謹白[2]

ニーチェのフィンケへの返信は言葉少なで、尊大なところがあり、フィンケの称賛を受けてどれほど喜んだのかは分からない。自分が今さらに挑戦的な著作に取り組んでいること、フィンケたちはしかるべく注意しておくべきであることを、ニーチェは伝えている。「いったい誰が分かるだろう。誰が？　おそらくあなた方も耐えられまい。そして他の者たちと同じことを口にするようになろう、ニーチェはどこであれ望むところに駆けてゆき、そして望むならば自分の首の骨を折ればよい（愚かなことをして身を亡ぼせばよい）」、と[3]」。

そうした無頓着さには、しかし深い感謝の気持ちが隠されていた。ニーチェの手書きのメモは――フィンケの手紙の裏側に書かれている――ニーチェのまったく違う側面を伝えている。ニーチェは明らかに喜んでいた。「初めてのアメリカからの手紙、世俗的栄光の始まり[4]」。ようやく世界はニーチェの天才に気づき始めたように思われた。

けれども、その後数か月、沈黙が再び続く。にもかかわらず、ニーチェは力を得て次の著作の計画に乗り出した。ニーチェの心の内で力がみなぎりあふれているときに、アメリカから二通目の手紙が到着する。この手紙はボストン在住のグスタフ・ダンルーサーという職業バイオリニストからであった。ダンルーサーによれば「あなたの著作から得た恩恵に対するこの上なく慎ましい感謝を表明し、その精神の偉大さと言葉の誠実さを崇敬しているまさにその方に、いささかなりとも近づきたいという（長い間心に抱いてきた）願いを」表わすために書いたという。またその手紙の中で、ニーチェの『反時代的考察』を称賛することも、そのショーペンハウアーについての論文を翻訳したと伝えることも忘れてはいなかった。

三度翻訳し直しました。つたない複製を出版しようとの目論見からではなく、あなたの著作とより親密にならんと意図したからであります。（……）けれども、努力したものの、私の翻訳は原作の適切な解釈であるとはお世辞にも申し上げられないものでした。それで、あなたの評判のためにも、残念ながら引き出しの中にしまっておかざるを得ず、その後原稿はすっかり処分いたしました。けれども、翻訳に夢中になっていたときのことは今でも思い出します。少なくとも私自身にとって無駄な仕事ではなかったのは確かです。(5)

ニーチェの返信は残されていない。だが、ドイツの文化的俗物どもは天才を認めようとせず、また認めることもできないのに、少なくともアメリカには自分の反時代的メッセージに耳を傾ける人々がいる、と判断したのではないだろうか。アメリカからの手紙は二通で、多くはない。けれども、母国で自分の著作に対する反応が無きに等しいことを考えるならば、このアメリカからの手紙はたしかに吉兆に思えたであろう。西欧世界に自分の哲学の曙光がきざし始めたのではないだろうか、と。

ニーチェはアメリカについて、ほとんど何も知らなかった。著作の中でアメリカに言及することはあまりなかったし、言及していてもその当時の月並みな熱狂と反感とを繰り返しているだけである。ニーチェの「アメリカ」は象徴の領域である。近代の文化が生み出した奇妙な形態——ニーチェ曰く「ある新しい人間の植物相と動物相」——を想像するための領域である。だが、ニーチェの描写は古臭く、非現実的なステレオタイプにすぎない。(6)ニーチェはアメリカ文化を、若々しく無邪気なもの、硬直した伝

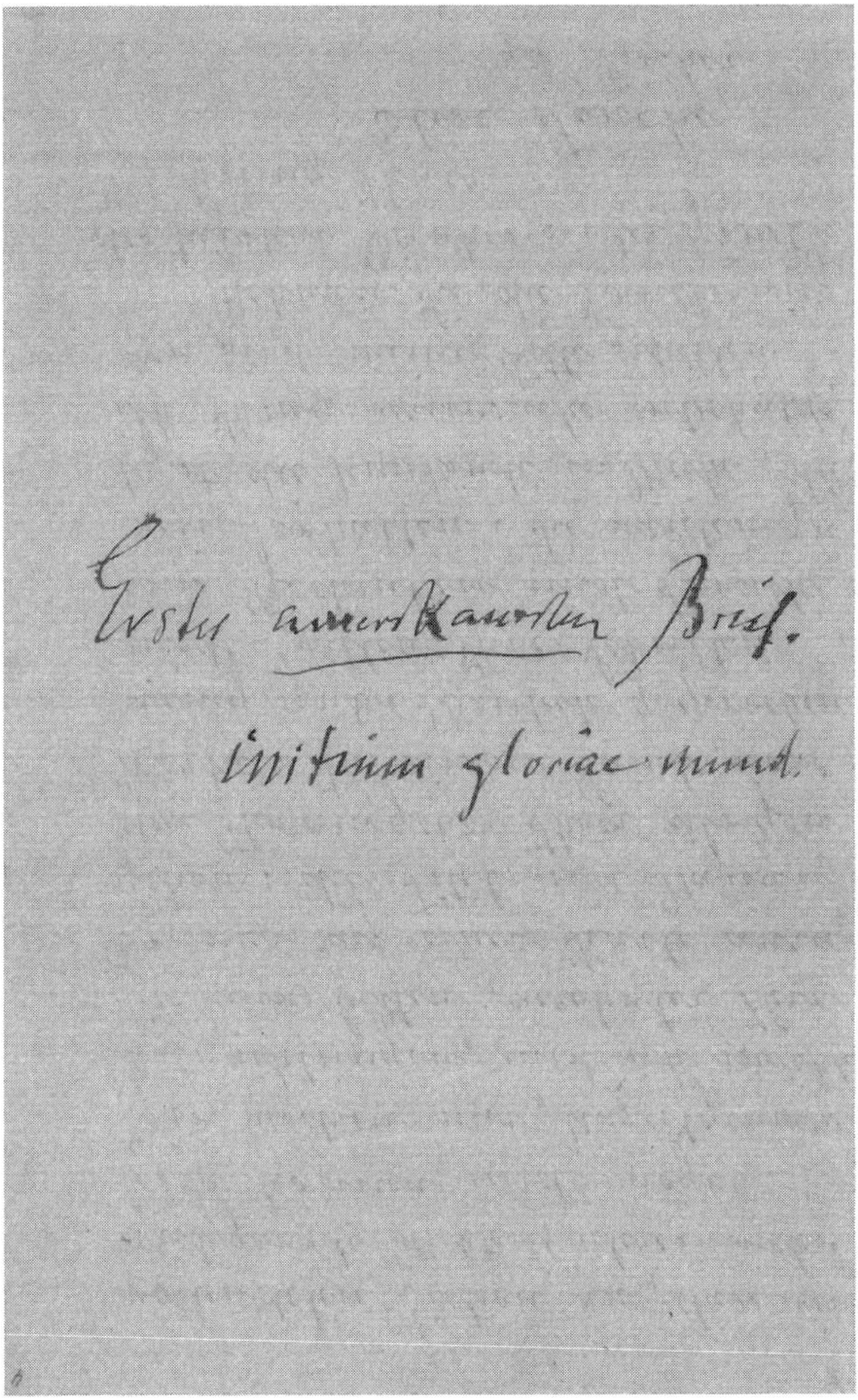

図 1　1881 年合衆国からの最初のファンレターの裏に書かれたニーチェのメモ。ワイマール国立ドイツ古典文学研究所兼記念館「ゲーテ・シラー文書館」（ドイツ，ワイマール）の好意による。

統の重荷を背負っていないものとして描き出す。「アメリカ人の笑い方は気持ちがよい」と『トム・ソーヤの冒険』を読んだニーチェは書いている。「とりわけマーク・トウェインに出てくるような、たくましい船乗りたちの笑い方だ。私にはもはやドイツのものは何も笑うことができなくなってしまった」。ニーチェはアメリカの「愚直さをドイツの小賢しさよりも」好む。陽気なアメリカの「素朴さと奔放さ」という精神には、物理的にも心理的にも活性化する力があると考える。「悪党の所業でさえもが、完璧な形式を備えている。そして野生に近い荒々しさ、銃撃、海の世界は力強い息吹をもたらしてくれる」[7]。アメリカ人が閉塞的な記憶の重みから解放されているように見えることを、ニーチェは評価した。けれども、過去からの自由が現世での忙しなさを生み出していることを、残念に思っていた。「アメリカ人が黄金を獲得しようと努めるそのやり方」[8]「彼らの息せき切ったあわただしい仕事ぶり」の中で、アメリカ人は「新世界につきものの悪徳」に——「現代の不安」[9]に感染している、と。ニーチェが、こうした空想的な比喩だけでアメリカについて考えていたのであれば、アメリカが自分の哲学の未来の本拠地となるかもしれないとニーチェが先述のファンレターから考えた、というのは想像しづらい。

けれども、ニーチェが新世界について思いめぐらしたのは、それだけではない。実際、アメリカのとりわけ知識人について考えたとき、ニーチェの念頭には一人の特別な思索者がいた。アメリカからの手紙が届いたときには、自分が「魂の兄弟」[10]とみなすそのアメリカ人との想像上の対話を始めてすでに二十年が経過していた。母国にではなく大西洋の彼方に、ニーチェは自生の知性の代表例を見出す。受け売りで思考することも、死んだ神々に拝跪することも、良心の呵責を否定することも拒否した、一人の人間。暗い時代の間ニーチェに助言を与えていた師を、ともに考える思索者を、そして哲学には何ができるのかを教えた哲学者を、まさにアメリカがニーチェに与えたのである。友としてまた指導者として幾度も振り返った哲学者を生み出した、大西洋の彼方の文化。このアメリカ文化が、ニーチェを同じように振り返る読者たちを与えてくれるかもしれない、と考えるのはもっともなことである。事実一八八二年五月ダンルーサーの手紙が届いたとき、ニーチェは目下計画中の著作に悦ばしき知識と表題をつけることを決めていた。――師が自らを「悦ばしき学問の教師[11]」と呼ぶことに敬意を表してである。――そしてまたこの著作の題辞として、師の著作の引用を使うことも。「詩人と賢人にとって、いかなるものも親しげでかつ貴い。あらゆる経験が有益であり、一日一日が神聖であり、すべての人間が神々しい[12]」。ダンルーサーの手紙がマサチューセッツから、コンコードの哲人〔エマソン〕のまさしく生地から届いたのは、まったくの偶然であったのか。おそらくこの二通の手紙は、ニーチェにはまったく了解できるものであった。ラルフ・ウォルド・エマソンの国からやってきたからである。

ニーチェにとって、エマソンは思想の新しい動植物相を表わしていた。このアメリカの評論家・詩人の中に、新しいタイプの思想家を見出したのである。存在論と認識論が有益であるのは、それらが哲学の根本問題に取り組む限りにおいてである、と信じた思想家を。すなわち、存在の本質は何か？とか、知の成立条件は何か？とか、いかに私は知ることができるか？などではなく、「私はどのように生きるべきなのか？」が、哲学の根本問題であると信じた思想家を見出したのである[13]。エマソンが哲学を、自己の経験や憧憬から後退させたり、それらを矯正したりするのではなく、実に自然な形で同盟者にしていることに、ニーチェは驚嘆し、「素晴らしきエマソン」と呼んだ。それは、哲学をいかに「人生の友[14]」となしうるかを、ニーチェに示したからである。「ニーチェはエマソンを敬愛していた」とハロルド・ブルームは述べる。ブルームはニーチェのエマソン理解を「このアメリカの哲人についての、私の知る最も優れた論評[15]」とみなしている。ニーチェは『偶像の黄昏』（一八八九）の中で次のように述べている。

「エマソンはあらゆる生真面目さの気勢をそぐところの、あの善良な才気煥発な快活さをもっている。彼は、自分の年齢がすでにいくつなのか、自分がまだどれだけ若くなるのかを少しも知らない」[16]。ニーチェはエマソンを十九世紀の「散文の巨匠」の一人であると、しかもその指導的な立場にあるとみなす。「この世紀で最も創意に富んだ著述家は、これまでのところ一人のアメリカ人であった」。実際、ニーチェがエマソンについてもらしたごくまれな不満の一つは、エマソンがもう少しアメリカ人らしかったら、すなわち「ドイツ哲学」の不明瞭な「乳白ガラス」によって「曇らされる」ことが少なかったらよかったのだが、というものである[17]。ニーチェにとって確かであったのは、このような新しい思索者が――大志を抱き、精神が解放され、今日的意義のあるこのような知識人が――（少なくともこれまでのところ）ドイツにおいては存在しえなかった、ということである。

研究者たちはニーチェの主要な著作を三期に分ける傾向がある。――「初期」の批判的・論争的段階（一八七二―七六）、「中期」の実証主義的・アフォリズム的段階（一八七六―八二）、「後期」の狂想的・ディオニュソス的段階（一八八二―八八）である[18]。ニーチェが二六年もの間エマソンと取り組んだことを考えるならば、その全著作はニーチェの「エマソン」期に属すると形容することもできるかもしれない[19]。一八六九年にバーゼル大学教授に就任してから、一八七二―七三年の『悲劇の誕生』批判をめぐる騒動が収まるまでの四年間を別にして、ニーチェは実り豊かな知的生活全体を通じて、繰り返しエマソンを読んできた。ニーチェの所有していた四冊のドイツ語訳エマソン論文集（と『アトランティック・マンスリー』誌の一論文）は、何度も読まれて擦り切れている。テクストには下線が引かれ、カバーや余白、遊び紙に至るまで、書き込みでいっぱいである。ニーチェがこのアメリカの哲学者に深く魅了されていたことを物語るよい証拠である[20]。

エマソンの本はニーチェの蔵書の中で、最もびっしりと書き込みがなされている。(21) それらのほとんどは、口をついて出た称賛である。「いいぞ！」「そうだ！」「大変よろしい！」「すばらしい！」「まったくそのとおり！」。ニーチェは休暇に出かけるとき、しばしばエマソンの本を携行した。例えば一八六二年のメモ書きには「エマソンのアメリカ的なものの見方」について、「友だちのために、エマソンの本の要約」を書くつもりだとある。(22) エマソンの本はニーチェと一緒に戻らないこともあった。一八七四年の夏、スイス、ベルギュンの山荘からの帰途、エマソンの『エッセー集』を入れたスーツケースが、ある駅で盗まれたのである。(23) ニーチェはエマソンの本なしに日々を過ごすことを望まなかった、というよりもできなかった。そこで直ちに新しく買いなおし、このアメリカの思想家との対話を再開した。この買いなおした『エッセー集』もひどく擦り切れ、びっしりと書き込みがなされている。

おそらく本の余白が書き込みで一杯になりすぎたためであろう、一八八一年の終わりか一八八二年の初めに、ニーチェは黒表紙のノートを購入し、それにエマソンの『エッセー集』からの一節を、四十箇所ほど抜粋して書き写している。一語一語言葉どおりに書き写されているものもあれば、いささか変えられているものもある。注目すべきは、原文では三人称で書かれていた部分を、ニーチェが一人称に変えているものがいくつかあることである。まさしくニーチェがエマソンに傾倒し、一体化していたことの証左である。(24) そのような「滑り」が生じたことは驚くに当たらない。要するにニーチェはエマソンを浴びるほど読んでいる。だが、それだけではない。ジョージ・ケイテブはさらに踏み込んで、「いくつかの重要な点で、ニーチェはエマソンの最良の読者であった」と述べている。(25) 実際、ヘルヴィヒ・フリードルも述べるように、ニーチェはエマソンの気持ちでエマソンを読んでいた。(26)「偉大な人物の使い方」(『代表的人間』所収、一八五〇）の中のエマソンの助言に従うなら、「他の人々はレンズであり、それら

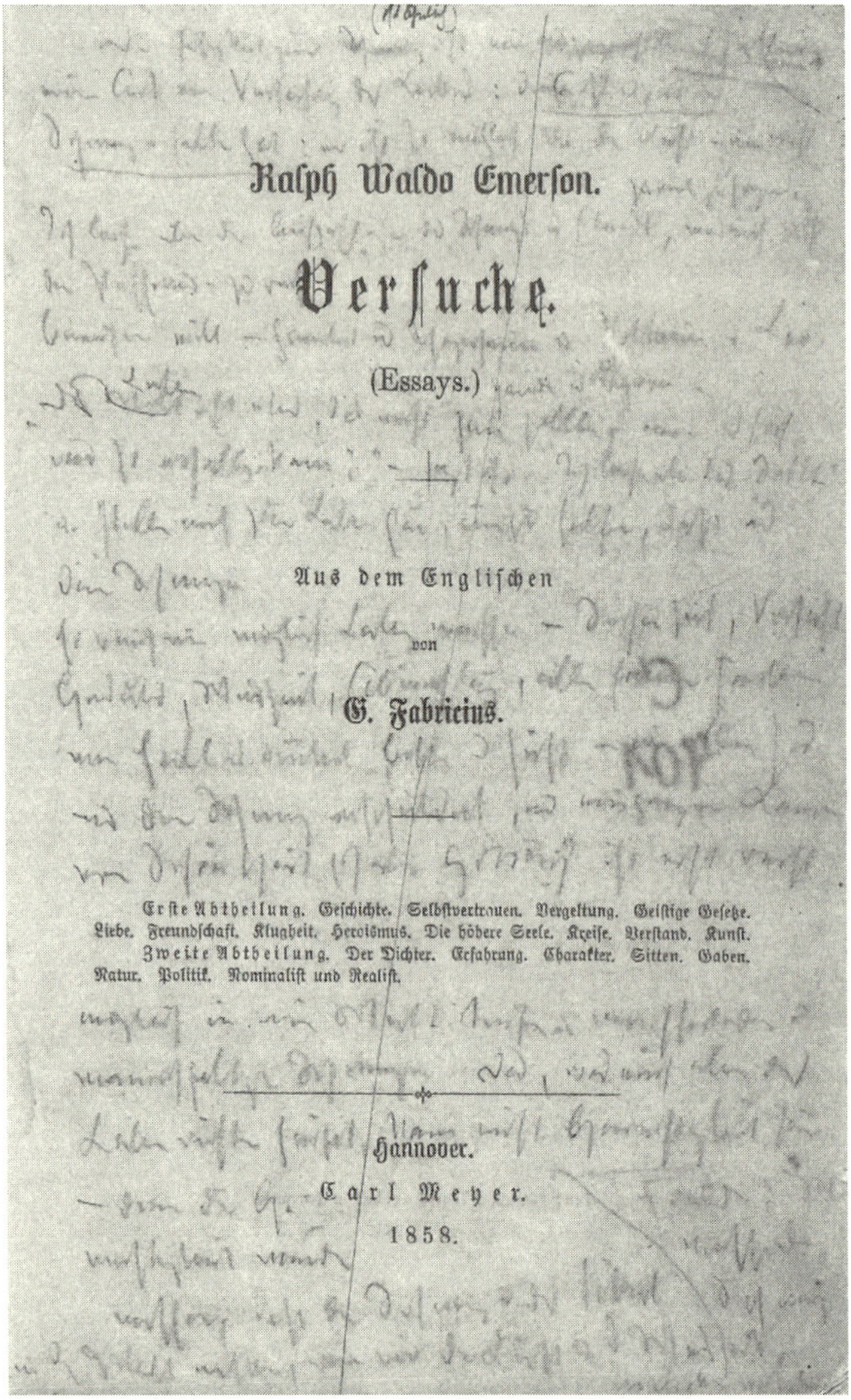
Ralph Waldo Emerson.

Versuche.

(Essays.)

Aus dem Englischen

von

G. Fabricius.

Erste Abtheilung. Geschichte. Selbstvertrauen. Vergeltung. Geistige Gesetze. Liebe. Freundschaft. Klugheit. Heroismus. Die höhere Seele. Kreise. Verstand. Kunst.
Zweite Abtheilung. Der Dichter. Erfahrung. Charakter. Sitten. Gaben. Natur. Politik. Nominalist und Realist.

Hannover.
Carl Meyer.
1858.

図 2　ニーチェの蔵書のエマソン『エッセー集』。ワイマール国立ドイツ古典文学研究所兼記念館「アンナ・アマーリア公妃図書館」（ドイツ，ワイマール）の好意による。

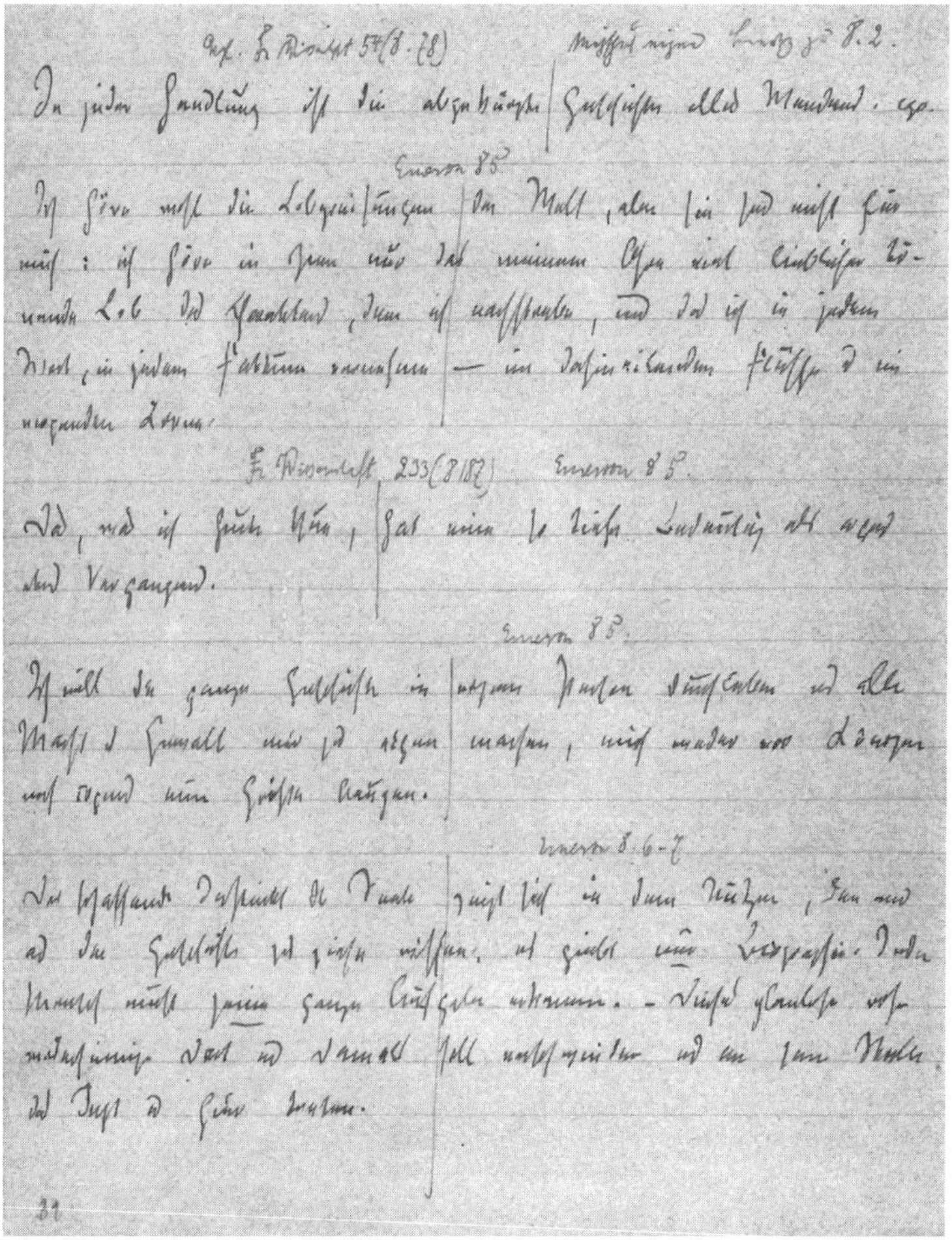

図 3　エマソンの抜粋を書き写したニーチェのノート。ワイマール国立ドイツ古典文学研究所兼記念館「ゲーテ・シラー文書館」（ドイツ，ワイマール）の好意による。

を通して我々は自分自身の精神を読みとるのです」[27]。ニーチェはエマソンを通して自分の道を、自分自身の思想を読みとった。歴史、伝統、因襲の鎖を断ち切る知的自由精神への道を。時が経つと、ニーチェは受け継がれた理想の称揚を拒否し、自分のことを至高の自己とみなすようになる。けれども、至高の自己でさえ時には他者から創造的刺激を得なければならないことを、エマソンの読解は示している。

ニーチェがエマソンの哲学に出会ったのは、ギムナジウムの生徒時代、一八六二年名門の寄宿学校プフォルタ学院に学んでいた一七歳のときである。最初の出会いは、学業における危機のさなかであった。その四年前にニーチェは給費生としてプフォルタ学院に入学している。学業に秀で、素直で従順な生徒ではあったが、ニーチェは学院の詰め込み式管理教育と厳格な規律になじめなかった。片田舎での単調な生活は、知的生活の制度に対するニーチェの信頼を高めるどころか、むしろ損なった。後にニーチェはプフォルタ学院の「規律正しい」教育の「画一的訓育」を、「ほとんど軍隊のようだと言ってもよいほどのこのきびしい強制、これは全校生徒を対象としているのだから、いきおい個人的なものを冷淡皮相に取り扱うことになり」と描写している[28]。若きニーチェは制度の下で怒りに身をこわばらせつつ、プフォルタ学院は学問的知識を叩き込むが、それと同じくらいに自立した知的探究を抹殺していると考えるようになる[29]。

プフォルタ学院の画一的管理と非人間性が、学業に対する疑問をニーチェに抱かせるとともに、その学業がニーチェの宗教的信念に対する疑問をも呼び起こした。一四歳でギムナジウムに入学した時のニーチェは、熱烈なルター信仰を持つキリスト教の信奉者であった。ルター派聖職者の家系の出身で――

最愛の父ルートヴィッヒと同じく，父方の祖父も母方の祖父も牧師であった。幼児期をレッケンの父の教会の牧師館で過ごし，四歳で父が亡くなった後も，母はニーチェと妹エリーザベトを厳格なキリスト教的信念の下で育て続けた。プフォルタ学院ではギリシア語とラテン語のテクストを学び，歴史文献の原典研究の訓練を受けるが，ニーチェは人文学研究一般にもっぱら価値を見出す。宗教は依然として「すべての知の堅固な基礎づけ」であると考えてはいたが，歴史科学がその基礎づけを揺さぶり始めている。[30] 信仰はニーチェがホームシックに襲われた時の，心の支えであった。けれども，その熱烈な信仰が崩れ始めたとき，プフォルタ学院での神学研究も日々の礼拝も，まったくニーチェの助けにはならなくなった。[31] ニーチェの一八六二年の詩は，知的彷徨と精神的危機の感覚の高まりを証言している。

我は知らず，愛するものを。
我になし，安寧と安息と。
我は知らず，信ずるものを。
わが人生，如何に何故に？[32]

プフォルタ学院の集団管理体制に対してつのる不満と，精神的疎外感のために，ニーチェは「自分自身を取り戻すに至った」。その結果，学業外に知的刺激と感情の解放を探し求める。そして，「ゲルマニア」という同人グループの中に慰藉を見出すようになる。この同人グループは，友人のヴィルヘルム・ピンダーとグスタフ・クルークとともに一八六〇年，知的好奇心を追求し，創造的自己表現を促進する目的で結成されている。少年たちは同人の資格たる基本ルールを設定する。各々は三か月ごとの「宗教会議」で行われる批評的分析に向けて、批評、詩、音楽作品あるいは何らかの独創的研究を提出すべし、と。以後三年間、ニーチェたちは集まっては互いの寄稿作品を批評し、反論を書き、ときにはワインを飲みながら、世界について思索した。三人の中の最も熱烈な「ゲルマニアン」として、ニーチェはこの課外活動に熱中し、音楽作品、詩、またキケロ、バイロンやナポレオンについての論文を次々と発表する。カール・プレッチュが述べるように、ニーチェは「ゲルマニア」の経験を――この課外の学習を、自己決定した研究を――真の自己の教育とみなすようになる。「融通のきかぬ校則から私は自分の私的な傾向と努力とを何とか救い出し、いくつかの芸術をひそかに崇拝し、広く知って楽しみたいという、うずうずするような欲求を抱いて、校則で決められている時間割と時間の利用法との堅苦しさをまぎらそうと努めた[33]」。「ゲルマニア」に費やされる時間は、この努力にこたえる十分な成果を生んだだけではなかった。「ゲルマニア」を通じてニーチェは、真の知は制度的環境の下では見出すことができない、むしろ自己の流儀での創造的向上心によって獲得されるものだ、と確信するようになる。

そしてまさしく、この一七歳という人間的に揺れ動く時期において、はじめてニーチェはエマソンの『処世論』（一八六〇）の翻訳を手にする。そして哲学が何をなしうるかについて、着想を得る。一八六二年四月「ゲルマニア」に向けた「秘密の」課外活動の合間に、ニーチェはエマソンを読み始める。これがニーチェの哲学との最初の出会いであり、彼にとっての真の教育の始まりであった。プラトンへの関心を示したのは、その翌年であり、さらに二年経過したのちに、ショーペンハウアーを発見する[34]。「生活の中の哲学に関して[35]」初めてニーチェに教えたのはエマソンである。自分が見出したものに活気づけられて、ニーチェは「ゲルマニア」に、エマソンの読書体験に直ちに反応する形で、初めての哲学的テクストを書き著した。復活祭の休暇中、家族や周囲の友人たちがキリストの復活を祝っているその

図 4　16 歳のニーチェ（左）。1861 年夏頃，プフォルタ学院の教会正面にて級友と。ワイマール国立ドイツ古典文学研究所兼記念館「ゲーテ・シラー文書館」（ドイツ，ワイマール）の好意による。

機会を利用して、ニーチェはキリスト教の正しさ、妥当性を問いただす。エマソンの論文の表題「運命」をもじって「運命と歴史――所信」（一八六二）とし、エマソンのような「偉大な哲学者――預言者」の目を通してみると、世界はどのような姿を現わすであろうか、とニーチェは問う[36]。エマソンが述べたように、もし「純粋な独創性など存在しない。いかなる精神も引用である」のならば、そして「創案者のみが借用の仕方を知っている」のであれば、宗教についての疑念に取り組むうえで、エマソンの思想を巧みに我がものとした点で、ニーチェはきわめて創意にあふれていることを証明したのである[37]。

「運命と歴史――所信」とそれに続くエッセイ「意志の自由と運命」とは、ニーチェの若書きの小品ではあるが、後の成熟した哲学のライトモチーフをいくつも萌芽的な形で描き出している。それはまた、ニーチェのその後数十年に及ぶエマソン利用を予示するものでもある[38]。これらのエッセイで、ニーチェはエマソンの論法や比喩表現を用いて、エマソンの立てた諸問題、すなわち人間の力とそれを抑制しようとする外的諸力との関係について答えようとしている。第一番目の問題はキリスト教の信仰である。「慣習と偏見の軛の下」から抜け出て、自由と運命との間の力の均衡を考察する「より自由な視点」に到達するには、何が必要であるか、とニーチェは考える。「何千年にもわたり激論が交わされてきた哲学的諸問題を解決せんとするのは、きわめて不遜なことである」とニーチェも認める。けれども、ニーチェの頭をより悩ませたのは、「人類が二千年もの間、幻影によって惑わされてきたのではないかという問題」である。人間の現実を考察するための、より自由な視点の探求は、それによって、キリスト教の全体が仮定に基づいていることに民衆がついに気づくならば、「大変動」を引き起こすかもしれない。「神の存在、永遠の生命、聖書の権威、神霊感応などの教義はいつまでも問題のまま残るであろう」と。[39]

けれども、エマソンの論文が若きニーチェに気づかせたのは、個人の意思や知性を制限する力が、宗教だけではないということである。事実——歴史的な、生理的な、さらには家族的なものも含めた——あらゆる種類の影響力が存在しており、それらが個人の経験を条件づけ、個人のパースペクティブを制限しているということを、エマソンはニーチェの心に刻み付けた。ニーチェが気づいた明白な事実、それは人間存在としての我々が何者であるのかについて、はなはだ多くのものを受け継いでいるということ、その結果、生まれながらにあるものと後から取り入れられたものとの区別、また自由と必然との区別は、それ自体が幻想であるかもしれないということである。「運命」の中でエマソンは、人間の気質を専制支配する影響力について考えている。「医者たちに訊いてみたまえ、ケトレー[*1]に訊いてみたまえ。気質が何ひとつ決定しないものかどうか、あるいは、気質によって決まらぬものが何かあるのかどうか」[40]。同様にニーチェは「運命と歴史」の中で、世界を理解し働きかけるための個人の自由に言及し、そこにおいて気質の果たす役割について考える。そしてエマソンの問いを次のように立て直す。「我々の気質とは、いわば出来事の配色ではないのか。我々は自らの個性という鏡の中であらゆるものと出会うのではないか。……エマソンは言う、優れた医者たちに聞きたまえ、気質がいかに決定するものであるか、気質によって決定されないものとは何であるのか、と」[41]。個人は自分を形成しているものから解放されることを求めるかもしれない。しかしエマソンは、それが果たして可能であるのかどうか疑問を呈している。「動物園の動物群、つまりさまざまな形態と能力をそなえた脊椎の群れは、まさに運命を記した本だ。鳥のくちばし、蛇の頭蓋骨は、それぞれの限界を容赦なく決定している……誰であれ、自分の祖先から逃れる道はあるのだろうか。自分の父の、あるいは母のいのちから汲みとった黒いひとしずくを、はたして自分の血管から取り除く道はあるのだろうか」[42]。この問題についてエマソンと直接対話しながら、ニーチェは問いかける、「実に多くの力のある者たちの魂を、陳腐なものにまで引きずり下ろし、思考の高い飛翔を妨げるものは何か。頭蓋骨や脊椎の宿命的な構造、その人々の両親の身分や本性……その人々の境遇、そして……その人々の母国でさえもだ」。「魂の能力を習慣の力によって窒息させる」ような外的諸力だけが、純然と広がっていると考えるのは、ニーチェの意図するところではない。ニーチェを悩ませたのは、たんに「我々が影響されている」ということだけではなく、我々がそのことをまったく認識していないため、自分と世界との区別が、我々独自のものと受け継がれてきたものとの区別ができない、ということなのである[43]。

個人の自立を制約する外的諸力に対するエマソンの挑戦に、ニーチェは勇気づけられる。けれどもその反面、意志と知性に対する制約のない世界が何をもたらすかについて、エマソンの述べるところを読み、気落ちもする。エマソン曰く「たった一度の例外的な場合にひとつの気まぐれな意志がものの法則に勝てるというような意味で、もしも人間が自由だと考えているのなら、それは、たとえば子どもの手でも太陽を引きずりおろせるというのと、まったくおなじことだろう。もし人間にほんの小さな一点でも自然の秩序を乱すことができるようなところがあるなら、――いったい生命という贈り物を受けとる者など誰がいよう」[44]。この記述のために、若きニーチェは悩み抜いた。ニーチェは書く、「もし強い意志によって過去の世界を覆すことが可能であるとしたら、我々はただちに自立した神々の王国の一員となることであろう。そのとき世界の歴史とは、我々が夢を見て、我を忘れている状態に他ならないことになろう。幕が下りて、人間は気づく。自分がいわば世界と戯れていたこどもであったことに。朝の光によって、ニーチェは肥大化した自己を制約するもののない、完璧な自立のイメージに尻込みする。エマソンの訓戒によって、目が覚めて、目をこすり笑いながら、怖い夢を追い払う子どもであったことに[45]」。エマソンの訓戒によって、ニーチェは肥大化した自己を制約するもののない、完璧な自立のイメージに尻込みする。「どういう次第でかは分らなくとも、必然が自由と、個人が世界と、わたしの極性が時代の精神と、現に一致していることはたしかなのだ」とエマソンは主張する[46]。けれども、どのようにしてそれらが一致するのかが、まさしくこの哲学者の直面する問題であった。ニーチェは認める、「ここにすべての重要な、永遠の問題がある。世界に対する人類の、人類に対する民族の、民族に対する個人の権利を認める、という問題が。そしてまたここに、運命と歴史との根源的な関係がある[47]」。「運命と歴史」において、若きニーチェはエマソンとともに、自己と世界とを、人間の力とエマソンの言う「美しい必然[48]」とをいかに調和させるかについて考えている。

　ニーチェにとってエマソンは解答を与えるよりも、はるかに多く問題を提起する存在であった。しかし、問いを立てることが哲学者の営みであり、また自由意志の働いている証明でもあることを、エマソンは教えている。活動的知性は「二重意識」に到達しうる、それが自由への欲求と自由を制約しようとする欲求との争いに、折り合いをつけるのである、と。運命とは「まだ思考の火をくぐっていない事実、まだ洞察を受けていないさまざまな原因を表わす名まえ」にすぎない。「だがわれわれを絶滅しそうに思える勢いで噴出してくる混沌も、すべて知性を用いれば、健全な力に転換することが可能だ」と。運命を「洞察を受けていないさまざまな原因」にたとえ、知性の働きをそれらの原因の統御になぞらえることで、思考が何をなしうるかを考察するよう、エマソンはニーチェに教えたのである。(49)

「運命と歴史」を書いた一か月後、二つ目の哲学的試論「意志の自由と運命」の中で、ニーチェはこのアメリカの哲学者への感謝を表明する。「意志の自由とは、それ自体思考の自由以外の何ものでもない」。そして「自由意志とは、意識的に行為する能力を表わす抽象概念にすぎない。それに対して、運命とは、我々を無意識の行為において左右する原理として理解される」。「思考の表現として姿を現わす事物は、つねに思考と合致する」とニーチェに示唆したのは、他ならぬ「エマソン」である。(50)それゆえ、エマソンが論文「運命」を「「美しい必然」のために祭壇を築こう」という呼びかけで結ぶとき、ニーチェは素直に、事実を思考の炎の下にくぐらせる活動的知性の主張として理解する。(51)自己をその経験の著者としてイメージすることで、若きニーチェは自由と運命との間に、自己と歴史との間に、創造的な意志と美しい必然との間に、折り合いをつける思想家の力を思い描く。

一八六二年のエマソンの発見は、ニーチェが宗教的信念なしに、独力で進んでゆく決心をした転換点であると思われる。それが容易でないことは、最初の哲学的試論が示すように、十代であれニーチェには分かっていた。熱烈にというよりもむしろためらいがちに、ニーチェは告白する。

二千年も続いた権威、あらゆる時代の最も聡明な人々の確信を、若輩者の穿鑿の結果をもってして破壊することが、どうしたら可能であろうか。世界の歴史に深く関与する宗教の進展にまつわる禍いと恵みのすべてを、思いつきと未熟な思考をもって片づけることが、いかにして可能であろうか。……僕はすべてを否定し去ろうと試みた。ああ、引き倒すのは簡単だ。けれども打ち立てるのは！　引き倒すことは、打ち立てることに比べれば、たやすいように思える。

前に進む道をニーチェに教えたのはエマソンである。生を思考のプロセスとして、思考を可能性として、可能性を「永遠の生成」という概念として考え始めるための道を（この「永遠の生成」は、後にニーチェが「魂は生成する」というエマソンの概念を発見するのを予期させる）[52]。エマソンはニーチェに知的生活のイメージを次々と注ぎ込む。外に大きく広がった海の上の生というイメージ、活動的知性から波のうねりが絶え間なく外へ発せられるというイメージである。自分の想像力にエマソンが焼き付けたイメージを、ニーチェは描写する。「このうえなく多様な流れが満ちては干き、ぶつかり合いながら波立つ。そしてすべてが果てしない大海に向かって流れてゆく。ありとあらゆるものが、巨大な広がりゆく輪の中で、互いの周りを旋回し続ける。人間は最も内側の輪の一つである」と。エマソンは警告も忘れない。受け継いだ真理を持たない海の上の生は、果てしない生成を約束する一方で、海の中に人間を沈めてしまうおそれもある、と。「羅針盤も先導者もなしに、懐疑の海」に、探究と踏査の生にあえて身を乗り出すと、「多くの人間は嵐のために遭難してしまい、ごくわずかの者しか新大陸を発見できない。測り知れない思想の大海のただなかで、しばしば人間は足場の安定した陸地に戻りたいと望むようになる」[53]。足下に安定した陸地のない知的生活の、羅針盤も先導者もない不確かな海の上の生の、悦ばしさと恐ろしさとをニーチェに初めて教えたのはエマソンである。

こうして一八六二年、ニーチェはともに思考すべき思想家をエマソンに見出す。このアメリカの著者は若きドイツの生徒に教えた、哲学者の生は海の上の生であるということ、その一方で、自分の進む方向や安定した陸地の位置を、他のどの思想家も教えることはできないということ、哲学者はその生の途上で「挑発」されて仕事をするだけであるということを。

そしてエマソンはまさしくニーチェを挑発した。ニーチェは一八六三年の間ずっとエマソンを精読し続ける。後に「最も読んだ本」のリストを作成し、その筆頭にエマソンの名を記している。(54) これは始まりにすぎなかった。一七歳から四四歳で精神の崩壊をきたすまで、ギムナジウムの生徒の日々から大学での研究生活、教授職を経て、漂泊の著述家としての歳月に至るまで、キリスト教の信仰という安全な港にいるときから確かなもののない騒然とした海に乗り出したときまで、フリードリッヒ・ニーチェは繰り返しエマソンに目を向ける。そしてそのたびにいつもエマソンはニーチェの背中を押す。やがて他の多くの著作家がニーチェの思考を後押しするようになる。——プラトン、カント、ゲーテ、ランゲ、ショーペンハウアー、そしてワグナーが——けれどもニーチェには、自分の知的神々を「殺害」する嗜好があり、それを生き延びた者は誰一人いなかった。けれども、ニーチェは決してエマソンを「殺害」しようとはしなかった。十代で表明したエマソンへの熱狂は、ニーチェの知的生涯の全行程にわたり、その論文、手記、書簡に繰り返し姿を現わしている。エマソンの影響はニーチェ自身にも疑うことのできないものであった。その自伝の初期の草稿において、自分自身を回顧するとき、エマソンのことを考えずにはいられない。実際、エマソンの「精神の法則」（一八四一）を再読しているときに、自伝にふさわしい表題として「この人を見よ」が浮かんできたのである。[55] 自分の知的道程を考察するとき、エマソンが途上の同伴者であったことを、ニーチェは温かい目で回顧せずにはいられなかった。「エマソンとその『論文集』は私の良き友であり、暗い時代にあっても私を朗らかにしてくれる存在であった。エマソンは実に多くの懐疑精神と可能性を、その身に備えていたので、美徳さえもが彼にあっては機知に富んだものとなった」[56]。

けれどもニーチェの思想はエマソンの思想の複製ではない。もしそうであったら、ニーチェのエマソン利用は、実際よりはるかにつまらぬもので終わったであろう。ニーチェが翻訳でエマソンを読んでいたという事実は、まぎれもなくニーチェが高度に媒介されたエマソンと、生涯にわたる関係を続けたということを意味する。とはいえ、言語上の変異を考慮に入れるとしても、両者の類似性は著しい。ニーチェが「生涯を通じてエマソンを愛読していた」（ウォルター・カウフマン）ことが後に分かったとき、カウフマン自身も含め多くの人々は、いくら似ているといっても「エマソンのページを丸ごとニーチェのページと取り違えることは決してないであろう」と主張せざるをえなくなったほどである。[57]

おそらくそうであろう。むろん、カウフマンの問題提起に異議を唱え、ニーチェの引用やイメージ、その幅広い関心を、対応するエマソンの箇所の傍らに置き、両者の間に楔を打ち込むのが容易であるか、それとも困難であるかを確かめてみてもよい。不毛な学問に対する二人の批判を並置してみるのもよいかもしれない。例えば、二人の過去への関心を比べてみよう。過去に対する過度の崇敬は、我々を「運命論者」にすると信じたエマソンに対して、それは過去を我々の「墓堀り人」にすると考えるニーチェ。また「遅れてやってくること」をめぐる二人の懸念を比べると、エマソンが「生まれなおす」ことを切

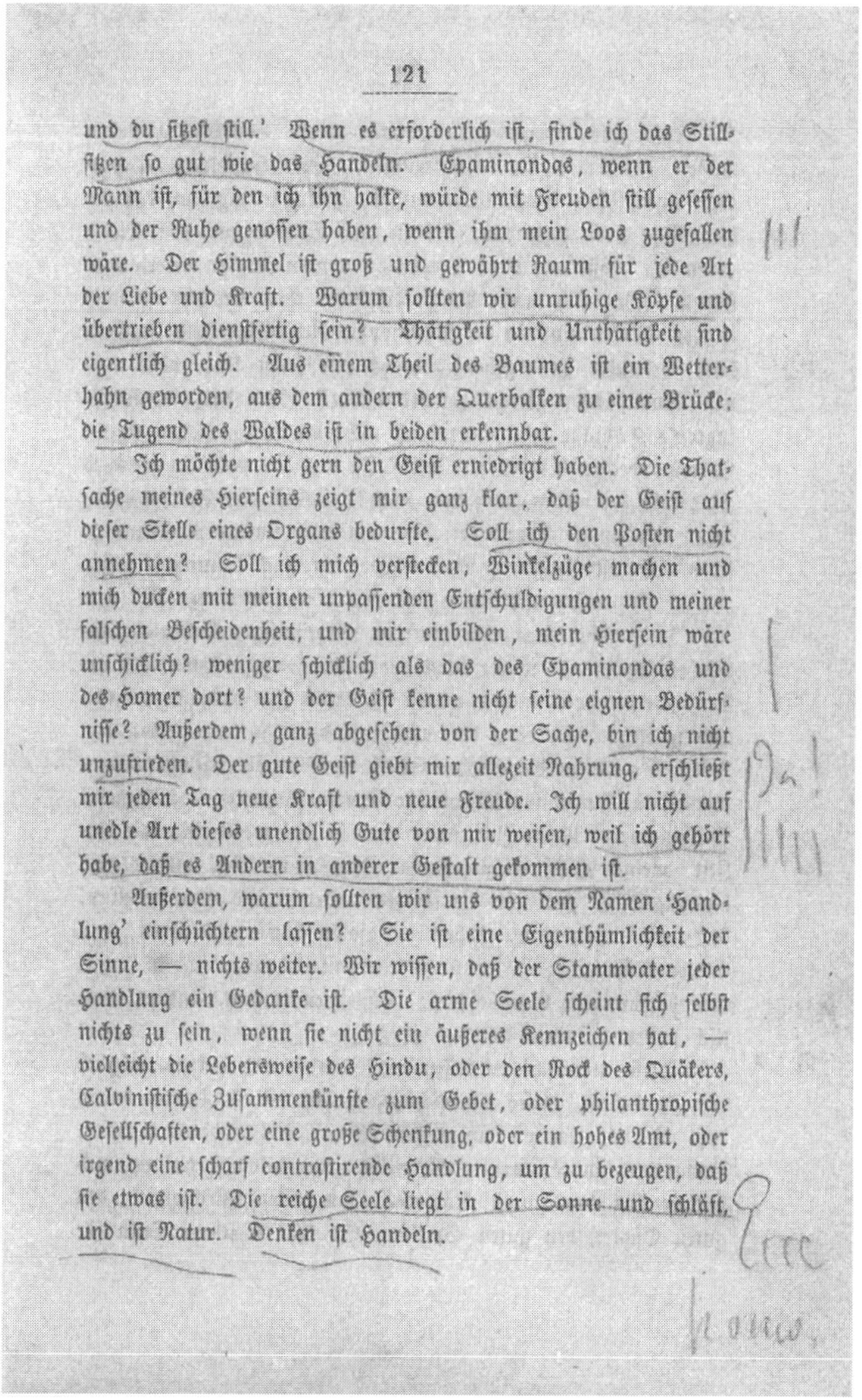
121

und du sitzest still.' Wenn es erforderlich ist, finde ich das Stillsitzen so gut wie das Handeln. Epaminondas, wenn er der Mann ist, für den ich ihn halte, würde mit Freuden still gesessen und der Ruhe genossen haben, wenn ihm mein Loos zugefallen wäre. Der Himmel ist groß und gewährt Raum für jede Art der Liebe und Kraft. Warum sollten wir unruhige Köpfe und übertrieben dienstfertig sein? Thätigkeit und Unthätigkeit sind eigentlich gleich. Aus einem Theil des Baumes ist ein Wetterhahn geworden, aus dem andern der Querbalken zu einer Brücke; die Tugend des Waldes ist in beiden erkennbar.

Ich möchte nicht gern den Geist erniedrigt haben. Die Thatsache meines Hierseins zeigt mir ganz klar, daß der Geist auf dieser Stelle eines Organs bedurfte. Soll ich den Posten nicht annehmen? Soll ich mich verstecken, Winkelzüge machen und mich ducken mit meinen unpassenden Entschuldigungen und meiner falschen Bescheidenheit, und mir einbilden, mein Hiersein wäre unschicklich? weniger schicklich als das des Epaminondas und des Homer dort? und der Geist kenne nicht seine eignen Bedürfnisse? Außerdem, ganz abgesehen von der Sache, bin ich nicht unzufrieden. Der gute Geist giebt mir allezeit Nahrung, erschließt mir jeden Tag neue Kraft und neue Freude. Ich will nicht auf unedle Art dieses unendlich Gute von mir weisen, weil ich gehört habe, daß es Andern in anderer Gestalt gekommen ist.

Außerdem, warum sollten wir uns von dem Namen 'Handlung' einschüchtern lassen? Sie ist eine Eigenthümlichkeit der Sinne, — nichts weiter. Wir wissen, daß der Stammvater jeder Handlung ein Gedanke ist. Die arme Seele scheint sich selbst nichts zu sein, wenn sie nicht ein äußeres Kennzeichen hat, — vielleicht die Lebensweise des Hindu, oder den Rock des Quäkers, Calvinistische Zusammenkünfte zum Gebet, oder philanthropische Gesellschaften, oder eine große Schenkung, oder ein hohes Amt, oder irgend eine scharf contrastirende Handlung, um zu bezeugen, daß sie etwas ist. Die reiche Seele liegt in der Sonne und schläft, und ist Natur. Denken ist Handeln.

図5　エマソン「精神の法則」の余白へのニーチェの書き込み。ワイマール国立ドイツ古典文学研究所兼記念館「アンナ・アマーリア公妃図書館」（ドイツ，ワイマール）の好意による。

望するのに対して、ニーチェにおいては「遅れて生まれた」ことの不安としてとらえられている。(58) 二人の著者が「力」への持続的な関心をいかに表現しているかを、検討することもできるだろう。エマソンが「人生とは力の探求なのだ」と主張するのに対して、ニーチェは「生はまさに力への意志である」と信ずるようになる。(59) 両者ともに力の概念を、奮闘する何か、前へ推し進める何かとして強調している。エマソンにとって「いのちだけが役に立つ、生きて来たことは問題ではない。力は休んだその瞬間に利かなくなる。力は、過去の状態から新しい状態に移る瞬間……の中に在る」。(60) ニーチェは「造形力」を称揚するが、その造形力を「みずから固有な仕方で生長し、過去のものと疎遠なものとを改造してみずからと一体化し、傷を全治させ、失ったものを補充し、毀れた形をみずから複製する力」と描写する。(61)

ニーチェが『悦ばしき知識』(一八八一―八二)と『このようにツァラトゥストラは語った』(一八八三―八五)を執筆するときに、エマソンを読みなおしていたことは、さほど重要ではないかもしれない。しかし、注目すべきは、二人の哲学者が共有する嫌悪感である。エマソンは啓示を、進行中の何かでなく歴史的な何かとみなす考え方に嫌悪を示した。こうした考え方が「まるで神が死んでしまいでもしたかのように」貧弱な神性を創り出すと信じていたからである。一方、ニーチェは自己の外部にある神への信仰を、いかなるものであれ嫌悪した。そうした神に対して、自分の書いた狂人に「神は死んだ」と断固とした口調で宣告させている。(62) エマソンとニーチェを熟知している者なら、エマソンの「償い」からの一節「一般に、われわれが屈服しない悪はすべて恩人にほかならない」と、ニーチェの『偶像の黄昏』からの一節「私を殺さないものは、私をいっそう強くする」。(63) とを決して取り違えたりはしないだろう。だが、ニーチェの個人蔵書のエマソンのその一節にはしっかりと下線がひかれているという点は、強調しておく価値がある。(64)

類似性を捜すにせよ、影響関係を求めるにせよ、エマソンとニーチェとの類縁性は強まる。だが、エマソンに近づくためにでなく、自分自身に近づくためにニーチェがエマソンを利用したのだと考えられないのであれば、ニーチェにとってのエマソンの意味を見損なうことになる。継承した信仰もなく、制度的な所属もなく、強固な支えも避難所もなしに、真理の主張に向けて独立独行する哲学者のイメージを、エマソンはニーチェに示した。精神的な彷徨を重ねる十代から文献学の教授へ、そしてフリーランスの哲学者へと歩んできたときに、エマソンの哲学者のイメージは、そして生き方としての哲学というエマソンのアプローチの仕方は、ニーチェの自己規定にとってきわめて重要なものであった。エマソンはニーチェに、自分自身に向けて自分自身を記述する術を教えた。一八六六年旧友のカール・フォン・ゲルスドルフに宛てたニーチェの手紙にそれが見られる。手紙の中でニーチェは「それをエマソンは実にうまく言っている。……利害を超えた直観的な、純粋な眼をもつことになる」と書き、夢見心地で自分自身を想像している。[65] ニーチェに戯れの、笑いの、舞踏の精神としての哲学というイメージを教えたのは他ならぬエマソンである。ニーチェは自分の思想を創り上げるうえで、この軽やかさと悦びのイメージを繰り返し利用している。ニーチェはアフォリズムの中で不満を口にする「考えることを学ぶこと、わが国の学校ではこのことの何であるかはもはやわからなくなっている。……考えることは……一種の舞踏として学ばれることを欲する。……ドイツ人のなかで、精神的なことにおける軽やかな足……の微妙な戦慄を、誰が経験からなお知っていようか！」[66] エマソンは解き放たれた思想家を「知的ノマド〔遊動者〕」と特徴づける。そしてその特徴づけによって、ニーチェが自己を「自由精神」と考え、自らの手で真理を創り出し、探究してゆくことを励ます。[67] 同様に、世界を一新するための対抗知性の力をニーチェの胸に刻み付けたのもエマソンである。「一アメリカ人が彼ら〔権力を求めるべき使命を負った人々〕に対して、この地上にやって来たひとりの偉大な思想家というものが、巨大な諸力の新しい中心として何を意味すべきかを語りうるであろう」と「教育者としてのショーペンハウアー」（一八七四）の中でニーチェは主張する。またこのアメリカ人の論文「円」（一八四一）を引用して、「「偉大な神がこの惑星上にいつ思想家を放つか、警戒を怠らぬことだ」とエマソンは言う。「そうなったらあらゆるものが危うくなる。ちょうど大都会にとつぜん大火が起きたようなもので、何が安全なのか、どこで終わりになるのか、誰にも分らない」」とも。(68)

けれども、ニーチェがエマソンを必要としたのは何よりも、基礎づけを持たない哲学者が教えでなく「挑発」によって、先導者でなく「範型」として仕事をする、という考え方である。この考え方が自分の哲学の可能性を、ニーチェに最も強烈に示したからである。人間が自分自身に到達するための力となる限りにおいて、哲学者は有用な存在である。「まさに汝が生の流れをまたいで進むために必要な橋をかけることのできる者は誰もいない、汝以外には誰ひとりとしていないのだ」とニーチェは述べる。「世には汝以外に誰も進みえない唯一の道がある。この道はどこへ行くか?と問うなかれ、ひたすらに進め」。エマソンの「円」からまた別の引用を見出して、ニーチェは裏付ける。「「人間は」、オリヴァー・クロムウェル*2が言った、「自分の行く先を知らぬときほど高みにのぼることはない」」と。(69) エマソンはニーチェを絶対的なものなき哲学の道に、ニーチェがニーチェとなる道に送り出した。それだけでなく、このアメリカの哲人が到着地点で待っているわけではない、ということに注意を促している。

一八八〇年代、ニーチェは自分の原稿を次々と出版社に送り、出版社は書籍化して読書界へ送り出すが、当時まだ世間はニーチェの思想に無関心であった。同時代のドイツ人が自分を黙殺したことを、ニーチェは決して許さなかった。病にひるむことなく、実り豊かな知的生活の最後の年を、ニーチェは高揚した気分の内に過ごしていた。この最後の大奮闘の時期に、アメリカから三通目のファンレターが届く。今度はプロシア出身のカール・クノルツという、ニューヨーク在住のフリーランス・ライターからで、クノルツは『このようにツァラトゥストラは語った』への称賛を書き送ってきた。この手紙の賛辞はまさしく自分の時代の夜明けが始まりつつあるしるしであると、ニーチェにはそう信ずべき理由があった。というのも、わずか数か月前デンマークの著名な文芸批評家ゲオルク・ブランデスが、コペンハーゲンでニーチェについての連続講演を行って評判になり、ニーチェの才能が注目されるようになってきたからである。クノルツはその手紙の中で、アメリカの著作家をドイツ語に翻訳していること、ドイツ文学をアメリカの読者に紹介していること、そしてニーチェをアメリカの読書界に広めたいと考えていること、などを伝えている[70]。

けれども、広めるためにはニーチェの助力が必要であると述べ、クノルツはニーチェに、自己紹介とその作品の解説を要請した。ニーチェは喜んで要請に応じた。一八八八年六月二一日付の返信の中で、ニーチェは将来のアメリカ読者層に向けた簡単な紹介文を書いている。

> 思想家としてのであれ、文筆家としてのであれ、また詩人としてのであれ、私の肖像を描くという御注文は、私にとりましてはことのほか困難なことのように思われます。……私自身にしましては、宣伝しようなどとの気持ちはまったく縁遠いものなのです。そのようなことに私はまだ一指も触れたことはなかったのです。『ツァラトゥストラ』に関しましては、ドイツ語で書かれております最も深遠な作品、言語のうえで最も完全な作品であると、およそ私はそう信じております。しかしこの作品で私に共鳴しようとするには、

まず内的な体験を取り戻す全世代を必要とするでしょう。この作品は内的な体験に基づいて成立することが可能だったからです。(71)

自分の哲学の読者はまだ生まれていない、とニーチェは考えていたかもしれない。けれどもクノルツの熱意を受けて、最初はアメリカにおいて読者を見出すかもしれないと考えたのも無理はない。クノルツの宣伝を助けるための出版社への要請状の中で、ニーチェは大西洋の彼方に読者を獲得することの意義を述べている。「私のこれまでのすべての経験が示すように、私の影響力は原則として周辺から始まり、そこからようやく「祖国」へと還流してくるのです」。その夏ニーチェは感激して、友人たちに次々と書き送っている。「北アメリカに信奉者たち」がいる、まもなくアメリカ人たちは知ることになるだろう、「私はヨーロッパにおけるまったく独立した精神、唯一のドイツ文筆家です——これは大したことです!」(72)*3と。

ニーチェは知的ノマドというイメージを気に入っていたし、基礎づけを持たない思想家は羅針盤も先導者もなしに進むだけでなく、最終目的地もなしに出発しなければならないと決意もしていた。けれども、そのために自由への欲求が知的故郷への憧憬を完全に抑圧するということはなかった。自分の経験からも——航海中に——避難するという皮膚感覚が、自由精神にさえ必要であることはニーチェに分かっていた。同様にまた、自身のエマソン読書体験から、自生の知性がまさに国外に故郷を見出すこともあると知っていた。

ニーチェ哲学の故郷がアメリカにある? 三十年に及ぶエマソンの読書を考えるなら、大いにありうることである。ニーチェが自分と世界との折り合いをつけるときに、ともに思索をめぐらした思想家を生み出したのは、まさしくアメリカであるから。他ならぬアメリカ人エマソンが、キリスト教信仰の善悪の彼岸における思考の可能性を、ニーチェに示したのである。まさにアメリカ人エマソンが、不毛な観念を批判し、哲学を人生の友にしたのである。アメリカ人エマソンこそが、絶対的なものなき世界での哲学的探究は、実例と挑発によってのみなされることを理解していたのである。自分の生まれ育ったドイツ文化の息詰まる俗物主義の中では、このアメリカ人エマソンのような人間は決して生まれてくることがなかったであろうと、ニーチェは確信していた。アメリカについてはよく知らないものの、一人(自分自身)を例外として、ドイツはこのようなダイナミックな思想家を決して生み出すことはできない、とニーチェには分かっていた。――少なくともそう信じていた。エマソンに対する感情をニーチェは次のようにまとめている。「エマソン――わたしにとってこれほどにまでくつろげ、これほどにまで自分の家のごとく感じた本はない――わたしは賞めるわけにはいかない。あまりにわたしに近いのだ」(73)。

ともに思索をめぐらすべき思想家を見出すために、時空を超えた想像的な旅に出ることの意味を、ニーチェは理解している。ニーチェは自分自身に出会うために、十九世紀中葉のアメリカ哲学者の精神と道徳の世界に旅をしなければならなかった。それと同じように、二十世紀のアメリカの読者は、今やニーチェの方を向くことになるであろう。アメリカの読者は、自生の知性の危機と可能性の実例を、大西洋を越えたところに探し求めるであろう。アメリカの読者は、精神をのびやかにするために、十九世紀ドイツの思想家に注意を払うようになるであろう、とニーチェは信じたのである。

序

我々アメリカ人にはかのエマソンがいる。されば何故にニーチェを愛すべきであるのか？
チャールズ・グレイ・ショー「ニヒリスト、エマソン」（一九一四）

本書はプロローグで示した物語を述べてゆく。ただし逆向きに。ニーチェの、知的自立の探究におけるエマソンの利用、基礎づけを持たない哲学の「故郷」への憧憬、実例によってのみ教える哲学の欲求、批判的知性に対する自文化からの敵意との闘い、その闘いの根拠を大西洋を横断した世界に託さねばならないことの痛み、これらのすべてが二十世紀アメリカの思想と文化におけるニーチェの意義を、ニーチェの思想とイメージの歴史的推移という主題を、予示している。

ニーチェのエマソン発見から三十年後、ニーチェその人の哲学がアメリカに進出し始める。当時ニーチェ哲学の到来は帰郷とはみなされなかった。アメリカの知的・文化的生活へのニーチェの登場を「放蕩息子の帰還」とは誰も考えなかった。ニーチェの哲学におけるエマソンの痕跡にもかかわらず、両者のつながりは気づかれなかったし、類似点に気づいたとしても、相違点の方が強調された。要するに、当時のアメリカの紹介者たちに最も強い印象を与えたのは、ニーチェのエキゾチシズムなのである。ニーチェがヨーロッパからやって来たからである。

二十世紀初頭、アメリカでは急進的政治活動家、文芸批評家、哲学者、神学者、ジャーナリストなどの多くが、当時ヨーロッパを魅了していたこのドイツの哲学者に関心を抱き始めた。アメリカ人たちは好奇心にあふれ、当惑したり魅了されたり失望したりしながら、一人の思想家を理解しようと試みた。一九〇〇年この思想家は次のように描写されている。「その世紀の最もラディカルな哲学者にして、あらゆる文学の中で最も人目を惹くエキセントリックな人物の一人」であると。(1) ニーチェに対する関心が急速に高まり、一九一〇年代には誇張でなしにアメリカでの「ニーチェ大流行」も指摘できる。けれども、ニーチェへの熱狂がエスカレートしてくると、それにつれてニーチェ流行の中の明らかな矛盾もまた目につくようになる。紹介者たちが当惑したのは、ニーチェの貴族主義的ラディカリズムと、ニーチェ思想の故郷たる国の民主主義的文化との間の、とてつもない齟齬である。ニーチェ大流行を傍観していた者たちはいぶかった。反キリスト者、反民主主義の狂人の哲学が我々の文化において一体何をなすというのか、なぜニーチェなのか、どうしてアメリカでなのか、と。

アメリカの読者は一世紀以上にわたり、繰り返しニーチェの大胆な主張に直面してきた。もしある文化がぐらつき崩壊の瀬戸際にあるならば、最後の一突きをしてとどめを刺したほうがよい、という主張に。ニーチェはまさしくそうしようとしてきた。この「鉄槌を持った哲学者」(ニーチェの自称)は著書から著書へと、人間の硬直した作り物にすぎない西欧の諸観念を叩きのめす。まず第一に永遠の真理という概念である。いかなる価値もアプリオリに善や悪なのではない。むしろ文化的・歴史的条件に左右されるものである、ということをニーチェは論証する。同様にまた、いかなる道徳的真理の主張も、良き生についての個別特殊な理想像、それに対する「人間的な、あまりに人間的な」欲望にすぎない。

現実の人間の姿を映し出しているものではないと主張する。普遍的真理と善の概念を解体しようとする一方でさらに、人間の神への信仰に疑いをかける。「神は死んだ」と宣言することで、キリスト教の造物主への信仰に終止符を打とうとする。神が自らに似せて人間を創り出したのではない、むしろ人間が生の意味や目的、道徳の中核を据えるために、神のイメージを創造したのである、と。近代の西欧文化は徹頭徹尾、虚偽の上に基礎づけられている、普遍的な真理や道徳、神などの虚偽の上にである。これらはたんなるフィクション、人間の想像の産物にすぎず、現実世界にいかなる根拠も有するものではない、とニーチェは述べる。

アメリカの読者がニーチェの哲学のどこに惹かれたのか、そしてニーチェの哲学から何を引き出したのかを、本書は考察する。[2] ニーチェの反基礎づけ主義（普遍的真理の否定）が、その徹底したキリスト教道徳批判、啓蒙主義的合理性批判、民主主義批判によって、いかに多くのアメリカ人に自分の宗教的理念への疑い、道徳的確信への疑い、民主性原理への疑いを引き起こしたか。本書はそのダイナミックな歴史的推移を分析する。[3] 二十世紀初頭の学者、作家、政治的急進派、聖職者たちは、ニーチェの思想に直面し、それまで継承されてきた価値観の再検討を余儀なくされた、最初の世代である。この世代は普遍的実在をいまだ確信している世界の中に生まれ育ったが、ニーチェの「道徳の系譜」によって、その価値観の価値を問い直すことになる。大衆化する政治や市場と結びついた混乱と匿名社会化とが進む時代の中で、ニーチェの「超人」概念は、個人に作用する諸力を測るための便利な手段となる。ニーチェの悲劇的生涯の中に、民主主義の時代における偉大な人間の危険な人生行路と、世俗主義の下での人間の魂の在り方についての教訓が見出されてゆく。またアメリカの読者は、道徳性についてのニーチェの新しい言葉に惹きつけられてゆく。「あらゆる価値の価値転換」「奴隷道徳」「力への意志」などの諸概念や Nietzschean という新造語がアメリカ英語に登場したのもこの時代である。以来アメリカの紹介者たちは、自分の道徳世界を「ニーチェ以後」の世界と呼ぶようになる。近代のアメリカ思想のこうした変化は、それらの新しい語彙が道徳的探究を、様式においても実質においても劇的に発展させたことを示している。かって道徳生活は基礎づけの観点から表現されていたが、「ニーチェ以後」の今、思想家も著述家も、道徳生活を広大な外海上の生とみなすようになる。[4]

ニーチェのラディカルな思想への強い関心の裏にはつねに、彼の人生の物語に対する飽くなき好奇心が伴っていた。それゆえ、本研究の中心テーマの一つは、アメリカでのニーチェをめぐるレトリックの移り変わりである。[5] ニーチェを真剣に読むことによって、いつの時代も読者は自分自身をそしてアメリカを捉え直してきた、というのが本書の眼目である。漂泊する知識人ニーチェの闘い、同時代人から無視されていたニーチェ、ニーチェの肉体上の苦しみ、それらについての詳細な記述から、読者は英雄的闘争や天才の運命、近代アメリカにおける成果と失敗についての物語を紡ぎだした。ニーチェの博識はドイツが教養を重視してきたことの結果であると、それは大西洋のこちら側では失われつつあると考える人間たちもいた。こうした人々は資本主義的民主主義社会が、またその文化的条件が、偉大な精神を生み出すのにはふさわしくないことを憂いた。他方で、ニーチェの肥大化した自我、「主人道徳」の称揚、大衆蔑視を、腐敗したヨーロッパ貴族社会の残滓とみなして、近代の多元的民主主義社会には無用の長物であると考えた者たちもいた。だが、ニーチェ個人の歴史において読者を揺り動かさずにはおかないものは、その狂気である。ニーチェ哲学に熱狂する者にも懐疑的な者にもこの狂気は、絶対的なものの存在しない世界の中で、自己の至高性をたゆまず追求することの代償を示したからである。[6]

本書『アメリカのニーチェ』は、ある思想家や一連の思想の国家的文脈での多様な利用の仕方をただ列挙したりするよりも、受容史のほうが野心的であることを論証する試みである。[7] おびただしい「アメリカのニーチェ」が一世紀余りの間に次々と姿を現わしたことが分かるが、その多様性を見せることが本書の目的ではない。むしろニーチェとの対決が、近代アメリカの思想を駆り立てた根本の問題意識を解明する、すなわち近代アメリカの思想と文化それ自体の土台つまり基礎づけの問題を解明する、というのが本書の狙いである。第一に「アメリカのニーチェ」との遭遇が近代の多元的社会において、真理の根源と価値観の権威に対する不安に火をつけ、その不安を公然のものにしたことを示す。第二に「アメリカのニーチェ」との取り組みが、アメリカ文化の、知的生活のための条件について考える契機となり、それが長く続く関心を生み出したことを明らかにする。ニーチェを読むことで、自生の知性を涵養するための、アメリカの文化的土壌のもつ活力がいかなるものであるかを、またヨーロッパから移植された知性にとって、アメリカの土壌が好適なものであったかどうかを問うよう、読者は促される。ニーチェの哲学との、ニーチェという人間との出会いは、基礎づけなき世界にあって、真理と価値観についてのこれまでの考えを再検討する機会を提供したのである。それはアメリカ特有の土壌の文化的貧困について、繰り返されてきた懸念を表明するというだけにとどまるものではなかった。

　ニーチェはアメリカ人が道徳的・文化的土台を再考するのを促しただけではない。基礎づけ主義に対するニーチェの挑戦に、アメリカ人は戦慄と恐怖を感じることにもなった。一世紀にわたるニーチェとの取り組みは、思想の移動には強い感情的次元の移動が伴っていることを証明している。この受容史が示すように、とりわけニーチェを読むということは、決してその主張や諸概念の無色透明な伝達ではありえなかった。というのは、ニーチェの思想とそのラディカルなイメージは、アメリカ人の読者に強い感情をかき立てたからである。ニーチェについて論じられているほぼすべての文書が——友人あての手紙であれ、蔵書の欄外の書き込みであれ、学術的な哲学論文であれ、大衆雑誌向けのエッセイであれ――知的な交換に伴なう感情の回路を見せている。それゆえ、いかなる資料もアメリカ思想の記録にとどまらない。それらはアメリカの憧憬の重要な歴史的証言である。神の死の後の、確実なものの世界への希求であれ、ヨーロッパの知的輸出品への尊崇からアメリカ文化を解放しようとする努力であれ、本書に登場する多種多様なニーチェの利用は――それぞれのやり方において――知的な喜悦と幻滅との双方の歴史的報告である。それらはまた思想が身体化された経験の記録でもある。ニーチェの読者たちは、しばしば微細にわたり証言する、いかにニーチェが自分の心を駆り立てたか、いかに自分の歯を食いしばらせたか、いかに自分のこぶしを握らせたか、いかに自分の血をたぎらせたか、を。歴史家の仕事の一つが、歴史上の人物の生きられた経験を捉え直すことであるなら――始めるのにふさわしいのは、情念に、恐れや嫌悪に、知的な交換に伴う感興に、耳を傾けることである。それゆえ、精神史家の仕事はニーチェの主張の裁断ではなく、アメリカ人のニーチェ観がその憧憬の記録であり、その道徳世界の露呈であることを、虚心に捉えることである。(8)

ニーチェがアメリカにもたらした衝撃は歴史家に、分析のカテゴリーを再考するよう促す。その意味で、ニーチェは稀有な思想家である。とりわけ、このいわゆるドイツの（あるいはヨーロッパの）哲学者の思想とイメージのアメリカにおける推移は、他者のレンズを通したアメリカ人の自己理解の仕方を分かりやすく示している。アメリカの思想と文化の研究を普遍的文脈で捉えようとする本書『アメリカのニーチェ』(9)は、二十世紀アメリカを形成した知的・文化的諸力が、国境で立ち止まりはしなかったことを論証する。

だがこの研究はまた、読者が国境を再構築するために、ニーチェの思想をいかに利用したかをも明らかにする。ニーチェ思想のアメリカでの影響に驚いて、紹介者たちはニーチェの「ドイツ的」伝統や「ヨーロッパ的」感受性を、しばしば引き合いに出した。このつながりがニーチェにとって重要なものであると考える者たちもいた。ドイツにおいてエマソンのような存在は不可能であると、ニーチェは信じていたが、同様に見識ある多くのアメリカ読者は、アメリカの民主主義文化と資本主義とが共謀して、ニーチェ的才能の開花を妨げるのではないかと危惧した。[10] しかしながら、ニーチェの哲学がドイツの歴史主義、厭世主義、貴族主義の不幸な痕跡を残していると主張し、人間的平等と正義というアメリカの基本的理念の傍らに、好戦的ドイツの輸入品を置くことに激しく抵抗する者たちもいた。ニーチェの思想に惹かれた者であれ、嫌悪を示した者であれ、いずれもが驚いたのは、アメリカの土壌が生み出した知性——とりわけラルフ・ウォルド・エマソンとウィリアム・ジェイムズ——がなし得なかった、あるいは思いもしなかったことを、ニーチェがアメリカに対して為したことである。ドイツのエマソンを予見できなかったニーチェと同じように、読者はニーチェの哲学が合衆国にやって来たとき、それを「アメリカ」と「ヨーロッパ」、「我々」と「彼ら」、「自生のもの」と「外来のもの」といった、本質主義的概念によって捉えた。それゆえ、二十世紀のアメリカ思想におけるニーチェの利用を見ることによって、「ドイツの」(あるいは「ヨーロッパの」)哲学の受容がいかにアメリカの知的例外主義という古くからの考え方と決別させたか、あるいは逆にいかにその考え方を強化することになったか、を考察できるのである。

アメリカの思想と文化の特有性(あるいはその欠如)についての問題は、アメリカのニーチェ受容そのものと深く結びついている。そのため、受容についての同種の問題を考えてみることは、この難しい中心テーマを扱ううえで参考になるであろう。二十世紀におけるニーチェの影響の世界的な広がりは、受容についての問題を否応なく呼び起こす。それは、ニーチェの哲学がドイツとアメリカのみならず、ヨーロッパ大陸の全体に、フランス、オーストリア、スペイン、イタリア、ロシア、イギリスそして北欧にまで、大きな衝撃を与えたからである[11]。アメリカのニーチェ受容を、より広汎な国際的受容と比較してみると、アメリカのニーチェ哲学の利用の主要な特徴は、国境を越えたニーチェ解釈のそれと共通していたことが分かる。――例えば、ニーチェがキリスト教の利他主義と禁欲主義を、ブルジョワジーの自由主義を、経済的集産主義を、民主主義的、社会主義的、フェミニズム的平等主義の倫理を拒絶したことに、みな大きな関心を向けていたことである。しかしながら、アメリカのニーチェへの関心が他国のと違うのは、これらの拒絶がアメリカの大文字の政治のヴィジョンに決して投影されなかったことである。とりわけドイツ、イタリア、ロシアでは「ニーチェ主義」が政治の枠組みの中に深く浸透したため、ドイツ人、イタリア人、ロシア人はニーチェの政治的言説に精神的意味を付与し、自国の指導者を長らく待ち望まれた超人とみなすようになる。それに対してアメリカでは、セオドア・ルーズヴェルトを（賞賛で）、あるいはフランクリン・デラノー・ルーズヴェルトを（嘲笑で）描写するためにこの用語が時折使われることはあったが、政治に精神的意味を付与するためにニーチェを利用することは、基本的に回避された。たしかにニーチェは、通例「政治的」言説とされるものにおいて、重要な役割を果たしてきた。――例えば一八九〇年代のアナーキズム、大戦前の社会主義、一九六〇年代のブラック・パワー、一九八〇年代の新保守主義などにおいて。けれどもニーチェは、もっぱら道徳哲学者、文化批評家として援用されたのである。アメリカ人はニーチェの民主主義的平等に対する批判に、民主主義的人間についての文化的洞察に主な関心を抱いてきた。アメリカの政治思想に登場した時も、アメリカ民主主義の涵養した人間文化を問う思想家として、ニーチェは姿を現わしたのである。

ニーチェの影響力がアメリカとヨーロッパとの間の知的境界を越えたとすれば、それはまた「エリート」アメリカ人と「一般の」アメリカ人とを分かつと従来考えられてきた境界をも横断した。多種多様な読者層のニーチェ思想への反応とその恣意的利用とを研究するニーチェ受容史をみると、「高尚」文化、「中級」文化、「大衆」文化という区分が穴だらけの代物であることが分かる。[12] 少なくともこの受容史は、道徳的探究と思想への畏敬の念が職業的知識人だけのものではないこと、そして反知性主義が大衆文化だけの特徴ではないことを証明している。ニーチェは二十世紀アメリカ人の知的世界を、まったく異なった政治的傾向、文化的関心、精神的系譜をもつアメリカ人たちの間を、軽やかに移動している。一世紀以上にわたり、進歩主義者もアナーキストも、キリスト教徒も無神論者も、地方主義者もコスモポリタンも、タカ派もハト派も、アカデミズムの学者もアマチュア哲学者も、ニーチェの中に自らの思索の同伴者を見出した。それゆえ、政治的な差異も文化的な感受性の違いも越えたニーチェの旅を考察することによって、二十世紀アメリカの知的生活を形成してきた、読者の「想像の共同体」を再考するよう促されるのである。[13]

ニーチェの哲学と人格の履歴は、アメリカにおける道徳的探究が決して真空状態で行われたわけではないことを証明している。以下の章では、ニーチェの読者たちがそれぞれの時代、場所に特有であると考えた問題に対処するために、いかにニーチェに依拠してきたかを検討する。二十世紀の初めキリスト教の聖職者が、現代の教会の役割をめぐってニーチェと格闘したときにも、文学的急進派が青年時代、フリーランスの知識人として生きるべくニーチェを利用したときにも、二十世紀半ばの哲学者が全体主義という妖怪を前に、リベラルな民主主義の力と人道主義的関与について頭を悩ませたときにも、ポストモダンの思想家が、さまざまな基礎づけを追求する世界にあって、哲学の役割を再検討するためにニーチェを援用したときにも、いずれの場合でも読者たちは、アメリカだけではなくより広い世界の社会的・文化的・政治的状況における、そのときどきの特有の趨勢に反応していたのである。それゆえ、基礎づけへのニーチェの挑戦を、基礎づけなしに前進しようとするニーチェの努力を、なぜアメリカの読者が必要なものとみなしたのかを理解するためには、まず第一にそのような考え方が生まれた社会的状況を把握しなければならない。

アメリカのニーチェ読者たちは、ニーチェの哲学と人格とを利用して、アメリカ人の思考について考察した。そのことは彼らが、果てしなき倫理的反基礎づけ主義を、もろてを挙げて歓迎したことを意味するわけではない。本書が物語るのは、アメリカの「ニーチェ主義者」の歴史ではない。ニーチェの決然とした挑戦を前にして、それに抵抗したり思索をめぐらしたりすることによって、アメリカの読者が自己についてまた同時代のアメリカについて、自分の価値観を形成してゆく歴史である。二十世紀を通じて、ニーチェに知的「救世主」を見出した者もいれば、ニーチェの思想も人格も拒絶した者もいる。別のある者はニーチェを読んで、良き生についての伝統的観念を捨てよという勧告として受け止めた。別の者はニーチェの思想との対決によって、自分の民主主義や神や普遍的真理への信念をいっそう強めることになった。だが、熱狂的に反応した者も激怒した者も、いずれも歴史学者から見れば、過去の道徳概念を捉え直す試みの出発点として役に立つ。本書は、ニーチェの聖人伝の研究でもなければ、ニーチェ弾劾の論文集でもない。現代アメリカ思想がダイナミックに、限りなく作り直されてゆくなかでの、ニーチェの重要な役割を述べた物語である。

第一章

「アメリカのニーチェ」の形成

（私は）われわれ哲学者たちが、数千年来最も確実な地盤であるかのように考えていた、――どの建築物もこれまで再三再四崩壊したにもかかわらず、その上に建築する習慣であった古い信頼を調べ、底に穴をあけ、掘りはじめた。私はわれわれの持つ道徳に対する信頼を掘り崩しはじめたのだ。

フリードリッヒ・ニーチェ『曙光』（一八八一）

キリスト教道徳の暴露ということは一つのたぐいなきできごとであり、……この道徳に関して蒙を啓く者……は人類の歴史を両断する。つまり人は彼以前に生きるか、彼以後に生きるかのどちらかになる。

フリードリッヒ・ニーチェ「なぜ私は一個の運命なのか」『この人を見よ』所収（一九〇八［一八八八］）

「『道徳の系譜』を読み通した長い夜のことを、私は決して忘れないだろう」とウィルバー・アーバンは一八九七年のドイツ、イエナでの夏を回想しながら、フリードリッヒ・ニーチェを通読した経験を語っている。「それは私の人生で最も偉大で、ただ一つの精神的冒険であった、と思う」。アーバンは精神的冒険を求めてドイツにやって来たわけではなかった。二十世紀への変わり目、他の多くのアメリカ人学生と同様に、哲学の博士号を取得するためにであった。もっとも、哲学のゼミナールでニーチェの著作を学んだわけではない。イエナの書店の所狭しと並ぶ本棚を丹念に見ていた時に、「ほとんど偶然に」ニーチェの本と出くわしたのである。好奇心にそそられて、アーバンはその本を買って帰り、そして夜を徹してむさぼり読んだ。「明け方の薄明の中で、これまでの信念の残骸をながめ回した。不思議な気分であった。――途方もない喪失の感覚が、若者の生来の破壊衝動を満足させる、邪悪な意地の悪い喜びと混じり合っている、そんな気分であった」。朝の陽光が室内に差し込んできても、恐怖と夜を徹してニーチェを読んだ喜びとの「奇妙な」混交は消えずに残っていた。アーバンは自分が読んだものによって元気づけられる一方で、当惑させられもした。彼の精神は新しい思想と張り合い続けていた。けれども一つのことは確かであった。自分を、そして自分の世界観を根本的に変えてしまう思想家と出会ったということを、アーバンは直ちに悟ったのである。「その瞬間から、価値観についての［ニーチェの］問題が私の問題となった。それだけではなく、この問題は私が生きてゆく時代の重要な問題となるべく定められている、ということが分かった」。ただ一晩の経験で、アーバンは十九世紀の道徳世界から分かれて、ニーチェの世界に入っていったのである。(1)

はじめて『道徳の系譜』と出会った直後の一八九七年、アーバンはライプツィヒ大学での博士号審査に合格する。帰国後アーバンは価値と言語を対象とする分析哲学者として、華々しい経歴を開始する。トリニティ・カレッジ、ダートマス・カレッジ、イェール大学で教授を歴任し、一九二五年から一九二六年までアメリカ哲学協会の会長を務める。十九世紀末の若く野心に燃えた多くの学者たちのように、ドイツの大学での研鑽が、アメリカのアカデミズムでの成功に自分を導くとアーバンも認識していた。[2]しかし後年その知的履歴の起源を——自分の学問的探究を導いた、哲学的関心と心理的要因とを——問われた時に、アーバンの回想はつねに、ニーチェ哲学との遭遇に立ち戻っている。アーバン曰く、ニーチェとの接触によってまさしく「私の思考における独自なものがすべて出発した」のである、と。[3]大学での勉強は百科全書的な、かつ正統的系譜の学識をアーバンにもたらした。けれどもニーチェの哲学との深夜の課外授業の、密やかな幸福に満ちた時間こそが、アーバンをアーバンたらしめていったのである。

アーバンがその運命の夜ニーチェを読みだしたのは、曰く「この世で最も非哲学的な雰囲気」の中であった。[4]研究の時には、大陸の思想であれ英米の思想であれ、哲学的探究の領域から形而上学を追放しようとする科学的実証主義に、アーバンは没頭していた。[5]十九世紀の半ば以降、思想の領域は事実上すべて科学的実証の方向に進み、思弁的思想は遠ざけられつつあった。この厳密な実証主義の雰囲気に対して、まさに一八七〇年代・八〇年代のニーチェの著作は執拗な批判を続けていた。だが、アーバンが『道徳の系譜』に見出した思想家は、哲学を形而上学という思弁的領域に戻すことを勧めていたのではなかった。形而上学も実証主義もニーチェにとっては表裏一体のものにすぎなかった。どちらも普遍的真理という原理に基づいていたからである。形而上学は普遍的価値観という不朽の基礎づけへの信念に依拠しており、他方実証主義は科学的方法と客観的実在の普遍性を想定していた。ニーチェは思想界の新旧の二つの傾向に対して、自らの哲学的人間学を措定した。アーバンがニーチェに見出したのは、真理と価値観の形而上学的基礎づけも自然的基礎づけも拒絶し、代わりにそれらの人間的起源を、文化的系譜を、価値観の価値を考察しようとする思想家であった。

アーバンはニーチェを読みながら、ユダヤ＝キリスト教の道徳の歴史の探究に乗り出してゆく。その道徳は、米国聖公会派の聖職者の息子として育ったアーバンが、幼少期から超越的道徳の義務として想定してきたものであった。ニーチェの導きに従って、西欧の道徳思想の錯綜した軌跡を掘り下げ始める。それだけでなく、普遍的真理の主張を判断する基準そのものをも問い直すようになる。アーバン曰く、「問題はますます拡大していった。ニーチェ自身にとってそうであったように。……知識と論理だけでなく、価値観全般の問題となった」。あの夜アーバンはニーチェの中に「モダニズムの恐るべき子ども」[6]を、「我々の時代の最も鋭敏な知性であるだけでなく、モダニズムの精神の……権化でもある」思想家を見出したのである。

新しい道徳の時代の夜明けに容赦なく引き寄せられているのをアーバンが感じていたとき、新時代を開いた当の哲学者の方は、黄昏の中に深く沈みつつあった。一八九七年イエナでのあの夜、若きアメリカ人が自己の道徳的覚醒を経験した一方で、わずか三〇キロほど離れたワイマールでは、ニーチェがゆっくり死に向かいながら横たわっていた。成人してからの人生を毎日のように、悪化する一方の近視、激しい偏頭痛、消化器官の機能不全、周期的な鬱病などをはじめとする病と闘い、衰弱していった後、一八八八年ついにニーチェは最終段階に突入する。すでにプフォルタ学院に在学中の十代の頃から、大学生時代、軍事訓練の期間、バーゼル大学の教授在職中、これらの慢性的症状は絶え間なくニーチェを苦しめてきた。苦痛の軽減を求めて静養を繰り返していた間も、さいなみ続けてきた。一八七二年から一八八八年の一六年間、苦痛はニーチェの恒常的な同伴者であった。その期間にニーチェの主要な著作がすべて生み出されたのである。[7]

ニーチェが精力的に執筆していた年月、その著作の大半は少数の友人や同僚たち以外には、世間一般の読者の関心をほとんど呼ばなかった。初期の著作――『悲劇の誕生』（一八七二）と『反時代的考察』（一八七三―七六）――のささやかな成功の後、それに続いた著作――『人間的な、あまりに人間的な』（一八七八）、『漂泊者とその影』（一八七九）、『曙光』（一八八一）、『悦ばしき知識』（一八八二）――はははなはだ売れ行きが悪く、出版社に甚大な損失をもたらした。『このようにツァラトゥストラは語った第一部』は一八八三年の一月、熱に浮かされた高揚状態の十日間に洞察されたとされる散文詩であるが、ようやく自分は読者を獲得するにちがいない傑作を実現した、とニーチェは確信する。原稿に同封された手紙の中で、ニーチェはライプツィヒの出版社主エルンスト・シュマイツナーに力説する。「この小著は――一〇〇頁にも満たないものですが――私の著作の内でこれまでにないほど最も真摯であり、かつまた朗らかなものです。しかも誰にでも分かりやすいものです」。そしてこの本は以前の著作ではできなかった広汎な関心*1を必ずや呼び起こすでしょうと述べ、シュマイツナーを説得している。それ以上に重要なのは、自分は「五番目の福音書」を書いたとニーチェがシュマイツナーに断言していることである。たとえその点に同意したとしても、最初の四福音書のほうが第五番目のよりも優れている、とシュマイツナーは考えた。そこで『ツァラトゥストラ』の出版を後回しにし、復活祭のために急ぎ五〇万部の教会聖歌集の印刷にかかった。神の死の告知は、神の（再）誕生の記念日の後まで待たねばならなかった。それだけではない。この本は思いがけない成功をもたらすであろうというニーチェの予言は、またもやはずれた。出版後の丸一年の間にただの八五部しか売れなかったのである。(8)

続く年月に、ニーチェは『ツァラトゥストラ』の続篇、『善悪の彼岸』（一八八六）そして『道徳の系譜』（一八八七）と、着実に出版していったが、まだなお注目されることは少なかった。けれども、一八八七年、急進派の集団や周縁的文学サークルの少数の読者が自分の哲学に関心を示していることに、ニーチェは気が付いた。[9] 一八八八年にはじめてデンマークの著名な文芸批評家ゲオルク・ブランデスが、コペンハーゲン大学でニーチェに関する連続講演を行なった。[10] それからニーチェの著作はヨーロッパのいたるところで、多くの読者の注意を惹き始めた。ブランデスはヨーロッパの主要な文学的動向に関する解説で有名であった。[11] 講演の前年にニーチェを見出し、一八八七年一一月には、ニーチェの著作の「新しい、根源的な精神の息吹き」を称賛する手紙を書き送っている。ブランデスは、ニーチェの禁欲主義に対する蔑視、「民主主義的凡庸さへの深い怒り」、ニーチェの「貴族的急進主義」と名付けたものを称揚する。「あなたが立ち向かう問題について、つねに理解しているわけではない」が、ニーチェの著作の優美さ、卓越性を考慮するならば、自分は喜んでニーチェの探究の後を追うであろう、とブランデスはニーチェに告白している。一流の批評家の注目に欣喜したニーチェは、一か月後ブランデスへの返信の中で答えている。自分の思考がどこに自分を連れてゆくか、自分でもつねに分かっているわけではないが、自分自身と読者にとって新しい道徳世界を切り開くであろうということは確かである、と。「このような思考方法が、私の思想のうえで、これまでどれほど私を導いてまいりましたか、そしてこれから先どれほど私を導いてくれるものでしょうか——考えるのも恐ろしいくらいです。〔けれども人間には後戻りすることが許されない道というものが存在します。[*2]〕私は前進します、前進せねばならないからです[12]」。

そして一八八八年、ニーチェの哲学は国際的名声に向かって前進する。自分がその知的生活の頂点に達しつつあるとニーチェが感じたのもまた一八八八年である。それにはもっともな理由があった。わずか一年の間にニーチェは疾風のごとく次々と著作を生み出す。『偶像の黄昏』（一八八九）、『反キリスト者』（一八九五）、『ニーチェ対ワグナー』（一八九五）、『この人を見よ』（一九〇八）などである。けれども、この生産性と評判の高まった年に、ニーチェの病と熱狂もまた劇的にエスカレートする。著作の中のニーチェの言葉はいかなる偶像も容赦せず、「鉄槌をもって哲学する」につれて、ますます耳障りであるが、いっそう澄明で詩的なものとなっていく。[13]前例のない歓喜と優美さと辛辣さをもって、ニーチェはイエス、ルター、カント、ワグナーといった聖なる人格を手厳しく論難する。キリスト教的人間主義、科学的唯物主義、民主主義的・社会主義的平等主義など、西欧近代の理念を次々と徹底的に粉砕する。西欧文化の堕落に対する侮蔑が増すにつれて、ニーチェの自分に対する、自己の企てに対する評価もまた上昇する。自伝『この人を見よ』の中で、ニーチェは自らをイエスの敵対者と宣言し、自分のキリスト教道徳の暴露を「一つのたぐいなきできごと」であると語り、自らを「一個の不可抗力」になぞらえ、その哲学は「人類の歴史を両断する」と述べるに至る。[14]

その年の終わりには、ニーチェの断固たる自己意識が、健全な自我として許容しうる範囲を越えてしまったことが、友人や家族の目に明らかとなった。クリスマスの直後、ニーチェは友人のペーター・ガストに宛てて、自分は「ルビコン川」を渡ったと述べている。そして一八八九年一月の初め、何人もの友人たちに「ニーチェ・カエサル」「ディオニュソス」「十字架にかけられし者」という署名の常軌を逸した葉書を書き送っている。[15]これらの葉書はおよそニーチェの書いた最後の言葉に属する。一月四日、ニーチェはイタリア、トリノのカルロ・アルベルト広場で昏倒する。日課である散歩をしていた時、ニーチェはある御者がその馬をひどく叩いているのに出くわす。その酷い光景に衝撃を受けて、ニーチェは馬に駆け寄り、その首に手を回すや路上に倒れる。意識を失ったニーチェは下宿にかつぎ戻される。数日後フランツ・オーヴァーベックがトリノを訪れ、発狂した友を引き取る。オーヴァーベックはニーチェが譫妄状態で、ソファの隅に力なく腰を下ろし、『ニーチェ対ワグナー』の校正刷りを読んではかじるのを目にする。ニーチェは飛び上がって情熱的にオーヴァーベックを抱擁すると、再びソファの上に崩れ落ち、発作のように「滂沱として涙を流した」[16]。バーゼルとイエナの病院にしばらく入院した後、ニーチェは妹のエリーザベト・フェルスター＝ニーチェによって、故郷のナウムブルクの家に、ついでワイマールの別邸に移される。このワイマールの、ニーチェの遺著管理者を自称するフェルスター＝ニーチェによって創設された「ニーチェ文庫」の最上階で、ニーチェは完全な狂気に陥った晩年の最後の三年間を過ごすことになる[17]。ニーチェの知的恍惚と苦悶の日々は終焉を迎えた。読み書きの能力の喪失とともに、かって熱心な読書家であったことも、多作な著述家であったことも、何も思い出すことができないままに。

ニーチェの人生の甚だしいアイロニーは——ほとんどすべてのニーチェ研究者が指摘しているが——精神が崩壊してからようやく、その著書が広汎な読者層に評価され始めたという点である。一八八八年のブランデスの名高い講演の直後から、このドイツの哲学者は北欧の美学的・政治的急進派のサークルの間で、支持者を集めだした。ニーチェの著作に対する関心は急速に広がり、一八九〇年代の初めには、ニーチェ「崇拝」や「ニーチェ流行」について、もっともらしく言及する者も出てきた。ニーチェの著作に魅了されたのが最も顕著であった読者はまず、アナーキスト、社会主義者、フェミニストなどの進歩主義サークルの人間たちであった。——厳格なマルクス主義唯物論者も、より美学的な志向を持つロマン主義的急進派も含めて。だが、この時期ニーチェに魅惑された者は、政治的立場を越えていた。右翼的傾向を持つ文化的保守主義者たちもまた、ニーチェの著作に惹きつけられていたからである[18]。だが、ヨーロッパでの流行の初期、ニーチェ熱は意義ある形ではどのようにしても、急進的文化政治の世界とドイツ・アカデミズムとの間の深淵だけは乗り越えることができなかった。アカデミズムに最も近づいたときのニーチェ哲学とは、ほぼ例外なく教室への密輸品に他ならなかった。チャールズ・ベークウェルは新設されたばかりのハーバード大学の哲学博士で、ウィリアム・ジェイムズ、ジョサイア・ロイス、ジョージ・サンタヤナの下で学んできたが[19]、ベルリン大学での博士号取得後に、学生時代を回想して語っている。「ドイツの学生が小脇に小さな本を抱えて教室に入る姿は、ごくありふれた光景であった。学生たちは講義に退屈すると、いつもその本を開くのだが、どれもみなニーチェの本であった[20]」。

ニーチェを真剣に考察したアカデミズムの哲学者はほとんどいなかった。したがって、一九世紀末外国で勉強しているベークウェルやアーバンのようなアメリカ人がニーチェについて知ったのは、紫煙に満ちたカフェでのドイツ人の友人たちのやりとりや、古本屋での遭遇を通じて、あるいはまた同級生たちのカバンの中の手垢にまみれた『ツァラトゥストラ』を一瞥することによって、であった。若きアメリカ人のニーチェ哲学との接触は、ほとんどの場合公的な勉強の周辺で偶然に生じただけであったので、それゆえにニーチェとの最初の出会いは発見であり、ニーチェの読書体験は禁じられた冒険のごときものだったのである。

アーバンが学ぶためにやって来た哲学者や思想家たちの公認の正典目録にニーチェは入っていなかった。しかし前衛的文化の領域では、ニーチェが猛威を振るっていた。こうした事情はたしかにニーチェの魅力を増すのに一役買ったであろうが、それだけではない。アーバンがイエナでの夜、道徳的覚醒として経験したことは、ごく個人的なまた世代的なものであるが、しかし広く文化的なものでもあったことを証明している。アーバンは後に続く者たちと同様に、ニーチェとの最初の出会いによって、自身の知的発展がしるしづけられた。それはアーバンにとって一つの事件であった。まさしくアーバンの「自意識的・合目的的思考」[21]の始まりをしるしづける事件であった。ニーチェと同様に、アーバンもこの事件がどこに自分を導いてゆくか、確信は持てなかった。しかし、どこから自分を連れ出すのかは確かであった。これまで修めてきた思弁哲学も唯物論哲学も、これまで教えられてきたキリスト教の善悪の概念も――要するに、かってアメリカで学び信じてきたすべてのもののゆるぎない基礎づけが――帰国したあかつきにはもはや自分を待ち受けてはいないということを、アーバンは強く意識していた。いまやニーチェに倣って、アーバンも故郷に戻らねばならないが、今度は新しき「新世界」にである。ヨーロッパにおいて、ドイツ語のテクストの中に、アーバンはアメリカの近代の曙光を見出したのである。

ニーチェとアメリカ・コスモポリタニズムのヨーロッパ式枢軸

ヨーロッパで学ぶ若きアメリカ人たちが生まれかけの「ニーチェ流行」をじかに目撃しているとき、少数でも増えつつあるアメリカの急進派は、新世界でその流行に加わっていった。アメリカでの初期のニーチェ哲学の輸入者は、アナーキスト、左翼ロマン主義急進派、多様な政治的信条の文学的コスモポリタンたちであった。彼らはヨーロッパでの知的動向をリアルタイムで追跡していた。一八九〇年代初頭ヨーロッパでニーチェの名声が高まるや、これら急進派は出版物の中でそのことを宣伝した。それらの出版物は発行部数は少なくとも、ヨーロッパの前衛的な知的文化運動をアメリカに紹介する媒体であった。そして国内で「先進的」思想を推進する宣伝活動に、ニーチェ哲学を取り入れた最初のものであった。エマ・ゴールドマンが初めてニーチェを知ったのも、ロバート・ライツェルの急進的週刊新聞『哀れな悪魔』によってであった[22]。一七歳のユージン・オニールがニーチェに初めて出会ったのも、アナーキストの出版人でマンハッタンの書店主ベンジャミン・タッカーの「ユニーク・ブック・ショップ」においてであった[23]。また文芸批評家のジェームズ・ハネッカーは『ミュージカル・クーリア』の論説やエッセーで、たゆみなくニーチェを紹介したが、まさにそれを通じてボルチモアの若き新聞記者H・L・メンケンは、自分の知的経歴に著しい影響を与えることになる思想家を知った[24]。政治的な関わり方は多様であったが、アメリカのアナーキストであれ、ロマン主義急進派であれ、文学的コスモポリタンであれ、近代人の奴隷根性に対するニーチェ哲学の攻撃を、また何ものにも拘束されない自我が人間の進歩の源であるというニーチェの主張を称揚した。ニーチェが解放された自己にのみ忠実な、自由思想家の鑑であると口をそろえてほめたたえた。そしてアーバンのように、道徳哲学の新しい時代のさきがけ、革新的思想家をニーチェの中に見出した。こうした人々のニーチェへの関心とその利用の仕方は、アメリカの急進的思想における相変わらずのヨーロッパ中心主義を反映してもいる。彼らは知的コスモポリタニズムを唱えてはいたものの、ニーチェにおけるヨーロッパ的文脈や伝統を強調する。それによって、先進的な思想がヨーロッパの専有物であることを示唆する。それは合衆国において、はたしてニーチェ哲学が曙を迎えることがあるのだろうか、という疑問を表わしていたのである。

ニーチェ哲学がアメリカ文学に初めて意義あるデビューをしたのは、一八九二年九月ロバート・ライツェルのドイツ語の左翼新聞『哀れな悪魔』においてであった。ドイツ生まれのライツェルは聖職位を剝奪されたプロテスタントの牧師で、文筆家、詩人であり、自由思想の巡回講演での卓越した演説家として世に出、その後新しい説教壇として一八八四年に自分の新聞を創刊した[25]。一四年後にライツェルが亡くなるまで、この新聞は野心的なアナーキズム——政治的自由主義、文学的ロマン主義、宗教的自由思想、プロレタリア思想の独特な混交であるが——の機関紙であり、またヨーロッパの前衛的作家たちの作品の抜粋を載せ、その解釈をめぐる重要な公論の場でもあった。実際ライツェルの新聞は一八八〇年代・九〇年代、急進的思想家たちに非常に支持された場であった。それゆえライツェルは一八八七年に処刑された「ヘイマーケット事件」[*3][26]のアナーキスト五人の埋葬の時に、その活動を称えるゲスト弁士の一人として招請されたほどである。ライツェルがニーチェの中に見出したのは、制度化した宗教の堕落した権威に対する無慈悲なリアリズムと、解放された未来の自我についてのロマン主義的予言とを調和させた思想家である。ニーチェの思想が前代未聞のものであり、アナーキズムの理想に不可欠であるとみなしたライツェルは、ニーチェの新しい福音を読者に説くために、旧来の形式——説教——へと戻っていく。

十一回に及ぶ「新しい聖書——『このようにツァラトゥストラは語った』からの説教」の中で、ライツェルはニーチェの『ツァラトゥストラ』を現代版の聖書と位置づける。しかし新約聖書とは違い、ニーチェの聖書は「現実のための活動をストイックに訴えていた」。ニーチェからの抜粋とその解釈を組み合わせて、ライツェルは読者に語る。ニーチェは制度化したキリスト教の超自然信仰と厭世主義とを超越した世界を、そして啓蒙された魂が自分の中に贖罪の根源を見出す世界を預言した、と。いかなるものであれ、道徳的な別世界から自らを解放すること、そして自らの手で贖罪を成し遂げること、このニーチェの呼びかけはアナーキストの読者たちが、制度的権威から解放された世界への漠然とした憧憬を表現するうえで、力となりうるとライツェルは主張する。他方で、ためらいも見せる。反聖職者主義の点で実に情け容赦なく、それでいて人間の自己信頼を強く要求するニーチェの哲学が、読者に「自責の念」を促すだけになる恐れがあるからである。「一つのまとまりをもった、不滅の作品」であるが、それはまた「今日の病の癒されることのない源泉となる黙示録」でもあると、ライツェルは警告する。

しかし、ニーチェの厳しい真理を引き受け、「我々はまだ超人ではないと……謝罪」したくなる誘惑に抵抗するよう読者を励ます。超自然信仰を失った「健康な人々は」「あたかも……大海の波の中のように、ニーチェの哲学に身を浸すであろう」という時代を、ライツェルは目にしなかったかもしれない。とはいえ少なくとも、ニーチェの福音を耳にし、未来の哲学の誕生を目撃するという運命を寿ぐことができたのである。(27)

ライツェルの『哀れな悪魔』と同じく、ベンジャミン・タッカーの独立アナーキスト紙『自由』もまた新しい文学をアメリカの急進派にリアルタイムで伝える手段であった。タッカーは、国家に対抗し、いかなる国境も認めない（政治的なものであれ、文学的なものであれ、何であれ）というアナーキズムの精神にのっとり、その新聞を世界中の個人主義哲学、政治的急進主義、前衛文学のための一大情報センターにすべく尽力した。アナーキズムの役割は何よりも個人の自由な思考を育てること、開かれた思考を養う思想を推し進めることである、というのがタッカーの意見であった。(28) ヨーロッパのアナーキストがニーチェに魅惑されてゆくのを知り、タッカーは一八九二年その新聞に英語でニーチェの著作の抜粋を掲載し始めた。『自由』はニーチェ哲学の翻訳を連載した、アメリカ最初の定期刊行物となる。それによって『自由』はアメリカにもう一人の優れた「我意の人」*4 を紹介することになる。(29) タッカーはニューヨーク市にある自分の「六番街ユニーク・ブック・ショップ」で販売する、急進的思想書の正典集の中に、ニーチェの著作を含めた。(30) 十年以上にわたり、タッカーはこの重要な「思想界の新しい影響力」をアメリカの政治的急進派に紹介する役割を担ったのである。(31)

アナーキストのためのニーチェ産業を構築しようとするタッカーは、まず第一歩として仲間の独立アナーキストで、短命に終わったドイツ語版の『自由』の編集者ジョージ・シュームに依頼して、ニーチェの著作を新聞紙上で翻訳連載することから始める。[32]『自由』はシュームの助力でアメリカのアナーキストの関心をひくテーマ、ニーチェの多くのアフォリズムや抜粋（一八九二年から一八九九年の間に出版されたもの）の第一弾を掲載する。シュームの選んだものは『自由』の読者に、ニーチェの文学的な声の多様な広がりを示すもので——解説調があれば、印象主義もあり、理路整然としたものも予言者風のものもある——いわばサンプリングであった。他方でまた、継承されてきた理念の貧困さと自己主権の必要性を確信するアナーキストに、ニーチェの辛辣な皮肉の宝庫を提供した。利他主義が不健康な利己主義にすぎないことを暴露し、自由精神を妨げる老いぼれた哲学の権威をはぎ取り、義務の命令とは理性の声などでなく、臆病な文化が叫びたてて、分別を沈黙させたものにすぎないという真相を呈示した。シュームのニーチェは「我々自身の価値観の新しい目録の創造」を提唱し、アナーキストに偽りの権威を捨てて「まさに我々であるものになること——新しくただ一人の、比類のない自己の立法者、自己の創造者となること」が第一の目的でなければならない、と気づかせた。[33]シュームの翻訳が示すのは、国家と組織的宗教への、また両者の相互依存性についての陳腐な批判を、新しく洞察し直し、異化してみせる一人の思想家である。ニーチェが言うには、

> 国家があるいはむしろ政府が、マイノリティの大衆の守護者を自認し、宗教が維持されるべきか廃止されるべきか、彼らに代わって考えるというならば、政府は必ずや宗教の維持を選択するであろう。……（というのも）政府の必然的・偶然的な欠陥が聡明な人間に明らかになり、敵対心を抱かせるときに、愚鈍な人間たちは自分が神の手を見たと思い込み、辛抱強く上からの指令に服従するであろうからだ。[34][*5]

一八九〇年代を通して、ニーチェのアフォリズムが定期的に『自由』に連載される。そうしたなかで、同情が自己を誇大化する形式であること、個人の心理に外部の権威が影響を与えること、そして自己を知ることが道徳性の唯一の土台であること、などの思想がアメリカのアナーキストの著作に見られるようになってくる。(35)

ヨーロッパのアナーキストにとってのニーチェの重要性を知りつつも、しかしタッカーとニーチェの思想との関係はつねに良好というわけではなかった。真の自由はいかなる帰属も――宗教的なものも、経済的・政治的なものも、道徳的なものでさえも――強制されてはならない、というニーチェの主張をタッカーは評価する。けれども、ニーチェの個人主義の要素が利己主義的な場合には、異議を唱える。ニーチェが便宜主義の倫理を主張するのは正しいが、もしその便宜主義が他者の私的利用を必要とするならば、正しいものではない、と。タッカーはニーチェの著作の中にこの私的利用の側面を感じ取っていた。またニーチェの「超人」は、解放された自己というタッカーの理想に訴えるものがあるが、もしある人間が上に立つために、別の誰かが下にいなければならないというのであれば、何ら魅力を感じない、と述べる。ニーチェの著作の中に感じ取った利己主義的性質は「甚だしい弱点」と思われ、「ときおりニーチェを憎む」ようになったとタッカーは告白している。(36) それでもなお、適切に「この私的利用者を自称する者を私的利用する」限りにおいて、ニーチェはアナーキストにとって重要な源泉である。ニーチェを「有益に profitably」利用することはできるかもしれないが、しかし「預言者のように prophetably」利用することはできない、と。(37)

それにもかかわらず、タッカーの指導的思想家たちのパンテオンにおいてニーチェが傑出していることは、アナーキズムへのニーチェの寄与をタッカーが認めたことを示している。タッカーはニーチェその人を哲学的アナーキストとみなし、アナーキズムは正しく理解されるならば、人生哲学であり、政治的プログラムではないと主張する。それゆえ、『自由』紙上のいたるところに、知的運動としてのアナーキズムを提唱する、ニーチェ風のアフォリズムを登場させる。「我々はアナーキズムの時代に突入しつつある。それはまた最も知的で自由な個人の時代でもある。途方もない精神の力が動き始めている。天才の時代である。これまで慣習や道徳などによって進行を妨げられてきたものである」[38]。タッカーはニーチェの中に、自由を精神の状態として、国家から解き放たれた精神の力として理解する、同類の哲学者を見出したのである。

タッカーはアナーキズムが、自由というアメリカの理想と完全に合致すると主張する。そして統治される者たちの同意によって統治する唯一の政府など、何ら政府ではないと述べる。「勇敢なジェファーソン主義民主党員たち」すべてに、この点は理解されなければならない、と[39]。タッカーの個人主義的アナーキズムの理念がアメリカ的なものであるとしても、『自由』紙上のニーチェの存在が示すのはしかし、この新聞の最良の理論家や代弁者たちがヨーロッパ人だということである。『自由』の題辞に[40]ピエール＝ジョゼフ・プルードンの引用を配し、紙上ではニーチェ、シュティルナー、ショー、イプセンを宣伝するタッカーの如才ない偶像破壊主義は、ヨーロッパ中心主義のアメリカ・コスモポリタンたちに共通する不安を明らかにしている。コスモポリタンたちはニーチェの哲学が「道徳それ自体を問題に」[41]することによって、急進的思想に寄与していることを認める。だが、アナーキズム思想の正典ではヨーロッパの思想家が傑出し、しかもヘイマーケット事件後、とりわけアメリカでアナーキストが社会から疎外されていたことを考えるならば、『自由』紙上のニーチェの存在は不安をかき立てることになる。アメリカは先進的思想を受け容れる、道徳そのものを問題にする準備がまだできていないかもしれない、という不安をである。

けれどもシュームは、アメリカがニーチェの曙光を受け容れる準備ができていると信じ、それを証明するために、ニーチェのエマソンとの類縁性を引き合いに出す。一八九六年ニーチェ哲学についての評論の中で、シュームはニーチェを、開かれたコスモポリタンの知識人の典型として描き出す。そのような形でこのドイツの哲学者を一般読者層の目に触れさせようとした。シュームのニーチェはいかなる故国も知らない。帰属するいかなる国家もその本質がはかないものでしかないことを認識しているからである。シュームはニーチェの『人間的な、あまりに人間的な』から引用する。「ほんのいくらかでも理性の自由に達している者は、自分を地上で漂泊者以外には感じることができない、――一つの最終目標にむかう旅行者としてではないにせよ、なぜならこのような目標は存在しないのだから」[*6]。ニーチェの創造的刺激は東や西に向かうのでなく、むしろ「「人間」といわれるあの内面的世界」の周航を励ます。ニーチェは新しいタイプの知識人を代表している。ニーチェが第一に個人の内面の深淵さに焦点をあてていることを、アメリカの読者は知るべきである。それは「コンコードの哲人」を想起させるからである、そうシュームは述べる。どちらの思想家も時代遅れの教義を拒否する「際立った個人主義者」であり、ニーチェの言う「認識の道具としての生活」を試みる「実験者」である。二人はまた「とうの昔に廃れた凡庸さ」と、空文化したキリスト教や平等主義の決まり文句と闘った。それらは、エマソンの言葉によれば、「世界をしだいに一つの塊に変えてしまう」おそれがあるからである、と。シュームは両者の影響関係を主張するわけではないが、この二人の著者の間の強い類縁性を指摘する。そしてエマソンを生み出すことができたのであれば、アメリカはニーチェが繰り返す洞察を聞く耳もまた持っているはずであると述べる。ニーチェの問題は新しい世紀のアメリカの問題となるであろう。コスモポリタンたちのヨーロッパ中心主義とは異なり、エマソンのおかげでアメリカはニーチェを受け容れる用意ができていると、新しい世界へのすなわち人間の真の内面世界への航海の準備ができていると、シュームは主張したのである。[42]

世紀の変わり目、コスモポリタンたちはアメリカがニーチェを受け容れるべきだと主張していたが、アメリカはそうするまいと確信する者たちもいた。なかでも芸術評論家ジェームズ・ギボンズ・ハネッカーほどこの問題を追求した者はいない。ニーチェは徹頭徹尾ヨーロッパの思想家であり、アメリカ人の精神とはまったく相いれないものである、とハネッカーは述べる。一八九〇年代初めから、ハネッカーは音楽雑誌の編集者、文芸評論家、随筆家、小説家として、思想や芸術の領域でのヨーロッパの動向をアメリカの読者に紹介する人物として評判になっていた。一八八八年ハネッカーはニーチェを発見する。その時初めて読んだのは『バイロイトにおけるリヒャルト・ワグナー』（一八七六）で、それをきっかけとしてこのドイツの哲学者に生涯にわたり魅惑されることになる。[43]ニーチェに関するものは何もかも夢中になったハネッカーは、一九〇四年ワイマールにエリーザベト・フェルスター゠ニーチェを訪問する。またニーチェの哲学をアメリカに紹介する自分の役割の重要性を誇る手紙を書き送っている。[44]後にH・L・メンケンは知的先駆者としてのハネッカーの役割を称揚して述べた。「合衆国が、より文明的な国々の審美的に進んだものと……いかなる形であれ、触れあっているとすれば……その道を切り拓いた栄誉を（ハネッカー以上に）主張しうる者はいない[45]」。ハネッカーは、ヨーロッパの哲学と美学に関する「公式の」大使であるが、それだけではない。より重要なのは「［アメリカで］ニーチェの真の偉大さを理解した最初の人間」であることだ、そうメンケンは考えた。[46]

三十年余りにわたるニーチェ哲学との関わりを通じて、ハネッカーは「あらゆる形而上学的障害物」

を脱ぎ捨て、いかなる思弁的思考の残滓も「身にまとわない」一人の思想家を宣伝する。[47] ニーチェは十九世紀の道徳の全資産が――キリスト教のセンチメンタリズムから、世俗のヒューマニズム、科学的社会主義、民主主義的理想主義まで――急速に衰退する西欧文明の告白であると非難する、とてつもない否定者である。しかし他の偶像破壊主義者たちと違い、ニーチェの否定には病的なペシミズムがまったくない。むしろ受け継がれてきた心的支柱を一切放棄した、強靭で恐れを知らない「大地への愛」を表わしている、と。[48] ライツェルやタッカーのように、ハネッカーもニーチェの自由思想に基づく個人主義は、いかなる教義にもイデオロギーにも関係せず、いかなる「形式哲学」も提起しないと主張する。ニーチェの個人主義とは、ごく簡単に述べると、「一つの力強く批判的な世界観の様態」である。この一千年来の時代遅れになった道徳的障害物をすべて脱ぎ捨てることによって、ニーチェは「アダム以来最も偉大な個人主義者」となったのである、と。[49] かくしてハネッカーのニーチェは思想における新時代を画することになる。背後にいかなる歴史も持たない自由思想家中の自由思想家である。

大陸の思想や美学についてのハネッカーの著作は、ニーチェ独特の天才概念から着想を得ている。前衛的思想のアメリカへの導入でよく知られているが、ハネッカーは知識人の運動にではなく、知的に活動する者に関心があっただけである。実際ニーチェもハネッカーの主張を裏付けている。偉大な思想は運動に属するものでも、ましてや時代に属するものでもない。孤独な天才に特有のものである、と。ワグナーやシューマンなどのヨーロッパの音楽家について書き、イプセンやストリンドベリなどのヨーロッパの劇作家について書き、スタンダールやボードレールなどのヨーロッパの文人について、ハネッカーは書く。そして彼らの偉業は自力で達成されたものである、と主張する。「芸術や文学に〈流派〉など存在しない。ただ優れた作家、芸術家がいるだけである。人間のタイプなどない。ただ個人だけが存在する」[50]。著作の表題から、ハネッカーの関心は偉大な個性的存在にあるのが分かる。また、その審美的想像力にはニーチェの刻印が認められる。『偶像の破壊者』（一九〇五）、『予言者』（一九〇五）、『個人主義者』（副題として『超人の書』一九〇九）に続き、一九一三年の回想録の表題にはニーチェの言葉「距離のパトス」[*7]までもが使われている[51]。しかし、天才はいかなる運動も、いかなる時代も、いかなる故国も知らないという主張にもかかわらず、ハネッカーにはヨーロッパ中心主義が際立っている。それは天才の必要とする真の距離のパトスが、アメリカ文化からの距離にあるという考えを示している。ハネッカー曰く「最良の音楽はドイツから、最良の散文はパリから、最良の詩人はイギリスから生まれている」[52]。知的に危険で美的に肥沃なニーチェの天才は、自分自身以外の何ものにも帰属しないが、しかしその自己への帰属とはヨーロッパに帰属するものであった。

　ハネッカーはその初期熱心にニーチェを論じ、ヨーロッパでのニーチェの影響力の増大を称揚したが、他方でその影響力が見境のないものと思うようになるにつれて、アンビヴァレントな感情も高まっていく。ハネッカー曰く、聖なるものすべてを俗なるものに変えようとするニーチェの努力は、気の利いた談話術とはほど遠い。ただ稀な読者だけが評価でき、さらに稀な知性だけが成就しうる、恐るべき離れ業である、と。まさにニーチェが敵とみなした畜群どもによって、その「革命的な」思想が「厚かましくも着服されている」ことをハネッカーは嫌悪した。この天才は他人のためにではなく「自分自身の魂の解放のために」書いたのだとハネッカーは力説する。ただ天才だけが天才を理解しうると述べ、そしてニーチェの宣伝が自分の役割であると自認し、大衆がニーチェを誤解していると主張する。後にハネッカーは形容詞「ニーチェ（主義、風）の Nietzschian」を新造語として作り出し、アメリカで広めることに助力する。そして「唯一のキリスト教徒は十字架の上で死んだ」とニーチェは好んで口にした。

それに応えるなら、唯一のニーチェ主義者はニーチェの優れた頭脳が崩壊した時に亡くなったのだ」と述べる[53]。

ハネッカーは自分の宣伝が、アメリカでもヨーロッパと同じようなニーチェの影響力をもたらすとは思っていなかったが、とはいえ同じ志をもつ、もう一人のヨーロッパ中心主義コスモポリタンを少なくとも見出した。一八九五年ハネッカーは『コマーシャル・アドバタイザー』誌の元演劇批評家で、『ミュージカル・クーリア』誌のパリ特派員であるヴァンス・トンプソンと手を組み、共有するヨーロッパ前衛文学への熱情を『マドモアゼル・ニューヨーク』誌に注いだ。これは当時のパリの文学シーンで主導的であった審美主義を範とした、隔週の雑誌で、外国の文学をアメリカに紹介することを目的としていた[54]。ダヌンツィオ、メーテルリンク、ストリンドベリ、フローベールなどの新しい人物群像についての歯切れのよい記事の中で、彼らの文学的企図の精神を最もよく体現していたのは、ニーチェであった。後にハネッカーは『マドモアゼル・ニューヨーク』誌を「我々の鼻持ちならない自己中心主義と急進主義のための安全弁」であったと回顧している[55]。実際この雑誌は、不敬な論評やいかがわしい風刺画であふれていて、どこから見ても二人の無法者の青年の馬鹿騒ぎである。ハネッカー同様トンプソンも、知的な自己規定と自己主権をラディカルに探究するこの思想家を宣伝した。それが「おそろしく田舎臭い国」とみなすアメリカからの「距離のパトス」を示すことになるからである[56]。

トンプソンもまた、ニーチェが孤独な、比類なき天才であり、その影響力が十九世紀末ヨーロッパの前衛文学を支配しているとみなす。けれども、ヨーロッパ世紀末の「進んだ」文学でさえ、いかに遅れたものとなっているかと述べて、その影響力を冷めた目で見てもいた。ニーチェは「思想の自立性、大胆な自尊心」を象徴している。だがその哲学は余りに逆らい難い力を持っているので、ニーチェに続く思想家たちは、ただニーチェの知的自立性を模倣しているだけである。しかし、この「ニーチェの態度」をただ別の「主義」の態度に置き換えたところで、「真の文化はまさしく……自由な個性、独創的で豊かな思想において始まることを、誰ひとり、我々の最良の部分でさえ、理解しているとは思えない」。トンプソンはこのように、ニーチェ以後の革新の探求がはらむアイロニーを指摘する。「専制君主にして自己崇拝者、我こそ輝かしき我そのものである」と声高に叫んだのはニーチェである。だが、独創性に憧れる急進的批評家は「ニーチェの脱ぎ捨てた衣装」を身にまとうことで、真似をしているだけである、と。ニーチェは現代人が模倣しがちな知的エートスを後に残した。けれども、少なくともその名前は、知的独創性を、創意豊かな探究を記述するための形容詞「ニーチェ（主義、風）の」を生み出した、と。[57] だがそれによって、ニーチェはトンプソンに考えさせることになった。芸術、知性、道徳の新しい世界へ移行するための――まさしくモダンになるための――アメリカの「進んだ」努力は、ニーチェに遅れているのではないか、と。

当初は政治的であるよりも審美的であったが、アメリカの民主的多元主義に対するトンプソンの偏見含みの評価が、次第にこの雑誌の論評を色づけていく。ニーチェを左翼的アナーキズムのために利用したライツェルやタッカーと違い、トンプソンは自分の右翼的貴族主義のために利用する。アメリカは「生きたまま寄生虫どもに食われ」ないために、「強者……によって統治」されなければならない、と。このように、アメリカのコスモポリタン的現実を批判するために、コスモポリタンの思想家の「正典」を利用したのである。[58] アメリカは「呪われた共和国」であるというトンプソンの信念を、ニーチェは裏付ける。アメリカが「すべての人間は生まれながらにして自由で平等であるという、途方もない錯誤」の下に動いているからである。近代民主主義の問題は「金権政治」を指導力と、「投票政治」を公共の秩序と取り違えていることである。近代の生活における平準化傾向を、また生まれながらの「知的貴族階級」に対する攻撃を批判するトンプソンは、ニーチェに多くを負っていることを明言している。[59]

そして『マドモアゼル・ニューヨーク』は、この索漠たる商業文明の第一の特徴である、個人に対する民主主義的憎悪を目にする。民主主義はつねに苛立ちながら、粗末な馬の手入れをしている。民主主義はつねに個人を憎悪している。民主主義はつねに思想家たちの去勢をその仕事としている……。社会の善は、群衆が生み出したものではなく、少数者の成し遂げたものである。ただ優れた少数者によってのみ、国家は歴史においてまた人間の生において価値を持つ。自由主義の偽善、民主主義の恥辱、社会主義の卑劣は、無益で打ち捨てられた思想の様態である。ただ貴族主義――火花を散らす剣と他を凌駕する精神の貴族主義――においてのみ、進歩の萌芽が、上昇への欲望が存在するのである。[60]

トンプソンはニーチェを同類の貴族主義的ペシミストとみなして利用した。そしてアメリカが平等を必然と誤解し、個人主義を秩序への脅威として恐れ、群衆を無知で自足させたままにしておくために思想家の本性を歪める限り、アメリカは「破綻した」民主主義にとどまるであろう、との確信を強めていった。[61]

他のコスモポリタンたちは誰も、トンプソンの大衆蔑視や民主主義理念に対する敵意を共有しなかった。けれども、トンプソンの基調をなす、アメリカの商業主義、地域ナショナリズム、反知性主義に対する批判という点では、共通するものがあった。だが、トンプソンの急進的保守主義が示すのは、極左から極右の急進派までが、近代資本主義と民主主義による知性の圧殺に恐れを抱いたために、ニーチェのアメリカでの経歴が実に容易に、政治的立場を越えて広がりを見せたということである。それぞれのニーチェは別々の口調で語っているにもかかわらず、どれもがみな帰属や外的権威という欺瞞を——超自然的宗教、国家、形而上学的哲学、市場経済、多元的社会などいずれのものであれ——脱却した思想家を、自力で生まれ近代的自我の解放を経験した思想家を、示してみせている。ニーチェに目を向けた誰もがみな、近代の個人性はただ到達しうる目標なのであり、継承できるものではないということ、それは自由精神の産物であり、自由市場が生み出すものではないということを証明しようとした。

同様に、ニーチェに注目するアメリカのコスモポリタンたちに共通しているのは、あらゆる外的権威に対するニーチェの挑戦が、道徳の歴史を、またヨーロッパの文化生活を変える出来事だ、と特徴づけていることである。コスモポリタンたちはニーチェの哲学を、思想の新時代を画するものとして描き出す。あらゆる外的権威の基礎づけに挑むことによって、ひとたびすべての哲学的・宗教的・文化的錯誤の拘束から知性が自由になるや、いかなる敬虔さも、結社も、主義も必要なくなる、ということをニーチェは示す。しかし、知的コスモポリタニズムの概念に関与するとはいえ、ヨーロッパの思想にとってのニーチェの重要性を強調したために、アメリカのコスモポリタンたちは、ニーチェがヨーロッパの出来事であるというアメリカ人のイメージ——大衆的出版物において後に取り上げられる主題である——を創りあげるのに一役買ったのである。近代の思想を前進させるうえでのニーチェの役割を強調するなかで、ヨーロッパ中心主義的コスモポリタニズムのイメージ・キャラクターとしてニーチェを利用したために、アメリカのコスモポリタンたちは、進んだ思想には故郷ヨーロッパがあるという考え方を提示していくことになった。

ニーチェの流行

一九〇〇年八月二十五日のフリードリッヒ・ニーチェの死は、アメリカの出版界でも注目を集めたが、しかし人目をひく宣伝広告はなかった。主要な刊行物は死亡記事を掲載し、知的好奇心のあふれる、偉大な才能の著作家の逝去を伝えたが、永続的重要性のある思想家と言えるかどうかについては疑問を示していた。『ブックマン』誌は「輝かしい精神」の、素晴らしい名文家の喪失を悼んだが、ニーチェが「晩年、自分が新しい世界哲学を構築したという思い込みを口走り、わめき散らしていた」と嘆いた。[62]『ポピュラー・サイエンス・マンスリー』誌がニーチェを「雄牛のように足を踏み鳴らして歩く」「ダーウィン主義的」思想家であるとみなした一方で、『アウトルック』誌はニーチェを陳腐な「ペシミスト」であると片づけ、「この時代の真摯な思想家の一人に数えられる」とは考えられないと述べた。[63] しかしながら、どの死亡記事もニーチェの哲学がこの十年の間に「文明社会のいたるところに……深甚な影響」を与えたことについては、一様に認めている。[64]

時は一九〇〇年、死亡記事の紹介内容から明らかであったのは、急進的コスモポリタンたちの小さなサークル以外に、アメリカはその知的生活においてニーチェの深甚な影響を受けることがなく、ニーチェ哲学の何を知るべきなのかも分からなかったということである。けれども、ニーチェの文明社会に対する衝撃を特徴づけることは、アメリカが文明社会の一部ではないのか、という問いをも要請する。おそらくそうではない、と『ニューヨーク・タイムズ・サタデー・レヴュー』紙の、ニーチェ死亡記事の筆者は認めている。この筆者はアメリカ人がなぜ、ドイツの「死せる狂人」に敬意を払うべきなのか、いぶかしんでいる。「ニーチェが実に多くの衝撃的なことを語ったことは誰も否定しない。……けれどもその人間は狂人であった。そして、狂った無神論者の冒瀆的言動に、いかなる価値を付与しうるというのか」[65]。その解答は明瞭であると言えたものではない。フリードリッヒ・ヴィルヘルム・ニーチェは今の時代の好奇心をそそる思想家であったのか、それとも長い時代にわたりそのような存在であったのか。ニーチェの影響力がアメリカ大陸に及ばないのであれば、ない方がアメリカの文化にはより好ましいのではないか。

これらの問いにまだ答える用意はないけれども、合衆国のかなり多くの論者たちが、問いを提起すべき時であると感じていた。ニーチェの著作の最初の英語訳が出版された一八九六年以降、ニーチェの作品に対する評価は、主要な新聞や雑誌、書評誌、学会誌などにおいても、少しずつ高まってきた。『このようにツァラトゥストラは語った』と『ワグナーの場合』の英語訳版が（『偶像の黄昏』、『ニーチェ対ワグナー』、『反キリスト者』を含む）二人のダーウィン主義者――スコットランドの翻訳家、批評家トマス・コモンとグラスゴー大学のドイツ人講師アレクサンダー・ティレ――によって翻訳され、イギリスのヘンリー&カンパニー書店から出版された。それらの英訳が、一八九〇年代の初期から国外に重要な信奉者を得ていた思想家の作品の検討を、いまや可能にしたのである[66]。

書評や記事の第一波が、ニーチェの作品をアメリカの読者に紹介し、ニーチェが読まれる風潮を創り出すうえで中心的な役割を果たした。それらが紹介したのは、著者ニーチェについてだけではなく、ヨーロッパのニーチェ「現象」についてもであった[67]。ニーチェの哲学が好奇心の対象となるならば、大西洋を横断した広汎なニーチェ「流行」もまたそうであった[68]。ニーチェの思想に対する最初期のアメリカの評価によると、ニーチェの存在の高まりは、社会思想における基礎づけ主義への、芸術における形式主義への、宗教における進歩的リベラリズムへの反発の中で見られると指摘されている。ニーチェの思想そのものについての関心の程度もさまざまであり、分析の相違もみられるが、大西洋を横断する知的な動きにとってニーチェ哲学が重要であることは、みなが同意している。「ニーチェの影がヨーロッパの半ば以上を蔽っている」と。[69] 共感する論者も批判的な者も、ニーチェが一思想家にとどまらないことでは一致しえた。ニーチェは重要な文化事象である、実際「ゲーテ以来ヨーロッパでの最大の事象」である、と。[70]

英語版についての初期のプレスリリースは、その点をまさに強調している。ニーチェは「世界的名声」を博しているので、その著作はアメリカの読者の真剣な評価に値する、と。新しい著者の宣伝において、その知的重要性を強調するのは、別に驚くべきことではない。けれども、その重要性がニーチェの著作の影響力にある点を強調するのは、アメリカの主要な学問的関心において、ニーチェに対する偏見が優位を占めていたことを物語っている。ニーチェの哲学が「思想におけるモダンなものをきわめて多く体現している」からこそ「時代の趨勢に遅れまいとする英語圏の文化的な読者が無視する」ことはあってはならない、というのであるから。[71] 大陸での熱狂ぶり全体を見れば、一八九九年『モニスト』誌が述べたように「時代精神を知ろうとする者は、ニーチェを知らなくてはならない」ということに何ら疑問を挟む余地はないのである。[72]

ヨーロッパでのニーチェの流行についての広汎な関心が示すのは、世紀の転換期の知に対する社会学的関心などではなく、ニーチェの思想がアメリカにおいて未来を持ちうるか、という問題である。評論家たちは、ヨーロッパでのニーチェの人気とアメリカでの相対的な無名さを、双方の知的文化の比較研究のために利用した。そして、アメリカはニーチェの哲学を快く受け容れるであろうか――本当はヨーロッパと同じようにそうすべきである――と考えた。ニーチェの解釈は最初から、この哲学者の思想のストレートな分析にはとどまらなかった。それらの解釈は、ヨーロッパの思想・文化とアメリカのそれとの関係という、問題意識をつねに抱えていた。アメリカ文化にとってのニーチェの含意するものに対して、懸念と憧憬との入り混じった感情を表わす者もいた。「ニーチェはアメリカで流行するだろうか」と。(73)

ニーチェが合衆国の読者を獲得するかどうかを判断するために、流行初期の評論家たちはニーチェの著作の英訳版を入手して分析した。そして、残念なことに大半のアメリカの読者は翻訳でしか、しかもティレとコモンのぎこちなく堅苦しい英訳でしかニーチェを読むことができない、と述べた。評論家たちの見るところでは、その翻訳の大きな問題点はティレとコモンが翻訳のために選んだ著作にある、とされた。ハヴロック・エリスは著名なイギリスの性心理学者で、アメリカでも多くの読者を得ていたが、やはり同意見であった。すなわち翻訳によって読むことができるようになったのは、ただ晩年のニーチェの精神的な「補償喪失（正常な心的防衛機制を維持する能力の損失）」の兆しがすでに現れている著作だけである、と。「英語圏の出版社はもっぱらニーチェの作品の最晩年の、最もとっぴで異常なものばかりを公にしている」が、初期のテクストは出版されていない。「初期のテクストが最も正常で、まさしくニーチェ哲学の特徴を示すもの」であった、とエリスは述べる。(74) 原書でニーチェを読むことができないアメリカの読者は『ツァラトゥストラ』と『反キリスト者』を含むニーチェの後期の著作にしか接することができなかった。それらの著作はニーチェが、その精神生活の「ルビコン川」に近づきつつあるときに書かれたものばかりであった。

英語圏の読者たちを悩ませたのはまた、翻訳それ自体の質であった。翻訳はどれも「流暢で英語らしい訳文に達することができず」しばしば「理解不能」である、と『ネーション』誌は嘆いたが、ほとんどみなが同意した。[75] 全体的に見て、一九〇八年のオスカー・リーヴィの編集になる一連の翻訳は大きな改善であった。しかしそれらにも懸念がないわけではなかった。ニーチェの散文の抒情性をいかに捉えるか、またドイツ語のシンタックスを英語に逐語訳すると、誤りの多いぎこちないものとなるが、それをいかに回避するか、という問題だけではない。意味の捉え方もまた問題になっていたのである。とりわけ驚かされるのは、ニーチェ哲学の主要な概念の訳語の妥当性について、である。「力への意志 Wille zur Macht」は「強大であろうとする意志 will to be powerful」と訳すのが最も適切であるか、「権力を求める意志 will for power」か、それとも「強靭であろうとする意志 will to be strong」か。「永遠の反復 eternal repetition」は「永遠回帰 ewige Wiederkehr」の持つ音感を失っているが、それは「永遠の帰還 eternal return」よりも正確であるか。「悦ばしき知識 Die Fröhliche Wissenschaft」のような、比較的明瞭な表現でさえ、英語では「華やかな知識 gay knowledge」「幸福な知識 happy knowledge」また「楽しき学問 joyous science」とさまざまな装いを取りうる。「ニーチェをうまく翻訳するには、熟練した技量を必要とする」という点に皆は同意した。[76] けれども、ニーチェの著作はそもそも翻訳が可能であるのか。そうした疑問を表明する者もいた。例えば「[ニーチェを] 正しく評価するためには、カーライルやエマソンのように、原語で読まなくてはならない。ニーチェのドイツ語の特徴は、英語で再現することができない。英語の思考とは異質のものであるからだ」と。[77] そこで関心は、ドイツ語と英語との間に、ドイツの知性とアメリカの精神との間に、本質的な「通約不可能性（同一の基準では比較しえないこと）」が存在するのかどうか、という点に向けられた。

ニーチェのエキゾチシズムを強調しようとする者たちもいた。彼らは、ニーチェの知的スタイルが今、、、、、、よりもずっとドイツ的であったなら、異質さもより減少していたはずであるとか、ニーチェの思考法はザクセンでの教育の結果よりも、異国の遺伝的性質を示している、と述べている。こうした主張にはもっともな理由があった。アメリカの重要な思想家の正典において、ドイツ哲学者が優位であること、アメリカの高等教育においてドイツを範とした研究大学の数が増えていたこと、ドイツ式の研究者養成法が権威を持っていたこと、これらを考慮に入れるならば、ニーチェがドイツ人であること、ドイツ語で書いていることは、その精神の異質性を説明する理由にはならない。しかし、主情主義的なスラヴ人ならば、話は別である。そこで、ニーチェの異質な知的性向を読者に納得させる説明として、（ニーチェが自称していた）ポーランドの出自ということが持ち出される。妹のフェルスター＝ニーチェは、ザクセンのニーチェ家がポーランド貴族の末裔であるという、兄の根拠のない自慢を一笑に付した。けれども、アメリカの批評家たちはニーチェの家系についてのこの説明に飛びついた。だがそれだけで終わらなかった。F・C・S・シラーはイギリスとアメリカで学んだドイツの著名なプラグマティストで、初期の重要なニーチェ評論家であったが、ポーランド人の末裔というニーチェの主張はもっともらしいと考えた。ニーチェの「明らかにスラヴ風の名前（ニエツキー）」や、ニーチェが育ったドイツ東部には、スラヴ出自の人間が非常に多く居住していることを考えに入れるならば、と。また「ニーチェの精神と気質」がなぜこれほどまでに、情熱とこれ見よがしのふるまいを見せるのかを説明するのにも、ニーチェ＝ポーランド人説は都合がよい、と。そのようなニーチェのありようは「疑いもなくスラヴ人の」遺伝的性質にのみ起因すると考えられるからである、と。[78] シラーに同意して、ニーチェの哲学は、アングロサクソン人のように自由と秩序との健康なバランスのとり方が分からない、ポーランド貴族の知的不健康さの証拠となる、と述べる者もいた。[79] ニーチェ主義がアメリカで成功することはない、また成功すべきでないということを示そうとする者たちにとって、ニーチェの異質な「ポーランド人らしさ」は特別な意味を持つことになった。

継承された権威への反抗が叫ばれる時代にあって、行き詰まりを見せる正統派信仰の思い上がりを罵倒する著作家の存在は、目新しいものではない。けれども、ニーチェの批判の力は、それがさまざまな形の解放を期待させるという点にあった。ニーチェ的解放はあらゆる領域に及び、それらの闘争を概観できる一大地図を作成できるほどである。家庭では、ブルジョワ的両親の息詰まる倫理観と審美眼に対する闘い、大学では、教授陣の不毛性と学風の固執に対する闘い、教会では、純然たる規律とみなされている倫理に対する闘い、公共的空間では、進歩的思想の安易な逃げ口上に対する闘いが行われている。とはいえ、ニーチェ哲学の固有の価値については、まだ判断が定まってはいなかった。「大西洋の反対側における、ニーチェとその作品への衰えを見せない関心」は「物議をかもして有名になること」にすぎない事例の証拠であるのか、またニーチェの思想はたんなる「偽善の時代のこのうえなく空疎な、見せかけだけの言葉」でしかないことを示しているのか、と。[80] ニーチェの思想はいささか「おもしろい馬鹿騒ぎ」にすぎないのか、それとも「自らの生命を著作のために捧げた」思想家の「偉大さ」の証明であるのか、と。[81]

ヨーロッパでのニーチェの流行は、ニーチェが真正の哲学者としてはみなされていない証拠だ、とは誰も主張しなかったが、ニーチェの哲学を取り巻く熱狂状態は、ときにそう主張したい気分にさせた。最初は少数のアカデミズムの哲学者たちが、やがては続々と、そうした議論に介入してきた。そして、ニーチェの哲学が近代の思想のもう一つの「主義」にすぎないのか、それともすべての哲学的土台を破壊するほどの批判力を備えているのか、を問題にした。合衆国で、ニーチェに関する最初の博士論文を書いた、コーネル大学哲学科のグレース・ニール・ドルソンは、ニーチェの流行がニーチェへの学術的関心を正当化することはないし、ニーチェに関する哲学論文を認可することもない、ということを認めている。けれども、ニーチェを評価することは疑いもなく「過去数十年の知的活動全体に」正面から向き合うことである。……「ある意味でニーチェは必然であった」とドルソンは主張する。発展する自然科学的世界観がいかに道徳的献身を嘲笑するかをニーチェは述べる。ニーチェの眼目は、近代がその理想に及ばないというのではなく、その理想が現実に及ばないと主張することにある、と。価値観の価値を問いただすことによって、ニーチェはアメリカ人に重要な洞察を提起する。「政治では民主主義が、倫理では自己犠牲がスローガンとなる時代において」認識すべきであるのは、「自己犠牲は、強迫観念化すると、犠牲にされるべき人物は誰か、それも早ければ早いほど良いという問題になってしまうということ」であると。ニーチェはまたアメリカ人に、その功利主義的倫理観を問い直すよう強いる。「全体の慰め」などは弱い人間たちの文化の埋め合わせにはならない、ニーチェの利己主義は「苦痛は、それに耐え抜く力の欠如ほど悪いものではない」ことを明らかにした、と。(82) それゆえに、民主主義と自己犠牲という理念の普遍性に対するニーチェの挑戦は、それらの価値観そのものの真剣な再評価を強いる。そうすることで、ニーチェは次世紀の哲学が目指しているものを、先取りしただけである。ニーチェの問いはあらゆる近代の思想の問いとなるであろう、とドルソンは結論づける。

ニーチェの哲学の価値は、合衆国の多くの論者から見て、アメリカ人の思考に対する異質さにあった。『ニューヨーク・タイムズ』紙が述べたように、「アメリカニズム」という「手軽なリベラリズム」に対するニーチェの挑戦は、またその「ヘレニズム的・審美的」知性は、「ヘブライ的・禁欲的」なアメリカ人の心性と対決する姿勢を取り、「これまでアメリカの思想家たちによっては示されたことのない」

重要なパースペクティヴを提起したのである。[83]

けれども、ベンジャミン・タッカーの仲間のアナーキストで、『自由』誌の定期的な寄稿者であったヴィクター・S・ヤロスによれば、ニーチェの哲学はアメリカ人の思考に異質であるようにみえるが、アメリカ人の実践によく調和するものである。したがって「理論的ニーチェ主義と実践的ニーチェ主義」とを区別することが重要である、と。他のアナーキストが、普遍的道徳へのニーチェの挑戦を解放的なものとみなしたのとは違い、ヤロスはニーチェの便宜主義の倫理が、人間のふるまいにとって恐るべき指針となる、と考える。ニーチェの「貴族主義的」思想は当然のことながら、多くのアメリカ人の激しい嫌悪の的となるから、「思慮深い思想家で、フリードリッヒ・ニーチェの驚くべき福音がアメリカにおいて広がるのを、いささかでも恐れるような者はおそらくいないだろう」と一九〇一年、ヤロスは推測している。けれども、肝心なのはその点ではない。アメリカ人は「理論的ニーチェ主義」を拒むかもしれないが、ずっと以前から実践においてはニーチェ主義を受け容れている。コマーシャリズム、貪欲、自由放任主義、帝国の追求、これらはアメリカの生活の土台をなしている。アメリカ人は必ずや「理論的ニーチェ主義」をおぞましきものと考えるにちがいない。なぜならば、その思想がアメリカ人の倫理の正体を完膚なきまでさらけ出すからだ、と。それゆえに、アメリカ人にニーチェは無用である。アメリカ人は初めからニーチェ主義者だったのである、と。[84]

ヨーロッパでのニーチェの流行に魅惑されたことは、アメリカにおける受容のたんなる前触れではなかった。むしろアメリカの思想におけるニーチェの最初期の存在という、一つの特徴的なライトモチーフを表わしている。アメリカでのニーチェの受容を実現するうえで、力となってきた初期の紹介者たちは、大衆啓蒙家であれアカデミズムの側の人間であれ、まずニーチェをヨーロッパの「事象」とみなした。ニーチェはヨーロッパに帰属するだけではない。ニーチェ自身がその創造に助力した、新しい近代的思考法を体現している。「ニーチェ主義」の妖怪と格闘することによって、アメリカ人はまだ明確ではない近代性と、またそれがアメリカ人の道徳生活に対してもつ意味と、折り合いをつけようとした。ニーチェがアメリカにやってくるのだろうかという懸念を抱くアメリカ人の問いは、アメリカが知的近代性を経験することへの不安の表現でもあった。

海外でのニーチェの顕著な影響力に対する合衆国内での相対的な無名状態はまた、アメリカの知的文化と大陸ヨーロッパのそれとを比較する際の一つの方法であった。「ニーチェの大氾濫」は「ニーチェが……軽蔑したまさにその文化的俗物ども」までもがニーチェを都合よく利用したから起きただけだ、とみなが考えたわけではない。とはいえ、ニーチェの急進的な思想がアメリカの精神と適合するのはおかしなことだとおおよそ思われていた。[85] アメリカが「新しい思想に対して近代ドイツよりも鈍感である[86]」のは実に良くないことであるとみなが思っていたわけではない。とはいえ、そうした考え方に疑問を呈した人間もまた一人もいなかった。紡がれた物語は同じ主題を繰り返す。すなわち、ヨーロッパの精神が不満や争い、好奇心によって形作られたのに対して、アメリカの精神は朗らかで、自信に満ち、理論的ではなく実践的なものである、という主題である。ヨーロッパは思想を営み、アメリカは交易を営む。ヨーロッパ人が精神の高みに登ろうとする一方で、アメリカは新しい大陸を探し回るのに余念がない。ニーチェがヨーロッパで流行を享受したのは、ヨーロッパが思想家たちの仕事を真面目すぎるほどに、真剣に受け止めたからである。けれども、アメリカが同じことをできるのか、またできなければならないのか、という問題は意見の分かれるところであった。この問題に答えるために、アメリカの論者たちはヨーロッパでの大騒動のただ中にいる、奇妙な人物に注目したのである。アメリカの思想が、ニーチェ思想の含意するものとうまく折り合いをつけるためには、ニーチェその人を知らなければならない、と考えて。

ニーチェの人物像

ニーチェをヨーロッパの事象と解釈するうえで影響力を発揮した初期のアメリカの論者たちは、ニーチェをアメリカの有名人にすることにも手を貸した。ニーチェのドラマティックな人生物語を、その人格的特異性を、ニーチェの精神を崩壊に導いた諸状況を微細に調べ上げ、その哲学の背後にある人間像を理解しようとした。ニーチェの魅力は彼の考えたことの中にではなく、「ニーチェが苦しんだこと」の中にあるのではないか、と多くの人々が推測した。例えばシラーは、一八八八年の精神の崩壊で頂点に達したニーチェの慢性的な身体疾患について詳細に描いている。ニーチェの病理に対する扇情的な関心を繰り返し戒める一方で、ニーチェの思想をその生活と病気の興味深い状況の観点から解釈するのは正当である、と論者たちは主張した。ニーチェの人格と感情の問題を精査することは、少しも軽率な覗き趣味ではない、と。実際シラーは「この事例では、通常と異なって正当化しうる。というのも、ニーチェの感情的な人格の特徴が、その迫りくる崩壊の影が、ニーチェの書いたものすべての上に現れているからだ」と述べる。[87] ニーチェの人物像への度を越した関心は、ニーチェの哲学が伝記というレンズを通して解釈されていることを証拠立てている。ニーチェの人物描写はテクストの解釈の装飾としてのみ使用されたのではなく、ニーチェの人物描写それ自体が、ニーチェの哲学の解釈として提示されたのである。[88]

図 6　1882 年 38 歳のフリードリッヒ・ニーチェ。グスタフ・シュルツェ撮影。『ブックバイヤー』誌 1896 年 8 月号所収，F. C. S. シラー「ニーチェとその哲学」に転載されたもの。

初期アメリカのニーチェ解釈者たちの多くは、ニーチェの外貌に夢中になった。ニーチェの写真や肖像画が大衆紙にも学術雑誌にも幾度も登場し、ニーチェの生涯のほぼすべてを合衆国の読者に提供した。一八六一年の少年ニーチェの写真も複製された。堅信礼の直前に撮られた、ナポレオンを気取り右手を礼服の胸に差し込み、立っているものである。またバーゼルでの若き教授時代の写真がある。頬が丸みを帯び、入念に手入れされた口髭を備え、奥深い目が小さな銀縁の眼鏡によって一部隠されている。最もよく知られた二葉は、一八八二年ドイツのナウムブルクで写真家グスタフ・シュルツェによって撮られた横顔の写真で、ときにニーチェ三八歳であった。どちらもニーチェの濃い黒髪が高い額のところで丁寧になでつけられ、口元は念入りに手入れされた壮大な口髭の下に隠されている。ニーチェはあか抜けた上着に高い襟の白いシャツ、黒いネクタイを身に着けている。一枚はニーチェの上半身の写真、もう一枚は額にしわを寄せ頭をこぶしで支えているもので、思索にふける思想家ニーチェの肖像画のイメージとなる。

この哲学者の彫像や素描の写真もまた複製されたが、それは海外ですでにニーチェの肖像画が、産業として急速に成長していたことを物語っている。クルト・ステーヴィングによる一八九四年のニーチェの油絵の複製もある。ベランダに腰を下ろし、黒い上着を身にまとい、首にアスコットタイを結び、両手を弱々しく膝の上にそろえている。アメリカでは一八九九年のハンス・オルデのエッチング「ニーチェの小さな頭部」や、マックス・クリンガーの有名なニーチェの上半身像の写真が複製されている。ニーチェの芸術作品化――この哲学者を油絵や大理石の彫像、木版画などにしたもの――の複製は、ヨーロッパでのニーチェの流行を目に見える形で後押しした。しかしさらに重要なのは、精神錯乱の時代のニーチェのイメージを出版しようとする傾向であった。晩年の著作を翻訳した初期の英語版と同じく、アメリカ人の最初のニーチェ体験は、疑いもなく「ルビコン川」を越えた後のニーチェであった。

利用すべきイメージがなければ、読者を惹きつけるために最上級の誇張が用いられた。ニーチェはたんに偉大な思想家であるばかりではない。「世紀最大の急進的哲学者である」と。[89] ニーチェの哲学は小説などの比ではない。それは「人類に提起された最も革命的な思想体系である」と。[90] しかしながら、自らをいみじくも「一個のニュアンス」とみなす一人の思想家を描出する方法としては、最上級の形容はえてして的を外れて飛んでゆく矢のごときものである。[91]

アメリカにおいてフリードリッヒ・ニーチェの人間像を確立したのは、誰よりもまずH・L・メンケンである。メンケンの一九〇八年の研究『フリードリッヒ・ニーチェの哲学』は――アメリカの一般読者に向けて書かれた、最初のまとまった英語の著作――ニーチェの宗教教育、生家牧師館の時代から社会の危険人物となるまでの知的道程、病との格闘、近代キリスト教の奴隷道徳に対する闘いについて、にぎやかで卓抜な物語を提供している。ニーチェのドラマティックな人生物語と人間像は、メンケンにとって二義的な呼び物ではなく、ニーチェの著作の至るところで脈動する「力への意志」を理解するために、必要なものであった。メンケンのニーチェは、神、超越的道徳、普遍的真理という「権威」に向

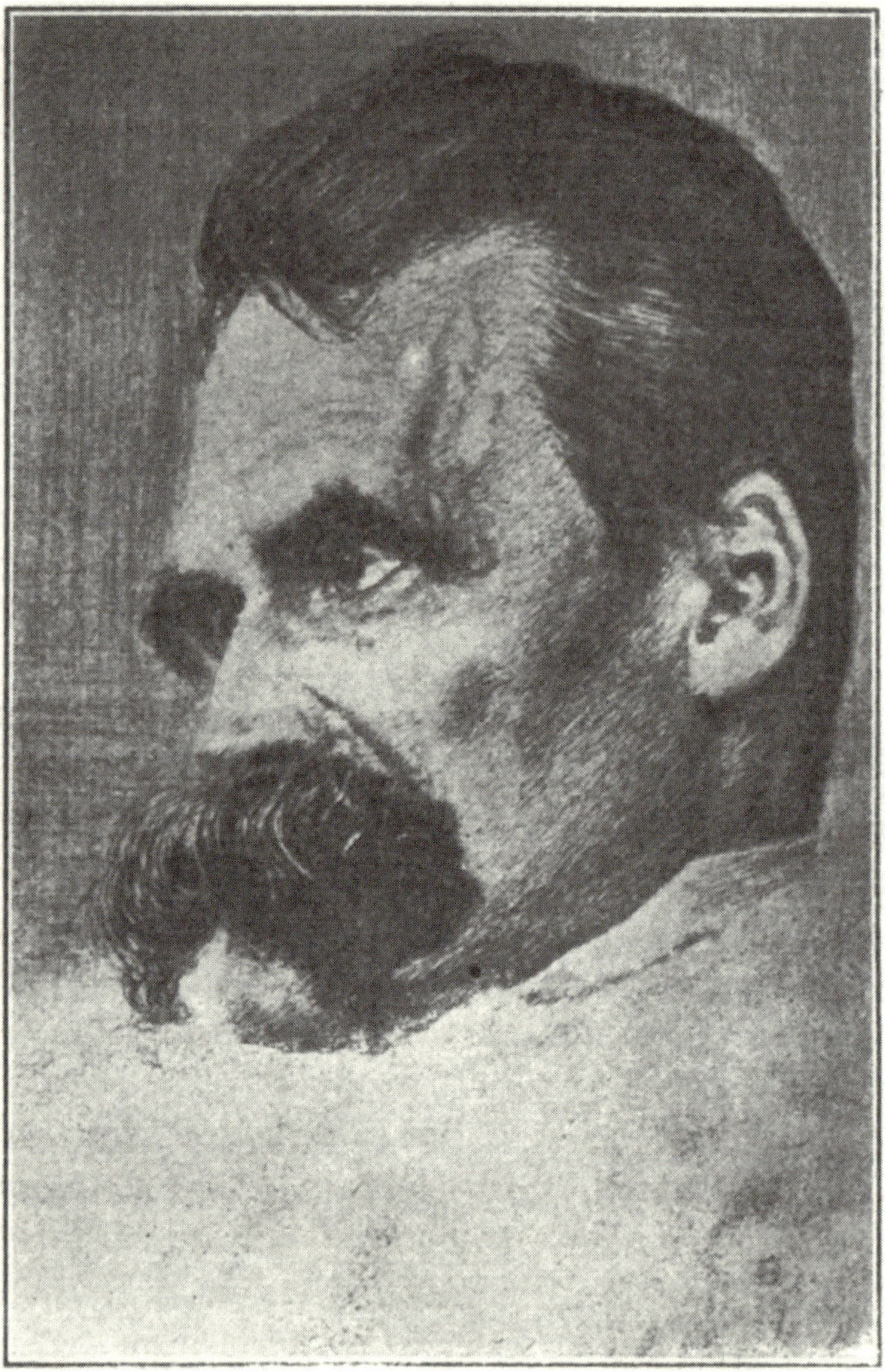

図 7　『カレント・リテラチャー』誌 1908 年 4 月号所収,「ニーチェ――反キリスト者！」より。

けて「槍を放った」。ニーチェは自己の現実の中心に、また自己の著作の中に「独断的な「我」」を据える。メンケンはニーチェの声を腹話術によって示そうとする。「我はキリスト教を糾弾する。我は人類に与える。……我は考える。……我は言う。……我は為す。……」と。(92) メンケンによれば、ニーチェの著書では第一人称の権威が想定されているので、どの著作も著者の個人的告白として読むことができる、と。(93)

メンケンが二十七歳の時に書いた論文は、そのニーチェ集成の第一歩にすぎず、その後もニーチェについて次々と書き続けた。——一九一〇年ニーチェのアフォリズムについての概説『ニーチェの骨組み』、一九二〇年『反キリスト者』の翻訳、『ボルチモア・サン』紙、『アトランティック・マンスリー』誌、また自分の編集する『ザ・スマート・セット』誌、『アメリカン・マーキュリー』誌のために、ニーチェについて数えきれない論文や記事を書いた。ニーチェについて書いていないときは、ニーチェの概念の兵器庫から持ち出した「奴隷道徳」「畜群道徳」「ルサンチマン」「力への意志」などの用語で、自分のテクストを散りばめ、アメリカの民主主義文化に対する怒りを表明するのであった。ニーチェの創意に富む言葉の使用に励まされて、メンケンも独自の用語をいくつも作り出している。最も有名なのは「booboisie 無教養階級」と「boobus Americanus アメリカオロカビト(愚か人)」である。ニーチェの文献学的批判に鼓舞されて、メンケンも自分の言語的系譜学

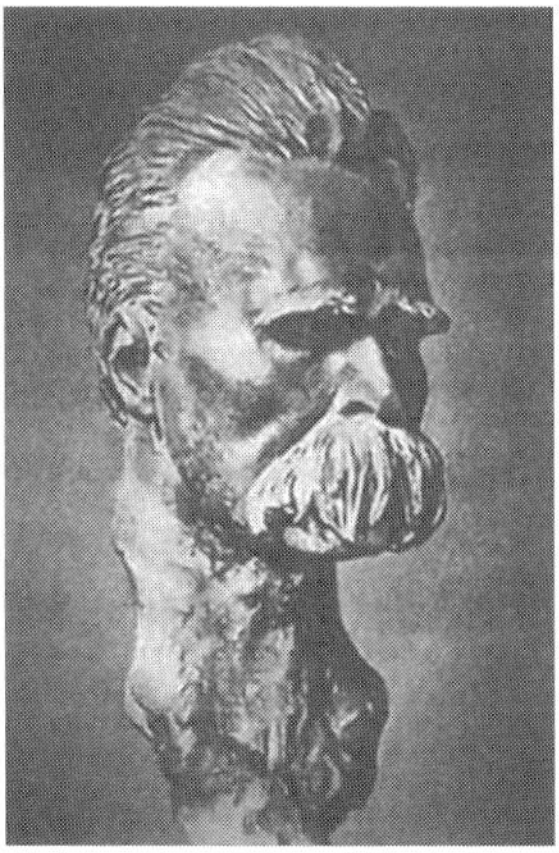

図8 ニーチェの影像。マックス・クリンガー作。『カレント・リテラチャー』誌1906年3月号所収「人類にこれまで与えられた最も革命的な思想体系」に転載されたもの。

『アメリカの言語』（一九一九）を著わす。最後の著作『マイノリティ・リポート』（一九五六）は、ニーチェのアフォリズムによる闘いから刺激を受けている。生涯を通じてメンケンもまた、ニーチェの批判的知性をモデルとして利用した。ニーチェの思想とイメージはメンケンの尽きせぬ源泉であった。——「超人」の称賛、民主主義の危機への警告、キリスト教の本質である「奴隷道徳」についての洞察などが、メンケンの知的伝記を彩っている。後にメンケンは、アメリカ文化に対する継続的批判の思想が「もっぱらニーチェに基づくもので、ニーチェがいなかったならば、決してそうした思想に至ることはなかったであろう」と語る。[94] メンケンはまた、ニーチェについての本を書くことによって、新しい思考のスタイルを身に着けたとも述べる。「その後、自分は思想の批評家となり、以来そうであり続けている」と。[95]

メンケンは、自分の知的伝記において際立った役割を果たしているこのドイツ人の著者が、アメリカで流行しうるとは夢にも思わなかった。けれども、アメリカでのニーチェの人物像を形成するうえで、重要な貢献をし、ニーチェの流行を確かなものにした。メンケンは一九〇五年ハネッカーの『ニューヨーク・サン』誌の中で、初めてニーチェを発見した。それは処女作——ジョージ・バーナード・ショーの戯曲の研究——を書いているときであった。[96] その本が好意的に迎えられると、出版社主のハリソン・ヘール・シャフは話題になりそうな、また別のヨーロッパの思想家フリードリッヒ・ニーチェの紹介を、ひき続き書くよう提案した。最初メンケンはその企画を断った。その企画に求められる高度なドイツ語の語学力や学問的訓練がなく（メンケンは高等学校までの教育しか受けていなかった）、その欠陥を埋め合わせるのに十分な情熱を、ニーチェに対して持っているわけではなかったからである。それ以上に、ニーチェのような革命的なしかも難解な思想家が、アメリカの偉人の殿堂に仲間入りすることなどありえない、とメンケンには思われた。けれども、夜遅くまでニーチェの『選集』を読み続け、卓越した言葉の錬金術師を子細に研究し、この傑出した天才を顕彰することに強い関心を抱くに至り、メンケンはこの企画に取り組む決心をしたのである。

出来上がったのは、ニーチェの生涯と思想についての詳細な分析である。この中でメンケンは、後に長年取り組むことになるニーチェの人物像の主要な特徴を一つ一つ列挙している。ニーチェの中には、近代アメリカに欠落していると思われる特性が豊かにある。恐れを知らない自立性と、熱烈な知性である。若い頃から「ニーチェは多数派に属してはいなかった」(97)。ニーチェは群衆の「真理」に分け入り、それらがあいまいなセンチメンタリズムであると暴露する。それによって、群衆と断絶する。十九世紀の他の革命家たちが、普遍的思想とみなされているにすぎないものを人間の普遍的特性として唱えたのとは違い、ニーチェは明確に「全体としての人間」という考え方を拒絶する。そしてただ「例外的人間という少数者に対してのみ――従属して生きるのではなく、命令して生きる者に対してのみ――人種としての人間に対してではなく、その主人たちに対してのみ」向かい合う(98)。ただし、メンケンのニーチェが思い描く「主人たち」とは、たくましい戦士たちでも大企業主たちでもない。メンケン自身も野性的な力を崇めることはしないし、市場を賛美することもない。けれども、メンケンはニーチェの言う「現実に存在するものへの崇拝」には敬意を払った。――飾らない現実との恐れを知らぬ親密さを示す思想の、群衆からの「距離のパトス」を示す思想の、非情でありながら焼けるような情熱の自主独立した思想のスタイルに対する、畏敬の念である(99)。

ニーチェの人生に対するメンケンの描き方は、この哲学者の伝記や人柄において、メンケン自身を反映する側面を強調している。ニーチェのドイツ的・ルター主義的敬虔さはボルチモアでの自分の幼少期のしつけと似たものとして描かれる。メンケンは「神への怖れの中で育てられた」が、それは「偽物の破壊者、自由思想家にとっての理想的な訓練」であったと。メンケンの描くニーチェは、母親と同居しながらも、家から離れ「母親のエプロンのひも〔支配下にあること〕」の届かないところでの男性的知性を憧憬する。いったんは自力で抜け出したものの、結局は「エプロンのひも」にニーチェは引き戻される。「この雄々しい闘士が――この傲慢な肯定者が――この人類と神と悪魔の敵対者が――晩年には幼子のごとく介抱され世話される姿には、痛ましさを禁じ得ない」。生涯の大半を独身で過ごしたメンケンは、結婚生活という「エプロンのひも」に対するニーチェの抵抗を、知的自由にとって本質的なものとして描き出す。「来る日も来る日も妻がそこにいるとしたら、ニーチェをひどく苛立たせたことであろう。さもなくば、ニーチェを服従と怠惰の状態に貶めたであろう。……まったく哲学者にとっての理想的状態は、一夫多妻制によってうまく釣り合いのとれている独身の身分である」。メンケンがいきなり一夫多妻制を持ち出すのには驚くが、しかし「結婚への冒険」は男性的知性にとって、とても考えられる代物ではないという信念は、自由な知性にとっての必須条件として、自身の長い独身生活をいっそう強化することになった(100)。

メンケンはハネッカーの著作で初めてニーチェの哲学に出会う。そしてニーチェの哲学を説明するにあたってその人物像が利用できることを確信する。そのハネッカーは、ニーチェの哲学よりも伝記のほうを好むと述べて、自分の論文をニーチェの肉体的・心理的苦痛の詳細な描写で満たし続ける。消化不良、耐えがたい偏頭痛、不眠、それぞれの症状から、ハネッカーは天才の辛苦についてのさまざまな道徳的物語を引き出す。永遠の断罪のヴィジョンが――「〔ニーチェは〕地獄に身を置いている、精神的にも肉体的にも」――殉教者のイメージと――「ニーチェはその病んだ魂と肉体」の中で「過酷な十字架を抱いている」[101]——競い合うように描かれる。ハネッカーの物語では、ニーチェの身体の一つ一つが語るべき逸話を持っており、とりわけニーチェの脳がそうであった。ニーチェの脳はたんなる認識の本拠地であるだけでなく、天才の受ける劫罰についての道徳的物語の焦点であった。ニーチェの「激情と普遍的知識への渇望」が「自分自身の脳」を打ち砕かせる結果となった、というだけではない。「無関心の世紀」に生きることを運命づけられたことが、まさしくニーチェを「燃え尽き」させたのである、と。「ニーチェの最期をその人生の道徳的総決算とみなす」のは知的怠惰に他ならない、とハネッカーは主張する。けれども、ニーチェのドラマティックな人間像と人生の大詰めでの崩壊が、まさしくニーチェを抗い難く魅力的なものにしていることは、認めてもいる[102]。

ハネッカーがニーチェの天才と狂気に魅せられたことは、アメリカでのニーチェ解説の支配的な傾向を映し出している。「ニーチェは狂人であったのか、それとも天才であったのか」[103]アメリカにとってのニーチェの意義は、その答えにかかっていた。知りうる限りのニーチェの精神上の特質や欠陥が、アメリカのニーチェ報道の領域を支配した。一八九八年の『ニューヨーク・タイムズ』紙では「精神病院に入院中の著述家の、興味深い革命理論」という見出しが使われた。ニーチェの哲学を評価するうえで、ニーチェの精神状態が中心となる風潮を、こうした報道がつくり出していった[104]。ニーチェの精神的崩壊は、ときにはアメリカの民主主義文化における天才の苦しみについての教訓となり、またときには大陸の知性主義に対するアメリカの健康的な疑念という教訓となった。この二つの教訓の齟齬を、狂気の天才としてニーチェを描くことによって、解消することはできるかもしれない。しかしそれでは、ニーチェの哲学的挑戦を、過剰なロマン主義として批判すべきか、それとも英雄的思想家による、近代の価値観の空虚さの容赦ない暴露として認めるべきか、という問いに答えることにはならないのである。

ハネッカーはニーチェの狂気を、天才のロマン主義の証拠とすべく奮闘したが、しかし、たわごとを口走る救い難い狂人という支配的イメージと繰り返し闘わねばならなかった。このイメージがすでに一八九五年ハンガリーの医師・評論家・社会批評家マックス・ノルダウによって打ち立てられていたからである。実際ノルダウの『退化』は華々しく成功し、一八九二年から九三年にかけてヨーロッパで文学的センセーションとなる。一八九五年に英語訳が現れたときにはベストセラーになっている。この本がまさしくアメリカにおけるニーチェ解釈の中心にその狂気を据えたのである。[105] ニーチェの著作の英語訳が入手可能になる前年に出版されたノルダウの悪名高き本は、近代の芸術、文学、思想を世紀末ヨーロッパ文化の退廃の証拠として、激烈に非難している。そしてニーチェの著作をモダニズムの知的破綻と道徳的堕落の証拠として引き合いに出す。ウィリアム・ジェイムズなどは『退化』を「病理学上の主題を扱う病的な本」として、ノルダウ本人を「最悪の種類の変質者」として退けたけれども、しかしノルダウの本は十九世紀後半の知的反乱をめぐる、道徳的緊張感の比類ない証言となっている。[106] ジョージ・モッセが「世紀末の最も重要な記録文書の一つ」と表現したノルダウのテクストは、十九世紀の確信に満ちたブルジョワ・リベラリズム、実証主義、進歩主義と出現しつつある「洞察力の鋭い、幻滅した世代のモダニズム的感性」との間の、精神的緊張関係を示しているのである。[107]

ニーチェの狂気に対するノルダウの批判は、一人の人間の精神障害が理由ではなく、ニーチェを生み出し、ニーチェを読者に与えた、退廃した世紀末文化を理由にしている。しかし、ノルダウはニーチェの中にモダニズム思想の堕落が最もよく見て取れると考え、ニーチェについて長々と記述し、近代の病的自己中心主義の哲学者として真っ先に挙げている。有名なイタリアの医師、犯罪人類学者チェザーレ・ロンブローゾの弟子で友人でもあったノルダウは、ロンブローゾの『天才と狂気』（一八六三）の思想を利用して、ニーチェの知的反逆の、哲学的ではなく器質的な根拠を論じる。秩序世界に対するニーチェの批判は、無秩序な精神の倒錯形態にすぎない、と。ニーチェは自分の転倒した理性の働きを物神崇拝するが、それはニーチェが物事をつきつめて考え抜くことができないからにすぎない。それだけではない。ニーチェは自身の性的逸脱とサディズムを認可する力をも崇めている、と。ノルダウによればニーチェは性的な刺激なくしては、いかなる邪悪さも犯罪も思い浮かべることはできず、また意識の内に暴力や流血行為を思い浮かべることなくしては、いかなる性的刺激も経験することができない」。ノルダウのニーチェはゆりかごから墓場まで、奇矯な人間であった。「注意深い読者なら、ニーチェの著作の最初のページから最後まで、狂人の声を聞くことであろう。目は光を放ち、野卑なしぐさで、口角泡を飛ばし、耳を蔽いたくなる大言壮語をまくしたてる狂人を。かと思うといきなり笑いだす。……今度は目まぐるしい敏捷さで踊り、跳ね回るのだ」。ノルダウの逆上した批判は、ニーチェの追従者たちを、見せかけの独創性に騙される愚か者として描き出す。ニーチェは「開け放たれた扉に向かって」攻撃を加えているだけである。かくして、ニーチェの哲学の魅力とは、近代思想の知的貧困さの証拠である。群衆を動かすかもしれないが、その思想自体は「ひと吹きで倒れてしまう」代物なのである、と。[108]

ノルダウの批判はアメリカにおけるニーチェの人間像を形成するうえで、初めは優位を占めていたが、しかし国外から次々とそれに対抗する物語が提供されてきた。最初に最も権威があったのは、哲学者の妹エリーザベト・フェルスター＝ニーチェで、エリーザベトは兄の著作の翻訳や出版を監督するだけでなく、兄を神聖な天才として宣伝することを自らの使命としていた。ノルダウの『退化』の英語訳が出版された年に、フェルスター＝ニーチェは二巻本のニーチェの伝記を出版し、それぞれ一九一二年と一九一五年に英語に翻訳されている。[109] エリーザベトは献身的な家族だけが提供しうるはずの「綿密で正確な」直接の証言を提供する。[110] エリーザベトは「若き幸福なニーチェ」を「まったく健康的で」「優しく」非の打ちどころなくふるまう「従順な」少年として描き出す。「水泳とスケート」が好きで、敬虔さと「ひたむきさ」とを備え、それゆえ物事にいい加減に妥協することを拒絶した、と。エリーザベトはまた、成長するにつれ友情に深い敬意を払い、包容力を示す一人の青年を描き出す。ニーチェは女性たちと気持ちよく付き合い、「優しくほとんど父親のごとき心遣い」で女性たちを扱った、などなど。ニーチェはロマンティックな愛情を抱き、多くの美しい女性たちと交友を持つことができたが、より深い関係は断念した。それはただ自分の使命に並外れて忠実であったからにすぎない。病が高じると、ニーチェは寛大に受け容れた。ただ病のために使命の遂行が阻まれることだけを悲しんだ、と。フェルスター＝ニーチェの改竄に満ちた伝記の中では、ニーチェの生涯は誕生から死に至るまで、非の打ちどころがなく、公正で、犠牲と奉仕を厭わない雄々しき鑑であった。だが妹には不可解なことがある。

というのも、一つの問題がある。フリードリッヒ・ニーチェは現在の我々の道徳的価値観を否定した。少なくともこれまで何ら疑われていなかったそれらの価値観の根拠を、突き止め明らかにした。――これが「あらゆる価値の価値転換」である――。ニーチェは、今我々に説かれている道徳によってなされた、最も高貴で最も繊細な要請を、自ら果たしたはずであるのだが。それなのにニーチェは、何らかの道徳的要請のゆえにそうしたのではなく、まったく朗らかに、それ以外の仕方ではできないから、という理由で果たしたのである。この問題を解くのは後世に委ねよう。[111]

フェルスター＝ニーチェは、穏やかで気立ての良い控えめな若きフリッツを、また孤独になり、すべて

図 9 20 歳のニーチェ。学生組合フランコーニア（ボン大学）在籍時の記念写真（前から二列目左から三番目）。組合の「ビール浸り」に嫌気がさしたニーチェは早々に退会。エリーザベト・フェルスター＝ニーチェ『若きニーチェ』(1912) に掲載されたもの。

を自らの哲学に捧げた学者——聖人のフリッツを、次々とこと細かく列挙する。それはノルダウの描く、目をぎょろつかせた道化者とも、メンケンの描く、雄々しく戦う「自我」とももまったく異なるものである。しかしエリーザベトも、兄の生涯と人間像がニーチェの解釈にとって、変わらぬ重要性を持つことを認める。ニーチェの読者を獲得するために、エリーザベトは伝記と人格を経由した哲学の解釈を是認する。そしてニーチェその人を一つの解かれるべき問いとして立てたのである。

ニーチェの人生によって立てられた問いを喜んで解こうとした一人が、ドイツ生まれの著名な哲学者ポール・ケイラスであった。『オープン・コート』誌と『モニスト』誌の編集者で、哲学と宗教に関する二十冊以上の著作があるケイラスは、人間主義的探究への科学の貢献を評価し、また世紀の転換期のモダニストによる基礎づけへの攻撃に、批判的であった。そこでニーチェの「反科学的傾向」に対して「客観的科学（としての）哲学」という考え方を擁護しようとする。[112] ケイラスの一元論と合理主義の主張は、哲学的プラグマティズムの時代の諸傾向に対する抵抗であり、アカデミズムの世界ではあまり支持者を得られなかったが、アメリカと大陸双方の反基礎づけ主義に対する攻撃のための、紛れもない舞台を提供した。そしてケイラスはアメリカにおけるニーチェ批判の第一人者としての評判を得る。[113]

他のニーチェ論者のように、ケイラスもアマチュア心理学者として、ニーチェの哲学と狂気との結びつきを検討する。ニーチェの移り気は、その哲学の脆弱性の反映である。ニーチェの反基礎づけ主義の問題点は、自己のよりどころとしての理性や科学、神、真理などの権威を否定し、代わりに個人を良き人生の審判者として称揚することである、と。「真理を拒絶する者は、自己を人生の水源から切り離すことになる。その人間は自己を神格化するかもしれないが、しかしその自己は自己神格化によって自ら亡びるであろう。その神格化は真の神の化身ではなく、詐称者の思い上がりと自己礼賛にすぎないからである」とケイラスは警告する。[114]「真理」は虚構だと考える近代人にとって、ニーチェの狂気は客観的教訓となる、と。

ケイラスはニーチェの心理学者としてだけでなく、裏では骨相学者としてもふるまった。ニーチェの容貌とふるまいを、その哲学の狂気の証拠とする解釈を提示したのである。一八九九年の『モニスト』誌の評論で、ニーチェの写真を二枚並べ「自分自身に対する異議申し立て」と思わせぶりな見出しを付して示している。[115] 左側のは一八六一年、ナポレオンのポーズをとった若きニーチェの写真である。この写真はニーチェの堅信礼の直前に撮られたものであるが、ケイラスはそのことには触れず、ニーチェの

図 10–1（左），**10–2**（右）　ニーチェの「自分自身に対する異議申し立て」。左：「プフォルタ学院の一生徒時代 1861 年」　右：「ドイツ砲兵隊の志願兵時代 1868 年」。『モニスト』誌 1899 年 7 月号所収，ポール・ケイラス『哲学的原理としての不滅性』より。

生徒時代のものであるとだけ述べる。そのため、若きニーチェが神への確たる信仰を持っていたことが無視され、代わってただ自己を過大視する、早熟な若者だけが示される。右側の写真に対して、ケイラスはさらに甚だしい恣意的解釈をほどこす。これは一八六八年ニーチェがドイツ砲兵隊の志願兵として従軍した時の写真で、ニーチェは軍服を着て、抜き身の剣を手にポーズをとっている。この写真のイメージを利用して、ケイラスはニーチェの哲学が、自身の脆弱さへの「抵抗」であることを証明しようとする。「ニーチェの哲学は自身の生活習慣と奇妙な対照をなしている」と。「ニーチェ自身は美徳の鑑である。だが自分を悪徳の唱道者にし、そのことを誇りにしている」。そして写真について次のように述べる。

ニーチェは良き兵士たらんとする。気取りを非難するにもかかわらず、自分は抜き身の剣を持つ姿を写真に撮らせ、芝居がかった虚栄心を見せびらかす（鞘は行方不明である）。ニーチェの軍人風の口髭は、現ドイツ皇帝の宮廷付き理髪師の理髪術の先取りである。とはいえ、眼鏡の奥の目と温厚な表情は、その意志の穏やかさを隠すことができない。ニーチェはただ兵士を演ずるだけであり、一匹の蠅を殺すのさえ困難を感じるであろう。(116)

ケイラスは、剣が軍人写真において一般的な小道具であったこと、ニーチェの口髭は当時のドイツの流行のスタイルであったことに言及しない。代わりに、ニーチェの皇帝風の髭が「権力への意志」の哲学のメタファーであり、他方でニーチェの穏やかな表情がその本当の姿、繊細な本質を露わにしている、と述べる。ニーチェその人とニーチェ哲学との間の対照性を強調することで、ケイラスは言外に、自分の指摘する不調和を笑いものにするよう、読者に促している。

ニーチェ哲学の分析でケイラスがニーチェの図像を使ったことは、ニーチェの思想を解釈するうえで、その視覚的イメージがいかに重要であったかを意味している。(117) 早熟な若者、「皇帝」髭の成人した若き大学教授、うつろな目をした狂人――これらの肖像がすべてニーチェの言葉を理解するための基調を構成する。ニーチェはヨーロッパの一事象として、翻訳されたテクストとしてアメリカ文化に入ってきたが、また人間像の集合としてもやって来た。ニーチェの人相を、視覚的にもテクスト的にもドラマティックに描き出すことによって、アメリカはこの思想家が、その思想とは別に意味を持つことを、読者に示した。それはケイラスの一九〇七年の『モニスト』誌の論文「フリードリッヒ・ニーチェ」に明らかである。その論文にはM・クラインによるニーチェの彫像の写真が掲載されている。ニーチェは椅子に腰を下ろし、ローブをまとい、心持ち頭を下げて、下の方を見つめている。このニーチェの描出がニーチェを「悲劇的形象」として表わそうとしていることを、ケイラスは認める。しかしこの描出は、ひどい打撃を受けた人間の哀しみを再現しているにすぎない、と主張する。(118)

哲学的・道徳的基礎づけに対するニーチェの挑戦を、ケイラスは激しく拒絶したが、この哲学者の苦しみに無関心というわけではなかった。ただしこの点でも、ニーチェの苦悩の特殊な読解を、アメリカ

図11　ニーチェの彫像。M. クライン作。『モニスト』誌1907年4月号所収，ポール・ケイラス『フリードリッヒ・ニーチェ』に転載されたもの。

の読者にとって教訓的価値のある読解を主張する。ケイラスによると、ニーチェが苦しんだのは「その理論と生活習慣との間の矛盾にである。……ニーチェはあたかも自由をさえずる籠の中の鳥のようであった。……力への渇望がこれほどまでに無力と固く結びついていることは、いまだかってなかった！」[119]ケイラスは同情と嘲笑とをないまぜにしながら、ニーチェの、耳をつんざくほど迫力のある言葉と、その破壊された健康、穏やかで控えめな気質との間の対照性を、繰り返し強調する。

ニーチェの道徳的性質に欠点があるとすれば、それは善人気取りのところである。ニーチェの哲学は、自己の本性の原理に対する抵抗である。自分自身を大胆にも「最初のインモラリスト」と呼び、放埓さを正当化し、このうえなく下卑た欲望をも擁護する。その一方で、ニーチェ自身の人生は女々しいという言葉がふさわしいものであった。実生活で道徳的堕落に遭遇した時には、いつも嫌悪の情をもって後ずさりをするのであった。

その哲学的虚勢が、自分の「神経過敏」で「華奢な」本性の心理学的否定にすぎないこと、それがニーチェの人生のアイロニーであった、と。[120]

ニーチェの死後のケイラスによる「精神分析」は、それがアメリカ初期のニーチェへの関心のごく一般的特徴を示したのでなければ、たんなる好奇心の表われにすぎなかったであろう。ニーチェの傲慢な思想とその無力な人生との不調和の強調は、世紀の転換期に流行した健康についての言説に基づいており、それは生理学的活力と精神的健全さとの関連を探究するものであった。近代の堕落の道徳的根源についてのニーチェの診断に対して、ケイラスは敵対的であったが、そのケイラスでさえ、人生についいてのいかなる判断もそれをなす人間の健康状態を映し出している、というニーチェの意見には同意する。アメリカでニーチェについての最初の学術論文が、こうした問題を取り上げる女性〔前出G・N・ドルソン〕によって書かれたことは、その背景として、近代の道徳的弛緩についてのジェンダー化する観念や知性と徳の女性化に対する懸念が生まれており、それが男女を問わず思想家たちを悩ませていたことをよく示している。この論文を書いた女性は、ニーチェを「女々しい」男として言及したわけでも、ニーチェの人間関係上の「無能力さ」を論じたわけでもないが、真理の生理学についてのニーチェの思想は、武勇の美徳の失われたことの徴候である、と主張している。

ドルソンの論文から十年後、ニーチェについての学位論文がヨハネス・ブレーネによって書かれる。クラーク大学博士課程のこの学生は、アメリカの心理学者のパイオニア、G・スタンリー・ホールの指導下にあったが、その論文が示すのは、哲学の生理学的基盤へのニーチェの寄与、ならびにニーチェ自身による例証という問題であり、そうした問題への関心が実に広汎なものとなっていたことを示している。ホールから学んだ新しいフロイト心理学の助けを借りて（ホールは一九〇九年クラーク大学でアメリカにおける最初のフロイトの講義を主催している）(121) 今度はブレーネがニーチェの人生と思想について精神分析的読解を行なった。ブレーネによれば、ニーチェの哲学は何ら天才の産物ではなく、幼少期のトラウマに端を発する、ジェンダーの混乱によって不具にされた精神の告白である、と。ニーチェは父親の早逝後、強い男性的存在の不在に苦しむ。「女性たちの家庭で成長し」「父親の強く統制的な手」を切望するニーチェは、「気まぐれさと移り気」を発達させる。そのため、感情的にも知性的にも、ニーチェは現実に参加できなかった、と。ブレーネの評価では、ニーチェの哲学的反基礎づけ主義は、その女性化された心理の直接的な帰結である。加えて、ニーチェは現実世界との「ありうべき最小の結びつき」なしに成人した、とも。「ニーチェは一度も結婚しなかった。職業上は学者であったが、人生の大半を何らの義務を負うことなく過ごした」。いささかでも世間並みの人生が――ニーチェがきわめて嫌悪した健全な男性的な責任――送られていたならば、ニーチェには良かったであろうに。代わりにニーチェは、その優しく女性的な気質と無頼で男性的な哲学的人格との間で板ばさみとなり、甚だしく過剰な不調和に苦しんだのである、とブレーネは述べる[122]。

　ニーチェの病とその哲学との因果関係についての考察が次々と発表されたが、それらはアメリカの精神にとってニーチェがふさわしいか否かという視点をつねに伴なっていた。アメリカの読者に推奨するときにも、遠ざけるときにも、ニーチェが狂人であるか天才であるか、が問題にされた。翻訳家で文芸批評家のルイーズ・コリアー・ウィルコックスはニーチェを「人生によって深刻に傷つけられた……手ひどい病人」として描いたが、そうした観点はありふれたものとなった。けれども、その病は損なわれた近代文化に対するニーチェの鋭い感受性から生まれたものである。その感受性は偉大な魂や壮大なヴィジョンを養うことができなかった。しかしニーチェの心理的混乱は評価できる。なぜならまさしく近代世界における人間の矮小化に対する健全なる抵抗を映し出しているからである。そのようにウィルコックスは述べる。近代の諸力は人生をより快適なものにしようとするのかもしれない。しかしニーチェの考えでは「人生はより容易なものにすることによって、あるいは苦しみの総体を減少させることによって、耐えうるものとなるのではない。我々の生の概念を拡張することによって、生をより強度なもの、より壮大なもの、誰の目にもより美しきものとすることによって、耐えうるものとなりうるのである」と。ニーチェの心の苦しみは、精神性を喪失したキリスト教の安易な慰安をも、ニヒリズムの無意味さをも拒絶するニーチェの英雄的奮闘の反映である。ニーチェの闘いの必要性を考察し、自分の人生において探究のモデルとなるならば、ニーチェは近代の「病める魂の、何ものにも替え難い医師」となる、とウィルコックスは主張する。[123]

近代世界における人間の矮小化に対して抵抗したために、ニーチェが母国ドイツでよそ者扱いされたとすれば、アメリカ文化においてはまったくの異端者として扱われた。近代人の生において「進歩的な」知的・文化的・物質的諸力が、いかに近代人を退行させているかをニーチェは見て取った。ニーチェが苦しんだのは、新しい道徳の世界に移行したからではなく、移行することができなかったからである。ニーチェは近代文化の楽天的・民主主義的・進歩主義的衝動が、人間にもたらす結果を拒絶した。人間の高貴さへの、自己の個性への、生の拡大のヴィジョンへの憧憬のために、十九世紀ドイツとニーチェとは対立した。その一方で「ニーチェの精神的態度のすべてが、アメリカ人の気質といかに異質なものであるかは、指摘するまでもなかった」。アメリカは個人主義を賛美するが、しかしそれは、人間の個性に対する心からの敬意とはまったく別のものである。ニーチェはそのことを理解していたし、それゆえ、自分の思想が合衆国で容易に受容されることはないであろう、と考えていた。ニーチェの流行がアメリカの地に及ぶことはおそらくあるまい、陽気で楽天的なアメリカ精神には、ニーチェは実に捉え難く、複雑であるから、このうえない狂気の天才なのだから、とウィルコックスは述べる。[124]

「ニーチェ的」と「ニーチェ主義」アメリカ英語に

国外の学生に国内の学者、左翼右翼の文学的コスモポリタン、女性に男性、科学者に大衆作家、翻訳家からヴィクトリア文化の番人に至るまで、あらゆるタイプの人間が世紀の転換期に「アメリカのニーチェ」を形成するうえで、一役買っていた。ニーチェを近代思想の「曙光」として、ヨーロッパ史の分水嶺をなす「事象」として認めることによって、またニーチェを著名人にすることによって、アメリカ初期の紹介者たちは、このドイツの哲学者をアメリカ文化における知的センセーションに仕立て上げた。その過程で、「ニーチェ的」「ニーチェ主義」という言葉がアメリカ英語の中に登場するようになる。これらの語は、無神論、ニヒリズム、ロマン主義、自然主義を意味する便宜的な流行語として、他方では、アメリカの民主主義やキリスト教道徳と対決する近代的挑戦の同義語としても、使われるようになる。そのため、「ニーチェ的」と「ニーチェ主義」は──あるいは軽蔑の言葉として、あるいは自己規定の表現として──使われるようになるが、アメリカの道徳的語彙においてつねに重要な用語であった。

アメリカがニーチェの流行を経験するかどうかの予測は、大西洋を横断してやって来る思想に対して、中立的な態度をとるということではない。むしろ世紀の転換期のアメリカにおける知的生活の活力や民主主義文化の健全さを判断するための手段であった。ニーチェの読者が、批判的な者も評価する者も共有していたのは、ニーチェの天才、その狂気、その「ポーランド的」感情表白癖、その文学的独創性などすべてのために、ニーチェがアメリカの読者には受け容れられそうもない、という確信であった。論争の中で次第に意見が一致してきたのは、アメリカ人は自分たちのブルジョワ的・キリスト教的世界観の普遍的価値に自信がありすぎるため、ニーチェという急進的・反基礎づけ主義的・反宗教的・反民主主義的思想家を、有意義に利用することはできそうもないという点である。けれども、ニーチェを最上級の表現で引き合いに出し、ヨーロッパでの影響力を強調し、ニーチェの人間像を論じ、その名前の使用価値を形容詞や「主義」として示すこと、これらによって、アメリカの初期の紹介者たちは、はからずも自らの立てた問いに答えていた。「ニーチェはアメリカにおいて流行するであろうか」と繰り返し問うことは、実は流行がすでに始まっていることを証明していたのである。その後まもなく、問いは確認に変わる。例えば一九一〇年には「神経症の、だが不思議な魅力を持った「鉄槌をもった哲学者」フリードリッヒ・ニーチェが、この国に侵入し始めた。……ゆっくりと、しかし着実に大きくなってゆくその名声は、我々の時代の知的ロマンスの一つである」と書く者も現われている[125]。

アメリカのニーチェ紹介者の第一波に共有されていた感情として、ウィルバー・アーバンは一八九七年、ニーチェの著作が新しい道徳の時代の始まりであると表現している。アーバンはニーチェの中に基礎づけに対する攻撃を見出す。それは近代の思考様式を、それゆえに、自分にとっても新しい目的を規定するものとなるであろう、と。二十年の後も、ニーチェ的道徳世界のもたらす畏敬と戦慄の感覚はなお続いていた。一九一七年アーバンは書いた、「まさしくその永続する探究と問いかけにおいて、その気分と直観の矛盾において、そのまさに自虐において、ニーチェは我々自身の魂を映し出すものとなる。……ニーチェは確かに近代の要約であるが、ニーチェが近代の縮図であるからこそ、おそらくニーチェは同時に近代を完成させたのであり、そして我々がそれを乗り越えてゆくうえで、力になるかもしれない。少なくとも、そうあることを願う」と[126]。「ニーチェ的思考」と「ニーチェ主義」の中に、世紀の転換期の他の人々と同じく、アーバンは新しい世紀を規定する道徳的諸問題を見出した。そしてニーチェの中に、それらの問題と格闘する人間的な、あまりに人間的な一人の近代的人間像を捉えた。けれども、アーバン自身のためらいがちな関与が示すように、ニーチェの提起した道徳的問題は、必ず解決しうるというものではなかった。むしろ何とかして受け容れなくてはならないものだったのである。

第二章

近代における人間の魂

「神がどこへ行ったかって？……おれがお前たちに言ってやる！　おれたちが神を殺したのだ――お前たちとおれがだ！　おれたちはみな神の殺害者なのだ！……神を埋葬する墓堀人たちのざわめきがまだ何もきこえてこないか？　神の腐る臭いがまだ何もしてこないか？……世界がこれまでに所有していた最も神聖なもの最も強力なもの、それがおれたちの刃で血まみれになって死んだのだ、――おれたちが浴びたこの血を誰が拭いとってくれるのだ？　どんな水でおれたちは体を洗い浄めたらいいのだ？　どんな贖罪の式典を、どんな聖なる奏楽を、おれたちは案出しなければならなくなるだろうか？　こうした所業の偉大さは、おれたちの手にあまるものではないのか？　それをやるだけの資格があるとされるには、おれたち自身が神々とならねばならないのではないか？　これよりも偉大な所業はいまだかってなかった――そしておれたちのあとに生まれてくるかぎりの者たちは、この所業のおかげで、これまであったどんな歴史よりも一段と高い歴史に踏み込むのだ！」

フリードリッヒ・ニーチェ『悦ばしき知識』（一八八二）

彼らはキリスト教の神から離れており、そこでそれだけいっそうキリスト教的道徳を固持せざるをえないと信じている。……人がキリスト教的信仰を放棄するなら、それとともにキリスト教的道徳に対する権利をも足もとに投げすててしまう。

フリードリッヒ・ニーチェ『偶像の黄昏』(一八八九)

主人道徳と奴隷道徳とが存在する。……前の場合には、〈よい〉という概念をきめるのが支配者たちであるかぎり、魂の高められた誇らしき状態こそが優秀さと位階を決定するものと感じられるのである。……高貴な種類の人間は、自分が価値の決定者であると感ずる。彼は他人から是認されることなど必要としない。彼は判断する。……彼は価値創造者である。……道徳の第二の型である奴隷道徳となると、事情はこれと異なる。迫害された者、圧迫された者、苦悩する者、自由を奪われた者、自己自身に確信のない者、疲労した者らが道徳を説くとすれば、いったいどういうものが彼らの道徳的価値評価の共通点となるであろうか? おそらくは、人間の全情況にたいする厭世主義的な猜疑が吐露されるだろうし、またおそらく人間ならびにその情況にたいする断罪が述べたてられるであろう。奴隷の眼差しは強者たちの徳にたいして嫌悪をひらめかす。奴隷は懐疑と不信を抱いている。……奴隷は、強者らにおける幸福そのものは本物でないと、われとみずからに納得させようとする。その反対に、苦悩する者らの生存を安楽にするのに役立つ諸特性が引きだされ、輝くばかりに光をあてられる。ここでは同情が、親切な慈悲深い手が、温情が、忍耐が、勤勉が、謙虚が、友誼が称揚されるようになる。——なぜなら、これらのものはここでは、生存の重荷を耐えしのぐうえにもっとも有効な特性であり、ほとんどその唯一の手段だからである。奴隷道徳は本質的に功利道徳である。

フリードリッヒ・ニーチェ『善悪の彼岸』(一八八六)

フリードリッヒ・ニーチェは今日、十九世紀の宗教的信仰心と世俗的知識との間の、沸騰寸前であった緊張を、沸点に至らしめた思想家として記憶されている。ポスト啓蒙思想の汚れ仕事を恐れずにこなす、悔い改めぬ無神論者の役割を、ニーチェに割り当てるのが一般通念である。カントとダーウィンが近づくのを怖れたところへ、無慈悲な歓喜の声をあげてニーチェは突進する。上方に手を伸ばし、神を天上の玉座から引きずり下ろす。神が地上にもんどりうって倒れると、墜落した神の身体もろとも制度化されたキリスト教の、道徳的・精神的・心理的装置もみな一緒に、崩れ落ちたことを確言する。

ニーチェは自分の死後の評判について、同じように推測する。生前キリスト教からの解放という自分の福音に耳を傾ける者がほとんどいなかったことを、ニーチェは認める。「これまで人類の最大の不幸」であったキリスト教の「神概念」からの解放、「憐れむべきもの、背理、有害」で「誤謬としてのみならず、生への犯行」であった「神概念」からの解放に、とりわけ耳が不自由であったのは、ニーチェの同時代人である。近代的知識を受け容れながら、信仰に対しその知識のもたらす帰結については採用しない。敬虔な近代人こそは、必ずや理解しなければならない、「以前にはたんに病気であったもの、今日ではそれが非礼となった、――今日キリスト者であることは、非礼なのである」と。だが、彼らが理解するときが、彼を理解するときがやってくるであろう、とニーチェは主張する。キリスト教が「近代では」長居しすぎて迷惑がられていることを、理解しなければならない「者どもが、今日ではまだいるとしても――、明日になればきっと彼らもそれを知るであろう」[1]と。理解したならば、自分の哲学が人類の歴史の記念碑的出来事であると彼らも認識するであろうし、自分の名前を新時代の指標として認めるであろう、と。「私は私の運命を知っている。いつの日か私の名前には或る巨大なものへの思い出が結びつけられることになるであろう——未曾有の危険への、深刻きわまる良心の葛藤への」。それは「これまで信じられ、要請せられ、神聖化せられていたすべてのもの」との歴史的断絶である。(2)

キリスト教に対抗する無比の力として、その哲学が道徳の歴史の分水嶺として記念されることを、ニーチェが期待していたとしたら、その期待に応えたのは、アメリカの宗教的読者たちであった。二十世紀最初の数十年、さまざまなキリスト教徒が——プロテスタントもカトリックも、進歩派も正統派も、聖職者も平信徒も——自分たちの信仰に対するニーチェのドラマティックな批判の含意について、また新世紀の曙でのニーチェの批判の展望について、熱い議論を交わした。ニーチェ独特の大げさな言葉遣いとその「インモラリズム」とを逆手にとって、宗教者たちはニーチェが現代の信仰者にとって忌むべきものであり、その哲学が十九世紀から脱却しようとする信仰にとって最も強力な知的脅威である、とみなした。ニーチェの信奉者たちの増加をすぐに認めて、キリスト教神学者や聖職者は、信仰生活という避難所から信徒を誘い出すニーチェの力をそらすことに全力を傾けた。伝統的な道徳生活の裁定者である彼ら宗教者は、より広汎な文脈においてニーチェの魅力を診断することが自分たちにはできる、と考えていた。(3)神学者も聖職者もいぶかしく思っていた。人生の豊かさへの鍵はみな聖書の中に見出すことができるのに、なぜアメリカ人はニーチェの逆上したテクストの中に意味を見つけようとするのか、と。イエスの内に真理はすでに発見されているのに、なぜ近代人はニーチェの苛立たしげな真理探究に加わるのか、と。

宗教者たちは、キリスト教から逸脱したアメリカ人がニーチェを信奉することに不思議はない、という顔をした。アメリカのニーチェ追随者たちの姿を捉えようとして、宗教者たちは宗教の道徳的な力が失われた近代社会の人間類型を調査し、そして大学の教授、自然科学者、ボヘミアンの芸術家、自由を謳歌する女性、そしてニーチェという危険な商品を売りさばくニーチェ産業の頭目、などを列挙する。しかしキリスト教の教えと実践に対する無関心、いな敵意さえもがあると思われる知的・文化的領域を調査することは、かえってアメリカのニーチェ流行の源泉を明確にすることになった。アメリカのニーチェ主義の世俗での源泉を突き止めようと警戒するあまり、神学者も聖職者も自分たちがニーチェの福音を広める役割を果たしていることをよく理解することができなかったのである。

二十世紀の初め、メソジスト派もユニテリアン派も長老派もバプテスト派もルター派も英国国教会派も、そしてローマ・カトリック教会もが、宗教雑誌や書籍、神学の機関誌などで、ニーチェに関する議論の高まりに力を貸した。中にはニーチェの人生と思想に説教を集中する聖職者さえいた。「その聖職者」は近代の信仰の条件について語るために、「奴隷道徳と主人道徳」や「ルサンチマン」などの新しい概念で説教しながら、「禁欲主義」などの古い概念に新しい生命を吹き込み、そのようにして確固とした分析、力強いレトリック、そして何よりも浸透力を持つ言葉遣いを生み出してゆく。ときには象徴的にときには字義通りに、ここでは無情な人間嫌いとして、かしこでは容赦ない知者として、多面的価値を持つニーチェのイメージは、信仰の内部で、また世俗文化との間で衝突する道徳的衝撃と折り合いをつけるために、近代の宗教にとって不可欠の源泉となる。「その聖職者」は原始キリスト教の作りごとにすぎなかったもの――反キリスト者――を再び取り出し、近代社会に対するニーチェの脅威的イメージを描き出すために、それを利用する。ニーチェを読む宗教者たちはそのようにして、近代生活の避けられない敵としてニーチェを引き合いに出したが、それははからずも合衆国でのニーチェの広がりに手を貸すことになった。近代の思想と道徳にとって――いかに有害なものとはいえ――ニーチェの意義を認めたために、結果的に宗教者たちは一時的な流行で終わったかもしれないものを、権威ある哲学として確固たるものとすることに寄与したのである。

ニーチェのイメージと思想をさまざまに利用することによって、近代の宗教人が新世紀のキリスト教の展望について活発に意見を表明し、普及させてゆく場が生まれていった。世紀の転換期のキリスト教徒たちがニーチェに遭遇したのは、アメリカの教会の制度的・知的動乱の時期である。近代化する社会で教会の影響力が減少していることについて、懸念が高まっていた。工業化、都市化、そして移民が経済的・社会的な大変動をもたらしているにもかかわらず、最もリベラルな教会の指導者たちでさえ、そのこととの理解は遅れていた。成長する資本主義の娯楽産業は、百貨店やダンスホールを提供して、交流やレクリエーションの場とし、教会の奉仕活動や社交クラブと競合するようになっていた。(4) 教会が社会と関わる領域が縮減していることに加えて、キリスト教の世界観が近代アメリカ人の新しい精神的・知的要求に応えることができなくなっているのではないか、という懸念もあった。進化論の社会思想への影響が増大するなかで、絶え間ない流動と変形の過程にあるダイナミックな世界と人間、というイメージが生まれており、それゆえどの宗派のキリスト教徒も、表面的に永続性のない世界においてキリスト教の真理の不朽性をいかに表現するかが問われていた。(5) 二千年の歴史を持つ福音は決して古代の道徳の作り事ではなく、現代に生きる人々の生きた価値観と叡智の超越的源泉であるということを、どのように論証するのか。キリスト教の不変の妥当性を論証しようとする「信仰の……番人」を代弁して、シカゴ大学神学校の校長で「社会的福音」運動の唱道者シェイラー・マシューズ[*1]は警告する。「落ち着きのない心に深く根ざす憧憬に向き合うことのできない宗教、……社会的地位をその道徳性とみなす宗教、科学的探求を阻もうとする宗教、それらは成長する世界に乗り越えられ、無視されてゆくことであろう」と。近代人の精神的・心的な滋養を求める飢餓感、新しい現実に対する新しい倫理を求める飢餓感

は、もはや「昨日のパンの残り」では満たすことができないということをマシューズは理解していた。(6)

ニーチェは、新世紀における教会の権威の低下と展望について懸念する良い口実を、信仰の番人たちに与えた。受け継がれてきた信仰に対するニーチェの執拗な攻撃は、太平をかき乱す世界像の提起であった。定着していたキリスト教の真理が、無秩序な世界を秩序づけるための人間の戦略にすぎないとされたのであるから。ニーチェはその著作の中で、何も存在しないところに、信仰が形而上学的実在を設定する理由を、次々と示す。キリスト教の世界観に対してニーチェの系譜学は、その世界観の基礎づけがすべてみな――全知全能の神、イエスの神性、来世での救済と復活という前提――人間の発明、想像力の産物であること、人間の心的要求を満たすための創造物であること、を提示する。同様に、隣人愛のようなキリスト教信仰の倫理的土台の全体が、神的なものでなく、人間的な起源をもつとニーチェは主張する。キリスト教の信仰、敬神の念、礼拝などは、千年を経て文化的因襲へと硬化するに至った歴史上の発明にすぎないと、繰り返し執拗に強調する。アインシュタインは何げなく「神はサイコロ遊びをしない」*2と主張することによって、かえって神がそうしていると思わせる理由を近代の宗教人に与えてしまった。だが、それよりもはるか以前に、ニーチェは神のまったく存在しない、混乱した不確実な世界の像を示すことで、宗教人たちを悩ませたのである。

後に見るように、二十世紀初頭のアメリカは、ニーチェとの関わりによって当時のプロテスタントを、リベラルで進歩的な自信に満ちた宗教として再評価するようになる。主だった神学部や神学校ではプロテスタントの自由主義神学が優位にあり、また「革新主義」の時代で「社会的福音」の傑出した活動もあって、少なくとも一九一七年まではのどかな楽観主義がプロテスタント神学の主流の特徴であり、大恐慌時代に純化した新正統主義が支配的になるまで、繁栄したと言われている。実際、宗派の区別を越えて見られるように、自由主義者も保守主義者も原罪や聖書の無謬性などの古臭い概念をしだいに否認し、神の国を千年王国の観点からではなく、むしろ社会学的・倫理学的観点から考えるようになったことは否定できない。(7) しかしながら、プロテスタントのニーチェとの関係は、立腹したり評価したりする厄介なものであった。人間の出来事の進展の中に、内在する神の意志が示される。それは世俗の知識の助けを借りて考察することができる、というプロテスタントの主張に対して、ニーチェは、潜在的悲観論ではないにしても、疑念を呼び起こしたからである。ニーチェは最も自由主義的で世俗的なプロテスタントたちにまで、世俗の知識や文化に対する受容のあり方を再考するよう強いたのである。

にもかかわらず、『ビブリオテカ・サクラ』誌にある聖職者が書いたように、キリスト教の原理に対するニーチェの正面攻撃の「魅惑的な力」は、「[ニーチェ自身が] 反宗教を公言しているにもかかわらず」宗教人たちの想像力を捉えて離さなかった。この聖職者は「ニーチェのことを思い浮かべたら、誰もニーチェから逃れられない」と述べた仲間に同意する。(8) この哲学者の思想の力はいたるところで目についた。「ニーチェ狂い」と呼ばれるものを終息させることのできる制度があるとしたら、それは教会でしかない、と宗教者たちの意見は一致した。(9) だが、無宗教の、反宗教のアメリカ人をとりこにしていると思われたニーチェという伝染病を食い止めようとするなかで、知らないうちに宗教者たちはこの病気の保菌者となっていた。実際、アメリカ人の道徳的想像力の中にニーチェの思想が入っていったのは、その最も対極にあると思われていた聖職者たちを通してだったのである。(10)

プロテスタント、カトリック、いずれの信仰の番人たちも、活力あふれる知性、獰猛な機知、完璧なまでの歴史感覚、そして容易に耳から離れぬ預言者風の声を備えた著述家の危険性を、自分たちの宗教をまさに滅ぼさんとする著述家の危険性を憂慮した。けれども、ニーチェの哲学が近代世界のキリスト教のヘゲモニーに対する毒であるならば、それはまた鎮痛剤として働き、キリスト教信仰の核心を再強化・再活性化する助けとなりうるかもしれない。ニーチェがキリスト教の矛盾や時代遅れの側面を否応なく認識させるのであれば、ニーチェは確かにはかり知れない恩恵を施すことになる、そう番人たちは考えた。

とはいえ、ニーチェの哲学が、彼ら番人たちに信仰のあり方を熟慮させる点で有益であるとしても、ニーチェが軽蔑するキリスト教徒としての生を断念しようとは誰一人考えなかった。反対に（しかも近代のキリスト教への脅威としてニーチェを理解しているにもかかわらず）、番人たちはニーチェの思想を、ニーチェが最も軽蔑するまさにその対象を擁護するために、創造的に利用した。ニーチェの宗教的利用とは、いかにニーチェの思想が宗教思想を変質させたかの研究ではない。宗教指導者たちが、近代化するアメリカにおいて自分たちの衰退する道徳的権威を再構築するために、ニーチェの思想をいかに想像力豊かに利用し、適応させ、馴致したかの物語である。ニーチェの哲学は、アメリカの世紀の転換期のキリスト教護教論に対して、重要な寄与をなしている。その哲学の内容自体はともかく、宗教的関わりを強化させ、制度的宗教が直面している危機を乗り越えさせるための、重要な源泉であることを証明する。その哲学は新しい世紀へのキリスト教の前進を後押ししたのである。

ニーチェと近代思想の諸問題

ニーチェの思想の評価は、宗教者たちの間で実にさまざまであったが、ニーチェの哲学が近代の世俗的な知の諸問題の先触れであり、代表例であり、徴候であるという点では、みな同意見であった。宗教者たちはニーチェを「近代思想の恐るべき子ども」「近代のキリスト教批判者たち」の中の最も過激な者、「近代の最も急進的な思想家」とみなした。[11] ニーチェを引き合いに出すときには「近代の」という形容詞がその周りに漂っていたが、理論面でも実践面でも、「近代」が実際には何を意味するのかについて合意があったわけではない。その定義は、キリスト教の価値観の拒否であるのか、それともたんなる欠落であるのか。近代人とはペシミストか、ニヒリストであるのか。それとも無限の道徳世界に対して無邪気なオプティミストのため、未熟すぎるため、人間存在の矛盾を受容できないのか。二十世紀初頭、敬虔なアメリカ人たちによる「近代」と「近代人」の驚くほど多様な定義の数々は、近代の意味が確定しているとはとても言えないことを物語っている。[12] しかし、ニーチェが「たんなる名称にとどまるものではないこと、ニーチェが思想の体系であり、〈世界観〉であり、知的権力であること」、その哲学が他の世俗の哲学よりも際立って挑発的であり、キリスト教の世界観から権威をはぎ取ろうとするものであること、については意見が一致している。[13] たしかにニーチェの著作は、この脱神聖化の衝撃を極限にまで推し進め、神の超越性にだけでなく、科学的なまた道徳的な、あらゆる主張の普遍性にも挑んでいる。宗教思想家たちがニーチェを利用して、「近代」と折り合いをつけようとしたさまざまな方法を見ると、みな新しい道徳世界に引き入れられているという感覚を共有していたことが分かる。ニーチェの哲学によってキリスト教徒たちは、受け継いできた慣習や信仰、制度の不確かさを表明することができ、また道徳的人生についての権威という自分たちの将来の展望について、熟考することができた。むろん近代の事象を了解する方法について、つねに確かであったというわけではない。しかし、アメリカへのニーチェ哲学の到来によって、キリスト教の思想家たちは、二十世紀にも教会が生き延びて繁栄することを望むのならば、教会の崩壊を食い止めるために速やかに行動すべきである、と警告されたのである。

何が近代思想を構成しているのかについてのあいまいさは、ニーチェの哲学をめぐる議論にも反映されている。宗教家たちはニーチェ哲学にふさわしい哲学的レッテルをめぐって頭を悩ませた。唯物論的、主観的、相対主義的、実証主義的、歴史主義的、唯名論的、現象学的、一元論的、ロマン主義的、無神論的、インモラリスト、プラグマティック、快楽主義的、エピクロス主義的、禁欲主義的、そしてストア学派的、などが代わる代わる登場する。ときにはこのうちのいくつかが、同じ議論の中で使われることさえあった。しかし全体としては、ニーチェの哲学が十九世紀の世俗の哲学と科学の、自然主義的衝撃を具現していること、それは近代生活における聖書の権威の劇的な再評価を強いたこと、という点で一致していた。用語法をめぐる取り組みから明らかになったのは、近代が時代表示であるよりもむしろ道徳的表示として理解されていたこと、その一方で、対照的な特徴を備えているものが何かについては、意見がまとまらなかったことである。プロテスタントの主要な宗派の論者たちは、近代の知的次元について議論し合っていたけれども、ニーチェが世俗の知の厄介な特徴を体現していることを、誰よりも厳密な正確さをもって定義しようとしていたのは、保守派のプロテスタント神学者たちであった。

ニーチェの哲学をプロテスタントの世界観に組み入れようとする努力は、教義と倫理の改革のために、自然科学や人間科学の洞察を利用するという改革派神学の長い伝統の反映である。[14] 近代の初頭から、改革派神学の伝統では、神の宇宙の構想を探究するために、個人の感覚的経験や理性の重要性が強調されていた。十九世紀の聖書批判の進展は、リベラル・プロテスタントが信仰に寄与しうる哲学へ、少しずつ歩み寄ろうとする努力を反映していた。[15] 世俗的知識に対するこの友好的な態度は二十世紀まで続く。ニーチェの思想を自分たちの宗教的世界観に取り入れようとしたプロテスタントたちがいた一方で、保守派たちはその長く続く友好的態度を問題にするために、とりわけニーチェを利用した。

ニーチェの歴史主義と自然主義は、聖書の啓示の権威を侵害せんとする近代思想の特徴をよく示している、とプロテスタント保守派は主張する。プリンストン大学の道徳哲学の教授で、保守的な長老派教会の神学の堡塁『プリンストン神学雑誌』の定期寄稿者ジョージ・S・パットンは述べている。神学者たるもの、キリスト教を時代の気まぐれな知的要求に従わせてはならないが、しかし「正統的神学者」はこの「時代の流行哲学者」の含意するものを無視することはできない、と。その父フランシス・ランディ・パットンは保守派の神学者で、プリンストン大学の前学長であったものの、行政手腕が不十分なために大学の非聖職者の評議員たちによって辞任を余儀なくされたが（平信徒のウッドロー・ウィルソンにすげ替えられた）、しかし息子のパットンは父の伝統を受け継いで、神学におけるリベラル諸勢力と闘おうとする。神学者にとってのニーチェの意味は、キリスト教に対する敵意それ自体にではなく、むしろニーチェがキリスト教の道徳の基準を問いただしていることにある、とパットンは述べる。『道徳の系譜』における、キリスト教の価値観の起源についてのニーチェの議論は、歴史主義が論理的帰結として、ニーチェに「あらゆる道徳観念の有効性を、それらの起源に遡って論駁する」のを可能ならしめたことの例証である、と。この系譜学的衝動に囚われたものすべてについても言えることだが、ニーチェの問題とは、聖書の権威をよりよく理解するためにでなくそれを破壊するために、ニーチェがその系譜学的衝動を利用した点にある、と。神の観念は人間がつくり出したものであると主張することによって、ニーチェはキリスト教の道徳的価値観を批判しようとしただけではない。「これらの価値観の価値を問いただす」ことを試みたのである、と。キリスト教の価値観からすべての神的な起源をはぎ取ることによって、ニーチェは道徳の生物学的土台に後退するか、道徳のかけらもない深淵へと突進するか、それ以外に何のよりどころもなくなった、と。保守派神学者が近代の世俗の思想の進展に歩調を合わせることは重要であるが、ニーチェの例が示すのは、保守派神学者がリベラル・プロテスタントの、ニーチェを取り込もうとする過ちを回避すべき理由である、とパットンは述べる[16]。

ニーチェのラディカルな歴史主義的衝撃は、それにかかわる者に、厄介な認識論的・倫理的課題を強いてくる、ということを多くのニーチェ読者が認めている。ユニテリアン派のチャールズ・C・エヴェレットはハーバードの非宗派的な神学校の校長で、神学が道徳的・自然科学的探究の点で他の領域に遅れぬよう努めていた人物だが、そのようなリベラル・プロテスタントでさえ主張した。ニーチェの哲学は協調的な神学者たらんとする者にとって大きな難関である、と。ニーチェは決して凡庸な無神論者ではないからである。「実に長い間人々に、服従でなくとも敬意を要求してきた道徳の諸理念を否定するのは、並大抵のことではない」。ニーチェの革新の問題点は、ある一つの民族あるいは宗教が「絶対的なもの」を確実に手にしうる、という考え方に対する挑戦にあるのではない。――ニーチェは諸宗派間のセクト主義を感じ取っていたのだから、そのような考え方を批判することはごく自然である。――そうではなくむしろ、ニーチェが「絶対的なもの」それ自体に対して挑戦していることが問題なのである。「ある絶対的なものに対する認識こそが、哲学と宗教とを結びつけている。哲学者の言う絶対者と宗教者の言う神とは、同一のものの異なる形態である」。けれども、ニーチェは科学においてもその普遍性を否定する。科学は真理が一つだと信じる、一神教の別の形態にすぎないとニーチェは言う。あらゆる神的なものから宗教を、物質的必然性から科学を解き放つことによって、ニーチェは道徳生活に対する両者の強制力を否定する。だがそれだけではない。共通の道徳生活がつくり出される条件となりうる「絶対的真理」は、またそれを提供しうる領域は、決して存在しないと主張するのである、と[17]。

リベラル派も保守派も、教会には何世紀にもわたってさまざまな敵が存在したが、ニーチェほどキリスト教徒の生のまさしく基礎づけを脅かした者はいない、と認める。宗教的信念がひとたび失われるや、宗教的倫理も同様に失われる、というニーチェの主張は驚くべきものである。ニーチェは「キリスト教の倫理は、そのドグマ以外に何も盤石な土台を持っていないと見抜いた」近代の批判者を代弁している。ニーチェの認識は正しい。救世主イエス・キリストへの信仰がなければ、キリスト教の道徳など何の意味も持たない、と『リビング・エイジ』誌は述べた。ニーチェが述べるように、世俗の近代人はヒューマニズムと民主主義の理想を称揚する一方で、それらの母胎であったキリスト教の信仰を放棄してきた。それゆえ、リベラル近代人のほうこそ、宗教的原理主義者よりも臆病であることが分かる。彼らの倫理的世界観のすべてが、いまや虚偽の上に打ち立てられているからである。リベラル近代人はキリスト教の形而上学を捨てたが、その倫理を捨ててはいない。それらが普遍的なものであると想定しているのだ。ニーチェの反基礎づけ主義は愉快なものではないが、少なくともそれは論理的に首尾一貫している。キリスト教の信仰なくして、キリスト教の倫理を維持することは不可能である、と。[18]

ニーチェが近代思想の発展の主導者であるならば、明らかにキリスト教にとってそれを推奨する意味はない、と宗教者たちは主張する。南部の長老派教会の聖職者で神学者のトマス・ケアリー・ジョンソンは、「ニーチェ主義」を誘惑に満ちているが、堕落した「近代主義」であるとみなす。ニーチェ主義は、間違って世俗の知という殻を、聖書の啓示という核の代わりにしている、と述べる。ニーチェの問題点は、ドイツの高等批評の「魂のこもらぬ形式主義」から受け継いだ架空のキリスト教と、また神やキリスト教の倫理の「カリカチュア」とニーチェが独り相撲を取っていることである、と。ニーチェは信仰から離れた、知的に解釈された伝統を、正しくも非難する。しかし、二十世紀のリベラルプロテスタンティズム、近代化されたキリスト教が、聖書の真理をなにがしか含んでいると想定したのは誤りである、と。ジョンソンは「ニーチェは肯定的無神論の使徒である」と主張する。そしてニーチェのうちに「啓蒙された」近代倫理の「否定的無神論」に対抗する有用な「敵」を見出す。「啓蒙された」近代倫理よりも、このドイツの瀆神者の方がよい、と。けれども、ニーチェの誤りは、その神なき、力への意志を「啓蒙された」キリスト教の世界に導入したことである。そのため、最も挑戦的な近代思想でさえもが、未熟なペシミズムになってしまう。近代思想の滑り落ちやすい傾斜をキリスト教徒に示してみせたこと、「教会と世の中がはっきりと一線を画されるべきである」理由をはっきりと例証してみせたこと、それがニーチェの教訓の価値である、と。[19]

二十世紀初頭のプロテスタントの間では、進歩的オプティミズムが主流であったが、保守派のまたリベラル派のニーチェに対する関心は、近代のプロテスタント神学の中での世俗の知識の地位について、根強いアンビヴァレンスが存在していたことを物語っている。ニーチェの歴史主義と自然主義という無神論の影響力は、二十世紀初頭のプロテスタンティズムが、キリスト教の倫理を自然法則に基づいて説明しようとする努力に対する、内外の批判をいっそう強めることになった。けれども、ニーチェをめぐる論争が示すように、近代のプロテスタントが直面した宗教的ジレンマは、宗教と世俗世界との間の緊張だけではなかった。プロテスタンティズム自体の内部の、リベラル派と神学的正統派との間の、いかに人心をつかむかの競い合いにもあった。無謬の真理という正統派のドグマは、しだいに近代のダイナミックな物質的世界観と矛盾をきたすようになってきた。他方、リベラル派は近代世界とともにやってくる自由を過大評価し、安定した道徳的世界への信仰がもたらす心理的利点を評価することができなかった。近代の宗教人は、正統派にみられる根本的真理の確かさと、リベラルプロテスタンティズムに見られる寛容さとを追求したが、両者はますます調和させることが困難になりつつあった。ニーチェを読む宗教人たちが例証するように、この人間たちは真理以上に近代の自由に憧憬を抱いたのかもしれない。しかしいまや、彼らは自由以上に真理を必要とするかどうかが問われるようになってきたのである。

カトリックの読者もリベラル・プロテスタントの読者も、ともに近代の神学に対するニーチェの影響力について関心を抱いていた。解釈の範囲は違えども、ニーチェの哲学を通して宗教人読者たちは、近代思想における歴史主義と自然主義の衝撃の含意について、しだいに理解を深めていった。とはいえ、ニーチェの批判を回避して進むことはできないという点でも同意見であった。パットンが認めるように、ニーチェは嬉々として「怖れることなく（ノアの）箱舟に手を触れ、また敬虔の念なしに聖域の中の聖域に侵入してゆく。ニーチェを抑えつけることも黙らせることもできないだろう」。近代のキリスト教がニーチェの果てしない攻撃を切り抜けようとするならば、ニーチェを「まず第一に理解しなければならず、無視したり反駁したりしてはならない」。パットンは続ける。「ニーチェ自身が述べている、「人間はある物事を、うやうやしく棚上げにすることによってそれに反駁する……」と。だが、ニーチェをうやうやしく棚上げにすることによって反駁することはできない。……（なぜなら）ニーチェは実に大きな生命力を備えているので、閉じ込めて接触を断つことはできないからである」[20]。かくしてアメリカの聖職者、神学者は歯噛みしながらも、ニーチェの確言「私を殺さないものは、私をいっそう強くする」[21]に同意することになる。そして自分たちの信仰に対するニーチェの挑戦を、信仰の再活性化のための好機として受け容れようとする。けれども、近代アメリカ人の魂を獲得するための闘いは「ゼロサムゲーム」であるとも認める。近代人はその精神と道徳的想像力を、ニーチェに向けるか、キリストに向けるかに分裂させることになるであろう、と。

弁明しないカトリックの弁明

宗教者のニーチェの受容は、必ずしも宗派の流れに沿って進んだわけではない。二十世紀初頭のカトリックは他の宗派と比べてニーチェにひどく悩まされたというわけではないが、キリスト教に対するニーチェの攻撃についてきわめて批判的であった。片割れのプロテスタントの多くと同様に、カトリックもニーチェを非難する。偽りの預言者であり、その誘惑的な哲学は無垢の精神を荒廃させかねない、と主張する。また、現代のメフィストフェレスであり、末端のキリスト教徒たちと取引して、地上の生活の快楽と引き換えに永遠なものを放棄させようとする、と語る。けれども、カトリックもニーチェの哲学が脅威である以上に、有益な面があることを見出す。ニーチェの哲学が、カトリックの教えに敵対する近代の思弁的な思想の、自然主義と相対主義という誤った衝動の、例証となったからである。カトリックの視点は相対的に制約されていたものの、ニーチェの思想への関わりは、近代化するアメリカでのローマ・カトリック教会の展望についてだけでなく、宗教的敬虔さや実践に対する近代思想の意味についても関心を持っていたことを意味している。

敬虔なプロテスタントのニーチェ読者と同じく、カトリックの読者も近代世界におけるキリスト教の時代遅れの本性というニーチェの主張に焦点をあてる。「教義は時代遅れであるか」という、「当世の流行の思想」からの挑戦に応えるかたちで、あるカトリックは問いかける。この思想は宗教的信条と教義とを、もはや失われた前近代世界の「廃れた残存物」とみなしているからである[22]。ローマ・カトリック教に対する近代の挑戦に無関心ではないものの、神学の妥当性それ自体が問題になるのは、知識や価値観を可変的で進歩するものとみなす近代思想の破壊的傾向の反映である、とカトリックは考える。カトリックにとっての問題は、その信仰が近代の諸問題を扱うには肥大化しすぎている、という点にはない。近代人が超自然的な宗教を進んで自然哲学に取り換えようとすることに、「ちとせの岩（キリスト教）」を思弁の風に取り換えようとすることにはやる点にあるのだ、と。精神性を喪失したキリスト教は、キリスト教倫理の基礎づけとしては余りにも脆弱である、というニーチェの主張をカトリックは進んで受け容れる。そして、倫理と宗教とを切り離そうとするリベラル・プロテスタントを批判するために、ニーチェを利用する。『アメリカン・カトリック・クウォータリー・レヴュー』誌は述べる。「すべてに共通する、それだけで十分であるような基本的教義の、いくらかの残りがどの宗派にもある、という寛容でリベラルな態度……これは実に情け深く寛大にひびくが、それはまったくのたわごとだというのが、我々の最大の反駁である」[23]。宗教的真理は永遠の有効性を持ちえないという疑念の餌食となるのは、歴史主義と自然主義という迷信に囚われた者たちだけである、とカトリックの論者は主張する。そのメッセージの意図は明らかである。ただ一つの真の教会に付き従うならば、ニーチェの批判など何ら問題にはならないと考えているのである。

ニーチェの哲学の前提には十九世紀の世俗の根本的な欠陥、すなわち世界の流動性を信じるということがある、とアメリカ・カトリックのニーチェ論者は述べる。可変の宇宙を認めること、道徳的諸問題は超越的な根源でなく、人間に内在する知的諸力を通じて解決しうると期待すること、それによって、リベラルな近代人は立法的な力を欠く、道徳的約束事の競い合いという問題にさらされることになる、と。カトリックの指導者に広がる感情を代弁して、聖職者トーマス・J・ジェラードは「近代の諸理論」を「道徳的災厄」とみなし、近代人をその道徳的・知的よりどころから引き離す「根元的な病」になぞらえる。[24]変化する宇宙という異端の説を受け容れた近代宗教人だけが、その神学を刷新しなければならないという重圧を感じるのである、とカトリックの論者は断定する。これら近代宗教人は、道徳的相対主義に対して無防備なままであり、それゆえ「何世紀もの間積み重ねられたがらくた」にすぎないとしてキリスト教を嬉々として「片づける」ニーチェに対して、何ら対処ができないのである、と。探求する魂が、はるか昔「ただ一つの、世界に広がる、無謬の、不滅のもの」の中に見出されたものを、一つになった真理という不変の天空を、すなわちカトリック教会をひとたび認めるや、「近代なるもの」はその輝きも、その脅威もともに消失するのである、と。[25]

けれども、ニーチェ的主体性に対する圧倒的な批判に異議を唱えるカトリックも存在した。中でも最も論争的であったのは、ローマ・カトリック教会のイギリス人修道女で多作な著述家であったモード・D・ピーターである。ニュージャージーを拠点とする使徒聖パウロ宣教会の機関誌『カトリックの世界』に一九〇五年から一九〇六年にかけて六回にわたり連載されたニーチェ論のなかで、ピーターはニーチェの哲学をキリスト教徒の実践にとって有益であると肯定的に評価する。[26]ピーターによるニーチェの宗教観、芸術観、道徳観、人間観の分析は、ニーチェの人格的特性や文学的スタイルの分析と同じく、ニーチェについてのカトリックの最も早く、また最も変則的な分析である。それは宗教的読者からも非宗教的読者からも、注目と賞賛とを得ている。無神論者のH・L・メンケンでさえ「ニーチェを、誤解に満ちたキリスト教徒の批判から救い出そう」とするピーターの努力を称賛した。その分析は自分の「今までに遭遇した」「最良の」分析の一つである、と。[27]ピーターのニーチェに対する関心は多岐にわたり、一九一〇年オスカー・リーヴィ編集のニーチェ『悦ばしき知識』の英語版に、詩を翻訳して紹介している。その後もニーチェによって、ピーターは宗教的想像力が刺激され、ローマ・カトリック教会の信仰と近代科学、政治思想、道徳との関わりについて、熱心に書いていった。ピーターの論文はニーチェの道徳観の分析という点においてだけでなく、カトリックのニーチェ敵対者がその哲学から尻込みする理由を明らかにしている、という点でも重要であった。

ニーチェの「反道徳主義」の分析の中で、ピーターはニーチェの思想が敬虔な近代人にとって大きな脅威であることを認める。例えば、ニーチェの哲学は、一なる真理からの完全な離脱を唱道している。ニーチェは、知識が部分的、暫定的なもの、さらには恣意的なものであるとして、知識の相対性を主張する。神と真理から特権を奪い取ることによって、神の意志、歴史の終極の目的、道徳の意義さらには因果性さえも備えるキリスト教の世界観を、ニーチェは徹底的に否定する。因果性を拒絶することで、ニーチェは「客観的道徳体系の全体」を無用のものにする。人間の制約された知覚では「我々が自分自身を動かすときと、他の事物をまさに動かしているときと」を区別することができない、と。人間の客観性と道徳の普遍性とは、力への意志を覆い隠すキリスト教の世界観の虚構である、とニーチェは述べる。——この力への意志が歴史のただ一つの動作主体であり、人間の条件の決定的な特色なのである、と。ピーターは「主人道徳」というニーチェの理論を「むき出しのエゴイズム」、「責任性、法に背く罪、神に背く罪の否定」の理論とみなす。「最も高貴な本性が、それ自身の先例を創り出すのであり、したがって、神に背く罪を犯すことはありえない、とニーチェは信じていた」からである。[28] 神の存在、一なる真理、道徳の目的を否定することによって、ニーチェはキリスト教の世界観を一掃するように思われる、と。

キリスト教に対するニーチェの哲学的攻撃を詳述するピーターの研究は、カトリック教会内で国際的に噴出した「近代主義論争」の直前に出版された。ピーターの論文は、世紀の転換期に近代思想の、カトリックを甚だしく激怒させた側面に光をあてている。近代カトリックにとってのニーチェの価値に関心を寄せるピーターは、カトリックの形式ばった思考への不安と、また宗教的思考と科学的知識とを融合させようとするその熱意とをはっきりと示している。カトリック近代主義で国際的に著名なピーターは、その運動の最も重要な二人の人物、フランスのアルフレッド・ロワジーとイングランド[*3]のジョージ・ティレルの、友人にしてまた伝記作者であった。そしてピーター自身が、ローマ・カトリック教会の神学と聖書批判やダーウィニズム、プラグマティズムからの洞察とを調和させようとする指導者であった。カトリック近代主義者は、教義の再定式化を求めて闘った。教会の教義は神的な起源を有するという形式ばった教義とは反対に、聖書が人間的解釈の産物であることを主張する。また、教義の権威を超える感覚的経験の重要性を、宗教的洞察のための源泉として強調する。だが、そうした思考はカトリック近代主義者をリベラル・プロテスタント神学に、危険なまでに近づける考え方でもあった。ニーチェの急進的歴史主義は、一九〇七年の教皇ピウス十世の回勅[*4]「近代主義者の教義について」で非難された、近代思想の諸特徴のまさに例証であるが、その回勅の中で教皇は「近代主義者の教義」を「あらゆる異端の説の総合」として厳しく論難している。この回勅は、カトリックの信仰に世俗の錯誤を持ち込もうとする動きから、教会の構成員を守るための運動の先駆けとなる。(29)教皇の回勅はアメリカのカトリック教徒の間に、肯定的な反応を引き起こした。彼らは近代主義の影響の拒絶を「我々の輝かしきカトリックの伝統への回帰」として、カトリシズムの叡智を「カトリシズムを包囲攻撃する知的危険」から守るものとして称賛した。(30)

ピーターは、精神的道徳的主体性に対する偏見を持たずに、ローマ・カトリック教と関わっていた。その態度は二十世紀初頭のカトリック教徒の間に稀有な化学反応をひき起こした。ニーチェのような思想家を直接に経験したからといって、ピーターからその信仰が失われたわけではない。無神論の公言にもかかわらず、ニーチェの人生と思想はカトリック教徒が賞賛すべきものをたくさん提起している、とピーターは主張する。ニーチェは「純粋さ、誠実さ、そして超俗性」によってしるしづけられた「猛烈で」「苦しみに満ちた」「無私の」「人生の闘士」である、と。(31) 自由放埒な芸術家や作家に愛読されているけれども、ニーチェは近代の美学のデカダンスやペシミズムを批判する。ニーチェの自由意志の称揚は、また神に対する罪という概念の批判は、乱痴気騒ぎのごとき「自己放棄ではなく、……強い感情の抑制、自分自身の生活と行状の制御」を目標としており、真の悔恨が外から制定されるものではなく、内側から「我々の存在の神秘的法則」への深い敬虔の念により涵養されるという認識を持っている、と。カトリック教徒は道徳的に奮闘する同伴者を、ニーチェの中に見出すことができる。「ここでは何らディレッタンティズムではない、純然たる勤勉さが必要とされている」とピーターは主張する。(32)

カトリックの修道女が道徳的鼓舞のために、「反キリスト者」で「反女権拡張論者」の思想家に目を向けるというのは、前代未聞のことであろう。たとえピーターのニーチェ利用が例外的なものであったとしてもである。けれども、ピーターはニーチェの女性や女権論への批判を、巧妙な形の是認として解釈する。ピーターの戦略を検討すると、目の高い女権論者たちの間で共有されつつあったアプローチの仕方が分かる。それは、ニーチェを女性のための預言者に仕立てる、家庭生活という体裁ぶった鳥籠を激しく揺さぶる仲間である自由の戦士にする、というアプローチである。ピーターは論文「反女権論者ニーチェ」の中で、ニーチェが女性にとって不快なことをたくさん述べていることを認める。しかし、ニーチェがそうしたのは、現代社会に対するより一般的な不満を、女性読者たちも共有する不満を、明るみに出すためなのである、と。ニーチェが女権拡張論を軽蔑したのは、人間の発達が外側から制定されるいかなる形態をも憎悪したからである。「最も高貴な自由は、私たちが私たち自身の力で勝ち取るものであり、他のいかなる者も私たちに代わって勝ち取ることができるものではない」とピーターは断言する。「自由は外的な権威によって与えられる、陳腐な物質的所有物ではない」。「自主的活動」による獲得物である。諸個人を教育し、諸個人に「自主的活動」を行使する機会を獲得させたり、否定したりするうえで、社会が重要な役割を果たしているという事実を、ニーチェは「看過している」とこの修道女は鋭く指摘する。けれども、重要ではあるが、社会構造についてあれこれ語りだすと、ニーチェの洞察を見誤ることになる。「自由をある種の外在的な特権と混同することは、最も重大な誤りである」、そのように混同することは、弱者を抑圧者に、特権を与えてくれるよう願い求めるその抑圧者に、しばしば服従させることになる、と。同様に、ロマン主義的恋愛に対するニーチェの批判は、それを純然たる善きものと考えている近代女性にとって重要である、とピーターは述べる。ニーチェが「性愛は専有の衝動として、その本性を表わす」と書くのは、恋愛とされるものが実際にはしばしば所有の欲望であり、「ルサンチマン」の本能的形式だからである。そのことを女性たちは認めるのが賢明である、というニーチェの判断は間違っていない、と。(33) 修道女が、性に関する洞察のために、およそ性愛関係とはまったく無縁に思われる哲学者に依拠するというのは、もちろん滑稽なことであろうが――しかしこれはその当時のニーチェ論者によってなされた、さまざまなニーチェの恣意的利用の誇張された一例を示すにすぎない。

ピーターの評価では、男女いずれのカトリック教徒も「反キリスト者」ニーチェから「私たちの敵でありながらも私たちの友」として利益を得ることが可能である。ニーチェの道徳に関する洞察は、適切に理解されるならば、カトリック教の放棄をではなく、カトリック教の本性とその意味について実験的に再考することを求めているのが分かるからである、と。(34) しかしながら、カトリック信仰を近代の哲学的探究をもって高めようとする努力が、教会当局にまったく歓迎されていないことを、この修道女はすぐに悟った。ニーチェ研究を出版した翌年、ピーターは自分の教区での「秘跡」*5を拒まれる。そして、ニーチェの知的自立性を自己の信仰に組み込もうとする努力が、徒労に終わったことを知ったのである。(35)

　ピーターはニーチェの哲学に対して偏見を持たなかったが、アメリカのカトリックのほとんどは、ニーチェ哲学を近代思想の精神的・心的危険性の例証とみなした。カトリックの目には、プロテスタントこそが最もニーチェの危険な世俗理論に感化されていた。ニーチェの誤りは、長年にわたるプロテスタントの思考の過誤を反映している。けれどもニーチェの迷妄は、プロテスタンティズムの失敗についての有益な教訓を提供している。聖書の言葉に対するプロテスタンティズムの合理主義的アプローチが、また科学的思考に対する歴史的寛大さが、いかに聖書の権威を浅薄に歪曲したのかを、ニーチェの誤りは例証している。人間の意志を神の言葉の上に掲げたために、また人間の知性が有限で不完全な能力であると判断できなかったために、ルターは近代初期の神学を危険な道へ追いやり、その道がニーチェへとまっすぐに続いていったのである。ニーチェもプロテスタントも理解できなかったこと、そしてローマ・カトリック教会が絶えず強調してきたこと、それは真の自由意志とは制約のない知性などでなく、神の恩寵と調和しながら作用する人間の意志だ、ということである。このように、カトリックはニーチェの錯誤に見られるプロテスタント的根源を強調せざるをえなかった。ニーチェの哲学は、「革新の時代」のアメリカの公衆生活を支配するリベラル・プロテスタンティズムの危険性の例証である、と。(36)

　自由意志と真理の主観性についてのニーチェの強調は、プロテスタンティズムの悲惨な結果にすぎないという断言をうけて、アメリカのカトリックは、道から外れたこのプロテスタント思想家への同情を表わすことができるようになった。一九一六年『アメリカン・カトリック・クウォータリー・レビュー』誌でのニーチェ哲学に対する長文の批判の中で、ジョゼフ・B・ジャコビは哀悼の意を表明する。「ニーチェは信仰を探究に替えて、未知のものを探し求める無秩序な巡礼者たちの群れに仲間入りをした」。ニーチェの巨大な魂の闘争は、神の光によって助けられることのない暗闇の中での真理の手探りであり、それがニーチェをかの決定的な瞬間へと至らしめた。「カトリックの教えの権威」があれば、その狂気への転落からニーチェを救い出すことができたであろうに、と。ニーチェの哲学と伝記についてのカトリックの解釈に共通する感情を反映して、その人生も哲学も誕生の際の不幸な巡り合わせの結果である、とジャコビは述べる。「もしニーチェがプロテスタントの牧師の息子でなく、カトリックの両親の息子であったならば、そしてニーチェの教育がカトリックのものであったならば、キリスト教に対する反抗精神は、カトリックの哲学と神学の称賛へと変わっていたであろうに、そしてまた別の物語が伝えられていたことであろうに」。プロテスタントの個人主義という「ミルク」でニーチェが養育されたこと、「難攻不落で不滅の岩の基礎の上に打ち建てられた（カトリックの）教会組織という胸」によって育てられなかったこと、それがまさしくニーチェの不幸であった。ニーチェの狂気はそれゆえ、近代プロテスタントたちに大事なことを思い出させる。すなわち、真理はただ一つであり、不朽のもの、普遍的なものである。探し求める必要などなく、ただ一つの真の教会の中に見出されるものである、と。(37)

プロテスタントの間での広汎で好意的なニーチェの受容は、カトリックを苛立たせた。それは、プロテスタントのキリスト教信仰がまったくの俗物的理解であることの、また別の証拠であるとカトリックはみなした。ニーチェの中に非現実的な形而上学を読み込むこと、ニーチェの冒瀆的批判を詩人の特権とみなして和らげようとすることは、馬鹿げたことであるとカトリックは主張する。「使徒聖パウロ宣教会」の司祭で一九二二年から四八年まで『カトリック世界』誌の保守的で有名な編集者であった、ジェームズ・マーティン・ギリスによれば、あまりに多くの「キリスト教徒が奇妙なことにニーチェに共感を抱き、ニーチェの誤解されやすさを釈明している。その後に、道徳性に対するニーチェの攻撃の中に、より高貴な道徳性なるものの主張を勝手に読み込もうとしている」。ギリスはニューヨーク市の聖パウロ大聖堂で、「偽りの預言者たち」と題し、誤り導かれた近代の先駆者についての一連の講義を行なった。ギリスは、ニーチェの神の否定が近代生活の病い、道徳的堕落の表象である、と述べる。ニーチェは転倒した道徳世界を唱道し、近代文化のいかがわしい猥褻さ、身持ちの悪さを強調する。キリスト後の世界についてのニーチェの耐え難いヴィジョンは解釈するに値しない。真のキリスト教徒が「黄金律」に基づく共同生活を打ち立てようとするのに対し、ニーチェは貴族的超人を解き放って、弱者を踏みにじり、人間の愛と義務というすべての絆を台無しにしようとしている、と。ギリスはニーチェの哲学から宗教的メッセージを引き出そうとするリベラル・プロテスタントを批判する。「インモラリズムを道徳的に正そうとするいかなる試みも、「小手先の仕事」に終わるのが落ちである」[38]と。

ニーチェの最も断固たる、最も明確なアメリカの敵対者ギリスのようなカトリック神学者でさえもしかし、ニーチェの哲学は宗教の存在理由の終焉を意味するものではない、と強調する。ニーチェはすべての近代人に、キリスト教の人間観と「キリスト教的異端派」の人間観との間で、決定的選択をするよう強いているのである、と。けれども、「真の信仰」は世俗の知と両立不可能ではあるが、それは「反近代」ではない、と警告するのをギリスは忘れない。それどころか、ローマ・カトリック教会は近代性と両立しうる。カトリックは近代文明の圧力と緊張とを受け容れることができるのである、と。なぜなら、「我々の確信の土台は……霊的で超自然的なものであるからだ」。近代科学は「神を追放しようと企てる、途方もない過ちをしでかした」が、カトリシズムは「道徳と社会進歩は、宗教にその基礎づけを」もたねばならないこと、「さもなければ、道徳にも社会進歩にも何の基礎づけもなくなるであろう」ことを理解している。「そして私が宗教と言う時、無気力な「自然の」（すなわち「キリスト教的異端派の」）プロテスタンティズムを意味するのではない。それは神への信仰、神と人間との間の超自然的な関係への信仰のことである」。それゆえに、ギリスがリベラル・プロテスタントを攻撃するときに、またとない武器を提供する限りにおいて、ニーチェの哲学は有益なものである。ニーチェはその教会批判の一貫性のゆえに、リベラルで妥協的な感情をもって、キリストの福音を希釈しようとするプロテスタントよりも、はるかに価値のある敵である、と。カトリックのニーチェ読者の支配的感情を代弁して、ギリスは主張する。キリストの愛の福音が素晴らしい永遠の来世を示すのに対して、ニーチェの生の否定の異端主義は、無慈悲にも精神的去勢へ至らしめる、と。近代のアメリカ人にとっての選択は、つまるところ「キリストか……それとも混沌か」の単純なものとなる、と。(39)

カトリックはニーチェを利用して、カトリシズムと世俗的すぎるプロテスタンティズムとを区別しようとしたが、カトリックもプロテスタントも、キリスト教へのニーチェの攻撃が信仰を損なう以上に、信仰を助けるものであると考える点で一致している。近代主義に好意的なピーターも、ニーチェによって宗教的信仰の再確認が容易になったことが、ニーチェの最大の貢献である、と述べた。「私たちはすでに所有している真理の数々を、より豊かなものにする何かを（ニーチェから）学ぶことができる」と。(40)かくして、ニーチェは価値観や意味の源泉としての世俗哲学の諸問題を認定し体現する存在となった。ニーチェは哲学が何ら宗教の代用品ではなく、人間は何ら神の代替物ではないことを論証し、そうすることによってむしろ、宗教がアメリカにおいて、なおまだ未来のあることを示したのである。

「社会的福音」とキリスト教の実践可能性

世紀の転換期、宗教的信仰や実践を破壊する近代の諸力に危惧を抱くキリスト教徒の中で、近代生活の諸問題に対するキリスト教の関わりを最も力強く一貫して訴えたのは、「社会的福音」運動に集った神学者、聖職者、市民運動家たちであった。ウィリアム・R・ハチソンによると、社会において自分たちの信仰を実現しようとする、これら進歩的でリベラルなプロテスタントたちの特徴をなしていたのは、「鋭い「危機」意識」であった。[41] 産業資本主義によって生み出され、脅威を増してゆく社会問題に切迫感を抱き、社会的福音派はリベラル神学の実践を再定式化し、近代社会の新しい現実に訴えようとした。工業化と都市化という大問題が、静穏なヴィクトリア朝時代のリベラル神学の自信を矮小化してしまった時代に、改革者の世代は成長してきた。そのことは、時代の物質的進歩がその道徳的優位をも表わしていたことを示している。社会的福音派のニーチェ哲学への関わりは、またその切迫した調子は、首尾一貫した神学としてのリベラリズム、だがより壮大で明確な表現を必要とする神学としてのリベラリズム、という自己認識の高まりの反映である。説教壇から公共広場へ、超自然的宗教から社会倫理へ、自分たちの信仰を移行させるときに、ニーチェのキリスト教批判との遭遇は、彼らを打ちのめしたり、また逆に励ましたりすることになる。

社会的福音派は、神の死というニーチェの主張を極端で不快なものと考えたかもしれない。だが、彼らの関心を最も集めたのは、キリスト教の倫理へのニーチェの攻撃であり、神学に対するものではなかった。社会的福音派のニーチェ利用が示すのは、彼らの危機感がリベラル神学の内部の知的諸問題にでなく、社会的・経済的諸条件にさまざまな形で集中していることである。「社会問題」に呼びかける限りにおいて、神学は自分たちの知的関心の領域となる、と。精神的救済は社会的問題であり、不正な経済的・社会的構造から後退せず、それらを改革することによってのみ、救済は可能となる。そのような理解を育む限りにおいて、神学は重要である、と。社会的福音派は、キリスト教の倫理を再定式化するときに、教会の聖所や神学校にでなく、無料食堂や救済施設に目を向けた。その結果、神学に内在する、また神学と世俗の思想との関わりから生じる知的ジレンマからではなく、現代アメリカの諸問題すなわち都市の人口過密化、学校の予算不足、不十分な公衆衛生などから、神学を近代化せんとする力が生まれてくる。貧困層や権利を奪われた人々の数が増加しているのに、ヴィクトリア朝時代の神学が何もできないでいることを目にして、社会的福音派は、社会の連帯を破壊する個人主義的倫理の否定的シンボルとして、ニーチェの哲学を利用した。ユニオン神学校の組織神学の教授ウィリアム・アダムズ・ブラウンは力説する。「キリストは究極の勝利者となりうるか、それともニーチェの超人か。これが近代の最大の問題である」と。(42)

社会的福音派がニーチェの哲学に見出したのは、尊大な個人主義と物質主義の唱道者であって、この二つが近代アメリカの共同体社会の連帯意識と責任感とを破壊している、と信じられた。社会的福音派はとりわけ、キリスト教的「奴隷道徳」へのニーチェの攻撃が、自分たちの直面する功利主義の倫理的表現であるとみなして、闘いを挑んだ。シカゴ派リベラル神学の指導者シェイラー・マシューズによれば、「イエスの教えとニーチェの教えとの対照性に、根本的な価値観の対立を我々は見なければならない」。(43)同じく、『キリスト教と社会危機』(一九〇七)の中でウォルター・ラウシェンブッシュは、ニーチェの哲学を工業化社会の「直接的産物」と述べる。「近代の実業家を発展させる産業システムと、実業家を正当化し賛美するニーチェの哲学との間には、密接な因果関係」が存在する、と。「ニーチェの哲学」は「キリスト教徒の美徳を奴隷の資質と嘲弄し」「人生の享楽を妨げるもの一切を踏みつぶしてゆく、強者の傲慢さを称揚する」。そのような哲学が「近代世界の倫理的思考に深い影響を与えている」のはなぜであるかを、ラウシェンブッシュは産業社会とのつながりによってしか説明できなかった[44]。自分の神学と社会活動を力づける一貫した感情について、ラウシェンブッシュは熟考する。そして自分の「社会観」と「キリスト教徒としての信念」は「ニーチェを全否定」するものである、と主張した[45]。

社会連帯に関わる敬虔な思想家たちが、会衆に向けて話すべきことなど何もないはずの、無神論の思想家に注意を向けるようになる。それは、時代の道徳的諸問題を定式化するうえで、いかにニーチェが重要なものとなっていたか、また変わりゆくアメリカのキリスト教徒の語彙において、ニーチェのイメージや思想がいかに重要な要素となっていたかを物語っている。けれども、自分たちの世界改善論に対するニーチェの挑戦と格闘するなかで、社会的福音派はまた、人間的事象のうちに根強く存在する悪について、関心を向けることになる。福音書を社会調和のための青写真とみなしているからこそ、キリスト教徒を批判する者たちは、神の御国というそのヴィジョンが現実を見ぬ無知なものであると、その信仰が精神性を喪失した形式だけの倫理にすぎないと、退けるのである。H・リチャード・ニーバーが嘆いたように、社会的福音派は「怒りを持たない神が、罪のない人間たちを、天罰のない御国へ、十字架のないキリストの礼拝を通じて導く」と約束するのである[46]。しかし、キリスト教へのニーチェの批判と取り組む中で、社会的福音派は予期した以上に苦悶することになる。ニーチェが同胞に対して善悪の彼岸にある自己を唱道することは拒否したけれども、宗教の試金石はそれを生み出した人間存在であり、それが特徴づける社会制度である、という点についてはニーチェに同意する。社会的福音派はまた、来世への強い嫌悪をニーチェと共有する。ニーチェの現世の超人という思想が、聖書の神の代替物であることは拒否したが、神の御国はこの世に存在するものであって、来世のものではないことを強調する。近代世界において「真にキリスト教徒の生活を送る」ことを求める者にとって「この世から苦行を経て脱出するという考えは通用しない」とラウシェンブッシュは主張する。[47] それゆえに、社会的福音派はニーチェに共通の大義を見出す。贖罪が死後に人間を待ち受けている、と考えるのは馬鹿げたことだと、ニーチェは主張するからである。天国とはこの地上において、それを創り出すのに尽力した者が手にしうるものなのである、と。

けれども、社会的福音派が最も関心を抱いたのは、近代世界におけるキリスト教の破綻というニーチェの批判であった。彼らもニーチェのように、この地上に神の御国を求めていた。ただし、独りよがりにならず、また危うい世界と妥協することにもならないように。自分たちの生きている世界に聖書の言葉の反響を見出せないのであれば、たしかにキリスト教は近代にふさわしくないと証明することになる。そうした危惧をニーチェは裏付けた。ユニテリアン派聖職者で、ハーバードのキリスト教倫理学の教授フランシス・ピーボディは述べる、「キリスト教の特質は実践不可能な夢となってしまった」という見込みのため「キリスト教の信仰が揺さぶられ、キリスト教の倫理が近代的変化という大地震によって、見る影もなく倒壊し、廃墟同然のものになっている」と。[48] このように、キリスト教の「実践可能性」についての関心が、社会的福音派の論文や著作にはっきりと現われていた。ピーボディは「キリスト教徒の生活の実践可能性」に心を砕き、ライマン・アボットは「イエスの倫理は実践可能か」と問い、そしてウィリアム・アダムズ・ブラウンは「キリスト教は実践可能か?」と思いめぐらした。[49] シェイラー・マシューズによれば、「福音はただ持続しうるだけのものであってはならない。力を持つものとして見られなければならない。……確かさの証明は実験である。実践可能性を証明することである。福音が救済の託宣でありうるならば、それは送り届けられねばならない」(50)。近代生活の諸問題に直面して沈黙しているならば、キリスト教は共鳴されない、したがって未来のない宗教になる、と。

リベラルなプロテスタントの中でも最もリベラルな存在である社会的福音派も、すぐにはニーチェに同意できなかった。ただ、彼らも近代社会におけるキリスト教の妥当性の問題を考えていた。社会的福音派も、流動する世界というヴィジョンをニーチェと共有する。とはいえ、動的な世界を認めたため、なぜ二千年前の教義が価値観の源泉としてとどまりうるのか、答えるのに悩まなければならなかった。動的な世界では「社会問題」の答えは、固定したものでも最終的なものでもありえない。ピーボディによれば、近代のキリスト教徒はほろんだ種族の世界観の回復には関心を持たない。それは考古学であるにすぎない。ニーチェの誤りは、時が経つにつれて価値観も変化していることを示しているから、歴史主義は倫理的相対主義を要求していると決めてかかるところにある。社会的福音派に共通する感情を代弁して、ピーボディは述べる。人間的事象を導く超越的真理として福音書を受け容れつつ、他方で動的世界観を抱くことは可能である、と。ピーボディにとって、歴史主義はたんに永遠のものと個別的なものとを、超越的なものと内在的なものとを区別するのに役立つにすぎない。福音書の倫理的理想は、各々の時代の個々の必要に応じて成し遂げられねばならない、とピーボディは進んで認める。しかし、それは真理が変化することを意味するわけではない。ただ真理を了解する仕方が変わるだけである、と(51)。

社会的福音派は福音書を、自然界の法則である生存競争という考え方に対置する。けれども、正しく理解された進化論は、神の啓示の成就と合致する、と信じる。進化とは、より高貴な人間性を、また完全なる倫理を実現するための、神の手段にほかならない、と。だが、問題があった。その進化のプロセスを促進するのに役立つ倫理は存在するのか。会衆派教会主義の聖職者で『アウトルック』誌の編集者であるライマン・アボットによれば、「二つの対照的な原理」――ニーチェの「利己主義的」倫理とイエスの「利他主義的」倫理――が競い合う回答を示しており、近代人はいずれかを選ばなければならない。

一方の概念に従えば、生の目的はある一つの類型の発展にある――フリードリッヒ・ニーチェが「超人」と呼ぶものである。他方の概念に従えば、生の目的は新しい社会秩序に組織されたある一つの種族の発展にある――イエスが「天国」と呼ぶものである。前者では、その方法は他者の犠牲と自己への奉仕である。後者では、その方法は自己の犠牲と他者への奉仕である。

ニーチェが進化に関する事実を誤解しているとすれば、――言い換えれば、孤立した人間の「類型」に向かって進化するのでなく、高められた人間の「種族」の創造に向かうのであれば――道徳上のモデルが会衆の中の人間でなく孤立した個人であると考える点で、ニーチェはまたもや誤っている。倫理のモデルの発展という考え方をアボットは支持するが、それは自己犠牲と奉仕というイエスの託宣によって導かれるものだと述べる。死に物狂いの闘争の倫理ではなく、他者を養う倫理は、宇宙の法則に従う。そのような託宣は近代世界において実践可能である。それだけでなく、このただ一つの倫理こそが、価値ある種族の発展を促進する、と。(52)

社会的福音派はたしかに、キリスト教の倫理を自分たちの敵とみなす思想家のそれに重ね合わせることは、危険であると感じてはいた。しかし、信念の価値は、その信念が育成する人間類型の資質によって証明される、ということについてはニーチェに同意する。キリスト教がとうの昔に失われた世界の

「生気のない復活」であるというニーチェの攻撃は、もしキリスト教の創造するものが近代の堕落した人格だけであるならば、正当性がある、と社会的福音派は考える。「キリスト教の特質が個人にどう現われるか」を評価することで、ピーボディは「近代の生活にとって、キリスト教は無用の長物である」というニーチェの論難に応えようとする。読者のために、ピーボディは『善悪の彼岸』、『偶像の黄昏』、『このようにツァラトゥストラは語った』から、ニーチェの攻撃を並べて示す。「優しく、同情心を持ち、禁欲的であるというキリスト教の理想像は、率直に見れば近代人の精神にとって時代遅れであるだけでなく、不快なものですらある」と。

キリスト教は「堕落した宗教」である。「生にとって有益な、生に貢献するあらゆる本能が……不審に思われている」……美徳は「道徳の意地の悪さ」から解放されなければならない。これまで倫理は退屈で、眠気を催させるものであった。道徳はうんざりさせるものであった。……「道徳は生の否定である」(53)

ピーボディは「ニーチェの新しい精力的な教え」を、最も極端な形式の「硬直した利己主義」とみなす。ニーチェは、いかに利己主義者が等しく自分自身の企図の陥穽に陥るかを、まさしく示している、と。「利己主義者があらかじめ決めた目的に向かって進む、その意図が……断固たるものであればあるほど、そこには何の快楽も見出せないに違いない」。価値観の源泉としての、人生の目標としての肥大化した自己は、人間の救済を提示することができない。神を持たず、「無軌道の世界を漂う」自己を生み出すのみである、と。(54)

社会的福音派は、近代生活においてキリスト教が実践可能であることは、人間の特質が示している、と述べる。だが、そのとき目を向けるべきは、孤立した自己にでなく、社会生活を営む自己にである、と主張する。ニーチェは人間の人格における社会的な本性を見逃している、と。「ニーチェが流行らせた」近代キリスト教への「根本的な異議」とは、個人を群衆に縛りつける社会道徳に対する批判を意味している、とマシューズは述べる。[55] けれども、ニーチェの誤りは、道徳がつねに単独の事象でありうる、と考えたことにある。統制力を持たない道徳も、社会性のない道徳も無意味である、と。

社会的福音派の一人ヴィーダ・スカッダーも、キリスト教の禁欲主義に対するニーチェの批判には共感する一方で、工業化するアメリカ社会で社会正義を破壊していると思われていた利己主義を、ニーチェが是認することには嫌悪を示す。けれども、スカッダーは誰よりもニーチェとの共通の大義を見出し、ニーチェの「文明に対する不満」は、自分のそれと同じであるとまで主張する。キリスト教に刺激を受けた主著である経済批判の書『社会主義と人格』（一九一二）のなかで、ウェルズリー・カレッジの英語の教授で社会福祉事業員、そしてアメリカの社会的福音派の指導者スカッダーは述べる。近代社会が個人主義から統合の時代へ、「社会化された秩序」の時代へ進展していることを、自分はいま目撃している、と。けれども、スカッダーに着想を与えたのは、キリスト教だけでも社会主義だけでもなかった。時代の社会的諸問題に具体的に答えなければならないときに、キリスト教の「道徳的理想主義」は「非現実的なところがある」と思われる。だが他方、社会主義はその世界観において余りに物質主義的でありすぎる。スカッダーによれば、世俗の社会主義は「現実世界の出来事の結果において、ただ一つ重要なのは、個人の魂の問題である」ことを、評価できないのである、と。[56]

若き日のスカッダーにとって、ニーチェは十九世紀の「導き手」の一人であった。ニーチェの異議申し立てに対する答えを求めながら、ニーチェの方法を掘り下げて、自らの道徳的想像力に至ったのである。[57] スカッダーはラスキンの中に、近代の政治経済の倫理的・美学的転換に関する重要な批評家を見出し、トルストイとマルクスから、個人的な倫理が社会的に実現されねばならないという確信を得る。[58] だが、何よりニーチェの中に、スカッダーは同伴者としての「探究者」を見出す。実効性のない道徳的理想主義に満足せず、近代の混乱を憂慮し、崇敬に値する人格を希求する「探究者」をである。「名目だけの民主主義と衰退するキリスト教の独善的想定」に対するニーチェの攻撃に、そして近代人はよりよく成し遂げることができるというニーチェの信念に、スカッダーは同意する。ニーチェの、老いさらばえた近代人への「無慈悲なまでに力強く、かつ詩的な嫌悪感」は逆らいがたい魅力を放ち、スカッダーが自らの不満を表明するうえで、力となった。そこで、ニーチェを肯定的に言い換えて、述べる。

我々が存在するここヨーロッパにおける、人間の均質化と矮小化には、我々にとって最大の危険が隠されている。……今日、より偉大な存在となるよう我々を鼓舞するものは、何もない。予見されるのは、何もかもが卑しくますますちっぽけなものとなってゆくこと、害はより少ないがよりいっそうつまらない、より抜け目のない、より凡庸な存在へとなってゆくことである。そしてついには、キリスト教の徳が、このうえなく無意味なものとなる。……ヨーロッパの宿命的な破滅、人間を怖れることをやめたために、我々は人間を愛することも人間を敬うことも、人間に希望を抱くことも、人間とともに何かを成し遂げようとすることも、止めてしまった。今日、まさに人間の姿が我々をうんざりさせる。我々は人間に飽き飽きしているのである。

だが、ニーチェからスカッダーは、十九世紀の社会主義的反乱は擁護できないが、個人主義的反革命を駆り立てる理念もまた同様である、という認識を得る。「実際［ニーチェの］新しい視点からの近代生活に対する告発は、従来のものよりもいっそう心をかき乱すものであった」とスカッダーは嘆く。[59] ニーチェは近代の矛盾を解決したわけではない。だが、自己と社会とを作り直す道を探究する。近代人が直面するジレンマを捉えていたからである。

スカッダーによれば、ニーチェは利己主義と利他主義という相対立する要請を裁定することはできなかったが、その哲学は近代のキリスト教徒や社会主義者にとって、相変わらず必要な源泉であった。ニーチェを読むと、「親しんだページの数々が、昔おぼえた魅力に加えて、新しい意味をもたらすのである」。キリスト教と社会主義の相互依存を理解するのに役立つ明晰さという意味をである。だが、その相互性の価値をニーチェは誤解した。意味深い精神性を希求する近代の魂にとって、この二つはともに毒ではなく鎮痛剤であることを、ニーチェは理解できなかった。切り離されると、どちらも力を持ちえない。けれども、誠実に連携し合うならば、この二つはニーチェが理解できなかったことを示す。すなわち「真の自由は否定的なものではなく、肯定的なものである。それは束縛を取り除くことよりも、むしろ力を授けることに関わるものである」ということを。ワーズワースの言葉を借りれば、人間は「束縛されているからこそ自由」だということを、ニーチェが理解していたならば、「我々が望む社会主義国家においてこそ、我々のすべてが超人となる道が開けるであろう。そして我々はその道をツァラトゥストラとともに、厳粛なる悦びをもって進んでゆくであろう」ということを理解したに違いない、と。[60]

スカッダーはニーチェに対して他の社会的福音派よりも好意的であったが、近代の宗教思想と実践にとってのニーチェの価値という点では、みなスカッダーの評価に同意した。社会的福音に惹きつけられた神学者、聖職者、世俗の活動家から見て、ニーチェはキリスト教の合理性と実践可能性とを問う、良い理由を近代人に与えた。宗教上の疑いを否定したり、そのような疑いを罪深いことだと非難するのは、教会と世の中との亀裂を広げることにしかならない、とマシューズは強調する。疑いは「神学の再構築の過程」で不可欠のものである。その疑いは福音に、近代の実情に遅れずついてゆくことを要請するからである、と。それゆえに、社会的福音派はニーチェを認めたのである。――ときには同伴する探究者として、ときには疑いを抱き挑んでくる者として、けれどもつねに、自らの信仰を近代世界に再装備するための手段となる存在として。(61)

ニーチェのキリスト教への貢献

宗教者のニーチェ解釈は同じ宗派の間でさえはなはだ異なっていたが、ニーチェの哲学は近代のキリスト教を害するよりも役に立つと主張したのは、主流のリベラル・プロテスタントである。社会的福音派がキリスト教の実践可能性を具体化するために最も努力をしたが、それは世紀の転換期のリベラル・プロテスタントすべての関心でもあった。会衆派教会の聖職者で著述家のエドウィン・ドッジ・ハーディンは、実践的キリスト教徒がニーチェのキリスト教への貢献を認めてもよい頃だ、と主張したが、それは多くの宗教者たちを代弁していた。ニーチェはキリスト教徒がより意義深い精神性を探究するうえで役に立つと信じる聖職者たちは、ハーディンと同じく述べている。ニーチェの「知的能力」による批判という信仰への挑戦は、もっぱら「その効果において強壮剤」となりうる、と。(62)一九一九年ミルウォーキーの第一ユニテリアン教会で、ロバート・ローリング師はニーチェについての一連の説教を行なった。「ニーチェは美味の食物というより、一種の劇薬である。……昔からある強壮剤のように、しばしばロの中は苦くなる。けれども、違いもあると思われる。昔ながらの強壮剤は「飲む前によく振ること」と書かれてあるが、ニーチェの場合は、飲んだ後に震えがやってくるのだ」と。(63) ニーチェの宗教についての生き生きとした著述の中に、リベラル・プロテスタントの聖職者・神学者はキリスト教徒を活性化させるための、価値ある道徳的刺激剤を見出す。そしてまた、先延ばしにされていた精神的・倫理的・宗教的大清掃をなすための知的洗浄剤をも。

ニーチェのごとき世俗の哲学と関わるとキリスト教の信仰を危うくするとカトリックが主張したのに対して、リベラル・プロテスタントは概して、教会が近代の事象に適切に対処してゆきたいのであれば、ニーチェとの知的関わりは不可欠であると述べた。カトリックはジョゼフ・B・ジャコビのように、プロテスタントの世俗世界への順応を「力強くあるべき我らがキリスト教」を軟弱にすると非難した。保守的なカトリックは主張する、世界教会主義[*6]や宗教的リベラリズムの広まる近代においては、「真のキリスト教徒であることは、容易でないどころか、実に困難である、と。ニーチェの激烈な生への呼びかけを、ジャコビは確固不動の宗教的類型の訴えへと変換する。「我々は殉教者と証聖者[*7]の雄々しき信仰を必要とする」と。ジャコビは熱意のない信仰者へのニーチェの非難を認める。そしてそれを教会での、ニーチェ的生気論への呼びかけと結びつける。「我々が求めるのは、熱意溢れるキリスト教徒である。……精神的ディレッタントの日々はすでに終わっている。信仰のために人々は生命を捧げてきた。いまや信仰のために人々は生き抜かねばならない。そのときが来たのである」と。(64)

熱意のなさを非難するという点では、ニーチェの読者ならカトリックもプロテスタントも同意できた。ジャクソン・リアーズが述べたように、世紀の転換期のプロテスタントの多くは、近代的経験の「重みのなさ」に苦悩し、中世カトリック教の禁欲主義に惹かれていた。ヴィクトリア朝後期の、また発展するアメリカのプロテスタントは、近代文化に「飽食し」、「過剰に文明化された」と感じ、強度の肉体的経験を希求していた。彼らには、カトリック殉教者の自己否定的な苦行が、世俗のアノミー〔無規範状態〕からの神秘的「解放」であり、堕落し退廃した世界を前にしての正しき禁欲主義であると思われた。[65] 近代生活の快適さと近代文化の世俗化した千年王国説が、信仰に影響を与え、宗教を余りに安易で脆く柔弱なものにしてしまったという認識では、カトリックもプロテスタントも一致した。

　けれども、精神の激烈さへのニーチェの呼びかけは、リベラル・プロテスタントを狼狽させた。とりわけ自分たちの宗教が女性的センチメンタリズムに満ち溢れていると感じていた者たちを、である。十九世紀、改革派の神学が正統派のカルヴィニズムからしだいに離れてゆくにつれて、会衆席での女性信者の数が男性を上回りはじめる。そして女性のイコンや言葉遣いがキリスト教の憐憫の情と感傷性を強調して、教会での説教や宗教的視覚文化における尚武のエートスにとって代わりはじめる。「金ピカ時代」そして「革新の時代」のアメリカ・プロテスタンティズムについて、歴史家は述べる。世紀の転換期リベラル・プロテスタントの男性たちは、女性的特質が信仰に災いをもたらしていると感じて、後ずさりはじめた。そしてキリスト教の敬虔さにおける「たくましき」形式を（再）創造することを願った、と。[66]

　それゆえ、ニーチェの近代キリスト教への貢献は、それを手荒に扱おうとするニーチェの意図のうちにある。例えば、遊び場でいじめっ子が冷やかしたり嘲笑したりすることで、ひよわな子どもが負けまいとして、たくましくなる（かもしれない）ように、女性化した精神性に圧力をかけることで、ニーチェは心的にも精神的にもたくましさを示威させようとしたのである、と。一九一五年五月イリノイ州レイク・フォレスト・カレッジで行なわれ、その後広く読まれたニーチェに関する一連の講義のなかで、英国国教会の聖職者で神学者のジョン・ネヴィル・フィギスは次のように述べた。ニーチェは「アルプスを征服するほどの危険と偉業」を有する哲学を、キリスト教徒に提起したのである――「安楽な千年王国説の福音を伴う、進歩の必然性という安直な楽観主義」に対するありがたい解毒剤をである、と。十九世紀ドイツの宗教的モダニズムへのニーチェの批判の中に、フィギスは代々受け継がれてきたキリスト教の神経衰弱的なヴィジョンを見出す。柔弱になった宗教的世界観を、信者たちが「父たる神の抗いえない壮観さ」を「永遠なる祖母の穏やかな姿」に替えてしまうことを、フィギスは嘆く。というのも、フィギス曰く、近代文明は「俗悪さの神格化」に、すなわち「かつて厳粛な名称であったキリスト教の敬虔さを簒奪した、無意味なセンチメンタリズム」になってしまったことを、ニーチェは示していたからである。近代のキリスト教の実践が堕落して、精神性を喪失したヒューマニズムになった、善き礼儀作法にすぎないものとなってしまったという点で、フィギスはニーチェに同意する。(67)

ニーチェの「辛辣な強壮剤」は、リベラルな信仰が誤っていることを示す限りにおいて必要である。生きる価値のある人生はすべて代価を必要とすること、持つに値する信仰はすべて信仰者に何かを要求するものであることを、ニーチェは思い出させたとフィギスは述べる。ニーチェは「キリスト教徒に直接的な貢献をなす。想定していたよりもずっと友好的である」。というのも、ニーチェはキリスト教徒の生活の真の意味を、人を堕落させる近代の諸傾向から取り戻すのに手を貸してくれるからである。近代の教会が、キリスト教を道徳的なうぬぼれとして利用する、熱意に欠けた信者たちでますますあふれていることを例証したからといって、どうしてニーチェを敵と呼ぶのか。「余りに人間的な」会衆には、安易な快適さを、進歩への盲信を、軽薄な娯楽の喜びを、道徳的陳腐さへのロマン主義的愛着を、もたしめよ。だが、「生のとてつもない偉大さ」を認識する者は、ニーチェとともに、真のキリスト教の信仰が御しがたく困難なものであることを理解する。信仰に値する神はすべて畏怖に値する神でなければならない。ニーチェは「人生が悲劇であること、人間は贖罪を必要とすること」を示したのである、と。ニーチェの好戦的徳目に心を打たれて、フィギスは述べる、「世界の罪の贖いのための代価は血でもって支払わなければならない。安価な金額で片づけられるならば、世界は埋め合わせるのに値しないものとなるであろう(68)」と。

かくして、多くのプロテスタントはニーチェの宗教批判の方法の中に、自分たちの信仰の価値を試す手段を見出した。ニーチェがたんなる批判者にはとどまらないことを、読者は認識した。ニーチェは宗教研究への新しいアプローチを示した社会科学者でもある、と。ニーチェは倫理への新しいアプローチを提起した。それは道徳的立法行為としてではなく、試されるべき一連の信念としてあるのだ、と。意味の正当性を立証する、永遠不滅の普遍的な方法など存在しないと、ニーチェは確信する。だからこそ、ニーチェは宗教的信念のための、いかなる形而上学的超越論的基礎づけをも認めない。しかし、ニーチェは信仰することとそれ自体を否定したわけではない。価値判断はなお可能であると強調する。けれども、宗教の研究を普遍的主張によって基礎づけるのではない。信仰の価値は、その信仰の神的と称される起源によってではなく、人間がその信仰を利用することによって決まる。ある信念が真理であるか否かを問うのでなく、そうした信念を抱く人間にどのような利益をもたらすのか、とニーチェは問いかけたのである、と。

プロテスタントの読者は、宗教研究や倫理へのニーチェの新しいアプローチが、至極もっともに思われるとしだいに気づいてきた。ニーチェのアプローチは「驚くほどウィリアム・ジェイムズを先取りしている」ように思われると述べる者もいた(69)。一九〇九年『ハーバード神学雑誌』でのニーチェ論のなかで、ウィリアムズ・カレッジの哲学ならびにドイツ語の教授ジョン・ウォービークは次のように述べた。

「たしかに、アメリカとイギリスのプラグマティストにとって、ニーチェが自分たちの主要な学説をみな先取りしていた、と知るのは興味深い驚きであろう」。絶対的道徳性へのニーチェの挑戦と、厄介な信仰へのアメリカの哲学者たちのプラグマティックなアプローチとの類似性をウォービークは指摘する。いずれも第一原理と哲学的絶対性の問題を除外し、代わりに個々別々の信仰がその信者にもたらす利益について検討しようとしている、と。自分の信仰が「善良」であるか「邪悪」であるかをではなく、それがインスピレーションを与えるものであるかどうかを問え、とニーチェは人々に要求する。近代人は宗教が啓示する真理概念を捨て、代わりに自分の信仰が、賞賛と模倣に値する優れた人間類型を生み出したかどうかを問え、とニーチェは主張する。ウォービークが述べるように、真理と意味についてのニーチェの探究とは、「プラグマティックな」問いを立てることであり、そしてその問いに対する「唯一の解答は、ただ試すことなのである」[70]。

「プラグマティスト」ニーチェを手がかりとして、リベラル・プロテスタントは永遠の真理としてでなく、ダイナミックな文化的創造物としての道徳生活、という考え方に再び注目し始めた。ニーチェの著作に感じられた大ざっぱな相対主義を我がものにせんとする者はいなかったが、キリスト教とニーチェとの形而上学的相違は脇に置き、多くの読者は進んでキリスト教の道徳をニーチェの「プラグマティックな」試験に委ねた。もしニーチェが正しいとすれば、つまり確固たる土台など何ひとつ存在しない、道徳を評価する特権的な場所など存在しないというニーチェの主張が正しいとすれば、いったいどうなるのであろうか。もし啓示宗教としての自然信仰の真実性を正しいとみなすのをやめて、代わりにそうした信仰の価値を定めようとするならば、キリスト教徒は何を見出すのだろうか。そう彼らは考えた。ハーディンによれば、キリスト教徒は臆病になりすぎて、途方もない労力を必要とする信仰への問いを立てられなくなっている。「ニーチェが攻撃するキリスト教は不完全で、躊躇逡巡する、没論理的な運動である。大半の追随者はその運動で、最後までやり通すことを怖れている。それゆえに、過度にそして痛ましいまでに首尾一貫するまいと躍起になっているのである」[71]。信仰とその実践への実験的アプローチを提起するニーチェの哲学は、キリスト教徒への時宜を得た挑戦となった。少なくともそうした実験はキリスト教徒たちに、聖書の忠実で徹底した生活様式が、近代世界において可能であるかどうかを知らしめることになるのである。

世俗の科学に対する開放性という伝統と合わせて、リベラル・プロテスタントは宗教的研究の新たな道を切り拓く手段として、ニーチェの哲学の方法を取り入れようとした。とりわけリベラル・プロテスタントの神学者や聖職者は、その信仰を道徳生活についての命題として取り上げることに興味を示した。キリスト教の正統的信仰を「プラグマティックに」試験するよう教区民に熱心に勧める、ユニテリアン派の聖職者ローリングは一九一九年ニーチェについての説教を利用して、会衆に自分の価値観の価値を吟味するよう促した。教区民に向けてローリングは述べる。「ニーチェに倣って、キリスト教の紋切り型の教義が歴史的にまた哲学的に、どこまで真理であるかという思弁的な問いは避けよう」。そして代わりに「近代的、実践的、プラグマティックな問いを立てようではないか。――教会の紋切型の教義が、道徳的にまた社会的にどれほど有益であるのか、と」[72]。

ローリングは、そのような試験に委ねられた場合、教会は十分に対処できるであろうかと考えた。そこでローリングは日曜朝の礼拝を思想の実験場に変え、教区民に問いかけた。聖餐式において、キリスト教徒がキリストの実際の血と肉を食べていると信ずることで、人間の生活はより品位が高まると本当に考えているのか、と。聖餐が人間の本性や個人の責任感を強めると、イエスは自分の罪を引き受けて死んだのだと、本当に信じているのか、と。またローリングは教区民に、聖餐によって「神が地上に訪れることを望まれたとき、性交という忌まわしき汚れを回避するために、純潔の処女から誕生せねばならなかった」という非現実的な物語を信じるようになるのか、よく考えてみよ、と迫った。近代人がこうした信仰を、ニーチェの科学的方法に委ねることになるとしたら、「教会の昔からの教義で、不変のままに残せる」ものはなくなるであろう、と。[73]

キリスト教に対するニーチェの批判的貢献を評価するリベラル・プロテスタントは、近代のキリスト教がニーチェの試験につまづいていると述べる。来世への信仰が近代の精神的傾向においてもなお支配的であり、救済や贖罪という陳腐な概念が社会進歩の前に立ちはだかっている、というのである。アメリカの政治的・知的風景は、精神的・道徳的退廃の兆しを見せている。リベラル・プロテスタントは、人間の個性を犠牲にして集団の生活を強調する不健全さを、近代のアメリカに感じ取っていた。ニーチェの批判を論調でも内容においても利用して、ローリングは描き出す。近代民主主義は凡庸さの避難所である、社会主義は群衆の収容所である、近代美術や文学は生の過酷な現実に対して人々を無感覚にさせる麻薬である、と。けれども、キリスト教がその問題の一角をなしているのではないか、と疑わずにはいられない人間は少なくない。「キリスト教の倫理と民主主義は、月並みな言葉を、不十分で貧弱な言葉を、無難な言葉をひたすら繰り返すだけである。上っ面だけの言葉を垂れ流しあふれさせている点で、同罪である」とウォービークは述べる。[74] リベラル・プロテスタントは、自分たちの信念を告白する。個性、創意工夫、そして知性という重要な資質こそが人間の進歩のまさしく動因であるのに、それらは民主主義的平等と連帯という祭壇の上で犠牲にされつつある、と。ニーチェはこの近代「世界の無気力さ、仕事や思想や理想における熱意のなさ」[75] に抵抗すべき理由を示したのである、とローリングは述べる。

激烈な生を禁欲的に女々しく否定するキリスト教に対するニーチェの抵抗は、どれほど不快なものであろうと、敬虔なアメリカの読者の内に反響をもたらした。ニーチェのキリスト教批判は、自らの神学を現代の歩調に合わせてゆこうとするリベラル・プロテスタントに影響を与えた。だが、歩調を合わせることで、自分たちが危うい世界とあまりにも多くの妥協をしているのではないか、と懸念することにもなった。ニーチェはプロテスタントを励まして、その信仰の特質を点検し直し、今なお世界の意味を説明しうるものであるかを、捉え直すように仕向けた。だが、それだけではない。リベラルなあまり精神性を喪失して、ただの倫理となるに至ったプロテスタンティズムを放棄するよう迫ったのである。ニーチェは精神的な激烈さを称揚することによって、リベラル・プロテスタントに説いて聞かせた。荘厳さ、驚異の念、理想への奮闘は、その理想が持つに値するものであるならば、欠かすことのできないものである、と。

ナザレのイエス、ナウムブルクのニーチェ

ニーチェがキリスト教に重要な貢献をしたと信じる二十世紀初頭の宗教家たちは、ニーチェの激烈なる生への呼びかけや因襲化した道徳への批判の中に、何かなじみ深いものを感じていた。ニーチェは自身を「インモラリスト」、「反キリスト者」と呼んだが、その哲学の重要な側面は、ニーチェが攻撃するまさにそのキリスト教の教義と共鳴しているように思われた。宗教者たちは、同時代の弛緩した道徳に対するニーチェの厳しい攻撃を旧約聖書の預言に、そして「より高い人間性」へのニーチェの呼びかけを新約聖書の道徳的ヴィジョンになぞらえた。ニーチェの哲学とニーチェの非難する宗教との奇妙な類

似が注目されたが、ニーチェとイエスとの論争ではなく、不気味なほどの類縁性こそがまさしく宗教者たちの関心を刺激したのである。

ニーチェの伝記と哲学はイエスの生涯と教えの、近代における対応物として理解するのが最も良い、とリベラル・プロテスタントは主張した。自己を強化するための犠牲と苦難の価値を称揚するニーチェの高貴なヴィジョンは、「我が主イエス・キリストのまったくよく似た教義「自らの命を失う者は、それを保つのである」」[*8]を思い出させる。「実際それはキリスト教の教義である。ニーチェがそのことにあまり気づいていないように思われるとしても」とフィギスは述べる[76]。救世主のごとき「超人」は、人間の贖罪を強調するイエスが近代において形を変えて必然的に現われたものである、と見る者もいた。ハーディンは「ニーチェとキリストとはまったく違う」と述べながらも「このドイツの哲学者の現実への大胆な愛と、自己欺瞞や偽善に対する侮蔑とは」「パリサイ人と何ら共通するところのなかった（イエスの）態度」を思い出させる、と認める。イエスと同じくニーチェも、個人の良心が社会的因襲よりも優先されなければならない、という託宣を告げた。どちらも、社会の再生はただ個人の復活を通してのみ可能であると説いた。ニーチェの教えの中に「キリスト教の精神と多くの点で共通する福音を見出す」とハーディンは結論づける[77]。同様に、ウォービークもニーチェのうちに、人類最初の「あらゆる価値の価値転換者」と類似する、「より高い人間性を謳う情熱的詩人」を見出す。それだけでなく、もう一人の道徳的反抗者を、「人格を有する存在について、独立した思想家について、法そのものを何ら怖れない人間について預言をする」反抗者を認める。二千年前のイエスのように、ニーチェは「我々の生に新しい価値観を加えただけである」と[78]。

宗教家たちは、キリスト教の堕落と奴隷道徳へのニーチェの攻撃を、世俗文化への批判と信仰の防衛へと方向転換させるために、あれこれと策略を練った。キリスト教徒によるニーチェ哲学の盗用の一つの方法は、「超人」概念をニーチェ思想の広汎な文脈から切り離して、キリスト教神学へと密輸入し、イエスを「キリスト教の超人」へ、「神の強き子」へと変形することであった。[79] しかも、宗教者たちはニーチェの哲学と歴史上のイエスの本来の福音との間の類似性を示す。イエスによる人間個性の価値の強調を、ニーチェは再定式化している。だが、それだけではない。信仰が規則に縛られることを少なくし、むしろ精神的な要求が多くなることを望んでいたのだと。ニーチェはより真なる人生の福音を求めて、教義や聖職者、スコラ主義を拒否する。イエスがパリサイ人の形式的宗教を拒否したのと、まさしく同じように。ニーチェの哲学は、イエスを教会のキリスト教よりも重んじる。イエス自身が精神性を、初期ユダヤ教の厳格な教義と実践よりも上位に置いたのとまさしく同じように、と。[80] さらに、宗教者たちはキリスト教の利他主義とセンチメンタリズムへのニーチェの挑戦を、たくましきイエス像への改変という企ての中に巧みに組み込んだ。「真の」キリスト教を、近代プロテスタンティズムの柔弱な側面から切り離そうとするためである。一例として、フィギスはキリスト教の教義において、利他主義は何の役割も果たしていない、とまで主張する。「[利他主義的な]キリスト教の倫理など一度たりとも存在したことはなかったし、これからも決してないであろう」と。[81] そのような主張は、人々を驚かせたであろう。だが、イエスをたくましき超人に、ニーチェを模範的キリスト教徒に「翻訳」することは、驚くことではなかった。フィギスのニーチェ的イエスという説明は、近代の背教者による背信行為ではない。ニーチェの哲学を宗教的言説の中で機能させるための、よく知られた戦略の一環であった。

宗教者たちはニーチェを利用して、精神性を喪失したキリスト教に新しい生命をもたらし、アメリカの堕落に挑戦する近代の勇武なるイエス像を作り上げようとした。だが、キリスト教にとってニーチェは安全であるとした結果、イエスの権威に匹敵する精神的権威をニーチェに与えることになりかねない、という点についてはまったく無頓着であった。真面目な神学者や実践的キリスト教徒が、イエスの道徳的権威を確認するためにでなく、それを問いただすためにニーチェを利用する可能性を、宗教的指導者たちは考えてみようともしなかった。けれどもまさしくそれがなされたのである。当時最も徹底したニーチェ的神学者、バプテスト派の聖職者にしてシカゴ大学の学者ジョージ・バーマン・フォスターによって。フォスターほど近代の信仰の再概念化の中に、ニーチェの思想を吸収した者はいなかった。フォスターによる自己の神学へのニーチェ哲学の統合は、二十世紀初頭の多様な宗派のニーチェ利用から逸脱したものではなく、むしろそれらを完成させたものである。けれども、ニーチェを自己の思想に受け容れることの意味を、十分に認識している点でフォスターは比類がなかった。近代人がニーチェの中にキリスト教の絶対性を疑う理由を見出すならば、またその疑いに伴なう幻滅への解毒剤をも手にすることができるならば、自分を基礎づけるよりどころとしてあったイエスに戻ることは困難になるであろう、というのだ。「我々は（我々の）時代をイエスのもとに連れ戻すことはできない。時代はイエスを越えて成長してしまったのである」(82)。

イエスを完璧に脱神聖化したニーチェの思想を受け容れた点で、ジョージ・バーマン・フォスターは宗教思想家の中で傑出している(83)。ドイツのベルリンとゲッティンゲンで教育を受けたフォスターは、シカゴ大学時代国外で学んだ急進的歴史主義神学を教え、またバプテスト派の教会、ユニテリアン派の教会の双方の説教壇でも説いた。ニーチェに甚だしく影響されて、フォスターは信仰と実践について「機能主義的」観点と呼ばれるものを採用した。そして、その学術的著作の中で、キリスト教を「権威宗教」としての歴史から切り離そうとした。「権威宗教」は意味と真理の唯一にして究極の裁定者と自認するものである。しかし、「キリスト教の終極性（すなわち絶対性）の確信」は「固定的なものが流動に、存在が生成に、絶対性が相対性に、力が理想に屈服する」世界とはもはや調和しえない。近代人には、近代科学を神学的に回避することによって知性を欺くことはできないし、呪文の世俗的形式によって精神的希求を満たすこともできない。「宇宙の外の神が死んだ」ときに、いかに意味ある生を築くのか、それが近代人の直面する問題である、と。[84]

フォスターの挑戦的なキリスト教再評価は、シカゴ大学神学校というモダニストでリベラルな神学の中心において形成されてきた。フォスターは学長ウィリアム・レイニー・ハーパーに三顧の礼をもって迎えられ、一八九五年に教授陣に加わった。ハーパーはフォスターを「斯界における現存の最も偉大な思想家」とみなしていたのである。[85] フォスターはウェスト・ヴァージニアの落ち着いた話しぶりで、自ら学んだ近代ドイツ神学を能弁に語った。心を和ませる熱意と明敏な精神は、説教壇の上の愛嬌ある人柄とよく似合っていた。フォスターの著述には知的挑発者の姿は見られない。けれども、闘争するモラリストの精神をよく表わしている。徹底的に脱神秘化された（自然法則で説明された）宗教へのアプローチこそが「近代精神によって保持されうるキリスト教を最大限に」救い出すであろうと、信じているからである。[86] けれども、フォスターは透徹した思想家であるだけではなかった。その異端の神学をもって、教派の中枢に少なからぬ衝撃を与えた。フォスターの代表作『キリスト教の終極性』（一九〇六）と『人間の生存闘争における宗教の役割』（一九〇九）はいずれも、バプテスト派の指導者、大学当局、大衆紙との間で論争を引き起こす。後に触れるように、一九六〇年代に「神の死」神学が敬虔なキリスト教徒を憤慨させたとすれば、フォスターのポスト神学的・ニーチェ的逸脱は、その半世紀以上前においては、冒瀆以外の何ものでもなかったのである。

一九〇六年に出版された時に、『キリスト教の終極性』はプロテスタントの神学界を震撼させた。キリスト教徒は人間の歴史の外部に絶対的なものを主張することはできない、とフォスターが述べたからである。歴史主義と自然主義は穏やかに神学の正統性に挑戦したが、ニーチェはそのどちらもが人間の可能性の地平を制約することを示した。前者は人間を歴史的知識の重圧で押し潰し、後者は人間を決定論で鈍麻させる、と。

ニーチェは個性のためにこれら二つを一喝した。ニーチェは科学を愚劣なものと嘲弄し、あらゆる客観的規範を否定した。ニーチェは、論理に対して情熱の権利を、馴致に対して本能を、教室に対して荒野を、功利道徳に対して英雄主義を、俗物主義に対して偉大さを、そして生の規制に対して生を陶酔させる詩を、説いた。詩人的誇張を除けば、これらすべてにおいて、ニーチェは根本的に正しい。我々はニーチェに感謝すべき理由がある。我々には弱すぎてなすすべもなかった城壁を、ニーチェは打ち砕いてくれた。ニーチェは再び人間に神秘の深みを取り戻し、大いなる憧憬を覚醒させるであろう。

フォスターによれば、ニーチェが近代人の内に覚醒させる憧憬とは、奇跡への信仰にも聖書にも見出されない贖罪である。それは個性と個性とのダイナミックな交換の中で、絶えず新たに創造されるものである。ニーチェは人間の歴史の外部に立つイエスを、「権威宗教」の始祖として拒絶したが、一方でニーチェ自身は個性を憧憬し、近代人を歴史的イエスの人格に目覚めさせるのに力を貸している。「炎の性質についての理論ではなく、炎の存在が炎を燃え立たしめるように、人間の存在が人間を救うのである」と。[87] フォスターがイエスを描写するために使用した言葉は、いかにニーチェが彼に影響を与えたかを、そしていかに他の迷える近代人に影響を与えるであろうかを、表わしている。ニーチェは近代人を、個性の炎としてのイエスに連れ戻したのである。

フォスターの大胆な精神を同僚たちは好意的に迎えた。そしてフォスターとともにバプテスト派として、個々の信仰者の自立と能力に信頼を置いた。だが、キリスト教の権威へのフォスターの挑戦は、バプテスト派の感受性を遠くまで推し進めすぎた。すでに一九〇五年にフォスターの挑発的神学は大学教授の地位を危うくした。当然のごとく、神学校から教養学部の比較宗教学科へ転任させられる。そして『終極性』の出版後、ついにバプテスト派の聖職者会議は投票によって、フォスターの教えが「破壊活動的」で「聖書に背反する」と宣言する決議を採択する。(88)

フォスターは教授職からの、また聖職者の身分からの解任要求を、次々と巧みに切り抜けて、一九〇九年にはその思想をいっそう明確にした『人間の生存闘争における宗教の役割』を刊行した。そしてこの書は自分が一貫して「疑念の晴れる立場に立っている」ことを示している、と主張する。けれども、その基底をなす主張、すなわちいかなる宗教的理念や神についての概念も、絶対的なものを希求する人間の表現にすぎないという主張は、疑いもなくフォスターの宗教的観点におけるニーチェ的パースペクティブを明らかにしていた。「我々はこのイエスの宗教を終極のものとして満足することは決してできない」とフォスターは述べる。「我々は人間への信仰から新しき永遠の救世主への信仰――我々の救世主の信仰へと進みゆかねばならない。……近代人の精神の創造物……そしてこの救世主は我々にとって我々の理想となるであろう――救世主を創り出し、採用したすべての人間にとってまさしくそうであったように――」(89)。フォスターの同僚である聖職者たちから見ると、フォスターの「疑念の晴れる」主張、救世主キリストは人間の想像力の産物であるという主張は、ただ事態を悪化させただけであった。また別のバプテスト派の聖職者会議では、フォスターを「追放する」決議がなされ、また新たな論争の嵐がまき起こった。その結果、フォスターの激しい怒りが全国紙の注意を引くことになる。『ニューヨーク・タイムズ』紙は一九〇九年「バプテスト派、騒動後にフォスター教授を追放。票決前のシカゴ聖職者会議、野次と怒号の応酬」と報じている。(90)

フォスターの宗教的機能主義、自然主義は、リベラル神学の広汎な動きと合致していたが、宗教と文化の伝統的番人たちと衝突を繰り返した。番人たちはこのニーチェ的な牧師に会衆を教化させまいと必死になった。同僚の聖職者たちはフォスターの拝命した聖職を剝奪しようとした。加えて、公共図書館も神経質になり、フォスターの異端の書の購入を避けるようになる。(91)そうした状況の下で、ついにフォスターはそのニーチェ的福音の熱心な信奉者を見出す。同じシカゴの熱狂的ニーチェファンのマーガレット・アンダーソンは一九一四年、ニーチェについて自分の雑誌に論文を連載するようフォスターに要請した。フォスターは受諾し、一九一四年三月『リトル・レヴュー』誌の創刊号を皮切りに、月に一度二年にわたり寄稿し、新しい読者をニーチェ的宗教のために教化していった。

『リトル・レヴュー』誌で、フォスターは若い世代の読者を、前途有望なニーチェ的ポスト有神論をもって鼓舞した。五一八ページに及ぶ学術的な神学の大作から、世俗向けの「新しき忠実性」「永遠のものへのニーチェの愛」「希求」といった短いエッセイに至るまで、フォスターのメッセージのニーチェ的要素は見事なまでに首尾一貫し、何ひとつ失われていなかった。フォスターは自分の著述を、すでによく知る読者にでなく、まだ知らない若き読者層に向けて、分かりやすく書いた。いかなる宗教にも終極性はないが、しかしどの宗教も、人間の統一化された経験を、すなわち神への希求を表わしている、とフォスターは述べる。「神とは永遠の憧憬を、人間が言い換えたものにすぎない」と。(92)近代人の精神の自暴自棄的な性質を認めたのは、ニーチェである。近代科学は宗教というぐらついた絶対性に挑み、神が「人間の幻想」であることを示したが、しかし人間の心の中にある、究極的なもの、絶対的なもの、超越的なものへの憧憬を克服したわけではない、と。[93]『ツァラトゥストラ』から引用して、フォスターは述べる。ニーチェは近代人の信仰への希求が危険なものであり、またそれが不可能なものであることを示している。そして近代人を「近代性の憂鬱な気分」のうちにさまよわせるのであると。[94]

ニーチェは近代人の希求の窮状を診断する一方で、その窮状を克服しうる人格をも示す。ニーチェは「新しい文化の予言者」である。その生涯と思想は近代人の高貴なイメージを先取りしている、とフォスターは紹介する。「目標としての人間、形式としての美、法としての人生、我々の新しき日常の内容としての永遠性――これが近代人に対するニーチェのメッセージである」。より高い精神性への道は「後ろを向いて」受け継がれた伝統に目を向けることにはありえない。「前を向いて」創造的な発明と発見という新しく想像された世界を見つめなければならない、と。「一人の人間が指導者になり始めている。――他の誰でもない、自分自身の内に、無秩序な苦しみの多いこの時代の、すべての苦痛と快楽を、すべての病と健康を、すべての老いと若さを具現している一人の人間が、すなわちフリードリッヒ・ニーチェが！」とフォスターは宣言する。ニーチェのメッセージは、未来の人間に呼びかけるものであり、伝統的教会が帰依者を失いつつあるのと引き換えに、支持者を獲得しつつある。「大方の説教師たちとは違い、ニーチェの会衆は年ごとに増えていった」と。[95]

イエスは今なお、探究する近代人の精神的源泉でありうる。しかし、ただこの「希求」のモデルとしてのみである、そうフォスターは述べる。[96]近代人は二千年前の人間の憧憬をただ繰り返すことはできない。「イエスが今日生きていたとしても、その当時そこに生きていたイエスの再現ではないだろう。イエスでさえ再現することは、その魂を殺すことになる」。フォスターはこのようにイエスを利用して、明らかにニーチェ的な主張の正しさを力説する。各人が自身の信仰の形式を、自身の神を創り上げなければならない、と。けれども、不変の基礎づけに頼るのではない。新しい信仰は「規制するよりは鼓舞するものであり、静的であるよりはダイナミックであり、法の定めのような抑圧的なものであるよりは創造的で実り豊かなもので」なければならないであろう[97]。「真理は動く、そして動くことで玉座や祭壇を解体する」という命題の有効性をニーチェは立証した。そして「自己変革は……人間の生涯の課題である」ことを理解したのである、と[98]。ニーチェを言い換えるに「我々に祈る道徳的権利のあるただ一つの祈り、それはまさに我々自身が最終的に答えねばならない祈りに他ならない[99]」。

　近代人は救世主たらんとする衝動を否定すべきではない。その衝動に値する「超人」となるべきである、ということをフォスターのニーチェは示した。「超人を説教することは、救世主の説教のようであると言われるかもしれない」。けれども、この救世主が我々一人一人の内に存在することを、ニーチェは教えたのである[100]。それゆえ、ニーチェになろうとすることで、人間は自分自身により近づくのである。人間の内なる救世主としてのニーチェに。「ニーチェの偉大な人格」にまだなじみのない読者でさえ、ニーチェのことが分かる。「それはニーチェの一部が自分自身の心と希望の中に存在するからである。もし自分自身について一度でも真剣に考えたことがあるならば……その人は自分自身のうちのニーチェの一部を見出したことになる。知識もなく意図もないときにでさえ、人間はニーチェの名前が象徴する世界に移行しているのである、と[101]。かくして、フォスターの言う救世主ニーチェへの祈りでは、祈りの対象としてのニーチェではなく、人間の自己探究の保証人としてのニーチェが問題になる。ニーチェは近代の精神的審問に耐えうる、唯一の救世主である。自分自身の中の救世主を見出すことを人間に教える救世主なのである。

一九一四年から一五年にかけて『リトル・レヴュー』誌で世俗の若い読者に向けてニーチェの福音を説く一方、シカゴ大学でフォスターは宗教学の講座の学生にニーチェについての講義を続けた[102]。その講義は「ニーチェと科学」「ニーチェと宗教」「ニーチェとイエス」など学術的言説にふさわしく、救世主的な論調は抑制されていた。けれども、フォスターは宗教家、神学者、霊能者などの聴衆を前にしても、同じニーチェ像を提示した。そのニーチェ利用の仕方を見ると、フォスターがニーチェの思想を十全に吸収していることを示している。それはリベラル化したキリスト教を理解するために、あるいはそれを裏付けるために、というだけでなく、キリスト教の終極性を乗り越えるために、でもあった。だが、そのフォスターでさえ、十全にニーチェの哲学をまとめ上げた神学者でさえ、イエスの人格の否定を要求するものではなかった。フォスターの講義はニーチェの幅広い利用の一つであるという主張に意味があるのは、実際のところいかに「イエスが価値観の評価し直しをしたか」、いかに「イエスが「危険に満ちた生を送った」か」、そのキリスト教への憎悪にもかかわらず、いかに「ニーチェとイエスとはいくつもの点で、同志たりえただろう」か、を考慮に入れた場合になのである、とフォスターは述べる[103]。

ニーチェ的イエスというフォスターの主張は、イエスの精神的権威のたんなる肯定でもなければ、イエスを利用してニーチェにイエスを付与する努力でもない。それはむしろ、近代の探究者の表現である。今なお我が道を――用心深く、ためらいながら、不確かなままに――超自然的宗教と自然化された宗教との間に、父なる神と自己の神性との間に、信仰と懐疑との間に、イエスとニーチェを導きとして見出そうとする探究者の表現である。自己の信仰のために、ニーチェのメッセージの含意を誰よりも十分に評価しえたという点において、フォスターは例外的な存在であった。けれども、フォスターはそれを聖職者、神学者、キリスト教徒の教授として、自らの職業の一環として行なったのである。イエスとニーチェの関係について、自らの考察の含意するものとフォスターは悪戦苦闘してきた。二人の類似性を理解したのは、フォスター一人ではない。二十世紀初頭の多くのリベラル・プロテスタントと同じく、自分にとってのキリスト教の意味と折り合いをつけるために、フォスターはニーチェを援用したのである。

一九一五年「キリスト教はニーチェにどのように対処するのか?」と会衆派教会の聖職者W・C・A・ウォラーは問いかけた。アメリカにおけるニーチェの影響力の増大を了解しようとしてである。敬虔な近代人には、「ニーチェを手にして……死したライオンから蜜を取り出すがごとく、生きた敵の力を吸収する」以外に選択の余地はなかった、と。[104] そして近代人はその蜜をむさぼるように食べた。ニーチェの苛烈な批判を信仰の裏書きへと変形するのは容易な業ではなかったが、二十世紀初頭の宗教家たちはニーチェ哲学をキリスト教に資するものとするため、二つの戦略を編み出した。まず第一に、ニーチェの著作を掘り返し、その語句や概念を近代の信仰の力と可能性を示す宣伝活動に利用した。その一方で、ニーチェの世俗哲学だけでは、福音が持つ本来の精神的土台と避難所とを提供できないことを証明しようとした。けれども、ニーチェの哲学をキリスト教の基本原理の再構築の手段とすることによって、宗教家たちはかえって、近代の敬神の念にとってのニーチェの価値を例証することになった。プロテスタントでもカトリックでも、ニーチェの解釈者はそれぞれの仕方で、その哲学が精神の激烈さの重要性、人間にとっての超越的なものの必要性、個性の価値を、新たに強調したことを認めた。ニーチェが近代世界の精神生活の諸問題を考えるうえで、力になったことは疑いもなかったのである。

しかしながら、近代キリスト教へのニーチェの貢献が認められたからといって、ニーチェの思想が無条件に是認されたわけではない。プロテスタントは、より高い人間性を希求するニーチェに惹かれたことを認めるが、しかし高潔な人間的個性は、ただ聖書と一致する場合にのみ可能であると強調した。いみじくもニーチェは近代民主主義の平準化傾向を批判したが、しかしただイエスを通じてのみ、人間は近代文化の金銭的貪欲と物質的豊かさの追求を越えて高潔になりうる、と彼らは述べた。ニーチェとイエスとの類似性について、宗教家たちは主張した、ナウムブルクの預言者は決してナザレの聖人の代わりになることはできない、と。ニーチェの反基礎づけ主義に手を出した後で、キリスト者たちはキリスト教の基礎づけに回帰してゆく。

アメリカの宗教思想におけるニーチェの履歴の奇妙な始まりを、ウォラーは次のように洞察している。「それは精神の遍歴である。まず初めに、他者の商品という重荷を奴隷のごとく持ち運ぶ。次に、自分一人でそれらのものを貪欲にむさぼり、我がものとする。やがては、忘却に至り、そしてまた新たに再開する。これが創造というゲームの根本にある原動力である」と。[105] 二十世紀初頭の宗教世界でのニーチェ哲学の受容は、そのようなものであった。まず神学者や聖職者がイエスを模範的ニーチェ主義者として描き出す。次にイエスを真の超人にして、すべての価値の価値転換者であると呼ぶ。そしてニーチェの言葉をもてあそび、キリスト教的「自由への意志」だの「愛への意志」だのを求めるようになる。こうした出来事は、彼らが意図せずに、アメリカの精神生活におけるニーチェの重要性を認めたことを、証拠立てるものである。[106] ニーチェは模範的な禁欲主義者であると主張することによって、ニーチェをヘブライの預言者になぞらえることによって、ニーチェの哲学とキリスト教神学との間に類似性を見出すことによって、キリスト教徒は近代人がニーチェを自分たちの生きた代理人として——世俗の救世主として理解する道を開いたのである。

第三章

超人のアメリカ式馴化

かって人間は遠くの海を見つめたときに、神と口にした。だが今私はあなたたちに教えた、超人と言うことを。

フリードリッヒ・ニーチェ『このようにツァラトゥストラは語った』（一八八三―八五）

私たちはよろめき歩く。何ら確かな足場のないところに、超人たちはしっかりと立つ。そしてそれに続く闘いに、私たちのすべてが引きずり出される。

ウィリアム・ジェイムズ『未刊行のノート』（一九〇〇―〇一頃）

『この人を見よ』の中でニーチェは、一八八一年八月の運命的な日のことを回想している。スイスの避暑地近くの森を散策していたときに、『このようにツァラトゥストラは語った』の思想が初めてひらめいたときのことである。確かにそれは重大な経験であった。けれども、そのインスピレーションの瞬間に了解された形象――超人――は、そこで初めて出現したというわけではない。実際、近代の文学史に超人が初めて登場したのは、スイスのアルプス山中においてでも一八八一年にでもなく、フリードリッヒ・ニーチェの道徳的想像力の中にでもない。超人の起源にまで遡るには、注意を北東のワイマールに向けて、歴史的場面を一八〇六年（ニーチェが誕生する三十八年前）に巻き戻し、フラウエンプラン街のとある美しいバロック風の館に入っていかなければならない。その書斎でヨハン・ヴォルフガング・フォン・ゲーテは傑作『ファウスト――ある悲劇』を完成するところであった。ニーチェの『このようにツァラトゥストラは語った』の中にではなく、ゲーテの『ファウスト』（第I部、一八〇八）においてはじめて、超人が近代文学の中に姿を現わしたのである。

十九世紀の間アメリカの読者は、ゲーテのこの叙事的悲劇に大いに親しんできた。この作品は、宇宙の真の意味を把握せんと切望する、ある聡明な若き学者の伝説を語り直したものである。[1] ファウストは、神の秩序に対する同時代の不動の信仰に苛立ち、迷信に妨げられない真理を熱望する。ファウストは「無限の自然」を知るために、あらゆる種類の学問的知識を――哲学、法学、医学など――詰め込むが、しかし徒労に終わる。永遠なるものを垣間見んと希うファウストの絶望的な嘆きを耳にして、天国の精霊が問いかける。「超人だったはずのお前が、なんという哀れな恐怖に襲われているのだ」と。[2]「超人」という語が『ファウスト』の中で使われたのは、ただこの一度だけである。だが、知識と支配を切望する超越的人間のイメージ、含意は、この作品全体のいたるところに織り込まれている。この自己の能力の英雄的な発揮と、それに対する心的・精神的な切望という主題群が、ゲーテの作品の大半のライトモチーフとしてまさしく機能している。

十九世紀の間『ファウスト』の英語版は多様な形で出版され、図書館や家庭の客間の目につくところに置かれ、小さな自治体から大都市の劇場まで、いたるところで上演された。にもかかわらず、「超人」

はアメリカ人の思考に、深く持続する印象を残していない。実際、主要な翻訳のほとんどにおいて、「超人」は何の痕跡も残していない。そのイメージが余りに名状しがたく思われたのであろうか、サミュエル・テイラー・コールリッジは一八二一年の英語訳では、その言葉すら省略している、「何故に、汝は今憐れむべき無力さに、捉われしか?」と。[3] 一八三八年のエイブラハム・ヘイワードによる翻訳は、より知られた訳語となる「半神半人 demigod」をあてている。[4] 一八七一年のバイアード・テイラーによる翻訳は「超越人間 superhuman」と表現している。[5] けれども、どの翻訳も話題にならず、論争も熱狂もなかった。ゲーテの超人は十九世紀の間、ただ合衆国に身を置いていただけで、アメリカの道徳的言説の中に浸透してはいなかった。超人は『ファウスト』のページを越えて外の世界に出ていくことがなかった。

しかしながら、ニーチェの「超人」が――ティレ・コモン版の『このようにツァラトゥストラは語った』では「超絶者 beyondman」と訳されている――二十世紀への転換期にアメリカに進出してくると、人々は直ちに目を向けるようになる。まさにそれから、ニーチェの語る、より高貴な人間のイメージが、合衆国内の急進的週刊誌、大衆雑誌、論壇誌において、熱い関心を呼び起こす。二十世紀初頭の作家、哲学者、文学者、編集者は、ニーチェの超人についての詩的・預言者的著作を、近代アメリカにおける自己と社会の間の、自立と連帯の間の絶えざる葛藤を描き出すために役立てようとしたのである。

これらの葛藤は、特にこの時代に目新しいというものではない。個人の闘争も、そうした用語自体もそうである。ニーチェの「超人」がダーウィンとスペンサーの後に登場したことは意味深いけれども、進化についての思想がヴィクトリア朝時代の文化を席巻していたときに、ゲーテの『ファウスト』もまたアメリカで読まれていた。だが、ニーチェは『このようにツァラトゥストラは語った』を、超人の到来の先触れとすることによって、「超人」という語をはるかに広汎な形で普及させた。とはいえ、当時の読者たちが感じたように、『ツァラトゥストラ』において、超人の特徴づけは詩的・預言者的ではあったが、決して明瞭なものではなかった。最も詳細な超人の描写において、ニーチェは書いている。

> 神が死んだ。……わたしはきみたちに超人を教える。人間は、超克されるべきところの、何ものかである。……従来あらゆる存在者は自分を超え出る何ものかを創造した。……人間にとってサルとは何であるか？一個のお笑いぐさ、あるいは一個の痛ましい羞恥である。そして超人にとっては、人間はまさしくそういったものであるはずだ。すなわち、一個のお笑いぐさ、あるいは一個の痛ましい羞恥であるはずだ。……超人は大地の意味である。……わたしはきみたちに懇願する、わたしの兄弟たちよ、あくまで大地に忠実であれ、そして、きみたちにもろもろの超地上的な希望について話す者たちの言葉を信ずるな！(6)

アメリカの読者は、前進の手がかりがほとんど何もないことに落胆したが、一つのことは確かに衝撃的であった。超人は神の死後の世界に到来するのである、と。ゲーテの詩的文章では、精霊がファウストを超人として言及する。ゲーテは自称異教徒であったが、しかし『ファウスト』では、天国はなお聖なる天蓋である。けれども、ニーチェの作品では、地上のツァラトゥストラが、神の死に続いて超人の到来を預言するのである。(7)

ニーチェの概念すべての中で、「超人」は強烈な関心を呼び起こしたが、その一方で、アメリカの読者にとってきわめて困難な解釈の問題を生じさせた。解釈をめぐる論争が、同じ政治的組織や宗派の間で、また同じ文学グループの間で勃発した。ニーチェの「帝国主義的」「エリート主義的」「ニヒリズム的」概念が、民主的で宗教心に富むアメリカ人の間で熱狂的に支持されたことに、当惑する者たちもいた。だが他方で、自己を至高のものとする超人は、独占欲の強い個人主義というアメリカ文化の中にこそ、ふさわしい住処を見出した、と信ずる者たちもいた。

アカデミズムの内外で、近代的自我を理解するための重要な概念として、アメリカの読者は超人に注目し始める。大衆啓蒙家やジャーナリスト、社会改良家たちは一様に、社会と対立する肥大化した自我の役割を超人に割り当てたが、一方アカデミズム内の哲学者、文学者、社会科学者たちは、自分自身と葛藤する自我として超人を理解した。近代的自我の健全なイメージであると考えた者はほとんどいなかったが、しかしロマン主義、自然主義、リベラリズム、プラグマティズムなどの道徳的言説を試すうえで、超人の価値を認めた。学者たちは、ニーチェの高貴な形象を称揚するよりも、基礎づけ主義に応じた道徳的諸条件を分析するために、超人概念を援用したのである。

第一次世界大戦の惨禍とともに、超人概念をめぐる問題は新たな緊急性を帯びてくる。とりわけ大西洋の両側で、ニーチェの哲学はドイツ軍国主義を鼓舞し、認可するものとして非難された。戦線からの報告は、戦前の論争の緊急性を変えるどころか、むしろ高めることになった。大地に忠実なままで、人間性を十全に実現することは可能であるのか、また望ましいことであるのか、と。「天上界」を根こそぎにする（pull up）ことなしに、個人は「死後の世界」を解体する（pull down）ことができるのだろうか、と。アメリカの読者が、基礎づけなき世界における自己の根源を検討しようとするにつれて、戦争の恐怖はエスカレートしていった。

大衆の想像力の中の超人

超人の概念がアメリカの舞台に登場したのは、近代民主主義や自由放任の資本主義の、そしてまたアメリカの社会生活と精神生活の、内容だけではなく、その理念もまた模索されていたときであった。「凡人の専制」、『民主主義と超人』、『劣者の脅威』といった表題の定期刊行物や書籍が現われ、アメリカの生活において道徳的・社会的・政治的に退行する動向に対して警鐘が鳴らされ、そして超人に関わるさまざまな話題が世間に広まっていった。(8) 二十世紀初頭、超人のイメージは強烈な発火点として機能した。それによって人々は、秩序の崩壊や無個性の進行する時代において、個人の直面する危機を理解し、定式化し直すことができたのである。

第一次世界大戦に至るまでの数年間、アメリカの読者を最も悩ませたのは、ニーチェの説く「主人」や「超越性」が、自我の陋劣な本能に向けられたものであるのか、それとも近代社会の「奴隷道徳」に対するものであるのか、という問題であった。また同様に、ニーチェの言説は、近代民主主義と産業資本主義の人間を孤立化させる傾向を是認するものであるのか、それともそこからの解放を意味するのか、考えなければならなかった。アメリカの公衆生活における分裂した個人主義を乗り越えるために闘ううえで、ニーチェは味方であるのか、それとも敵であるのか、と。

二十世紀最初の数十年、超人について最も熱弁をふるったのは、多くが社会主義者であった。社会の調和を追求する社会主義者の超人は、他者と闘うのでなく、近代社会に残存する息苦しいブルジョワジーの倫理や美学の支配と闘う、強き自己を具現するものであった。一九〇五年、この抽象的概念は舞台で明瞭な人間の形をとることになる。ジョージ・バーナード・ショー『人と超人』の中のアナーキスト哲学者ジョン・タナーである。ショーの主人公は、抑圧的な性的役割に挑み、結婚制度を愚弄することによって、ヴィクトリア朝の道徳観を軽蔑する生気論者[*1]として、超人のイメージを広めるのに一役買った。(9) ジャック・ロンドンの『海の狼』、『鉄の踵』、『マーティン・イーデン』などの自然主義小説群は同様に、超人についてのダーウィン主義的ヴィジョンを広めた。超人は所有欲に囚われた個人主義という時代遅れの理念を引き裂き、強力な社会主義社会を創るのに力を貸す存在である、と。(10) ショーやロンドンと同じく、社会主義批評家マックス・イーストマンも、ニーチェの超人の中に新しい個人の原型を見出す。アメリカの政治的・経済的・社会的生活の急進的な再組織化を先導する存在を、である。これら三者の解釈において、超人の敵は近代生活の退行的側面、すなわち、自由放任の経済、金権政治、性の抑圧と性的役割の押しつけ、そしてブルジョワ文化の「奴隷道徳」であった。

ニーチェの社会主義的読解に批判的なH・L・メンケンの、限りなきインモラリスト・超人という牽強付会な解釈も、因襲を罵倒する個人主義者という理想像を共有していた。メンケンは超人を、鉄の意志を持つ、無神論の、ディオニュソス的貴族として描き出す。そして「思慮深く知性的な利己主義、完全で絶対的な個人主義」という福音に導かれている、と述べる。「平等を信ずる者は……まさしく負け犬にすぎない。人類すべてを死んだも同然のレベルに引き下げようとするのは、まさしく卑屈で役立たずの群衆にすぎない。それは群衆だけが、そうした平準化によって利益を得るからだ」と。民衆を徹底的に貶めたあと、メンケンはキリスト教の慈善を攻撃する。キリスト教の慈善は「民族」を弱体化させる、それは「強者を犠牲にして、無益の者を保持する」ためである。超人は、その事実を認める洞察力と勇気を備えているのだ、と。(11)

一般に超人は、近代キリスト教、民主主義、資本主義の退廃的側面である「奴隷道徳」と断絶する個人である、とみなされているが、その点は政治的意見を異にする批評家たちにも共通していた。初期のニーチェ読者二人が、この共有された問題に触れている。「今や我々の時代は……ただ堕落した人間のみを育成し、偉大さの兆しを示すすべての運動を、その萌芽の段階で踏みつぶしている。……いたるところに見られるのは、凡庸な人間、馴致された家畜、畜群の一匹一匹ばかりである。それらは自分の意志を何ひとつ持たず、大多数におとなしく従う。いたるところに貧民の本能が存在し、それらが真に優越した本性の発展を不可能にしている」と。超人の支持者には、「世紀末の愚者たち」の避難所としての近代社会というイメージに怖れをなした者、近代人を「凡庸さの汚らしき群れ」になぞらえた者もいた。だが、「高人」[*2]についてのニーチェの哲学は、左右を問わずアメリカの読者を悩ませた。キリスト教の慈善と民主主義的平等が、人々の間に気の抜けた平等意識を涵養し、人間の偉大さよりも人間の画一性を価値づけるように思われたからである[12]。

超人の理解をとりわけ難しくしたのは、それをまさに何と呼ぶかという問題であった。超人の定訳はなく、入手しうるただ二種類の『ツァラトゥストラ』の英語版は、ニーチェの哲学に精通する哲学者や翻訳家から手厳しい批判を受けていた。英語の話者に意味が伝わるように、かつニーチェの本来の意図を正しく伝えるように、ニーチェの用語を翻訳しようとする企てはきわめて困難で、その正確さと適切さとをめぐって論争が繰り広げられた。ショーが「超人 superman」を広める以前は、もともとの「Übermensch」をそのままにしておくか、あるいは「超絶者 beyondman」が採用されていた。これはティレが一八九六年の翻訳で採用した訳語である。ポール・ケイラスは、翻訳が決して中立的な営為ではないと、また哲学の厳密さを言語の芸術性に従属させることはできない、と主張した。そしてティレの「超絶者 beyondman」を無造作に否定して、言った。「beyond（彼方の）は jenseits の訳語であるが、ニーチェは über を用いている。すなわち superior to（〜より優れた）, over（超越した）, higher than（〜より高い）という意味である。それゆえに、文字どおりの翻訳 overman（超越した人）が最良であると思われる」と。同様にケイラスは「超人 superman」もラテン語とサクソン語との「野蛮なる結合」であるとして、拒絶している。[13] けれども、ドイツ近代を専門とする文学者で、メリーランド少年学校校長のトーマス・ストッカム・ベイカーは、「superman」という構成を適切であるとみなした。なぜならばこの訳語が言語構成の伝統的規則を破っているからである。「この訳語は便宜的なもので、非論理的ですらある。……しかし、この語が伝えようとする観念がこれまでまったく名称のなかったものであるから、論理性はそれほど必要とはしないし、語源論や先行語の考慮も不可欠というわけではない」と。[14] 数々の反対にもかかわらず、「超人 superman」の語が影響力を広げ、アメリカ英語の語彙の中に地位を占めるようになる。しかし、論争がなくなったわけではない。

Übermensch の最良の訳語をめぐって活発な議論がなされたが、Mensch の適切な訳語を man とすることに異論はなかったようである。Mensch は男性ではなく「人間」を意味するという事実にもかかわらず、である。文字どおりに翻訳するならば、Übermensch は「over human being 人間を超越した存在」となるはずである。[15] かくして、より高貴な人間性という、潜在的にはジェンダーのないイメージが、少なくとも女性として出現する可能性も持っていたイメージが、英語においては最初から男性として誕生することになった。一つにはこうした翻訳におけるズレのために、「ニーチェは superman 超人的男性と同じく、superwoman 超人的女性の出現をも予言したか」と問うた読者もいた。[16] 女性についての、また男女同権論についてのニーチェの辛辣な言葉を見ると、たしかに肯定的な解答がなされているわけではない。最もよく引用される一節の一つ——老婆からのツァラトゥストラへの知恵の刃「そなたは女性たちのところへ行くのか？　鞭を持参するのを忘れるな！」——は、超人的女性Überfrauを志すアメリカ人に、解釈上の問題を提起している。ツァラトゥストラの言明「男の幸福はつまるところ、われ欲す、ということだ。女の幸福はつまるところ、彼は欲す、ということだ」もまた同様である。男女同権論者たちはニーチェに惹かれたが、しかし女性の自尊心を相関的なものとし、女性の知性を疑い、女性の社会的価値を生物学的に特徴づけるような箇所に、嫌悪感を示した。「そなたたちの希望は、つまりこうであれ、「わたしは超人を産みたい！」」。[17]

けれども、超人を女性化するための戦略も存在した。目の高い女性読者は「未来の神々しき男性の母」としての完全なる女性というヴィジョンに刺激されて、「ニーチェは疑いもなく超人的女性を予見し、歓迎した」と結論づけている。[18]そのような光輝に満ちた母性のイメージを擁護して闘うなかで、マーガレット・サンガーは超人に惹きつけられていく。サンガーはニーチェの思想の中に、批判哲学だけでなく、女性が身体的な自己主権を手にするための、野心的な思想を見出した。サンガーは演説や著述の中で、超人を利用して破綻した西洋の道徳を批判する。教会と国家によるその道徳は、女性の抑圧を支えてきた。あらゆる偶像が破壊され始めるや、偶像崇拝にテコ入れをしてきたように、と。サンガー曰く、女性の貞節などは、生気を失った「キリスト教の……禁欲理念」の作り事にすぎない。女性に現世での欲望を恥じて、身を隠すことを教えているが、反対に超人は「十全なる人生の、そして気高く美しく恐れを知らないすべてのものの」イメージを提起している、と。[19]一九一四年サンガーはニーチェについての講演のなかで、「個人があらゆる価値の根源であり、構成要素である」ことをニーチェに教えられた、と述べている。[20]米国議会図書館に所蔵されている「神の不在」と題された一九一四年六月付の文書の中で、サンガーは『ツァラトゥストラ』の一節を書き換えて述べている。「ああ、兄弟たちよ［原文のまま］、私が創造したあの神は、人の手になるものであり、人の狂気の産物であった。あらゆる神々と同様に。余りにも多くの神々が生まれすぎている。国家の創り出したものは余分なのだ。見よ、国家の神が他の神々をいかにむさぼり尽くしたことか」。サンガーは神の死後の、解放された女性の自我の兆しを、力強い鼓舞と受け取った。そして一九一四年『女性の反乱』——避妊を宣伝するサンガーの新聞——を始めるときに、スローガンとして「神は無用、夫は不要」を掲げた。[21]

サンガーの超人は抑圧的な性道徳と闘った。それは凡庸な大衆に対し、自らの力への意志を明言するものであった。完全な自己主権を有する個人、というサンガーの超人イメージは、二十世紀初頭のアメリカの政治思想や社会思想に見られた支配的イメージを反映している。超人のイメージは左右両翼の活動家、著述家の政治的想像力を刺激したが、しかし著名な学者たちの道徳的想像力を捉えることはできなかった。とりわけ哲学者ジョサイア・ロイスは、超人というヴィジョンを社会的なもの、超越的なものとしてでなく、自己を実現すべく奮闘する存在として論じている。超人は社会的因襲と闘うものではない。絶対的なものに頼らずに、自己の倫理的責務を導く理念を、暫定的に創造せんとする道徳家である、と。また「新しきヒューマニズム」の主唱者の古典学者アーヴィング・バビットは、統御を目指すニーチェの闘いは他者に対するものでなく、自己の内部でなされるものである、と述べる。けれどもと、現代人に失われた古典的理念の擁護者を自認するバビットと「新ヒューマニスト」たちは警告する、反基礎づけ主義の自己超克は、情け容赦なくロマン主義的自己放棄に至るであろう、と。ロイスと「新ヒューマニスト」たちとは、超人の自己超克の展望について評価は異なっていたが、ニーチェのいうより高貴な自己とは、社会的理念としてでなく哲学的理念として理解するのが最もよいと、みなそろって主張したのである。

第一次世界大戦中には、社会に対峙する自己としての超人というイメージが支配的なモチーフとなる。アメリカの政治思想家や哲学者、ジャーナリストは、ビスマルクの帝国主義政策に見られる勢いづいたドイツを、超人になぞらえるようになる。その数年前にはニーチェの「ポーランド的主情主義」が重視されていたが（第一章参照）、一九一四年にはニーチェやニーチェのより高貴な自己というヴィジョンが、ドイツ精神を知るための窓となる。かつて真理を追求する戦士として、迷信を打破する者として、因襲よりも意識を上位に置く偶像破壊者として称揚されていたニーチェの超人は、いまやドイツ帝国の軍事的理念とみなされるようになる。ロンドンやイーストマンの社会主義的超人、メンケンの貴族主義的超人、サンガーの男女同権主義的超人から、民主主義への脅威という大戦中の超人のイメージに至るまで、その軌跡は一直線ではない。だが、これらの解釈はいずれも、ニーチェの「高人」のイメージを、現存のアメリカ社会よりも上位にある自己とみなし、解釈している。言い換えれば、アメリカ社会を自分がかくあるべしと信ずるものへ作り変えようとしている。そのような点において、みな同じものなのである。

自己の超克と社会的向上

アメリカの思想家は、反民主主義的な超人を戦時ドイツの帝国主義的理念の形象とみなした。そうした傾向が圧倒的であったことを考えると、『アトランティック・マンスリー』誌の編集者W・ファーガス・カーナンが、ジョサイア・ロイスの遺稿の中に、ニーチェを称賛する論文を発見して驚いたのも無理はない。「多くの人間にはおそらく奇妙に思われることだろうが」ロイスが——ハーバード大学の教授として、「最愛のコミュニティ」[*3]の哲学者として尊敬され、ドイツに対する合衆国の参戦を声高に主張するその人間が——「現代ドイツが預言者、託宣の伝達者としていまや主張している、その哲学者に……たんなる関心だけでなく、確かな教説をも見出している」とカーナンは記している。[22]けれども、ロイスの哲学に通じている読者にとっては、この発見された論文も、遺稿集の中の他の未完のニーチェ論と同じく、何ら不思議なものではなかった。[23]思想は修正と価値転換の累積的過程である、というニーチェの系譜学は、ロイスの歴史哲学の精神と方法の双方に影響を与えた。歴史と経験の沈殿物が層となった人間の創造物としての思想、というニーチェの概念にロイスは注目する。また、哲学者は絶対的存在、理性、誠実さといった、哲学概念の系譜と妥当性とを検討しなくてはならない。それらの意味が偶然の産物であることを理解するために。そのような姿勢をニーチェから学んだ。とりわけ、ニーチェの超人概念の中に、ロイスは倫理的な生に不可欠であると信ずる、絶対的観念論の自然化されたモデルを見出している。

けれども、ロイスの観念論的思考の中に、ニーチェ的感受性の痕跡を捜し求める必要はない。ロイス自身が自らの思考に対するニーチェの衝撃の大きさを、はっきりと証言しているからである。『誠実さの哲学』（一九〇八）の巻頭で、ロイスはニーチェを「哲学的狂想詩人《ラプソディスト》」と名付ける。ドイツの知的運動において、それまで絶対的なものと考えられてきた科学的・宗教的理念の基礎づけが、人間によるものだと暴く先駆者となったからである。ロイスは自分の世代の「絶え間のない」「改革的」精神が、継承された価値観への疑い、「古き信仰の基礎づけ」への懐疑によって、その結果としての道徳的伝統を修正せんとする欲望によって、特徴づけられているとみなす。まさしくニーチェの「あらゆる道徳的価値の転換」が、「過去のすべての因襲的道徳は……原理的に誤っており、進化の過程のたんなる通過段階でしかなく、根底から変革されなければならない、というニーチェのテーゼを広く知らしめたからである」。ロイスはニーチェに依拠して、「時がたてば、いにしえの善きものも、見苦しきものとなる」というよく知られた表現に、新しい意味を付与する。そして、「道徳的伝統に対する、この近代の反抗精神」と折り合いをつけたのである。(24)

近代の改革者は、ニーチェの思想にこのうえなく偶像破壊的な個人主義の源泉と、その正当化の根拠を見出した。だが、その個人主義は倫理的な、共同体的な結びつきを、その絆を断ち切るおそれがある、そうロイスは述べる。たしかにニーチェの超人は、社会的因襲に対する不撓不屈の戦士であるという大衆的イメージが、ショーやロンドン、メンケンらによって広められ、大衆紙で話題にされていた。だが、その大衆的な見方は、ニーチェのより広大なヴィジョンを誤解している、とロイスは主張する。「近代の扇動者」、「この時代に典型的な、落ち着かぬ子ども」は、ニーチェの哲学が共同体とのあらゆる絆を弱め、その社会的統制を廃れた道徳的因襲として否定することを要求していると信じている、と。超人を社会的背教者とみなす大衆の解釈に挑戦して、ロイスは述べる。「個人主義者は、おそらくその経済的不安から、またおそらく結婚という絆から逃れようと望んでいる」が、「ニーチェが自分の預言者であると宣言したり、自分もまた超人になろうと企てたりする」のであれば、それは間違っている、と。(25)

ロイスは個人主義者の敵対的な見方を否定する。それだけでなく、ニーチェの哲学の中にはそうした見方の裏付けを見出すこともできない、と述べている。ロイスの評価では、ニーチェが超人を構想したのは、その存在を社会の上に聳え立たせるためではなく、自己の超克を成し遂げるためである。ニーチェの「力への意志」は「たんなる暴力」などとは無縁である。むしろ、超越論的な意味での自己の統御という点で理解するのが最もよいであろう、と。超人は絶え間ない身体的苦痛と心理的不安という「〔ニーチェの〕経験の教訓」を教えるものである。

絶えず何かを怖れているとしたら、それを直視し考え抜くことによって、克服せよ。運命が自分を悩ますのであれば、運命と見えるものを自らの行為と思うようにせよ。何かよこしまな考えを抱いているならば、その全き意味をはっきりと示すことによって、自由な自己の一部とせよ。自己の弱さを抑圧することなかれ。弱さの上に強き自己を築き上げよ。

したがって、英雄的個人の真の闘いとは、社会との矛盾から自分を解放することだけではなく、むしろ自分の内部の葛藤を、自己再生のための源泉として利用することである、と。(26)

ニーチェの自己主権のヴィジョンを、アメリカの道徳的言説と一体化させようとするなかで、ロイスは西欧の文学・哲学の主流である「倫理的反逆精神」の伝統と超人との類似性を強調する。ロイスは、エマソンとニーチェの類縁性に着目した、二十世紀初頭の数少ない一人である(本人はニーチェに対するエマソンの影響を知らなかったが)。ニーチェのアフォリズム形式の著述は、自己の内の闘争本能を超克しようとするニーチェの哲学的傾向を示している――その本能を抑圧するのでなく、自由な活動を全面的に認めることによって――と、ロイスは主張する。ニーチェの哲学からロマン主義的系譜を引き出して、「エマソンとウォルト・ホイットマン両者のごとく、ニーチェも自身の精神的発展の弁証法をたどることに、自分自身と矛盾することに、あるいはウォルト・ホイットマンの言葉を借りるなら「いろんな中身をどっさり詰めこんでいる」*4ことに、まったくの自由を感じている」と。人生を、自立した個人と「因襲の、伝統の、あるいは運命づけられた世界」との間の闘いとして理解する点で、ニーチェの超人もまた、ゲーテのファウストやシェリーのプロメテウスと共有する本質を持っているのである、と。(27)

同時にまた、ニーチェの「反逆精神の理念」は西欧の個人主義の伝統からの離脱を表わしている、とロイスは述べる。ロマン主義的理念は、ダーウィン主義を経由して進んでゆき、ニーチェの反逆精神は、神とそして永遠なる道徳的絶対者のすべてと断絶する。「自分が何者であるか、何を望んでいるか」を知る偶像破壊者とは異なり、ニーチェの超人は「自己の激烈なる探究者」を、自己の個性の本質と目的をめぐって「苦悩する」存在を表わしている。神に、天国に、第一原理に依拠することなく、近代人は「この完全なる個人という、意図的に創造された概念の模倣を通じて、しかしそれ以上に、その概念の創出という課題に休むことなく取り組むという決意をもって」自分自身の意味を創出してゆかねばならないであろう、と。(28)

意味を新たに創出せんとする苦闘のなかで、ニーチェの反基礎づけ主義的超人は、哲学的道具主義とその時代を特徴づけるロマン主義的個人主義とを結びつけている。近代的思考を称揚するなかで、ニーチェは大西洋の両側の近代人に、「真理の問題全体の再検討という「疾風怒濤《シュトルムウントドラング》」を後に残した。ロイスが述べるように、

ニーチェの哲学を論じようと、数学を論じようと——すべての価値の価値転換をであろうと、「すべての集合の集合」をであろうと——ラッセル氏の「矛盾律」が問題であろうと、超人が問題であろうと……つねに同一の包括的問題に、遅かれ早かれ直面せずにはいられない。真理の本性を問題にする段階に、いまや

我々はいる、ということである。[29]

「道徳のまさに基礎づけに関する不安定さ」に加えて、近代の思想は、個人主義的な「冷静でかつ内面的自由を保持したいという切望、たんなる外的な権威には服従するまいという決意」によって駆り立てられている、とロイスは続ける。人間は「教養の権威」の廃墟の中に避難することはできないし、また望まないからである。けれども、近代の思想家は自己充足した創造者としての、また新しき真理の裁定者としての役目を果たす主権者である自己を構想している、と。「行為者が、そしてその行為が真理を発見するというだけではない。その行為自体が真理なのである」。[30] このように、大西洋を横断する道具主義における個人主義の系譜は、真理を見出されたものとしてではなく、創り出されたものとして、個人に相関する何かとしてみなしたのである。

相対主義と個人主義との間のこの緊張関係は、ハーバード大学の同僚で友人のウィリアム・ジェイムズのプラグマティズム哲学の中に、とりわけ先鋭的に表れている、とロイスは述べる。ロイスの道徳的観念論の観点からすると、ジェイムズの思想におけるポスト・ダーウィン主義的道具主義とロマン主義的個人主義は、近代人の生の新しい倫理学を創り上げるうえで、必要ではあるが土台としては十分ではない。ジェイムズのプラグマティックな道具主義が有効であるのは、それが真理の研究を基礎づけ主義から解放する批判精神によって活気づけられる限りにおいてである、とロイスは述べる。ジェイムズの道具主義は認識論に有益な寄与をなしたが、それは単独では、人間生活の生き生きとしたヴィジョンを提起できない。ジェイムズの道具主義は、結果の観点から真理を研究する方法を示したかもしれないが、しかし方法論は意味の代わりにはならない、と。

ロイスはジェイムズが自分と同じく、深く献身的な道徳家であると信じていた。近代のアメリカを「最愛のコミュニティ」に変えるために哲学を利用できる、と考える人間である。だが、ジェイムズのプラグマティズムは、そのラディカルな経験主義とロマン主義的倫理学とを一緒に作用させることができない、と。その主張を裏付けるために、ロイスはニーチェに目を向ける。ニーチェとジェイムズを対話させる、すなわち一方を使って他方を解釈する、という戦略である。このときロイスはニーチェの真理の理論を戯画化して使い、ジェイムズの相対主義と道具主義との融合を特徴づける。

絶対的真理など存在しない。ただ自分が必要とする真理があるのみである。……ニーチェの用語法を借用したまえ。日常の知性主義に基づく真理を、奴隷の真理にすぎぬと呼びたまえ。その真理は絶対を装う。けれども、それを信じているのは奴隷たちだけである。新しき真理の理論を訴えるツァラトゥストラなるものは告げるであろう、これからは「私がお前たちに主人の真理を教える」と。自らが信ずべく選択したものを信じたまえ。真理は人間のために創られており、その逆ではない。自らの人生を新しき真理へ「沸き立たせ」たまえ。思う存分に。現実の証明という制約を無視したまえ。たんなる因襲を忘れたまえ。「この私の見解は真理である」というのは、「私自身の要求が私の精神に対して君臨する、そう断言することが好都合であると今私は思っている」という意味にすぎない。私の都合が変わるたびに、私の真理も変わるであろう。

皮肉なことに、ニーチェ自身はこの便宜主義的真理観を持たなかったが、ジェイムズは持っている、とロイスは主張する。「私は非難をしたくない。私の最も近くにいる最も親しい友人たちの中には、その非難を個人的中傷だとして嫌がる者もいるかもしれないので」と、皮肉まじりに。けれども、ニーチェのおかげで、ロイスはプラグマティズムの相矛盾する要請に挑戦することができた。ジェイムズのプラグマティックな認識論は、半身不随の確実性という誤った基礎づけを引き裂いた。しかし、不確実性だけでは、個人の成長のための豊かな土壌たりえない。理念を否定することによって、ジェイムズは自己の永遠なる、したがって最も重要な源泉をも破壊してしまったのである、と。[31]

ロイスはニーチェとジェイムズの双方に共通する、脱構築的認識論と人間の自立の力強い称揚とを認めている。けれども、ニーチェの超人のような理念が、二人の思考の反基礎づけ主義的傾向と革新的傾向とを結びつけている、と主張する。ニーチェの超人概念は、ロイスの自然主義化された観念論においては、その「誠実さに対する誠実」という概念——道徳的に絶対的なものの裏付けのない、より高貴な理念への献身——を具体化するものである。[32] ロイスと同じく、ニーチェにとっても「動揺させること」が「終極の目標」なのではない。「探究者ツァラトゥストラは最終的に……生の法則を、果てしない流動状態に従属することのない観点から明らかにすることにある」と。ロイスはニーチェの超人を、不確定性の流動状態から自らを引き上げ、自らのために自らの行いを導き自らの経験を統合する、より高貴な人間性の姿を明らかにする存在として思い描く。そして、観念は人間の想像力を支配するもの、魔術的な、超自然的なものとみなされるとは限らない、というニーチェの主張に同意する。観念の内容は、歴史的にも文化的にも偶然的なものであるが、人間が個性のためにより高貴な意味を創造し、実現せんと苦闘することは、人間の経験の普遍的な側面である、と。「もしわれわれの誠実さの哲学が正しいとすれば、超人間的なものへの訴えかけの点で、ニーチェは間違っていたわけではない。我々の超人はつねに我々とともにいる。生は超人的なものなくして、何の意味も持たない」と、ロイスは強調する。[33]

ウィリアム・ジェイムズの出版物や未刊の著述におけるニーチェへの言及は、限られているが印象的なものである。それらに基づいて判断すると、この二人の哲学的類縁性というロイスの指摘は的を射ているとすぐに分かるであろう。ニーチェに対するジェイムズの論評は、このドイツの哲学者に対する強いアンビヴァレンスを示している。明らかにジェイムズは、自分の反形而上学とニーチェのそれとの間の類似性を捉えている。例えば、一九〇五年のトマス・ペリー宛の書簡で、ジェイムズはニーチェについて手短に、しかし思慮深く述べている。「いかなる哲学者も（例えばウィリアム・ジェイムズなど）他の哲学者はみな形而上学者であり、自分は彼らに対して常識の権利を擁護しているにすぎない、という素振りをしている」と。[34] ジェイムズはまた、ほんの気まぐれにすぎないが、自分のことを「超人」として描き出してもいる。一九〇四年の妻アリス宛の書簡のなかで、自分は「ニーチェを読み……「超人」のように葉巻をくゆらせた」と語っている。[35] そしてジェイムズは、人間の哲学的見解や関心を決定するうえで、気質が重要な役割を果たすことを強調したもう一人の哲学者を、ニーチェの内に認めている。だが、哲学は著者の気質の告白であるという点でジェイムズがニーチェに同意したこと、それがまさしくジェイムズのニーチェへの態度をぎこちないものにしたと言える。道徳的個性の本質についての自分の思想が、「痛ましく、かつ病的である」[36] とみなしている哲学者のそれと酷似していることに気づいたからである。

ジェイムズが初めてニーチェを読んだのはいつのことか、正確には分からない。けれども、一八九二年には明らかにニーチェに親しんでいた。それは、ジェイムズが自分の所蔵する『善悪の彼岸』（一八九一年の第二版）の二枚目の遊び紙に「ウィリアム・ジェイムズ、フライブルク……一八九二年六月」と記していることから明らかである。[37] ジェイムズが自分の刊行物の中で初めてニーチェに言及したのは、一八九五年のマックス・ノルダウ『退化』の書評である。当時の書簡には、ジェイムズが一九〇〇年の初頭、ニーチェについての著作をいくつか読んだことが記されている。[38]『善悪の彼岸』と『道徳の系譜』（一八九四年の第三版）の余白の詳細な書き込みを見ると――ジェイムズの個人蔵書に現存する二冊である――ジェイムズが両書を実に緻密に読んでいたことが分かる。[39]それらの蔵書の中の注記（下線、補足など）は実に厖大で、両書のどの考えがジェイムズの関心を引いたのか分かりにくい。とはいえ、『善悪の彼岸』の裏表紙の力紙の右側にジェイムズが書いた用語の一覧は、手がかりをいくらか与えてくれる。とりわけ「意志」、「「客観的」人間」、「[ニーチェの] 人間の理想」などの語である。[40]けれども、その力紙の左側に感嘆符で強調されている概念――「力への意志、49, 17, 68, 105, 228 !」――またテクスト本文の中で下線を引いた文「生それ自体が力への意志である」。これらの概念がまさしく、ジェイムズにとって特別の意味を持つことを示している。[41]

道徳的自己についてのニーチェの見解をジェイムズが論じるさまは、人間の進歩を推し進める種類の人々に対するニーチェの信頼を、ジェイムズが迷いながらも共有しているのが分かる。一九〇〇年にニーチェの『道徳の系譜』を読んだそのとき、[42]ジェイムズは「聖なる」衝動と「俗なる」衝動との対立についての講義を執筆していた。それは後にジェイムズの著書『宗教的経験の諸相』（一九〇二）の一部となる。倫理に関するジェイムズの私的ノート（死後に出版）の中の、超人についての印象的な議論を読むと、ジェイムズがニーチェの倫理的理想に強く惹かれると同時に、アンビヴァレントな感情をも抱いていたことが分かる。[43]この一篇は「生活を意義あらしめるものは何か」からの議論をそのまま繰り返しており、そこでジェイムズは述べている。他者の生を意味あるものにしているのは何かについて、人間は容易に判断できないのだから、自分の生の概念について、他者の同意を求めるべきではない、と。

しかしジェイムズは強調する、「将来の人間生活に対してまったくの決定的な大変化をひき起こす」生の意味は、ある個人の私的な理想のうちにあるのでも、他者の理想の機械的な受容のうちにあるのでもない。「どんな特殊なものでもいいから何か新しみのある理想と何か誠実、勇気、忍耐といったものとの結合、ある男もしくはある女の苦闘との結合」の内にあるのである、と。[44] 自分自身のヴィジョンの中の、私的美徳と公的善との間の、強制されたものでない個人の想像力と自己の創造物を生の領域で試そうとする努力との間の、まさにこの緊張に応える形でジェイムズは超人を思い起こすのである。

未刊行の倫理ノートの中で、ジェイムズは個人的な「高い精神性」として言及するものと、社会的な「思慮深さ」との間の拮抗について、考察している。それぞれどちらも社会に寄与するが、とりわけ「高い精神性」のタイプこそが究極的に人間を前進させるのではないか、とジェイムズは考えている。このタイプの人間は単独で、落ち着きがなく、何ごとにも極端な「紳士」であり、自己犠牲を伴う私的ヴィジョンと社会的現実とを結びつける存在である、とジェイムズは描き出す。「我々はよろめき、超人は何ら確かな足場もないところに足を据える。そして、それに続く苦闘を経て、我々の全体がようやく引き上げられ、前に進んでゆく」と。ある時代において極端に見えるものは、次の時代に人類を導いてゆくまさにその思想であるかもしれない。私的な理想は公的な善になるのである、と述べて、ジェイムズはその考え方を正当化する。

> 高い精神性とともに、残酷さと過酷さも進行してゆくのは避けられない。だが、しばしばそれらは欠陥の様相を帯びる。たんなる感受性の欠如、野蛮さのごとく立ち現われる。(個人においては実際そのとおりである)。けれども、それらは宗教的な意味を持つ。そして我々のすべてが、無謀なまでに要求を絶対化する

（高い精神性の）紳士に追従して、賞賛する。それは、その紳士が真に優越していることの、紛うかたなき証拠である。

ジェイムズはこの不穏ではあるが、本質的な超人のヴィジョンをどこで得たのか。欠陥はありながら、宗教的な意味を持つ個人のヴィジョンをどこで得たのか。はっきりと書き残している。

病んだ哀れなニーチェは、略奪的人間に対する賞賛の中に、健全な意味を見出す。その人間は事物の本性との妥協を拒み、それを卑しい運命の手に委ねる。誰でもみなある状況においては、この紳士を演じられる方が良い。誰が傷つけられようとも、家庭でどんな器が壊されようとも。——ただ後になってから、泣き言を口にしてはならない。(45)

最後の行のジェイムズのひねりは、自分の思考の中の緊張に向かって語りかけているのかもしれない。ときに調和しときに争い合う、ロマン主義的生気論と道具主義との間の、私的なヴィジョンと公的な善との間の緊張に。あるいはまた、「病んだ」哲学者に同意することが、どれほど好ましくない展望をもたらすか、ジェイムズが考えたことを示しているのかもしれない。とりわけ哲学というものが——ジェイムズの主張するように——その著者の気質を表わすものである場合には。おそらくその両方であろう。けれども、三十八行にわたり超人の擁護を繰り広げてきた劇的な記述の末尾に置かれた、ただ一行のわずかな言葉は——ニーチェを引き合いに出すときにジェイムズがよくする否定的な論評のごとく——ジェイムズがニーチェを、その思想を軽んじている、ということを意味するものではない。

超人「紳士」はジェイムズの『宗教的経験の諸相』の中に再度登場する。そしてそこでは、超人が具現するとジェイムズの考える、苦闘する自己のヴィジョンへの抑制された熱意が示される。一九〇〇年の春エディンバラでの三度目のギフォード講義を準備しているときに、ジェイムズは『道徳の系譜』を読み、それはやがて『諸相』の一部となる。ジェイムズの蔵書の『系譜』の第三論文「禁欲主義的理想は何を意味するか?」にはあちこちに書き込みが見られる。それは『諸相』で書くことになる「聖徒らしさ」のまさにその系譜を、ジェイムズがいかにたどったかを示している。講義において「聖徒的な」衝動と「現世的」情熱との対立を論じる中で、ジェイムズはニーチェを「私の知る限り聖徒的な衝動に対して、もっとも敵意ある批評を加えた者」と呼んでいる。そして禁欲主義の歴史的起源についてのニーチェの主張を詳しく物語る。それはまさしくジェイムズの蔵書の『系譜』の中の幾度も下線を引かれた箇所に見出されるものである。これらの箇所を自身の生き生きとした言葉に変換して、ジェイムズは「指導統率を歓迎し、部族の首長を祭り上げるという生物学的に有用な本能」を評価する。屹立する指導者を、すなわち自らの「良心」と「意志」とを結びつける稀有な価値を持つ人物を畏怖することの社会的価値について、ジェイムズは記述する。これらはある道徳的理想のタイプを象徴するようになる、「肉食鳥のような嘴や爪をもった現世の支配者」である。ジェイムズはこれらの支配者を聖徒と(ニーチェの禁欲主義者と)対比してみせる。後者は「飼い馴らされた、害のない……家禽」のようなものであって、何ら畏怖の念や敬意を抱かせることはなく、ただ「軽蔑」の念をもたらす以外にない。イメージを転換させてジェイムズは再び「聖徒のタイプ」と「紳士のタイプ」との違いを強調し、未刊行のノートで称揚しているまったく極端な紳士「超人」を引き合いに出す。「あわれなニーチェの反感はそれ自体がいかにも病的である。しかし、私たちはみな彼の言わんとするところを知っている。彼は二つの理想の間の衝突をみごとに表現しているのである」と。このように講義において、ジェイムズは近代の生において、神的なものへの信仰の継続の余地を認める。けれども、ジェイムズ自身は現世の爪をもつ支配者を支持する側に回る。自分の「経験哲学」がそうさせたのである、と主張して。ジェイムズによれば（ニーチェにその裏付けを見出して）聖徒らしさの絶対的に理想的なタイプなど存在しない。美徳はそれを見る存在によって変わる、相対的なものである。「つまり、聖徒たることが絶対的に優れたことだとは、言えないのである」[46]。けれども、より重要なのは、聖徒のタイプは理論の上では人の心に訴えるとしても、現実の世界においては経験が示すように、危険を覚悟の上で自分を「聖徒らしい」聖徒にしているのだ、ということである。ジェイムズは近代の宗教人に、自分の宗教を地上によりいっそう近づけるよう鼓舞したのである。

ジェイムズは超人のイメージに強く惹かれたが、しかしそのイメージは、それに形を与えた哲学者の気質と穏やかならぬ結びつきを持っていた。ジェイムズの（少なくとも）十年に及ぶニーチェの思想との付き合いのなかで、ニーチェの病を引き合いに出さないような言及は一つもない。そうした言及は『諸相』のなかで最も豊かで生彩のあるものであるが、そこでジェイムズはニーチェの（そしてショーペンハウアーの）「気分」を、「人のこころを気高くするような悲壮さ」によって、また「奔馬のごとく制しがたい癇癖」によって特徴づけられていると描き出す。ニーチェらの「口からほとばしり出る言葉は、ある程度まで、死にかかった鼠の呻吟を思い出させる」[47]と。にもかかわらず、ジェイムズは道徳的理想としての禁欲主義に対するニーチェの非情な攻撃に共感を表明する。ためらいがちで明確にではないが、ジェイムズの超人――極端なまでの苦闘者、何ら確固たる支えのない反基礎づけ主義の世界に足場を据えることのできた者――の描写は、ジェイムズにとってのより高貴な人間性のイメージを反響させている。短く限られたものではあるが、ジェイムズのニーチェとの関わりの記録が提起するのは、ニーチェが神の死を宣告し、ジェイムズが神の任意性を宣言した後の時代において、超人についてのニーチェの特徴づけが、ジェイムズ自身にある意味の切望、無限のものの切望、人間の進歩の切望と合致したということである。

ジェイムズの友人ロイスは、超人を自分の自然主義的観念論に統合しようとして、ニーチェの道徳的ヴィジョンの限界が明らかになったことを認識する。ニーチェは「……あらゆる個人の唯一性や、独自のタイプの救済を探究する、あらゆる魂の責務の純粋さ」を評価したが、救済が社会的有効性を要求するということを評価しえなかった、と。ジェイムズは超人の潜在能力の中に、人類を進歩させる可能性を見出したが、ロイスは認めなかった。けれども、ロイスによれば、ニーチェの関心は道徳的「完成、社会のでも人間大衆のでもない、偉大な個人の完成」である。言い換えれば、「個人の唯一性と世界の秩序とを調和させるという大問題は、ニーチェだけの問題ではないのである」。ニーチェの超人の哲学は、人間の闘争を見事に表現しているが、それは自分の個性が自分自身にとってどのような意味を持つのかを発見しようとする個人的な探究である、とロイスは述べる。自由な個人と、社会的義務、因襲、伝統に満ちた世界との間の緊張を系統立てて解決しようとするならば、別のところに目を向ける必要があるだろう、と。ロイスにとって、観念論者の概念とみなしているものから、計画的な実用性を絞り出そうとすることは、ニーチェの優美なヴィジョンに逆らうだけでなく、ほとんど無意味なことである。しかしながら、「彫像を……作ることができないから、大聖堂を……建てることができないからといって、音楽家に異議を唱えるべきではない」とロイスは付け加える。(48)

アメリカにおける初期の超人の歴史を通じて、より高貴な個人というニーチェのヴィジョンに異議を唱える者は大勢いた。なぜなら、それらの人々は彫像を創ることも大聖堂を建てることもできなかったからである。超人を非難する読者もいた。なぜなら、超人が真理の破壊者であると、あるいは支配者を志向する者である、と感じたからである。ニーチェは道徳的現実に挑戦したけれども、人間にとっての信仰の必要性をも理解していたことを、ロイスは認める。ニーチェは「道徳の「高級」と「低級」とは再び道徳的な尺度では測られないことに注意したまえ。なぜなら、絶対的な道徳というものは存在しないからである」(49)と主張する。その一方で、道徳的遠近法主義は道徳的ニヒリズムを意味するものではない、とも述べる。ニーチェにとってもロイスにとっても基礎づけなしに価値観や意味を創造するためには、「汝は汝の賛否を支配する権力を手に入れ、そのつど汝のさらに高い目的に従ってそれらの徳をはずしたり、ふたたびかけたりすることを心得るべきである。汝はいずれの価値評価においても、遠近法を会得すべきである」(50)ということが必要であった。ロイスはニーチェの「賛否」に適合する耳を持っていた。そこで自分の著作の中で、反基礎づけ主義と観念論とのバランスを保とうと試みた。だが、その努力にもかかわらず、ニーチェの哲学の二つの側面を、統一された意味のイメージにまとめようとするロイスに従おうとするアメリカの読者は、ほとんどいなかったのである。

近代の目まぐるしさとロマン主義的自己放棄

ジョサイア・ロイスが超人概念に具現される革新的可能性に夢中になっていたのに対して、同僚のアーヴィング・バビットはハーバード大学キャンパスの向かい側で、ニーチェの哲学の破壊的傾向について論じていた。とはいえ、ロイスとバビットのニーチェ評価には、共通点がいくつかあった。どちらも、近代における人間の知識や行為の土台としての形而上学的・道徳的・合理主義的基礎づけを否定するために、ニーチェの哲学が重要な寄与をなす、と信じていた。また二人とも程度の差はあれ、ニーチェの哲学をロマン主義の表われとみなしていた。さらに、歴史家J・デイヴィッド・ヘーヴェラー・ジュニアの言葉を借りれば、両者とも「二十世紀の人間が自己の位置感覚を見失ってしまった」という冷厳な事実に心を痛めていた。[51] けれども、欺瞞的な基礎づけにしがみつくことは、近代人の寄る辺のなさへの答えにはならない、とロイスが述べるのに対して、古典的理念に回帰することによってのみ、近代人は道徳的中核を取り戻しうる、とバビットは主張する。加えて、ニーチェの建設的な超人概念は、プラグマティズム思想を脱構築していく上で一つの解答となりうる、とロイスが主張するのに対して、超人とはニーチェの反基礎づけ主義の破壊的混乱の頂点を示すにすぎない、とバビットは述べる。

ハーバード大学のロマンス諸語と文学の、また比較文学の教授として、バビットは反モダニズム的見解で注目され、新ヒューマニズムとして知られる、小規模ながら著名な文学運動の指導者であった。バビットは『ネーション』誌の文芸編集者で後にプリンストン大学のギリシア哲学、キリスト教父哲学の教授となるポール・エルマー・モアと共同し、またネブラスカ大学のプロッサー・ホール・フライなどの、この文学運動の同人の教授たちの助力を得ていた。バビットはニーチェの哲学をルソー的ロマン主義の一例とみなし、このロマン主義が近代の道徳的・知的風潮の原因であると信じていた。[52] 一九一〇年代初頭から二〇年代にかけて、新ヒューマニストはアカデミズムにおいて、最も明確でかつ強硬なニーチェの敵対者であった。超人はおぞましきものとして――近代人の生に災いをなすと彼らの信じるロマン主義、自然主義の退行的衝動の象徴として――繰り返し言及された。超人は、近代文明の陰鬱なペシミズム、道徳的目的の喪失に対するニーチェの解答である。近代の状況に対するニーチェの診断には同意するが、超人は道を外れた社会に対する解毒剤たるにはほど遠い、と新ヒューマニストは述べる。超人はむしろ、病的な寄る辺のなさを助長する。そして同時に、その寄る辺のなさの犠牲者でもある、と。自己の永続的源泉なしには、近代人の自己実現への憧憬は不可避的に自己否定とならざるをえない、と。

一九一九年のバビットの研究『ルソーとロマン主義』では、想像的芸術の源泉であり、近代の道徳の源泉でもあるロマン主義の貧困さを例証するのがニーチェである。孤立した自己というニーチェの視点は是認されず、ただ個人と世界との関係について、ロマン主義的伝統なるものが欠陥だらけの観念であることが語られる。ルソーからニーチェまでロマン主義者は、古典精神が本来持っている、倫理的にたくましく、精神的に滋養に満ちた理念から後退している、とバビットは述べる。ギリシアの古典思想は、特殊なものに対する普遍的なものの、また可変性に対する蓋然性の美と価値をいみじくも強調している、と。[53]ギリシア人は真理を所与のものとして――人間の思想と行為を導く永遠の基準のための基礎づけとして――理解した、と。ロマン主義者は反対に、独創性に欠ける観念を自らの正しさの障害物であるとみなし、けれどもその障害物を前にして動揺する。ロマン主義者は自らの個性が、自己表現の内に存在すると信じる。そして自己表現は、他との弁別性によって、予見不可能性によって、「冒険を支持し、通常の因果律の連鎖を侵犯すること」によって判断されなければならない、と信じていると。[54]ルソー的ロマン主義者は、感情を支持し知性を疑おうとする。それだけでなく、自己の個性の「無限性」という見方を称揚し、自分自身に対するいかなる外的制約をも拒絶しようとする、と。バビットによれば、人間の「想像力」「衝動」「欲望」に対するすべての制約を無視せんとする近代ロマン主義の傾向を、ニーチェは認識している。ニーチェを引用しながら、「釣り合いのとれたという考え方は我々になじみのないものである。……我々の欲望の疼きは、間違いなく無限のものへの、はかり知れないものへの、欲望

の疼きである」というニーチェの主張をバビットは強調する。(55)

さらにバビットは主張する、ニーチェの超人は、近代の表現者の個性に対する憧憬の好い例である、と。超人の表わす個人は、自己と他者との「差異を拡大」するために、一切の「合理主義」や「秩序正しさ」を、一切の抽象的・道徳的・哲学的理想を除去しようとする。ニーチェの超人は、自分が「天才」であるという感覚、自分が「ただ一人の私たる自己」であるという認識をすべての因襲に対峙させる、まさにロマン主義者のイメージである。人間の共感のいかなる形式をも、同じ人間との間に共通点を見出そうとするいかなる努力をも、超人は自らの「力への意志」を阻み弱めるものとみなす。「超人の想像力は、伝統的なものか否かを問わず、いかなる統御をもはねつける。自己の衝動と欲望に力を貸して、それらを「無限なもの」にする、すなわち自己の衝動と欲望とをほしいままに増長させる。その結果は常軌を逸したロマン主義となる」。ニーチェは「ときに無制約の自己表現……から生じる悪について、抜け目なく語ることがある」と認めながらも、バビットは結論づける。ニーチェの超人は、個人の無限性というロマン主義的追求のもたらす「致命的な混乱」に囚われている、と。(56)

超人についての言説で、バビットの重要な寄与の一つは、ニーチェの理想的タイプが、近代人の「中心の欠落」を例証していること、この中心の欠落が「ロマン主義的アイロニスト」にとっての災禍であることを指摘した点である。自己超克というニーチェのヴィジョンは、容赦なくインモラルな自己放棄へと、個人を永遠の真理と結ぶ伝統的支柱と自己との双方の否定へと導くであろう、と。ロイスは自己超克を自己の強化であると、不確かな世界における人間の道徳的決意であると捉えた。だが、それに対してバビットは自己超克を、倫理と美学の領域において近代の無法性に屈すること、それゆえの混迷によって自己を弱体化すること、と解釈した。ニーチェの用語法で言えば、超人的ロマン主義者は「絶えず自分自身を乗り越えてゆかなければならない存在」である。その自己超克の追求において、ニーチェは「永遠の遍歴」にある自らの超人のための「方向の選択」を考えることができなかった、と。「ニーチェは、流転の上に据えられた、いかなる目的地も確固たる避難所もなく、回り続ける車輪の上で永遠に旋回し続ける（「永遠回帰」）以外に、何も考えることができないのである」と。もはや神の存在も、科学も、普遍的真理も信じない近代人を苦しめる、無目的性の感覚をニーチェはよく承知していた、と。そして、近代人の無目的性の感覚についての、疲労困憊しつつもなお挑むようなツァラトゥストラの観察を、バビットは引用する。

わたしが持っていようか——今なお一つの目的地を？　わたしの帆がそれを目差して突き進むべき、一つの港を？　良い風なるものを？　ああ、自分がどこへ航行しているかを知っている者だけが、また知っているのだ、どういう風が良い風であり、自分にとって順風であるかを。……
《どこにあるのか——わたしの家郷は？》わたしは現に自分の家郷を尋ね、捜し求めているし、また従来も捜し求めてきたが、わたしはそれを見いださなかった。おお、永遠に、あまねく捜し求め、おお、永遠に、どこにも見いださぬ、おお、永遠の——徒労よ！[57]

バビットは、近代ロマン主義者の状況についての、ニーチェの鋭い描写を是認する。だがその一方で、まさにロマン主義者のこの切望が、自己の中の特殊なものを高く掲げようとする切望こそが、近代人の疎外感と混乱の感覚を著しく強めているのだ、と述べる。

さらに、安定しない近代人が道徳的中核を拒絶することは、結果として「自己のパロディ」と「倦怠」という気質に不可避的に帰着する、とバビットは主張する。明確な道徳的ヴィジョンも、より高貴な理想もなしに生きようとする者は、確かな信念という心理的保障を絶え間なく切望し、そしてノスタルジアとともに取り残されるようになる。それだけでなく、そうした慰安を求める自らの欲望をも嘲笑するというアイロニーを、新たに見出すことになる。そのようなニーチェの主張にバビットは同意する。人間を確かなものの探究へと駆り立てる心理的な衝動について、ニーチェの主張を響かせるように、バビットは述べる。「ある種のロマン主義的背教者の教会に対する親近感は、くらげが岩に対して抱く親近感と同じである」。ルソーからシュレーゲルに至るまで、ロマン主義者たちは儀礼や権威から遠ざかっては、またもとに戻っていく。しかし、彼らの信仰への回帰が、アイロニカルな距離と自嘲との混交によって彩られているのは、やむを得ない、と。半世紀余り後にポストモダニズムという紋切型の思想として登場するものを予示するかのように、バビットは述べる、(ロマン主義的)ニーチェ主義者はそのアイロニカルな態度を、あらゆる気質の中で最も高尚なものとして称揚している、と。(けれども、バビットから見て、それは真正のアイロニカルな態度ではない。「この運動の他の側面と同じく、このアイロニカルな態度は甚だしい心的な脆弱さを、強靭さという威信で覆い隠そうとする試みである」)。このように、ロマン主義的アイロニーは、古典主義的な美徳のモデルを、不健全に裏がえしたものにすぎない。人間は自分自身にこだわらず、自らが死ぬ覚悟のできているものに対して確信を持つべきであるとギリシア人たちが理解していたのに対して、「アイロニカルなロマン主義者」は「自分自身について病的なまでに鋭敏であり、そして自分自身の確信に対して嘲笑する用意さえできている」と。[58]

アイロニカルなロマン主義者、超人に対するバビットの攻撃には、仲間の新ヒューマニスト、ポール・エルマー・モアからの援軍が加わった。モアの提示する超人のイメージは、指導原理を喪失した、気難しい哲学的ノマド〔放浪者〕というものである。ニーチェはヨーロッパ・ロマン主義の長い系譜の末裔である、というバビットの解釈をモアも共有する。そして、超人の自己との闘いは、社会との闘争の詩的な前奏曲にすぎないと主張する。

『ニーチェ』(一九一二)と『ロマン主義の漂流』(一九一七)の二つの研究において、モアはニーチェのロマン主義的一元論に対抗して、人間的本性についての古典的二元論を提起する。人間の中にはより高い自己とより低い自己とが存在しており、優越を競い合っている。より高い自己とは、人間の個性において外的な事象に対する「内的な点検」を重視し、あらゆる経験の完成と統合に向けて奮闘する側面とされる。反対に、より低い自己とは、外的な世界の不断の変化に対する内的な本能の反応を自覚し、ただそれに従うだけの、人間の魂のより弱い側面である。人間の本性についてのモアの二元論哲学において、「真の解放はただ……不断の変化と、またその不断の変化に帰属する我々の情熱に対して距離をとる、内部の何ものかを自覚することによってのみ生じる」(59)。モアによれば、ニーチェの独善的超人は、この二元論をより高い自己とより低い自己との間の闘争としてではなく、自己と社会との間の闘争として考えている。より高い自己の自制心と平静さへの熱望を擁護するのでなく、より低い自己の他者への感情的な反応を解き放とうとするのである。

ニーチェによる基礎づけの破壊は、無意味であるばかりか、無慈悲な人間的本性のイメージをもたらす、とモアは述べる。いかなる第一原理にも究極の原理にも批判的で、厭世的世界観に染まりきったニーチェは、「[超人を]未来のぼんやりとした不確かさの中に放置している」と。モアによれば、ニーチェは西欧の思想史を概観して、ただ「生の価値観の無用性、無目的性、厭世的不確実性」を捉えただけである。しかし、人間は否定によってのみ存在することはできない。そこで、ニーチェは人間類型のモデルを構想する。ひとたび「畜群から、時代遅れとなっている誤った価値観から解放される」や、超自然的な理念への信仰を、無秩序な自然主義的価値観と取り換えようとするモデルを構想するのである、と。ニーチェはその超人という理念を、「ダーウィニズムに依拠することによって」、「進化論に基づく生存競争」を、対立する力への意志との間の覇権争いとして再定義することによって、創り出す。こうして、モアは結論づける、超人の理想主義への抵抗は、超人を容赦なく自分以外の社会のすべてと闘う道具となし、ダーウィン主義的意志の発露へと導くことになる、と。(60)

新ヒューマニストたちは、古典主義へのロマン主義的反乱の起源としてルソーを、その帰結としてニーチェを認定しようとした。しかし、この二人の思想家が近代思想における自然主義的傾向と道具主義的傾向の本質を、扱いにくい形ではあれ代表していることを理解できなかった。ニーチェをルソーと結びつけ、ルソーを自然の野放図な賛美と結びつけることに腐心して、新ヒューマニストは、ニーチェがこのフランスの思想家*5を一貫して批判していることを、すなわち自分たちの自然主義批判をニーチェが先取りしていたことを、見逃していた。『悲劇の誕生』に始まり、『偶像の黄昏』で頂点に達するが、自然を楽園とするルソーの無邪気／無知な賛美を、ニーチェは繰り返し批判している。ニーチェにとって、自然はモデルではなく、ルソーが信じたような平等主義と友愛の源泉でもない。自然は調和、均衡、秩序と同じように、闘争、苦痛、恍惚にも満ち溢れている。それゆえ、人間は自らの熱狂的なディオニュソス的衝動を解き放たねばならない。秩序と抑制に向かうアポロ的傾向に対する代替物としてではなく、釣り合わせるべきおもりとしてである、とニーチェは力説する。

新ヒューマニストは、ニーチェの超人描写のなかにロマン主義的、自然主義的な要素をいくらか探り出したが、近代的なもののすべてに対する彼らの生理的嫌悪感のために、ニーチェの批判哲学が、自分たちの哲学を先取りしていることを理解できなかった。ニーチェの哲学と、ニーチェが敵視するルソー的ロマン主義とを区別することができず、またそれを望まなかったため、ロイスがニーチェのイメージのうちに認めた観念論の復活に対して、バビットは事実上対立することになった。実際、「純粋の価値についての教義は、どれもみな矯正を目的とするものである。だが、全体としての人間は矯正など望んでいない」というバビットの主張は、ニーチェを粗雑に言い換えただけのものに思われる。新ヒューマニストは、軽薄で粗野な物質主義にまみれた文化においては矯正を切望したが、退廃した世界においてニーチェがたゆまず繰り返す自己訓育の呼びかけを捉えることはできなかったのである。(61)

ニーチェ自身の人生においても超人においても、自己抑制の欲求が認められるにもかかわらず、新ヒューマニストは、「危険を怖れず生きよ」というニーチェの呼びかけを、野放図なロマン主義の現われと捉えさえした。超人の「逞しくあれ」という言明を、あらゆる社会的関与ならびに歴史的に認められた善き生活に対する闘いへの要求である、とモアはみなした。一方でバビットは、超人がその人格の社会的に継承された側面と、内面で意志されている側面との間の闘争に直面している、ととらえた。そして、自己を超克しようとする超人の衝動は、最終的には無謀さと紙一重になる、と述べる。「人間はつねに自分自身を凌駕してゆかなければならない、というまったく健全な前提から、ニーチェは実に不健全な結論を引き出す、人間が絶えず自分自身を乗り越えて、自己の無限性を示す唯一の方法は、あらゆる制約をはねつけて「危険を怖れず生きる」ことである、という結論を」(62)。新ヒューマニストは、過酷さへのニーチェの欲求を、まず第一に自分に対する過酷さであるとは認めたが、超人の情け容赦ない自己診断と好戦的ありようとは、超人が他者に向けて解き放つ真の闘いの準備段階であり、そのための一種の哲学的訓練にすぎない、と述べたのである。

新ヒューマニストは、ニーチェの思想に、反基礎づけ主義的な、かつまた再生的な側面を認めたが、その脱構築的認識論は必然的に哲学の構築的要素を破壊する、と主張した。思考と行動を活気づける古典的観念論への関与がないため、ニーチェの近代的自己実現の追求は、女々しい自己否定か、向こう見ずな自己肥大化かに、絶望的なまでに転落してゆく、と。

超人とドイツ民族精神

超人の他者への無慈悲さは、自己に対する過酷さに——凌駕されないまでも——匹敵するであろう、という新ヒューマニストの疑念は、第一次世界大戦中にアメリカにおけるニーチェ解釈で勢いを増した。超人の支配への衝動と、ドイツのヨーロッパでの覇権の追求との類似性が指摘され、ニーチェの哲学は次第に警戒されるようになる。戦時中のニーチェ思想の分析において、その構築的な理念は、もはやニーチェの脱構築的反基礎づけ主義の有機的一部とみなされることはなくなる。むしろ、超人概念はニーチェの広汎な社会的ヴィジョンから切り離されて、ドイツの帝国主義的気質のシンボルとして扱われるようになる。ニーチェの超人はかって、哲学的観念や宗教的慣習に対する、イデオロギー的挑戦の表象であった。いまや、近代文明に対する目前の脅威としてとらえられるようになってゆく。

一九一四年八月一日のドイツの宣戦布告の直後から、ニーチェの超人についての論調は劇的に変化した。大衆紙でも学術研究の場でも、ドイツの隣国フランスや中立国ベルギーに対する正当化できない侵攻に対し、非難と警戒の念が表明された。このような偏向した雰囲気の中ではもはや、ニーチェの自己の概念を考察したり、あるいはニーチェの「高人」への好意的評価と近代社会への蔑視という、転倒した関係を検討したりするだけではすまなくなった。代わって、ニーチェの力と支配のヴィジョンと、近代ドイツの帝国主義的意図との関係が、熱心に論じられるようになった。戦前では、超人が自己の低劣な本能と闘う個人主義者を代表するのか、それとも近代社会の下等な要素と闘う個人主義者をか、について論争がなされた。今では、ニーチェの自己主権の哲学とドイツ民族精神との類似点が追求されるようになった。

かってジョサイア・ロイスの博士課程での学生であった、ハーバード大学の哲学者ジョージ・サンタヤナは一九一六年の研究『ドイツ哲学の自己本位性』において、ニーチェ叩きと反ドイツ感情を一つの芸術形式にまで発展させた。この著作は戦時中に出版されたものだが、「長い懐胎期間の産物」であると、サンタヤナは述懐している。[63] スペイン生まれでカトリックの無神論者サンタヤナは、「長年の形式ばったアカデミズムの観念論の」主観的な「自己本位性の圧力に苛立っていたアウトサイダー」であると自分を規定する。この観念論はドイツの精神史に由来するもので、アメリカの思想と文化に骨の髄までしみ込んでいる、とサンタヤナは述べる。「自分の鼻孔にまで漂うドイツ哲学の香り」に、「思想における主観性を、道徳における強情さを」特別視する哲学に、吐き気を催す、と。[64]

サンタヤナもまた新ヒューマニストと同じく、近代思想のロマン主義的主観性が、外的権威に対する、また自己の根源にある古典的キリスト教的理念に対する、直情的な拒絶であると捉える。新ヒューマニストと同じくサンタヤナも、超人はロマン主義的思考の根底にある原始主義への退行の表象である、と主張する。けれども、近代ロマン主義がルソーに由来するフランスの系譜であると新ヒューマニストが述べるのに対して、サンタヤナは近代ロマン主義が、プロテスタントの宗教改革に遡るドイツ観念論の自己本位性の、最も近代的な現われであるとみなす。サンタヤナは二十世紀初頭のアメリカのカトリックの思想家や聖職者たちの感情を反映している。ドイツのプロテスタンティズムが、個人の意思を野放図に称揚し、福音の権威を貶めている、と。ゲーテからカント、下ってニーチェに至るまで、ドイツの思想家は、超自然主義に対するプロテスタンティズムの拒絶を、「宗教の媒介に対する、外的権威に対する、教義に対するプロテスタンティズムの反抗を」受け継いでいる。彼らは世俗的な自己賛美に他ならないものに、精神的意味を与えようとしているだけである、とサンタヤナは主張する。(65)

サンタヤナ曰く、ニーチェの哲学は、ドイツのプロテスタンティズムと哲学を長い間苦しめてきた自己本位的伝統の完成体である。超人に「人間を超越」させんとする激しい欲望の中で、ニーチェは自分の、英雄的だが抽象的な、究極的には錯覚に満ちた人生観を露わにしている、と。この思想家もその哲学も獣性に満ちたものである。ニーチェは「傷ついた獣の悲愴な強さを伴う人生だけを愛する」、そして超人は「身体はともかく魂においてグリュプスである。仕事をする手と信仰の代わりに、鷲の翼と獅子の鉤爪を持っているからだ」とサンタヤナは主張する。近代社会は浅薄な楽観主義のため、脆弱になっている。人間に不可欠な悲劇的人生観から切り離されている、というニーチェにサンタヤナは同意する。しかし、ニーチェの超人のヴィジョンは、安易な近代の風潮に取って代わる有効な方策たりえない、と。「我々の社会は時代遅れであるが、しかし刷新するのは難しい。解放された個人が自分自身を統御する必要がある」とサンタヤナもニーチェのように主張する。だが、それを成し遂げるには、どのようにすべきか。「ニーチェは述べることができない」。この哲学者の「人間のより高貴な種族」への欲求は共有するものの、そうした人間たちのモデルは、すでにキリスト教の聖人や古代のギリシア人の中に存在していた、と。ニーチェの「逸脱した想像力」に反映されているのは、ニーチェが受け継いだドイツの自己本位性である。それがまさしくニーチェに、過去のモデルの尊重を不可能にさせている、とサン

タヤナは強調する。(66)

自身の芸術家気質にもかかわらず、サンタヤナはニーチェの主観的美学を警戒していた。その美学が、道徳よりもむしろ芸術を自己の源泉とみなしていたからである。ニーチェの世界観は、芸術家や詩人のそれと同じく、経験を美学的観点から理解する、と。芸術は人間の経験に不可欠なものであるけれども、芸術が人生に寄与するのは、「熟達した」芸術家の作品の場合に限ってである。一篇の詩句、一枚の絵は、芸術形式の「規定された」基準に確実に合致するような作品の場合にのみ寄与するのである。そうサンタヤナは信じていた。けれども外的に認可された理念に屈服することは、このドイツの哲学者にとって言語道断であった、と。「訓練されるとは、馴致され、引き具をつけられることである。ニーチェにとっては、忌むべき力の累加である」と。(67)

超人・芸術家はニーチェの美的インモラリズムの反映である、とサンタヤナは述べる。ニーチェは誤って芸術的情熱と欲望を、美的経験総体の代替物にしてしまった。それゆえ、超人は道徳によって鍛えられない芸術家の表象となる、と。ニーチェは世界の真の姿を描くことには何の関心も持たず、自らの粗暴な生のイメージにふさわしいものを神聖化しようとするだけである。「ニーチェが残酷さを称揚するとき、それは芸術が残酷であるという条件において、芸術が苦しみから美を生み出すという条件において、である」。倫理や宗教よりも芸術が美徳のふさわしい基準であり表現であるべきだ、というニーチェの確言をサンタヤナも認める。「善と悪とは互いに高めあう、一枚の絵の中の光と影のように、と言われる。悪なしにいかなる善も存在しない」。それゆえに、ニーチェの「激烈なキアロスクーロ〔明暗法〕へのロマン主義的な要求が……」サディスト的嗜好に基づく「倫理のまるごと一つの体系へと発展してゆくのである」。ニーチェは情熱を理性の代わりにする、感性を原理の代わりにする。芸術におけるごとく、人生において対照的なものを高めることによってのみ、超人の本能と欲望は満たされることになるであろう、とサンタヤナは警告する。[68]

サンタヤナはニーチェの自己賛美をたんなるロマン主義的なドイツ観念論の一傾向として退ける。それによって、超人をニーチェ哲学における自然主義的要素とロマン主義的要素との結合とみなすロイスの視点ときっぱり手を切る。ニーチェはロイスが言うような、反基礎づけ主義的な観念論者ではない。そうではなく、ニーチェの先験的観念論に対する精力的な批判は、たんに自分の嫌いな観念には我慢できない、ある一人の先験的観念論者の精神の現われにすぎないのである、と。同様に、サンタヤナは宗教的基礎づけが、ニーチェの「単純素朴な」利己主義へと歴史的・文化的に作り変えられてゆく、その系譜学的説明を切り捨てる。そして、ニーチェは「神への信仰が自分を不快にしたという理由で」宗教を拒絶しているにすぎない、と述べる。ツァラトゥストラの苦悩に満ちた叫び「もし神々が存在するとすれば、どうしてわたしは神でないことに耐えられよう！　それゆえ、神々は存在しない」は、基礎づけなき世界において、いかに生きるかについての命題ではない。ニーチェが飽くなきドイツ的誇大妄想狂であることの証明にすぎない、とサンタヤナは結論を下す。[69]

このように、ニーチェの超人は、ドイツの自己本位性における芳しからぬ傾向のすべてを、すなわち主観主義への性向、闘争愛、感情的審美主義、極端な観念論などをまとめ上げたものである、とサンタヤナは断定する。ニーチェもまた初期プロテスタンティズムの、個人の「内省の光」や「絶対的義務」についての洞察を、個人的「本能」と「運命」の野放図な称揚へと変形した。ニーチェはドイツの哲学者たちの「人間精神の全き相対性」に耽溺することの悦びを、そして「自らの心理的牢獄を格子越しにおずおずとのぞき込む」ことを、新たな高みへ移行させた、と。ニーチェは恥知らずにも、真理よりも幻想を好む。「まさに真理／虚偽の概念そのものが意志のもたらす虚構である。思考における固定した評価基準への渇望を満足させるために生み出されたものである、という極端にロマン主義的な、極端に観念論的な教義を……その論理的帰結として」もたらした、とサンタヤナは主張する。自己の外部にはその存在の準拠点を何ら求めないので、超人は自己の意志と主観的欲望を神聖なものとみなすことになる、と。超人は自己の外部にいかなる責務も認めず、自己の生物的本能と美的嗜好を満足させることだけが、唯一の義務感である、と。サンタヤナの評価では、超人はその主観性に耽溺するだけでなく、その主観性を神聖化するに至ったのである。(70)

戦場の超人と「ドイツ製」世代

サンタヤナの『自己本位性』に描かれたドイツ精神への問題意識は、第一次世界大戦以前のものであった。しかしこの著作は戦時中のアメリカにおける反ドイツ感情の高まりと歩をそろえて、ニーチェの超人に対するヒステリックな攻撃の、詩的前奏となった。超人に熱狂する者であれ狂信的に罵倒する者であれ、この十九世紀の思想家を二十世紀のドイツの政治やナショナリズムと結びつけて、分析し始める。それにより、ニーチェをドイツの国民精神の代弁者として、またニーチェの力についての思想を野蛮な暴力の根拠として解釈する傾向が、甚だしく強まってゆく。続いて、ニーチェの超人がヨーロッパ大陸でのドイツの覇権の追求を表わすとみなす立場と、カイゼルとその軍隊はニーチェの「主人道徳」というヴィジョンからの逸脱であると主張する立場との間で、論争がおこる。ニーチェとドイツとの関係をめぐる言説は、この急進的哲学者に対するアメリカの視点の変化を示している。世紀の転換点では、ニーチェはあるときはポーランドの、またあるときはヨーロッパの知識人として描き出されていた。いまや、ニーチェはドイツの思想家として、またカイゼルとその軍隊が超人を解釈するための手段として言及されるようになる。

イギリスでもアメリカでも英語圏の批評家たちは、ニーチェとドイツ帝国主義の野望との関係について、あれこれと議論を繰り広げるのに熱中する。戦前、近代の相対主義と文明にとってのその危険な帰結、そうした思想のロマン主義的起源などに対して批判がなされたが、それを利用してアーヴィング・バビットとポール・エルマー・モアは述べた。ニーチェの狂信的非合理主義と〈力への意志〉の称揚が、ドイツ人の人種的優越性という考えに、また「帝国への渇望」に進展していったのである、と。(71) この戦争をニーチェの力の哲学の副産物として捉えるのが、一般的風潮となった。あるイギリスの論者などは、この戦争を「ヨーロッパ－ニーチェ戦争」と呼びさえした。(72) イギリスの反ニーチェの小冊子類が大西洋を横断してゆき、ドイツ帝国の理念としての超人というイメージが強化されていった。(73) 反ドイツの立場に共通する視点を表明して、合衆国在住のイギリスの文芸批評家ウィリアム・アーチャーは述べる。「文字どおりの意味において、我々が闘っているのはまさしくニーチェの哲学である」と。アーチャーは『ツァラトゥストラ』からの一節を引用する。「よいことであれば、戦争をすら神聖にする、ときみたちは言うのか？　わたしはきみたちに言う、よい戦争であれば、あらゆることを神聖にする、と」。この「戦争と戦士たちとについて」からの一節は、戦時中しばしば引用された。これは、ニーチェの戦争賛美の明白な証拠である、とニーチェの批判者たちは主張した。もっともアーチャーでさえ、ニーチェの思想が誤解されやすいことは認めた。そして問題の一節は「肉体的な闘争ではなく、むしろ知的な闘争」を指しているのかもしれない、と。けれども「この節の全体はつねに、まさしくプロイセンの参謀によってなされるような、戦争の賛美として解釈されてきたし、またそれ以外にありえない」とアーチャーは述べる。ニーチェの哲学は、戦争の原因であるよりは、むしろ戦争の正当化である、と。そして「教養あるドイツの兵士は、その背嚢の中に」『ファウスト』、聖書に並んで、『ツァラトゥストラ』を「携えているのである」と。(74)＊6

ドイツの思想を分類するなかで、アーチャーは好戦的理念を持つドイツの文化観の例として、また鉄の意志によって行使され血をもって神聖化されるニーチェの力の概念の例として、ニーチェの著作からの抜粋を引用する。アーチャーによれば、超人はドイツの「優生学的理想」の表象であり、かつまた政治的・文化的シンボルでもある。その超人が「創造のあらゆる苦しみ、労苦は、ただ一人の超越的なナポレオンを生み出す以外に、何の目的も持たないかのように」一人の個人を言い表わしているのか、それとも超人は「血統種あるいはカーストを表わす総称」であるのか、それともまた「金髪の野獣」という高度に発展した変種のように、「人種」を完成するためにすべての存在を主人と奴隷とに分かつ新しい社会秩序を表わすものであるのか、それは定かではない、と。超人のいずれの解釈も——個人と社会を超越する者として——「ドイツ精神」の中心である「過度の自己評価」と「部族的傲慢さ」という性質を反映している、とアーチャーはイギリスとアメリカに広まる感情を代弁する。(75)

いくら広まっていたとはいえ、ニーチェの哲学を戦時中のドイツの軍国主義や民族主義と結びつけるのは、議論の余地がある。そう考えた古くからのニーチェ信奉者たちは、結集してニーチェの哲学を擁護した。ドイツを戦争に駆り立てる責任がニーチェにあるとみなすのは、難癖をつけるのに等しい。ニーチェはドイツの文化的気質の、それらナショナリスティックな特徴を厳しく非難している。にもかかわらず、ニーチェはドイツ人だからそれらの特徴を有している、という理由でニーチェを非難するのは、お門違いである、と。強硬なニーチェ支持者の一人は、ウィリアム・ジェイムズの義理の兄弟のウィリアム・マッキンタイア・ソルターで、自身も倫理に関する多数の著作をものし、また弁舌家でもあった。ソルターは倫理協会運動の創始者で、シカゴ倫理協会の指導者フェリックス・アドラー(ユダヤ系ドイツ人)の初期の支持者でもあった。ソルターはかって会衆派の向上心あふれる聖職者であった。だが、キリスト教の正統性を否定し、ユニテリアン派に改宗する。その後「他と明確に区別される、キリスト教の信仰のための堅固な土台」に対する信念は完全に崩れ去る。そしてニーチェの中に同じ道を歩む反基礎づけ主義の倫理学者を見出すに至る。この倫理学者はより高貴な人間性を——宗教的伝統や偏狭な民族文化の観点ではなく——その大義とする者であった。[76] ソルターにとって、ニーチェの道徳概念は、刺激に満ち、自立的かつ美的なものであった。それを戦時のこき下ろしから救い出そうという熱意にあふれて、ソルターは一九一七年ニーチェ哲学の発展の体系的分析『思想家ニーチェ』を出版する。[77] この本の主要な部分は、一般誌やアカデミズムの哲学、神学の定期刊行物に発表された初期の論文であった。それゆえ、この本が実際のところ、現在進行中のヨーロッパ大戦以前に、そのような恐ろしい可能性を想定することなどなかった時期に書かれたものである、というのは明らかであった。[78] けれども、「ニーチェを密接に「戦争と」結びつける風潮」を考えるなら、一冊の本にまとめた研究のほうがよい、とソルターは考えた。ニーチェを挑発的だが、健全な倫理学者として描き出すことが、ドイツ国民精神を表象する無制限のエゴイズムと支配への意志のかどでニーチェを非難する戦時中の言説に対して、より効果的に抵抗しうるであろう、と。[79]

人間の偉大さは他者に対して尊大にふるまうことによってではなく、他者の向上に自己を全身全霊捧げることによって達成される、と信じる一人の哲学者を、ソルターはこの本で示している。ニーチェは

「本質的に」宗教を持たない「宗教的人間」である。その「科学的意識のために」神を信仰することはできないが、人類の潜在的偉大さを信じることのできる求道的漂泊者である、と。ニーチェの超人は「人類の究極の存在理由」であり、歯止めのない熱情に駆られた怪物ではない。人間とこの人間世界の「尽きせぬ可能性」の、鍛え抜かれ抑制された探究者である。それらの可能性は、一人の人間の内に体現されそして他者の上に刻印されるというものではなく、その道徳的「多神論」を表わすものである。「自分自身について［ニーチェは］自己の生の理想的パターンを探究するすべての者に、ただどのようになすべきかを示すことによって、助力を与えようと望んでいる」。このようにソルターは、ニーチェの多元的倫理と帝国ドイツの絶対主義との間の不調和を強調する。他方で、ドイツ帝国やドイツ文化に対して繰り返されるニーチェの辛辣な言葉に、注意を向けさせる。ニーチェは「ドイツ的なものすべてに甚だしい違和感を持っていた」と。道徳に衝撃を与えた戦争に対する、ニーチェの唯一のありうる関係とは、「戦争を生み出した一般的諸条件の診断者として」のみである、と。(80)

ソルターはニーチェが道徳的に信頼できることを訴え、ドイツの軍国主義、帝国主義へのいわゆるニーチェの影響なるものと、ニーチェそのものとを切り離そうと努力した。それにもかかわらず、かつて甚だしくドイツ思想に依存していたキリスト教神学者や聖職者たちが誰よりも、ニーチェ哲学の有益な可能性について、疑いの目で見るようになった。彼らは長年にわたりアメリカでのニーチェ受容に積極的に取り組んできたが、いまや戦争が始まると、すぐに豹変して、ニーチェがドイツの攻撃性を養っていると断じるようになった。わずか数年前、ニーチェのインモラリストの超人は、近代人を信仰と友愛から引き離そうと脅かす「社会危機」の象徴であり、偽りの預言者である、とみなされていた。今では、ニーチェの超人は、かつてアメリカと西欧とを結びつけていた大西洋を横断するキリスト教共同体から、ドイツ人を連れ去り、共有されていた造物主への信仰を破壊した、と言われるようになった。ニーチェの哲学は、野蛮な「ドイツ製倫理」が人間の友愛、隣人愛というキリスト教の教えを嘲弄して、正義を力に代えてしまったことの例証である、と繰り返し非難する者もいた。[81] ドイツ・プロテスタンティズムの過度の世俗性は、いまや目に余るものに思われていた。ドイツの神学者や聖職者は自らをドイツ国家の官吏とみなし、プロテスタント神学を国家の軍事的使命に奉仕させて政治の道具にしてしまったからである。

ドイツの聖職者の広汎な戦争支持に、アメリカのプロテスタント神学者たちは狼狽した。そしてドイツの学問や教育への依拠とその継承を見直さなければならない、と考えるようになった。ドイツの文化が実にやすやすと、ニーチェの異端的な力の称揚を呑み込んだからである。プロテスタントの歴史主義についての当初の批判は、今ではドイツ文化をめぐる問題となった。W・H・グリフィス・トーマスが『ビブリオテカ・サクラ』誌において「ドイツの道徳的異常性」と呼んだものは、戦争のはるか以前から明瞭であった、と。[82] 『アトランティック・マンスリー』誌で、ある筆者は述べている。十九世紀初頭の歴史主義的聖書批判からニーチェの力の哲学を経て、ドイツの帝国主義、軍国主義へと至る道は一目瞭然である、と。「この結論は不可避である。神学や哲学において、一国の生命の指導者たちが、人間界の出来事への神の関わりに背いて、ありとあらゆる要求をもって愚行を重ねるとき、……この指導者たちが国家の運営を、正義という不変不朽の基礎づけの上で行なうとは考えられない」と。[83]

けれども、指弾するだけでは十分でなかった。というのも、超人や軍国主義の文化を生み出したのは、精神性の欠落した人間観であるが、それは厳密な聖書研究と訓育のまさにその文化そのものであり、長い間アメリカのプロテスタント神学者にとっての総本山であったからである。ゲルマン民族化した軍国主義的超人という妖怪のために、リベラル神学者たちは、自分たちと近代思想の発展との関係の見直しを、また近代思想そのものがドイツの「道徳的異常性」の象徴であるという認識を強いられた。「イギリス、アメリカ、カナダの学者の採用する批判的見解は、どれもみなドイツ由来のものであったことはよく知られている」とトーマスは述べる。神学的自然主義とニーチェ的反基礎づけ主義とのつながりを見て取るや、キリスト教者たちは口にし出した。ドイツの攻撃性は、精神性を欠落させた世界観の危険な帰結であり、それゆえに、ドイツ神学の継承を見直すように要求している、と。(84)

超人をドイツの道徳的想像力の反映と解釈する傾向は、とりわけドイツの高等教育機関で学んだアメリカの学者たちの著作のうちに見られた。合衆国のドイツとの長年にわたる関係に対するアンビヴァレントな感情は、「ドイツ製」世代の学者たちに深刻にうかがわれた。(85) アメリカの社会思想家たちは、ドイツの攻撃性を自分たちの賛美した知的・文化的伝統の放棄である、と感じていた。ドイツは貿易においても教育においても社会福祉システムにおいても地方自治組織においても、合衆国の社会科学者、知識人にとって社会的民主主義のモデルであった。彼らの著作には、程度の差はあれ、戦争を自分への裏切りと感じているさまが見て取れる。経済学者リチャード・T・イーリーや心理学者G・スタンリー・ホールは、なぜ「偉大な人々が間違ってしまった」のかに頭を悩ませた。イーリーによれば、一つにはドイツの法は「カントの道徳原理から出発したのだが、ニーチェ、トライチュケそしてビスマルクの教義の広がりによって、非人間的なものになってしまった」という事実によるものである。(86) またホールは、ニーチェの「意志への焦点化」がカントの義務への関与を、自己への関与に変えてしまった、と述べる。ホールはニーチェをダーウィニストとみなし、その超人は「肥大化した自己」、「残酷さ」、「自己への耽溺」の怪物である、と主張する。超人は「劣等に対する恐怖」に駆り立てられた文化の「青年層の野心」に、力と権力とを本能的に物神崇拝するように、と働きかける。ホールは、近代心理学の新しいレンズを通して、戦争を解釈する。戦争は文明化の過程がもたらした社会心理的な「緊張」からの治療的解放である、と。ニーチェの野蛮な超人への夢想も、戦争への方向転換も、ドイツ人が道徳的・精神的再生の手段として、「文化のうわべだけの虚飾」を脱ぎ捨て、「民族の古き物事」へ退行しようとする胸の疼きの表われである、と。(87)

実際、ドイツで学びニーチェの超人とドイツの「民族的相貌」との相関関係を見て取る学者も存在した。ハーバード大学の哲学者で、ウィリアム・ジェイムズの伝記作者ラルフ・バートン・ペリーは述べる。ニーチェが「意図的であれ意に反したものであれ」ドイツの戦争世代に深甚な影響を与えたことは「疑いがない」と。超人は「やって来るなり、腰を下ろして、自身の偉大さについて思いを巡らすか、さもなければバルコニーに歩み出て、眼下の群衆のどよめきを、軽蔑もあらわに見下す」ことしかできない。しかも相続く「世界における苦しみや失敗」については何の関心も払わない。そのようにペリーは描き出す。「ニーチェの超人」はドイツの「民族的自意識」を象徴するようになる。この自意識は世界という舞台におけるふるまいを、ただ「民族的自己という原理」のみによって、正当化している、と。ニーチェにとって「絶対的な道徳などは虚構であり」また「正義や真実のような第一の価値」は何ら存在しない。それゆえ、実際には「各々の集団が、それぞれ独自に持つ、ただの約束事でしかない」法に対して、超人的国家が敬意を払うことはない。『ツァラトゥストラ』に描かれた、自己の上位に何の基準も認めない超人のごとく、ドイツも国際法の要請に従う義務をまったく感じていないのである、と。(88)

近代人の社会的志向にとって、超人は観念的な袋小路を象徴している、とペリーは信じていた。超人のイメージは様々な矛盾を包含しており、ニーチェの思考のアンビヴァレンスを反映している、と。ニーチェは自然淘汰というダーウィンの理論に批判的であったが、闘争と力の競い合いを通じて生が前進するというニーチェの見解には、ダーウィン主義の要素が認められる。ニーチェは「戦争の無益さと愚かさをよく理解する」一方で、軍国主義が近代生活の軟弱化に対する解毒剤であると評価もしていた。社会の群衆の全エネルギーが、超人の創出というただ一つの目標に向けられるべきだとニーチェは主張したが、また超人が集団への関心も敬意も持たない孤島であることも理解していた。さらにニーチェは「ある特殊な人種あるいは国家」でなく「ある種の人間のタイプ」を探究した「コスモポリタン」であったが、道徳的主体の無限の自己主権というニーチェの思考が、ドイツの「増長し傲慢な」民族主義的偏見に流れ込んでいる、と。[89]

ニーチェの思想の中には様々な矛盾がある。それにもかかわらず、ニーチェは称賛に値する、とペリーは主張する。超人の矛盾した側面は世界という舞台でドイツによって演じられているが、他方でニーチェの人生は、価値ある導きとなりうる。この哲学者をその哲学から救い出そうとして、「超人とニーチェ自身との間の対立ほど、超人の弱点の証明となるもの」はないとペリーは述べる。「我々、畜群道徳に属す我々は、ニーチェが苦難と失敗を知っていたという点で、彼を我々の一員であると感じる。けれども、無私の目的のために、自身を消耗させたという点で、我々の中のほとんど誰よりも優れていると感じる」。超人は、他者に対する支配のうちに「自己実現」が示されるダーウィン的な暴力者である。それに対して、苛酷な個人的苦難に直面したニーチェの道徳的探究は、不確実な世界における倫理的な生のモデルを示しているのである、と。[90]

「ドイツ製」世代の論評はこぞって、ドイツの戦時中のふるまいに対する驚愕と狼狽を露わにした。その一方で、アメリカ人には「ドイツの思考様式」から学ぶべきものがまだ多くある、と信ずる者たちもいた。戦争がドイツの政治に対してアメリカに不快感を抱かせたことを認識しながらも、経済学者サイモン・ネルソン・パッテンはドイツの福祉国家モデルを救い出そうとした。そのモデルには今なお見習う価値があると信じていたからである。社会を崩壊させる力としてのドイツの超人という見方とは対照的に、ドイツの機械化、効率性、社会道徳に反映された「超人種」という対抗イメージを、パッテンは提起する。(91)

パッテンによれば、正しく理解されるならば、超人はアメリカの自由概念とドイツの社会組織への関心との間の架橋となりうる。英米の精神は、自由を専制君主や搾取からの政治的自由として考える。それに対して、ドイツの自由概念は、政治的であるよりは文化的なものである。それは「宗教的教条主義、古くからの迷信、社会での傲慢さ、活力を失った伝統、因襲的な道徳、などを覆すこと」である、と。英米の精神にとっての自由は、政治的概念で「支配からの自由という内容以外のものを持たない」。それに対して、ドイツ人は知的自由への関心と社会進歩の尊重とを調和させる、と。パッテンの評価では、二つの文化は互いに学ぶべきものがたくさんある。ドイツのメカニズム重視とアメリカの自由への愛とを調和させることによって、双方の文化はともに「古い個人主義者」に優越する社会的類型を創り出す力となりうる。「個人の上昇に熱心」ではあるが、このドイツ–アメリカのイデオロギー的「融合」は「集団的誠実さの「統覚」*7を通じて生まれ、相互の助力と社会的協調を通して、その目的を達する」であろう。パッテンは述べる、ドイツ的自由概念とアメリカのそれとの間の道は、「攻撃的超人から超人種への道を、そしてこの道の上を、すべての人種が移動していることを」表わしている、と。(92)

長い間ドイツの社会民主主義を、あらゆる工業化社会の指針と見ていた政治的急進派もまた、ニーチェの哲学がドイツを戦争に駆り立てるという支配的な解釈からニーチェを守ろうとした。(93) 急進的な『マッセズ』誌の執筆者にして編集者マックス・イーストマンは、超人という理念を、世界の社会主義労働者のためのモデルとして利用しようとする。超人は、コスモポリタンの理想として、また全世界の労働者を統一する「超越社会」の構成員として、このうえなく見事に構想されたものである、と。「ニーチェが真に教えたこと」は戦争の鼓吹に合わせて行進する仕方ではない。「ナショナリズムを徹底的に憎む」べきだということである。それを理解することが一九一四年にはきわめて重要である。[94] ペリーと同じくイーストマンも、ニーチェが人類の偉大さの総体を愛するコスモポリタンであると、個別特殊の国家や文化に対してそうなのではない、と主張する。ニーチェの現実参与は国家に向けられたものではない。国家は「忠誠心の人為的な統合」にすぎない、とニーチェはみなしていたからである。ニーチェの思想は、大西洋の両側で沸きあがる「鈍重なるナショナリズム」への時宜を得た批判である。イーストマンは、ニーチェのコスモポリタン的「強者の詩的称揚」と、自身の社会主義的ヴィジョンとを融合させようとする。ニーチェの知的貴族主義、自己規律、「後世のための永遠の犠牲」への呼びかけを、自己の近代社会のヴィジョンに都合よく適合させる。そのヴィジョンは、相続財産や不動の権力によってではなく、知力と功績によってのみ序列化されるものであった。超人は、偏狭な愛国主義の綱領ではなく、むしろ「真理と理想のため」の戦闘的理念である。そうイーストマンは主張して、ドイツの帝国主義的野望を、人類の卓越性についてのニーチェのコスモポリタン的ヴィジョンに置き換えようとしたのである。[95]

ニーチェの超人は、社会の現状の弁明ではなく、ヨーロッパと合衆国に急迫する政治的危機の正当化でもない。そういうイーストマンの評価に賛同する者もいた。社会的福音派で、平和主義者のワシントン・グラッデンは、一九一六年、「軍国主義の神学」に関する論文の中で、ニーチェの哲学は誤解されている、と述べている。ドイツの帝国主義的野望を、自身の力の限界以外にいかなる制約も認めないというドイツを「至高の存在」とみなす国家観を、ニーチェが使嗾したという理由によってである。[96]『人間的な、あまりに人間的な』を引用して、グラッデンは述べる。「軍制や軍事的智謀を最高度に完成せしめた」ものは、国民が「自発的に」「われわれは剣を折ろう……その全軍隊を徹底的に破砕する」と宣言したときに示されるであろう。「自身最も強固な防衛戦力を有していたものが、感受性のひとつの頂点から自己を無防備化するということ――これこそが……真の平和へ至る手段である」、そう述べたのはニーチェ自身である、と。ニーチェは、軍国主義的気質についての心理学者として理解するのが最も良い。国家がその心の底の「征服欲」を隠蔽するための嘘として、国防の旗印の下に軍隊を建設することを、ニーチェは見抜いている。ニーチェの力とは、自己の統御を指すものである。ニーチェの「教義」は「「備え」についての真の内省」というキリスト教的動機を説明するものである、とグラッデンは主張する。ニーチェをドイツ帝国主義の元凶とする見方に反対して、「我々は預言者たちの中にサウロ〔使徒パウロ〕を見出したのではないか」と強調する。[97]

ヘブライの預言者ニーチェというグラッデンの見方は、リベラル・プロテスタントに知られたものではあったが、その見方は戦時に広がりつつあるドイツの利己主義、原始性、軍国主義の預言者ニーチェという感覚とは逆行していた。けれども、この見方はアメリカの道徳的想像力になじみ深い仕方で、ニーチェを理解しようとする傾向をよく示している。ポーランドの貴族から、当代のイエスへ、さらに鉄血の帝国主義者へというニーチェ・イメージの変貌は、アメリカがニーチェの超人をアメリカ的思考に順応させてゆくことを、その創造的な解釈のありようをよく表わしている。このように、ニーチェのドイツらしさについての戦時中の思弁が、ニーチェを、アメリカ的精神を持ったドイツの思想家として直接的に打ち立てる結果となった。他方で、そうした思弁はまた、アメリカ人がニーチェを根源的な他者として扱うとともに、近代思想や道徳の諸問題を表現するうえで、きわめて重要な存在であるとみなす。そのようにして、ニーチェを都合よく解釈してきたことを物語っている。

おのおのにそれぞれの超人を

一九二四年五月二十一日の昼下がり、シカゴ大大学生リチャード・ローブとネイサン・F・レオポルド・ジュニアは彫刻刀、身代金のメモ、自分たちのイメージで創り上げた「ニーチェ」を持ち、レンタカーを借り出し、たまたま拾って乗せた無邪気な一四歳の少年ボビー・フランクスを惨たらしく殺害し、裸の死体を草地に放置して去った。被告らの弁護士クラレンス・ダローは、二人の動機が「金のためでも、恨みのためでも、憎しみのためでもなかった。蜘蛛か蠅を殺す如く、経験のために人を殺したのである」と、後に説明した。[98] この事件は直ちにアメリカ中に広まった。学生たちの告白が全国紙に掲載され、二人の豊かな家庭環境、ユダヤの家系、高い知能指数、低い道徳意識など、あらゆることが記事にされた。科学的な専門家たちも次々に登場した。法廷で証拠を論じる犯罪学者、新しいフロイト理論に依拠する精神科医、古臭いロンブローゾ風の犯罪論を振りかざす精神医学者などであった。『シカゴ・トリビューン』紙では、二人の頭脳の「科学的」スケッチと題されて、この犯罪者たちの器質的基盤についての診断が下されていた。例えば「官能的な唇」「過剰な虚栄心」「性的関心の高ぶり」などで、メディアでの掲載は見送られたが、精神科医たちの報告には二人の性的倒錯が記載されていた、という。[99] 宗教団体の刊行物もこの事件を取り上げた。ビリー・サンデーが「早熟な頭脳、猥褻な書物、不信心な精神」に基づく犯罪を非難する一方で、ウィリアム・ジェニングス・ブライアンは近代思想の道徳的危険性についての自説の正しさを再確認するのであった(100)。けれども、この若者たちがなぜ殺人を犯したのかについての議論は、どれもみな同一の原因へたどり着いた。彼らは自分たちがニーチェの超人であると信じていた、という点である。

ダローはこれまで巧みな法廷技術を駆使してきた。しかしその彼でさえ、ニーチェに第一次世界大戦後の世間での悪評をうまく切り抜けさせることも、裁判官にニーチェの価値を認めさせることもできない、と判断した(ダロー自身は熱心なニーチェの読者であったが)。だが、ダローの仕事はニーチェを弁護することではない。二人の顧客の代理人として抗弁に立ち、死刑から救い出すことであった。そこでダローは自分の力の及ぶ限り、創造力溢れる弁舌をふるった。

裁判長閣下、私はニーチェ著作をほぼすべて読んでおります。ニーチェは素晴らしい知性の持ち主であります。前世紀の最も独創的な哲学者であります。……この百年の間に、おそらく他のすべての哲学者について書かれたものよりも多くの書物が、ニーチェについて書かれております。大学教授たちは誰よりも多くニーチェについて語っております。しかも知的に崇拝される類いの哲学者であります。ニーチェは、いつか超人が誕生するであろうと、人間が超人に向かって進化しつつある、と信じておりました。

ニーチェは『善悪の彼岸』という一冊の本を書きました。それは世界が理解しているすべての道徳的約束事を批判したものです。知性ある人間は善悪の彼岸の存在であると、善のための法も悪のための掟も超人に向かっている者には適用されない、と主張する書物であります。

十二時間に及ぶ熱烈な抗弁の間、ダローはいくども脱線してニーチェについて弁舌をふるった。ニーチェの世界的名声を強調し、この哲学者自身も発狂して死んだのであるから、自己の思想の犠牲者であったのかもしれない、と述べた。ダローの狙いは、事件の責任の一端を、ニーチェの著書の出版社やそれらを閲覧させた図書館に押しつけることであった。あまつさえ、シカゴ大学にも部分的には責任がある、この若者たちはそこでニーチェの哲学に触れたのであるから、とまで口にした。だが、その訴えの長さにもかかわらず、また多大な部分をニーチェに費やしたにもかかわらず、ダローはごく大まかな言及をするだけで、ニーチェの哲学を説明したわけではない。まして、論議のまさしく中心にある概念、ニーチェの超人の思想に言及したわけでもない。超人とは、因襲的な道徳的約束事を超越した、より高貴な存在であると、それはたんなる「一つの理論、一つの夢、一つのヴィジョン」にすぎないとそっけなく語っただけである。

だが、この若者たちはニーチェの哲学の犠牲者であると、ニーチェが彼らの人生を「破壊した」のであると示そうとする努力のなかで、ダローが示唆したのは、自分たちがニーチェの考えていた超人であると二人が思い込んだのは、無知による誤解であるという点であった。「ネイサン・レオポルドはニーチェを読んでいた唯一の若者というわけではない。ただし、このような仕方でニーチェに影響されたという点では、彼は唯一の人間であるかもしれないが」(101)。この若者たちは犠牲者である、とダローは主張した。それは彼らがニーチェを読んだときに、これは自分たちのことを書いているのだ、と考えずにはいられなかったからである、と。ダローのふるまいから理解できるのは、二十世紀初頭のアメリカ人にとって、超人が捉えどころのないヴィジョンであったということ、しかしアメリカ人は近代のアメリカと折り合いをつけるために、自分自身の問題点と可能性を明確に捉えるために、そのヴィジョンを利用してきたということである。

——

　第一次世界大戦に至るまでの期間、そして大戦中、超人のアメリカへの馴化は進み、来るべき世紀でのニーチェの英雄的自己イメージの展開の舞台を整えた。概念が国家や言語の境界に無頓着なように、超人も、異なる知的関心、道徳的関与、政治的感性によりアメリカ人を分離していた思想の境界を越えていく。超人への関心は、多様な政治的信条に従ってさまざまに入り混じり、嘲笑と賞賛とが交互に繰り返されてゆく。それは、近代アメリカ人に自己のあり方についての激論を呼び起こすことになる。宗教から無神論まで、政治的進歩主義から文化的ポピュリズムまで、資本主義から社会主義まで、あらゆるものを批判するために、あるいは是認するために、超人は援用されうるものとなる。

　けれども、大戦時には新たに、超人の概念に表現されたニーチェの道徳的ヴィジョンの、その破壊的側面と再構築的側面とが、甚だしく分断されることになる。ニーチェの超人の意味は、ニーチェの道具主義と個人主義とを糾合した後に初めて解明できる、とロイスは述べた。バビットとモアも、超人はニーチェのロマン主義的自然主義と力の探究とを融合したものである、と主張した。基礎づけに対するニーチェの挑戦に、ロイスは可能性を見出したが、新ヒューマニストはただ危険だけを見ていた。とはいえ、彼らはみなニーチェの思想の脱構築的次元と再生的次元との間の弁証法を認めていた。ニーチェの超人の中に、決定論から自由なニーチェの理想主義の表現と、基礎づけなき世界での意味の飽くなき希求のイメージとを見出したのである。

　けれども、第一次世界大戦の始まりとともに、決定論からの自由な理想としての超人のイメージは、次第に薄れてゆく。絶対的なものなき世界での意味の希求の表現として、超人の形象を捉えるのでなく、ただニーチェの力の哲学の産物としてのみ評価され始める。戦時中、自己主権の理想として超人が広まったが、それは安定なき世界における真理と意味についてのニーチェの思想と結びつけられることはなかった。「超人」、「超越人種」、「超越社会」などの言葉を、それらの源泉である哲学と切り離して論じることが可能となるや、超人は多数の、競い合う道徳観を収容しうる概念となる。そして、ニーチェがいかなる問いにも答えられる思想家であると認識されるようになるや、またその哲学が、人間に驚嘆の念が必要であることの証ではなく、力の称揚であると解釈されるようになるや、アメリカの知的・文化的生への超人の馴化は、成功の裡に進行していったのである。

第四章

教育者としてのニーチェ

汝の真の教育者と形成者は、汝の本質の原《もと》の意味と根本素材を成すところのもの、全然教育し形成し……難い或るもの、を汝に洩らしてくれる。だから汝の教育者は汝の解放者以外のものたりえないのである。

フリードリッヒ・ニーチェ「教育者としてのショーペンハウアー」(一八七四)
『反時代的考察』所収

たぶんわれわれは、自分たちのことを「自由に移住する精神」と……呼んでよいのではなかろうか。なぜなら、われわれは、自由へのこの傾向をわれわれの精神の最も強固な本能と感じられるからであり、またあの緊縛された、そして根の固定した知性の人たちとは反対に、われわれの理想をほとんど一種の精神的な遊動生活《ノマド》のうちに見出すからである。

フリードリッヒ・ニーチェ『人間的な、あまりに人間的なII』(一八七八)

二十世紀初頭、ニーチェはアメリカの文学的急進派や政治的改革派に共有される。小説家で名高い説教師のジョン・クーパー・ポーイスは、フリードリッヒ・ニーチェへの長年の愛着を「どの棚のニーチェを見ても、それを開かずにはいられない。そして……初めて読んだときのように、開くとかつての運命的な陶酔を感じないではいられない」[1]と表現している。ただのアルコールよりも挑発的なイメージを好むイサドラ・ダンカンは、この十九世紀ドイツの哲学者との初めての出会いを、官能的な肉体の悦びになぞらえて、「ニーチェ哲学に誘惑されて、身も心もとろけてしまった」と回想している。[2]ニーチェ哲学の経験を、精神的側面から描き出す者たちもいた。ジャック・ロンドンとユージン・オニールは、ニーチェを自分の「キリスト」と呼び、『このようにツァラトゥストラは語った』を自分の「聖書」と言及したが、このような崇拝者は大勢いた。二十世紀初頭の数十年に成年に達していた多くの若き作家たちのエッセイ、手紙、自伝などを一覧すると、ニーチェとその思想についての多種多様なイメージを蒐集した一大図書館のごときものとなる。ニーチェはときに預言者として、ときに殉教者として描かれる。その哲学は知的なのに、性的快楽と陶酔をもたらすと表現され、感情の万能薬、精神の洗浄剤にたとえられる。ニーチェとその著作についてのメタファーは書き手の数と同じく多彩であるが、一つのモティーフがそれらを貫いている。みな自分のニーチェ経験を、親密さの観点から描き出している。それどころか、何人もが告白するように、ニーチェがその哲学を、とりわけこの自分に向かって語りかけているかのごとく、みなが感じていたのである。

こうした熱狂を考えると、アメリカにおけるニーチェ流行は、大戦前に成年に達していた急進的思想家たちにはたいして影響を与えなかった、というヘンリー・メイの主張は疑わしいと言わざるを得ない。二十世紀初頭の文化的反乱についての評価の高い著作『アメリカのイノセンスの終焉』でメイは述べる、ニーチェはもっぱら「効果的ショックを与える者」の役割を果たしたが、全体としてみるとニーチェの「ドイツ観念論」と「悲劇的」感受性は「余りに異質すぎて」、「陽気な」アメリカの反乱者たちの手で馴化させることはできなかった、と。(3) その時代の「リトル」マガジンに関わっていた「イノセントな」反乱者たちは、緩やかな連合を結び、ニーチェの貴族主義的感受性と陰鬱な偶像破壊に、面白半分に手を出すことはあったが――しかし彼らの思想の中で十分に結びつけられることは決してなかった、とメイは結論づけている。そしてこの評価はその後も長い間続いていた。(4)

若き作家たちのニーチェ追従が噴出するさまを概観してみる。例えば「シカゴ・ルネサンス」に貢献した者たち、五番街二三のメイベル・ドッジ・ルーハンのサロンで思想の交換や恋人たちのやりとりに参加した者たち、乏しい資金をかき集めて、『マッセズ』『セブンアーツ』『ニューリパブリック』などの実験的な「リトル」マガジンを出版した者たち、マサチューセッツで「プロヴィンスタウン・プレイヤーズ」の一員として、共に働きかつ演劇活動をして夏を過ごした者たち、などをである。急進派たちのニーチェへの関心は強烈であったものの、実質のない出来事であったとメイはとらえたが、その理由は一見したところ理解可能ではある。(5) けれども、精神史家の仕事は、歴史的人物の生きた経験を復元すること、ある思想についてその人物が何を考えたかだけではなく、いかに感じたのかを捉え直すことである。そうであるならば、これら若い作家たちの言葉をまず額面通りに受け取ることから始めるべきである。彼らの小説、批評、劇、回想録には、ニーチェ思想との最初の出会いから、その後も続く「関係」について詳細に記録されている。彼らはニーチェが自分に個人的に語りかけているかのように感じた、と述べる。もしそうならば、彼らの言説に耳を傾ければ、その精神世界や道徳世界をよりよく理解できるであろう。ニーチェのイメージや思想への言及は、解放された個人の「最愛のコミュニティ」についての、彼らのヴィジョンを理解するうえで、またそのヴィジョンを促進する知識人たる自己の役割、という彼らの主張を理解するうえで、重要な鍵となる。

二十世紀初頭の文学的急進派――作家・改革者、実験的芸術家、文化批評家――が近代アメリカの生の諸問題と折り合いをつけようとするときに、ニーチェの哲学は、大きな影響力を発揮した。人間の知識や信念は解釈の産物であり、暫定的な性質のものにすぎない、というニーチェの主張は、アメリカの文化的・政治的理念を研究するうえで、一つのアプローチの仕方を示した。ニーチェの著作は、近代アメリカがその道徳的・文化的相続遺産によっては支えることができないことを、また西欧文化が不安定な知的・道徳的基礎づけの上で動揺していると感じられることを描写する。息苦しい、気取った感受性に対する、精神性を喪失したキリスト教の心理的破綻に対する、そして十九世紀末の民主主義の空虚な観念論に対する反抗をニーチェは鼓舞した。相続財産との闘いは何ら父と息子とのよくある世代的な反抗ではなく、女家長制の理念に対する「新しい女性」の反抗でもなく、知的には脆弱でもなお文化的には確固としている道徳的に絶対的なものを、完全に価値転換することである。それらの絶対的なものが、近代化するアメリカに許容範囲を越えて残存している、ということをニーチェは教えた。人間の知識や信念の基底を成す力への意志の評価において、キリスト教の禁欲主義にみられる生の否定の衝動に対する容赦ない批判において、民主主義的平等主義の「奴隷道徳」に対する攻撃において、民主主義的約束の実現が未完であると確信する急進派に、アメリカでの生を批判するための方法と言葉とをニーチェは提起したのである。

若き急進派がニーチェの反基礎づけ主義を、老朽化したブルジョワ的世界観への攻撃に援用する一方で、真摯な知識人は偽りの偶像を倒すことですべてが終わるわけではない、と理解していた。崩れ落ちた過去の廃墟は、絶望の温床とはなっても近代自由精神の避難所にはならない、ということをニーチェは教えた。片方の手で古い偶像を破壊し、もう片方の手でそれらを矢継ぎ早につなぎ合わせても、何の解決にもならない。そうではなく、近代の思想家の課題は脱構築的なものと再構築的なものとをつり合わせること、衰弱した信仰に知性の酸を浴びせる一方で、想像力を楽しく活用して精神を活性化させる理念を考え出すことである、と。ニーチェの「悦ばしき知識」は野心に満ちた知識人たちに、分析的生体解剖と美的創造とをつり合わせた、新しいタイプの批判哲学を提供した。ニーチェの詩、アフォリズム、隅々に目が行き届いた論文は、新しい種類のエクリチュールを示してみせた。哲学的なものと芸術的なものとをないまぜにしたエクリチュール、社会学的なものと預言者的なものとを融合したエクリチュール、硬質な知的一撃と柔軟な文学的筆致とを織り交ぜたエクリチュールを、である。ニーチェの哲学は、文学的自己表現と思想の社会的有効性との両方の面でモデルとなったのである。

若き作家たち、改革者たちは文化的・経済的・政治的にさまざまな種類のレンズを通して、ニーチェの著作を読んだ。ジョージ・クラム・クック、アプトン・シンクレアやカリール・ジブラーンなどの劇作家、小説家、詩人は、ニーチェに「神の死」の後の近代的神性のロマン主義的モデルを見出した。マックス・イーストマンやヒューバート・ハリソンなどの社会主義者は、ニーチェの「奴隷道徳」理論を、アメリカの資本主義、人種差別、軍国主義的ナショナリズムに挑戦するために援用した。文芸批評家ヴァン・ワイク・ブルックスは、アメリカ・ブルジョワジーの陳腐な美学を批判するために、ニーチェを活用した。他方で、プラグマティストを自認するウィリアム・イングリッシュ・ウォーリングやウォルター・リップマンなどは、ニーチェのロマン主義的道具主義を、近代の趨勢に対する解毒剤として捉えようとした。またエマ・ゴールドマン、H・L・メンケン、ランドルフ・ボーンなどのさまざまなタイプの批評家は、近代アメリカ思想へのピューリタニズムの長く続く影響と折り合いをつけるために、ユダヤ＝キリスト教の禁欲主義と道徳心理学を批判するニーチェのテクストを利用したのである。

ニーチェのスタイルは、これらの人々に自己表現と社会的効果とのつり合いのとれたエクリチュールのモデルを提供し、ニーチェの思想は、彼らの社会思想のための源泉となった。その一方で、ニーチェの英雄的な伝記は若き急進派たちに、近代社会における独立した知識人の生のモデルを示した。二十世紀最初の十年間にニーチェが見出された時、急進派は自分たちをアメリカの政治的・文化的生において、新しい用語「知識人 intellectual」と呼ぶようになる。(6) 特殊近代的な（そして必然的な）社会タイプとしての知識人の概念は、なお形成途上であり、その正確な社会的役割はまだ明確ではなかった。けれども、ニーチェ自身の「自由に動き回る」知識人の例によって、若き急進派は知識人の輪郭を描き出すことができるようになった。ニーチェが生前あちこちに移動したことは、近代アメリカに批判的な知識人の身の置き所がどこにもない、という急進派の憤りをより鋭いものにした。ボストンの劇場も、ニューヨークの大出版社も主要な新聞社の本局も、反体制知識人が批判するまさにその商業主義にどっぷりとつかっている。大学も決してましであるというわけではない。ビジネスに駆り立てられた文化という無情な世界。その中にあって、安息地であるよりはむしろ、大学は専門化という名の新しい原理に基づいて機能している。この原理はより高度な学問の追求から生まれてくる大学生活を圧殺し、それを思索の場でなく資格証明書と縁故づくりのためにやって来る学生たちの遊び場にしてしまったのである。(7)

憤りは官僚主義的な大学当局や一般学生を越えて進んでゆく。ニーチェを導き手とした若き急進派は、アカデミズムの学者たちが大学を近代思想にとって居心地の悪いものにしたと、そして大学が不毛な知識偏重主義を――思想家をではなく学者を――生み出した、と信じた。バーゼル大学の古典文献学の教授に任命されたとき、二四歳のニーチェは懸念を抱きながら申し出を受けた。虚弱な健康のために教授職を辞した後、ニーチェの流浪の年月は、制度から否応なく自立した知的生活という自分の理念をいっそう強めた。大学からの退去は、ニーチェの長年の憤りを先鋭化させただけであった。ドイツの「学問」は、存在の「第一原因」や究極の目的などへの誤った確信に、長々と続く絶対的真理への形而上学的強迫観念に苦しんでいる。この欠陥ある「世界観」がアカデミズムに「狭隘な」専門化を生み出し、矮小化された知的ヴィジョンしか持てない学者たちを生み出したのだ、とニーチェは述べる。「学者の本ときたら、いつもながらまた、よじり曲げられた魂といったものを映し出している」[8]。ウォーリングは仲間の急進派を代弁して述べる、知識人が「知識だけの、魅力のない、凡庸な」学者になってしまうと、生き生きとした思考は不可能となることをニーチェは例証した、と[9]。またウォルター・リップマンは、アカデミズムの「矮小な人間」にとって近代があまりに「巨大な世界」であり、大学は「それらが奉仕すべきであるタイプの文明にふさわしく作られてはいなかった」と強調した[10]。

ニーチェの伝記は、独立独歩の新しい知識人の力強い実例を示した。それだけではなく、若き急進派に直面する課題は何かをも教えた。自立した思想家という生を歩むことで、ニーチェは自分の貢献を評価できずしようともしない文化の中で、社会的代価を支払うことになった。けれども、急進派はニーチェ自身の状況を、ヨーロッパの知識人の生の抱える問題の現われとして理解したわけではなかった。むしろ俗物主義や不毛な伝統への固執に対するニーチェの憤りを利用した。特殊十九世紀のカイザー帝国への言及は省略して、天才に対するアメリカ民主主義の冷淡さを批判する、かつてのエマソンの問題意識を再び取り上げるために、である[11]。ニーチェが理論面でも実生活でも疎外されたことは、先進工業社会の民主主義における知識人の困難さ、という急進派の危惧を裏付けた。けれども、ニーチェの憤りをアメリカ民主主義批判に利用することで、急進派はアメリカ知識人の伝統的な「儀式」を知らないうちに繰り返していた。すなわち、アメリカ人の思考の問題点を考察するために、ヨーロッパの思想家を援用する、というやり方をである。急進派は自生的知性を根本から育成できない、不毛なアメリカ文化を嘆く。そしてアメリカには決して育成できないタイプの天才の例として、ニーチェに目を向ける。何年もの間この世代はヨーロッパに没入して「我を忘れて」いた。そしてニーチェに心の拠り所を感じ、近代のアメリカには身の置き所がない、と思っていたのである。[12]

文学的急進派は、ニーチェをさまざまに利用したが、共通する目的はただ一つ、近代アメリカの思想を考察するために、ニーチェを援用することであった。ニーチェの新しい道徳的語彙によって、急進派はアメリカ文化への批判と憧憬を表現することができた。力強いペンだけが生み出すことのできる実践的な力を、ニーチェの著作は示していた。そして急進派の宗教的・道徳的相続財産の、その善悪の彼岸の世界の恍惚と苦悶とをニーチェの思想は教えた。ニーチェは自ら理論化した知的生活と自ら実践した知的生活との双方をもって、急進派に影響を与えた。若き知識人たちは、ニーチェという人物についてあれこれと書いた。それは、近代の民主主義文化の中で、足元の土台を突き崩しながら、立脚点を切望する反対派知識人が、待ち受ける危険と可能性と折り合いをつけようとする努力の現われであった。

知識人を経験する、言葉が世界を形成する

ニーチェはおのれの言葉の力を理解していた。ニーチェは自身を「一個の不可抗力 force majeur、一個の運命」になぞらえた。すなわち、自らの言葉を稲妻のごとく世界に伝えて「良心の葛藤」をひき起

こす存在であると。自らのペンの一撃によって「人類の歴史を両断する。つまり人は彼以前に生きるか、彼以後に生きるかのどちらかになる」、自分はそのような存在である、と思い描いた。これらの言葉が書かれたのは一八八八年、ニーチェが正気を失うちょうど二か月前のことである。そのとき世界はまだ、ニーチェの書いたことが真理であると信ずる、いかなる理由も認めなかった。けれども、ニーチェは正しく理解していた。世紀の転換期、大西洋を横断して起きたニーチェ流行だけでは十分ではないとでも言うかのように、第一次世界大戦はニーチェの名前が「或る巨大なもの」に、「一つのたぐいなきできごと」に、記念碑的な「破局」に結び付けられている、ということを裏付けた(13)。

大戦の前後、アメリカの文学的急進派はニーチェを読むことが人生を大きく変える経験である、と述べた。火炎放射器の猛火、焦げた大地、ガスマスクをつけた怯える子どもの群れ、ぬかるむ塹壕に身をすくませ、速やかな死を望む……急進派の描き出したのは、そうしたものではまったくない。ニーチェの言葉の力は、彼らの思考を一変させるほどの効果を持つところにあった。ニーチェの哲学を読むことは、はなはだ強烈な経験である。なぜなら、ニーチェの言葉は実に親密に感じられるからであり、またそれが良心の喉元をつかんで激しく揺さぶり、新しく覚醒させるからである。けれども、その経験はたんなる娯楽ではない。それはまた啓発でもあった。ニーチェの読書は、知性の力を教えたからである。急進派は社会に対する思想家としての自己の価値に疑いを抱いたとき、自らの思想の社会的有効性に思い悩むとき、ニーチェを読むことによって、知識人が何をなしうるのかを思い起こした。ニーチェは決して街頭に立たず、デモ行進も組織せず、権威ある碩学になることもなく、莫大な富を手にすることもなく、説教壇に立って威張り散らすこともなかった。けれども、ニーチェは急進派の世界観を一変させる言葉を書いたのである。

急進派はニーチェの知性の力が、その思想内容にだけではなく、その表現のスタイルにもあると判断した。「いまだかって誰ひとりとして駆使するをえなかったほどの多彩きわまる文体技巧」に目を瞠《みは》り、ニーチェの声がさまざまな形をとるのに応じて、その経験を堪能した(14)。例えば、そのアフォリズムのきらめくような洞察、その詩句の豊かな旋律の響き、その批評の整然とした論理、その散文詩の熱狂的な躍動、である。ニーチェにとって批評の技とは、価値観の脱構築以上のものである。それは可能なるものの新しいイメージを構想し、創造するための媒体でもある。そのことをニーチェの表現スタイルは示している。ニーチェは哲学者と芸術家との区別を取り払う。画家が色と形を用いて見る者を想像の世界に移行させるように、ニーチェは読者を「連想に浸す」(リップマン)ような、思想のための言葉を創り出したのである。ニーチェが天才であるのは、その言葉によって読者がニーチェの思想を感じることができるからである。そう急進派は主張した。ニーチェの思想の力とは、読者を包み込む雰囲気である、と(15)。

ニーチェの詩的な言葉のスタイルに対する急進派の感情、さらには「詩人」、「詩人・哲学者」としてのニーチェという特徴づけは、エマソンの一八四四年の論文「詩人」に由来するものである。ニーチェはその多作な時代の間も、繰り返しこの論文を読んでいた。エマソンは詩人を「中途半端な人間たちのあいだにあって完全な人間を表わす」存在として、「経験の種々相をことごとく踏破して、受けとるにも与えるにも最大の力であるおかげで、人間を代表する人物」として描き出す。「本当の詩人」とは「詩才をそなえた人びとや、韻律に巧みで勤勉な人びと」のことではない。「表現する者、命名する者であり」、自身の創造の「中心に位置している」「元首」なのである、とエマソンは強調する。詩人の仕事は思想の働きを示してみせることである。「言葉は行動でもある」とエマソンは主張する。言葉は新しい可能性を生み出す力を備えているからである。言葉にそれができるのは、詩人が創造と表現との間の、芸術と論理との間の区別を消し去ったときである。というのも、「詩を作るものは、韻律ではなく、韻律のもとになる思想、——たとえば植物や動物の精気のように、おのれ独自の建築様式をそなえ、自然を新しいもので飾るほど、情熱と活力にみなぎる想念だからだ[16]」。

エマソンの「完全な」男性と女性の社会への憧憬、詩人は人間の中の思想家と芸術家の十全なる実現である、という信念。それらはアメリカの社会主義者、社会的連帯を求める進歩党員たちが、哲学者・詩人の範型としてニーチェを強調する理由を説明している。社会主義者の「新しい知識人たち」の指導者ウィリアム・イングリッシュ・ウォーリングによれば、社会主義は十全に実現された人間性についての「予言的ヴィジョン」によって導かれる。それは詩人のみが与えることのできるヴィジョンである。「我々の生を領導する哲学のために……我々が目指して奮闘する未来の人間のヴィジョンのために、我々は文学に依拠する。偉大な……［作家の］理想は我々の理想である。——そのことを我々はまだ自覚していなかった」。この理想に到達するために、「問われるべき、きわめて枢要な問題は、どのような種類の人間が育成され、意図され、創造されるべきか、ということである。……この問題をニーチェほど明瞭に把握し表現した者は、ただの一人もいない[17]」。急進派も先人エマソンと同じく、十全に実現された人間性を訴え、そしてそれを体現する詩人を切望した。マックス・イーストマンが述べるように、ニーチェはその枢要な詩人であり、この詩人が「人間の魂……に呼びかけ[18]」そしてその哲学が——「人間の天才の、この巨大な道標」が——共和国の知的豊饒さを体現している。急進派はニーチェの著作の中に、社会を飾り立てるのではなく、作り変えるための知性の肯定的な力を見出したのである。

生活のための労働問題に焦点を当てる、きわめて物質主義的な社会主義者でさえ、ニーチェに刺激を受けて、自分たちが人間の新しい詩学に向かって奮闘している、と考えた。最もよい例は、西インド諸島出身の急進的アメリカ人作家ヒューバート・ハリソンである。ハリソンは「新しい黒人」運動の創始者で、ニーチェの熱烈な読者であった。郵便局の労働者、フリーランスの編集者などをしていた二〇代初めのころから社会党に加入し、(アメリカのニーチェ主義の温床とされた)「ファーラー・モダン・スクール」[19]での講師時代を経て、一九二〇年代の知的な「ハーレム急進主義の父」の時代に至るまで、ハリソンはニーチェの哲学に依拠して、自分の哲学を必死に作り出そうとしていた。その時代の多くの野心的な若き白人の作家たちと同じく、ハリソンも自由に思考するフリーランスの、自立した知識人のモデルをニーチェの内に見出した。貪欲な読書家で多産な作家であったが、社会主義への関与や屈辱的な貧困の経験によって、ハリソンは精神生活を送るうえでの物質的制約を否応なしに学んだ。一九〇八年のある日記に記している。

貧困と飢えの圧力は、何と恐ろしく強力に、人間の人生哲学を変えてしまうことか! もし何らかの計画を考え出そうとして、このことを忘れてしまうくらいなら、忘れないためにも三日間ひもじい思いをしている方がよい。……ニーチェとマックス・シュティルナーを生み出すために、どれほどの貧困と飢えが必要とされたのか、知りたいものだ。
哲学者の生も愚者の生もいたるところで条件づけられている。……同じ三つの要因によって。大いなる必要、甚だしい貪欲、そして乏しい能力、である。そして、いついかなる時も必要が傑出している。かくツァラトゥストラは語りき。[20]

ハリソンは自ら直接経験したがゆえに、人種的・階級的搾取の物質的条件について書いている。けれども、『ツァラトゥストラ』のような書物によって、知識人の言葉による仕事の重要性、新しい人間性についての詩的ヴィジョンの不可欠さを、ハリソンは認識することができたのである。

文学的急進派は、それぞれのニーチェ読書経験のなかで、言葉の潜在的な世界形成力を見出した。ニーチェの思想は強烈で生き生きとしている。それだけではない。ニーチェはあたかも自分に直接語りかけているかのようである。そう彼らは感じた。ニーチェの思想との出会いは、消し難い痕跡を彼らに残した。それゆえ、ニーチェの思想がどのように感じられたかを、細心の注意をもって記録した。ニーチェの著作は、行動的な詩的知性が世界において持ちうる影響力を示してみせる。ニーチェの仕事は、思想家が何をなしうるかを例証する、と。

アプトン・シンクレアはゲオルク・ブランデスの評論を読み、ニーチェを発見した。その内容に興味をそそられて、シンクレアは『このようにツァラトゥストラは語った』を入手する。この本によって突き動かされたシンクレアはその経験を、失意のロマン主義的天才の物語の形式をとった、虚構的自伝『アーサー・スターリングの日記』（一九〇三）の中に記す。

二日間僕はこの本を読んでいる。——夢中になって、何もかも忘れて、読んでいる。ここに一人の男がいる！——すごい男が！　初めて読んだ夜、僕はじっとしていられず、喜びの余り、声をたてて笑った、子どものように。このようなことがすでに書かれていたのだ！　しかも世の中に出ていたのだ！　それが分かるのは、ああなんと素晴らしいことか！　まったく、足元に金鉱を見つけたようなものだった。僕は一切の悩みを忘れてしまった。……僕を理解する人間を、僕の友となるべき人間を、ついに見つけたのだ。(21)

作家たちはニーチェ読書の日々を、この哲学者との関係が芽生え、やがて成長・発展してゆく、その前奏曲として描き出している。ユージン・オニールは一八歳の時に、『自由』誌の発行人アナーキストのベンジャミン・タッカーから、そのマンハッタンの書店で『このようにツァラトゥストラは語った』を紹介される。オニールによれば、『『ツァラトゥストラ』は……それまでに読んだどの本よりも私に影響を与えた。……以来私はいつも手元に置き、毎年のように繰り返し読んでいる。失望したことは一度もない。他のいかなる本とも比べ物にならない」(22)。ニーチェの読者でオニールのような作家たちの多くは、繰り返しその著作を読み耽った。イマジズムの詩人でエッセイストのジョン・グールド・フレッチャー*1はハーバード大学の学生の時に初めて、ニーチェの『ツァラトゥストラ』に出会う。「一九〇四年から一九〇五年にかけて私はこの本を夢中になって読み耽った。来る日も来る日もハーバードの学生クラブでニーチェを読み、夜になると超人について夢想した」。ニーチェとの親密さのために、フレッチャーは幼少期以来のキリスト教から離れ、詩に引き寄せられていく。神を持たない者でさえ「何かを信じなければならない」のである。もし本当に神が存在しないのであれば、来るべきものの新しいイメージの創出は、詩人の双肩にかかっているであろう、と。アイヴィー・リーグ時代からアメリカを去り、イギリスに移住した詩人としての年月、地方主義と反近代主義の著述の開始、そして一九三九年のピュリッツァー賞の詩の部門での受賞に至るまでの道のりを振り返り、フレッチャーは語る。「[ニーチェの]というよりむしろその亡霊が、私自身の思考の大半を支配していたのだ」と(23)。

自我意識の強い作家たちが、ニーチェにマインドコントロールされるのは、珍しいことである。けれども、新たな知的刺激や道徳的判断、また心の支えのために、繰り返しニーチェの著作に立ち戻ったことを、みな進んで認めている。ニーチェのテクストに触れた若き芸術家たちは、読み進めるにつれて、自分がニーチェと対話をしているかのように感じている。それぞれの手垢にまみれた『人間的な、あまりに人間的な』や『このようにツァラトゥストラは語った』の余白に、みな熱心に自分の応答を書き込んでいる。劇作家スーザン・グラスペルは、作家・劇作家ジョージ・クラム・クックの妻で、プロヴィンスタウン・プレイヤーズ[*2]の共同創立者であるが、夫の反応について語っている。クックはニーチェの「美しい装丁のドイツ語版」を宝物のように扱っており、ニーチェは「〔クックが〕古くからの友人のようにみなす」哲学者であった、と。けれども、クックが自分のニーチェ本の余白に記している対話は、ニーチェとのものというよりはむしろ、自分自身とのものである。ある余白のメモにクックは書いている（原文は断片である）。「ニーチェの苛烈な刺激に共振する何かを自分の中に感じる者なら誰でも……」と。エマソンは読者に「おのれを信ぜよ、……あらゆる心が感応して震える」と呼びかけたが、クックの余白のメモは、どのようにしてニーチェの声を自分の心の声とみなすことができたかを示している。それを可能にしたのは、ニーチェの言葉のスタイルである、と。「〔ニーチェは〕人の心を動かす偉大な新しい思想を持っている。けれども、ニーチェが自らの思想を考察し、それを砕いて言葉にしてゆく、その情熱がまさしく読者の心を燃え上がらせるのだ」(24)。

急進派とニーチェとの出会いは、この詩人・哲学者が読者のまだ目覚めていない意識を腹話術で語る、そのさまざまなあり方をあらわしている。とすれば、これらの出会いはまた、個人のものと感じられていた思想が、いかに社会的な輝きを生み出すのかを示すものでもある。ただ一人の自立した自己という ニーチェのメッセージを、独り占めにするのを望まなかった急進派は、ニーチェの言葉を組合のホールや読書クラブ、討論会などで広めていった。クックは最初フロイド・デルに、この若き野心的な作家がクックのアイオワの牧場で働いているときに、ニーチェを教えた。彼らはビートを収穫し、トウモロコシの皮をむき、そしてニーチェについて語り合った。この知的交換は実に貴重で、一過性のものとして終わらせることはできないと感じられたので、そこで二人は「モニスト・ソサエティ」[*3]と呼ばれる哲学討論グループを設立した。モニストたちは定期的に集まって「書物や思想、ニーチェの哲学」について「一晩中語り合った」[(25)]。そしてモニストたちがカントリーサイドでニーチェ談議に熱中する一方で、「ラスキン・クラブ」のメンバーはベイサイドでニーチェの思想を論じあっていた。ジャック・ロンドンとアンナ・ストランスキーの二人は、このサンフランシスコの社会主義グループのメンバーで、会合ではニーチェを読み、討論した。若き急進派がニーチェを勧め合うその仕方を見ると、個人的なものと政治的なものとを融合させるうえで、ニーチェがいかなる役割を果たしたかが分かる。ここに一人の哲学者がいる。この哲学者は個人主義の預言者、社会的紐帯の破壊者という評判を持つ。にもかかわらず、読者に活発な思想のやりとりをさせて、互いに結び付ける。読者の知的自立への憧憬がいかに共有された感情であるか、そしてまたいかに共有されるべき感情であるかを、この哲学者は明らかにするのである。

ニーチェの思想を論じることに、急進派は喜びをおぼえた。自分の個人的所有物の中では、ニーチェの本をとりわけ大切に扱い、また互いの贈り物の中では、ニーチェの本が飛びぬけた位置を占めていた。急進派は国家の生産経済を集団的に統御しようとしたが、いかなる国家においても真の富はそこで生まれた知性である、と教えた一人の思想家をも共有した。ニーチェの本を贈ることは、社会主義者の連帯の象徴であった。例えば、世界産業労働者組合の若きオルガナイザー、フランク・タンネンバウムが未組織労働者の抗議活動を指導したかどで一年間服役したときに、メイベル・ドッジ・ルーハンはその政治的意思を支えるために、ニーチェの本を贈っている[(26)]。一冊のニーチェの本が、あるいはその引用がロマン的感情のしるしとして贈られるときは、とりわけ意味深いものであった。自由恋愛について、因襲を打破する思想について考察する以前、フロイド・デルはその才能の片鱗をうかがわせる自伝的小説『ムーン・カーフ〔空想にふける愚か者〕』(一九二〇)の中で、ニーチェを仲立ちにした政治的なまたロマン的な慣習を描いている。登場人物のトムがあるシカゴのパーティで若い女優に自分を印象づけようとして、ニーチェについて語る場面がある。トムがその場で口にしたニーチェの一節に対して、その女優はどのように反応したのかと聞かれて、「彼女は『このようにツァラトゥストラは語った』の引用で応えたよ」とトムは答える。(27) 若者が若い女性に言い寄るために、ニーチェを利用する。それとまったく同じように、女性たちもニーチェの強烈な魅力を利用した。グリニッジ・ヴィレッジの急進派アイダ・ローが後に夫となる恋人のマックス・イーストマンに出会ったとき、ニーチェを紹介している。二人は一緒にニーチェの著作を読み、自由恋愛について意見を交わした。その一方で二人は結婚を誓い合い、ヨーロッパでの新婚旅行のときにもニーチェを読み続けている。(28)

急進派独特のニーチェの利用が示すのは、近代のアメリカにおいて実現が切望される完全なる人間性の形成には、詩的知性が不可欠だということである。とはいえ、さまざまなニーチェ体験から、挑発的な思想は人々を結びつけるだけではなく、離反させることもありうるということも認識されていた。エマ・ゴールドマンはまさしくその点に気づいていた。ゴールドマンはニーチェの哲学的アナーキズムに熱中することで、その精神を鍛え上げてゆく。その一方で、恋人であり指導者でもあったオーストリアのアナーキスト、エド・ブレーディとの関係が破綻してゆく。ゴールドマンは最初ライツェルの『哀れな悪魔』でニーチェからの抜粋を読み、大いに関心を抱いていた。しかし、一八九五年ウィーンに留学したときに、ようやくニーチェの著作を体系的に読む機会を手にした。ゴールドマンは「〔ニーチェの〕

言葉の魔術、そのヴィジョンの美しさ、そしてそれらが自分を、夢想したこともない高みへ連れて行ったこと」に夢中になる。ゴールドマンは自分の「ニーチェをめぐる歓喜」をブレーディも分かち合うことを望んだ。けれども、ブレーディはゴールドマンの「偉大な詩人・哲学者」への熱狂を嘲弄し、ニーチェの貴族的急進主義が哲学的アナーキズムに寄与する可能性をまったく認めようとはしなかった。「ニーチェにはそんな価値はない」とブレーディは断言し、二人はニーチェをめぐって激論を交わす。「心から傷つけられた」と感じたゴールドマンは応える。「価値がないのはニーチェではない、あなたの方よ」と。ゴールドマンとニーチェとの知的な邂逅をブレーディが理解できなかったのは、この男が彼女を理解できなかったということであり、それゆえ二人の騒然たる関係は直ちに終焉を迎えたのである。(29)

ニーチェは苦しみもがく関係を悪化させるおそれもあるが、また悩み苦しむ心を癒すこともできる。ニーチェ哲学に惹かれた若き急進派は、自己の運命を自ら望んだ状況として肯定すること、人生に美的実験としてアプローチすること、そうしたことを教えてくれたニーチェ哲学のおかげで、自己の苦しみを有益なものとして捉えることが可能になった、と述べる。一九〇五年ジャック・ロンドンの、後に妻となる恋人のチャーミアン・キトリッジが神経痛と耳の膿瘍に苦しんでいたとき、ロンドンはキトリッジの士気を鼓舞するために、ニーチェのもたらす治療効果を、自分の経験から知っていたのである。ニーチェの本を数冊贈った。ロンドンはニーチェのもたらす治療効果を、自分の経験から知っていたのである。ニーチェの著作には何年も親しんできたが、しかしようやく系統的に読み始めるようになった。それで、キトリッジが意気消沈し始めたとき、ロンドンは何の迷いもなく「ニーチェを何冊か手に入れているところだ」と書き送っている。「まずニーチェの『道徳の系譜』で君を楽にしてやろう。――その後は、君の気に入りそうなもの――『このようにツァラトゥストラは語った』だ」。ロンドンの処方箋は見事に効き目があった。『系譜』と『ツァラトゥストラ』に加えて、キトリッジは『ワグナーの場合』（一八八八）と『反キリスト者』（一八九五）を読み、「それらをみな平らげたのである」。キトリッジの評価では、ニーチェというロンドンの贈り物は「いかなる強壮剤にもまして、私の過重な精神状態を明るくすっきりとさせ、回復への道に踏み出させたのである」。キトリッジは心に触れた『ツァラトゥストラ』の一節をロンドンに伝えている。「わたしは自分の高山のふもとに住んでいる。わたしの山頂はどれほどの高さであろうか？　いまだに誰もそれをわたしに言った者はいない。しかし、わたしは自分のもろもろの谷をよく知っているのだ[30]」。

実際これらの作家たちは、読者に物事を客観視させるために新たな高みへ導いてゆくニーチェの力を、よく承知していた。この知者は高さを調べ深さを測り、そうして読者に経験に裏打ちされた、生きたパースペクティヴを備えさせる。ジョン・クーパー・ポーイスの述べるニーチェ読書の特徴を見ると、多くの作家がニーチェの散文に惹かれるわけが分かる。ポーイスによれば、「ニーチェを読んだ後に読者が抱く最終的な印象は「区別の認識」である。「粗野な獣性」から、「みだらな下劣さ」から、世間のぶざまな妥協の数々から、はっきりと自分は区別されているという印象である」。ニーチェの言葉との出会いは、急進派に新しい想像的な道具を、新しい物の見方をもたらした。「このツァラトゥストラの気分は、長くは続かないかもしれない」。ポーイスは認める。「一時間しか続かない者も、一日しか続かない者もいる。――何年間か続く人間も、わずかだがいるかもしれない。けれども、その気分の続いている期間、それはまれにみる強烈な経験である。底知れぬ深淵を、はるか上方の氷に閉ざされた岬からのぞき見るように、我々はあえて、創造と消滅を、ただ一度真っ向から見つめるのである[31]」。

ポーイスによる一九一二年のヨーロッパ旅行の記述を見ると、ニーチェの詩的想像力の魅力を、文学的急進派がどのように歓迎していたかが分かる。「ニーチェに関わるすべてのものに対する熱狂」とともに大陸を旅行したボーイスは、フィレンツェ、バーゼル、セビーリャでニーチェにまつわる場所を訪れる。だがそのヨーロッパ旅行のすべての滞在地の中でも、ワイマールへの訪問は格別で最も記憶に残るものであった。ボーイスはそこで望外の幸運を実現する。ニーチェ文庫を詣でて、エリーザベト・フェルスター＝ニーチェと歓談したのである。[32] 二人にとってきわめて重要な哲学者について語り合った後、フェルスター＝ニーチェはこの若き崇拝者に、兄の個人蔵書を手に取らせるという稀な機会まで与えた。「この献身的な婦人が亡き哲学者の本を見せてくれたときに、私が何を感じたか、想像していただきたい！……今でも覚えているが……一度も聞いたことのない（フランスの観念論者の）本が一冊あった。その著者のいくらか饒舌な一節に対して、「高貴な真理の断固たる追求」を称賛しつつも、ニーチェは余白に鉛筆で、何度も繰り返し書いている。「無駄だ」……「無益だ」……「空しい」という言葉を」。[33]

ボーイスはさらにローマに向かって旅を続ける。その頭の中に今では一人の密航者が隠れてついて来ている。観念論に異議申し立てするニーチェという密航者が。ニーチェの余白の書き込みは、ボーイスを悩ました。落胆したり取り乱したりした。アルプス山脈のような想像力の高みに自分を引き上げてくれたまさにその著者が、いともたやすくその高みから自分を突き落とすこともできたのであるから。ボーイスは美しき西洋美術の都へ到着したが、美術館や大聖堂が普遍的真理と美の表象を収容しているという考えは、いまや空しい観念論に思えた。「無駄だ、無益だ、空しい」というニーチェの言葉が、ボーイスの頭の中に繰り返し響いていたのである。[34]

ニーチェがボーイスに示したように、力強い思想との出会いほど大きな「人間精神のドラマ」は存在しない。さらにニーチェの読後感はまた、知的アプリオリに媒介されない本物の経験を欲していたとしても、力強く表現された確かな思想は、我々を鍛えて自己の経験となしうる、ということも示した。けれども、これはポーイスにとって悪いことではなかった。というのも、知者が読者のためになしうることを、ニーチェは示してみせたからである。「私の頭は……ニーチェの想像力の、その極北の息吹きで一杯であった。……わたしは自分の狂喜をよく覚えている。……いつの日にか『この人を見よ』の著者と同じく、新しく驚異的な哲学を世界に与えることが、自分の運命となるように、という思いとともに」。(35)

ポーイスたちはみな、世界が拒絶しえない哲学を生み出す、という野心を抱いていたが、誰よりも目覚ましくこの夢を実現したのは、カリール・ジブラーンである。ジブラーンはレバノン系アメリカ人の詩人・画家で、その一九二三年の散文詩『預言者』は、虚構の預言者アルムスタファの霊感に富んだアフォリズム的説教集であるが、合衆国でたちまちのうちにベストセラーとなった。二〇以上の言語に翻訳された『預言者』は、その後も長くベストセラーにとどまり、その著者に世界的名声をもたらすことになる。(36)世界中の何百万人もの読者がジブラーンの詩的発言に霊感を得、その言葉を自らの導きとし、割礼や洗礼、卒業、冠婚葬祭といった人生の節目の出来事を通じて利用した。けれども、そのようになる以前、ジブラーンはニーチェを読むことによって、しきりに引用されるような洞察に至ったのである。

ジブラーンのニーチェの著作との生涯にわたる付き合いは、ニーチェの言葉が世界形成の潜勢力をもち、それをニーチェ後の作家たちの中でいかに現実化させていったか、を明らかにしている。ジブラーンのニーチェとの遭遇は、ここまで取り上げた作家や学者たちすべてと比べても、たしかに独特なものである。一八八三年にレバノンのビシャリ(ブッシェリー)で生まれたジブラーンは、一二歳の時に母、三人の兄弟とともに、ボストン南端の汚い移民のゲットーに移り住む。ここからジブラーンの異種混交の人生が始まる。東洋と西洋との、アラビア語と英語との、幼少期のマロン派キリスト教と魅惑的なイスラム教との、初期に熱中した絵画やデッサンと後に情熱の対象となる詩との間の、異種混交である。ジブラーンはニーチェの哲学を二五歳の時に発見する。以来ニーチェは、これらの異種混交に対処してゆくうえで力となってゆく。

ジブラーンのニーチェへの道はボストンで始まる。セツルメントの活動家たちの運営する芸術クラスで、教師がジブラーンのデッサンの才能を見出す。そこからジブラーンは――モデルとしてまた詩人として――ターバンを巻き水キセルを口にする富裕な写真家、出版人、芸術のパトロン、フレッド・ホランド・デイの世界へと歩んでゆく。デイの影響のもと、若きジブラーンはロマン主義の詩やデカダン派の芸術を吸収しつつ、「中東の貴公子」として、ヴィクトリア朝のオリエンタリズムに夢中の芸術愛好家たちの仲間入りをする。デイは一九〇四年ジブラーンに最初の作品発表の場を提供する。けれども、ジブラーンは次第に、ボストンの特権階級のボヘミアン主義など貧弱で不毛なものであること、名目上の平等主義に対する心理的代償が過重であることを感じるようになる。一九〇八年ジブラーンはパリに旅立つ。芸術的自己発見の道は、パリの大通り、街頭のカフェ、美術館の間に存在していると信じて。ジブラーンはヨーロッパの芸術を学ぶためだけでなく、自分自身を発見するために、「自分の人生の新しい一章」が始まることを期待して、出発したのである。(37)

パリ滞在中にジブラーンはニーチェの哲学を見出す。それまではモダニズム美学の生きた美術館であるパリの生活を享受していた。国立美術学校界隈をぶらつき、若く定評のある芸術家たちに会い、毎週日曜日の朝(入場料が無料なので)ルーブル美術館での礼拝に熱心に通う。それは心の浮き立つ日々であった。――しかしニーチェの著作に出会うと、一変する。後にジブラーンは隣人への手紙の中で、熱に浮かされたように書いている。「ニーチェはとてつもない巨人です。――読めば読むほどニーチェを好きになるでしょう。ニーチェはおそらく現代の最も偉大な精神です。彼の著作は、偉大とみなされているほとんどものを越えて、後世に残るでしょう。お願いですから、一刻も早く『このようにツァラトゥストラは語った』を読んでください。これは――私にとって――時代を超えた偉大な著作の一つだからです」と。ジブラーンがニーチェから学んだのは、物事を一変させる言葉の潜在的な力である。「何というペンの力だ！　一筆で新しい世界を創造する。一筆で古い世界を一掃する。美と魅力と力を滴らせている間に」(38)。ジブラーンはニーチェから、自分の言葉が何をもたらしうるかを学び取る。そして自分の「生命の書」の新たな一章を書き始める。ニーチェの発見以来、自分の手にずっとペンを握りしめていた、と告白して。

ジブラーンは合衆国に戻り、ニューヨークに身を落ち着ける。そしてニーチェから洞察と霊感を引き出す作業を続ける。ヴァン・ワイク・ブルックス、ルイス・ウンターマイヤー、ウォルド・フランクと並んでジブラーンもジェイムズ・オッペンハイムの文学雑誌『セブンアーツ』に定期的に寄稿する。そしてニーチェに鼓舞された書き手たちと同じく、社会的贖罪としての芸術を、先駆者に敬意を払うことなく創り出そうとする。『セブンアーツ』創刊号の論説に宣言されたように、この雑誌の書き手たちには「継承すべきいかなる伝統も……創造すべきいかなる流派のスタイルも」存在せず、ただ「書き手自身の悦ばしき必要を通じてなされる仕事」だけがある、と(39)。

ジブラーンの処女作『狂人』（一九一八）は、戦争の脅威の下で書かれた。破壊された世界における芸術の贖罪力を考察するものである。ニーチェ的な詩人の形象を通じて、ジブラーンは、狂気の天才こそ気が確かなのであり、気が狂っているのは、戦争に引き裂かれた世界における民族排外主義と、生きている者の精神的埋葬をする制度的宗教のほうに他ならない、と述べる。ニーチェについては、こう記述している。「何という人間だ！　何という存在だ！　ニーチェただ一人が、超人の名において全世界と闘っている。最後に世界はニーチェからその理性を奪ったけれども、ニーチェは世界を十分に鞭打ったのだ。ニーチェは末人たちの中の超人として亡くなった。非の打ちどころなく正気を失っているため、狂うことすらできない世界のただ中で、ただ一人の気の確かな狂人として」[40]。ジブラーンの第二作『先駆者』（一九二〇）はニーチェ的言語と主題の、さらなる実験の提起である。ニーチェはエマソンを自力で生まれてきた自己のモデルとして、自分自身が自分の後継者であるような自己のモデルとして、称揚したが、一方ジブラーンがニーチェから引き出したのは、自分自身が自分の先駆者であるような、自力で生まれてきた自己のモデルである。「あなたはあなた自身の先駆者です。あなたが築き上げた塔の数々は、あなたの巨大な自我のほんの基礎づけにすぎません。そしてその自我もまた、基礎づけとなるでしょう」。ニーチェはジブラーンに確信させる、「いかなるときも私たちは私たち自身の先駆者でありましたし、これからもずっとそうあることでしょう」と[41]。

『先駆者』の後もニーチェの泉は湧き出していたので、ジブラーンは続けて一九二三年に『預言者』を出版する。この著作ではいたるところで、ジブラーンがいかにニーチェの知性を自らのものとして経験したか、が述べられている。『このようにツァラトゥストラは語った』に倣い、この本は自我の神性を予示し、読者に自分の救済者たることを求めている。これはアルムスタファという預言者の物語で、ツァラトゥストラのように孤独に数年を過ごしたのち、大衆のもとに下りてくる。そして自己の創造した価値や地上の神殿としての肉体について、また人間を奴隷化する制度的宗教の信仰などについて、説教をする。この預言者はツァラトゥストラのごとく、より高貴な魂が善悪という倫理的な鳥籠を超越して生きるという、来るべき日の到来を予言する。「修身で自分の行いを規定する者は、自分の「歌う鳥」

図 12　カリール・ジブラーンによる『預言者』（1923）の表紙絵。

を籠に押し込めている」と。アルムスタファはまた、この世の意味について宣告する。「あなた方の日々の生活、それがあなたがたの神殿、あなたがたの宗教。そこに入るときには何時も、自分のものをすべて手にしなさい」。ニーチェのツァラトゥストラのように、ジブラーンの預言者もそのすべての読者に内在する超人を、「あなたは善。あなた自身とひとつであるとき」ということを理解する力と知恵を備えた者たちの心のなかに潜む超人を予示するのである。(42)

類似は続く。けれども、ジブラーンは自分がニーチェから借用しているとは考えていなかった。いずれ自らの先駆者となる自己が、受け継いだ形式の奴隷的な利用に甚だしい敵意を抱く自己が、そもそも創造するしかないものをいったいどのようにして借用するというのか。だが、類似が余りに顕著であるため、ジブラーンを論じる者はみな、その類似を説明する必要がある、と感じた。ジブラーンとニーチェとの関係を「余りに強烈であったため、ジブラーンの足をさらって、その東洋的土壌からほとんど根こぎにしてしまった」と述べる者もいた。(43) けれども、ジブラーン自身の説明のほうがより啓示的であり、同じくニーチェの世界に引き入れられた他の著作家たちの感情をよく映し出している。後にジブラーンが述べたように、「ニーチェは私の頭の中から言葉を持ち去った。ニーチェは私が近づいていた木から果実を摘み取ってしまったのである」。(44) ジブラーンにとっても他の著作家たちにとっても重要なのは、自分がなにがしかニーチェを剽窃したのかどうか、ではない。ニーチェを読むことによって言葉の力を、そしてこの詩人・哲学者の経験を理解できたということである。ニーチェの言葉と知恵を経験することは、自己放棄や奴隷的流用をではなく、自己の発見をもたらすのである。かつてのクックやロンドン、ゴールドマンと同じく、ジブラーンも解放された知性へのニーチェの勧告を、自分自身の意識の到来を告げたものととらえた。個人的危機の折にニーチェの『この人を見よ』(一九〇八)に手を伸ばしたとき、クックはニーチェを見ているのではなく、自分がなろうとしている人間を見ていると考えていた。『この人を見よ』を読むことは、自らを解放して「自分自身について書く」ことなのであった。[45] ニーチェとの出会いは、若き急進派を鼓舞して、自己の解放された知性という長い道のりをたどるように仕向けた。そのときニーチェは同伴者なのであって、羅針盤や水先案内人ではない、と考えられていた。

文学的急進派はニーチェ的な雰囲気を享受したが、それは自らの内部で可能になったものを、また作家が世界で何ができるかを、その雰囲気が感じ取らせたからである。急進派は自分のニーチェ読書経験が、陶酔であり、活気づけであり、挑発であり、高貴なものであると描き出す。けれども、とりわけその経験は、一つの経験としての思想の価値を、言葉が生きた行動の形式であることを、彼らに教えたのである。ニーチェは強烈な主張の芸術的な巧緻を教える。読者の精神を支配せんとするのではなく、読者の精神がまさに精神それ自体となることを教える。急進派の「詩人」ニーチェに対する熱狂は、ほとんど恍惚と隣り合わせであった。けれどもそれは、美学は倫理と切り離すことができないという思想に、真剣に関与したからである。ニーチェは急進派に自身の役割を確信させた。すべての人間に呼びかける思想家としての役割、また良心の呵責を読者が感じることができるように書きうる作家としての役割、をである。だが、急進派はニーチェの著作だけに惹きつけられたのではない。教育者としてのニーチェという急進派のイメージは、ニーチェ自身の人間像を考察するときに、いっそう強くなっていったのである。ニーチェの本を互いに共有し合い、ニーチェのレトリックの激発を称揚し、ニーチェを私的な同伴者とみなすのは、ニーチェのうちに近代知識人のモデルを彼らが見出していたからだ、ということが分かる。

ニーチェのまがいもの

アメリカ的思考様式について考察するために、ニーチェの著作に目を向ける一方で、急進派はまたニーチェその人の悲劇的生涯の中に、民主主義の時代の知識人の危うい行路についての、英雄的だが危険に満ちた物語をも見出していた。ニーチェの人物像やその経歴をたどると、いまだ形成途上の近代の社会的類型の一つである、新しい知識人の姿が見られる、と。彼らはニーチェの人格と生涯のさまざまな側面に関心を示す。ニーチェの知的自立性、ニーチェの身体的状況、自己主権と自己表現を目指すニーチェの苦闘などに。ニーチェの天才、苦難とその狂気との間には結びつきがあると見て取り、そこから意味を引き出そうとする。ニーチェの生涯については数多くの物語があるにもかかわらず、急進派が一様に注目していたのは、知識人の人格と近代アメリカの社会構造におけるその位置である。彼らの紡ぎだした物語は、ロマン主義的であり、かつ社会学的なものであった。何ゆえに天才は失敗するのか、なぜ天才は制度からの自由を必要とするのか、天才は文化に対して何をなしうるのか、反対に文化は天才に対して何をなしうるのか、などを説明しようとしているからである。

アメリカの急進派は、後にアルフレッド・ケイジンが「自国への疎隔」(46)と呼ぶものを検討するのに、なぜ海外に目を向けたのであろうか。急進派のニーチェ利用は、ある意味でケイジンの主張を裏付けている。すなわち急進派による有機的知識人の文化の探究は、そのほとんどがエマソンの「アメリカの学者」の焼き直しなのである。けれども彼らが焼き直したのは、実際にはおそらくエマソンの「偉人の効用」(『代表的人間像』一八五〇に所収)であった。急進派を刺激したのは、ニーチェの思想だけではなくニーチェの人格も、である。——知性溢れるアダム、自力で生まれてきた天才、自分自身の先駆者にして後継者である思想家、という人格である。ニーチェの哲学は反抗の手段を彼らに与えたが、ニーチェの伝記は反抗者その人の帰結についての物語を示したのである。

ニーチェに目を向けることで、前衛作家たちはヨーロッパを知的モデルとして捉える、エマソンの流儀を実践している。エマソンは、自生の知識人を養い育てるアメリカを、もはやヨーロッパの残存物をありがたがることのないアメリカを切望していた。けれども、その『代表的人間像』は、アメリカの民主主義文化にはその課題を成し得ないであろう、という告白である。「アメリカの学者」に登場する天才たちの例には、誰ひとりアメリカ人はいない。一三年間にわたり自生の知識人を熱心に探し回ったが、エマソンの努力は空しいままであった。歴史上の偉大な人間としてエマソンが挙げた中にも、アメリカ人は一人もいなかった。一九二一年ハロルド・スティアーンズが自生の知識人の探求『アメリカと若き知識人』の中で同じように、「我々自身の知識人はどこにいるのか」と尋ねたのも、アメリカにおいて天才は不可能なのかもしれない、という昔からの嘆きを繰り返していただけであった(47)。

近代アメリカにおける知識人としての自己の役割を考えようとするその欲求は新しくとも、急進派の利用した知的装置はそうではなかった。自らを知識人とみなすために、ニーチェの人物像を援用したように、彼らが利用したのは十八世紀の天才概念であった。十九世紀のロマン主義者たちも天才を崇拝したが、この近代的な概念に形式と特徴とを付与したのは、他ならぬ十八世紀の啓蒙主義の先駆者たちである。カール・プレッチュが述べるように、十八世紀末の天才概念は、市民階級の知識人たちが、聖職者や貴族階級の保護から自立しようとして新しい社会的役割を考え出すうえで、大きな力となった。啓蒙主義の理念は市民階級の知識人を鼓舞して、人間を主人の座につけ、神や貴族階級でなく人間に奉仕する新しい文学の役割を生み出した。また十八世紀末の文学市場の拡大は、それを可能にした。その結果、知識人たちにある程度の経済的自立を実現させ、次にはより大きな知的自由をもたらすことになる。プレッチュの評価では、十八世紀の作家たちの達成の一つは、とりわけ自伝と伝記という新しい文学ジャンルの創出である。これは「大衆が偉大な諸個人に従って、まったく新しい仕方で物事を考えることを可能にした」。——すなわち「天才の観点で」物事を考えることができるようになったのである。人間は不滅の造物主に縛り付けられた絆から解放され、天才は今や、かつて神のものとされていた属性を体現するようになる。天才は「無から ex nihilo 創造する」能力を備えた「不動の動者」とみなされるようになる。それによって「自らを律する法」となる。「人間の偉大さを新しく理解」することによって、啓蒙主義の思想家たちは、新しい「社会空間」の枠組みを考え出す。そしてその空間はルソー、ゲーテ、ひいてはニーチェによって占められることになる。(48)

アメリカ人が目を向けるべきヨーロッパの「天才たち」は大勢いた。しかし、とりわけニーチェが、諸制度からの独立に対する情熱と、その結果生じる疎外への懸念とを身をもって教えた。知的自由を追求しながら、その結果には嫌悪を示すスティアーンズのような人間たちに、ニーチェは手を差し伸べる。「若き知識人にはすぐに分かる、わが国民の今日の生活において、自分は望まれていない、ということが」と。(49) 天才の歴史があるとすれば、疎外された天才に対する英雄崇拝の歴史もまた存在する。若き知識人たちの天才に対する熱狂的崇拝の繰り返しが証明しているのは、二十世紀のニーチェへの情熱の土台がまさしく十九世紀に築かれたものだ、ということである。(50) すでに見たように、二十世紀初めのニーチェ流行は、文化的に深い広がりを持っており、専門的思想家や野心的作家だけに限られていたわけではない。けれども、若き知識人たちにとっては、制度の支えもなく制度に所属もせず制度に認められることもない、フリーランスの哲学者としてのニーチェの役割こそが、特別な魅力を持ったのである。

R・J・ホリングデールは述べる、挫折した一八四八年三月革命を取り巻く諸状況は、ヨーロッパの哲学者が「文化的な花形」への道を歩み出すのに一役買った、と。ドイツ国家と教会の当局者は、知的破壊活動の嫌疑をかけた学者たちを、大学の哲学科から追放していった。けれども、当局者が予期していなかったのは、一八四八年後の世界でアカデミズムから疎外されるのは、知識人にとって名誉の印となる、ということであった。「ドイツの哲学は二つに分裂した」とホリングデールは書く。「何ら知的成果も政治的重要性もない、無気力な学問を生産する「アカデミズム」の哲学者たちと、「大学の外部に自立して」存在する「フリーランス」の哲学者たちとに」。ホリングデールによれば、情勢の変化の恩恵を最初に享受したのは、ショーペンハウアーであった。十九世紀前半、体制派哲学に敵意を抱きながらしかし無視されていたが、一八四八年後の画期的事態は「ショーペンハウアーに大衆を、革新的思想に飢えていたドイツの読者を与えた」。ショーペンハウアーへの情熱が示すように、哲学者の疎外はいまやその存在の「信用証明」の一部となる。読者は思想家の思想にだけでなく、その人物の制度的権力との関係についても関心を持ち始める。最初に恩恵を受けたのがショーペンハウアーであるとすれば、二番目はニーチェであった。疎外されたおかげで、ニーチェは新しい社会空間に身を置く知的スーパースター、「フリーランス」の哲学者となったのである。(51)

天才の概念と知的英雄崇拝との複雑に絡み合った歴史を見ると、文学的急進派が天才のイメージを私物化する様子がよく分かる。(52)加えて、天才についてのニーチェ自身の著述は、「フリーランス」の思想家という形成途上の概念を肉付けするうえで、有益である。ニーチェは天才を、いかなる権威の伝統的源泉に対しても敵対する者と、それゆえ道徳的自己満足にさえ敵意を抱く者と特徴づける。そして社会も同じように、天才に対して敵対すると述べる。しかしながら、天才に対する不寛容は、天才にとって好ましいものであるともニーチェは強調する。「不具・発育不完全・一つの器官の容易ならぬ欠陥は、しばしば別の器官が異常によく発達するための誘因を与える」と。「ここからいくたの輝かしい天分の起源が推しあてられる」[53]。ニーチェによれば、天才の形成には社会的不寛容だけでなく、自己犠牲も必要である。天才の「偉大さ」は、「理念、大事……のためのその献身」において「おのれを蕩尽すること」である。「彼はおのれを消費する、彼はおのれを甘やかすことがない」。天才はより高い目標の追求のために、快く自分自身を提供するが、それに対して社会はあまりに人間的な「感謝」でもって返礼する。すなわち天才を誤解するのである、と[54]。

輝き、偉大さ、疎外、天才。一九一七年ウィル・デュラントは「我々すべてのうちに、なにがしかのニーチェが存在する」と述べ[55]、ニーチェの知的英雄主義の「教訓」と折り合いをつけようとした。未来の読者は「私について関心があるのではなく、私がそのために生きてきた物事についてだけ関心があるのだ」とニーチェは主張したが、ニーチェに関してその二つの間に区別は存在しない、と若き知識人たちは信じていた。ホレス・カレンが要約するように、「気質は精神の……基礎づけである」と、「感情は力を与え、知性…という目標を指図する」とニーチェは述べた、と[56]*4。結局のところ、ニーチェがそのために生きた物事は、ニーチェがそのために苦しんだ物事によって形成されたのである、とカレンは述べる。文学的急進派はニーチェの長引く健康問題やその嗜好（性的なものも含め）を詳細に記録する。そしてニーチェの生涯のエピソードを概観して、それらにニーチェの狂気への転落が予示されている、と考える。けれども、ニーチェの狂気を医学的な観点から診断するのでなく、それをニーチェの「天才」の源泉として、あるいはその帰結として理解する。デュラントはニーチェの天才を、「それ自身の生み出した果実の多さ、重さ」のために倒れた知の木になぞらえている。そしてこの解釈の裏付けを『偶像の黄昏』の中に見出す。ニーチェは次のように述べている。「おのれが担うことも投げ捨てることもできない重荷のために破滅するということは？……哲学者の場合[57]」と。

急進派は競い合ってニーチェの狂気を理論づけようとしたが、誰もがみなその狂気は近代における天才の受難の例であるとみなした。ニーチェの狂気を神秘的観点から描写した者も多い。詩人はその仕事によって、狂気との瀬戸際を揺れ動く存在である。ニーチェはその良い例証であると、ジョージ・クラム・クックは捉えた。そのような状態にあるのは、詩人が宗教的神秘主義者のように、言葉や感覚の既知の領域を超えて進み、人間の経験を伝える新しい形式、イメージ、思想を創造しようとするからである、と。そのため詩人はみな自らの「象徴的思考の強度」のために苦しむ。経験を伝える新しい言葉を探求するために、既知のものと未知のものとの間の往還が要求されるからである。けれども、ニーチェのような類いまれな天才だけが究極の横断を成し遂げる、この世界それ自体を象徴としてイメージすることによって、と。クックは問う、

それは狂気であるか？　そうであるか否かは、危険なものに対する意思をどの程度まで制御しうるか、にかかっているだろう。けれども、一体何であれ、そうしたものが宗教の根底にある。こうした種類のものがその精神の中で生まれる人々は、人類の偉大な宗教者であり、芸術家であり、教師であり、神秘家である。

……

『この人を見よ』はまったく狂人の産物ではない。しかしここでは、狂気と偉大な知恵との間の仕切りが、確かに薄くなっている。ニーチェが『この人を見よ』を書いたとき、意志の制御は機敏に働いてはいなか

った。引き綱はなおニーチェの手に握られていたものの、その引き綱をぐいと引っ張る何ものかの力が存在していた。精神の孤独はニーチェに極度の緊張を強い、それゆえに偉大な仕事を生み出したのだが、その孤独はあまりに長く続きすぎたのである。

クックによれば、ニーチェは覚悟の上で、意図的にその精神を狂気に向かって推し進めた。ニーチェの狂気は偶然ではなく、殉教である。ニーチェは「理性の喪失となるに違いないとあらかじめ知っていたとしても、進んでその代償を支払おうとしたであろう」とクックは書く。生きるに値する新しい思想の世界はまた、命を賭けるのに値するものでもあるということを、精神の死はその代償であるということを、ニーチェは知っている。クックによれば、狂気という報いはつねに宗教的神秘主義の中心に存在していた。これからもそうであろう。受け継がれた形式に抗して闘いつつも、それらの形式のもたらす超越性の感覚については熱望する世俗の近代人にとっても、同様である、と(58)。

クックたち急進派にとって、ニーチェの狂気の教訓とは、精神の苦痛が近代知識人の職業上の危険であるというだけでなく、その苦痛にはより大きな目的がある、というものであった。ニーチェが「私の魂をトルストイ、イエス、ブラウニング夫妻から救ってくれた」と書いたとき、クックは詩人の天才が正道から外れた近代人のための贖いを約束している、と強調していたのにほかならない。天才には、哲学的明敏さ、文学的才気、賢明なる機知以上のものが必要とされる。才能は技量であるが、天才は犠牲である。ニーチェの人生は、ニーチェに続く者たちがいかにニーチェの恩恵を被っているかを示すのである。クックは書く、真理を追究するあまり狂気に陥った、ニーチェのような霊感を受けた人々。彼らは新しく怖ろしき環境に身を投じ、何を摑んで戻ってきたのか。人々の住む都会の寂しき部屋の中で、北極圏よりも荒涼とした、とても生きてゆけそうにない領域へと分け入った魂もある。——そこで、凍死ですら穏やかなものとなるような運命に直面した。そこでは人間には扱えそうもない、この深遠な宇宙のさまざまな様相を扱うのだ。——人間はこの仕事をなしうるための力を受け継いではいない。ニーチェのような人々はその危険を承知の上で進んでゆき、そして滅びた。サメなどが浜辺に身を投じて滅んでゆくように。それゆえに、我々は生きているのである。(59)

ニーチェの例は若きアメリカ人たちに教えたのである。たとえ都会の暗い部屋の片隅で、人知らずひっそりと苦労をしているとしても、肩が凝り目が疲れ給料が恵まれないものであるとしても、自分の仕事には高い目標があるのだ、ということを。

受難の天才のイメージが、こうして作家たちに思想家の運命についての、怖ろしくもロマンティックなモデルを提供した。アプトン・シンクレアに言わせれば、ニーチェが「遺伝性の梅毒に苦しんで」いたかもしれないことは、大した問題ではない。ニーチェの精神の死は、シンクレアの曰く「近代の最も偉大な天才の悲劇的損失」は、いわゆるニーチェの未治療の遺伝性の（あるいは罹患した）病気にでなく、天才が耐えねばならなかった重圧に関係している。シンクレアは述べる、ニーチェは「病気でひどく苦しんだ人間であった。一年のうち二百日はいつも苦しんでいたと、ニーチェは語った。ニーチェの人生観は、拷問を受けた殉教者が経験するエクスタシーのような痛みに襲われた精神の産物である」と。ニーチェの精神の崩壊の客観的教訓は明らかである。天才は苦しむのだ。しかしニーチェの苦しみが白ら科したものであるとしても、その目的とするところはマゾヒズムではない。それは供犠なのである、と。その著『マモンアート』（一九二五）の題辞でシンクレアは芸術家たちの頭の中に燃え盛っている問いを示す。「天才は人類の役に立ったのか？」。その答えが「然り」であることを示すニーチェの受難は、感動的なものである。ニーチェの哲学からだけでなく、その英雄的行為からも、世界は「人間精神の可能性に関わる不可思議な秘密」(60)を、そしてニーチェの若き知的崇拝者たちは、知的人生の意味を学ぶであろう、と。

ニーチェをなぞらえたさまざまな人物像の中で――近代の神秘主義者、キリスト、ファウスト、プロメテウスなど――最も反響を呼んだのは、ニーチェは今日のハムレットであるというものであった。切望は満たされることがなく、妄想に取りつかれて、狂気に追いやられる。それはシェイクスピアの描いたデンマークの王子の悲劇的運命を想起させた。ニーチェとハムレットとの比較は、合衆国での自らの企ての危険性を考察する思想家たちのニーチェ解釈に、繰り返し登場するものである。(61)ジェームズ・ハネッカーはこうしたニーチェ解釈を最も早く示した一人である。一九一〇年ハネッカーは「ああ！ニーチェの現実のパトス。自己を責めさいなむこのハムレットの魂にとっての現実とは、精神的磔刑、精神的悲劇である」と悲痛な声を上げた。(62)この解釈に登場するハムレットのイメージは、ニーチェが『悲劇の誕生』の中で描き出したハムレットにしばしば類似している。ニーチェは伝統的なハムレットの見方を拒否する。自己の過剰な可能性の中に溺れている、ひたすら内向的な夢想家という見方を否定する。「反省ではない、断じて！」とニーチェは主張する。「支離滅裂となった世界」の「真の認識が、戦慄すべき真理の洞察が」まさしくハムレットの病的な狂気をもたらしたのである、と。(63)このように、ハムレットの狂気についてのニーチェの解釈と、それを敷衍したニーチェの狂気についての批評家たちの解釈は、怖れを知らぬ道徳的探究の心的なまた精神的な代償という点を強調している。それはまた、アメリカ文化の偽りの偶像を粉砕し、幻想のヴェールを引きはがそうとする若き思想家たちを待ち受ける、潜在的危険についての忠告でもあった。ニーチェの悲劇的運命は、デンマークの王子であれドイツの哲学者であれ若きアメリカの知識人であれ、ひとたび全面的な真理の探究に乗り出すや、直面することになる危険の例証なのであった。

行動の不可能性ではなく、真理の自覚がハムレットの狂気の根源である、とニーチェは考えた。しかし、急進派はむしろハムレットの心的麻痺を危惧していた。なぜなら、それは無力な知識人という自分たちの認識を裏付けたからである。社会的・経済的諸問題についての知識とその知識を知的実践に移すための能力との間に、彼らは大きなギャップを感じていた。それゆえ、何ら力を持たないのではないか、という懸念を抱いていた。「我々はみなハムレットだ」というランドルフ・ボーンは一友人に語っている。自分や仲間たちがシェイクスピアの主人公に感じ取る不安の類似が、よく示されている[64]。ヴァン・ワイク・ブルックスは自分の世代が、「内面的アナーキズム」の感情によって重荷を負わされ、「ハムレットの種族」となりつつあることを認めている[65]。

ハムレットやニーチェのように、過度の思考に対する社会活動の過小さの危険は、とりわけ若き知識人たちを狼狽させた。思想家としての仕事が現実の生活の諸問題に取り組むうえで、実際的成果を何ももたらさないかもしれない、と危惧していたからである。正気を失うのも怖ろしいことだが、自己の存在意義を失うのはさらに耐え難いものであった。ウィル・デュラントはかって社会主義者で、ファーラー・スクールの教師をしていたが、転じてコロンビア大学のジョン・デューイの下で哲学の博士課程の学生となった。デュラントにとって、思考によって衰弱した生涯というニーチェの事例は、自分たち若い著述家たちの共鳴するところであった。知的労働の社会的効果に確信が持てず、思考と行動とが分離したままであるならば、自分の責任であると危惧していたためである。哲学の普及に貢献し、今なお愛読されているベストセラー『哲学の物語』（一九二六）の著者デュラントは、哲学の巨匠という偶像の一人であるニーチェを問い直し、経済的にも安定したキャリアを築き上げることになる。けれども、一九一七年の論文「哲学と社会問題」の中で、デュラントはニーチェの力を借りて考察している。抽象概念という希薄な空気の中から哲学を救い出すために、知識人はいかにその思考と行動とを調和させなければならないのか、という問題を。

デュラントによれば、ニーチェの事例は好ましいものではないが、その教訓は建設的である。ニーチェは「我々の社会的・道徳的体制の外部に立って」おり、そのことの結果に苦しんだのである、とデュラントはもっともらしく記す。だが、アウトサイダーの立場はニーチェに、近代の状況についての有益な視点を可能にしたが、一方でその状況に距離を置くことを許すものではなかった、と。ニーチェの「病んだ」伝記が重要なのは、読者ののぞき趣味を刺激するからではなく、ニーチェが発狂した理由を説明するのに役立つからである、と。ニーチェは「骨の髄まで病んだ男である。――言わせてもらえば、性的な面で異常体質である。異性に対してほとんど魅力を感じない男なのである。なぜなら、ニーチェは自らの内に実に多くの異性を備えているからだ」と。二十世紀を通じて多くの論者が、ニーチェの性的特質について――その性的嗜好や男性的生殖能力の欠如など――推測することになる。そしてニーチェがそれを埋め合わせるかのように「好戦的」哲学を書いたこと、その置換されたエネルギーがニーチェの息もつかせぬ知的生産の原動力となったこと、を説明するであろう。けれども、デュラントの解釈は若き知識人のための、個別的・客観的な「教訓」を強調する。ニーチェの事例は、社会的に受動的な知識人の惰弱さの例証である。女々しい知識偏重主義による神経衰弱症よりも肉体労働によって手にタコをつくるほうがよい。ニーチェの問題とは「この哲学者が社会的本能の点で、異常なほど虚弱である」ことである。それは思想を現実世界の問題と、批判的知識人を共同体社会と結びつけるうえで、重要な問題なのである、と。(66)

ニーチェやハムレットの共同体社会からの疎外が狂気に関係するという点に、急進派は同意した。しかしそれが必ずしも悪いことであるとは認識されていなかった。知識人の大衆からの「距離のパトス」が、危険であると同時に魅力でもあることを、ニーチェもハムレットも示していたからである。「ハムレットと昵懇に」なったアプトン・シンクレアは、自分を現代の「デンマークの王子」と想像し始める。「僕もまた、下劣で悪意に満ちた世界と対立する王子だった。少なくとも僕自身はそう思っていた。そしてまったくその妄想の世界の中で生きていた」(67)。シンクレアは後に自己を差別化する感覚を恥じるようになるが、しかし大衆が天才を誤解するという懸念は、ニーチェの運命によって裏付けられたと考える。前衛派はハムレットを引き合いに出し、思索に耽りすぎて行動に乗り出せない自分たちを批判したが、同時にまた自分たちの呼びかけるまさにその大衆に疑いを抱いてもいた。ハムレット＝ニーチェというメタファーは、身を捧げかつ領導せんとした近代の民主主義的大衆文化からの疎外を――またその文化に対するアンビヴァレントな感情を――表わしていた。黙々と仕事をし、ついには拒まれた天才という重荷に崩れ落ちたニーチェの姿は、自分も同じく思想に冷淡なアメリカ文化によって疎外されていると感じていた多くの知識人の共感を呼び起こした。

ニーチェが生前疎外されていたのはよくないことだが、その死後の広汎な受容に比べればましである、と述べる者もいた。エマ・ゴールドマンはこの哲学者の死後の評判を嘆いた。「浅薄な解釈者たちが」

「フリードリッヒ・ニーチェ……あの偉大なる精神」を前にしてひるんでいる。それは彼らがニーチェの託宣を台無しにしたからにほかならない、と。[68] また、ニーチェの死後の受容は、気まぐれな大衆が天才を評価することによって穏やかに殺してゆくことを、はっきりと示しているとランドルフ・ボーンは主張する。ニーチェがボーンに教えたのは、無知な大衆をでなく教養ある俗物をこそ怖れなければならない、ということである。急進的な思想を順応させることに（そして骨抜きにすることに）実に熱心な俗物たちを、である。ニーチェはこの問題に苦しみ耐えただけではなく、理論としてまとめ上げた。『反時代的考察』（一八七三―七六）で書いたように、文化的俗物は「みずからを詩神の子であり文化人であると妄想する」が、それに対して偉大な思想家は探究者である。俗物は真の天才が探究するものすなわち「真正の根源的…文化」を、自分が所有していると思い込んでいるのだ、と。[69] ボーンはこの俗物の問題を、アメリカ人の精神の問題とみなす。――批判的知性に対する文化的な敵意ではなく、「流行や好尚の無批判的摂取」である、と。アメリカ人の文化的態度を特徴づけるこの能天気な貴族趣味に、ボーンは危険を見て取った。それは芸術家にとって致命的である、と。ボーンは述べる、「真の敵は今なお貴族趣味の伝統である。それは形骸に満足できない若い世代のおそるおそるの実験を押し殺そうとする。というのも、貴族趣味という致命的なウィルスは、当世風の教養を持つ大衆――数は少ないが増えつつある――によって運ばれてくるからだ。この大衆は摂取にきわめて熱心であるからこそ、いっそう危険である」。貴族趣味的感受性が新しい思想の存命に与える破壊的影響を、ボーンは認識する。「文学的芸術家を志願する者は、その敵からではなくむしろ、その友から保護されなければならない」と。[70]

急進派はむろんニーチェの精神的崩壊を見習いたいとは思わなかったが、その技巧と使命への不屈の献身には称賛を惜しまなかった。ニーチェの人物像は、近代社会における知性の使用と濫用の見本として、教育的役割を果たしている。ニーチェの長く続く苦痛は、天才の苦しみであり、ハネッカー曰く「苦しみは人を高貴にする」ことを教える。ニーチェはまた「距離のパトス」という知識人の生に内包されている危険性の例証でもある。孤独と疎外は、自分の文化に批判的距離をとるための代価である、と急進派は信じた。けれども、ニーチェは急進派の切望するロマン主義的な哲学者・詩人の形象を提供するだけでなく、若き作家にとって実際的な指導者でもあった。ウィリアム・イングリッシュ・ウォーリングは述べる。「我々が関心あるのは、ニーチェの実際の仕事である。――すなわち、完成した作品にではなく、活動それ自体にである」[71]。二十世紀初頭、プロテスタントの読者たちは近代生活の安楽な快適さを退け、より厳しい信仰の姿勢を追求することを、ニーチェから学んだ。急進派の作家・芸術家たちはニーチェの戦闘的な気質やその天職への不撓不屈の献身を理想化した。このように、ニーチェ的天才のイメージは、自己を鞭撻する見本と、そして自己のディレッタント趣味を厳しく責める理由となる。ニーチェの『この人を見よ』は、いかに良く書くか、いかに正しく生きるかを教える手引書となる。そして、ニーチェの人物像を知ることは、思想する人間のモデルを目の前に据えることになったのである。

文化批評という「悦ばしき知識」

ニーチェは文学的急進派に「哲学における「理性」」を疑うべき理由を示した。『偶像の黄昏』にニーチェは書いている。

哲学者たちのところでみられるすべての特異体質とは何かとお尋ねなのか？……たとえば彼らの歴史感覚の欠如、生成という考え方自身に対する彼らの憎悪、彼らのエジプト主義である。彼らは永遠の相のもとで sub specie aeterni、或る事象を非歴史化すれば、――それをミイラとすれば、その事象に栄誉をあたえたことになると信じている。哲学者たちが数千年来扱ってきたすべてのものは、概念のミイラであった。現実的なものは何ひとつとして彼らの手からは生命あるものとしてでてこなかった。崇拝するときには、彼らは殺して、剝製にする、概念の偶像崇拝者たるこれら諸氏は、――崇拝するとき、彼らはすべてのものにとって生命の危険となる。[72]

西欧思想における基礎づけ主義という悪しき習慣へのニーチェの批判は、若きアメリカの作家たちを勇気づけた。二十世紀初頭の芸術における「形式主義に対する反抗」に、また社会的・政治的理論に貢献した。けれども、彼らにはまた身近に、故国のニーチェの同類がいた。ニーチェに惹かれた者たちはまた、ウィリアム・ジェイムズのラディカルな経験論に、ジョン・デューイの道具主義に、チャールズ・サンダース・パースの「プラグマティシズム（実用主義哲学）」に、そしてフランツ・ボアズの文化相対主義にも関心を抱いている。けれども、基礎づけ主義への批判を新しいタイプの探究へ変化させたのは、まさしくニーチェである。それは「悦ばしき知識の哲学」である。ブルックスはニーチェを引用して述べる、「片手に鉄槌を」他方の手に「占い棒」を持ち思考すること、古き偶像を激しく打つと同時に新しき偶像を想像力豊かに探し当てること、それが新しいタイプの探究である、と。[73] まさしくニーチェは前衛派の作家たちに、新しいタイプの思想を示したのである。それは文化批評と呼ばれるようになる。

文学的急進派はニーチェに同意する。新しい価値観を築き上げることに比べれば、古い価値観を打破することは容易である、と。しかし古い価値観を決然と引きずり下ろすことは、思っているよりも難しいことである、と。ニーチェ的批判からすると、通常の鉄槌はかなり切れ味の鈍い道具である。たしかにニーチェは「鉄槌でもって哲学する」仕方を説明するときに、「音叉でもって触れられるように鉄槌でもって」触れられる、と述べる。そこで、基礎づけ主義に対する「おおいなる宣戦布告」はまず、空虚な偶像を「聴診する」ことから始まる。[74] 批評の第一の課題は、近代人の人格内の文化的破壊を「聴診する」ことである、と急進派はニーチェから学ぶ。ウォーリングの述べるように、いかなるタイプの自己が「養成され、意図され、あるいは創造されるべきか」を考える前に、まず偶像に転化した時代遅れの理念を聴診しなければならない、と。[75]

ニーチェは理念の権力を暴き出すだけではなく、その理念の歴史的偶然性をも例証する。ニーチェは善悪などのキリスト教の概念の歴史的起源とその後に起きた転倒について論証し、それはアメリカの作家たちに信仰が不動のものではなく、動的な性質のものであることを教える。ニーチェは真理や美徳、道徳などの用語を疑いの目をもって見るように勇気づける。道徳の言葉は普遍的真理の表現ではない。特殊な社会的機能に奉仕するための手段である、とニーチェは述べる。そうであれば、近代のキリスト教徒が地位の保持のために、自分たちの宗教的伝統をいかに利用しているかを、また自由競争を唱える資本家が富の増大を擁護し正当化するために、いかに言葉を利用しているかを明らかにするのが、アメリカ的価値観の批判者の役割であろう。

若き知識人たちは進歩的改革と文化的刷新に傾倒しただけではない。神も自然法も、かくあるべしと我々に要求しているわけではない、という信念をも表明した。『政治学序説』（一九一三）の中で、ウォルター・リップマンはニーチェの洞察を利用して、基礎づけのない民主主義の理論を考える。そのために リップマンは、政治的・経済的言説が普遍性に基づくとみなされているけれども、そのような絶対的なものに決して依拠してはいないことを例証しようとする。政治的関与は民主主義的なものであっても、人間の気質に特徴づけられており、理性の働きによってなされるのではない、と。政治を理解するためには、人々が口にする第一原理にではなく、その人々の内面の願望、美的嗜好、さらには非合理的な衝動をも分析すべきである、と。教義は「人間の目的のための手段」にすぎない、とニーチェは述べる。それゆえ、ある文化が道徳と呼ぶものは、実は「生き方の探究の努力にすぎない。しかもすでにその生き方をしている人間たちが本能的に良いと感じている生き方にすぎない」と。リップマンはニーチェの生き方を肯定して引用する。「すべての偉大な哲学は……無意識の自伝である」、我々の政治的理念の主観性と偶然性を示す努力の中に現われている「自伝」である、と。(76)

アメリカ政治の問題は、人々が生きた現実を受け容れるのでなく、不毛な理念や決まり文句、抽象的理論に頑固にしがみついていることである、とリップマンは述べる。けれども、その現実でさえ、一時的な知覚にすぎないものであり、基礎づけとなる真理ではない。価値観の系譜についてのニーチェの主張を引用して、リップマンは書く。「言葉、理論、シンボル、スローガン、抽象観念の類いは、いかなるものであれ、いたるところに小さな孔のある船に他ならない。その船に現実の人生が流れ込んでいるのである。……しかし、敬虔の念深き我々は、泳ごうとはせず、船にしがみついている。古い意味はとうに消え失せ、新しい意味が入ってきているのに。――なんにせよ、我々は少しの変化もないと信じようとしている」。リップマンは主張する、「我々の理念が一過性のものであることは、何ら不幸なことではない」。真実はその反対である。我々がその理念を「決定的なもの」とみなすときにはじめて、不幸が訪れるのである、と。[77]

ニーチェに倣い、リップマンは実践的思考を妨げる倫理的基礎づけから、哲学的探究と政治的議論を切り離そうとする。「ニーチェは、向こう見ずな仕方で、抽象的な教義の権威を足下から決定的に切り崩した」。それゆえ、近代アメリカ人は「形式主義、偶像崇拝、固定観念、大仰な抽象化から、その精神を解放し続ける」必要がある、と。それは十八、十九世紀の啓蒙主義的自由の伝統という安定した基盤から離れて、近代の現実という「混乱した世界」にあえて身を投じることを意味する。しかし、いかなる政治的ヴィジョンであれ、修正の余地を残すものが望みうる最良のものである、ということを理解しなければならない、とリップマンは主張する。[78] 道徳的不確定性とは、もはや自分の価値観を評価すべきではない、ということを意味するわけではない。我々は自分の価値観を、美的かつ実験的次元において検討することによって評価すべきだということである。ニーチェが『悲劇の誕生』で述べたように、「世界の存在はただ審美的な現象としてのみ是認せられている」[79]。同様の論理で、リップマンは主張する。価値観をそれが命ずる「規律への服従」ではなく、それが引き出す「感情の質」で評価するように、と。自己の民主主義的熱望にふさわしい進歩的政治学を探求するなかで、教義は実験による探究、主張によって置き換えられねばならない、と。リップマンは政治における暫定的なもの、個人的なものを歓迎する。「おそらく、我々はニーチェとともに言うだろう、「あらゆるものの価値を、新たに汝自身によって決定せしめよ」と[80]」。

だが、道徳的不確定性は、個人にとって重い負担となることもある。実際、エマ・ゴールドマンが認めたように、この不確定性は「人間に考えることを強いる」からである。近代人はその精神を「人為的法」から、「時代の変化とともに適切でなくなった真理」から解放すれば、「完璧な個性」が実現されるであろう、とゴールドマンは主張する。その一方で、近代人は自分を閉じ込める鳥籠を打ち壊して自由になることよりも、その鳥籠を美しく飾り立てることを好むようである、とも述べる。アメリカの公共生活において、宗教的理念が、さらにはいわゆる民主主義的理念でさえもが、神聖な命令などではなく、血なまぐさい恐怖の道具であることを認識すれば、大衆は誰よりもまずその認識の恩恵をこうむるはずである。にもかかわらず、その認識から最も遠く離れているのが、大衆なのである。産業資本主義の受益者たちは、自由な市場という虚構の偶像を捏造するが、それを進んで崇拝するのは他ならぬ大衆なのである。大衆がいかに自分で自分を苦しめているかを例証するために、ゴールドマンはニーチェの著作の中から、最もありそうにない箇所を取り上げる。例えば、ニーチェの箴言「そなたは女性たちのところへ行くのか？　鞭を持参するのを忘れるな！」に触れて、自由になったはずの婦人参政権論者でさえもが、解放を正しく理解できていないことを述べる。ゴールドマンによれば、婦人参政権論者は、女性を服従させてきたまさにその女性の純潔と美徳という、時代遅れの本質主義的理念に、投票権主張の根拠を求めている。女性が「純潔主義者」であるのは、女性というものが「他者はかくあるべしと自分が思う程度にまで良くしようと努力する点で、頑固であり向こう見ず」であるからにすぎない、と。アメリカの文化政治において、キリスト教徒のルサンチマンが日々作用している。それは「実に野蛮なものであると考えられている」にもかかわらず、ニーチェの箴言が正確に「たった一つの文で、女性の神々に対する態度を表現している」ことに表われている、と。[81]

危険な思想家というニーチェの概念を、ゴールドマンほど体現した急進派はおそらくいないであろう。ゴールドマンの一九一七年の投獄とそれに続くロシアへの国外追放を考えれば、これほどまで苛酷にその思想を罰せられた者は確かにいない。戦時愛国主義は、大衆の奴隷道徳の別の形をとった反復にすぎない。それに対するゴールドマンの批判は、自分が生涯抵抗してきた、大衆の道徳心が恐怖政治に変質するという事態を、まさしく引き起こした。愛国主義は母国を感傷的な偶像に変える。その一方で、個人がその労働を、自己の生命のためにではなく、国家の増強のために提供することを強要する。そのような隷属と義務についての、新たに捏造された概念が生まれている、とゴールドマンは主張する。[82]

けれども、戦時の国民的ヒステリアは、急進派の見るアメリカ人の思考様式の根強い問題点、すなわちアメリカ人が物事を十分に考えようとしないということを、劇的な形にしただけである。アメリカ人が考えるというとき、それは不毛な理念や空虚な敬虔さの形でなされるだけである。戦争は政治的議論を抑圧し、公的な言説をただのヒステリックなスローガンの連呼に堕落させたけれども、これは急進派の長い間の不満を、自由な思考や発言に敵意を抱く文化への不満を、裏書きしたにすぎない。先進的工業社会の民主主義にふさわしい自由な思考が、近代アメリカには欠落している。そのことに幻滅して、若き知識人たちはアメリカ人の貧困な精神の歴史的起源を考察するために、ニーチェの価値観の系譜学から学ぼうとした。純然たる自由な個性、十全に実現される近代的自我は、純粋に自由な精神なしには不可能である。いかなる理念も歴史的な構築物である、とニーチェは語る。デュラントが述べるように、理念とは「支配と隷属化と欺瞞の長い連鎖」が普遍的真理なるものとして化石化したものにすぎないとニーチェは示したのである、と。[83] 急進派がアメリカ人の知性の遅れとみなすものを分析するうえで、ニーチェの系譜学は力を発揮した。彼らによれば、アメリカ人の知性は、不確定性のために混乱している現実世界よりも、いまや死んだ真理の遺物にすぎないもののほうをいまだに好んでいる、と。

ヒューバート・ハリソンによれば、(資本主義の搾取の結果としての)貧困が自己の精神を支配することは十分悪いことだが、しかし自らの信ずる宗教がそうさせることは、さらに甚だしい悪である。この洞察を提起したことが、アフリカ系アメリカ人にとって、奴隷道徳についてのニーチェの系譜学の最大の貢献である、と。アフリカ系アメリカ人は実に「疑わしいキリスト教の恩恵」から自らを解放して、「自由思想」という広大な空気を吸うべきである、ということをハリソンはニーチェから学んだ。けれども、アフリカ系アメリカ人はそうすることから最も遠い存在である、とハリソンは述べる。なぜなら「奴隷たちに教えこまれたキリスト教は、服従と満足という卑屈な美徳を強調し、これらが黒人たちの魂の奥底にまで深く叩き込まれるよう、教会が絶えず注意を払っていた」からである、と。さらに事態を悪化させたのは、キリスト教の柔和で抑制された感受性が「黒人の間において」知的な面で臆病な「保守主義」を生み出したことである、と。ニーチェの「奴隷道徳」はアフリカ系アメリカ人の「思想の領域」における奴隷的精神状態を明確にしたのである。

キリスト教の倫理は奴隷の倫理である、というニーチェの主張は、この例でも分かるように、まったく正しいと思われる。敬虔だと言われる人々を教えてくれたまえ。私はその人々が卑屈な人々、無知と鎖に満足している人々、悲しみのパンを食べ、苦しみの水を飲むことに満足している人々であることを、教えてあげよう。……アメリカ黒人の現在の状況は、ニーチェの主張が真実であることの痛ましい証拠である。

アフリカ系アメリカ人にとって、キリスト教は「隷属と卑屈」を称えるよう教え込まれたものであると、そして鎖から身体を解放した後もなお長い間精神が鎖で縛られたままであると、ハリソンはニーチェの力を借りて説明する。キリスト教は人種的不平等を否定するのでなく、むしろその支えを提供しているという信念、キリスト教はアフリカ系アメリカ人の間に、有害な知性面での奴隷根性を助長しているという確信、それゆえにハリソンは勇気を出して教会と断絶した。そして他のアフリカ系アメリカ人にも同じことを強く訴え続けた[84]。

ニーチェの哲学は近代文化研究の系譜学的アプローチの方法だけではなく、そのアプローチの契機となるモデル——教養俗物と「宗教的狂信者」——をも急進派に提供した。もちろんアメリカの俗物に対する敵意は昔から根強くあって目新しいものではない。ニーチェは『反時代的考察』の中で、ドイツの教養俗物（文化的教育のある俗物）を痛烈に攻撃したが、急進派もまた文化の産業化に対する鋭い批判を、国境を越えて展開してきた。一八六九年マシュー・アーノルドのイギリスのブルジョワ「俗物」への非難、一八七四年『ネーション』誌の編集者E・L・ゴドキンの「醜い文明」への、アメリカ中産階級の高慢で金銭ずくの「偽文化」への火を吐くごとき論難、などは有名である[85]。ゴドキンはブルジョワジーが富の付属物を文化の達成と誤解することに怒りを示した。それに対してニーチェの批判は、啓蒙思想の諸理念が慢心していることに向けられ、より的を射たものであった。何より傑出しているのは、ニーチェが、教育はあれども無知な、自分では何一つ分からない近代思想の蒐集家たちを、まさに批判したことである。

近代アメリカ人の想像力の枯渇を批判するなかで、ヴァン・ワイク・ブルックスは一九一五年の論文「『教養人』と『通俗人』」において、系譜学的転回を見せた。ニーチェの言う文化的俗物の知的スタイルは、不毛な教養人というブルックスの思想を形成するうえで、きわめて分かりやすい手がかりとなった。不毛な教養人とは、思想を尊重することは知っていても、思想を働かせる仕方を心得ない人間のことである。この教養人は文化を装飾的なものとみなし、衛生的で無害なものにしておく。すなわち日常生活の汚れた問題から遠ざけておく必要があると思っている。ブルックスの言う通俗人の観念は、より近く故郷アメリカ起源のもの——すなわち開拓者たちが源泉である。通俗人が表わすのは、徹頭徹尾世俗的な思考のスタイルである。——きわめて実際的で物質主義的である。思弁的な思考はできず、その影響を受けることもない。そのような思考のスタイルである。この教養人と通俗人という二つの傾向が重なり合うことは少ないけれども、どちらも批判的で活動的な知性に対して敵意を抱き、共謀して働く。ブルックスによれば、この二つの傾向が「アメリカ精神」の歴史を何よりもよく物語っている。一方には「現実離れした」「ひからびた教養」があり、他方には「効用一点張りの」「金もうけを旨とする便宜主義」がある。前者は不毛な下界にあって時代に取り残されたまま飢え死にをするが、後者は外国の収穫物の残滓でやむなく生きていくことを強いられる。そのような歴史である。(86)

死した遺物を生きた法と誤解した十九世紀の俗物、そしてその十七世紀の前身で、ニーチェの言う「宗教的狂信者」の末裔の——「ピューリタン」——、これらがアメリカの知的生活に有害な働きをしている、と思われていた。急進派は父祖を求めて過去に向かい、ニーチェの「生に有害な」「禁欲主義的僧侶」という表現を利用した。ニーチェはこうした僧侶たちを次のように描写する。

〔禁欲主義的な生というのは、〕一つの自己矛盾である。そこには比類のないルサンチマンが支配しているが、これは生のある部分をではなく生そのものを、生の最深かつ最強のもっとも基底的な諸条件を制圧しようとする、飽くなき本能と権力意志とルサンチマンである。ここでは、力の源泉を閉塞するために力を利用するという試みがなされるのである。ここでは、生理的な発達そのものにたいし、とくにその表現や美や悦びにたいして、嫉妬ぶかい陰険な眼差しがそそがれる。その反対に出来損ないや、萎靡や、苦痛や、不幸や、醜悪なものや、自恣的な毀傷や、自己滅却や、自己折檻や、自己犠牲にたいしては、ある悦楽が感じられもし、また求められもする。これらのことはすべて極度に逆説的である。ここに見られるのは、おのれ自身を分裂せしめようと欲する一つの分裂性であるが、この分裂性はその苦悩のなかで自分自身を享楽するばかりでなく、それ自身の前提である生理的生活力の減退するに応じて、いよいよ自信を増し勝ち誇るようになりさえもする。「断末魔の苦悶のうちにこそ凱歌あがる」、この最高級の旗じるしのもとに、むかしから禁欲主義的理想は戦ってきた。

ニーチェの禁欲主義的僧侶は「この世界にとって「正しすぎる」」存在であり、それゆえ、この世界を十分に良いものと考える人間たちを、この宗教者は罰そうとするのである、と。(87)

今日アメリカ文化の禁欲主義的気取りと偏狭さをあげつらうのは、ありふれたことである。けれども、ピューリタンが昔からそのような悪評を得ていたわけではない。二十世紀初めゴールドマンやメンケン、ボーンなどの批評家たちが、自由な知性に敵対的に作用する歴史的諸条件を明らかにしようとする。彼らが過去を探索してゆくなかで、ピューリタンの近代的イメージも作り出されてくる。急進派は、キリスト教の禁欲主義とルサンチマンに対するニーチェの分析を利用して、今なお残存するピューリタンの心理と敬虔さの影響を批判していった。俗物たちは思想をただの装飾品のごとく扱う。他方で、ピューリタンたちは思想を鍛錬の手段とみなす。急進派は文化の厳格なる道徳化に対して闘うために、過去の歴史を参照して活用しようと奮闘する。そのなかで怒れる「ピューリタン」を見出してゆく。自由思想を取り締まり、自由精神を追い詰め、自由な個性に打撃を与えるピューリタンを、である。

近代のピューリタンは、若い女性の性衝動を否定し、性的規律を守ろうとする、公衆道徳の厳格な番人である、とゴールドマンは訴えた。ピューリタンはアメリカ人の性的倫理を独占し、性的関係は婚姻によるもの、一夫一婦制のものでなければならず、唯一の目的は子孫をつくることだけである、と主張する。そうしたピューリタンの熱烈な擁護者たちを、ゴールドマンは批判する。彼らには女性の身体を統制する権利も資格もまったくない、と。もっともゴールドマンの関心は、ピューリタンが現世での快楽を否定する点にだけあったわけではない。ゴールドマンは「偏狭で融通の利かない精神」の、形骸化したキリスト教道徳が、人間の精神生活を引き受けることの危険性をまさに問題にしたのである。「生の最も単純な現われに対して、まったく盲目的であるような、したがって停滞と腐敗を意味するような精神」は、臆病なだけで、そのくせすぐに怒り狂い、「甚だしい偏狭さに囚われた」生活しか生み出すことができない。保守主義者だけがそうした偏狭さのとりこになるわけではない。実際には「見たところ宗教的・社会的亡霊から自由な」進歩主義者も、絶対的道徳性の偶像を前にすると「最も敬虔な人々と同じく、知性を放棄してひれ伏す」のである、と(88)。

十年以上にわたりニーチェを耽読してきたH・L・メンケンもゴールドマンのごとく、アメリカ精神の道徳的厳格さと知的空虚さとを、ニーチェに倣って「ネオ・ピューリタニズム」と解釈する。政治的志向においてはまったく相反している作家たちが、ピューリタニズムの評価においてはまったく一致している。それはピューリタニズムのイメージが可塑的なものであるからだが、それだけではない。アメリカの反知性主義という共通の関心を表現するうえで有効であったからである。一九一七年の論文「文学的勢力としてのピューリタニズム」のなかで、メンケンは近代アメリカ文学の道学者的スタイルの起源を探求する。そのスタイルには難解な思想が欠如しており、また文学的ニュアンス、遊び、深みにも欠けるものであった。メンケンのアメリカ反知性主義の系譜学は、その多くをサンタヤナやブルックスに負っていた。反知性主義は十七・十八世紀の厳格で自虐的なカルヴァン主義者に始まる。カルヴァン主義者は、その十九世紀の末裔の俗物、メンケンの言葉で言えば「小商人」「百姓」など実利主義者の台頭とともに、その優位性を失う。実利主義者は現世を享受し、決して現実的なものの範囲を逸脱することはない。実際にはピューリタンにも実利主義者にも、思想の働きに対する感受性が欠落している、とメンケンは捉える。実利主義者は思想の魅惑的な力を怖れているから、実利主義者はまったく耳を傾けないからである。——ピューリタンは独立革命と南北戦争の間にアメリカは、語るべき価値のある「国民の哲学」を何ひとつ持たない「三流の人間の楽園」として、名を挙げた。そこは「まったく思想が欠如したものたち」の「奴隷道徳」によって支配された社会である。自前の政治と交易であふれかえり、わずかな「相続権を喪った」知的生活と、いたずら書きをする女たちや「二流の男たち」の田舎である、と。(89)

メンケンによれば、その後事態は悪化する。南北戦争の後、国家の繁栄は「好戦的で専制的な」新しい道徳「主人道徳」をもたらす。ヴィクトリア朝時代、古いピューリタニズムは個人の意識に対する支配を失ったが、しかしその狂信性は残存した。かつての怒れる神の手の中の自責する罪人たちは、いまや責めさいなむべき魂を求めて徘徊する、独善的狂信者となる。新ピューリタニズムは近代のアメリカをよく表わしている、とメンケンは述べる。

〔新ピューリタンの〕熱狂は悔悟にではなく、彼らが奉仕と呼ぶものに向けられた。すなわち国家のエネルギーと適応力についての意識が、しだいに国家的ピューリタニズムに重ね合わされてゆき、両者の結びつきから鋭敏な力への意志が、活力あふれる力への意志が誕生したのである。アメリカのピューリタンたちは、いまや自分の魂を救うだけでは満足できなくなった。福音による救済を伝え普及拡大し、さらには無理強いする衝動に、福音による救済を制約から解き放ち、普遍的でかつ強制力のあるものにせんとする抑えがたい衝動に駆られているのである。

メンケンの系譜学は、アメリカの精神史がニーチェの用語法を通して圧縮され、怒れる批評家の手で再構成されると、何が出来上がるかをよく示している。メンケンによれば、未開の地への使命は甚だしい失敗であった。ピューリタニズムから実利主義へと、そして奴隷道徳を「普遍的でかつ強制力のある」ものとみなす「好戦的」な知性のスタイルへと――これがアメリカの精神史である、そしてそれがまさしくアメリカの知的貧困を物語っている、と(90)。

アメリカの反知性主義に対して、メンケンは執拗に戦いを挑んだ。そのため、若き作家たちはニーチェの描く禁欲主義的僧侶が、近代アメリカのピューリタンの元祖であると容易に解釈できた。――ただし黒い帽子、留め金の靴、幅広の襟の祭服などは必要であったかもしれないが。探し求めるものは何かを要約して、『ニュー・リパブリック』誌は助言する。

> 我が子の意志は打ち砕くべきであるという考えを信奉する母親、その人間こそピューリタンである。法律の厳格さや行動を制限する刑罰の重さを、少しでも軽減したら暴力的無政府状態になると思い込んでいる議員、その人間こそピューリタンである。自らの健康で正常な感覚が、教えこまれた因襲にそぐわないからと自己を責める人間、その人間こそピューリタンである。正常な人間の生活に対する不信は、今日では幼稚な天罰という信仰の形をとらない。それは厳格な因襲、罪の意識、拘束する法律といった、より隠微な形式をとるのである(91)。

厳格で独善的な前近代的ピューリタンという印象に基づく原型がひとたび形成されるや、アメリカ社会を――革新主義の時代の悪の撲滅キャンペーン、戦時中のヒステリア、戦後の「正常な状態」への復帰、といった形で――概観するのが相対的に容易になる。また、近代ピューリタンたちに自由な思考が理解できず、非ピューリタンを取り締まるのに熱心になるのはなぜか、が分かりやすくなる。

以上が一九二〇年代に広まっていたピューリタンのイメージであった。けれどもランドルフ・ボーンは、このイメージは的を射ていない、と主張した。近代アメリカにおけるピューリタニズムの影響と闘わねばならないことに、ボーンは同意する。だが、その闘いは父と子との間のでも、新しい女性と母権制の理念との間のでもない。知的な自由精神と過剰な道徳的検閲との間の闘いでもない。それは自己の諸本能の間の戦いである、と。ボーンは一九一八年三二歳で早逝するが、すでに文化的反乱の「小ルネサンス」における「若い世代の職業的スポークスマン」の立場を確立していた。[92]「青春」(一九一二)、「この古臭い世代」(一九一五)、「年老いた暴君たち」(一九一九死後の出版)などの論文をもって、ブーンは若き知識人として頭角を現わす。けれども、親たちの世代の偶像を問いただそうとしただけではない。自分の受け継いできたものが、自己の道徳的心理において現われてくるさまを理解しようとした。初期のコロンビア大学の学生時代には青年期の自己理解を探究し、晩年にはアメリカの第一次世界大戦参戦に反対する政治的著述をものしてきたボーンは、「ニーチェのような天才」から知的生活の意味について自分が学び得たものを考察する。[93]

ボーンは自分とニーチェとの親縁性を強く感じていた。脊髄結核のために四歳から成長が妨げられ、背が曲がり、出産時の鉗子のせいで顔が歪んでしまう。ボーンはニーチェに、自己の条件を運命愛として受容する病み上がりの同胞を見出す。戦時ヒステリアのさなかに、ニーチェの哲学はドイツ軍国主義と結びつけられる。そのときボーンはニーチェの哲学を利用して、母国のナショナリズムの「畜群本能」を批判し、「より広大な空気を呼吸する」国境を越えたコスモポリタニズムを志向する。[94] ボーンはニーチェ解釈に見られる諸傾向を分析し、アメリカの出版物に登場する「本性を改変されたニーチェ」について、辛辣な書評を書く。「いつもながら、偉大なる精神がより劣等のものによって解説されるというのは、いささか不条理なものである」とボーンは不快感を示す。「そしてこの不条理が最も強く感じられるのは、ニーチェの場合である。ニーチェの洞察は余りにも電撃的であり、余りにも詩的であり、余りにも明敏である。ニーチェにおいては、不条理さえもが余りにもきらめき輝くので」解釈する者の手に負えないものである、と。[95]

けれども、ボーンは懸念する。ニーチェはその敵からよりも、それ以上にその友人たちから救い出される必要がある、と。その一例として、ニーチェに影響されたメンケンのアメリカ・ピューリタニズム批判に注目する。メンケンは、反ピューリタンの「戦士たち」が破壊を企てたまさにその、道徳を土台とする本質主義に依存する傾向を示す良い事例である、と。メンケン氏は「ニーチェの深さと洞察の鋭敏さを理解することに、より多くの時間を費やしていたらよかったのだが。そしてピューリタニズムの文学的な力に怯える時間を減らしていたらよかったのだが」とボーンは書く。メンケンがもしそうしていたら、「攻撃は、ニーチェがなしたように、その道徳主義に対してなされなければならない。その兆候に対してよりも」ということを理解したはずである、と。[96] キリスト教徒の奴隷道徳や宗教的狂信に対するニーチェの分析の意義は、他者の狂信を暴くことにあるのではない。自分自身の中の狂信を認識することを可能にするという点にある、とボーンは述べる。ニーチェは非難に対してより大きな非難をもって応えたわけではない。奴隷道徳をただ転倒して、主人道徳を目指したわけでもない。ニーチェの系譜学は、あらゆる道徳的価値観の相対性を例証したのである、と。

ピューリタンの原型イメージは、アメリカ精神に対する道徳的基礎づけ主義の支配を理解するうえで役に立つ。その点ではボーンはメンケンに同意する。残念ながら、ピューリタンのイメージは、近代人にとって歴史的形象であるよりも、おそらく空想でしかなかっただろう。しかし「もしピューリタンがいなければ、われわれはピューリタンを発明しなければならないだろう」とボーンは述べる[97]。ニュージャージーの中産階級である自分の少年時代を振り返り、ボーンは語る。リベラルなプロテスタンティズムの起源を考察するうえで、またなぜそれが近代アメリカのための精神的・倫理的源泉としてもはや役に立たないのかを分析するうえで、「ピューリタン」は有用な仮説である、と。神は死んだ、信仰無き儀式だけを残して、というニーチェの主張を引用して、ボーンは近代のリベラル・プロテスタントが、前任者の倫理的装飾物をそのまま保持しながら、その精神的頑健さを喪失している、と表現する。「[よ]り古い世代の]この宗教の基礎づけは宗教的なのかもしれないが、その上部構造はほとんどすべて倫理的なものである。今日の説教の大半は、善い行ないへの敬虔な勧告にすぎない。善い行ないが意味するのは、近代中産階級の生活の一般的慣例をかき乱さないような行為のことである」。「古きピューリタンの倫理は、行為にささいな問題が生じても、神と悪魔との闘いを見つけ出す。それは、型どおりの生活を送るうえで、摩擦を和らげるためのたんなる決まりごとにすぎないのである」とボーンは述べる[98]。近代アメリカのキリスト教は、調節をするための理念であって、もはや宗教的信念ではない、と。

キリスト教の禁欲主義の心理についてのニーチェの分析を援用して、ボーンは自分の哲学の主要な課題に取り組んだ。それは、ブルックスが「自由な人格」と呼ぶものと、近代アメリカにおける「因襲的な共同体」との間の緊張関係である[99]。ボーンは自己信頼という十九世紀の時代遅れの理念も、また組織人間という出現しつつある官僚主義的モデルも、ともに避けようとする。そのとき力となったのが、ニーチェである。ボーンはピューリタニズムに対する批判を展開する。キリスト教の主要な美徳は、精神性を喪失した形式の中では、いかに個人を鍛錬したとしても、高貴な存在にするわけではない。それらの美徳は社会的安定を保証するかもしれないが、何ら個人間の連帯を養うわけではない。近代の倫理は十九世紀のルサンチマンの陳腐な表現となっている。ボーンはニーチェに同意して述べる。「我々はヒューマニズムによって、軟弱になってしまった。……正義の代わりの同情は、人間の神経繊維をむしばみ、利己的な衝動を自由に働かせるようになってしまった」と。(100) ニーチェに倣い、ボーンは結論づける。同情と無私は肥大化する自己の消去ではなく、むしろその倒錯的な表出である、と。善意からとされる行為でさえ、実際には「権力志向」の戦略である。というのも、与えるという行為は、建前としては助けようとするその人物に対する、優越感の表明にすぎないからである、と。ボーンが懸念したのは、このような一方的な道徳概念が、受け手を精神的・物質的な「貧民」に、つまり道徳的行為者の意志の哀れな隷属者に矮小化してしまうことであった。(101) ピューリタンは「滅私的献身と独善が混じりあったもの」であり、「自分自身のためというよりは、むしろそれが彼の脅迫の道具であるから」美徳を愛するのである、と。(102)

メンケンや他のピューリタニズム批判者たちの誤りは、ピューリタンのレトリックに焦点を当てすぎて、精神性を喪失した信仰が人間の内面に働く力に目を向けていないことである、とボーンは述べる。この点でボーンはニーチェの批判を社会理論と道徳心理学として理解していたと言える。ボーンは一九一七年ニーチェを援用して、ピューリタンの権力志向を考察する。そして「われわれ自身が目的そのものとなることを許さず、また人格が人生の主要な価値であることを許さない新しいピューリタニズム」

を非難する。厳格な敬虔さという力は「他人の魂の最も傷つきやすい部分、すなわち、道徳感覚に対する露骨な攻撃」を孕んでいる、と。ニーチェから直接に議論の方向性を導き出してボーンは述べる、ピューリタンの禁欲主義を「人生の自然な流れを逆流させる」として排斥したのは、批評家たちの誤りである。なぜなら、ピューリタンの信仰の構造とその全き力とは、個人の道徳心理に穴を穿って入り込み「第二の天性」となるその仕方にあるからである、と。宗教の外面的な指示は時間の経過とともに順応して、信仰者の倫理的・心理的ゲシュタルトの全体を構成してゆく。その結果「ピューリタンは最もひどい肉欲の罪人とまったく同様に、自然な現象となる」と。(103)

ピューリタンの偶像を問い直す「悦ばしき知識」は、いかに偶像が自分の心の内で内面的に作用しているかの検討を要求する。ピューリタニズム批判は、自由な人格でいるつもりの者が、それ以前に存在するものに必然的に制約されていることを、またその制約のされ方を検討する限りにおいて、はじめて有益なものとなることを示す。一九一五年の書簡でボーンは自分が「エマソンとニーチェを読んでいる」と記している。(104) 両者の影響はボーンの論文「年老いた暴君たち」の中に見られる。その中でボーンはすでに固定化され不変の形式をとる世界に自分が遅れてやって来たことへの不安を表明している。「自分に関わるすべてのものが、自分のやって来たときにはすでに与えられ、用意され、構築され、堅固に設定されている。いつかこの既定の条件に追いつくだろうと、後ろにつき従うのでなく、それらを凌駕するつもりだ、といつも考えてばかりいる」と。先人たちエマソンとニーチェのように、ボーンも遺伝がつねに最後にはものを言うという見込みに悩まされる。我々は出自によってかあるいは教育によってか、しばしば我々には見えない仕方でつねに抑制されている。その結果、我々の自己主張などは、鳥籠を音を立てて揺さぶるようなものにすぎない、という見込みである。ボーンは既定の条件という

「神話」に屈服することを拒んだが、しかし人々は社会の命令を内面化し、ただ「自分たちの外面的な生は、ほとんどが社会的慣習の強制の結果であることをぼんやりとしか理解していない」と述べる。「社会が順応を要求する物事に、何ら固定化されたものはない」。けれども、我々は受け継がれた道徳的理念が、あたかも普遍的で超越的であるかのごとく、それらに対して敬虔であるように訓練されている。我々はそれらの理念を引きずり下ろそうとする。けれども、「既定の条件に決して追いつきさえしない」。最終的には、「社会的強制と個人的欲望との間のこの分離は……ほとんど人々の意識に上らない」。そうブーンは述べる。我々の犯す誤りとは、社会に対する個人の闘いについて論じることである。というのも、そうした二項対立の中で引き合いに出される個人など「まず存在していない」からである、と。[105]

ボーンは「個性」の哲学者としてのニーチェに注目する。虚構を固定化して不変の形式にする錯覚の力を理解している、悦ばしき知者の仲間であるとみなす。そして自己の実現を阻む「文化的残骸」を明らかにせんとする急進派の欲求を共有しながらも、ボーンはニーチェとともに「古き暴君」の最も暴虐なるものは自己の中に見出されることを、繰り返し強調する。[106]自由で近代的な個性を、純粋に知性的な文化を養うためには、文化批評家は自分自身の偶像化された理念を検討しなければならない、と。

ボーンや急進派がニーチェの哲学の中に見出したもの、ニーチェの創意に富んだ表現に、その系譜学的アプローチに、消失してゆく近代人の個性についての言及に見出したものは、後に文化批評とみなされるようになる、新しいタイプの思想である。しかしまた、絶対的真理に対するニーチェの批判のうちには、何かなじみのあるものも認められた。神的なまた理性的な基礎づけに対するニーチェの脱構築と、道徳的で哲学的な普遍主義に対するプラグマティストの挑戦との間の著しい類似である。急進派の多くはハーバード大学のウィリアム・ジェイムズの下で、あるいはコロンビア大学のジョン・デューイの下で学んできた。少なくとも彼らの仕事に親しく接してきた。そして、真理は永遠で絶対的なものではなく、むしろ可塑的で遠近法的なものである、という思想を吸収していた。この批評家たちの目には、ニーチェもプラグマティストも、哲学を観念論や形而上学、ダーウィン主義的唯物論から切り離して、個人的経験のより厳密な分析へと方向づけし直そうとしていた。ニーチェもプラグマティストも、自然の反映としての精神という概念を放棄する。なぜなら、誰であれ単独の観察者には、人間の経験の全体を中立的・大局的に捉えることなどできないからである。真理は人間という行為者の外部にある完結した事実ではない。人間が物理的なまた文化的な環境と相互に作用し合うなかで創り出された道具なのである。ウィリアム・イングリッシュ・ウォーリングが述べるように、ニーチェもジェイムズもデューイも、無限定の宇宙のダイナミズムを強調する。そして思想の有効性は行動によって試されなければならない、と主張する。「ニーチェは信じていた、「我々は自己がなしうる物事をのみ理解しうる」と。――これはまさにプラグマティズムの本質である」と。(107)

リップマン、ウォーリング、そしてボーンはきわめて熱心にニーチェとジェイムズ、デューイとの類似性について語っている。この三人の哲学者が提唱した、知と社会問題への実験的アプローチを称賛する。知は創り出されたものであり、受け継がれたものではない。――作られたものであり、発見されたものではない、という三人の共通の主張を歓迎する。そして、ニーチェらの論理を利用して、歴史的知識、科学の定式、文化的因襲が真理であるのは、それらが人生を肯定し、人間の可能性の感覚を高める限りにおいてのみである、と主張する。ニーチェもプラグマティストも、人間が自己の世界の形成者であると強調する。ニーチェが述べるように、人間の個性が文化の産物であり、自然の産物でも必然的結果でもないとすれば、近代人の混乱した経験は調子の狂った文化の結果である、と。近代人の疎外感や損耗感は、普遍的な人間の条件ではない。人間が自らを陥れた条件を示しているものなのである、と。

人間の経験と文化についてのこの柔軟な考え方は、批評家たちの強い関心を引いた。それは、近代アメリカの生活における社会的・経済的問題の多くが、改善可能であると示したからである。また民主主義的多元主義の目標――「完全な」男女の最愛のコミュニティ――を阻んでいる、偽りの基礎づけを解体しうる思想を提起したからである。けれども、真理と知についてのプラグマティックな理解は熱心に受け容れられたが、この考え方の限界が認識されるにつれて、その熱意も弱まっていく。というのも、このプラグマティックな考え方は、生き生きとしたあるべき生活のイメージを提起できないからである。道具主義だけではインスピレーションを与えることができなかった。批評家たちは文化に、またその文化が社会化する人間類型に関心を示したが、他方で不可思議なものにも存在の余地を残すような世界観を求めていた。暫定的な真理という概念や状況に応じた倫理という思想は、生のダイナミクスに対処するうえで有効な戦略ではあった。しかし何より求められていたのは、人間存在についての「預言的なヴィジョン」、インスピレーションを与えると同時に畏怖の念を起こさせるヴィジョン、崇高であるがしかし心をかき乱すようなヴィジョンなのであった。「鉄槌」の文化批評だけでなく、「占い棒」の文化批評も求められていたのである。

こうした関心を最もよく体現していたのはボーンであった。しかしそれは若き急進派すべての文化批評を貫いていた。デューイが合衆国の第一次世界大戦への参戦を擁護するために、プラグマティズムを援用し、そして彼の熱狂的な弟子たちがその驥尾に付すのを目の当たりにした一九一七年、ボーンは不信の念を抱く。道具主義のどこに「占い棒」があるのか、と。デューイのプラグマティズムは、知識への道具主義的アプローチを強調する。その一方で、ニーチェは、個々人が真理概念の相対性を試さなければならないことを例証する。ただしそれは、あるがままの世界に対してではない。かくあるべしと望む世界に対して試さなければならない。文化批評家たちが述べるように、機能的思想や経験に照らして試された概念は、事物のプラグマティックな図式においては真であるかもしれない。しかしそれらが価値のあるものである、人間を高めるものである、ということを意味するわけではない。仲間たちを代弁してボーンは書く。「自分の理想が、自分の状況に適合すること、現実と明るく楽しく調和することであるならば、成功したとしてもただそれだけのことにすぎない。何事かを超越したことには決してならない。自分は成長するかもしれないが、その精神が自分の殻を突き破って自由な冒険に向かうことは決してない」。まさしくこの「知的な「闘いと笑い」を求めてやまぬ渇望こそ、ニーチェが我々に呼びかけているものであろう。楽観主義に取りつかれた哲学には決してできない満足を我々にもたらすであろう」。ボーンや急進派にとって、「力への意志」というニーチェの概念は、プラグマティズムがやめてしまったところで、その続きを再開するものであった。ニーチェのこの概念は、人間が断片化する自己の経験を統一する必要があるという観点を提起する。それは実に与しやすい道具主義と現実回避の楽観主義に対する矯正装置となる。そしてこの概念は「技術を凌駕する」ことのできる、不可欠な預言者的ヴィジョンをも表現しているのである、と。[108]

近代の知識人と預言者の切望

ウォルター・リップマンは「我々は存在のまさに根源に至るまで不安定である」と書き、近代人の生における寄る辺のなさの感覚を描き出している。[109] 一九一四年の著作『漂流と支配』の副題が示すように、リップマンは近代アメリカにおける「今日の不安の診断を試み」る。ボーンはこの本を「全身全霊を傾けて書き上げた書」と評したが、それはリップマンが権威の伝統的源泉に対する近代人の挑戦を体現していたこと、そしてそれが同時代に大きな反響をもたらしたことを物語っている。[110] リップマンの著作は同世代に力強く語りかけた。それはこの書がアメリカ社会の基礎づけを寸断する近代の諸力について説得力ある分析をしていたからである。だがそれだけではなく、近代人が社会と「自分たちを、また自分たちを相互に結びつけていた絆を喪失した」ことの個人的告白でもあったからである。リップマンによれば、「長い年月を経てきた岩盤は……我々のために爆破された」。「我々は権威を喪失した。秩序の世界から「解放された」。そして漂流をしている」と。[111] 急進派は教会の権威に、レッセフェールの資本主義に、リベラルな政治理論に、ヴィクトリア朝の礼儀作法に、ピューリタンの心理学に嬉々として挑戦した。しかしまた数々の真理の崩壊とそれの帰結について、関心をというよりもむしろ懸念を抱いていた。

近代人は根源を喪失し、道徳的にも心理的にも漂流しているというリップマンの認識は、批評家たちにも反響してゆく。ヴァン・ワイク・ブルックスは、アメリカ文化が人間をその「根源から捉えて豊かにすることが……まったくできなかった」と批判した。他方、ランドルフ・ボーンは「漂流という方策」ではなく、「国境を越える」コスモポリタニズムこそが、戦時中の狂乱状態のような愛国主義に見せかけた偽りの絆に対する解毒剤である、と主張した。[112] またルイス・ウンターマイヤーは、自分の感情を、暗闇の中を手探りで道をさがす人間になぞらえて、警告の形で表明した。

漆黒の闇の中、道に迷い、さまよう。

歩み来る道を探すも、徒労に終わる。
悲しいかな、祈ることすらできない。
神など存在せぬことを知るゆえに。(113)

「根源」や「漂流」にしきりに言及されるのは、批評家たちが近代の、道の定まらない自己に陥っていたことを反映している。彼らの文化の分析にはまた、個人的告白も混じっていた。ニーチェの哲学は、基礎づけのない世界における自己の分析を示してみせた。それだけではなく、伝統的な絆からともづなを解かれた生の心理学をも表現していた。ニーチェは書く、「これまでのすべての偉大な哲学の正体が、次第に私には明らかとなってきた。すなわちそれは、その創始者の自己告白であり、思わず識らずのうちに書かれた一種の手記なのだ(114)」。批評家たちは、反基礎づけ主義についての洞察を求めて、哲学者ニーチェに注目した。それに対して、生々しい率直な散文で、漂流のもたらす知的なまた心理的な危機を教えたのは、個性主義者ニーチェであった。カリール・ジブラーンが述べるように「大いなる憧憬」は、絶対的なものなしに独力で進もうとする思想家の、常なる同伴者である(115)。天上への階段を我々は破壊することができるが、しかしその階段を上ってゆきたいという欲求までなくすことはできない、ということをニーチェは示したのである。

急進派のニーチェへの熱狂が、ネオ・ロマン主義的な英雄崇拝であったと決めつけるのは、容易である。確かにその要素はあった。彼らの著述には信仰の文学のように読めるところもある。マーガレット・アンダーソンがニーチェを急進派の「預言者」と呼んだこと、アグネス・ブルトンが『ツァラトゥストラ』はユージン・オニールの「聖なる書」であると描いたこと、それらは、神亡き後の世界に生きてゆくことができないので、彼らはニーチェを神に変えたのである、ということを示唆しているともいえよう。[116] けれども、これらの熱狂をすべて英雄崇拝で片づけてしまうと、急進派にとってのニーチェの意味を十分に理解することはできない。神々以上に彼らが必要としていたのは、知識人のモデル、近代アメリカにおける自己の役割を指し示すことのできる知識人のモデルであった。——世界を形成する言葉の錬金術師、哲学者・詩人・批評家、ハムレットのごとき魂の持ち主、悦ばしき知者——ボーンの描くこうした思想家のイメージに注目すると、彼らのニーチェ理解に近づくことになる。

我々は次のような精神を求めてはいまいか。自分たちの思想に対する使徒のごとき、そして多少の痛烈さを備えた——いささか無愛想だが、苦虫を嚙み潰したほどではない——芸術家の良心と知識人の良心とを持ち、民衆に対してはいくらかの傲慢さと、そして少しでもブルジョワ的なもの、センチメンタルな臭いのするものに対してはすべて、このうえない憎しみを抱く、そのような精神を？　いまやアメリカにおいては、尊敬に値するすべてのものが倒錯に陥り、嬉々として破壊の技術に全力を傾注しているように思われる。それに対して、創造の欲求を持った何ものも怖れない精神的アウトローは、ただの一人も存在しないのか。[117]

急進派はニーチェのうちに使徒のごとき思想家のイメージを見出し、それはまたエマソンを想起させた。「円」の中で「偉大な神がこの惑星上にいつ思想家を放つか、警戒を怠らぬことだ。そうなったらあらゆるものが危うくなる」と書いたエマソンを、である。[118] ニーチェは使徒のごとき思想家のモデルであった。この思想家は神の死んだ後の空いた王位によじ登ることもせず、自らのテクストを新しき『新約聖書』として見せびらかそうともしなかった。そうではなく、ニーチェは自己と読者に向かって重大な問いを発したのである。「きみたちは神なるものを思考することができるだろうか？」と。[119] 急進派が切望していたのは、反基礎づけ主義の立場に立つ知識人の良いモデルであった。近代アメリカの文化的残骸を一掃するだけでなく、現実を凌駕しうる新しき道徳的可能性を思い描くうえで、助けとなるような知識人のモデルを、である。

ニーチェのラディカルな思想の中に、死んだ神の「歯の抜けた口」から真理をもぎ取る、そのような知へのアプローチを、またそれだけでなく超越性や驚異の感覚を否定せず、それについてインスピレーションを与えるような、近代の生のヴィジョンをも、彼らは探し求め——そして見出した。[120] 急進派はニーチェの批判的洞察と詩的ヴィジョンに強く惹かれた。その哲学は近代アメリカの生活において、社会的統合をもたらす手段となったわけではない。けれども、自分たちが住みたいと願う「最愛のコミュニティ」への道を見つけるのが、現実に参与する知識人としての自分たちの仕事である、ということをニーチェから学んだのである。

幕間

ニーチェを奉る人々

書簡をいくつか

ひとは自分自身でみずからを試練にかけなくてはならない。自分が独立不羈な命令者に生まれついたものだということを保証するために。……おそらくそれが遊びのなかの最も危険な遊びであろうとも、ひとは自らの試練を回避してはならない。そして結局のところその試練は、ひたすらわれわれ自身だけを証人としておこなわれ、他のいかなる裁判官の面前にも持ちだされることがない試練である。決して一人の人間にかかずらっていてはならない。たとえそれが最愛の人であろうともだ、——すべての人間が牢獄であり、片隅である。

フリードリッヒ・ニーチェ『善悪の彼岸』(一八八六)

どうか、わたしの兄弟たちよ、……あくまで大地に忠実であれ！　きみたちの贈与する愛ときみたちの認識とが、大地の意味に奉仕せんことを！……自分で自分を選抜したきみたちからして、一つの選ばれた民族が生ずるであろう。——そして、この民族からして、超人が（生ずるであろう）。まことに、大地はいずれ治癒の場所となるであろう！

フリードリッヒ・ニーチェ『このようにツァラトゥストラは語った』（一八八三—八五）

いつか私のことを神聖だなどと言い出す者が出てくるのではなかろうかとひどく心配だ。

フリードリッヒ・ニーチェ『この人を見よ』（一九〇八［一八八八］）

一九一三年四月二七日日曜日、ニューヨーク州ヨンカーズの自宅で六七歳のジェニー・ヒンツは新しい祈禱を試みた。聖職者の助力も教会に行く必要もない。ほぼ半世紀前に信仰を放棄していたからである。ヒンツが実践してみた祈りは、制度化したキリスト教ともイエスとも、若い頃のサクラメント（洗礼や聖餐など）ともまったく関係がなかった。ただ紙にペンを走らせ、率直な文で自分にとってのフリードリッヒ・ニーチェの意味を表現するだけであった。

ヒンツの書いた祈禱は、ニーチェの妹で遺著管理者エリーザベト・フェルスター＝ニーチェに宛てた長い書簡となる。エリーザベトの兄の人生と思想に感謝を捧げ、また称賛する書簡であった。ヒンツは「未婚婦人」と称し「あなた様の兄上の哲学と道徳の熱烈なる崇拝者」と自己紹介している。当時地元の図書館で唯一手にしえた『善悪の彼岸』を手始めとして、一年半にわたりニーチェの著作を読み続けている、とヒンツは書く。また「ハインリッヒ・メンケンの」論文を読んだ後、イギリス人の著者によるニーチェ哲学の研究をいくつか概観し、今はニーチェの著作の英訳本をいくつか調べているところである、とも。ヒンツは自分の暮らしぶりについても細かく紹介している。——ケーニヒスベルクに生まれ、一〇歳でボストンに移住し、現在ヨンカーズで妹、その夫、甥と一緒に暮らしている。ヒンツ曰く、自分がニーチェに惹かれたのは「多くの点でこれらの真理に、彼が表現する以前からすでに私はたどり着いていたからです。けれども、何も言わないまま、それらの真理を胸の内に秘めてまいりました」。それは教育ある人々と話をしても、自分の言うことに耳を傾けてもらえず、真面目に取り合ってもらえないからだ、とヒンツは述べる。けれども、ニーチェを読み、語ることのできる相手が存在することが分かった。ニーチェの病を知って「涙が溢れました」とヒンツは記している。続けて、

あなた様の兄上が存在していることをもし知っていましたならば、彼には自分の思想を書き上げ出版する勇気があることを知っていましたならば、とうの昔一八八七年に私は彼のもとにやってまいりましたでしょう。その傍らに立ち、彼の「ラマ［妹へのニーチェからの愛称］」の他にも彼を理解し、多くの点で彼を支えることのできる、また別の人間がいることを証明したことでしょう。たとい大西洋を怖れていると言えど、彼と自分自身に対する愛のために怖れを乗り越え、最も速い蒸気船に乗って、彼のもとに駆け付け、その姿を目にし、話しかけ、愛しい声に耳を傾けたことでしょう。

残念ながら自分の声は、私の心の中のニーチェの声とは違い、野太い「どら声」である、とヒンツは書く。それゆえ、ニーチェの言葉を借りるなら「鉄槌で説教する」ことができるのではないか、と思う。もし時間を戻すことができるならば、この説教の仕方をニーチェからじかに学ぶことができたであろうに、と。不幸なことに、ヒンツが初めてニーチェを知ったのは、その死後十年以上たってからのことである。「運命に対する私の怒りを、フェルスター夫人閣下、お分かりになりますでしょうか」とヒンツ

は書いている。[1]

フェルスター＝ニーチェに語るべきことも考えるべきことも余りに多く、どこから始めたらよいかヒンツは分からなかった。彼女の憧憬と不満とが紙の上でもつれ合っていた。ある特別な詩――ニーチェの「識られざる神に」――にヒンツは言及する。この詩は奇しくもヒンツが教会と決裂したまさにその年に（一八六三―六四）書かれている。それゆえ、この詩は自分に特別な反響をもたらしている、と。「精一杯努力して私はその詩を暗記しました。そのため、眠れぬ夜にはそらんずることができました」とヒンツは述べる、「この詩は私の中に深く浸透し、心を揺さぶります。あなた様の兄上も、それをお書きになったときに、どれほど深く感銘し、心を揺さぶられたことでしょうか」と。そしてフェルスター＝ニーチェに述べる、自分が彼女の兄の中にキリスト教に失望した人間の自由精神を、大衆に説教はするが個人個人のことは忘れているような宗教に失望した人間の自由精神を見出した、と。「愚かさ、病、死そして死にゆくことなど（の観念）は、愚かしく考案されたものだと思います。そうしたものなしに、私は実際にやってゆくことができました。あなた様も同じようなことをお考えになりましたことはございませんでしょうか。永遠の生命とは一つのことです。けれども、個人の永遠の生［――］私たちはそれに運命づけられているのではないでしょうか？　これこそよりよい摂理［Einrichtung］であるように思われます」と。[2]

自分にとってのニーチェの重要性を述べた後、ヒンツはニーチェのために何かをしたい、ニーチェについてアメリカ中に広めたいという欲求を表明する。けれども、そのためには、より多くのニーチェの著作を、できれば元のドイツ語版で読む必要があるだろう。もし自分に十分なお金があるなら購入するのだが、しかしと、アメリカで経済的自立がいかに困難であるか、働いては使うことの繰り返しのために、と泣き言をいう。もし自分が「若いときに自分のペンを使って書くことを試みていれば、事態は違っていたかもしれません。もしかしたら、私は豊かになっていたかもしれません」と。その当時自分は自分のことを精一杯真剣に考えてはいなかった。重要なことはすべてみな、すでに語られていると単純に決めつけていた、と。けれども、ニーチェを読んだ今、自分で書くよう励まされていると感じている。それで次の着想を得た、「おそらく私はフリードリッヒ・ニーチェの哲学と道徳における善と悪について書くつもりです」と[3]。

二か月後ヒンツは二度目の手紙を出す。それもまたニーチェへの傾倒を詳しく記している。これはフェルスター゠ニーチェからの手紙への返信であった。ニーチェの妹はニーチェの写真を一枚とワイマールのニーチェ文庫の写真を一枚ヒンツに送っている。ヒンツは心から感謝していると述べ、それらの写真が「私の生涯の喜びとなるでしょう」と書いている。けれども、自分は写真よりも少しばかり大きなものを望んでいたと、フェルスター゠ニーチェがニーチェの著作をいくつか送ってくれると期待していたとほのめかしている。「なぜなら［ニーチェの著作を］英語訳で読むのは、ひどすぎてどうしようもないからです」。ヒンツはフェルスター゠ニーチェに、ごく自然にニーチェの著作を送ってくれるよう頼んでいる。なぜなら「私はすでに実に多くの時間を浪費してしまったからです。……ときに自分自身を最も早く救うにはどうしたらよいか分からなくなるからです」と嘆く。ニーチェにまっすぐにたどり着きたいという欲望のなかで、自分の人生行路がいかに歪み混乱してしまっているか、と告白する。「けれども、まっすぐの道とは何でしょうか？　そのための道しるべはなくなっています。……わたしは盲目という重荷を負わされるかもしれません。フリードリッヒ・ニーチェの全集に対する私のうそ偽りのない強い欲求を、私を導くまっすぐの道を実現することができなくなるかもしれません」[4]。

ヒンツの書簡で注目すべきであるのは、彼女が表明する切望や不満ではなく、その書簡の表現の仕方である。ヒンツの書簡は、ニーチェ文庫に届いた他の手紙に表明されているのと同様の感情を端的に示している。一八八一年のエリーズ・フィンケの手紙は、ニーチェの著作への敬意とその著作の「最も深い部分に……啓発される」ことの喜びを表明していた。このフィンケの手紙のごとく、ヒンツもニーチェの思想がいかに自分を勇気づけたか、そして自分自身の真理を語るよう鼓舞したか、を書き送っている。(5) 一八八二年のグスタフ・ダンルーサーの手紙は、ニーチェの「肖像画を所有」したいと求めていた。ニーチェの思想に「よりいっそう親密になる」ために、ダンルーサーはニーチェの著作を何度も翻訳している。そのダンルーサーのごとく、ヒンツもニーチェの経験を追体験するべく、幾度もニーチェの詩をそらんじており、そしてやはりニーチェの写真を要求している。(6) また一八八二年にカール・クノルツはニーチェの著作の出版に尽力する旨の申し出を書き送っていた。ヒンツもまたクノルツのように、合衆国にニーチェの福音を広めたいという欲望を強調している。(7)

一九一三年ヒンツが書簡をニーチェ文庫に送ったとき、ある一つの祈禱を実践していたことになる。それはアメリカのニーチェ読者の間で次第に習慣化しつつある実践であった。一八九〇年代にはごくわずかのアメリカのニーチェ崇拝者だけがこの哲学者に手紙を送った。最初は身体の不自由なニーチェが母と妹の世話の下で暮らしていたナウムブルクに宛てて。続いて、ニーチェが晩年の最期の三年間を文庫の最上階の部屋で過ごしたワイマールに宛てて。その文庫はフェルスター＝ニーチェが一九三五年に亡くなるまで管理していた。(8) これらのファンレターが届くころ、ニーチェの狂気はひどく進行しており、それらの存在は分からなかったであろう。それらの手紙が来るべき祝祭の予兆であったことを見るまで、ニーチェは生きることができなかった。

ヒンツの書簡を受け取ったころ、フェルスター＝ニーチェは兄がアメリカの読者に目覚めさせた、満たされぬ欲求、文化的不満、秘かな願望のことをすでによく知っていた。数多くの専門家たち、評論家たちがニーチェ文庫に書簡を出しており、ヒンツのは一般読者からの多数の中の一通にすぎなかった。老いも若きも、男性も女性も、敬虔な者も不可知論者も、左翼も右翼も、移民も土着の人間も、夥しいファンがニーチェへの称賛を表明した。ヒンツのようにみなニーチェの写真やサインを求めたり、またニーチェの哲学を読んで、自分や世界に対するものの見方が一変したことを、一度読んだら忘れられないほど巧みに言い表わしている。ファンの手紙が示すのは、若い頃の信仰、民主主義文化の知的貧困さ、消費者社会の物質主義などを批判するうえで、ニーチェが有効であったということである。ファンの手紙はまたニーチェが読まれた媒体の種類（翻訳か概説かそれとも論文か）や、それらの置かれた場所（地元の図書館や古書店）についての情報を明らかにする。ファンの多くはニーチェへの「帰依」を明確に宗教的な言葉遣いで表明している。「彼」が自分を絶望の淵から救い出してくれたその仕方や、「彼の」預言者的発話の内に自分が読みとった「新しい意味」が語られている。そしてヒンツのように、ニーチェに対する敬虔な気持ちを表明している。それは新しい真理を教えてくれたからだけではなく、自己の真理を口にする勇気を与えてくれたからでもある、と。

現存する書簡の多数は、これまでの出版物からすでに周知のこと、すなわち新世紀の初期にはアメリカ人の知的生活において、ニーチェへの熱中が一つの成長産業となっていたことを裏付けている。年を追うごとに、ニーチェの人生と思想をめぐる議論が着実に増えてゆく。哲学的刊行物、大衆雑誌、政治的声明、日曜教会の説教、公衆向けの講演会など、いたるところで広がってゆく。すでに見たように、ニーチェへの熱中が亢進してゆき、ついにはニーチェが二十世紀初頭の最も重要な「知的ロマン精神」[9]を生み出したと、また「時代精神を知ろうとする者はニーチェを知らなければならない」と言っても過言ではないほどであった[10]。

これらの書簡は、精神史家にとって貴重な情報を提供している。一般読者の道徳世界に分け入り、その憧憬について、その思想観について、アメリカの知性を破壊する近代の諸力への懸念について、知ることができるからである[11]。このヒンツの書簡が興味深いのは、さまざまな出版物でのニーチェ利用の状況を見事に映し出しているからである。これまでアメリカ人の読者は知的に「高級」「中級」「低級」に区分されると思われていたが、その境界をニーチェへの関心は超えている、そのように考えてよい[12]。ニーチェ文庫に届いた手紙はあらゆる知的階級から出されているからである。

これらの書簡はまた、アメリカ文化における名士としてのニーチェの登場を考察するうえでも興味深い。——ニーチェは歌手でもダンサーでも（語の伝統的な意味での）エンターテイナーでもない。一人の知識人である。だが有名人である。ニーチェは生きるために物事を考える思想家となった。手紙の書き手たちがニーチェの人間像に惹かれてゆくのを分析すると、アメリカ文化の二つの中心的次元、相互に関係するがまだ探究されていない次元が浮かび上がってくる。第一に知識人についての相反するイメージであり、第二に思想の創始者のイメージとその思想の伝播との関係である。近代アメリカにおける著名人の文化についての歴史的研究は、近年著しく増加しているが、研究はほとんどミュージシャンや俳優に焦点が当てられている[13]。けれども、文化産業やエンターテイナーとその観客に見られるスターシステムと同じことを、書簡群は示している。合衆国においては、預言者的思想家もまた重要な有名人となる。実際ファンレターを読むと、ニーチェはアメリカの文化的地勢図において、スターたちと似たような位置を占めているのが分かる。すなわち、哲学者が——とりわけこの哲学者が——近代のアメリカ社会においては特別な権威を、大いなる権威を備えているとみなされているのである。[14] 読者たちはニーチェを読む私的経験の心地よさを記している。またニーチェの魅力はその一連の独特の思想にというよりはむしろ、ニーチェ自身がその哲学を体現していることにある、とも述べている。ニーチェは哲学が生き方であることを、身をもって示した。ニーチェは——人格主義者、現世の救世主、文化批評家であるニーチェは——ファンに近代アメリカの生における哲学の可能性と哲学者の役割について教えたのである。

これらの書簡を「アメリカにおけるつかの間のニーチェ流行」と評することは間違いではないだろう。というのも、ほとんどがうまく撮れたスナップショットの域を出ず、それ以上のものではないからである。[15] 差出人たちの名前が国勢調査の記録に残されていたり、ふとした小さな死亡記事に登場したりすることもある。しかしほとんどの場合、これらの書簡の筆者たちの生涯を十分に伝える公的記録も、また彼らがニーチェの思想を日常生活にどのように取り入れていたかを示すものも、残されていない。けれども、不完全で取るに足らないそれらの書簡群には、国境を越える思想のダイナミズムが見られる。つかの間の流行であるため、パノラマレンズではなく虫眼鏡をもってそれらの書簡群にアプローチする必要があるだろう。それによって明らかになるのは、国家の枠組みにとらわれた精神史の狭い視野を広げてゆくための努力において、何が決定的に重要であるのか、ということである。いかに思想が世界的に広がっていったかだけではなく、いかに思想がアメリカ人の道徳世界を刷新する力となったかをも、書簡群は示している。ニーチェの思想が十九世紀ドイツの歴史的・文化的・言語的コンテクストから、二十世紀アメリカ文化の文脈にどのように旅をしてきたのか、またごく普通のアメリカ人が国境を越えた知的・文化的交換にどのように参加していったのか、それぞれの書簡は各々の仕方で示しているのである。[16]

アメリカのニーチェ・ファンはニーチェの人柄と思想とに心酔していた。その気持ちが高じたあまり、自分の心情を紙の上に吐露し、海を越えて送り届けたほどである。ファンたちはニーチェを読み、フィンケとダンルーサーが書簡の中で使っている言葉を借りるなら、ニーチェと「親密である」と感じた、あるいはそうありたいと切望した。ダンルーサーのように、写真かサインを「所有し possess」たいと書き送った者たちは、ニーチェに「とりつかれていた possessed」のである。この親密さととりつかれの記録であるこれらの書簡群は、また憧憬の証言でもある。これら未刊の書簡群には、若き文学的急進派のニーチェ熱の中に見られたものと同じものがある。唯一の違いは、急進派が自らの心情を活字にしたという点だけである。細々とした不完全なものではあるが、ニーチェ文庫への書簡群には、大きな問題意識が見られる。それは(自称)職業的知識人にも共通する、宗教への懐疑であり、また近代アメリカの意味の探究において、知的・道徳的権威の根拠として受け継がれてきたものに対する疑念である。大型の絵を眺めるためには、小さなところから始めなければならないときもある、ということをファンレターは物語っている。

アメリカのニーチェ・ファンの書簡は、有名知識人としてのニーチェの重要性と、そして国境を越えた交換が一般的アメリカ人の想像力の中で親密になされたこと、またその多様なあり方を例証している。その一方でまた、受容史における解釈学的な力というものを改めて考えてみるよう促している。[17] ダンルーサーの書簡の一節は、「受容」研究とは何かについての、実に陳腐な見方の好例である。「私が少なくとも［天才の］真の偉大さを感知しうるのに十分な頭脳を持っているということ、それはいずれにせよ大したことであると思われます。私自身が真理の福音を説くことができたかもしれませんので。そのことは幾分か私の教育の欠如を埋め合わせてもおります。もし教育がありましたならば……。私の精神はただ受容力があるだけで、生産力があるわけではないのです」。[18] 同様に「我々は［天才の著作］……の受容において余りに受動的である。我々はずだ袋であっても胃袋であってもいけない」[19] とエマソンが述べたときも、受容の持つ可能性を示すうえで役に立っているとは言い難い。ジャニス・ラドウェイは「読むことは食べることではない」と、また読者層について消費のメタファーではテクスト解釈のダイナミクスを捉えることができない、と主張している。それにもかかわらず、「受容」という言葉はたしかにニーチェの読者がみな、まるでただの「ずだ袋と胃袋」の群れでしかないような、思想との関わり方をしているように思わせる。[20] ここに見られるダンルーサーの謙虚さは偽りではない。ただ彼のニーチェ利用の仕方が間違っていたことを示している。ニーチェの読者は消費者ではなかった。彼らのニーチェ思想の利用が例証しているのは、思想が出来合いのものではなく、あつらえるものだということである。ニーチェの思想は読者に何かを可能にしたというだけではない。読者もまたニーチェのテクストやイメージの内にある、何ものかを可能にしたのである。読者にとってニーチェは存在なのではなく、生成なのであった。ニーチェとはテクストと読者の間の、テクストとコンテクストの間の協働による意味形成の産物なのである。以下に見てゆくように、ニーチェのファンたちはさまざまな意味を吟味し、ニーチェの異議申し立てに異議を唱え、自らの置かれた時代と場所において活動を始める。そうしてアメリカの学者や急進的知識人などの先人のごとく、ニーチェの言葉を信じて、世界を創造してゆくのである。

ニーチェに取りつかれる、ニーチェを所有する

アメリカの知的・文化的生活において、ニーチェの存在が次第に大きくなってくる。それを念頭において、多くの批評家もニーチェが「流行している」という所感を次々と口にするようになる。[21] それにより書簡の書き手の多くがニーチェを経験することになる、あたかもニーチェが超越的な精霊であるかのごとくに。ファンレターには共有された経験が記録されている。それらを読むと、ニーチェの思想は決して蒸気のように、はかないものではなかったことが分かる。むしろ思想の物質的次元を例証していると言ってもよい。書き手の多くはニーチェ哲学との初めての出会いを、自己を変える経験として捉えていたからこそ、その通信の中にニーチェとの初遭遇の形を記録していたのである。例えばそれは、ある雑誌の中の一枚の写真であったり、ある新聞の書評の中の名前であったり、また地元の書店で売り出されていた書物の著者であった。その多様なあり方は、思想の具体化された形は金銭的価値よりもはるかに大きな心理的価値を帯びている、ということを証言している。総じて書簡の書き手たちは、自分の所有するニーチェの本を「第一級の財産」とみなしている。そしてエリーザベト・フェルスター＝ニーチェに宛てて、自分がニーチェのどの本を所有しているか、どの本を友人や親族から借用しているか、どの本を入手したいと望んでいるか、を伝えている。

アメリカのニーチェ崇拝者たちがフェルスター＝ニーチェに書簡を書き送ったのは、何か貴重な遺品を、自分の英雄「超人」の生きた例のごく一部でも所有したいと期待したからである。最も多い要求の一つはニーチェのサインを求めるものであった。ペンシルバニア州ストラフォードのジョン・ブーガ

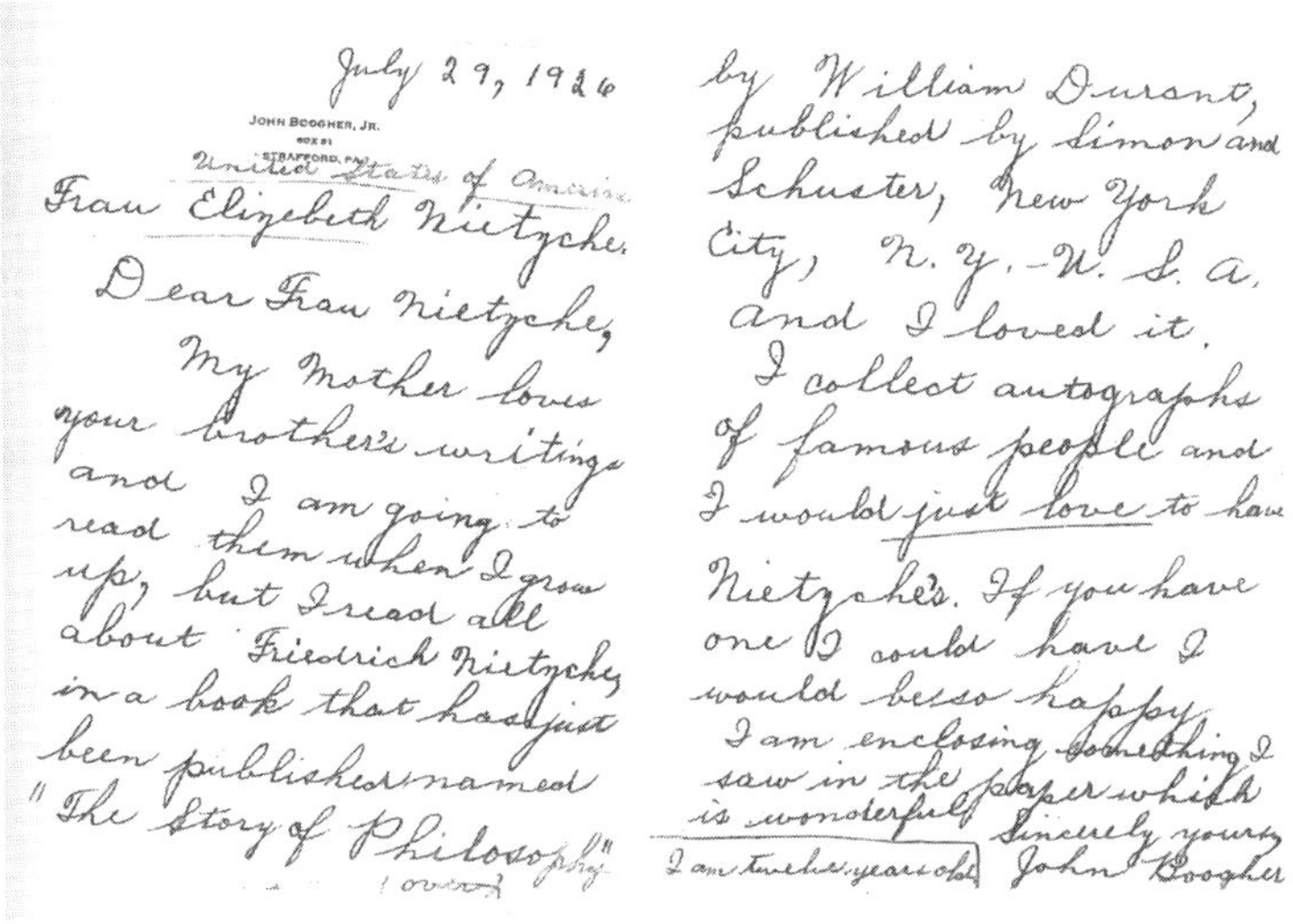
July 29, 1926

JOHN BOOGHER, JR.
BOX 81
STRAFFORD, PA.
United States of America

Frau Elizebeth Nietzche

Dear Frau Nietzche,

My mother loves your brother's writings and I am going to read them when I grow up, but I read all about Friedrich Nietzche in a book that has just been published named "The Story of Philosophy" (over)

by William Durant, published by Simon and Schuster, New York City, N.Y.-U.S.A. and I loved it.

I collect autographs of famous people and I would just love to have Nietzche's. If you have one I could have I would be so happy.

I am enclosing something I saw in the paper which is wonderful.

Sincerely yours,
John Boogher

I am twelve years old

図 13　1926 年 7 月 29 日付，エリーザベト・フェルスター＝ニーチェ宛ジョン・ブーガー・ジュニア書簡。ワイマール国立ドイツ古典文学研究所兼記念館「ゲーテ・シラー文書館」（ドイツ，ワイマール）の好意による。

ー・ジュニアは一九二六年一二歳の時に大きな丸い字で書いている。「僕の母はあなたの兄上の著作を愛読しています。そして僕も大きくなったら読むつもりです。でも僕はフリードリッヒ・ニーチェについて書かれたものはみな読みました。出版されたばかりのウィル・デュラントの『哲学の物語』という本もです。……僕はこの本が気に入りました」。ブーガーが母親とニーチェのサインを共有し、クラスメイトたちに見せて感心させたい、というのがよく分かる。けれども、ブーガーは、自分はそれを「ただ持っていたい」のだと率直に述べている。「僕が手にしてもよいものを、もしあなたがお持ちでしたら、とてもうれしいです」と。(22)

公益の充実化と主張してニーチェのサインの要求を正当化しようとする者たちもいた。『ニューオーリンズ・ライフマガジン』誌の編集者スタンリー・キンメルは一九二七年フェルスター＝ニーチェに書いている。「当地にはフリードリッヒ・ニーチェの崇拝者が実にたくさんおります。その筆頭が他ならぬこの私です」と。そして数年前のドイツ旅行の折にニーチェ文庫を訪問しようとしたのだが、残念なことにフェルスター＝ニーチェが不在であったのでその「喜び」が実現しなかった、と。続けてキンメルはニーチェ百科なるもののための要求を持ちだす。今回は自分のためではなく、自分の雑誌のためである、と。「偉大な哲学者」についての文章を求め、その中で熱心なアメリカの読者たちに向けて「ニーチェの人生においてほとんど知られていないか、あるいはこれまで語られたことのない何か注目すべき出来事」を述べてもらいたい、とキンメルは書いている。加えて「写真の現物を一枚、またできれば何かの草稿か書簡を一枚、もしくはサインを」文章に添えていただきたい、と要請している。(23)

同様に一九二二年ミズーリ州セントルイスのW・H・アマーランドもサインを要求している。その際、自分にはこの価値ある所有の受益者たらんとする欲望はない。そうではなく他者のために恩恵を施したいのである、と主張している。自分は偉人たちの貴重なサインを蒐集しており、その中にニーチェのサインが加えられるならば、後の世代のために、哲学者を顕彰しその福音を広めるのに役立つであろう、と。「あなたの兄上フリードリッヒ・ニーチェの素晴らしい著作『超人』と『ツァラトゥストラ』とを読み終えたところです。ニーチェが世界の偉大なる精神の一人であることを感ぜずにはいられません」。アマーランドはサインに加えて「何か手紙かあるいはニーチェが何かの折に書いた草稿の類い」をも要求している。自分は「二十年もの間当地の大学のために、世界中の名士のサインを蒐集しております。そしてあなたの偉大なる兄上の名前が欠けていたら、このコレクションは完璧にはほど遠いと感じております」と。彼女の兄の著作は「年ごとにますます人気が高まっております」。この大家の記念品が

「未来の世代の利益になることでしょう。それはこの偉大な人間に触れることになるからです」とアマーランドは強調している。[24]

他の崇拝者たちは、自分だけのニーチェの肖像を所有することで、ニーチェの偉大さに近づこうとした。一八八二年グスタフ・ダンルーサーがニーチェの「肖像を所有」したいと表明したとき、アメリカの出版物の中にはまだニーチェの写真もスケッチも、何ひとつ目にすることはできなかった。けれども、一九一〇年代にはすでにニーチェのイメージ画は、大衆向けの雑誌や書物、また学術的刊行物においても広く入手可能になっていた。アメリカの出版社はニーチェのイメージ画を次々と複製した。その結果、ニーチェの人生の事実上すべての時期が、アメリカの読者の前にさらされることになった。合衆国の読者はニーチェの視覚的表象に近づくことが相対的に容易になった、ニーチェの「画像」は読者になじみのあるものとなった、と思われる。したがって、写真やスケッチを求める読者の手紙は、文学的英雄の姿を知るためではなく、ニーチェを顕彰するためのもの、特殊な目的に基づくある特別なイメージを占有するためのものであった。読者はどんな写真でもよかったのではない。自分とニーチェとの距離を縮めるようなもの、まさに真正のものを望んだのである。ハーバード大学のS・T・フレームの書簡にはこの熱望がきわめて明瞭に表われている。一九二六年「フリードリッヒ・ニーチェの真正の画像を手に入れる」ためにフレームは書く。「私はとりわけ最期の日々のニーチェを描いたもののことを申しておりります。ベッドから沈みゆく陽を見つめるニーチェを描いたものです」。フレームのような大学人からの要望は、おそらくニーチェの特別な出版が念頭に置かれていたためであろう。一枚の写真だけでは十分ではなかった。[25] フレームは他に入手可能な「ニーチェのより注目すべき写真やスケッチ」があるかどうか尋ねている。

ニーチェの所持品に対する要求は、この哲学者が読者の内に呼び覚ました憧憬や欲望が、どれほどの広がりを持っていたかを表わしている。[26] 一九二三年の書簡でニューヨーク州マウントヴァーノンのクリストフ・ホフマンはどこで「あなたの偉大なる兄上のよく撮れた写真」を入手できるかをフェルスター＝ニーチェに尋ねている。ホフマンは長々とニーチェに対する自分の献身を誇示し、自分の要求の真剣さを強調している。その二年前「「ツァラトゥストラの悦ばしき知識」の真剣な学徒として、私は自分の周囲に健全な弟子たちと小さなサークルを組織し、私の書斎であなたのただ一人の永遠不滅の兄上の哲学について、こじんまりとした講義を行ないました」。この経験を十全なものとするために、ホフマンと弟子たちはニーチェの完全なる写真を求めて「しらみつぶしに数えきれないほど美術画廊を訪ね歩きました」。「私たちの読書の場を聖遺物〔Heiligtum〕で飾ることができるようにです」。けれども無駄足であった、と。ホフマンはこの望みが容易に叶えられるものではないことを、フェルスター＝ニーチェに切々と説いている。そして友人たちに代わって自分もまた、苦しむ聖者へのフェルスター＝ニーチェの献身に対して感謝を表明したいと述べている。

どうかフェルスター＝ニーチェ夫人貴下におかれましては、ここに申し上げますことをお許しくださいますように。私どもはあなた様の高貴なるご人格を、心より尊崇申し上げております。真に気高きお方と存じあげます。私どものただ一人の真の師の、ご生前においてすでに、師の捉え難き思想を捉え、我がものとなさり、師のかたわらに忠実にお控えになっておられた、ただ一人のお方と存じあげます。私どもは重々承知しております。あなた様がいらっしゃらなかったならば、あなた様のたゆみなき御助力がございませんでしたならば、兄上様のご生涯ははるかに苦しみに満ちたものとなっておられたことでございましょう。

かの偉大な人間に触れようとするだけでなく、彼らは師の偉大な妹の一端をも手に入れようとする。「フェルスター＝ニーチェ夫人貴下、あなた様のお写真をも同じく所有するという多大な幸運を、もし手にしうると致しましたならば、私どもにとってこれ以上望むべきものは、もはや何ひとつ残されておりますまい。とはいえ、そのような完全極まりなき幸福を望むなどという畏れ多きことを申し上げるものではございません(27)」。

ニーチェを範とする

アメリカのニーチェ信奉者がニーチェの遺品を所有したいと望んだのは、ニーチェが彼らの心を占有したからである。彼らは自分の生活を彩る価値のあるものを求めただけではない。崇拝する哲学者が良き人生についてこのうえなく価値あることを、いかに自分に教えてくれたかを語っている。実際どの書簡の書き手も、ニーチェとの出会いがいかに自分を勇気づけてくれたか、鍛えてくれたか、いかに時代遅れの偽りから解放してくれたか、いかに自分に新しい道徳的責任を負わせたか、を告白している。オハイオ州デイトンのヘリーン・バッハミュラーはフェルスター＝ニーチェに、偉大な人間は近代世界においてもなお可能であるという信念を、彼女の兄から吹き込まれたと書き送っている。ニーチェの偉大さには及ばないが、それでもニーチェは自分の中に、より深い何ものかへの憧憬を目覚めさせてくれた、と。ニーチェは自分を「自身の内面の空虚さ」から救い出してくれた、とバッハミュラーは述べる。彼女が故郷と呼ぶ「オハイオ地方」は「精彩のない、陳腐な」ものとなってしまった。「取るに足りない、そして……本質的に醜い」生活に溢れかえっている。「というのも、人々は金銭と自動車のことにばかり夢中になっていて、仕事や信仰や芸術に一所懸命になろうとしないからです」と。バッハミュラーは自宅近くのメソジスト派教会を「下品で尊大である」とみなす。周囲の不愉快な凡庸さに嫌気がさしつつも、バッハミュラーは同時にまた自身の限界に歯ぎしりをする思いであった。「おそらく私以上に浅薄な者をあなたには想像できますまい」。けれども、最近出版されたフェルスター＝ニーチェの『ニーチェ－ワグナー往復書簡集』[28]の翻訳を読み、バッハミュラーは目を開かれる。「どこまでも奥深い、ある一つの偉大な魂がもう一つの偉大な魂とぶつかり合って、火花を散らしています。私は興奮いたしました。この二つの輝かしい存在の協和と不協和を、そのうねりと高まりとを感じることができました。それ以上のことについては、私の手に余り表現できません」。ニーチェの読書はバッハミュラーに「刺激を与え、一段と深め、深遠さを教えてくれる交わり」が可能であると励ました。「生涯私は渇望を持ち続けることでしょう。首尾よく魂を手にすることができないとしても、いずれにせよ、私は決してその魂のことを忘れることはありますまい。生涯その魂を求め続けることでしょう。代用品を受け容れるつもりなどまったくありません」。ニーチェによって彼女はそう決心するに至ったのである。[29]

バッハミュラーの事例には、一人の読者が自己を明確に認識するために、いかにニーチェの哲学を利用しているかが見られる。醜い妥協で満足しているように見える世間に対する違和感と嫌悪感を正当化し、またそれを表現する言葉をニーチェは与えたのである。ニーチェの哲学は、個性とともに帰属感をも熱望する読者を惹きつけた。自己了解を強く求める読者たちは、個性と新しい自己の範として、めいめいニーチェのイメージを形作っていく。

フィラデルフィアのジョージ・E・ニッチェは、バッハミュラーのように堕落した環境への嫌悪感を述べてはいないが、同じような高揚感を示し、ニーチェとの結びつきを切望している。ニッチェ Nitzsche は文字どおり「ニーチェ Nietzsche」と一体化しようとする。「私の名前はご覧のように、アメリカにおける数少ないニッチェの一人です。――おそらくただ一人であるかもしれません。残念なことに祖父が公的書類において"e"の文字をうっかり省いてしまい、その誤りのまま今日に至っております。けれども、私はこの名前に誇りを持っております。そしてまた、私の祖父がおそらくあなた様やあなた様の輝かしい兄上と同じ家系から出ているであろうということも誇らしく思っております」。互いの家系図の樹幹と思われるものを描き出そうとし、ニッチェはニーチェたちとそれほど遠縁ではないことを示そうとする。続いて彼らの一族のモラヴィアとボヘミアのルーツを、またニッチェ家という分枝が一七三九年にペンシルバニアへ移民したことを語る。長い時間と大海が隔てていたと述べた後、ようやくニッチェは本題を切り出す。「[ニーチェの]肉筆の見本とそのサインを、そしてまたあなた様の輝かしき兄上について、あなた様がお書きになった伝記を一冊、ぜひともあなた様の肉筆による献辞の署名を添えて、所有すること」を希望すると述べる。――同じ血統であると願う思想家のささやかな記念品として、と。[30]

シュライナー、イェッセン、マルクス、フォン・ハーゲン、ウィルムという姓の人々からの書簡と並べてみると、また自分がニーチェの親戚であるというニッチェの想像を読むと、きわめて多数の書簡がドイツに出自を持つ人々からのものであることが分かる。とはいえ、圧倒的多数がドイツ系アメリカ人であったからというだけで、他のアメリカ人読者たちの経験とは異質の、特殊な魅力をニーチェが彼らに与えたのかどうかは定かでない。ドイツ系アメリカ人たちは、ドイツ語の話者（あるいはドイツ風と思われた姓名の持ち主）にとりわけ関心を示している。英語版がひどくお粗末なので、ニーチェの原著を求めた者もいれば、また自分のドイツ語が実にお粗末なので、良質の英語版を入手する方法を尋ねた者もいる。あるいはまた、もはやかつてのように母語で手紙を綴ることができなくなったことに狼狽している者もいる。確かにみなニーチェのドイツ的文化、教養あるいは世界観を強調している。しかしそれは非ドイツ系アメリカ人読者も同じであったし、同程度の熱情を示している。例えばバッハミュラーの書簡とニッチェの書簡は、ニーチェの哲学が帰属感を切望する読者を惹きつけたことを例証しているが、そうした帰属感の一つが、ニーチェと文化的遺産を共有しているという感覚であることは、想像するに難くない。けれども、ニーチェのより圧倒的な魅力は、ニーチェが読者の抱える根源的他者性の感覚を——民族、人種、階級、ジェンダーの区分を越える感覚を、是認したことにある。ウェルナー・ソラーズは「アメリカでは自分にアウトサイダーの役割を与えることが、実際には支配的な文化的特徴とみなされるであろう」と指摘している(31)。

合衆国でニーチェ流行が起こるはるか以前、一八九六年にすでにピッツバーグのフランシス・ランガーはフェルスター＝ニーチェに宛てて二通の長い書簡を書いている。それはアメリカの読者が彼女の兄を称揚するだけでなく、いかにニーチェと一体化しうるか、を示すものである。「世界中の文学の中で『このようにツァラトゥストラは語った』以上に私の心を捉えたものはありません」とランガーは書く。「今ではニーチェしか読みません。……あなたの兄上は最も偉大なる文学の暗殺者です」。自分の畏敬する人物を顕彰するために「額縁に収まるような大きなニーチェの肖像画」を、そしてまた「若い頃の」ニーチェの写真をもランガーは要求している。「私は［ニーチェと］同じ年に生まれたのです」と述べ、親近感を抱かせようともしている(32)。おそらくランガーは人生経験を共有していると想像したのであろう。ニーチェの運命を未然に防ぐことに、なぜ誰も身を乗り出さなかったのか、いぶかしがる。

「敬愛するフェルスター゠ニーチェ夫人、なぜ兄上の世話をもっと注意深くなさらなかったのでしょうか」。続けて「あなたは兄上の現在の状態について包み隠さず報告していらっしゃいますか」。さらに「兄上には意識のはっきりするときがおありでしょうか」と尋ねている。ランガーはニーチェの状態について事実をすべて把握できないということに、ひどく不満を募らせる。またニーチェが本当に苦しんでいるという知らせに心を痛めてもいる。「天才はいわば大きな子どもです。大きな子どものように世話を受けなければなりません。偉大な著作を書いた天才には精神的な食餌療法が、そしてビスマルクのように専属の医師が必要とされます。ニーチェの治療の専門家、ニーチェの状態を絶えずチェックする人物が不可欠なのです」。そのことがなぜ誰にも分らないのか、とランガーはいぶかる。もしニーチェについての報告が事実であるならば、もしこの英雄的思想家の衰弱が避けられないのならば、ランガーであったらまったく違った対処をしたであろうに、と。「もし私が発作直後のそばにいた兄弟であったならば、［事態の］絶望的なことがはっきりしたのならば、ニーチェの心臓が止まるのを助けたことでしょうに」と。(33)

根源的な他者性の感覚は、ニーチェの人生や思想との強い類縁性の感情と一体となって進み、さまざまな形態を呈するようになる。ミネソタ州ダルースのジョン・I・ブッシュは自分がニーチェ哲学の化身であると思い込んでいた。一九一九年一二月九日、ブッシュはフェルスター゠ニーチェに宛てて最初の信書、自らの福音なるものを送り付けている。

拝啓

ここに「真理にふさわしいだけの悪意」を備えた者が存在しておりますことを、お知らせ致します。（あなたの最愛の亡き兄上フリードリッヒ・ヴィルヘルム・ニーチェ著『このようにツァラトゥストラは語った』「新旧の諸版について」の章、アフォリズム第七番をご参照ください。）あなたの兄上のヴィジョン、預言、そして希望がまさしく文字どおり実現されたことが、この信書によってお分かりになることでしょう。それほどまで十分に長生きなされたことに喜びと慰藉をみいだされますように。この信書の筆者は上記の書において預言されたまさにその人物だからであります。

敬具

ジョン・I・ブッシュ

（「北からの異邦人」「吐き気のない人間」「そして真理にふさわしいだけの悪意を持つ存在」[34]）

一週間経過してもニーチェ文庫から喜びに満ちた返信は来なかった。そこでブッシュは次に電報を送っている。（受信側のドイツで明らかに英語話者とは思われない人間によって翻訳されている。）「真理にふさわしい悪意であるあなたのいまだに生きている者、ジョン・I・ブッシュ[35]」。ブッシュには、フェルスター＝ニーチェが自分の素晴らしい啓示を無視しているかもしれない、とはまったく考えられなかった。それで沈黙の理由はただ一つ、彼女が亡くなっているからだ、とブッシュは決めつけたようである。フェルスター＝ニーチェがアメリカの超人に返信しない理由はそれ以外に考えられるだろうか、と。そこで一九二〇年一月二六日自尊心を傷つけられたブッシュは三度目の接触を試みている。その中でブッシュは身もふたもなく自分の絶望を吐露している。

拝啓

下記の署名者は謹んでお尋ねいたします。かのエリーザベト・フェルスター＝ニーチェ（故フリードリッヒ・ニーチェの妹）様はまだご存命でおられるでしょうか。もしニーチェ文庫のどなたかが上記の問い合わせにお答えいただけたら、心より感謝申し上げます。ただ一言で結構ですので、よろしくお願いいたします。このささやかな要望に、ご厚意に満ちたお答えがなされますように。住所記載の返信用封筒を同封いたしましたので、ご確認をお願いいたします。郵便料金を送付するのは具合が悪いので、私の義務をその分怠ることになりましたが、わずかの金額ですので負担していただければ幸いです。

心よりの感謝を込めて。

敬具

ジョン・I・ブッシュ(36)

ニーチェの超人に対するブッシュの一体感には、他のほとんどの人が経験したものよりも厚かましいところがあるが、ニーチェの哲学を範として自己を形成するというやり方は、すべてのニーチェ読者に共通するものであった。彼らはこの哲学者の用語や人生観を利用して、自画像を描き出そうとする。にもかかわらず、描き出された自己の姿は多様である。それは受容と生産との間の、そして読者と著者との間の境界が、どう考えてみてもあいまいなものである、ということを示唆している。読者は「ニーチェ」が自分にのりうつったと感じているようだが、いかに彼らがニーチェにのりうつったのかと考える方がよい。読者の自己形成のために範とされた「複数のニーチェ」は、それらを利用した読者たちに負けず劣らず、多様かつ複雑なものであった。

ブッシュのように自分をニーチェのテクストの中に読み込むのは、いささか極端と言えるだろうが、しかしニーチェの著作に対する反応として異常であるとは言えない。読者はニーチェの思想から意味を引き出そうとする一方で、テクストの細部を自己のあいまいな輪郭の中に引き込んでゆく。ブッシュのように、ニーチェの思想の解釈は単純明快であると考える者たちはたしかに存在していた。けれども、ニーチェの解釈において、矛盾のもたらす緊張や不安定感を認識していた者もいたと思われる。日付のない書簡で、ニュージャージー州ニューブランズウィックのエドワード・エヴァンズは『ツァラトゥストラ』の次の一節を解釈する手助けを求めるかのように書いている。

「なぜそんなに硬いのだろう!」――かつて台所の炭がダイヤモンドに向かって語った、「いったい、われわれは近親者ではないのか?」――

なぜそんなに軟らかいのか? おお、わたしの兄弟たちよ、わたしはきみたちにこう尋ねる、いったい、きみたちは――わたしの兄弟ではないのか?

……

最も高貴なもののみが、完全に硬いのだ。この新しい板を、おお、わたしの兄弟たちよ、わたしはきみたちの頭上に掲げる、硬くなれ!という板を。[37]――

自己を硬くせよというニーチェの勧告に刺激されて、エヴァンズはそのような企ての脆弱さについて考えを巡らす。おそらく自分自身の考えも交えながら。

ニーチェをして自己に問わしめよ、おのれがいつの日か結婚するであろうか、と。――絶対的なダイヤモンドはいつの日か絶対的な炭と結婚するであろうか、と。……ニーチェをして自己に問わしめよ、――ダイヤモンドは炭とは別の仕方で作られているのかどうか、と？　そしてもし「然り」と答えるならば、――炭がその純然たる絶対的なものから出てくるのか、ダイヤモンドの愛が――それとも憎しみ？――その源の黒さの、純然たる漆黒の中へ進んで移りゆくというのか。――否、否、否、断じてそうではない。そうではない！　炭をしてダイヤモンドの輝きに共振せしめよ。(38)

エヴァンズが自分の解釈を述べているのか、それとも説明を求めているのかは分からない。しかし、この謎めいた書簡は、読者たちがニーチェの言葉を使って自分のための新しい道徳的・知的世界を思い描こうとしている、ということを示している。著者の意図を読みとるというのは、往々にして危険な企てであり、とりわけまとまりのない断片においては、なおさらそうである。けれども、エヴァンズの書簡は、読者がある一節に惹かれていったこと、それらが本質的なものであると強調したこと、そしてそれらを利用して自分と世界との折り合いをつけてゆこうとしたこと、を示す好い例である。

読者がニーチェの言葉を利用して世界を了解しようとしていることは、一九二〇年から二四年にかけてペンシルバニア州カリフォルニアのエルマー・シュライナーが文庫に送った現存の四通の書簡が最もよく示している。多くのニーチェ崇拝者はニーチェの著作のある特別な概念や一節と格闘しただけではない。ニーチェの哲学を利用して、千差万別である各々の人生経験を了解し、それに意味を与えようとしたのである。シュライナーの書簡はそれの例証である。シュライナーにとって「全世界において……フリードリッヒ・ニーチェの哲学ほど完璧なまでに、かつ正しく美しい真理は」存在していない。シュライナーはニーチェを引用したり――「あなたの兄上はかつておっしゃった……」のように(39)――あるいは呼びかけたりして——「私は何度あなたの兄上のことを考えましたことか……」のように[40]——自分の喜びと失望とを説明しようとしている。シュライナーは学校の勉強に情熱を失ったときのことや、「自分の中ですでに死んでいるものを、これ以上続けることには耐えられない」という感情を反芻するたびに、ニーチェのリヒャルト・ワグナーへのある書簡を思い出す。そこでニーチェは「私は今なお犬小屋、大学につながれたままです」と書いている。[41] シュライナーが「彼の」目を通して世界を見ることにどれほど喜びを感じていたかは、フランスのニースにちなんで娘につけた名前「ニッツァ」にもよく表れている。——そこで生まれたからというだけではない。半世紀ほど前ニーチェがそこで『ツァラトゥストラ』の第三部を書き上げたから、というのがより重要なのである。「おそらくあなたの兄上が「ニースではしばしば私の踊る姿を目にすることができたであろう」とおっしゃっているからでもあります[42]」。

取るに足りない些細な出来事が、このうえなく大きな事態を物語るということもある。例えばシュライナーは「彼の（His）」とHを大文字で書いている。同様にヒンツもニーチェを引き合いに出すときに繰り返し「彼（He）」と大文字にして（その重要性を強調して）いる。[43] それほどまで多くの読者が、ニーチェの言葉をもってまたニーチェのイメージに倣って自己を形成しようとした理由は何か。ミネソタ州ロチェスターのヘルムート・マルクス博士が述べるように、ニーチェが「一人の人間……である以上に、偉大なる精神」であったからである。[44] ニーチェ崇拝者たちの書簡に夥しく見られる、この強力な宗教的形象は、「アメリカのニーチェ」への帰依のごとき霊的な次元をよく表わしている。

ニーチェ巡礼

シュライナーのような読者は、さまざまな形でニーチェへの帰依を表わしているが、そのための一般的な方法は、ニーチェ文庫に赴き、ニーチェの妹に会い、ニーチェの個人の書斎とニーチェが人生最後の月日を過ごした部屋を見学することであった。書簡の中には、文庫への実際の訪問について言及したものもあれば、他方、計画段階の訪問について、挫折あるいは変更を余儀なくされた訪問について言及したものもある。ジョシー・ファーマーはあるアメリカの新聞社の「女性記者」で、ニーチェについての記事を書くことに関心を持っていた。一九二三年彼女は文庫を直接来訪して面会することを「強く望んで」いると書いている[45]。けれども、ファーマーが実際に訪れたという記録は存在していない。アマースト大学のドイツ語の教授で、『ディオニュソス――ニーチェの悲劇』(一九五六)の著者オットー・マンセイ＝ゾーンの一連の書簡は、実際に訪問したこと、初めの数回の訪問でフェルスター＝ニーチェと親交を結んだことを裏付けている。日付のないクリスマスカードの中で、近年のヨーロッパ旅行で「ワイマールに逗留して」文庫でフェルスター＝ニーチェと過ごした「時間が最も素晴らしいひとときであった」とマンセイ＝ゾーンは書いている[46]。

　実現した巡礼も実現しなかったものも、いずれもがアメリカのニーチェをめぐる交流のありようを非常によく表わしている。それらの訪問は、思想が読者の精神と肉体の双方を動かす、ということを想起させる。アメリカのニーチェ読者は書店に行き、図書館に足を運ぶ。友人の書斎のニーチェ「神殿」を訪れる。そして大西洋を越えてドイツを訪問する。文庫への巡礼をめぐる議論は、国境を越えた受容という一方通行の視点が、ニーチェの大西洋横断物語の半面を示すにすぎない、ということを意味している。ニーチェのテクストが思想をたずさえて合衆国へやって来ただけではない。アメリカ人もまたニーチェの思想のためにドイツへと旅立ったのである。

ワイマールのニーチェ文庫を訪問したいという欲望よりも重要なのは、読者がその欲望を表現した言葉のほうであろう。自分の目で文庫を一目見たいと切望するニーチェ崇拝者は、しばしばその欲望を宗教的帰依の言葉で表現している。ハイデルベルクの大学にいたアメリカ人エドワーズ・ボーボー・マレーは一九一〇年フェルスターニニーチェに書き送っている。「アメリカに帰国する前に、ニーチェ文庫に特別の「巡礼」をする」つもりである、と。[47] コロンビア大学のドイツ語の教授ゴットフリート・ベッツはフェルスターニニーチェと何度も手紙をやりとりし、文庫に彼女を訪問した時には「あなたのお宅は私の巡礼の聖地となっております！」と語っている。[48]

一九一〇年ヴァージニア州ノーフォークのリディア・ロイス・ティリーが出した二通の書簡は、アメリカのニーチェ信者が少しでも本尊に近づこうとする熱意をよく示している。最初の書簡でティリーはフェルスターニニーチェに、「あなた様の偉大な兄上の輝かしき著作の、大変慎ましい崇拝者」と自己紹介をする。そして「まもなく父祖の地に旅立つ予定です。あなた様にお目にかかり、ニーチェ文庫を訪問するという望みを抱いております。それが旅の主要な動機の一つでございます」と述べている。[49] フェルスターニニーチェから何の音沙汰もなかったので、一か月後ドイツのアイゼナッハから再度ティリーは、切なる願いを述べた書簡を送っている。

アメリカから出しました手紙のご返信は頂くことができませんでした。おそらく私の手紙かあなた様のご返信のいずれかが行方不明になってしまったに違いないと存じます。……ドイツで訪問したいと切に願う場所は、あなた様のお宅の他にはございません。そこが私の旅の目的地なのでございます。……私がおこがましい人間であるとお思いでございましょうか。よしやかくお思いになられたとしても、兄上に対するあなた様の偉大なる愛ならびに兄上の御著作に対するあなた様の卓抜したお仕事に免じて、お許し下さることと信じております。兄上の御偉業はゲーテに匹敵するものでございます。神殿に参拝する心持ちでお伺いしたいと存じます。もしそれが叶いますならば……決して忘れられぬ喜びと名誉になることでございましょう。過分な御好意を求めておりますことは重々承知しております。けれども、しかるべき理由もなしにかようなことをいたしているわけではございません(50)。

ニーチェファンがニーチェとの接触を切望する気持ちが高じるとどうなるかは、エルマー・シュライナーの一九二〇年の旅行がよく示している。ニーチェ文庫だけでなく、ニーチェ生誕の地を見るためにレッケンをも訪れている。「あなた様の親愛なる兄上がお生まれになった御部屋、またお父上の御書斎、かつての御台所」などを見るために(51)。この旅行によって自分はまったく変わった。自分の次の著作のインスピレーションが与えられた、とシュライナーは書き送っている。「『ニーチェへの巡礼』という本にするつもりです。おおよそ八〇〇〇から九〇〇〇語ほどの小冊子です。ニーチェ主義者のための、ニーチェに捧げる奉納の一つにすぎません(52)」。

民主主義文化に対する「距離のパトス」

ニーチェのテクストが、またアメリカのニーチェ信者たちが(書簡も含めて)大西洋を横断して旅をしたことは、思想の交通が双方向のものであることを明確に示している。ニーチェの思想は、またニーチェについての思想は、「アメリカの」知的生活と「ドイツの」や「ヨーロッパの」それとの壁と思われていたものを乗り越えてゆく。その結果、思想と文化にまつわる国家の物語が根本から再考されることになる。書簡でも分かるように、一人のドイツの思想家が合衆国の実に多くの読者に霊感を与えている。アメリカの歴史学者も合衆国の精神史の研究を偏狭さから解放する努力がより必要である。書簡は――短く断片的で、つかの間のものでしかないが――二十世紀アメリカの精神生活を形成している、かなり大規模な思想の移動の証言である。ドイツからアメリカへのニーチェのテクストの流入、その返礼としてのアメリカからドイツへのニーチェの光栄あるサインをもとめる書簡群、それらは合衆国の道徳観や社会的関心が、国家横断的文化交流、伝達、修正、変形を通じていかに創り出されていったかを考察する手がかりとなる。それによって、「外国の思想」「固有の思想」「ドイツの理論」「アメリカの世界観」といった静的な概念を解体してゆく意義も明らかになる。

けれども「アメリカの」と「ドイツの」あるいは「外国の」と「固有の」といった人為的構成概念を後生大事に抱える前に、また「文化的異種混交」、「クレオール化」、「中間性」などに直ちにもろ手を挙げて飛びつく前に、そのように知覚された差異が、我々の研究対象の生きた経験に対して与えてきた影響を無視するべきではない。これらの書簡が示すように、多くの読者が口にする「我々」が何者であるか、「彼ら」が何者であるかについての観念は、この国家横断的運動の摩擦の中で硬化していったのであり、その逆ではない。書簡は小さな仕方で大きな物語を語っている。ニーチェの思想のイメージと国境を越えた横断が、合衆国とドイツとの間の知的国境を壊しては再建し、乗り越えては再構築するという歴史に与えてきた影響という物語をである。

国境横断の思想はそれに伴う移動と断絶を明らかにする。書簡の書き手たちに共通する関心の一つは、ニーチェの著作の英語訳の問題であった。[53] 悪訳に対する、また入手不可能な翻訳についての絶え間ない不満を読むと、この話題の中心にあるのは言語の問題だということが分かる。アメリカの読者はフェルスター＝ニーチェに入手可能な英語訳について尋ね、またそれらについての不満を口にする。その一方で、アメリカの読者に向けたニーチェの翻訳のために協力を申し出る者たちもいた。中には見たところまったく無害に思われる書簡もある。例えばペンシルバニア州アレンタウン、ミューレンバーグ・カレッジのプレストン・バーバは、自分のドイツ詩のアンソロジーについて述べている。「ニーチェの詩からの抜粋を収録しております。ニーチェの生涯の短いスケッチを添えました。このアンソロジーによって、アメリカの学生が叙情詩人としてのニーチェを知るようになることを望みます」と[54]。ニーチェが何を書いたのかについては、世紀を通じて激しい論争が起きた。けれども、ニーチェの著作は「私たちが有する最も輝かしきドイツ語であり、おそらくこれまでに書かれ、話された最も啓発的な言葉」であるという主張に対して異議を唱える者は、書簡の書き手の中には一人としていなかったであろう[55]。

当然のことであるが、ニーチェの著作はきわめて創意に満ちあふれているとみなされているからこそ、現行の翻訳はニーチェの芸術性を捉えていないという不満が相次いだ。ノースウェスタン大学の哲学者ジェームズ・タフト・ハットフィールドは一九一三年、大学の図書館は「ニーチェの英訳本だけを所蔵しております。しかしそれらにはニーチェの素晴らしい文体がほとんど失われております」とフェルスター＝ニーチェに伝えている[56]。原文のドイツ語にあるきわめて多くのものが、翻訳では失われてしまっている。それゆえ、クリストフ・ホフマンのようにドイツ語を読める者は、原文と翻訳との対照が英語話者にとって重要であることを強調している。ドイツ語版も英語版も見つけるのが困難であることに対して「怒りを禁じ得ません。両方の言語の全集を私が所有していることは、個人的には幸運なことでありますが、しかし友人たちの多くが同じことを望んでいるのです」とホフマンは述べている[57]。

ニーチェ文庫は英語圏の読者にニーチェのテクストを入手可能にするべく努力をしており、そしてそれを助力しようと申し出るアメリカの学者、翻訳者、著述家たちもいた。彼らの書簡を見ると、ニーチェのテクストの国際的出版、流通をめぐる複雑な法律的・財政的諸問題だけではなく、フェルスター＝ニーチェの鋭いビジネス感覚がうかがわれる。フェルスター＝ニーチェ自身の書簡と照合してみると、文庫に送られたこれらの書簡から明らかになるのは、彼女がしじゅうアメリカ人の片腕を見つけようとしていたことである。ニーチェの著作のあるいはニーチェについての彼女自身の本の翻訳を企画し、アメリカの出版社と交渉する力と意志のある片腕を、である。フェルスター＝ニーチェはときにおだてときにおどして、熱心な翻訳者たちを競わせている。ニーチェの伝記の続き、ニーチェの書簡集、フェルスター＝ニーチェ自身の回想録の増補版など、英語での出版を望まれるものはいくつも存在していた。けれども、これらの書簡のやりとりの中では、翻訳のビジネス上の問題に焦点を当てたものを除くと、ニーチェの散文をいかに原語にふさわしい英語に翻訳するかが双方の共通の関心事であったことが分かる。

ハーマン・ジョージ・シェファウアーからフェルスター＝ニーチェにあてた、現存する二十通以上の書簡は、この翻訳の困難さに対する懸念がまさしくライトモチーフを成している。アメリカの作家・批評家シェファウアーは当時ベルリンに在住しており、アメリカの文芸書評紙にニーチェについて短い記事を書いたり、ニーチェの詩を翻訳したりしていた。ほとんどすべての書簡で、シェファウアーは入手可能な翻訳の不適切さをあげつらい、ニーチェを翻訳するのにふさわしい才能を見つけるのがきわめて困難であることを述べている。「多くの［翻訳］はあなたの偉大な兄上の文体や精神とつり合うものにはなっておりません」。ドイツ生まれの翻訳家たちは、きわめて巧みに英語を使いこなす者でさえ、ニーチェの文体や精神を完全に捉えることができていない、と。「詩人は詩人によってのみ翻訳することができますし、またそうでなければなりません。概して翻訳は忌むべきものであるのがしばしばです。芸術家がなしうることをなしうる優れた翻訳者はほとんどおりません」とシェファウアーは警告している。[58] シェファウアーはアメリカ英語の微妙さをだけではなく、ドイツ語の英語への翻訳可能性についてもまた問題にしている。フェルスター＝ニーチェによるニーチェの伝記『ニーチェの誕生』を翻訳させる見込みについて、シェファウアーは悲観的に述べる「正統的英語に翻訳する能力を有する、生粋のアメリカ人はなおさら稀な存在であります」と。[59] しかし代替案はさらに許容し難いとも述べる。「もし翻訳者が……外国人で母語が英語ではないとしたら、その結果はまったく目も当てられないものとなること請け合いです。その仕事に対する最善の意図と献身があろうともです。……あなたの兄上の深遠で詩的な言葉がそれにふさわしい英語に十全に翻訳できないのに、強引にしようとしたら、当然のことながら未来永劫にわたり遺憾千万のこととなるでしょう」と。[60]

なぜ猫も杓子も翻訳をめぐって騒ぐのか。書簡の書き手たちが的を外した英語訳について不満を述べるのはなぜなのか。アメリカの読者とニーチェとの間を、アメリカとドイツとの間を、「我々」と「彼ら」との間を架橋しうるドイツ語の母語話者あるいは英語の母語話者は誰一人として存在しなかったのであろうか。これらの問いは書簡にのみ限られたものではない。ニーチェを英語に翻訳する最良の方法は何かという問いは、実際のところ世紀を通じてアメリカの書評紙、論文、書籍においてなされてきた長年の論争の反響である。一八九六年のニーチェの初めての英語訳から二十世紀半ばのウォルター・カウフマンの翻訳の数々（第五章で論じる）に至るまで、アメリカでは大なり小なり翻訳の問題をめぐって激論がなされてきた。「超人 Übermensch」の適切な英語訳は何か。――「beyondman」か「superman」

かそれとも「overman」か。「あらゆる価値の価値転換 Umwertung aller Werte」のよりよい翻訳は何か。——「transmutation」かそれとも「transvaluation of all values」か。『道徳の系譜 Zur Genealogie der Moral』は「On the Genealogy of Morals」か「On the Genealogy of Morality」か「Towards the Genealogy of Morals」か、それともそれ以外のまったく別のものか。論者たちはあらゆることに頭を悩ませた。ニーチェの詩の翻訳は韻を踏む必要があるか、ということから、コンマの適切な位置についてまで。どれほど新しい翻訳でも必ず騒動をひき起こした。けれども、書簡の中でまたそれを越えたところで懸念が示されたのは、たんに標準英語それ自体や高地ドイツ語それ自体に対する忠実さが問題になっていたからではない。言語だけが問題になっていたのではない。適合するかどうかが、すなわちニーチェの詩的なドイツ語はそもそも英語で適切に置き換えることができるのか、ということが問題になっていたのである。言語と文化は互いに密接に結びついているので、たとい言葉を正しく捉えたつもりでも、まだそれらの意味するものを理解しているとは言えないこともある。これらの論争を通じて、和らぐことのない危惧の念が不快な霧のごとく漂っている。アメリカ人の精神はこのドイツ人が口にしなければならなかったことを、本当に理解できるのか、と。ニーチェの翻訳をめぐる初期の論争で表明された危惧はその後も続いてゆく。そして言語をめぐる論争は、つねにドイツ語と英語との間の、ドイツの Kultur とアメリカの culture との間の、潜在的な通約不可能性という問題に進んでゆく。

文庫にあるその他の書簡は、翻訳の問題を取り上げているわけではないが、この問題を考えるうえで参考になる意見がいろいろある。それらの意見は議論の火に油を注ぐことになるかもしれないが。それらの書簡の一つ一つが示しているのは、読者がニーチェに注目したのは、ドイツとアメリカの知的生活の間に感じられた境界を乗り越えるためにではなく、その境界を確かなままにしておこうとするためであった、ということである。死後アメリカでのニーチェの反響の大きさを見ると、長く続く喜ばしい、国境を越えた相互の知的交流の証とみなしたくなるかもしれない。しかしアメリカのニーチェ読者の多くは、まさにその反対のことを考えていた。ニーチェに注目したのは、ニーチェが一般のアメリカ人の知性に対して何事かをなしうると考えたからではない。ニーチェにはそれができないということをまさしく見て取ったのである。シェファウアーはある書簡で、『今日のアメリカの精神』と名付けた本を構想したときに、いかにニーチェから影響を受けたかを述べる。アメリカの精神は、「俗物的で芸術に対して敵対的であるうえに、私が心から崇拝しております、由緒ある気高い、ときに偏狭的でさえあるピューリタニズムを」裏切っている、と。「けれども、そのピューリタニズムは美しく高貴なタイプの人間を生み出したのです。ああ、今日の人間のタイプときたら！　堕落と無法の極みです。──粗野な快楽主義、機械化、畜群道徳そのものです。もしあなたの不滅の兄上がここにいらっしゃったならば、そして今日のアメリカの頭上に鉄槌を下してくださったならば、よかったのですが」と。(61)コロンビア大学のゴットフリート・ベッツも同様にフェルスター＝ニーチェ宛の書簡で、ドイツとアメリカの知的・文化的生活の相違について語っている。「私たちの富は計り知れません。全世界を買うことすらできます。しかし知的財産は買うことができません。アメリカでは、知的財産の価値は最も低いレベルにあります。気質、美、立派な教育を受けた精神、そんなものでは何もできはしないと思っています。……ビジネスとこのうえなく愚劣で、知性のかけらもない娯楽の数々。それらがアメリカ人の生活を満たしております。……それ以外の理想を口にする者はきわめてまれです」と。(62)

ニーチェの哲学がドイツ文化とアメリカ文化の間の距離を縮められるというのは、アメリカのニーチェ読者たちの考えとは最もかけ離れたものであった。合衆国でニーチェを読んではいたが、ニーチェの哲学がここに慰安を見出すであろうとは誰も思わなかったし、望みもしなかった。読者たちはニーチェを、ニーチェの哲学を、このドイツ人の距離のパトスを、より多く手にしたいと思っていただけである。それによってアメリカの粗野で反知性的な群集心理から自分自身を守ろうとしたのである。職業的知識人たちの間に英雄崇拝のさまざまな形が見られるのとまったく同じように、文庫に書き送った読者たちの想像力の内に深く潜む、アメリカの反知性主義に対する恐怖をも見て取ることができる。それゆえに、書簡からわかるのは、道徳的探究と思想への敬意は、たとい企業的資本主義や大衆文化をたたくための棒であるとしても、「知性のレベル」を問わないということである。

ニーチェの「距離のパトス」に対する憧憬は一九一五年のセオドア・ヴァン・ダーリンの書簡にとりわけ顕著である。ヴァン・ダーリンは「ニーチェの帰依者」と公言して、ニーチェに触発されて群衆の凡庸さに対する批判を書いている、とフェルスター＝ニーチェに伝えている。ニーチェを範としてヴァン・ダーリンは「貴族階級、最も高貴なタイプのアメリカ人のための書」を書いていること、そして国家の高貴な魂に対して近代アメリカの民主主義が大きな打撃を与えていることを説明している。「民主主義的アメリカがどのようなものであるかは、まったく明白でしょう。新しい移民がやって来るたびに、ますますアメリカは民主主義的になります。実際、余りに民主主義的なので、このような事態が続いてゆくのかと思うと、思考する人間として怒りをかき立てられます。古き貴族階級は絶滅しました。合衆国の歴史という墓の中に横たわり、腐敗したままになっております」。さらに悪いことに、いまや「アメリカ社会の公認の基準は［金権的な］「過度に流行を追う一団」です。……［この連中は］何の感性も発揮せず、魂も理性も個性も、何ひとつなく、ただクジャクのごとき自己中心主義と大量の金しか持ち合わせておりません」。けれども、ニーチェのおかげで、すべてが失われてしまったわけではない。

ニーチェもヴァン・ダーリンも「ともに周囲から無視されてきました。なぜなら、ごくわずかの人間しか私を理解できないからです。世界は称賛したり非難したりしますが、理解することはきわめて稀です」。「[私の]魂がニーチェの精神によって深く揺り動かされました」ので、ヴァン・ダーリンは近代アメリカの文化生活の貧困さに抵抗することを「天命であると感じました」と書いている(63)。

一九一三年のヒンツの書簡は、アメリカのファンがニーチェのイメージと思想を援用して、自分について思いを巡らし、自分の国を批判する、さまざまな仕方の好い例を示している。同じように、一九三三年九月の書簡で、T・D・クリトンはアメリカのニーチェ帰依のライトモチーフを鮮やかに言い表わしている。サンフランシスコを拠点とするクリトンは――ティモケオン・ディミルリュー・クルクラキスの筆名であり、このニーチェ主義者が自己形成のためにプラトンの『クリトン』をも利用したことをよく示している――二頁に及ぶタイプ打ちの書簡のなかで、預言者ニーチェを今日の人類の永遠不滅の救世主として、そして秩序を失った世界の永遠の批判者として称揚する。クリトンの手紙は次の文面から始まる。「あなたの兄上の生涯は、純粋で偉大なイエス・キリストのごとき存在の生涯でした。自己の確信に基づき自らなしたことに、[ニーチェほど]苦しんだ人間はおりませんでした。イエス・キリストでさえもです」。自分は子どもの時に合衆国へ移民してきたギリシア系アメリカ人で、ニーチェはそしてニーチェの出自たるドイツの人々も、自分のようにヘレニズム精神の真の末裔であると信じている、と。続いて話はいきなり一九一四年に戻る。そのとき「『このようにツァラトゥストラは語った』がオリンポス山のゼウスの落雷のごとく私の頭上に落ちてきました」。合衆国が一九一七年「ドイツに対する不正義の戦争」に参戦した時、クリトンはこれら「真のギリシア人たち」に向けて武器をとるよりもむしろ、「投獄」の方を選んだ、と。自分はアメリカの文学を「嫌悪して」いる。くだらぬ作家たちを生み出しているだけであり——誰一人としてニーチェに匹敵する者はいない——唯一の例外と言えるのは、H・L・メンケンだけである、と。[64] 続いてクリトンは出来損ないのアメリカ文化への批判から、自分の高く評価するドイツ、イタリアとアメリカとの比較へと移る。「私はひたすら望みます。アメリカがこのメンケンのような作家たちを……［いつの日か］生み出してゆく［かもしれない］ことを。そしてドイツやイタリアのようにアメリカも、自己の救世主を見せることのできるようになることを」。この一節は一九三三年に書かれており、ヒトラーの権力掌握はクリトンに自己のアメリカ観をいっそう確信させただけであろう。フェルスター＝ニーチェの兄がその不滅のかつ時宜を得た「哲学と生涯」とで、世界史を美しく飾り立てたことへの感謝の念をもって、クリトンは書簡を結んでいる。[65]

クリトンの書簡には、ニーチェ文庫に送られたアメリカ人のファンレターのほとんどすべてに通底するモチーフが詰め込まれている。それは一人一人の読者が——老いも若きも、男性も女性も、ピッツバーグからサンフランシスコに至るまで——自分のイメージに合わせてニーチェを形成していること、あるいは作り直していることである。学者も作家もクリトンのような一般人も、みなが手を貸して「自家製ニーチェ」を——人格主義の同伴者であろうと、世俗の聖人であろうと、文化批評家であろうと——自分に対しまたアメリカ社会に対し、作用させている。読者たちは空の「ずだ袋で胃袋」などではない。ニーチェと協働して自分のために自分自身の意味をまた世界の意味を形成する、能動的参与であった。例えばクリトンにとって、ヘレニズム精神のキリストたるニーチェは、ギリシア系アメリカ人という自己のアイデンティティの輪郭を形作るうえで、またアメリカ文化に対する自己の疎外感を表現するうえで、自己の政治思想を鍛え上げるうえで、力となっている。クリトンのニーチェ利用に示されているのは、哲学者の思想が時空を超えて動いていくこと、新しい読者がニーチェの本を手にするたびにニーチェが作り直されてゆくこと、である。クリトンも、他の書簡の書き手と同じく、ニーチェの本を自分の貴重な所有物とみなした。そして、さらなる著書を、「本人の」写真を、ニーチェの直筆の一つを手に入れようと試みている。ニーチェの崇拝者たちは、自分の人生に疑いもなく大きな力を発揮した思想の著者の、何らかの具体的な記録を求めた。けれども、彼らがニーチェに関わる資料を所有する possess ことを望んだ本当の理由は、ニーチェが彼らにとりついた possessed からとしか言いようがない。

そしてクリトンの書簡は、そうした一時的な熱狂が近代アメリカ人の憧憬の記録であることを示している。けれども、それらはまた思想の国境を越えた周航の記録でもある。ニーチェの哲学は合衆国に国境を越えて旅をしてきた。ドイツの思想文化とアメリカのそれとの間に感じられている境界を横断してきた。そしてクリトンの内面の深奥の部分を貫いた。けれども、ニーチェの哲学によってまた、このアメリカ市民は国家的・政治的・文化的な差異を再構築することができた。そしてそのことをクリトンはきわめて重要なことと考えた。最後に指摘しておきたいのは、思想家ニーチェのイメージが——クリトンにとってはヘレニズムの（ヘブライのでなく）殉教者としてのニーチェであり、他の者にとっては天才ニーチェ、世俗の救世者、苦悶する聖人などであった——それぞれのイメージが読者それぞれにいかに影響を与えたか、ニーチェの思想を自分の道徳世界に順応させるその仕方にいかに影響を与えたか、がよくわかるということである。

クリトンのわずか二枚の書簡に、実際以上の解釈学的重要性を与えることは危険であると言われるかもしれない。ステレオタイプに支配されたエクセントリックな書簡が本当に何ごとかを語っているのか。近代アメリカ思想の形成におけるニーチェの重要性を理解するうえで、普遍的な意義を持つ何ごとかを語りうるのか、と。然りと筆者は考える。なぜなら、多様なアメリカ人が国境を越えた知的交流に関与するとともに、その含意するものに抵抗もする、というありようをクリトンの書簡がまさに物語っているからである。しかもニーチェは、「平均的」という表現が自己描写の用語としてはもはや何の意味も持たないことを、読者に理解させたのである。人間的な、あまりに人間的な感情をもって近づいてきた者たちに対して、ニーチェは日常の価値観——教会のものであれ、市場のものであれ、公民科の授業のものであれ——からの距離のパトスを示してみせた。それは自己の内面における区別の感覚を鋭くするのに役立ち、自己の特殊性を感じることを可能にする、そのような距離のパトスである。ニーチェの読者たちが思考と行為とを調和させる哲学を熱望していることを、クリトンの書簡は示している。読者は、行為の指示を発する哲学者ではなく、生成の導き手として力を尽くす哲学者・預言者としてのニーチェに目を向けた。たとえ永遠の宇宙に対する信仰を保持することができなかったとしても、少なくともそうした信仰なしに生きる術を身に着けた一人の思想家に忠誠を誓うことはできたのである。

第五章
ディオニュソス的啓蒙思想

一事こそ必要だ。——自分の性格に「様式を与える」ということ——これこそ偉大で稀有な芸術だ！　こういう芸術を身に修める人間は、自分の天性がその長所と弱点に即して提供する一切を見渡し、ついでそれらをば、その一つ一つが芸術的とも合理的とも見え、弱点ですらも見る人の眼を魅するぐらいにまで、一個の芸術的な見取図に組み入れてしまう。ある個所では第二の天性の多くがつけ加えられているし、ある個所では第一の天性の一部が取り除かれている。——どちらの場合にも、永い間の修練と日毎の労苦が必要だった。……こうした強制の裡に、自分の法則に従ってのこうした拘束と完成の中で、それ自身のこの上なく繊細な悦びを享受する者は、強力な支配欲をもった天性の人たちであるだろう。

フリードリッヒ・ニーチェ『悦ばしき知識』（一八八二）

最も早いニーチェ流行期から現在に至るまで、ニーチェ人気の廃れたことは一度もない。けれども、アメリカ人の不評を買った時期がある。顕著なのは第二次世界大戦の前夜から戦争直後の時期までのこ

図 14　「ムッソリーニの政治の三聖人：マキアヴェリ，マッツィーニ，ニーチェ。イタリアの『運命を操る人間』の思想を左右」より。1925 年 2 月 15 日付『ニューヨーク・タイムズ』紙。

とである。ニーチェの「インモラリズム」の解釈をめぐり、激しい論争がなされている。けれども、第一次世界大戦中に、ドイツが軍事帝国主義を正当化するためにニーチェを利用していたことは、すでにニーチェに対する好意的評価を一様に守勢の側に追いやっていた。一九二〇年後半から始まった合衆国のイタリア政治観測によると、ヨーロッパ大陸では戦後の荒廃の時期ですらニーチェへの恋慕は衰えていなかった。ベニート・ムッソリーニはいまやニーチェ主義のマントを羽織りだしていた。(1) だが、一九三〇年代の初めにヒトラーが権力を掌握してようやく、ニーチェに対するアメリカの民衆感情は著しく冷え込み始める。イタリアのファシズムとドイツのナチズムとの間の結びつきは明確なものではなかったが、両者が互いにニーチェを称揚したことは、両者の共通の出自とそれらを補完する世界観の正体が何であるかを、アメリカ人が理解するうえで大きな意味を持った。ムッソリーニは双方の権力に対するニーチェの重要性について、「ニーチェが近代ヨーロッパの最も印象的な、最も影響力を有する著者であることは確かだ」とはっきり語っている。(2) 以後周知のように、ニーチェは道徳的絶対性の不在の世界で、むき出しの権力哲学と近代ヨーロッパの作り直しのための野蛮な工程表を書き残したのであるとか、ニーチェが第一次世界大戦中にドイツ帝国主義の哲学的支柱であったとすれば、いまや全体主義の哲学的首謀者となったのであると、語られるようになる。

『ツァラトゥストラ』はヨーロッパにおける全体主義の原テクストである、というイメージを大衆紙が流布し、またアカデミズムが総じてニーチェを無視していたことを考えると、ニーチェの哲学が後にアメリカ人の知的生活において大きな影響力を持つようになる、と想像するのは困難であった。ニーチェに好意的な合衆国の知識人たちは、第一次世界大戦後、損なわれたニーチェの評判を回復すべく尽力した。けれども、第二次世界大戦とニーチェの存在とが結びつけられた後は、もはや名誉回復に乗り出そうとする者はほとんどいなかった。哲学専攻のハーバード大学院生がただ一人その役割を買って出た。ウォルター・カウフマンである。思想が広まるのは、それらに本質的な価値があるからであると、あるいはそれらがある特殊な歴史的局面に対して、本来固有の妥当性を発揮したからであると、我々は信じたくなるかもしれない。しかし戦後アメリカにおけるニーチェの事例は、一人のまだ無名の学者が、いかに知的スタイルや関心の重大な変化の先導役となりえたか、を示すものである。

一九四七年から一九八〇年に亡くなるまで、プリンストン大学で哲学の教授を務めたドイツからの移民カウフマンは、一九五〇年の『ニーチェ——哲学者、心理学者、反キリスト者』の出版以後、にわかに注目を集めることになる。一九五〇年から一九七四年の間にこの本は四つの版を重ねており、その最初の版の出版以後ニーチェ研究における覇権を確立している。これまでさまざまな言語で書かれたニーチェ研究の中でも最も重要なもの——確かに最も評判になった——とみなす者は多い。カウフマンはそのキャリアを通じて英語圏のニーチェ産業を統轄した。新しいニーチェ研究の出版を支持したり、あるいは反対したりして、この領域で新しく登場する研究を検閲した。カウフマンの業績で重要なのは、翻訳である。刊行されたニーチェの著作のうち三つを除くすべてを英語訳している。一九五四年に『ニーチェ必携』の中の『このようにツァラトゥストラは語った』、『偶像の黄昏』、『反キリスト者』、一九六六年に『善悪の彼岸』と『悲劇の誕生』、一九六七年に『道徳の系譜』(R・J・ホリングデールとの共訳)、そして一九七四年の『悦ばしき知識』である。二十世紀の後半英語圏のニーチェ読者は、何よりまず「カウフマンのニーチェ」の読者であった。けれども、その著書『ニーチェ』もまたこのドイツの哲学者の著作(の翻訳)への関心を新たに呼び起こし、そのうえニーチェの著作を解釈するためのコンテクストを読者に提供することになる。著名なニーチェ学者トレーシー・ストロングによれば、「カウフマンの[ニーチェに関する著作ならびにニーチェの翻訳の]力は事実上、アメリカのニーチェ研究を支配する……までになった。……カウフマンの見解が唯一絶対のものとして、たえず引き合いに出されるようになった」のである。少なくとも一九八〇年の死に至るまで「カウフマンのニーチェはアメリカとイギリスにおける研究にとって随一のニーチェであった」。(3)

英語圏のニーチェ研究におけるカウフマンの覇権の長さは注目に値する。しかしさらに驚くべきは、カウフマンがニーチェのアメリカでのキャリアを見事に復活させたことである。というのも、カウフマンが活動を始めたのは大戦後の保守的な風潮の時代で、ニーチェのような過激な思想家の再生にはきわめて不都合な知的状況としか言いようのない時代であったからである。(4) 実際、第二次世界大戦中と直後、フリードリッヒ・ニーチェはアメリカの知的生活において「ペルソナ・ノングラータ(歓迎されざる人物)」であった。戦時の大衆紙がニーチェを人類に対する犯罪とまで非難したのに対して、アカデミズムはニーチェを擁護しようとはしなかった。哲学科では英米の分析哲学の系譜がしだいに優勢になり、専門的哲学者たちには、無謀である、印象だけに依拠している、非体系的である、真理に敵対していると考えられてきた思想家を研究する動機など見当たらなかった。それゆえカウフマンは、当時そのように評価されていたアメリカのニーチェに、ときには預言者ときには詩人と呼ばれ、またときにはのけ者扱いこそされ真摯な哲学者とはみなされなかったニーチェに、向き合わなければならなかった。[5] ニーチェのアカデミズム外部での悪評、アカデミズム内部でのきわもの扱いなどを考えると、カウフマンがプリンストン大学で『ニーチェ』の原稿を書いていたとき、なぜカウフマンが今さらそのようなことをするのか、同僚の一人がいぶかり、「ニーチェは完全に終わっていますよ」と口にしたのも、何ら不思議ではない。[6] ニーチェは終わってはいなかった。けれども、二十世紀半ばのアメリカの読者には忌まわしき存在と広くみなされていた。そして他ならぬカウフマンの研究がニーチェを蘇らせ、名誉回復させたのである。

カウフマンはいかに蘇らせたのか。「完全に終わっている」十九世紀のドイツの思想家を、どのようにして戦後のアメリカ人に不可欠の哲学者へと変えたのか。カウフマンの記念碑的著作『ニーチェ』を精読すると、このドイツの哲学者を戦中戦後の酷評から救い出し、真剣な研究に値する思想家として確立するための戦略が見えてくる。過去に散発的にニーチェの思想が研究の対象とされたことはあった。けれども、カウフマンが登場して後ようやく思想家ニーチェへの関心が、アメリカのアカデミズム内部

に見られるようになる。ニーチェに対する従来の支配的な見方は、ニーチェが西欧の伝統からの逸脱である、とみなすものであった。だが反対に、カウフマンはニーチェを西欧の伝統的な哲学者たちの批判者にしてかつ重要な対話者である、と描き出す。それだけではない。冷戦期の知識人の差し迫った関心は、例えば大衆社会の心理的代償や社会的危険についての懸念、集団主義イデオロギーへの敵意、戦争の惨事に対する贖罪の新しい源泉の希求などであったが、カウフマンはニーチェをそれらに直ちに取り組もうとする比類なき偉大な思想家として提示する。すなわち、カウフマンはニーチェを良き人生の意味について普遍的な問いを立てた思想家である、とする。その一方で、ニーチェのテクストがそれらの問いに答えるためにある、ということを示してみせたのである。

カウフマンはまた二十世紀半ばのアメリカにおける哲学の地位の低下に対処するために、ニーチェを利用する。大西洋両岸の哲学の「分岐点」が、ヨーロッパ大陸の哲学者と英語圏の哲学者との対立が、アメリカの大学でのニーチェの適切な受容を妨げ、道徳的探究そのものを損なってきた、というのがカウフマンの考えであった。(7) 大陸哲学の伝統か英米分析哲学のそれかと、いずれかにニーチェを帰属させるのではなく、ニーチェの哲学が双方といかに共鳴しているかを示すことによって、カウフマンはニーチェの意義の射程を拡大する。もしニーチェが哲学の専門家内部での知的対立を乗り越えることができるならば、より広汎な大衆に向けた学問の影響力を拡大することもできるであろう、と。ブルース・キュークリックが述べたように、第二次世界大戦後、「合衆国における哲学は衰退期にあった」。その時期高まる専門化への衝動のため、「専門的問題群を抱えていて、外部のより広汎な文化に作用することのほとんどない、内向きの組織」が生まれていた、と。(8) それゆえ、二十世紀半ばの専門家たちの道徳世界と一般読者のそれとの、しだいに顕著になる乖離を架橋しうる稀有な哲学者として、カウフマンはニーチェを提示する。専門的な哲学論争の中で意識的に、ニーチェの学問的利用可能性を武器として使用してゆく。その一方で、皮肉なことにカウフマンは学問的言説をまったく超越するニーチェを生み出しているのである。

ニーチェは自分の『このようにツァラトゥストラは語った』について「万人のための、そして何びとのためのものでもない一冊の書」と書いたが、カウフマンにとって、ニーチェ哲学についての唯一の誠実な記述とは、ニーチェ思想の有用性を、俗悪で安易なものにせずに、詳述するものでなくてはならなかった。(9) けれども、ニーチェ哲学を、その微妙さと複雑さとを損なわずに、広汎に利用可能なものとするための本を書くという離れ業は、カウフマンの手に余るというものではなかった。カウフマンはある種の構成上・修辞上の戦略を駆使して、巧みに所期の目的を達成する。一例をあげると、カウフマンは(主としてドイツ語の)ニーチェ研究を幅広く参照しているにもかかわらず、著書の中ではニーチェ解釈上の対立点を大きなものには見えないように書いている。(10) 既存の解釈に異議を唱えるときも、カウフマンはその議論をもっぱら脚注に委ね、本文ではニーチェそのものを直接に自由に論じている。しかもニーチェの解釈にあたっては、一貫して簡潔明瞭な語彙で説明している。そして読者が実際にニーチェの著作を(願わくばその全体を原語のドイツ語で)読むことを期待している。ニーチェの立場は「まったく」「きわめて明確」で「実に平易」なものであるという主張、ニーチェの著述の一見矛盾するような記述は、適切な文脈において読むならば、互いに「まったく調和する」という主張が、カウフマンの著書にはいたるところに見られる。(11) カウフマンのニーチェ提示の仕方の問題点は何か。何ら矛盾のないニーチェ、言葉は文学的でも意味は「きわめて明瞭な」ニーチェ——教育のある者なら誰でも近づくことのできる、理にかなった調和的なニーチェ——こうしたニーチェを提示するカウフマンは、その一方で彼のニーチェのごとく、知的啓蒙を理解し受容する力は万人に普遍的なものではなく、「生まれつき他の人々よりも能力の恵まれている人々がいる」と信じていたということである[12]。

カウフマンの『ニーチェ』を、初めて登場したコンテクストにおいて、また四つの版を重ねる間のこの本をめぐる言説の数々のなかで、検討してみよう。復権したニーチェのイメージが一九五〇年代・六〇年代・七〇年代のアメリカの読者の想像力を、なぜまたいかにして捉えたのかを理解するうえで、重要だからである[13]。本章ではカウフマンの解釈の戦略を史実に基づき分析することによって、カウフマンの業績に対する現今の評価の不適切さを例証する。戦後の合衆国の保守的雰囲気のなかで、カウフマンが疑い深いアメリカの読者の口に合うようなニーチェを生み出すという奇蹟を起こしたことは一般的に認められている。けれども、カウフマンにそれができたのは、大幅な改変を恣意的に行ない、ニーチェの業績を浄化したからだ、とカウフマンの批判者たちは主張する[14]。ナチズムからニーチェを引き離すために、カウフマンはニーチェを上品な物腰の穏やかで魅力的な実存主義者に変えてしまった、ニーチェの力の哲学の忌まわしい要素を払拭し、リベラルな理念に対するニーチェの攻撃を中和した、要するに世界で最も偉大な、力についての哲学者の一人を真摯に論じるのでなく、「強烈な鎮痛剤を打たれ……鎖につながれたキングコング」を提示したのだ、というのが学者たちの一般的了解であった[15]。

歴史学者にとってカウフマンの『ニーチェ』の意義は、ニーチェ思想のその解釈が妥当であるかどうかにはない。この書が当時の支配的な知的・文化的関心をどのように反映し、またそれらを形作ってきたか、を捉えることにある。史実に基づいたこのテクストの読解は、カウフマンの解釈がナチズムからニーチェを救い出そうとする秘かな企みにすぎない、という一般的非難が的外れであることを示す。カウフマンはたしかにニーチェをその哲学の危険な政治利用から引き離そうとした。けれども、それはニーチェの知的影響力の問題を総体として再評価するための、より大きな哲学的プロジェクトの一環としてであった。しかも批判者たちがしばしば断言するように、カウフマンはニーチェを実存主義者に変えたのではない。ニーチェの哲学を利用して、アメリカの読者にヨーロッパの実存主義を知らしめたのである。アメリカ人は実存主義にほとんど不案内であったからである。[16] またカウフマンはニーチェの実存主義的（あるいは「実験主義的」）資質を際立たせる一方で、ニーチェ哲学の啓蒙主義的・経験論的・プラグマティズム的次元をも強調する。それゆえに、カウフマンの革新性とは、当時の競合する哲学的、社会学的・文化的言説の全領域とニーチェとの、予期せぬ調和やその概略を示したことである。またそれによって、ニーチェを「ディオニュソス的啓蒙思想」の記念碑的な創造者へと作り変えたことである。[17]

ウォルター・カウフマン、ドイツ人亡命者、ヒトラーに追放されたニーチェ

カウフマンの若い頃の知的伝記を概略してみるのは有益である。というのも、ドイツ語圏と英語圏の双方におけるカウフマンの著しい影響を、またニーチェをアメリカの一般読者に分かる言葉で翻訳しうる類いまれな能力を理解するうえで、参考になるからである。[18] それだけでなく、カウフマンの伝記をナチズムから逃れたドイツ語圏の亡命者たちの大移動という広い文脈の中で捉えてみると、カウフマンの仕事の意義がより一層明らかになる。亡命者たちの人生の物語やニーチェ観に見られる、ときに微妙な調和ときに明確な差異は、なぜ他ならぬカウフマンその人の翻訳が二十世紀半ばのアメリカの思想と文化に最もよく順応できたのかを考える手がかりとなる。

ウォルター・アーノルド・カウフマンは一九二一年ドイツのフライブルクで、プロテスタントの父と

ユダヤ教徒の母の下に生まれる。後に自分の宗教的軌跡を物語っているが、カウフマンは一一歳まではきわめて敬虔なプロテスタントであった。しかしその年にもはや聖三位一体への信仰をやめると決意し、ユダヤ教に改宗することを望む。それが「キリストや精霊をではなく、神を信仰する人々のための宗教」であると思ったからである、と。(19) ドイツの法律では一二歳になるまで子どもは改宗できなかった。カウフマンはユダヤ教徒になるために、次の誕生日まで待たねばならなかった。その間の数か月にヒトラーが政権に就く。そのため両親は我が子の決意に対して懸念を抱くようになる。そのとき初めてカウフマンは父親が二〇代でユダヤ教徒からルター主義に改宗していたことを知る。(20) その後、ラビのレオ・ベック師の導きの下でバル・ミツヴァ*1の準備をし（カウフマンは後に師のドイツ語の著作をアメリカの読者のために英語に翻訳する）ベルリンのユダヤ教学大学に入学して、ラビに就いて学んでいる。カウフマンはこの学校で、(21) ラビになるための学業を終え、その後一九三九年に一八歳でラビになる意志をもって合衆国へと移民する。(22)

カウフマンはウィリアムズ大学に入学し、わずか二年後に哲学と宗教学とで優等の称号を得て卒業する。宗教の研究に強い関心を抱いていたが、戦争が勃発するとカウフマンは後に「神秘的体験」と呼ぶものを体験する。「このうえない絶望の中で、突如私は悟った。何年もの間私は信仰を持っていると自分を欺いていたのだ。ついに伝統の神も、精霊とキリストの仲間入りをしたのである」と。(23) 宗教的探究を放棄しても、真理の希求を断念したわけではなく、カウフマンは一九四一年ハーバード大学の大学院で哲学の勉強を始める。一九四四年までそこで研究を続け、研究を中断して米国空軍に入隊し、そしてオーストリアとドイツでの軍事情報活動に従事する。ベルリン滞在中にニーチェの全集を手にする。ナチスの原型とか、ロマン主義の人種差別主義者とか、哲学者でなく文学的人間にすぎない、などの大西洋両岸での悪評にもかかわらず――あるいはそれゆえに――カウフマンは西欧哲学へのニーチェの貢献を主題とした博士論文を書こうと決意する。この決意に当時のハーバード大学の教授たちは眉をひそめたに違いない。なぜなら、後にカウフマンも回想するように、その学部は英米系の分析哲学に支配されており、思弁的体質のドイツ哲学に対し公然と敵対していたからである。ハーバードに戻り、カウフマンは一年で（一九四七）論文「ニーチェの価値観の理論」をC・I・ルイスのもとで書き上げ、その後プリンストン大学へ移る。論文の出版に向けて手直しをしつつ、プリンストン大学を拠点として、欧米のニーチェ研究の権威として、また大陸の哲学のアメリカの読者に向けた翻訳者・紹介者としての役割を開始する。

概略した若い頃の経歴がカウフマン特有のニーチェ観の形成に果たした役割は、一九三三年から一九四〇年にかけてナチズムから避難したドイツ語圏の知識人たちの集団的大移動の一環として捉えると、より一層明確なものとなる。一九三三年一月にヒトラーが首相に就任する。ナチスの直接の目的の一つは十分に「アーリア的」でないとみなす知識人や文学者たちすべてを根こそぎにすることであった。社会主義者、「文化的ボルシェヴィキ」とりわけユダヤ人などである。一九三三年四月ナチスは「職業官吏団再建法」を成立させる。それによって一〇〇〇人以上の学者がアカデミズム機関から排除された。一か月後ナチスに支配されたドイツ学生同盟は「非ドイツ的精神に反対する」全国運動を展開する。――マルクス、フロイト、ヘッセ、カフカなどの作家たちが焚書の憂き目を見た。ベルリンでの集会で司会を務めた宣伝相ヨーゼフ・ゲッベルスは「過度のユダヤ的知性主義の時代」の終焉を歓迎した。(24) 続いておよそ五〇万人の知識人たちがナチスによって追放される。その三分の一以上が合衆国に亡命し、そのうちの約三分の二がユダヤ人であった。

この前代未聞の知的・文化的大移動に加わった亡命者たちを一覧するだけでも驚くべきものがある。多数の移民の中には社会理論や政治哲学のヘルベルト・マルクーゼ、マックス・ホルクハイマー、レオ・シュトラウス、ハンナ・アレント、フランツ・ノイマン、ハンス・モーゲンソー。精神分析のエーリッヒ・フロム、エリック・エリクソン、ヴィルヘルム・ライヒ。哲学者のカール・レーヴィット、エルンスト・カッシーラー、そして神学者のパウル・ティリッヒなどの学者たちがいた。ほとんどが大恐慌の真っ最中に――政治的孤立主義、反ユダヤ主義、移民排斥主義の絶頂期に――やって来た。彼らは博識で教育もあり、多くは国際的名声もあるため、一般の亡命者を待ち受けている敵意をいくらかは免れることができた。にもかかわらず、みな一様に――アメリカで精力的な知的活動を早々と再開するのに成功した者たちでさえ――新しい文化、言語、諸制度に順応する難しさを、また強いられた亡命に伴なう断絶と喪失の感覚の癒し難さを証言している。ハンナ・アレントは一九四三年『メノラー・ジャーナル』誌に「われら亡命者たち」と題する、ごくありふれた所感を掲載している。「われわれは、生まれ故郷を喪失した。これは、日常生活への慣れ親しみを喪失したということである。われわれは、仕事を失った。これは、この世界でなんらかの役に立っているという自信を失ったということである。われわれは、言語を失った。これは、自然な受け応え、無理のないそぶり、感情の気どらない表現を失ったということである」。その代わりに「倒錯した世界にあって社会ののけ者」となったのである、と。(25)

カウフマンも他の著名な亡命者たちと同じ背景や状況を背負っていた。それにもかかわらず、カウフマンがアメリカの知的生活に巧みに加わっていったという点は、看過されてはならない。カウフマンが一九歳の学生であったのに対して、この大移動の大部分を占めた知識人たちは成人で、しかも十分なキャリアを確立していた。それゆえ、カウフマンの物語をドイツ知識人亡命者たちの集合的伝記の中に含めることは、安易にはできない。けれども、他の亡命者たちと同じく、カウフマンも大志を抱く一人のラビとして亡命する以外に選択肢のない知識人であった。また、他の亡命者たちのように、カウフマンもやがてアメリカの知的生活の中で自己を確立し、卓越した学者として大きな影響力を持つようになる。またとりわけ、他の亡命者たちと同じく、ニーチェが自己の知的成熟における、自己の思想の絶えざる発展における中心的存在であった。亡命知識人たちには、道徳的基礎づけを解体しようとするニーチェへの関心、ニーチェを崇拝したナチズムの直接の体験、それゆえニーチェはナチスの原型では決してないという確信、などの共通の了解があり、それらはカウフマンも共有していた。ニーチェの哲学が大量虐殺への道を開いたのではないかと懸念する理由をドイツが与えたとしたら、ドイツはまた、とびぬけた思想家たちの集団をもアメリカにもたらしたのである。ニーチェが非難の的となる体制のまさにその犠牲者である思想家たちが、ニーチェを別の角度からアメリカ人に理解させようとした。亡命者たちは、ナチスの公式哲学者として称揚されるのとはまったく違うニーチェ像を共有していた。亡命者たちのニーチェはまさしく、ヒトラーに強制的に追放されたニーチェなのである。

カウフマンのニーチェへの心酔と年長の世代のそれとの類似は驚くほどである。まずカウフマンも年長の亡命者たちも、受けた教育や気質はさまざまであるにもかかわらず、ニーチェへの深い知的恩義を表明している。レオ・シュトラウスは他の年長世代と同じく、一九二〇年代にニーチェを研究している。ワイマール時代はニーチェのラディカルな歴史主義と道徳的遠近法主義への新たな関心が、ドイツの知的・文化的生活のいたるところに浸透していた時代であった。当時シュトラウスはこの哲学者を一学生として読み始め、その後大人になってからも一途に読み続けている。「二二歳から三〇歳までニーチェは私を圧倒し、また魅惑した」とシュトラウスは書いている。「そのため、ニーチェについて理解しえたすべてのことを私は文字どおりに受け容れた」と。(26) トーマス・マンはより豊かな心理学的レパートリーを自在に扱うことができた。それを利用して、同じようにニーチェに対する無条件の献身にも等しい畏敬の念を表明している。マンの傑作『ファウスト博士』(一九四七)の登場人物アドリアン・レーヴェルキューンに成就されたように、ニーチェはマンにとって個人的「インモラリズムの聖人」であった。ニーチェの生涯と著作は一八九〇年代からマンのアメリカへの亡命に至るまで、ずっと影響を与え続けている。マンはニーチェの高貴なるダンディズムを評価する。ニーチェの心理学的自己解剖や知者としての芸術家という概念からインスピレーションを得る。ニーチェに倣い、抒情的で悲劇的な芸術作品の総体としての自己を聖別する。ニーチェの主張「人類の目標は終末にあるのではなく、その最高の模範的な人間にあるのだ」に、自己の手で美的生活を神聖化するという慰藉を見出す。二〇代の初めからずっと「ニーチェの文化についての批評やその芸術的スタイル」*2を学び取ることが「自分の人生において……最も重要なことであった」とマンは信じていた。(27)

カウフマンのもそうであるが、亡命者たちの主要な著作を読むと、その思考の中にニーチェが生き生きと存在していることが分かる。ニーチェへのアプローチの仕方はさまざまであり、ニーチェについての結論もまた複雑であるが、いずれもカウフマンのように、ニーチェの反基礎づけ主義哲学から洞察を引き出している。その哲学が、神の死後の世界に生きることから生まれてきたものだ、と考えているからである。社会科学者は、心理学者エーリッヒ・フロムのように、ニーチェの心理学的概念を援用して、「自由から逃走」しようとする近代人の心理的動因を理解しようとし、一方人文科学者は、神の亡骸を利用して生きるニヒリズムについてのニーチェの預言を考察していった。(28)

他の亡命者たちと同じく、カウフマンもニーチェの宗教攻撃をかんがみて自己の宗教観を評価し直している。ルター派神学者パウル・ティリッヒは一九三三年以来自己の神学的理解のうちにニーチェを深く潜めて携えていた。ティリッヒが二九歳、フランス駐留のドイツ軍の従軍牧師のときに、周囲の言語を絶する死、殺戮を理解すべく目を向けたのは、ニーチェの『ツァラトゥストラ』であった。ニーチェの力を借りて、ティリッヒは人間の偽りの制度に対する崇拝の中で「有神論の神」は死んだことを理解する。近代人が尊大さのあまり神を殺してしまったのである、と。一九二〇年代から合衆国への亡命に至る間を通じて、ティリッヒはニーチェを利用して、人々を励まし続けた。「存在の根拠」、「プロテスタントの原理」から外れて罪深きものと化した公式宗教の「基礎を……振るい落とす」ように、と。宗教的絶対性から、空虚な敬神の念から自由になり、「存在する勇気」の主張を妨げるいかなる制度的権威にも挑戦するように、と。「有神論の神以上の神」に到達するように、と。(29) 後にカウフマンはティリッヒのキリスト教擁護のためのニーチェの利用について疑問を示すようになる。けれども、ナチスの世俗的超越は、無意味の超越に意味を見出すニーチェの仕事を体現するものではない、という確信をティリッヒと共有していた。亡命者たちの共有していた感情を、哲学者カール・レーヴィットは一九四九年の研究『歴史における意味』の中で、自分たちの経験してきたことはニーチェの正しさを証明している、と表現している。宇宙は神意によって、または進歩という自然法則によって導かれているという考え方は、永久に破産した。「こうした考え方はいまや終焉を迎えている。なぜなら、良心が反対しているからである」と。(30)

ニーチェに影響されたドイツ人亡命者たちを背景にして、カウフマンの『ニーチェ』を読むと、ニーチェの遺産に対するナチスの横領を否定しようと努力したのは、カウフマン一人だけではなかったことが分かる。それは反ユダヤ主義の非難からニーチェを守ろうとする亡命者たちの、一人一人の努力にもはっきりと現われている。[31] カウフマン自身の戦略は、ユダヤ人とユダヤ教に対するニーチェの否定的評価なるものは、すべて妹のエリーザベト・フェルスター＝ニーチェの捏造である、とすることであった。エリーザベトは一八八五年に名うてのドイツの反ユダヤ主義者ベルンハルト・フェルスターと結婚する。フェルスターはパラグアイのドイツ人植民地の創始者であり、後に熱狂的なナチスの支持者となる。エリーザベトを非難するカウフマンの仕事は、この結婚のためにさらに容易になる。一九三一年ナチス党に入党した筆頭文庫館員マックス・エーラーとともに、エリーザベト・フェルスター＝ニーチェは、国家社会主義に奉仕することがニーチェ文庫の公的役割である、と主張するようになる。[32]「私たちは熱狂に酔いしれています」とエリーザベト・フェルスター＝ニーチェは一九三三年に言い放つ。「なぜならば、私たちの政府の頂点にかくまで素晴らしき、紛れもなく瞠目すべき人物、偉大なるアドルフ・ヒトラー宰相がお立ちになったからです」と。[33]

第一にフェルスター＝ニーチェの反ユダヤ主義を強調すると、次にカウフマンは妹に対するニーチェの「甚だしくアンビヴァレントな感情」を繰り返すことによって、ニーチェ無罪の陳述を展開する。ニーチェは自分への献身のゆえに妹を愛したけれども、しかししばしばエリーザベトの「体現する偏狭さ……」また帝国の歪められた文化である「ひどく反キリスト教的なキリスト教」などのために傷つけられもしていた、と。[34] アンビヴァレントな感情は妹のフェルスターとの結婚を知ると、激しい嫌悪に高まる。一八八七年の妹宛ての書簡には「お前が犯した最大の愚行の一つだ。――おまえ自身にとってもそして私にとってもだ！　反ユダヤ主義の頭目とお前の結びつきは、私の全生涯とまったく無縁のものだ。それを思うと私の胸はいつも怒りと悲しみで張り裂けそうになる」とある。そのうえカウフマンは「反ユダヤ的ドイツ精神」へのニーチェの憎しみを強調する。これがニーチェのワグナーとの決別に決定的な役割を果たしたのである、と。カウフマンはニーチェの公刊された著作や私的な書簡からの抜粋を著書にふんだんに引用している。それらはどれも反ユダヤ主義が十九世紀ドイツの無知と排外主義の形を変えたものにすぎないというニーチェの侮蔑を表わしていると述べる。そしてニーチェが友人フランツ・オーヴァーベックに宛てた最後の書簡を引用する。「これから反ユダヤ主義者どもを一人残らず銃殺刑に処すところです」と。(35)

ニーチェのユダヤ人やユダヤ教への評価について、亡命者たちの論調はニュアンスの違いはあれども一様に、ニーチェを反ユダヤ主義者として記述するのは、粗雑で乱暴すぎるというものであった。ハンナ・アレントは全体主義や現代の反ユダヤ主義を論ずる上での権威と見なされているが、ニーチェとニーチェが受け継いだヨーロッパの高級文化の伝統の双方を、アレントは反ユダヤ主義へ至る近代ヨーロッパの複雑な歴史的諸条件から切り離す。(36)そして両者が「いかなる反ユダヤ主義の疑いをも超越したところにある」ことを示そうとする。ナチズム体制についての早い包括的な研究の一つ『ビヒモス』(一九四二)の中で、フランクフルト学派の政治学者フランツ・ノイマンは述べている。ナチズムには明確な政治理論や首尾一貫したイデオロギーすら欠けている。それだけではなく、ユダヤ人についてのニーチェの考え方をまったく理解していない、と。「しかしニーチェは反ユダヤ主義者ではなかったのであって、彼にそのような烙印を押そうとする試みはすべて失敗に終わるにちがいない、……ニーチェは反ユダヤ主義を、霊的なものにたいするまた金にたいする単なる嫉妬として……論難した」。(37)

ニーチェの経歴や思想への関心について、カウフマンと他の亡命者たちとの間に印象的な共通点はいくつもある。けれども、大きな相違点がある。それはカウフマンのニーチェを他の亡命者たちのものから区別するうえで重要である。なぜカウフマンのニーチェ解釈だけがアメリカ文化において広汎な反響を呼ぶことができたのかを、この相違点がまさしく説明するからである。年長の亡命者たちはおのおの確立した自分のニーチェを携えてやって来たのに対して、カウフマンはアメリカでの研究生活の中で自己のニーチェを創り上げていった。年長の亡命者たちはニーチェを利用して、自分の個人的状況を再評価する、あるいはニーチェの名前でなされた惨事に抗議するが、そのとき彼らはドイツ人という自己のアイデンティティの一部であったニーチェを思い起こしている。過去の、もはや自分のものではなくなった故国の一部であったニーチェを振り返っている。カウフマンもニーチェを自分の生まれたドイツの哲学文化と結びつけてはいるが、アメリカ市民として新しい世界での新しい学者として誕生してゆくまさにそのときに、カウフマンとニーチェとの関わりが始まっている。カウフマンは無邪気な人間でも素朴な人間でもなかったが、彼の頭の中で創り出されたニーチェは、背後にいかなる歴史も持たない若き思想家という自己のイメージを投影したニーチェなのである。

亡命者たちのニーチェの中で最も先鋭的なテオドール・アドルノのニーチェ像を考察すると、年長の世代のニーチェとカウフマンの新しいニーチェとの対照性が際立ってくる。亡命者たちの中でニーチェに最も影響され、一貫してニーチェの思想に依拠した者はアドルノに他ならない。しかしながらアドルノのニーチェはカウフマンのニーチェとはまったくと言ってよいほど類似点が見出されない。一九四四年二三歳のカウフマンは、捜し求めていた、道徳的に自立し自己充足する絶対的な理論家をニーチェの中に見出していた。そのときアドルノはニーチェを利用して、自立へのリベラルな憧憬は近代ブルジョワジーに統治される世界の生み出した虚構にすぎないことを強調している。アドルノはフランクフルト社会研究所の同僚たちとともに一九三三年その職から追放された後、ジュネーヴやオクスフォードを経て一九三八年に合衆国へやって来る。ニューヨークでの成功は限定的だったので、アドルノはフランクフルト学派の友人で指導者のマックス・ホルクハイマーとともにカリフォルニアのパシフィック・パリセーズに移動する。このロサンゼルスの陽光の下でアドルノとホルクハイマーは『啓蒙の弁証法』（一九四四）と題する、陽光のかけらもない記念碑的な著作、ニーチェ的近代批判を書き上げたのである。(38)『弁証法』の中でアドルノとホルクハイマーはニーチェの啓蒙思想批判に依拠して、「進歩する思考の概念」という従来の見解に挑戦する。人間の理性能力に対する啓蒙思想の何の裏付けもない尊重は「世界の脱魔術化」に至るだけではない。——人間の理性への盲信はそれ自身の破壊の種を蒔いたのだ、と二人は主張する。道具主義的理性の無限の力を称揚することで、啓蒙思想は人間の理解、支配、統治の力を超えるものは何もないというイデオロギーを涵養した。それゆえナチズムにより「統治された世界」は啓蒙思想の放棄ではなく、その現実化である。「啓蒙は感情や衝動を……考慮する。全体主義的秩序はこのことをその通り実現した」。アドルノとホルクハイマーによれば、ニーチェは現代の新造語「全体主義（的）」は知らなかったかもしれないが、明らかに全体主義の世界観を活気づけている「啓蒙の弁証法を認識した数少ない一人であった」と。秩序を仮装した啓蒙の暴力と、憐憫を装ったサディズムと言って、ニーチェが攻撃したものは、ヨーロッパのファシズムにだけ見られるものではなかった。恐るべきことに二人がアメリカの「文化産業」と名付けたものもまたそうであった。ハリウッド郊外のわずか数マイルのところにいながら、先進国の産業資本主義において文化は人間を高めるのではなく、楽しませることだけを目的とした日用品となりはてた、そのため文化は意図的に現代人の自己意識を鈍麻させ、周囲のひどい差別的状況に対して盲目にしてしまう、と二人は述べる。アメリカ資本主義の文化産業は、ドイツ・ナチズムと同じく、独立した思想も欲望も不可能な、まったく偽造された人格を生み出している。人格さえもが後期近代の「大衆欺瞞としての啓蒙」による統治論理の一例となってしまったのである、と。[39]

アメリカ亡命の期間、アドルノは基盤の喪失を絶えず感じており、その中でニーチェの「否定弁証法」[40]にわずかながらも実存的・知的な慰藉を見出している。一九三八年合衆国にたどり着いたときから、アドルノは流浪のヨーロッパ人であると感ぜずにはいられなかった。道徳的感覚と美的判断力を自分にもたらした垂直文化の世界から放り出されたヨーロッパ人である、と。アドルノはアメリカで一度たりともくつろいだことはなかった。いやいやながら冷ややかにその社会にやむを得ず適応してゆかなければならなかった。歴史が欠如し、知性のかけらもない大衆娯楽に飽食させられながら、精神生活には十分な栄養が与えられていないようにしか思えない社会に。愛想のない文化と言語の中で生活をするために、アドルノは骨を折りながら「亡命中の知識人は例外なしに傷ついている」と書く。なぜなら「自分の言語は没収され、しかも自分の知を養った歴史的次元は掘りくずされたから」である。[41]アメリカ亡命時代にアドルノの合衆国観が軟化することはなかった。一九四九年にアドルノは最初の機会が与えられるとすぐにドイツに帰国する。一九五三年に一時合衆国に戻り身辺を整理した後は、二度と足を踏み入れることはなかった。

啓蒙主義思想の危険を伴なう勝利について、アドルノはニーチェ風に物語る。[42]それは一九四〇年代から五〇年代にかけての著作において、際立ったライトモチーフをなしている。当時の主要な著作において、アドルノはニーチェを利用して、見晴らしの良い地点を求める。「公的な文化」に関わりつつも、批判的な批評が足場としうるような地点をである。——批判しようとするまさにその文化によってすでに支配されているような土台をではない。これは亡命生活の間絶えずアドルノに付きまとい悩ませていた問題であった。思想家は偽りのではない自己の思想をどこで考えうるのか、中身のない道徳を気取ることなく、自己の道徳的態度をどこで取りうるのか、と。「アウシュヴィッツの後で詩を書くことは野蛮である」とアドルノは結論づける。詩を書くことを野蛮にさせたもの、それは道具主義的世界の暗い現実から逃亡しようとすることにあるのではない。詩を書くことによっても、世界の全体主義的残忍さから逃れることができなかったことである。ホロコーストの後で、自分の思考が管理された近代の思考ではなく、まさしくこの自分の思考であることを、いかに我々は確信しうるのかをアドルノは問うたのである。(43)

以上がアドルノのニーチェ的「否定主義」である。(44) 一九五〇年代・六〇年代のアメリカの知的生活では、事実上一人も読者はいなかったアドルノのニーチェは、亡命者たちのニーチェ、悲嘆と苦悩のニーチェの最たるものである。むろんアドルノのような特異な思想家を亡命者たちの代表とすることはできまい。しかしアドルノの否定主義的ニーチェは、亡命者たちの心理的混乱、喪失感、苦悩、価値観の倒錯した世界への怒りを表わしており、その極端さを見ると、なぜカウフマンのニーチェが二十世紀半ばのアメリカ文化に容易に浸透しえたのかを理解することができる。カウフマンのニーチェ像はほとんどすべての点でアドルノのニーチェと対照的であるからだ。アドルノの否定主義的ニーチェはドイツでの安定した生活と明確なキャリアの道から力ずくで追放されたところから生まれた。カウフマンのニーチェはアメリカでの学生生活の間に形成されたものである。アドルノのニーチェは執拗に啓蒙思想を批判するが、カウフマンのニーチェは啓蒙思想の見果てぬ夢を体現している。前者は理性を備えた自己とは道具主義的美徳を模倣するにすぎないものと考えるが、後者は理性を備えた自己があらゆる道徳の中核をなすと捉える。アドルノにとって何よりもニーチェは「様式化した野蛮人……〈様式の統一〉と呼んでもさしつかえない非文化の体系」に決して屈することのない、さまよえる弁証法家である。それに対してカウフマンのニーチェは「弁証法的一元論者」であり、その思想や文学的スタイルはどれもみな、ある統一された全体性に還元されるものである(45)。他の亡命者たちのニーチェ像は、アドルノのニーチェよりは普及したものの、カウフマンのニーチェほど完全にかつ包括的に成し遂げたわけではない。冷戦期の文化の息詰まるような状況のなかで、アメリカ人はより広い空気を呼吸するために、開放的な思想家を待ち設けていた。カウフマンのニーチェはまさにそれを提供したのである。全体主義的啓蒙思想家ではない、ディオニュソス的啓蒙思想の哲学者を。

厄介な思想家ニーチェ

大西洋の両岸においてニーチェにダーウィン主義者の役割、ロマン主義者の役割、ショーペンハウアーの「気まぐれな弟子」の役割を押しつける傾向があり、そうしたニーチェ解釈をカウフマンはすべて覆すことを企てる。カウフマンは何よりもまずニーチェを真摯な哲学者として確立しようとした。ニーチェに「西欧思想の偉大なる伝統の中の正当な地位」が与えられるべき時がやって来た、とカウフマンは主張する。ニーチェが西洋の伝統における「一つの重要な歴史的事件」であることを例証するために、カウフマンはニーチェをソクラテス、プラトン、ルター、カント、ヘーゲル、ゲーテといった相手と対話させる。そのうえで、ニーチェは啓蒙思想家として理解するのが最も良い、と繰り返し強調する。カントの啓蒙についての格率「自分自身の悟性を用いる勇気を持て！」と同じく、ニーチェも自己の哲学的探究を、知的な自己主権の追求として規定している、と。「「一事こそ必要だ——人間が自分自身の満足に到達するということが」。自分自身を作り直すべきである。自分の性格に様式を与えることによって「唯一の存在」となるべきである」と。ニーチェは「啓蒙主義者の一部が持つ楽観主義を失ってい る」かもしれないが、解放と自己信頼という同じメッセージを語っている。カントのように「人類」に対してではなくとも、「唯一の存在としての人間たち」に対して語っている。ニーチェが人類に対する啓蒙主義的信念を失っているとしても、唯一の存在としての人間に対する啓蒙主義的信頼は依然として共有している、とカウフマンは述べる。(46)

偉大な西欧哲学者たちのパンテオンにニーチェの場所を確保するためには、まずニーチェのヴィジョンの一貫性を示さなければならないことを、カウフマンは認識していた。そのためにカウフマンが主張したのは、ニーチェの思想を厳密に研究すると「それ自体で完成された」合理的な哲学が姿を現わすということである。ニーチェの著作には「自己矛盾する」主張があるという評判にもかかわらず、より広汎なコンテクストに置くならば、力についての、自己主権についての、知的誠実さについてのニーチェの思想は統合された一体性を示す。ニーチェの主張の矛盾や曖昧さと言われるものはどれも実際にそうなのではなく、見かけの上にすぎない。ニーチェはロマン主義者たちの「理性、啓蒙」に対する抗議やロマン主義者たちの著作において「あいまいな」ものを厳しく「非難した」。それゆえ、ニーチェをロマン主義者とみなすのは、ニーチェを「その闘った相手と」同一視する誤りを犯すことになろう。ニーチェの「意図はきわめて明瞭であり、またニーチェは相反する立場に同時に身を置くような人間ではない。「二重の本性」を持つ限りでは、ニーチェはそれを絶えず乗り越えようとしていた。……曖昧さではなく、自己の超克がニーチェ理解の鍵である」とカウフマンは強調する。(47)

ニーチェの思想の一貫性を主張するカウフマンはまた、ニーチェの奇妙なアフォリズムのスタイルについて説明する必要があると考えていた。ニーチェを理解するのは難しいと読者が口にするのは、ニーチェがきわめて非凡な書き手であるからだ（「であるにもかかわらず」ではない）とカウフマンは述べる。「ニーチェの著書は他の思想家たちのものに比べると、読みやすいがしかし理解するのは容易ではない」と。だが、ニーチェは一人の偉大な書き手であるにとどまらない。ニーチェは文体が内容を凌駕するような書き手を戒める。ニーチェは「文学的デカダンス」を批判する。洞察のひらめきのうちに意味がみられても、全体としてのテクストを見ると意味が不明であるならば、点と点とが結びつけられていない状態なので――ニーチェが言うように――「アトムの無政府状態」があるにすぎない、と。[48] ニーチェがアフォリズムで書いたのは、筋道の通った思考ができないからだという非難が長い間なされてきた。二十世紀の前半ニーチェの文学的技量や灼熱の知性は認められていたけれども、アフォリズムは真摯な哲学にはふさわしくないと主張されてきた。そこでカウフマンは文学的デカダンスに対するニーチェ自身の批判を利用して、従来の非難に対する予防線を張る。ニーチェは哲学が落雷とともに誕生しうることを証明したのである、と。

　カウフマンはニーチェのアフォリズム使用を擁護する。それはニーチェが哲学的探究の目的と様式とを、二つながら根本的に修正するために不可欠の手段であった、と。アフォリズムはニーチェの多元的プロジェクトにとって重要なものである。なぜならアフォリズムによって人生の諸問題に可能な限り多様な角度からアプローチすることができるからである。しかもニーチェのアフォリズムは、偶然の世界においてあるべき生の新しいヴィジョンのための思考実験であり、暫定的仮説であるからだ、と。ニーチェの知の理論とそれを表現する方法を特徴づけるうえで、カウフマンは実験的と実存的という用語を導入する。「実存的」とは、真理、信念、本性についての問いは人間の生にとって適切なものである限りにおいて価値がある、ということを意味する。ニーチェにとって哲学は「完結した非人称的な体系ではなく、知の情熱的な探究、絶え間ない大胆な実験である。——なるほどささやかな実験ではある、華やかさも壮大さも欠けている。だがしかし、きわめて真摯なものであり、その実験を避けたりごまかしたりすることはできない」。本物の経験から生まれてきた問題、哲学者の論理ゲームや世界の形而上学的地図への欲望から生まれてきたのではない問題、そうした問題だけが考察に値する。ニーチェは「体系の思想家」ではなく「問いを立てる思想家」である。そしてニーチェのアフォリズム使用は「それぞ

図 15　ウォルター・カウフマンの写真。日付不明。プリンストン大学図書館プリンストン大学文書局稀覯書・特別コレクション部収蔵。プリンストン大学図書館の好意による。

れの問いを切り抜ける」方法である。そのように考えるときに、ニーチェの実験主義は最もよく理解できる、とカウフマンは述べる。アフォリズムは放棄ではなく、生の諸問題の真剣な探究を具体化したものである。それは「アトムの無政府状態」ではなく、生の哲学の実験的形式である。そう主張することによって、カウフマンは点と点とを結びつける。「生はまさしくニーチェの思考と著述の全体にある。その実験主義という見かけの上の矛盾によって分かりにくくなってはいるが、しかし一体性が消し去られたわけではなく、確かに存在するのである」と。(49)

カウフマンの『ニーチェ』は、第二次世界大戦直後アメリカで「フランス実存主義の流行」が頂点に達し、それに対する解説が求められていたときに登場する。『タイム』、『ライフ』から『ヴォーグ』、『ハーパーズ・バザール』などの大衆雑誌まで、パリ特派員の通信、実存主義の著作の抜粋の翻訳、サルトルやボーヴォワール、カミュなどの肖像写真を、突風のように次から次へと掲載し、実存主義が魅力に満ちた新しい哲学ファッションとして到来を告げる。不確実な時代にふさわしい新しい哲学の出現。その哲学は人間の存在の条件を問いかけ、有限の世界における無限のものへの渇望を論じ、冷酷な現実世界に直面しつつ、生の意味を探究していた。第二次世界大戦中のドイツの母国占領に際して、フランスの思想家たちはボヘミアン的なナイトクラブやカフェに身を潜めるなど、一種の内的亡命を強いられた。不条理な死に直面して、フランスの思想家たちは生の総決算を要求する哲学を主張した。この哲学はたんなる思索の方法ではない。人生の出来事から切り離された抽象観念の寄せ集めではない。思考が行為を鼓吹する、道徳的要求を行為で実現しようとする、非の打ちどころのない生き方である。そうアメリカ人の目には映った。しかもこの哲学は自らを際立たせるための道具立てをも備えていた。——黒の衣装、紙巻き煙草、無国籍のジャズなどである。戦後のアメリカ人には、煙草の煙に満ちたパリのカ

フェから漂ってきた文化的メッセージは魅惑的であった。けれども半面分かりにくいものでもあった。(50)

カウフマンは実存主義へのそうした好奇心を巧みに導いて、ニーチェ登場の条件を整え、現代人の探究すべき特殊な一つのスタイルとしてニーチェの役割を提示する。そしてニーチェのスタイルを、西欧哲学思想のより大きなライトモチーフへとあらためて結びつけようとする。けれども、カウフマンはそれをきわめて慎重に行なった。読者を導いてゆく思想の問題意識やスタイルは、自分でもたまにしか実存主義的と説明するにすぎないものであったので。カウフマンは「[ニーチェの]課題の緊急性」について述べる。神の死後、もはや神による物事の説明は成り立たず、自然主義的説明は人間の経験に尊厳も意味も与えることが何一つできない。そうしたときに、孤立した個人は冷酷な世界の中で自己の恐るべき孤独性に直面せざるを得ない、と。(51) ニヒリズムは問題外である。というのもそれは、世界が同じ一つの意味を持つ場合にのみ、世界には意味があるということを前提にした考え方にほかならず、陳腐な思考習慣への後退にすぎないからである。カウフマンはさらに用心深く、既述したニーチェの思想の要素を実存的なものと規定する。注意すべきは、これらの要素は六年後にカウフマンが移入するヨーロッパ実存主義の特徴に他ならないものだったことである。『実存主義――ドストエフスキーからサルトルまで』(一九五六)を出版する頃には、すでにカウフマンはこの思想を一手に引き受ける先駆的解説者となっている。(52) とはいえ、一九五〇年にはまだ実存主義の概略とその中でのニーチェの役割を考案しているところであった。ニーチェと後の実存主義者たちとの重要な類似点は、人生を肯定する哲学、ニヒリズムを異端の存在形式として拒絶する哲学を、ともに渇望する点である。「実存の語の使用だけではない。そこに賭けられた思想もまた「ニーチェの頭にあったものは」今日実存主義哲学と呼ばれるものにきわめて近い、ということを提起している。人間の根本の問題は真の「実存」に到達することなのである」。ニーチェは偶然の世界における自分の「実存」が「たんなる一つの偶然で、それ以上」のものではないと考えることを拒否する。それによって、真の「実存」に到達することを目指すのである、と。(53)

アメリカでは、ニーチェを真剣な考察に値する哲学者として確立しようとするカウフマンの努力は、熱烈に歓迎された。学術的刊行物でも一般雑誌でも、カウフマンの研究は「啓示」である、「現代思想の研究者ならば決して無視することのできない稀有な著作の一つ」、「ニーチェ哲学の最良の解説の一つ」、カウフマンの最大の功績はニーチェを意味あるものにしたことである、などと書かれている。(54) 初期の書評は好意的なものであった。しかしカウフマンは、アカデミズムの哲学者たちにニーチェの価値を認めさせるのは、至難の業であると考えていた。十九世紀の後半から拡大していた英米の哲学とヨーロッパ大陸の哲学との亀裂は、二十世紀の半ばには決定的なものになっていたのである。

英米の哲学者たちはドイツ観念論と結びつく形而上学の思弁的本性に対して、疑いの目を向けていた。一九三〇年代から五〇年代までずっと続いて、分析哲学とりわけ論理実証主義が、合衆国の主要な大学の哲学のポストを支配していた。分析哲学は哲学の目的を、科学の目的と同種のものとみなし、哲学的探究の領域を狭め、検証可能な結果を生む問いだけを取り上げようとする。人生を意味あるものにするのは何か、を考察するのではなく、ある何かを真理であると言うとき、それは何を意味しているのかと分析哲学は問う。いかなる種類の真理の主張が検証可能であるのか、ある信念はいかなるときに正当な根拠を持つのか。結果として分析哲学者は言語を主要な領域とみなすようになる。この領域では、命題の真理としての価値を適切に検証することができるからである。そこで論理実証主義は、個別的真理の主張を包含する特殊な用語や定義にもっぱら集中して焦点を当てるようになる。そのようにして論理実証主義は、高度に専門的であるが最小限度の言説を、真理の探究にふさわしい媒体として発展させてゆく。分析哲学者は、検証可能な主張のみが意味を持つと考えているので、究極的には哲学の探究を文学、芸術、神学との伝統的な結びつきから切り離して、推し進めていった。[55]

英米の哲学が科学を手本としつつある間に、ヨーロッパ大陸の哲学は射程を拡張し、文学的・芸術的・心理学的言説を利用しながら、現代人の経験を考察した。大陸の思想家たちは、人間のより完全な姿を描き出すために、人間の経験の全領域を——個人のアイデンティティ、現代人の不安、超越者の切望など——考察し続けた。けれどもこの人間的領域の広大さのために、フッサール、ハイデガー、ヤスパース、サルトルたちの思想は、アメリカのほとんどの哲学科では十分に「哲学的」ではなく、真剣な研究に値しないとみなされていた。[56]

大西洋を挟んで対峙する哲学、二つの異質な文化の間の亀裂は、いかなる哲学者も単独での修復は難しく、まして広汎な読者層に向けて語りかけることなど至難の業であると思われていた。しかしカウフマンは実存主義と分析哲学を、ヨーロッパとアメリカを対話へ導く思想家としてニーチェを打ち出す。ニーチェは実存主義の「気質」を示している。ニーチェは哲学と心理学をブレンドし、現代人にとっての神の死の意味を考察する。またその文化批評においては、文学的資料を存分に活用している。他方で、ニーチェはまた「実証主義的傾向」をも示している。形而上学の拒絶、経験主義、言葉の使用に関する鋭敏さ、などはどれもニーチェの分析哲学との親和性をよく表わしている、と。[57] ニーチェの中にはこの二つの系統があり、それらを一つにまとめ上げてゆくと予期せぬ調和が生まれる、とカウフマンは述べる。両系統の反目にもかかわらず、どちらも真理を装う幻想を一掃し、偽りの必然性を問いただし、「哲学を地に足の着いたものにすること」を求めているのである、と。[58] カウフマンは後に『必携ニーチェ』（一九五四）の序の中で、二十世紀の哲学にとって、ニーチェが救世主となりうる可能性があることを情熱的に語っている。「ニーチェは……論理実証主義と実存主義との間の最良の架橋である」。「ドイツ哲学、ロマンス諸語の哲学と英米の「分析哲学」とは……互いにまったく交渉もない」なかで、「現代思想の今なおまったく分岐している二つの潮流に何らかの結びつきを」再構築するうえで、ニーチェは大きな力となりうる。「ニーチェはかつて遺憾なことに、第一次世界大戦の元凶たる思想家として糾弾されたが、国際的な相互理解に大きく寄与することであろう」という皮肉を忘れずに添えながら、カウフマンは述べる。(59)

専門家たちの中でも広汎な読者大衆の間でも、ニーチェの評判が良くないことを考慮するなら、知的福音の使者としての自分のニーチェを読者はまだ受け容れる用意ができてはいないかもしれないと、カウフマンは懸念したことであろう。けれども、カウフマンに言わせれば、これこそが「真の」ニーチェなのである。長年の誤った情報に基づいた解釈——例えばダーウィン主義者としてのニーチェ、ロマン主義者としてのニーチェ、詩人としてのニーチェなど——によって誤解されてきたニーチェの、これこそ本当の姿である、と。まず最初にニーチェを西欧の哲学の伝統の系譜に戻し、次にニーチェのスタイルがさまざまな仕方で、その哲学的実験主義の本質を表わしていることを明らかにする。それによって、カウフマンは一見離れ離れの数々の点を結びつけられることを、すなわちニーチェの思想は西欧哲学の主要な系統からの逸脱ではない、ニーチェ哲学には明確な意味があるのだということを、効果的に示してみせたのである。

ニーチェとナチス

カウフマンはニーチェ思想の統一性を提示するだけでは満足せず、続いて戦争商人というニーチェ伝説の打破にとりかかった。すでに第一次世界大戦前から大西洋の両側で、ニーチェの戦闘的な言辞やキリスト教の「奴隷道徳」への批判は、軍国主義の称揚であるとみなされていた。神の死というニーチェの主張、すなわちいかなる普遍的価値も、いかなる神的・超歴史的な審判者も存在しないという主張は、ニーチェにとって力こそが正義であるという見方を裏付けるものとされた。ニーチェの「力への意志」のこうした好戦的解釈にカウフマンは挑戦する。「力への意志」とは他者を凌駕することではない。自己を「超克すること」を表現しているのだ、と強調する。とはいえ、ニーチェの力の概念は他者に対するとめどない無慈悲さの称揚であると思われていたので、戦争の哲学者として死後も名を残すニーチェの経歴を覆すことは、かなり危険を伴う仕事であった。

第一次世界大戦の第一原因であるというニーチェの悪評が消えるか消えないかのうちに、次の世界的ー歴史的大破局が突発する。ヨーロッパにおけるナチズムとファシズムの興隆が目撃され、一九三〇年代には反民主主義的・人種差別的超人への危惧が明確になってくる。開戦に至るまでの間に、学術誌においても一般雑誌においても、アーリア人種を強調するナチズムがニーチェの「金髪の野獣」や「主人道徳」の現われであると解釈され始める。「力への意志」の上位にいかなる法もニーチェは認めないからである。ナチスは自分たちの先駆者としてルター、フィヒテ、ヘルダー、ゲーテ、ワグナーなど多数の思想家・芸術家を、ドイツの知的・文化的偉人群の聳え立つパンテオンに組み込んできた。だがまさしくニーチェこそがナチズムの政治的・人種的・社会的世界観の創造者であると称揚した。合衆国の新聞は強い嫌悪感をもってドイツ政治の「ニーチェ化」の様子を報道した。特派員たちは例外なく警鐘を鳴らした。一九三〇年代を通じて、「ニーチェと危機」との結びつきを指摘し、「キリストとの闘いにおいてニーチェはナチスの予言者である」と告げ、ヨーロッパでの展開はニーチェ主義が現代のキリスト教の最も「恐るべき敵」であることを示すと警告した。[60]「私はナチスと結婚した」とあるアメリカ人女性は語った。ドイツ人の夫との幸せであった結婚生活は、いまやキリスト教と民主主義に対するニーチェ的憎悪に夫が染まり、台無しにされてしまった、と。他方で、「異端の慣習　ナチスの結婚式で蘇生」という記事では、新しいナチス式の結婚式の一環として、『ツァラトゥストラ』の一節の朗読が義務づけられている、と書かれていた。[61] 一九四三年『ニューヨーク・タイムズ』紙は、ヒトラーがムッソリーニの六〇歳の誕生祝いに特別製本のニーチェ全集を送ったと報じた。ニーチェのナチス化を述べる記事の中には、ナチスが本当にニーチェを正しく理解しているのかをいぶかる声もあった。だが、総じてジャーナリズムは、ブルジョワ的価値観、民主主義、キリスト教的憐憫に対するニーチェの否定が、ナチスのニーチェ援用を容易にしていることを強調した。「民主主義は国家の腐敗の歴史的形式である」や「獲物と勝利を求めて貪欲に暴れ回る、壮麗な金髪の野獣」の賛美などの、ニーチェのレトリックが、軽快にナチスの口から流れ出て、拡声器を通してナチス党の党大会や行進で広まっていったことは、誰の目にも明らかな事実であった。[62]

カウフマンはただ大衆雑誌のニーチェ・イメージに挑戦するために自分の著書を計画していたのかもしれない。けれども、一九四一年に出版されたハーバードの精神史研究者（後のアメリカ歴史学会会長）クレイン・ブリントンによるニーチェの生涯と思想についての権威的研究は、カウフマンに全面的な対決を余儀なくさせる。一九四〇年代を通じてブリントンの本は、ニーチェの哲学がナチズムにインスピレーションを与えたと主張し、それはニーチェ解釈の権威と見なされていた。したがって、ニーチェのナチス先駆論に挑戦するためには、まずブリントンと闘わねばならなかった。伝記と受容史を融合させたブリントンの『ニーチェ』は、ニーチェ哲学が二十世紀に競って利用されるさまを描き出している。ニーチェの評価を概観して、ブリントンは「穏やかな」ニーチェ主義者と「激烈な」ニーチェ主義者という、相反する二つのタイプの崇拝がある、と述べる。この「単純な二元論的思考法」、この「簡単な概念的二極化」が、ニーチェのような複雑な思想家によって生まれた思想の諸傾向を分類するやり方としては、安易すぎることをブリントンも認める。けれども、自分の二元論がニーチェ哲学についての相反する二つの見方を正確に映し出しているとブリントンは信じていたので、何の釈明もしなかった。「穏やかなニーチェ主義者」は激烈なレトリックにもかかわらず、ニーチェが健全なモラリストであり、十九世紀の西欧社会を、より高貴な真善美の世界に高めたいと望んだだけであると思い込んでいる。ニーチェを「善意の人」にしようと、穏やかなニーチェ主義者は余りに行きすぎてしまい、一切の現実認識を超越して、ニーチェの欠点を糊塗している、とブリントンは結論づける。反対に、「激烈なニーチェ主義者」は「より安直なやり方をしている」。ニーチェには他者に対する軽蔑以外何もないことのありとあらゆる証拠を、ニーチェの著作の中に見出そうとしているからである。激烈なニーチェ主義者の考えるニーチェは「ディオニュソス的反抗者であり、恥じることを知らない異端者であり、悦びに満ちた闘士であり」、「途方に暮れた人間の群れ」に対して少しもためらうことなく冷酷にふるまう。それゆえ、「激烈なニーチェ主義者」のほうがニーチェを正しく理解している、とブリントンは述べる。ニーチェは一切制約のない力を崇拝している。ナチスは専制と暴力とを崇拝する。したがって、ナチスは激烈なるニーチェ主義者である、と。「もしニーチェが今生きているならば……立派なナチス党員になっているであろう」とブリントンは結論づける。(63)*3

ナチスの先駆者というイメージがきわめて強いため、ブリントンは粗雑な主張に説得力を持たせる必要から免れて杜撰な論を展開している、とカウフマンは捉えた。例えば、ブリントンは自分の主張の論拠として、ニーチェの「（いわゆる）戦争賛美と言われるもの」を文脈も確かめずに利用している、とカウフマンは述べる[64]。ニーチェには、人間の力の根源とその現われとについて、矛盾しているため混乱させるような言明が多いことはカウフマンも認める。ニーチェは「『われわれは剣を折ろう』……自身最も強固な防衛戦力を有していたものが、感受性のひとつの頂点から、自己を無防備化するということ、――これこそが、……真の平和へ至る手段である」と書いている。それにもかかわらず、ツァラトゥストラの「きみたちは新しい諸戦争のための手段として平和を愛すべきだ。それも、長い平和よりは、むしろ短い平和を」という説教が、多くの人間に「ニーチェはファシストである」というイメージを与えている、と[65]。カウフマンによれば、戦争についてのニーチェの相矛盾する主張は外面的なものにすぎない。ブリントンもニーチェを戦争の哲学者と捉える他の人間たちも、ニーチェの見解をつねにコンテクストから切り離して解釈している。ニーチェの主張を「キリストへの嫌悪」という文脈に置き戻してみると、ニーチェにとって「戦争とは、弱者の利他主義との戦争である。利他主義を口実に自己完成という困難な課題から逃亡する弱者たちとの闘いを意味している」ことが明らかになる、とカウフマンは主張する[66]。カウフマンによれば、戦争とは真の力の現われではなく、逆にそれが欠如していることを示しているとニーチェは述べているのである、と。

カウフマンはたしかにナチスのニーチェという「血に赤く染まった」イメージと正反対のニーチェ像を創り出そうとした。ドイツに関わるもののすべてに対する敵意に満ちた合衆国の雰囲気、とりわけニーチェへの悪評を考えると、ニーチェをナチスから切り離そうとするカウフマンの覚悟のほども分かる。しかしカウフマンのその努力は、あくまでより広大な目的の一部にすぎない。その目的とはニーチェを

図 16　1934年アドルフ・ヒトラーのニーチェ文庫（ドイツ，ワイマール）訪問。クレイン・ブリントン『ニーチェ』（1941）に転載されたもの。

知的なまた政治的な影響力という問題から解放することである。一九五〇年代ニーチェはナチズムに対する影響力で有名な——というより悪名高い——だけではなかった。ヨーロッパでの知的・文化的・政治的活動の多くに、ニーチェの痕跡があるということは知られていた。そこでカウフマンは主張する、ニーチェを現代の思想に対する影響力の源泉として解釈するのは不条理である。なぜなら、少なくともドイツにおいて「一九〇〇年以降の教養あるドイツ人で「何らかの形でニーチェの影響を受けた」ことのない者などありえない」からである、と。ニーチェの哲学がいろいろな形でいかがわしく利用されてきたことを考えると、「ニーチェの思想はそのインパクトによって明瞭になったのではなく、逆に不明瞭なものにされていった」ことは否定できない、と。(67)さらに、思想史において因果関係の主張ほど疑わしいものはない。なぜなら、そのような主張は例証されるのではなく、ひたすら断言されるだけの傾向があるからだ、と。「歴史的因果関係ははなはだ複雑を極めており、影響力のたんなる断定だけで解釈できるほど単純なものではない」。カウフマンから見ると、ニーチェの死後の履歴がまさにその良い例である。思想家もテクストもはなはだしく誤解されているがゆえに、影響力を発揮しうるのである、と。[68]

ニーチェをその影響力によって研究することは滑稽である、というカウフマンの主張を支持する書評者たちもいた。なかにはカウフマンがニーチェの思想を巧みに処理することに舌を巻き、自分たちにも責任があることを進んで認める者もいた。ウォルター・サーフは自分が無責任にも「ニーチェについての一般的なイメージを」額面通りに受け取っていたこと、「もみ殻と小麦とを選り分けようとせず、［ニーチェの］著作についてのゴシップを広めるのに手を貸した」ことを認めた。[69] 一九五一年『サタデー・レヴュー・オブ・リテラチャー』紙に掲載された、カウフマンの著書に対するブリントンの書評はさらに驚くべきものであった。ブリントンは、ニーチェの思想に対する合衆国の欠点だらけの学問研究を揶揄したうえで、自分の著作も同様であったと告白したのである。「私自身が……手短かなものを書き上げ［二六六頁であったが］、そして正直に言うとニーチェについての気短かな分析を行なったのだが、そのときニーチェの思想の一部とナチスのそれとが一致しているように思い、ニーチェ自身を哀れな知識人であると、不快に思ったのである」と。カウフマンは一貫してブリントンの解釈に異議を唱え続けており、ブリントンは書評を利用して自分の十年来の主張を弱め、修正するための演壇とした。ブリントンは「［カウフマンの］本の凝縮された豊かさ」を、そしてカウフマンがニーチェの思想を総合化しつつも「ニーチェを整理しすぎて単純なものに還元する傾向を回避する」その巧みさを称賛した。そしてニーチェの好戦的姿勢を修正する解釈の「最良の論拠」をカウフマンが提起したことを認めた。それによって、ブリントンは気のふれた退廃的な原ナチスという、ニーチェについての自分のこれまでの解釈を問い直そうとしたと考えてよい。カウフマンの研究は「私が今までに目にした、ニーチェに関する最良の書の一つ」である、と満足げに記している。(70)

カウフマンはニーチェの哲学を、後代の思想家や運動への影響という問題から解放しようと奮闘する。それは精神史、思想史についての彼のより広大なヴィジョンの一環であった。媒介されたものではないニーチェを発掘しようとするカウフマンに見られるのは、いかなる偉大な思想家であれ、影響力の大きさによってその価値を測ることはできないし、またそうすべきではないという信念である。影響力とは重要な思想が運動したときに生じる結果にすぎない。影響力の内的作用を説明するためには、――ある一人の人間が別の人間に影響を与えるその仕方、ある一つの思想が他の思想に反響するその仕方、ある一つの哲学が人類の歴史を通じて道を踏み固めてきたその仕方など――何よりもまず、原因と結果とを区別しうるという確信が必要である。だが、ニーチェによれば、因果律への信頼など客観性に対する陳腐な信頼の形而上学的遺物にすぎないのである。

「真の」ニーチェを、その思想のいかがわしい利用のやりとりから峻別せんとするカウフマンの熱望は、徹頭徹尾ニーチェ的視点を表わしている。すなわち、基礎づけのない世界、神のいない世界、究極の目的のない世界、歴史を超越する真理のない世界、――別の言葉で言えば、人間の意味を普遍的に裏付けるものが何一つない世界においては、影響力などは何ら価値の尺度となりえない、という視点である。(71) ニーチェの哲学を扱うなかで明らかになったことは、偉大な思想は外部からの正当化を何ら必要としない、ということである。偉大な「超人」的個性が他者による存在価値の承認を何ら必要としないのとまったく同じように、偉大な思想家も偉大な思想もただそこに存在するだけで、正当性を示すのである。

ニーチェの実験主義とジェイムズのプラグマティズム

カウフマンはもっぱらアメリカの英語読者のために『ニーチェ』を書いたが、合衆国の知的生活における伝統や思想家の扱い方は、きわめて恣意的なものであった。アメリカの知的コンテクストにおいて重要であるにもかかわらず、カウフマンが欠落させたものがある。——十代の頃からニーチェに深い影響を与えてきたラルフ・ウォルド・エマソンを取り上げていないのである。カウフマンは一九七四年の『悦ばしき知識』の序文の中で、ニーチェのエマソンへの関心についてようやく触れている。ニーチェのエマソンの思想との関わりについて、いくらか詳しく述べてはいるが、この二人の哲学者には説明するまでもなく多くの共通点がある、という考え方を無造作に退けている。(72) けれども、カウフマンはアメリカ思想における他の重要人物たちには、間接的ながら言及をしている。ジョージ・サンタヤナ、ウィリアム・ソルター、ジョサイア・ロイス、アーサー・ラヴジョイなどであり、またナチスの人種政策の系譜はマディソン・グラントやロスロップ・ストッダードの人種理論にまで遡ることができるとも記している。だが、カウフマンはアメリカのプラグマティストに、とりわけウィリアム・ジェイムズに関心を示す。それはカウフマンがプラグマティストの言説に精通しており、プラグマティズムとニーチェの思想との類縁性を考察しようとしているからである。ジェイムズを引き合いに出すのはそれほど数多いわけではないが、ニーチェの「実験主義」とジェイムズのプラグマティズムとの比較は重要な意味を持っている。というのも両者を比較することによって、カウフマンはニーチェの基礎づけ主義に対する哲学的挑戦を、アメリカ思想における同様の努力を知悉する者にはなじみ深い言葉遣いで、読者の前に示すことができたからである。ニーチェとジェイムズとの類似点を追求する一方で、カウフマンは両者の相違点に釘を刺すことも忘れない。それによって、アメリカのニーチェ解釈においてこれまで長い間取り沙汰されてきた、そしてこれからも取り沙汰されてゆくと思われる疑義とそれをめぐる論議に、カウフマンも身を投じることになる。すなわち、ニーチェをジェイムズやデューイと比較することによって、カウフマンのテクストは当然の疑問を呼び起こすことになる。なぜわざわざドイツ人のニーチェに注目する必要があるのか、ジェイムズやデューイのようなアメリカのプラグマティストがすでに存在しているというのに、という疑問をである。

ニーチェとジェイムズとを結びつけるきっかけをカウフマンに与えたのは、他ならぬブリントンである。ブリントンの「穏やかな」対「激烈な」という二元論は、ウィリアム・ジェイムズ『プラグマティズム』(一九〇七)の「軟らかい心」対「硬い心」という思考スタイルの分類にヒントを得ていることを、カウフマンは見抜いていた。けれども、「穏やかな」ニーチェ主義者と「激烈な」ニーチェ主義者というブリントンのカテゴリーをカウフマンはあっさりと一蹴する。それではニーチェ哲学の微妙さを捉えることはできないし、「ニーチェの」解釈の多様性を説明することすらできないからである、と。そもそも「ニーチェ主義的」という用語には何の意味もない。ニーチェは、自分自身以外の他者である師につき従う者を、みな徹底的に軽蔑する。ニーチェ自身述べるように、「いつまでもたんなる弟子にとどまるのは、師によく報いるゆえんではない」。ニーチェの哲学は知的な師弟関係という考えそのものを否定する。「「ニーチェ主義者」というのは……「穏やかな」ものであろうと「激烈な」ものであろうと、ある意味では矛盾した言葉の使い方である。[73] というのも、ニーチェ主義者であるためには、ニーチェ主義者になってはならないからである」と。カウフマンによれば、ニーチェの思想に忠実であるということとは、ニーチェが自己を理解したその観点から、ニーチェを理解することを要求するのである、と。

ジェイムズの哲学的人格の類型論には異議を唱えるものの、哲学者の気質がその哲学観を条件づけているという点は、ニーチェとジェイムズに共有されているとカウフマンも認める。ニーチェはいかなる哲学も自伝であると主張し、他方でジェイムズも同様に「哲学は人間の内奥の性質の表現である」と述べている。(74)カウフマンはジェイムズが「二つのタイプの心的扮装」(75)として言及しているもの――すなわち哲学者の外観を特徴づける「軟らかい」と「硬い」という二つの人格のタイプ――の違いを改めて強調する。けれども、カウフマンはなぜ二つだけなのかと疑問を投げかける。哲学者は自分自身の主観的傾向をつねに問いただすことをやめてはならないとニーチェは主張する。それに対してジェイムズは「我々に彼の分類法を受け容れるように促す」だけである、と。カウフマン曰く、「「多元主義」が突然投げ捨てられてしまったことに、驚く者もいるかもしれない。ジェイムズ［の「硬い心」］とロイス［の「軟らかい心」］とただ二つの哲学から選ばなくてはならない、という主張は徹頭徹尾経験から乖離したものでしかない」と。ジェイムズの二元論は、多元的世界における人間の個性の多様性を理解するにはふさわしくない、とカウフマンは考えている。(76)

ニーチェは単純な二元論に批判的であると主張するカウフマンは、しかし人間の思考や人格の弁証法的性質に対するジェイムズとデューイの評価を共有している。ニーチェは一貫して理性と感性という、合理論と経験論という二元論的理解に反対しており、それはプラグマティストと共有される批判である、とカウフマンは述べる。ニーチェは思考の情緒的次元と、また感情の合理的次元とを共に示す。思考と感情とが対立するものではなく、条件づけによって合理性が直観の問題となることを考察している。「真に合理的な人間は、いかなる臆見も合理的考察の下に置く。なぜなら、そうすることがこの人間の第二の天性となっているからだ」。思考の様態と感情の様態とは条件づけの所産であること、また世界観が直観となることについてのニーチェの考察は、プラグマティストのそれに近い、と。しかしカウフマンはまたニーチェの優越性をも主張する。ニーチェの思想は「後にジェイムズ－ランゲ説[*4]として知られるようになった」もの、「驚くほどジョン・デューイの『人間性と行為』を「先取りする」」ものであった、と。[77]

カウフマンはまたニーチェの実験主義とプラグマティズムとの類似を、両者の類似した認識論的想定を指摘する。[78] そして両者共通の遺産をダーウィンにまで遡って追求する。かつて知者は「永遠なるもの」とみなされていたが、ダーウィン以後の今日どこにあっても哲学者は「進化の観点から説明される必要がある」と。それゆえ、ニーチェもプラグマティストも知性を「時間的な起源をもつもの」、生存競争のための「手段」と認識する。同じくまた、精神は現象を理解することはできるが、しかし究極の実在についてはできない、というカントの主張からも学んでいる。ダーウィンとカントを融合させることを経由して、ニーチェもプラグマティストも、ある者にとっての「真理」は世界の正確な記述などではなく、「生存のために「役立つ」、その人間にとって都合のよい言説」にすぎないとみなすようになる。ニーチェの実験主義もプラグマティズムも、生の諸問題に有効性を持たない哲学探究はいかなる形式であれ認めない、そのようにカウフマンは述べる。ニーチェの実験主義についての記述はそのまま、プラグマティズムの特徴づけとして通用する。

> 実験するとは、ある一つの解答を、それに従って生きることによって試してみることを意味する。……しかしながら、その解答に従って生きるという決意は……後から考え直したものではない。問題そのものが

深く経験され、そのように深く経験された問題だけが考察される。問題そのものがきわめて強力に提示され、そのように思想家の現在の生の様態を脅かすような問題だけが哲学的探究に至る。

ジェイムズもニーチェもこの規準の重要性を強調する。哲学者の問いは、その解答が生にとって具体的な帰結をもたらす限りにおいてのみ価値がある、と。(79)

そのような実験的生のもたらす苦しい経験の数々とニーチェがいかに折り合いをつけたかを分析する過程で、カウフマンはジェイムズにまたもや注目する。哲学的探究を一つの実験として措定することで、ジェイムズもニーチェも個人と世界とが真正の関係を結べるような解答を捜し求めたのである、と。喜びと苦しみとは必然的に絡み合っている、と両者は考える。「決定論のディレンマ」からの一節を長々と引用して、カウフマンは現代人の道徳的想像力の果てにあるのどかな理想郷から脱出せんとするジェイムズの熱望を記述する。この論文の中でジェイムズは苦痛に悩まされない幸福を切望する現代人の「奇妙な逆説」について語っている。

誰もがこれまでなんらかの折に、われわれの道徳的天性の次の奇妙な逆説に一驚したことがあるにちがいない。すなわち、外的善の追究によって道徳的本性は活発に息づけられるのに、外的善が達成されるとその息の根がとまり死滅してしまうようにおもわれるだろう。天上や地上に楽園や理想郷を描くことが、なぜあれほど涅槃や隠遁への渇仰をよびおこすのであろうか。……レンブラント流の明暗がくっきりとしている道徳の対照法、すなわち日光が暗がりに戦いを挑んで突入する闘争のために生まれながら薄明の状態にあるわれわれの天性にとって、このような光に光をかさねた画面は空しく表現にとぼしく、したがってそれは楽しまれもしなければ理解もされない。しかもこれが勝利の成果のすべてである……とすれば、……その戦いで得るところよりも失うところのほうが大きく、いずれにせよその最後の場面が演じられる前に幕をおろしたほうがましであり、せめてそうすることによって、はじめは重大であった仕事がこれほど異様に味気のない結末から免かれうるのではなかろうか。[80]

カウフマン曰く、安易な快適さを切望するという面白みのない凡庸さのために窒息する「無味乾燥な生きもの」という表現は、ニーチェの「末人」を思い出させる、と。そして『ツァラトゥストラ』からの引用を記している。「牧人のいない一個の畜群！　誰もが同じものを欲し、誰もが同じである。別様に感じる者は、みずから進んで精神病院に入るのだ」。[81] このようにカウフマンはジェイムズを利用しながら、ニーチェの思想を広めてゆく。世界と真正の関係を結ぶことは、苦しみのない純粋な快楽の状態に至ることを意味するわけではない。ニーチェにとって、快楽と苦痛とは等しく生の明暗法をなしている。どちらも自己統御の力に欠かせない重要な構成要素なのである、と。

ニーチェとジェイムズとの重要な類似性を強調する一方で、両者が必死に追求した活気あふれる明暗法に到達するには、ニーチェの実験主義のほうがジェイムズのプラグマティズムよりも優れた手段である、とカウフマンは述べる。ジェイムズのプラグマティズムは功利主義の一形式である、ある一つの信仰がその信仰を奉ずる人間にとって有益であるならば、その信仰は真理とみなされるからである、と。ジェイムズの「信ずる権利」には、一つの思想はもしわれわれが世に認められるための力となるならば、それは真理となる、と書かれていると。[82] ニーチェはジェイムズの思考に内在する捉え難いアプリオリ（とカウフマンがみなすもの）を拒否したであろう、とカウフマンは述べる。信仰をその有用性の観点から価値づけるためには、まず何が有用であるかを判断する根拠を我々は手にしていなければならない。信仰が我々の必要を満たす場合に真理とみなされるというのであれば、それらの必要はそもそもどこから生じてくるというのか。ニーチェによれば、真理は我々の必要とは無関係でありうる。世界が我々のために創られていると想定すべきではない、とニーチェは繰り返し説く。それゆえに、「有用であるものは……真理であるに違いない」という想定をニーチェは厳しく拒絶するであろう、と。ニーチェから見ると、生にとって必要であるという信念ですら虚偽であるかもしれない。というのも、神が存在しないという考えに耐えられないからといって、神に存在する権利を与えるということにはならないからである、と。[83] ニーチェはプラグマティストとは違う、とカウフマンは繰り返し主張する。たとえニーチェもまた「知性が道具である」と考えていたとしても、同時に「その知性の作りごとは率直に虚構とみなされるべきである」と確信していたからである。ニーチェによれば「「錯誤・瞞着・偽装・眩惑・自己欺瞞といったような見かけ」はみな生にとって力となる。生は「つねにまったく文句なしのポリュトロポイ〔狡智に長けた者〕の側に現われていた」のである、と。[84] それゆえカウフマンは、ニーチェがジェイムズよりも真正の多元主義者であると考える。というのも、ニーチェが経験のための領域を拡大したからである、と。

　カウフマンの評価では、ニーチェが功利主義を拒絶するより重大な理由は、生への意志ではなく力への意志こそが人間の経験の第一原因であるというニーチェの基本的主張にある。それゆえ、ニーチェはダーウィニズムを拒否したのとまったく同じ理由で、ジェイムズのプラグマティズムを拒絶したであろう、とカウフマンは述べる。ニーチェにとってこの世界の快適さも、ただ生き延びてゆくことも、最終目的を意味しない。環境への適応についてのどちらの説明も――ダーウィンの言う意味で受動的であるにせよ、ジェイムズの言う意味で能動的であるにせよ――同じく欠点がある。いずれにおいても、人間の存在に無関心な力動的宇宙の恣意に対して、人間が嘆願者のままであるからである。意味の創造は決して協力的になされる計画ではない、とニーチェは述べる。人間の価値観にいかなる普遍的な裏付けも存在しない世界では、「高人」一人で自分自身の価値観の立法者とならなければならない。カウフマンのニーチェによれば、病と健康、苦しみと喜び、真理と虚構は、「高人」がその自己統御の追求に利用するための原材料である。生き延びることではなく、力こそが人間の尺度である。そして真の力とは、苦痛をただ乗り越えるのではなく、それを利用する能力である。「ニーチェは真理へのいかなる功利主義的な、プラグマティックなアプローチをも軽蔑する」と、そして「真理は不快と苦しみをもたらすかもしれない――しかしその理由で真理を断念することは、弱さのしるしであるだろう」とカウフマンは主張する。卓越した個人は、まさしく生にとって有益でないからこそ、真理を追究するのである。ニーチェは述べる。「ある精神の強さのほどは、その精神がどれだけ〈真理〉に耐えられるかということによって、……測定されるだろう」。それゆえ、ニーチェの運命愛とは、運命の受動的な受容では決してない。それは人間が進んで幾度も受け容れる生を創造するための力である。カウフマン曰く、「人間は生よりも力を欲するのである」(85)。

ニーチェの実験主義を理解させるために、ジェイムズのプラグマティズムを利用したことは、カウフマンもニーチェ哲学の分析のために伝統的なアメリカ式の戦略を用いたことを意味する。ニーチェをプラグマティストと比較することによって、ニーチェの道徳的主張とその土台にある知の理論は、アメリカの読者になじみ深い言葉遣いで説明された。何から何まで合致しているわけではないが、ニーチェの定式化のほうが「先行している」と、プラグマティストの知の理論においてあるいはプラグマティストの人間心理の洞察において重要なものよりも「ニーチェのほうが歴史的に優先していることは証明されている」とカウフマンは主張する。[86] カウフマンの分析はアメリカにおけるニーチェ受容のライトモチーフを示している。なぜニーチェの実験主義に目を向けるのか、プラグマティストのうちに自前の思想を見出すのはいつのことなのか、そうした問いに対してニーチェのほうが先であるから、ニーチェのほうがより巧みな思想家であるから、とカウフマンは答える。

けれども、カウフマンにとってさらに重要な点が存在した。ニーチェ哲学の内容とスタイルの全体に目を配ることが、ニーチェの力のヴィジョンの独自性を浮き彫りにするうえで役に立つという点である。ニーチェの実験主義はどれもみな、個人の自立性によってのみ到達しうる真の力のヴィジョンが源泉である。ニーチェの力は野蛮な暴力や他者に対する支配力とは何の関係もない、とカウフマンは述べる。真に力のある個人はいかなる形式であれ、政治的・宗教的・イデオロギー的な提携を拒絶する。ニーチェは他者から意味を借用することも、他者のために価値観を制定することも拒む。力とは人間の価値観の基準であり、その基準は他者によって裏付けられることなどありえない。真に力のある個人は他者を傷つけようとするわけではない。ただ他者に対して無関心なだけである。「ただ弱い者だけが、痛みを与えることによって自己の力を自分にも他者にも確認させなければならない。真に力のある者は他者に無関心であるが、力がみなぎりあふれ出るので行動に現われるのである」。この力のみなぎりは他者を克服することによってではなく、むしろ「自分自身を超克しようとする意志」によって生まれてくる。ニーチェの言う意味での真の力とは、自己のうちのカオスを利用する、自己形成の法則に従って自己を完全なものにする、自然の自由裁量を拒絶する、そのような意志と能力のことである。自分の衝動を——ニーチェが述べるように——「自分の性格に「様式を与える」」ような仕方で鍛錬する力である。

「自己を救済するために、自己の生に意味を与えるために、世界を正当化するために、天上の力に依拠するのではなく」、自己主権を持つ個人がただ自分の力だけで生み出し実現した「完成の域に到達することによって、自分自身の生に意味を与えるのである」とカウフマンは主張する。(87)

ディオニュソス的啓蒙思想への対抗

カウフマンの『ニーチェ』は大著である。ニーチェをアメリカに知らしめんとする著者の大望の証言である。読者は結局のところ理解できるものだけに耳を傾けることができる、とカウフマンもニーチェのように信じていた。けれども、カウフマンの耳は英語とドイツ語のニュアンスに敏感で、思想の世界におけるそれらの語彙の微妙な差異や類似性を鋭く察知した。それゆえに、カウフマンのニーチェは二十世紀半ばのアメリカの読者が、自らの関心に耳を傾け、自らの思考について考えるうえで力になった。カウフマンは紛れもなくただ一人しか存在しない明晰なニーチェを、力の物理的な誇示をせず、イデオロギーを軽蔑するニーチェを、――理性的かつ合理的な一人の思想家を提示したのである。カウフマンのニーチェによって、アメリカの読者は考えざるをえなくなった、現代人は腐敗する思想や信仰の偶像の中に食物を求めたために、自分の体を悪くしてしまったということを。カウフマンのニーチェは偏狭な現実参与から自由になり、再び普遍的な実在を見出そうと探究する。けれども、今後の探究は宗教という庇護の下にあるいは確固とした経験的土台の上においてではなく、真正に思考し問題を解決する自己という、信頼しうる基礎づけにおいてなされることになる。カウフマンの偉大な功績は、彼の再建したニーチェが二十世紀半ばの多種多彩な読者に――社会学者、文芸批評家、哲学者、神学者、政治革命家に——自分自身の流儀で、独立した思想家を創り出すことを可能にした、ということである。カウフマンはアメリカの冷戦期の文化に食い込み、それを作り変えるニーチェを創造した。カウフマンのディオニュソス的啓蒙思想に対抗する、数多くの興味深い反啓蒙思想が生まれてくる。それはニーチェの『ツァラトゥストラ』が示していたものの良い例証である。すなわち、万人のためのそして何人のためのものでもない一冊の書が、歴史を興味深いものにすることに貢献しているのである。

カウフマンの功績の一つは、当時の実に多様な文化領域において、ニーチェ流儀のニーチェ解釈法を広めたことにある。群衆やイデオロギー的正統性を嫌う独立した思想家というカウフマンの描出の仕方は、一九五〇年代のさまざまな社会学的・政治的・文学的批評において容易に活用することができた。カウフマンの『ニーチェ』はデーヴィッド・リースマンの『孤独な群衆』と同年に出版されている。リースマンの著書は「他人指向の」アメリカ人の人間類型の出現を、社会学の立場から批評した古典であり、自立よりも承認を求める現代人について、今日にも通じる問題意識を映し出している(88)。カウフマンのニーチェは、出現しつつあった反共右翼のニーチェとも調和する。いずれも現代人の大勢順応主義の危険について関心を抱いていたからである。この点を最もよく示すのは、保守的批評家で詩人のピーター・ヴィーレック『順応しない人間』(一九五六)である。「ニーチェは機械的な大衆社会において、英雄主義の形式がとる非順応性を称揚する。それゆえ、第一級の偉大な著述家としていつまでも有効性を持ち続けるであろう」と。ヴィーレックはカウフマンのニーチェを利用して、二十世紀半ばのアメリカ人の性格の欠陥を診断し、「内面の生を保持」するように、また自由が根本においては「内面の心理的自由」として達成されるものであると認識するように、勧告している(89)。このニーチェ——内面の生の文化的医師——は自由の、人間の文化的土壌の重要性を理解しており、反スターリニストの右翼から反スターリニストの左翼へと容易に移動する。そしてライオネル・トリリングの批評を特徴づけることになる。一九五〇年トリリングは自分が集団主義イデオロギーと徹底的に取り組み、アメリカ文化と用心深く和解するうえで力となったニーチェを提示する。そして「リベラルな想像力」を――ニーチェがトリリングに「生のそれ自身に対する持続的評価」であると教えたものを――真正の自由を保持するものとしてただ一つ認定する。トリリングもまたこの「ニーチェを、文化的プロパガンダによる一般的形象とは異なる、真のニーチェとして」区別しようとする[90]。

カウフマンの『ニーチェ』は、アメリカでヨーロッパの実存主義への関心を育てるうえで大いに寄与した。そしてカウフマンの次の役割はこの新スタイルの思想の重要な産婆役となることであった[91]。六年後『実存主義――ドストエフスキーからサルトルまで』(一九五六)のなかで、カウフマンは『ニーチェ』で紹介したこの思想の諸特徴を再度取り上げる。――自己の存在条件の考察、冷たい世界に無名なまま投げ入れられ、委ねられているという感覚、そしてこうした問いを立てようとしないアカデミズム哲学への不満などである。『実存主義』でカウフマンは英語圏の読者に初めてヨーロッパの思想家たちを陳列してみせる。ハイデガー、サルトル、カミュ、ヤスパースなどで、ほとんどはその時点ではまだ英語に翻訳されていなかった。カウフマンの実存主義の紹介と、ニーチェの役割を実存主義者に含める主張は、きわめて広汎な読者層にアピールした。ジョージ・コトキンの観察では、「一九六〇年代の大学生で、読みさしのウォルター・カウフマン[の『実存主義』]を手にしていない者はまずいなかった[92]」。このアンソロジーの中でカウフマンは、ニーチェを実存主義の重要な先駆者として提示する。他方で、ニーチェは余りに豊かな思想家なので、実存主義の枠組みの中だけでは理解できない、とも述べる。実存主義の顕著な特徴は、より有名な戦後のものには見られない。それらはいつまでも、死と恐怖という病的な思想にかかずらっているからである。そうではなく、ニーチェの普遍的で永遠の「熱情的な個人主義[93]」の中にこそ見て取れる、ということをカウフマンは示そうとする。けれども、ニーチェを実存主義者ではなくて実存主義の先駆者にすることが、言い換えると反時代的なままでいなければならない時代的な思想家にすることが、いかに困難な仕事であるかということに、カウフマンはまもなく気づくことになる[94]。

この問題はテクストの中では完全に解決することのできない、カウフマンの根本的な葛藤であった。カウフマンはニーチェがアメリカの読者に受け容れられることを望みはしたが、パーティのカクテルのごとき口当たりの良いものを考えていたわけではなかった。けれども、一九五〇年カウフマンの『ニーチェ』が出版された後に起きたのは、まさにそのような事態であった。両親の保護下から自由になろうと躍起になっている中産階級のティーンエイジャーたちの想像力を駆り立てるニーチェ。会社では組織人として凡庸な歯車と化し、家庭では結婚生活の単調さに飽き飽きしている父親たちの静かな絶望を裏付けるニーチェ。そのようなニーチェに、自分のニーチェがやすやすと転化してしまったことを、カウフマンは予想だにしていなかったに違いない。けれども、カウフマンがそうした転化を目の当たりにすることにヒュー・ヘフナーは間違いなく一役を買っている。一九五三年一二月『プレイボーイ』誌創刊号の論説で――その号は美しく肉感的なマリリン・モンローが表紙を飾り、およそ五万四〇〇〇部が飛ぶように売れた――ヘフナーは文化的保守主義と画一性の時代にあって、いささか慣習に逆らう楽しみのために、新しいニーチェを利用することを提案している。

一八歳から八〇歳までの男性のみなさん、『プレイボーイ』はあなた方のために生まれました。ユーモアとスパイスの利いた、洗練された娯楽をお望みならば、『プレイボーイ』はとりわけお気に召すことでしょう。……男性の好みに合わせて作られた快楽の指南書……誰もがみな、自分の部屋で過ごすのはお好きでしょう。カクテルを片手に、オードブルをつまみ、ステレオからはムードのある音楽が流れ、女性たちを招待して、ピカソやニーチェやジャズ、セックスについて静かに語り合うのは、どんなに楽しいことでしょう。(95)

ツァラトゥストラのような、万人のためのそして何人のためのものでもないニーチェ、近づきやすいが出来合いのものではないニーチェ、一貫性を持っているが便利なものではないニーチェ、そのようなニーチェをカウフマンは提示してきたはずであった。けれども、『ニーチェ』のたちまちの成功は、自分の試みがいかに困難なものであるかを、教えることになった。カウフマンは、ニーチェが厄介な思想家であることを望みはしたが、しかし退屈したホワイトカラーの男性のためにいかにその性生活を刺激的なものにするか、という問題を考えていたとは思えない。

カウフマンの『ニーチェ』がアメリカの読者に用意したもう一つの言説、一九五〇年代・六〇年代を通じて対話を重ねてきたもう一つの言説、それはアメリカの神学の中で規模は小さくとも存在感のある「神の死」運動である。カウフマンは後に『ニーチェ』の中の「神の死」を論ずる章で、また関連する主題を扱った後のニーチェの翻訳で、「新しい神学を基礎づける逆説的な試み」をなしたという理由で称賛される。もっともカウフマンはその「功績を少しも誇ろうとはしなかった」のであるが。(96)カウフマンは「神の死」の問題を扱うにあたり、この概念を「究極の実在についての形而上学的思弁としてではなく、現代文明の診断の試み」として理解しなければならないことを強調する。その点についてカウフマンは一貫していた。ニーチェの「神の死」とは、裏口からこっそりとまた別の形而上学を持ち込むことではない。「それが主張するのは、議論を中断させるために、神を引き合いに出すことをやめるように、という取り決めだけである」。ニーチェは真理の使徒であり、いかなる形而上学的世界観もなしに、真理をそれ自体で歩ませることを道徳的義務と心得ている。けれども、それは人間にとって無条件の解放ではない。むしろ多くの人間をニヒリズムに追いやるであろうとニーチェは認識している。ニーチェの「神の死」の探究とは、「最大にして幾度も繰り返される問題」すなわち「普遍的に通用する価値観や意味のある生は、そもそも神の存在しない世界で可能であるのか、という問題」を表わすものだとカウフマンは述べる(97)。

最初の出版から十年もたたないうちに、カウフマンの『ニーチェ』の「最大にして幾度も繰り返される問題」が焦点となる。「神の死」の神学者として知られるようになる、少数だが無視できない宗教思想家のグループが関の声を上げた。パウル・ティリッヒの宗教的実存主義、ディートリッヒ・ボンヘッファーの倫理学、カール・バルトの新正統主義などに依拠して、これらリベラルな神学者たちは、第二次世界大戦の惨事の後でもなおキリスト教の世界観が維持しうるか、の検討を始めた。それぞれ別々のプロテスタントの宗派の出身で分析の仕方も異なっていたが、いずれもみな恐るべき見通しに直面する。全知全能の万民を愛する神の概念は、死の収容所の言語を絶する苦しみや、広島・長崎の人々に投下された原子爆弾のもたらした地獄絵図とは調和させることができない、という見通しである。ラディカル神学の立場はさまざまで、人間の歴史の外部に神が存在したことは一度もなかったという主張から、現代人の精神に深く影響を与えることができるように神を記述する伝統的な言葉遣いは劇的に改変する必要があるという論まで、幅広く揺れ動いていた。ジョージ・バーマン・フォスターはすでに一九〇六年『キリスト教の終極性』のなかで「神の死」の神学の主要テーマを先取りしていたが、第二次世界大戦の惨事は神の死の概念に、その有効性と緊急性にさらに大きなインパクトを与えた。けれども、そのことによってまた、こうした主題が半世紀以上も前にラディカルなプロテスタント神学が取り上げた、まさしくニーチェ的問題であるということを失念させることになった[98]。

一九六〇年代の言説においてニーチェの存在が明確なのは、トマス・J・J・アルタイザーの著作である。アルタイザーはエモリー大学の聖書研究と宗教学の教授で、「神の死」の神学の指導的人物であった。アルタイザーの「キリスト教的無神論の福音」は反対派に対して高慢な態度で説教するものではなく、神の死がキリスト教の託宣にとっていかに根本的なものであるかについての、深い神学的な議論である。アルタイザーがニーチェに注目したのは、キリスト教の誕生がキリストの死に例証されていることを理解するためであった。キリストの死は生きた神の、人々のための自己犠牲である。神の死とは神が被造物を放棄したことではなく、被造物のための究極の贖罪行為なのである、と。ニーチェの主張は、神がこの世界でいかに働いているか、キリスト教がいかに「時間と歴史の中に入り込んだ」か、そして「世界肯定の宗教」となったか――いかに死が生となったかを、今日のキリスト教徒が理解するうえで助けとなる、とアルタイザーは述べる[99]。「ニーチェの神の死の宣告を受容することが、まさしく今日の信仰の形を真に試すものなのである」と[100]。

リベラル神学者たちは「神の死」を人間の歴史における一つの出来事として理解する。その彼らが一九六六年突然話題になった。この「神の死」がアメリカの大衆文化において、メディアの一大イベントとなったのである。それは『タイム』誌一九六六年四月八日号がその表紙で「神は死んだのか？」と大胆に問いかけ、「神の死」の神学を注目の的にしたからである。『タイム』誌四三年の歴史で表紙にイラストも写真もない号を発行したことなど一度もなかった。けれども、「神の現代的イメージを表わす」

芸術作品を捜したけれども何ひとつ見つからなかったのである、と。[101] 三つの単語――濃い黒地と対照的に鮮やかな赤字で「Is God Dead ?」とある――がすべてを言い尽くしていた。神学者たちの思想を共感をもって描き出したこの号は、直近の二〇年の間で最大の売り上げとなった。また雑誌創刊以来最大数の投書が編集部に寄せられた。制度化した教会が強い力を持ち、ある統計では人口の九七％が神への信仰を告白しているアメリカ文化。そのなかでこのような問いがいかに場違いなものに見えるか、ということは「発行人からの手紙」においても承知の上であった。けれども、その記事はアメリカの教会の会衆席が実は「日曜日には事実上の無神論者で一杯である――平日はまるで神など存在しないかのようにふるまう偽装した非信仰者で一杯である」だけではないのか、と問いかけていたのである。[102]

わずか一か月余りの後、『タイム』誌の発行人は「『タイム』の記事でこれほどの騒動と反響をもたらしたものはない」と述べた。この号はすでに日曜の説教の小道具となり、新聞のコラム、ラジオ・テレビの番組、宗教的また世俗的全国紙誌において、論争を巻き起こしていた。敬虔な信者の怒りなるものは、表紙から先を読まなかった者たちのものにすぎない、と編集人は述べる。[103]『タイム』が神を肯定的に捉えていることは、記事を読めば誰にでもすぐに分かる」からである、と。表題が示すように、この記事は堕落した世界における「隠された神」を探究するものであって、神の不在を主張するものではなかった。けれども、この記事は神学それ自体に対するカウフマンの不満をまさしく裏付けるものであった。ラディカルな神学者たちと同じく、『タイム』誌もキリスト教を精査し終末論的な肯定をもって答えている。それゆえに、後にカウフマンが「神の死」の神学運動を「予想通り、死産した」プロジェクトであると非難したこと、キリスト教護教論のためのニーチェ利用を問題視したこと、は理解できるであろう。――しかし、カウフマンは言説空間を広げることが自分の役割であると認識していた。言説空

図 17　『タイム』誌 1966 年 4 月 8 日号表紙「神は死んだのか？」。

間を広げることがこうした運動を可能にするうえで力となったのである、と。[104]
一九六六年の『タイム』誌で言及されなかった「神の死」の神学の重要な傾向は、それがホロコースト後のユダヤ人の自己理解と関わりがあるという点である。同年ラビで神学者のリチャード・ルーベンシュタインは『アウシュヴィッツの後で』(一九六六)のなかで、ユダヤ教の信仰について自分の悲痛なニーチェ的告白を提示している。その探究はニーチェへの言及に満ち溢れているが、ルーベンシュタインはキリスト教徒の片割れと言われるよりも、「神の死」の神学という呼称のほうを嫌がった。ルーベンシュタインもカウフマンのように、ニーチェが反ユダヤ主義者ではないことを力説する。現代のユダヤ人にとってニーチェの意味は何か。それはニーチェがユダヤ人の苦境をひき起こしたことではない。ユダヤ人が自分たちの苦境を理解するうえでニーチェの哲学が役に立つという点である、と。もっともカウフマンもルーベンシュタインもニーチェへの嫌疑を払拭する点で望み通りの結果を得たというわけではない。この問題はアメリカのニーチェ解釈にこの先もずっと相伴なうものである。
とはいえ、ルーベンシュタインによれば、現代ユダヤ人にとってのニーチェの重要な洞察、それはニーチェがユダヤ人に自己の信仰と歴史に潜むものを、すなわち永遠にさまよえるユダヤ人ということを、理解させるのに寄与したことである。ニーチェが近代の特質として示した、漂流する世界での信仰と聖書という錨から切り離された人々の恐るべき光景を、アウシュヴィッツは露わにしただけである、とルーベンシュタインは述べる。アウシュヴィッツは自己の歴史のうちに深く刻み込まれた、ユダヤ人のディアスポラの経験の一環をなす。しかも、キリスト教徒とは違い、ユダヤ人は最初からずっと神学上の彷徨者であった、すなわちユダヤ人のメシア(救世主)は一度たりともやってこなかった、と。この点でキリスト教の神学者たちは、歴史を知悉していたユダヤ人に比べて遅れてきた存在である、と。このようにルーベンシュタインにとって、永遠にさまよえる精神的・心理的彷徨者としてのユダヤ人は、世界の中に永遠に存在する、永遠に希薄な実存の根幹をなすイメージであった。けれどもその点で、ユダヤ人は歴史の証人としての役割を、現代世界の彷徨者という表象的役割を、すなわち現代世界における妥当性を示し続けている、とルーベンシュタインは主張する。「人生とは彷徨である。……ユダヤ人の状況は、他の多くのユダヤ人のふるまいと同じく、すべての人間に共通するものをいささか誇張してみせているのである」と。[105] たしかに、ユダヤ人のノマド性についてのニーチェのイメージは不可避的な力を持ち、宗教的・世俗的という区分を突き抜けて進んでゆく。ダニエル・ベルはそれを、世俗のユダヤ知識人に対するニーチェ的反響として理解する。一九四六年荒廃した世界において、ベルは『ユダヤのフロンティア』誌に掲載された論文「疎外についての寓話」のなかで、その反響を描き出している。この論文はニーチェの題辞「故郷なき者は災いなるかな」で始まる。ニーチェは現代のユダヤ知識人の不可避的な疎外を、さまよえるユダヤ人の苦境というメタファーを用いて描き出している、とベルは捉える。「心の深奥からの衝迫が我々を故郷へと突き動かす。だが、どこへ行くべきなのか」。ベルもルーベンシュタインも、ユダヤ人はもはやイデオロギーにも伝統にも、シオニズムにさえも拠り所を見出すことはできない、と考える。ユダヤ人はユダヤ教のうちに潜み、神の死の後にでさえ、ユダヤ人のままにとどまっている。また根源的な故郷喪失がユダヤ人であることの与件であるとニーチェはユダヤ人に示したのである、と。いまやホロコーストの後でユダヤ人が生き続けることができるのは、ユダヤ人がつねにそう生きてこなければならなかったように、「永遠の批判者としてまた永遠の緊張状態において」生きる場合だけである、とベルは断言する。[106]

ニーチェをアメリカの読者に知らしめるカウフマンの努力は、反啓蒙主義の先駆けとなり、その成果はニーチェの影響力の広がりに現れている。カウフマンのニーチェがたどったその広がりは、反イデオロギー的・非政治的思想家から社会正義を目指す革命家までの、振幅の大きさに最もよく見られる。一九六〇年代から七〇年代の初頭まで、カウフマンの著書はニーチェに関する権威あるテクストとして君臨した。そして新しい世代に次々と読者を開拓していった。米軍のベトナム介入に幻滅した者たちの間に、ブルジョワ文化の贋物性に怒りを覚えた者たちの間に、公民権運動の成功後でさえ人種間の不平等の続く現実に失望した者たちの間に、さまざまな世界にニーチェは広まった。(107) カウフマンのニーチェは人間幻想を突き崩す一方で、人間の想像力にふさわしい新しい理念を創造しようとする。カウフマンは人間的諸制度の貧弱さへの幻滅を、人間の前途の有望さへの信頼をもって埋め合わせる仕方を教える。他ならぬ個人の真正さの強調が、破綻した諸制度に対して——公的道徳ではなく——本物の真理に参与することの強調が、まさしく学生組合活動から街頭でのデモ行進やビー・イン〔集会〕へ、そして刑務所へと道を切り拓いていった。アメリカ文化において新しい読者の世代がニーチェを援用して、自己の存在の意味を問い直し、同時に他者の存在の尊厳を守るために闘う。カウフマンはその口火を切ったのである。

遅々として進まない非暴力の公民権運動に失望して、ヒューイ・P・ニュートンとボビー・シールは一九六六年ブラック・パンサー党を結成した。その綱領と行動計画を起草するなかで、ニーチェが黒人の自決と解放のための源泉となりうるというヴィジョンを示している。ニュートンは自伝『革命的自殺』(一九七三)のなかで、力についての、キリスト教道徳についての、脱神格化された人間性についてのニーチェの著述を引用し、「ブラック・パンサーの哲学の発展にとって大きな衝撃」を与えたと述べる。アフリカ系アメリカ人の間で、自己についてまた自分のアメリカについて「意識を高める」うえでニーチェの思想は役に立つ、と。「私は［カウフマンの翻訳による］ニーチェの『力への意志』を読み、ニーチェの哲学的洞察から多くのことを学んだ。ニーチェのすべてを支持するわけではないが、ニーチェの思想がいかに私の思考に影響を与えたか、ということは強調しておきたい」[108]。ブラック・パンサーのイデオロギーが政治的・経済的プログラムであるだけでなく、哲学でもあること、それは人間の物質的条件を変えるだけでなく、人間の精神をも変革するものであると語りながら、ニュートンはニーチェを援用して、人種的公正さのための闘いにおける思想のソフト・パワーについて考察している。

ニュートンの考察から分かるのは、ニュートンが黒人の抑圧の源泉である現代アメリカの道徳に、残存する黒人差別に、キリスト教の別世界の概念に挑戦しうる哲学者を生み出すうえで、カウフマンのニーチェが大きく寄与したことである。内心の声に耳を傾け、白人の声を自分の認識と取り違えることとない、確かな自己を勇気づけるニーチェをカウフマンは提示した。開かれた社会だの黒人の人種的劣等性だのという「無効になった神話」にもはや囚われる必要はない、とニーチェはアフリカ系アメリカ人に教えたのである[109]。その結果、ニュートンは例えば『このようにツァラトゥストラは語った』を利用して、「白人の……神」の死後のアメリカについてのヴィジョンを生き生きと語る。「全権力を人民へ」のスローガンはたんに行進で叫ぶためのものではない、またブラック・パンサー党の回状に明記して皆の注意をたえず喚起するものにもはやとどまらない。このスローガンはまったく明快で「神としての人間」についての「形而上学的な」主張であり、パンサー党の運動のヴィジョンを活気づけるものである、と[110]。

ニュートンの「形而上学」は、脱神格化されたアメリカにおいて、名誉回復される人間性の約束を語るニーチェの思想であふれている。ニュートンはニーチェを改作して、奴隷道徳の系譜学について語る。

奪われし者はルサンチマンに満ちていたかもしれない。しかし自己とその抑圧者を新たに描き直すことによって、敵意を効果的に整序しうる、と。ブラック・パンサーには理解できる、言葉は絶対的な現実を映す固定した意味を持つわけではない。人間の力への意志が歴史的に硬化したものにすぎない、と。ニーチェを利用して、なぜどのようにしてある種の言葉がアメリカ英語に進入し——例えばアフリカ系アメリカ人を描写する「ブラック」のように——無理やり意味を生じさせ、押しつけるようになったかを、ニュートンは考察する。けれども、それらの言葉は可変性のゆえに、自由に使われ更新されて肯定的な意味を持つようになるさまをも捉えている。例えばニュートンは古くからの敵——警官——を描き出す新しい言葉「豚」を見出すことで、アフリカ系アメリカ人が自分たちの権利を剝奪する連中を、新たに価値評価できるようになったことを示す。またキリスト教の禁欲主義と来世観へのニーチェの批判に従って、それらの思想が奴隷制の時代から現代に至るまでアフリカ系アメリカ人を貶めるために効果的に使われてきた、と述べる。輝かしき来世における贖罪という幻想を忘れよ、と。「あくまで大地に忠実であれ」というツァラトゥストラの要請を受けて、ニュートンは「黒人たちに自分たちの報奨は現世で当然支払われるべきものであること、約束の土地を今ここに創り出すのは、自分たちの力にかかっていることを確信」させようとする。「神」の観念は人間の力の感覚と自尊心を磨滅させる有害な歴史的虚構である、「人間は神のものであると考えれば考えるほどそれだけ、人間は劣等になってゆく」とニュートンは結論を下す。(11) このようにニュートンが幻想を打ち砕き、白人の権力者に向けてアフリカ系アメリカ人の「真理」を突きつけるうえで、ニーチェは大きな力となったのである。

けれども、ニュートンの「形而上学」はカウフマンの反形而上学的ニーチェとともに進みつつも、ここで向きを変える。奴隷道徳についてのニュートンの解釈では、ニーチェは「最初キリスト教徒は弱者であったが、しかし弱者の集団の哲学を自分たちのためになぜ役立たせる仕方を理解した」ことを示してみせる。そして「[道徳的な描写のし直しが]ローマ人と対立するキリスト教徒によって、効果的に利用されたとニーチェは述べる」。それとまったく同じように、アフリカ系アメリカ人が警官を「豚」と呼んで描写をし直すことは、抑圧者に自分の姿を「犠牲者」の視点から見ることを強いることになるであろう、犠牲者にとって抑圧者は「野卑」で「グロテスク」なものであるからだ、と。このようにニーチェの系譜学を勝利の物語として、抑圧に抗する闘いでのアフリカ系アメリカ人の勝利に向けた青写真として、ニュートンは提示する。そのうえ、人間は虚構の神の前に平伏するのではなく、人間自身を神とすべく努力しなければならないとも主張する。けれども、カウフマンにとってニーチェの主張は超人に向けての努力を意味する。——今までまだ実現されていない、より高貴な人間性に向けての努力である。だがニュートンはニーチェの主張を、互いの内なる神に向けての努力と解釈する。「人間が究極の存在であると信じているならば、その信念に従って行動せよ」と。「人間に対するそのような態度とふるまいは、責任制という高い規範を備えた、それ自体一種の信仰である」と。[112] ニュートンはニーチェを再定式化して、自己と同胞に尊敬と畏怖の念を喚起させる社会的責任性を強調する。「権力を人民に」の「形而上学的意味」とは疑いもなく徹底して社会的なものであった。もし神が死んだのであれば、人間の義務という真理を実現するために、なおさら結構なことである、と。

カウフマンにとっても、ニーチェの哲学は偽りの普遍性の下から脱出するための重要な手段であった。その結果、思考する自己の基礎づけをさらに深く掘り抜くだけであるとしても。むろんそれはたやすいことではない。ニュートンにとっては確かに容易ではなかった。自己の基礎づけを掘り抜くことは、自分だけでなく仲間の自由の戦士たちすべての「革命的自殺」を要求することになると認識していたからである。人種的公正さのための闘いにおいて、それほどまでに多くの戦士たちが倒されていた。ニュートンはニーチェの「自分の星を求めて欲情に燃える矢」を引き合いに出す。人種差別の深淵を飛び越えて、公正さだけでなくより崇高な何ものかに到達するための危険な企て、すなわち自力で成し遂げる救済のイメージとして。けれども、そのために死ぬのに値するものだけが、またそのために生きるのに値するものである。それが道徳的かつ知的な自己主権という偉大な権威である、とニュートンは強調する。(113)

カウフマンは、自分の非政治的なニーチェが政治革命家へと変えられ、奴隷道徳への自分の批判が是認へと変形され、神の死についての自分の解説が新しい社会倫理の土台へと変換されたことを、認識していなかったかもしれない。しかしながら、カウフマンと同じく、真理の多様性についてのニュートンの分析も、相対主義あるいはニヒリズムの是認ではまったくない。ニーチェがいかなる真理も通用するという見方を是認する哲学者であるとは、二人とも考えはしなかった。ニーチェの遠近法主義についても、二人の読解は世界を遠近法的に捉えようとする、人間の価値観についての遠近法を正しく理解しようとするものであった。ニュートンのニーチェとカウフマンのニーチェのうちに見られるのは、ある独特な遠近法的知への関わりである。カウフマンにとってもニュートンにとっても、真理は絶対的なものではないかもしれないが、しかし道徳的中心は持ちこたえているのである。

万人のためのそして何人のためのものでもないカウフマンのニーチェ

カウフマンはニーチェの力への意志を、自己主権のための力として再定式化する。そしてこれは政治的プログラムの土台ではない、と強調する。「ニーチェは読者に、決して忘れぬよう要請している、自分はある行動の方向性を支持するために書いているのではない、と。ニーチェの哲学は、思考を刺激することを望んでおり、「それ以外の何ものでもない」。……その哲学は「思考をすることが喜びであるような」人々に向けられており、「それ以外の何ものでもない」」と。カウフマンのニーチェは思索的な生の哲学者を具現している。思索それ自体がその人間にとって不可欠の、生を肯定する行為なのである。このニーチェはアフォリズムを利用して、生の諸問題を実験するあるいは「切り抜ける」が、しかしその思い描いていた生とは、自己創造的な個人の生である。ニーチェは力強い言葉を用いる、ディオニュソスを崇拝する、力を称揚する、けれどもそれは「自己実現」への誘いとしてそうしたのである、とカウフマンは述べる。ニーチェが無慈悲なことを語るのも、生気論者の他者に対する無慈悲さを肯定したからではない。「自分自身を創り上げる創造者の無慈悲さ」のゆえである、と。[114] その研究を通じて、カウフマンは繰り返し強調した。ニーチェの力とは、正しく理解するならば、独力で物事をなす能力のことである、と。

ニーチェ哲学の解釈として見た場合、カウフマンの理解の仕方には確かに限界がある。真正の自己を求めて苦闘するゲーテ的形象としてニーチェを捉えるカウフマンのイメージは、ニーチェが繰り返し強調する、自己のうちの相争う諸本能を——統合され制御された自己ではない——捉えることができていない。しかもニーチェの著作をその影響の問題から切り離したために、カウフマンの研究は時間を超越した、したがって歴史化を受け付けないニーチェ像を提示することになる。また、自己の外部の、力への意志の現われには無関心な、非政治的思想家の役割をニーチェに与えることによって、カウフマンの解釈は、個人の力は他者に対して何の帰結ももたらさないという、とても擁護できない主張を生み出すことになる。カウフマンは二元論が、反基礎づけ主義の世界における想像力の錯誤であるとして拒絶する。だがしかし、一元論への後退はさらに問題があると言わなければならない。とはいえ、カウフマンの『ニーチェ』に欠点はあるかもしれないが、この本が一九五〇年代にはじめて出版されてから、激動の一九六〇年代に三度も版を重ねたことは、アメリカの読者がなぜカウフマンの自立した、自己信頼の、啓蒙されたディオニュソスを一つの「啓示」として歓迎したのかを理解するうえで重要である。

戦後を通じてカウフマンのニーチェは預言者、批評家、教育者として欠かせない存在であった。一九五〇年の『ニーチェ』を皮切りに続く三十年の間、カウフマンは英語圏にニーチェ哲学の読者を育成し続けた。ニーチェの翻訳にとどまらず、思想史や現代哲学の概観、宗教、悲劇、文学の研究を次々と出版したが、それらにはニーチェの知的自己主権が一貫してライトモチーフの役割を果たしている。カウフマンの解釈において確かに実存主義的傾向は言明されている。けれども、『ニーチェ』の中にその次元だけを認めるとしたら、カウフマンの著書の歴史的意義と紛れもない革新性を見逃すことになる。カウフマンはニーチェを実存主義のジャンルに据え置いて、ニーチェの射程を狭めるようなことをしてはいない。むしろ一貫して自分の世界教会主義への道を描き出している。ニーチェの知的・道徳的源泉としてのディオニュソス的「横溢」と「啓蒙主義的」自己抑制、自己主権との間の哲学的バランスを強化することによって、ニーチェの著作は西洋の道徳哲学の最良の特質に貢献しただけではなく、それらを改良もしたのである、とカウフマンは主張する。

晩年、哲学者の役割について省察したときに、カウフマンはエマソンではなくニーチェを引き合いに出した。神無き後の世界で哲学者がなしうる最良のことは、挑発によって仕事をすることである、とカウフマンは述べる。「一つの生き方が万人にとって最良の生き方となることは、決してない」ので、哲学者の「最も高貴な義務は、他者を独力で考えるように仕向けることである」と。(115) 哲学の目標は、同意ではなく「多様性」であり、解答を与えることではなく、批判的な対話をすることである、と。やがてまもなく、リチャード・ローティという名前の若き分析哲学者が、プリンストン大学の哲学科の一員となる。そこでローティはカウフマンのニーチェのごとく、批判的対話の探究に乗り出すことになる。けれども、一九六〇年代の「神の死」が一九七〇年代・八〇年代の「作者の死」運動に取って代わられると、ローティもいつの間にか、カウフマンとはきわめて異なるニーチェ的対話者――ジャック・デリダのようなフランスの理論家たち――と一戦を交えていた。対話の可能性さえも甚だしく疑いを抱く相手たちとの「対話」である。ローティもまた、対話は――そして対話を遂行するための手段である言葉の増殖に貢献することは――哲学の優れた寄与である、と主張するようになる。ローティ自身も、またローティが対話する脱構築派のニーチェ、ポスト構造主義派のニーチェも合意を重んじることはなく、そもそも合意が可能であるとすら思ってもいなかったが、ただ一つの点で合意することはできた。それは「間違いようのない」「曖昧なところのない」啓蒙化されたディオニュソス的ニーチェという時代は終わったという点である。そしてまた、持ちこたえてきたニーチェ的中心という考え方の可能性も同様に、終焉を迎えたのである。

第六章
アメリカの土壌で生まれた反基礎づけ主義

それでは、真理とは何なのであろうか？　それは、隠喩、換喩、擬人観などの動的な一群であり、要するに人間的諸関係の総体であって、それが、詩的、修辞的に高揚され、転用され、飾られ、そして永い間の使用の後に、一民族にとって、確固たる、規準的な、拘束力のあるものと思われるに到ったところのものである。真理とは、錯覚なのであって、ただひとがそれの錯覚であることを忘れてしまったような錯覚なのである、それは肖像が消えてしまってもはや貨幣としてでなく、今や金属として見なされるようになってしまったところの貨幣なのである。

フリードリッヒ・ニーチェ「道徳外の意味における真理と虚偽について」（一八七三）

汝はいずれの価値評価においても、遠近法を会得すべきであった——地平をずらせたりゆがめたりすることや地平を視るための目的論を、そして遠近法に属しているあらゆることを、まだ対立した諸価値に関するいくらかの鈍感さやどの賛否にもつきものである全般的な知的犠牲をも。汝はどの賛否にもある必然的な不公正を、その不公正も生から分離しがたいものとして、その生そのものも遠近法やそれの不公正によって制約されているものとして、会得すべきであった。

フリードリッヒ・ニーチェ『人間的な、あまりに人間的な』（一八七八）

活動、作用、生成の背後にはいかなる〈存在〉もない。〈活動者〉とは、たんに想像によって活動に付加されたものにすぎない、――活動がすべてである。

フリードリッヒ・ニーチェ『道徳の系譜』（一八八七）

ジャック・デリダは饒舌であることを自認しており、まして講演を依頼された折には、いっそう甚だしくなるのが常であった。けれども、一九七六年ヴァージニア大学の招請に応じて、アメリカ建国二〇〇年を記念し、合衆国独立宣言とフランス人権宣言（人間および市民の権利宣言）についての連続講義をしたときのことである。デリダは「誠に申し訳ないのですが、この午後は講義をできそうにありません。……講義で取り上げると約束した内容についての講義は、です」と弁明して聴衆を驚かせた。独立宣言を「テクスト分析」に委ねるとどうなるかを考え、「怖気づいた」ことをデリダは認めた。しかし自分に委託された実験を断念する前に、デリダはいささかではあれ、それを試みている。増える一方の、デリダの脱構築批評のアメリカの読者には次第になじみになる言い方で。デリダは宣言の署名の権威の根源とその代理＝表象機能を問題にする。独立は――実際にはその独立を宣言する「我々」というまさにその主体は――前もって存在してはおらず、むしろ署名する行為の中で示されたのである、と。独立宣言のような創設文書は、すでに存在している自立や独立を報告するのではない。宣言するまさにその行為が、自立や独立を遂行する。「署名が署名者を創り出す」そして「我々」という発話行為がそれ自体の主体性を創造する、とデリダは断言する。けれども、起源の問題については挫折していた。「ある国家はいかにつくられるのか、創設されるのか、ある国家はいかに自らを創り上げるのか、創設するのか？」言い換えれば、創設の基礎づけは一体何であるのか、と。(1)

あたかもアメリカ国家の創設文書の上で音叉をたたいて聴診するかのようにふるまうことによって、デリダは脱構築が修辞的・文学的価値に対する実験であるのみならず、政治的含意に対する実験でもありうることを示してみせる。「ここシャーロッツヴィルで、皆さんの『宣言』の冒頭をわざわざ思い出させる必要もありますまい」。それからデリダは唐突に実験を放棄する。そして「私はこの実験のための準備を何もしてきませんでした」と告白する。実はデリダは準備をしてきた。ただしそのような解釈の仕事のためにではなく、それに抵抗するための準備をしてきたのである。何十年もの間デリダは、起源を追い求めることに対して警告を発する著述家として、また見出したもの（findings）を基礎づけ（foundings）と誤解する倒錯に対して警告を発する著述家として活躍してきた。そこで自分の約束を果たす代わりに、デリダは聴衆に伝えた。「私はこの実験をよりやりやすくしたいと思います。私に……より密接な主題に依拠しながら」と。(2) 結局のところデリダは、自分が取り上げることに同意したその記念すべき営みに対して、抵抗するように勧告したまさにその著述家に従ったのである。すなわち、独立宣言についてではなく、代わりにフリードリッヒ・ニーチェについて講義を行なったのである。

デリダの講義の主催者は、このニーチェ講義をとんでもない羊頭狗肉であると考えたであろうか。聴衆に向かって「(すべてはあなた方が私を聴き取っている〔理解している〕耳に帰着するわけであるが)……いずれにせよ、次のことを聴き取って〔了解事項として〕いただきたい。すなわち、誰であれこれ以上ついて来たくない者は、そうすることができるということである」とデリダが言うのを聞いて、聴衆は腹を立てたであろうか。[3] 否である。というのも、デリダは聴衆に望むものを与えたからである。少なくとも聴衆が期待して来たものを確かに与えている。シャーロッツヴィルでデリダは脱構築を実演してみせたのである。ニーチェに倣ってデリダは、起源の探究などすでに終焉を迎えている。なぜなら起源とは我々自身が創り出し、その後に意味を負わせたものにすぎないからである、と述べる。デリダは『この人を見よ』の分析において実演してみせる。ニーチェを読むとき、もはやテクストの中に著者を、あるいはその意図された意味を探し出すことを期待してはならない。便宜的なものにすぎない固有名「ニーチェ」を援用して、自分のために読むという仕事をするだけである、と。デリダは言葉についてのニーチェの思想を引用して、「神の死」の含意を「作者の死」に敷衍し、読むというきわめて単純な行為がまったく不安定なものであることを示す。そのようにしてデリダは新しいテクスト主義者ニーチェを、みせかけの「痕跡」を後に残すニーチェを提示したのである。[4] ニーチェのテクストの読解は、『独立宣言』の読解と同じように、決して静的なものではない。『グラマトロジーについて』の一節「テクストの外部は存在しない」のように、世界のすべてがテクストである。けれども、その「作者」が死んでいるとき、意味生成の果てしなき運動から、その生命力と恐怖から逃れることはできないのである、とデリダは述べる。[5]

デリダは独立宣言について講義をするというシャーロッツヴィルの主催者との約束を破ったかもしれない。けれども、その背景には、一九七六年にはすでにアメリカの知的生活において長い間続けられていたといえる実践があり、デリダはそれに参加したにすぎない。すなわち、デリダはニーチェの思考を利用しながら、アメリカについての考察を行なった。ある一人のヨーロッパの思想家を利用して、アメリカのヨーロッパからの独立について考察したのである。しかし、デリダの方法は根本的に新しく、それまでなじみのないもののように思われた。そのため、デリダの方法がこの上なく魅惑的なものとなったのも不可避であった。その方法は、真理と意味についてのまったく新しい思考法を、したがってアメリカについてもまったく新しい見方を含んでいた。アメリカではこの新しい思考スタイルを、次第にポストモダニズムと呼ぶようになる。フランスからの新しい解釈のスタイル、とりわけ脱構築とポスト構造主義とを要約する総称的呼称である。(6) この思想をめぐるドラマ、この思想の代弁者たちの名声のために、フランスのポストモダニズムが合衆国にニーチェ的反基礎づけ主義を持ち込み、それによって以前には存在しなかった多くの知的・道徳的諸問題がアメリカにもたらされた、という考え方が広まる。ただ、この「新しいフランス版」ニーチェをめぐる甚だしい興奮と戦慄の中で見失われていたのは、確かに用語法と方法論は斬新なものであったが、しかし反基礎づけ主義という考え方自体はそうではなかったという点である。ニーチェの影響を受けたフランスの哲学、文芸批評は、アカデミズムでも一般人の間でもニーチェの読者を新しく開拓するうえで重要な役割を果たした。それはニーチェ的反基礎づけ主義に対するアメリカの関わりにおいて、重要な源泉の一つではあった。けれども、ただ一つのものであったというわけではない。実際アメリカ人は長い間、自らの土壌で生まれた反基礎づけ主義と折り合いをつけてきた。フレンチ・セオリーとの関わりにおいても――それは大陸の思想と比較する形でアメリカ人の思考について考察するためであったが――その流儀がよく現われている。

ウォルター・カウフマンは戦後のアメリカにおいて再びニーチェ解釈の水門を開けた。けれども、それに続く水路、流れ、よどみまで制御したわけではない。その水流の一つに「フレンチ・ニーチェ」、

「新しいニーチェ」、「新フレンチ・ニーチェ」があった。もっともこれらの名称はどれも一九七〇年代に言語と文学の学部で始まり、八〇年代にさまざまなカルチュラル・スタディーズのプログラムや学部へ波及していった、ポストモダニズムに対するアカデミズムの関心の高まりを表わしていた。[7] フレンチ・ニーチェは、普遍的真理の破壊は小賢しい自我の基礎づけを根こそぎにするまで終息しない、と確信する。新しいニーチェは、個人の自立などを信じるモラリストではなく、個人を構成し、かつ制約する言語的・社会的・政治的構造を考察する言語学者・系譜学者である。このニーチェはポストモダニズムの知的推進力である。ポストモダニズムとは、ジャン゠フランソワ・リオタールが「ポストモダンの条件」として描き出したもの、すなわち歴史や道徳、自己において生まれていた「大きな物語に対する不信」のことである。[8] ポストモダニズムを強烈にもたらしたフレンチ・セオリストは多数いるが、誰よりもまずジャック・デリダとデリダのかつての教師ミシェル・フーコーを挙げる必要があろう。この二人の著作と人格の力が最も大きな衝撃を与え、そしてアメリカにおいてニーチェのポストモダン的読解をもたらした「第一原因」たるフランス人という栄光を担うことになったからである。[9]

この時期「フレンチ・ニーチェ主義者」たちの生み出した学問が、まさに洪水のごとく合衆国のアカデミズムに流れ込んだ。[10] 最初に注目を集めたのは、一九六六年一〇月ジョンズ・ホプキンズ大学で開かれた、二日間にわたる構造主義についての会議「批評の言語と人間の科学」である。最も注目されたのは、フランスから来た哲学者、言語学者、精神分析学者たちであった。このボルティモアにおいて――後にエドワード・サイードが巧みに描写するように――フランスの学者たちが「知的にも理論的にも驚くほど貧困な」批評界に進入してきた。[11] 彼らが一様に携えていたのは、ニーチェへの称賛である。会議の主催者によれば、「三〇年代からずっと……フレンチ・ヘーゲルが占めてきた中心的地位を、今ではニーチェが占めるようになったのである」と。[12] とりわけ注目を集めたのが、若きジャック・デリダであった。デリダは「人文科学の言説における構造、記号、戯れ」によって、会議全体の前提を根本からひっくり返してしまう。曰く、構造主義は欠陥のある、ヨーロッパ中心主義的な、ロゴス中心主義に根ざすものである、と。「ポスト構造主義」という新造語が広がるのは、まだ数年先のことである。だが、フランソワ・キュセが評するように、「一九六六年ジョンズ・ホプキンズに出席していたアメリカ人はみな、ポスト構造主義が目の前で公的に誕生した場にまさに居合わせたのだ、と考えたのである」。[13] 一九七五年コロンビア大学での「スキゾ文化」会議もフレンチ・セオリストたちを呼び物とする、注目を集めたまた別の出来事であった。とりわけ注目されたのはミシェル・フーコーである。ニーチェに影響されたフレンチ・セオリストの、文化的逸脱と侵犯の理論を体現するモデルとして、「フランスの飛行機で旅をしてきた、ニーチェのテクストのアメリカにおける受容」を目に見える形で示したのがフーコーであった。[14]

多くの書物が出版され、また新しい雑誌類が次々と創刊されて、この新理論の移動を容易にした。それらはフランス版「新しきニーチェ」の反基礎づけ主義の啓示として提示されることになる。[15] 一九七七年デイヴィッド・B・アリソンの編集する『新しいニーチェ——現代の解釈のスタイル』は、フレンチ・セオリーに鼓舞された現象学以降の言語理論、文化理論の専門家たちを紹介している。これらの理論家たちは徹頭徹尾「主体」や「一義的意味」を攻撃し、解釈においても「もはや終極の意図、目標、目的を何ひとつ約束しない」。アメリカの読者になじみのあった「神の死」は、いまや聞きなれない「伝統的なロゴス中心主義のヒエラルキー」の死として解釈し直される。他方、「力への意志」は「テクスト解釈の意志」として書き換えられる。アリソンが述べるように、この書物の対象は何かある「特定の正統的なもの」に限定されているわけではない。もっともアリソンははっきりと釘を刺す。この書物がするつもりのないこと、それは「本書が過度の単純化、伝記的逸話、便宜的要約といった一連の無意味なこと――すなわち英語圏の読者が昔からなじんできた伝統――に、また新たな項目を追加するものではまったくない」ということである、と。この新しい反基礎づけ主義者ニーチェは、アメリカにおいては「前代未聞」のものである、とアリソンは主張する。[16]

一九七八年の『セミオテクスト』誌第三号「ニーチェの回帰」では、フランス風の「フレッド」を紹介している。「フレッド」は提示してみせる。「統一性、自己、持続性、安定性などへの絶え間ない批判を――ある一つの主題の多様な変奏のように。否、実際には一つの主題を追求する変奏なのではない」。また、ジル・ドゥルーズ、ジャン＝フランソワ・リオタール、ピエール・クロソウスキーといったフランスの思想家の論文と並べて、少数のアメリカ人、著名な作曲家ジョン・ケージなどを紹介しながら、ジェームズ・リーの序文は宣言する、自分たちはカウフマンの（弱まる）支配から「自由になったニーチェ」の下にやって来たのだ、と。「我々はニーチェの回帰を宣言する。では、それはどのようにして起きたのか？……カウフマンの縄張りに割り込もうとしているとでも？……それともある一つの流行を利用しているだけなのか？――パリで最も頻繁に引用されるドイツ人哲学者の（程度の差はあれ）フランス版を移植しようとする企てによって」と。読者は新しいニーチェ出現の大義を認定することに協力するように、具体的にはニーチェの「弟子」「正統なる使徒」あるいはまた「流行の不当なる受益者」と名乗り、雑誌が設定する用紙に宣言の主張を書き込んで、それをプリンストン大学のカウフマンのもとに直接送りつけるように鼓舞された。[17] この号にはさまざまな角度から捉えたニーチェの髭のイメージが描かれている。また八頁にわたる漫画では、近親相姦的な放埓に耽るニーチェと妹の描写にあふれて

図 18 『セミオテクスト』誌 1978 年特別号——「ニーチェの回帰」特集——所収，漫画『わが生涯』から。出版社の好意による。

いる。性交後のニーチェが煙草をふかしながら「女たちは私有財産にすぎないが、その所有者を完全に支配している」とつぶやく場面などがあり、また麻薬でハイになったニーチェがスーパーマンの格好をして空を飛ぶ場面、髭を生やしたキングコングとして描かれたニーチェの戯画なども掲載されている。(18)

ポストモダンの雑誌『境界線2』は、近年ニーチェに影響されたフレンチ・セオリーがアメリカの読者にとって、知的にも時代的にも分水嶺となったという考えを広め、さらには一九八一年の特別号で「なぜ今ニーチェなのか」と問いかけ、ニーチェ的反基礎づけ主義がアメリカに根本的に新しい言説をもたらしたという主張を繰り返した。やがてそうした主張はいたるところで耳にするようになる。(19)書籍の形式で出版されたこの特別号の序文で、編者ダニエル・T・オハラは、フランス版ハイデガーの解釈学、デリダの脱構築、フーコーの力の系譜学の三つが「ニーチェのポストモダン的利用」の特徴的な形式である、と述べる。「ポストモダンと言ってもよい時代」に今なぜニーチェなのか？　それは、これらの反基礎づけ主義の新しい系譜が示すように、ニーチェは「文化の根底にある無用性をアイロニカルに感知した預言者」であるからだ、と。(20)

デリダとフーコーの著作と個性の力は二人を合衆国の名士に祭り上げた。その一方で、二人のニーチェ的反基礎づけ主義は、アメリカ生まれの重要なアカデミズムの名士をも育成した。フランス的なニーチェ読解に依拠して大きな成果を上げたのは、イヴ・コゾフスキー・セジウィックとジュディス・バトラーの二人である。ニーチェの『道徳の系譜』を利用して――このテクストはアメリカのニーチェ解釈の主軸であった――二人は隠されていた力関係を明確な主題として捉え、一九八〇年代には大きな反響を呼ぶようになる。「活動、作用、生成の背後にはいかなる〈存在〉もない。〈活動者〉とは、たんに想像によって活動に付加されたものにすぎない――活動がすべてである」。(21)セジウィックは『クローゼッ

図 19　死の前年 1899 年夏の衰弱したニーチェ。ハンス・オルデ撮影。ダニエル・T. オハラ編『なぜ今ニーチェなのか』(1985) に転載されたもの。

トの認識論』(一九九二)において、ニーチェ的解釈学を利用し、人間の性に関する強制的な二分法に挑戦する。欲望の概念が有害なエピステーメー〔ある時代の認識の総体〕によっていかに記号化されてきたかを考察し、ニーチェの反実在論がクィア理論にとって不可欠なものであることを示している。[22] ジュディス・バトラーも『ジェンダー・トラブル』(一九九〇)のなかで、ニーチェに着想を得た、フーコーの「実体の形而上学」への挑戦を、ジェンダーの「基礎づけ主義の虚構」に対する攻撃の土台とする。バトラーによれば、ジェンダーというカテゴリーが「自然な」ものではなく、「意味の競合の場」であること、ジェンダーとはアイデンティティが社会規範の枠組みの中で、あるいはそれに抵抗して演じられる言説の空間であること、それらのことがニーチェを通じて明らかになる。「「ニーチェの論の」命題として次のことが言えるかもしれない。ジェンダーの表出の背後にジェンダー・アイデンティティは存在しない。アイデンティティは、その結果だと考えられる。「表出」によって、まさにパフォーマティヴに構築されるものである」と。[23]

セジウィックとバトラーは本質主義に対する闘いにおいて、新しいフランス的なニーチェ読解を、ヨーロッパを中心としたジェンダーの不安の表現として援用する。その一方で、一九九〇年代には確立したニーチェ利用の文化的実践に加わり、女性のまた性の解放を制約する偽りの必然性に挑戦する。それらの言説は疑いもなく新しく、また実際に自己の基礎づけのうちにより深く浸透してゆく。とはいえ、普遍的なものの存在しない世界において自我に対処することは、すでにアメリカのニーチェ解釈において十分に定着していた。

けれども、道徳的主体についての西欧の重要な概念は白人男性の擁護論にすぎないという教育がアカデミズムでなされている、というニュースが伝わってくると、保守派は驚いて反撃を開始した。右翼の側からの批判は激しさを増し、ポストモダンのニーチェをめぐりドラマは盛り上がってきた。ニーチェの思想が真理の真理性に挑むものであったからである。保守派はニーチェの哲学を、若きアメリカ人の心と精神をむしばむ外来の病原体であるとみなした。一九八〇年代・九〇年代アカデミズムや大衆文化に対する右翼の不満の高まりを代弁する形で、アラン・ブルームは『アメリカン・マインドの終焉』(一九八七)を発表する。そしてアカデミズムの「ニーチェ化」に対し、痛烈な攻撃を加える。六〇年代の「ビー・イン〔集会〕」や学生の反乱のようなカウンターカルチャーの果てしない馬鹿騒ぎを、七〇年代・八〇年代の大衆文化にまで波及させるのは、甚だしい悪徳であるという保守派の怒りに、ブルームは声を与えたのである。だが、この種の政治劇場をアカデミズムに波及させるのは、さらに許し難い

図 20　ジェイ・コットンによる挿絵。『ヴィレッジ・ヴォイス』誌 1986 年 8 月 19 日号所収，ジョージ・シャラッパ「何から何までモダンなフリードリッヒ」から。画家の好意による。

悪徳である、とブルームは「価値相対主義」を罵倒する。ニーチェの権威をお墨付きにして、道徳的に放埓にふるまう左翼の教授たちが学生に広めている「価値相対主義」をである。[24] 二十世紀後半の民主主義精神の問題は、それが閉鎖的であることではない。極端なまでに開放的で、見境がないため、ニーチェの微妙な道徳批判やニヒリズムに対する警告を理解できないことである、とブルームは嘆く。相対主義に対するアカデミズムの反論は昔からはっきりしていた。二十世紀の早い時期にアーヴィング・バビットはニーチェのロマン主義に不満を述べていたし、一九三〇年代ロバート・メイナード・ハッチンズは進歩的教育の「指導原理なき臆病者たち」に対して攻撃を加えていた。けれども、相対主義の罪を新しいポストモダンのニーチェに着せ、「異質な見解と嗜好」をもつ腐敗した「外国の影響力」と描き出すことで、ブルームはかえって火に油を注いだ。基礎づけ主義について考えることが新たな道徳問題であること、それはアメリカ人の思想と文化にとって異質な概念であることをあらためて浮き彫りにし、左右両翼においてより一層議論を深めることに寄与したのである。[25]

勢いに乗る加熱した右翼たちは、このアメリカにとっての異質性という点に着目する。ロジャー・キンボールは人文科学における相対主義的反ヒューマニズムを、『終身在職権を持つ過激派たち』（一九九〇）

の中で攻撃する。人文科学における相対主義とアイデンティティ・ポリティクスとの奇妙な合成物が大学の教室を「あらゆるものを呑み込もうと待ち構えている不気味で危険な沼」に変えてしまった、と。「これらすべてに対する最良の対処の仕方——結局のところ真剣で効果的な唯一の対応策——は、そもそもこれらの汚濁した水の中に入らないことである」。キンボールは述べる、「ニーチェが評するように、我々は病に反駁するのではない。抵抗するのである」と。[26]

ブルームはニーチェ主義に影響された「大衆的相対主義」がアカデミズムの使命に対して重大な脅威となる、と繰り返し警告する。また他方で、相対主義の結果がアメリカ人の「魂」にさらにひどい悪影響を及ぼすと主張する。[27] 当初『熱望なき魂』と題された『終焉』は、ニーチェの反基礎づけ主義は現代のニヒリズムへの道を切り拓いたが——アメリカの後継者たちと違い——ニーチェはそれが人間の精神に与える影響を認識している理論家でもあった、と述べる。リベラルアーツの「ニーチェ主義化」が引き起こした不法行為の核心は、アカデミズムがもはや道徳的問題を判断できるよう学生に訓練を施さなくなった、ということだけではない。アカデミズムが全体として道徳的観念を破壊し、知的な道徳的な完全主義に一切信を置かず——またその能力もなく——新しい世代を育成しているということである、と。

同じ問題意識が『歴史の終わりと最後の人間』の根底にもある。コーネル大大学院で古典学を専攻したブルームの教え子、フランシス・フクヤマのベストセラーである。この本の論の前提の一つに、アメリカのリベラル・デモクラシーと資本主義は「人類の統治の最終の形」であることを証明しつつある、という点がある。それゆえ、この本はアメリカの勝利を誇るものだとして称揚されたり、あるいはまた嘲笑されたりもした。それらの反応はこの本のより重要なポイントをまったく見逃している、とフクヤマは語る。確かに世界史が合衆国の政治経済へ向かっているとは述べた。ベルリンの壁の崩壊やソビエト連邦の消滅によって裏付けられたように。しかしこれらのことだけで「リベラルな民主主義そのものの良し悪しについての、より深く突っ込んだ議論」をすることはできないとも述べている、と。「「アメリカ的生活様式」の勝利をニーチェがいちばん恐れていた」とフクヤマは強調する。この本の目的の一つは、ニーチェの怖れがなぜ正当化されるのかを説明することである、と。この本の中でフクヤマは奴隷道徳の勝利としての民主主義というニーチェの考察を利用する。本の構成や章題には、ニーチェの『力への意志』、『このようにツァラトゥストラは語った』、「歴史の使用と濫用」*1からの題辞を用いている。そして「リベラルな民主主義における典型的市民」の特徴として、唾棄すべき「最後の人間」についてのニーチェの用心深い診断を利用する。リベラル・デモクラシーの存続以上に重要なのは、それが存続に値するものであるのかどうかである、とフクヤマは主張する。ひとたび西欧文明の論理が自然な経過をたどるや、ごく少数の超人が稀に出現するであろう。彼らは伝統的な道徳なしに生きることが、不確かな世界を乗り越えることが——抱きかかえることさえも——できる、とニーチェは予言する。けれども、歴史の終わりには「最後の人間」もまたそこにいるであろう。頭を低くたれたたままったく満足して破綻した道徳にしがみついている、と。現代のアメリカ人がすでにこの欺瞞的な満足の証を示しつつある、とフクヤマは嘆く。やる気にはやるあまり善良に甘んじていられない人間、偉大さを追求することがもはやできない人間、リベラルな自由にいささか満足しすぎている人間、自己満足に浸りすぎてリベラルな自由を価値あるものたらしめる区別、勇敢さ、名誉などを求めて奮闘することがもはやできない人間などのように、と。現代のアメリカ人が見失っているのは、気高いテューモスすなわち「気概」(ギリシア語で「勇気と活力に満ちていること」を意味する語)、自他の違いを際立たせんとする欲望の類いである。フクヤマにとって、相対主義それ自体は問題ではない。個々のアメリカ人がその相対主義から作り上げるものが、まさに問題なのである、と。(28)

これこそが「真の」ニーチェの、アメリカでは前代未聞の「新しい」ニーチェの警告であると。フクヤマは師の歩みに従い、そしてアメリカのニーチェについてのベストセラーがもう一つ誕生した。このように、フランス語を話すポストモダニストとしてのニーチェが人気を博するなかで、フクヤマはギリシア語を話す自分のニーチェを登場させ、現代のアメリカ保守主義の父たる自己の誠実さを確固と示した。フクヤマはアメリカ人の思考様式とまったく異質な新しいニーチェを称揚したが、しかしそれは説教を禁じられたニーチェ、「右翼が見出したその最も輝かしい代弁者である」ニーチェである。(29)

フランス現代思想に鼓舞されたポストモダンの言説は、ニーチェ哲学が含意する反基礎づけ主義を引き出した。この言説は、道徳的・認識論的・形而上学的基礎づけ主義のあらゆる痕跡についての物語を終了させた。そして、意味形成のプロセスとその可能性を探究する新しい言語と理論とを提供した。ポストモダンの言説は熱狂的支持者たちを生み、勇気づけた。支持者たちはニーチェの独占権を主張し、これから新しいアメリカ思想が必然的に始まる、と考えた。しかしそれは他方で、別の人間たちの怒りを買うことでもあった。ポストモダンの支持者たちがアメリカン・マインドを専有しているとみなされたからである。けれども、アメリカ人が「新しい」ニーチェと折り合いをつけたのは、アメリカが従来からニーチェに対処してきたその仕方を踏襲しただけである。アメリカ人はニーチェを、アメリカ的思考の認識論的・道徳的・文化的基盤と折り合いをつける手段として利用してきた。絶対的なものとの関係においてだけでなく、ヨーロッパとの関係においても「つねに・すでに」評価してきたものであった。ポストモダンの反基礎づけ主義的解釈の境位は新しかったが、しかしアメリカの思想と文化の中のニーチェという存在は目新しいものではない。アメリカのニーチェ読者がニーチェを利用して、やがてアメリカ生まれの反基礎づけ主義と折り合いをつけようとすることになるが、その仕方は昔ながらのものである。

一九七〇年代・八〇年代・九〇年代「新しいフランス版」ニーチェの到来による「シュトルム・ウント・ドラング（疾風怒濤の時代）」においては、脱構築やポスト構造主義の傾向に沿わない、また新しくもないニーチェ哲学への寄与は、重要なものであっても隅に追いやられた。けれども、その時代の最も著名な思想家の三名は、ニーチェとの重要な対話者であり——文学理論家ハロルド・ブルーム、哲学者のリチャード・ローティとスタンリー・カヴェル——反基礎づけ主義がアメリカ思想の重要な部分を構成してきたことを強調している。この三名は、真理を攻撃するときよりもさらに情熱をこめてニヒリズムを攻撃するニーチェの言説を利用する。だがこの三名は、ニーチェの思想に対処するためにだけではなく、ニーチェと対話をすることによってアメリカ人が自己の思考のあり方について考えることができるようになる、ということを確信してニーチェに注目するのである。彼らはそれぞれの視点で、アメリカの反基礎づけ主義の源泉と調和するニーチェ像を提示する。それはニーチェがエマソンのうちにまさにその反基礎づけ主義を聴き取った、と考えるからである（そしてエマソンはその反基礎づけ主義をウィリアム・ジェイムズとジョン・デューイに手渡したのである）。以下に見るように、ブルーム、ローティ、カヴェルがニーチェに注目したのは、アメリカ思想のうちの反基礎づけ主義的要素から目を背けるのでなく、エマソンとその末裔のプラグマティストたちの中にあるそれらの要素と向き合うためである。けれども、この三名の抑えがたい独創的な声は、アメリカ人になじみ深い諸要素を思い出させる。ニーチェがエマソンに目を向けたのと同じように、この三名はニーチェに目を向ける。それぞれが大西洋を横断した知性との関わりにおいて、アメリカ生まれの知性を考察するために、基礎づけのない哲学の「故郷」を求めるために、そして――基礎づけの不在の世界においてとりわけ重要な問い――いかに自分は生きるのかだけでなく、いかにして自分は知るのかを問う哲学を回復するために。

ハロルド・ブルーム――エマソンの先行性の探究

二〇〇五年七月一一日七五歳の誕生日の朝、ハロルド・ブルームは机に向かい、文学批評における自分の影響について回顧していた。自分の業績の評価と論評を集大成した『ソルト版ハロルド・ブルーム必携』の後書きのために。編者たちは序文の冒頭で「ハロルド・ブルームは英語圏において存命中の、最も著名な文芸批評家である」と述べる。だが、そうした事実にもかかわらず、ブルームは一貫して自分を「孤軍奮闘する声、その声に決して耳を傾けようとしないアカデミズムから無視される存在」であると描き出してきた、とも記している。(30) この性格描写にふさわしく、ブルームは長く続く経歴における、避けられぬ孤独の告白で後書きを終えている。イェール大学の教授職についてから半世紀以上にわたり「陳腐な決まり文句に対して毒づき」、名称は変えても「人間の審美眼に対する蛮行」を改めないアカデミズムに喧嘩を売ってきた、と。編者たちがアカデミズムでの自分に対する「途方もない罵詈雑言の数々を編纂する」と決めたのも驚くことではない、とブルームは考える。もっとも自己の何十年にもわたる「アゴーン(闘争)」――文学的影響とやりとりを定義するためにブルームが使用した術語――において、歴史上の詩人たちを理論化するときに、また現代の批評家たちと激しくやりあうときに、自分の発した罵詈雑言の塊も同様にもっともらしいものであっただろうが、と述べる。そこでブルームは自分の「影響の理論」の重要な手がかりを——そして自分自身の影響力についての見解を——提起する。「いかなる精神も闘いの中で発展していかなければならないとニーチェは教えた」と。ニーチェはまた同一物の永遠回帰についての忘れ難く、卓抜なヴィジョンをブルームに授けた。自分の人生の道に抗うよりも、それを「運命愛」として受け容れるほうがよい、と。人間の意志は多くのことをなしうるが、後ろ向きに(過去に向かって)意志を働かせることはできない、と。別に何の問題もない。——ブルームはそれを望まなかっただろうから。「かつての日々を再び手にすることができないのは喜ばしいことである。というのも、たしかに同じ過ちを、同じ敵との闘いを、同じ見当違いの恋愛を繰り返すであろうから。ニーチェ曰く、生についての誤りは不可避なのである、と」[31]。ブルームが批評家としての人生を振り返るときにニーチェを引き合いに出すのは、文学的自我を構築するうえでこのドイツの哲学者を利用してきたからである。四十年以上にわたり厖大な文学的著作を生み出してきたハロルド・ブルームが、自己についてあるいは美的創造のダイナミクスについて考えることは、しばしばニーチェについて考えることを意味していた[32]。

長い経歴を通じて、アカデミズムの学問の傾向と闘争的に論争するとき、ブルームは知的後発性と負債性の理論家としてのニーチェに、詩的重責を担う批評家の代表例としてのニーチェに依拠する。一九六〇年代には、ニュー・クリティシズムの批評家たちが過剰な精神的意味を批評に与えることに対して、また外部から隔離されたテクストの閉鎖性の主張に対して、挑戦した。一九七〇年代には、脱構築主義者たちが批評から過激なまでに精神的意味を奪い去り、「作者の死」をもって根源的な決定不可能性を称揚したことに対して、反駁した。一九八〇年代・九〇年代には文芸批評がカルチュラル・スタディーズに移行したことに対して、そしてカルチュラル・スタディーズの末裔たちがテクストを政治化したことに対して、批判を加えた。いずれの時期においてもブルームは、文芸批評家が真理を知る者である、という考えを非難する。ブルームの見たところ、先行者たちはテクストの意味について確信しているかのようにアプローチしており、一方同時代人たちやその学生たちはいかなる意味も存在しないという確信をもってテクストにアプローチしている。けれども、いずれのタイプの文芸批評家も同じ問題のために混乱している。彼らは問いを立てるかもしれないが、何ひとつ探究しようとしない。いずれも知識を捜し求めるが、知恵をではない、とブルームは述べる。一九五一年イェール大学の大学院生の時に、ブルームはすでにニーチェの「生に対する歴史の利害について」を読み、アカデミズムの批評で警戒すべきことについての明確な教えとして受けとめている。「歴史的中性者の群れには常にぬかりなく、作者を遥かの遠方から概観する用意がすでにある」。気短な批評家、弱い批評家は目の前に「この上なく目ざましい作品」があっても、せいぜい「批評」の形をとった「こだま」を生み出すことしかできない。「しかもじっさいはほんのしばらく前まで批評家はその出来事の可能性について夢想だにしていなかったのである」。ニーチェは、また別の批評を生み出すだけの無能な批評のイメージを、また「本来の意味での影響、つまり生と行為への影響」を何ら持たない無能な批評のイメージを語る。そうした批評のイメージがブルームを悩ませたのである。(33)

ブルームは自分の反歴史主義と文学の偉大さの強調がアカデミズムの大勢とそりが合わないことを承知していた。けれども、永遠なるものが不在の世界においても、「世俗での不滅」に挑む非凡で類まれな声が存在すると信じていた。「時間は我々を滅ぼすが、それは天才でない者を塵芥に還元するということである」。永遠な何かを希求する学問への要求でさえもが、二十世紀後半のアカデミズムにおいては、いかがわしき聖性めいたものが感じ取られて不興をこうむっている。しかしブルームにとってそれは問題ではない。権威を帯びて話すことのできる唯一の声は、自己だけを権威とする声であるということを、ブルームはずっと若い頃にニーチェから学んでいる。「七一歳にしてこの文芸批評家は学んだ、自分は自分自身についてのみ語りうるのであり、流行しているものについてではない、と。だから〈フレンチ・ニーチェ〉を斥けることから始めさせていただきたい。……ニーチェが私に対してなしたこと、なし続けていることだけを私は考察するつもりである」と。[34]

ニーチェがブルームに対してなしたこととは、自身が後に取り組むことになるが、知性の領域で「遅れてやって来ること」への不安についての洞察をもたらしたことである。大陸の批評家たちが見逃していたこと、ニーチェのエマソン的洞察が示していたことは、最良の批評が知恵の書の形式をとる——あまりに人間的な人間性の中にある神性への道標という形式をとる、ということである。ブルームにとって、エマソンの教え導く青年のごときニーチェは、大陸の脱構築主義から脱け出してアメリカ生まれのものに戻り、それを優先する道をアメリカの批評に示す存在である。何でもかんでも否定的な大陸の人間たちよりも前に、エマソンがいたのである。

『影響の不安』(一九七三)は、ニーチェに深く傾倒して修辞的な批評のあり方を書き換えただけではない。ブルームの文芸批評家としての輝かしい経歴の始まりを告げる著作である。現在までブルームの著作の中で、最も薄いが最も野心に満ちた書であり、論争の的になっている。ブルームの主張は、批評家が「一個の完全な統一体としての一編の詩を「理解」しようなどというとうに失敗した企てなど捨てて」詩的意味の源泉について考えるべきだ、ということである。そしてそれはもはや頁の上の語群に付

着しているとは信じられていない、と。ブルーム曰く、意味は文学の伝統のさまざまな作用の中で生み出される。けれども、この伝統はある詩人から別の詩人へと詩的規範が継承されることのように理解されるべきものではない。むしろ遅れてきた詩人が先行者と格闘するときの不安のように、心的領域の問題として理解すべきである、と。先行する詩人が遅れてきた詩人に影響力を行使するという伝統的な考え方とは反対に、ブルームは子孫が祖先によって、最も優れた思想に祖先が自分よりも先んじているという不安によって、自分が制約され条件づけられさらには抹殺されるという恐怖、そうした恐怖に対する反応であると影響を説明する。いかなる詩人も遅れているということに耐えられない。ただ「それほど才能のない詩人たち」だけが「偉大な先達を理想化する」。その一方で、「強い詩人たち」、「有能な想像力を持つ者たちは」先人を故意に誤読して「自分の場所を確保する」ことができるのである、とブルームは述べる。(35)

『影響の不安』の中にニーチェが不気味に姿を現わす。想像力についての系譜学者であり、影響の不安についての批判的歴史家であり、自分の後に来る者すべてを遅れた者にしてしまう、神と化した祖先としてである。ブルームはニーチェの恩恵を明らかにする。「ニーチェとフロイトは、私の知る限り、この本で提示される影響の理論に最も大きな影響を与えている」。フロイトのおかげで、創造のプロセスで作用する防衛機制を捉えることができたし、「ニーチェは反定立的なものの予言者で、彼の『道徳の系譜』は、芸術的な気質の中にある、修正への意志と禁欲主義とを併せ持つ傾向に関して、私が手にしたもっとも透徹した研究だ」と。詩人特有の意志についての、またロマン主義心理学の歴史についてのブルームの理論も、詩人特有の「遅れてくる者」についてのブルームの言葉遣いも、みなヘーゲル主義に対するニーチェの異議申し立てから引き出されている。(36)ブルームはニーチェの「生に対する歴史の利害について」から引用する。「まことに、遅れてきた者であるという信念は麻痺的であり調子が狂っている。しかしかかる信念がいつの日にか図々しく居直って、この遅れてきた諸時代の末裔をすべての以前の出来事の真の意味と目的として神化するならば、その信念の知的悲惨が世界史の完結と同一視されるならば、これは怖ろしい破壊的な現象であると言わざるをえない」[37]。ブルームはニーチェの異議をヘーゲルに対するものとしてだけではなく、自分自身の中にある遅れてきたものという感情に対する異議でもある、と捉えている。ニーチェが自分自身の理論を具体的に示すとき、自己への憎悪が作用していることが示される。遅れてきた者は先行者によって先取りされていた自己を偶像化するだけではない。嫌悪もするのである、と。想像力豊かな詩人がいかに「他の詩人の存在に苦しめられてきたか」という物語は愉快なものではないことを、ブルームは承知している。けれども「近親相姦の誘惑」という倒錯こそがまさしく強い詩を生み出してきたのである、と[38]。

ブルームが後に回想するように、その「影響の理論」はニーチェの一八七二年の断想「ホメロスの競争（アゴーン）」が「出発点」であった。この断想の中でニーチェは古代ギリシア人の絶え間ない闘争、競争、相手の機先を制することを、彼らの健康と活力の源として価値づけている[39]。けれども、ブルームに大きな影響を与えたのは、一八八七年の『道徳の系譜』の第二論文「〈負い目〉、〈良心の疚しさ〉、およびその類いのことども」において、ニーチェが遅れていることとの有益な含意について十全に論じていることである。ブルームによれば、「自分は先行者の恩恵に与っているという罪の意識」の歴史についてのニーチェの評価は、あらゆる真面目な「詩の構成の原理」の序曲である。というのも、それは「おそらく、人間の先史時代を通じて、人間の記憶術ほど恐るべきものはない」というニーチェの観察を裏付けているからである。ブルームによると、この論文の中でニーチェは記憶を痛みと、罪を負い目と、祖先への記憶を遅れてきた者の懐疑的な闘いと結びつける。けれども、ニーチェは自分の道徳心理学が、自分の系譜学がもつ力強い含意を見逃している、と。ニーチェの後期の著作は、負債という昇華されたルサンチマンによって引き起こされた「良心の疚しさという病気」を証言している。だが他方でまたニーチェは、その病気が種族の帰属感を養うために、また祖先を神に変えるために必要なものであったことをも示している――ニーチェ曰く「人間による神の創造」において本質的な発展である――と。(40)ブルームによれば、ニーチェは祖先についての記憶の「恐ろしい痛み」を病気と結びつける。だが、ニーチェが言うように、「とはいってもこれは、妊娠が一つの病気であるというような意味での、一つの病気なのである」。(41)ブルームが続く著作の中で繰り返し強調するように、ニーチェ自身が遅れてきたという意識に取りつかれていたからこそ、「すべての行為には忘却が必要である」とニーチェは主張したのである。(42)けれども、まさしくニーチェ自身の記憶の概念のうちに、なぜ忘却がそれほどまでに重要なのかの証拠が隠されている。ニーチェは記憶が意味の原動力であることを示したのである。記憶は想像力を、人間の敬神の念を、超越の観念を生み出すのに必要な病なのである。そこで人間自身の起源が問題となってくる。起源とは、あらゆる人間の意味がそこから生じてくるような、地獄なのである、と。

一九七三年ニーチェを論じることとは、不穏当な事態を伴うおそれがあると思われていた。けれども、轟きわたるパトス、邪悪さ、ルサンチマンの言葉に溢れる書物の中にエマソンを見出すのは、まさしく驚きであっただろう。だが『影響の不安』におけるエマソンこそが(ブルームはエマソンをニーチェと対にして「影響としての不安というものを否定する大家の一人」(43)としている)あらゆる人間的諸問題における、補償の単純明快な法則を理解していたのである。「何事も無償では得られない」と。(44)後の著作では二人の関係が父と子の、先達と若者の関係になぞらえられて強調される。けれども、『影響の不安』

においてニーチェは「強い詩人」の最も重要な理論家であり、エマソンはその代表例である。「運命」を書いた後期エマソンは、自我のために自分自身を「美しい必然」として完成させることに伴う、高い代価を受け容れることができた。たしかに、そうした度量の大きさは、エマソンのような「解放する神」にのみ可能であった。[45] ブルームも必然性の重要さを理解する。しかし、それを迎え撃つ人間の側の矜持を示すことも決して忘れない。エマソンは言う、「君はわたしを境遇の子だとお思いだが、わたしが境遇を作るのだ」と。[46] エマソンに見られる、必然性と自由との間の、父祖なる起源と自己産出との間のこの「背行」[47]を、ブルームはエマソンの「アメリカの崇高」と認定する。この崇高さをブルームは「(どんな詩人のどんな詩を読む際に役立つのかわからない)ヨーロッパ批評のあらゆる流派の、反ヒューマニズム的な退屈さ」[48]としだいに区別するようになる。

一九七〇年代から八〇年代の初め、詩的影響の理論についての四部作の残り[49]や、修正 - 再創造についての理論的研究[50]などでも、ブルームは道徳心理学者ニーチェを、思考を理論化するニーチェ、意味が不安定な批評の機能について思い巡らすニーチェを、変わらずに利用し続ける。ブルームはデリダ、ポール・ド・マン、J・ヒリス・ミラー、ジェフリー・ハートマンとともに「イェール学派」を形成する。この学派は合衆国における脱構築批評の第一波であった。ブルームはイェール学派のマニフェスト『脱構築と批評』(一九七九)を編集し、また寄稿して、脱構築理論の重要な産婆役を果たす。それゆえ、広く「解釈学のマフィア」[51]の重要人物と目されていた。けれども、ブルームは特定の領域に囚われない言説と対話を重ね、その中で生み出された人間の主体性を強調する、一風変わった存在であった。『脱構築と批評』の序文の中でハートマンが述べるように、ブルームも、より認識論的指向の強い仲間たちと同じく、「「最も深遠なパトスは依然として美的作用である」と言うニーチェをよく理解している。けれども、ブルームはそのパトスの持続性に、またその心理学的由来に関心を持っている。ブルームにとって、文学のエートスはそのパトスと切り離し得ないものだからである」[52]。ブルームがイェール学派の批評家たちと共有していたのは、テクストやスピーチの言葉の意味は始原にある指示対象に結びついているという考え方に異議を唱える、解釈の解釈者というニーチェである。けれども、ブルームが他の批評家たちとの共通のプロジェクトに関与したのは、束の間でごくわずかなものであった。

脱構築主義者たちと共闘したその理論的著作において、すでにブルームは自分のニーチェを利用して、他者のニーチェを批判している。ブルームはまた、ニーチェの後継者であると自認し、「我々は……ニーチェの疑念を共有する。ともかく、解釈者であるのは誰か、その解釈者はテクストをめぐっていったいどのような力を獲得しようとするのか」と述べる[53]。だが、まさしくその共有の相続財産のゆえに、ブルームは自分のニーチェ読解を、大陸の理論家たちのニーチェから切り離さなければならない。たとえそのために、他者とその主張を「プラグマティックな」比喩に変えて自分の見解を他者のそれから区別することが必要になるとしても[54]。

まさしく読解の理論家であるが、大陸の批評家たちが読者とテクストを論じるのとは違い、ブルームは概して詩人の言語や詩を用いて説明する。それは、すべての人間的経験の比喩的表現を、ニーチェの言う意味での「人類の始原の詩」であるとブルームがみなすからである[55]。だが、詩よりも前に詩人が存在している、とブルームは言う。文学が自己形成に資するものであること、それが誰であれ本を手にすべき最良の理由の一つであることをブルームはもちろん認める。けれども、自己は決してたんなる言語構築物ではない。心は、想像力に富む文学に（そして想像された祖先に）先行する（もっともそれらなしには心は存在しえないが、ともブルームは考える）。それゆえにブルームは「否定神学者となった我らが理論的批評家たち」と仲たがいする。「詩と批評を脱人間化することに賛同できないので、近年の解釈におけるあらゆるフランス的様式」を拒否するようになったのである。[56] かくして、「エクリチュール の舞台 scene」の理論家デリダの批評に対抗して、ブルームは自分の批評を「教育の原光景 primal scene」に関与する、想像力に富む詩人の批評として措定する。[57] 教育の原光景におけるもっとも重要な要素は、脱構築によって抹消されたまさにその「主体」である。「私の解釈する詩的「テクスト」とは頁の上の記号の集合ではない。真正の力と力とが唯一の価値ある勝利を目指して、予知に従い忘却に対する勝利を目指して闘争する、心の中の戦場である」。[58] 大陸の批評家、仲間の批評家は、自分たちの仕事に対するブルームのこうした特徴づけに異議を唱えたが、予知することが文芸批評家の使命の一つであるとは考えていない、という指摘には同意したことであろう。

ブルームはニーチェを利用して、知恵の書の形式としての文芸批評、まさしく詩的である世界における補償と慰安としての文芸批評、という自分のヴィジョンを際立たせる。ブルームは脱構築主義者を「否定神学者」と特徴づける。そのニヒリズムが文学の解釈において何一つ賭けておらず、何事も無償では得られないというエマソンの補償の法則を文字どおり証明しているからである。同じイェール学派のポール・ド・マンは著書『読むことのアレゴリー』(一九七九)の中で、「言語外の指示対象もしくは意味」の追求を中止するが、そのため脱構築主義者はあらゆる探究をひとからげに中止することになる、とブルームは結論づける。[59] 脱構築主義者は理論化の作業を理論化する。しかし、それによってどこかにたどり着こうという熱望は何一つ持たない。なぜなら、進むべき道が何一つないのであれば、たどり着くべき所も何一つないに違いないと信じているからである。(ニーチェがニヒリストたちに異議を唱えたように、「何も欲しないよりは虚無を欲する」方がましである。[60])デリダに刺激されて言葉とテクストに焦点を当て、「テクストの外部には何も存在しない」と言うけれども、脱構築主義者は『偶像の黄昏』のニーチェの警告を見逃している、とブルームは述べる。ニーチェ曰く、「それをあらわす言葉を私たちがもっているもの、そうしたものを私たちはすでに脱け出ている」(61)。

テクストは意味の自己充足的なまとまりではなく、より高次の実在の転写でもない、という点ではブルームも脱構築主義者と同じである。ただ、テクストが「人によって書かれる」ものである限り、一人の著者が自分の声を探し求めて相続遺産と格闘することに現れる、人間の欲望や憧憬の証言として批評家が読む場合にのみ、テクストは意味を帯びるのだとブルームは主張する。(62)「文学はたんなる言葉ではない。それはまた比喩への意志である。ニーチェがかつて、別なものでありたい、別のところにいたいという欲望として定義した、隠喩への動機でもある」(63)。脱構築主義は、解体せんとする伝統的な基礎づけ主義の真似をしている、とブルームは述べる。脱構築主義者と同じくブルームも自己の修辞法にこだわる。そして、脱構築主義者は「「言語」という名の……造物主《デミウルゴス》的な実体の比喩」を用いている。「いわば死すべき神のように、果てしなくわれわれの記述の代行をしてくれた「想像力」という伝統主義者の比喩」と同じようなものを用いている、とブルームは主張する。(64) また、脱構築主義者は認識論を特別視するが、それはニーチェの著作に見られる道徳的なかつ美的な立場に反するものである、と。認識論的な立場は「文学的なもの以上でも以下でもなく、比喩以上のものでも以下のものでもない。……比喩は比喩以外に何をもたらすことができるのか。……ただ先行する比喩を、あるいは比喩それ自体についての概念を、比喩として表現することだけである」(65)。ニーチェは比喩が必要な虚構であることを認識していたかもしれない。けれども、比喩は「「解釈上のアナーキズム」を防ぐ防護壁」にすぎないとブルームは述べる。これは修辞学を是認することではない。重要なのは、比喩の理論ではなく、より以上の生を主張する比喩の力である、と。批評とは文学を愛しかつ怖れるための技法である。にもかかわらず、批評を「比喩の認識論」へと変え、無限の意味作用の戯れしかないなどという脱構築主義者のおしゃべりは、せいぜいスポーツで接触してひざをすりむいたり目の周りにあざを作る程度のもので、血を流したり命を賭けたりするものではない、と。(66) 脱構築主義者が見逃しているのは、文学の、読むことの根底にある愛情である、とブルームは述べる。畏敬の念なしには、いかなる賭けも存在しない。脱構築主義者の意味の読解の戦略は、獲得すべき生を何ら持たない、味気ないスポーツに批評を変えてしまう。なぜなら失うものを何も持たないからである、と。

だが、脱構築主義の最も嘆かわしい問題は、彼らがニーチェの最も卓抜な洞察の後継者ではなく、最大の誤りの継承者であることだ、とブルームは述べる。脱構築主義者の誤りが『道徳の系譜』の第二論文「〈負い目〉、〈良心の疚しさ〉、およびその類いのことども」の誤読にあることをブルームは突き止める。この論文はブルーム自身の文章構成法の理論に大いに寄与したまさにそのテクストである。ポスト構造主義の誤りのいくつかはフーコーに由来するとブルームは述べる。フーコーはニーチェの系譜学の根拠薄弱な側面を恣意的に利用したからである、すなわち、価値観の歴史において意味と目的とを、起源と有効性とを切り離したからである、と。他の誤りはデリダに責任がある。すべての習慣の背後にはただ新しい解釈という記号の連鎖だけが存在する。それらの解釈は偶然の産物であり、恣意的に粗雑にまとめられただけのものにすぎない、というニーチェの主張、それをデリダは強調する。けれども、『影響の不安』以後ずっとブルームの批評の核心を構成するのもまさにニーチェのこのテクストである。脱構築主義者との相違点は、ブルームが認識したと信ずるものを、フーコーもデリダも見逃しているという点である。それは「起源の威信は普遍的な現象である。ニーチェのごとく孤独な脱神秘化主義者が、その威信に対して空しく闘いを挑む」という点である。ニーチェは起源が威信を持つことを否定しようとするが、しかしなぜ起源が威信を持つのかを説明することも忘れない。そして起源の威信に抵抗するけれども、ニーチェは「すべての神聖な歴史は……自分と対立してきた。そして神聖な歴史はいかなる時代にあっても、また神聖なものが一般に代替物を通じて姿を現わす社会にあってさえも、優位を保つ術を心得ている」ということを、誰よりもよく知っていた、とブルームは述べる(67)。

実際、良心の疚しさの起源を——系譜だけではない——たどるニーチェ自身の例は、そしてまた記憶のひどい痛みによって意味が生み出される記憶術の取り扱いは、いずれも脱構築主義においては見逃されている。「どうやって……意味というものが始まるか……は脱構築主義の観点ではまったく答えようがない」。これに答えたことがニーチェの偉大な道徳的かつ美的貢献である。それはポスト構造主義の過剰な歴史主義においては、完全に抹消されたものである。この歴史主義においては、著者のテクストの中でのすべての立場が、その「発祥地」の政治的・社会的・経済的コンテクストにたどることができるとされる。しかし「批評と詩は政治的、社会的、経済的、あるいは哲学的なプロセスを主目的とするものではなく」とブルームは主張する、「また認識論的な出来事であることもない」と(68)。批評はまた科学でもない。「「人文科学」ですらない。また哲学の一部門でもない。……詩の理論は、すべての批評と同じく芸術である。教授可能で有益な芸術である。その真の判断基準は、詩的であることだ。……詩の理論は強くあらねばならない、簒奪する力、不屈の力、雄弁の力を持つことによって(69)」。脱構築主義者はニーチェから意味の一部分を受け取ったにすぎない。そのため、文学批評を誤った方向に導いている、とブルームは述べる。

そして我々はニーチェの洞察を回避する道を今のところまだ見出していない。それはフロイトの洞察と比べても、危険なほどに深甚なものである。……しかし、ニーチェの「遠近法主義」は、西欧の形而上学の代替物としてニーチェが我々に与えうるすべてであるが、実際にはニーチェが払拭する錯覚よりも、はるかに多く我々を惑乱させる迷宮である。だからと言って、そのためにいかなる意味でもいかなる意図においても、宗教的である必要はないし、いささかも神智学や神秘的思索に流れる必要もない。詩のであれ夢のであれ、いかなるテクストのものであれ、意味の解釈がニーチェに影響された脱構築主義によっていかに綿密になされようとも、過剰なまでに貧しくされているという結論を、やはり下さざるを得ない。[70]

こうした読み方は、自身の偉大な精神的洞察をニーチェ本人が嫌悪していたことを考慮するなら、ニーチェの悪い（強くない）誤読である、とブルームは考えていた。けれども、少しずつニーチェの言葉の綾を認め始める。ただし、基礎づけのない世界では可能なるものの詩的イメージだけが弁明しなければならないすべてである、というニーチェの要求については別である。「ニーチェ後の哲学者‐批評家の氾濫」を非難する一方で、ブルームは「我々が詩人を読むこと、そして自分自身を読まないことを正当化する」のは耽美主義だけだというニーチェの考えに共鳴していたからである。[71] ブルームは「ニーチェに影響された脱構築主義」に異議を唱えるが、しかしニーチェの痛みの詩学に対してではない。ニーチェによれば、意味は記憶の恐るべきトラウマによって、またそれを変形しようとする欲望によって動かされているのである。否定神学の高僧たちの間に、旧弊で口うるさい存在として身を置いていた間、ブルームは「ニーチェの後継者、脱構築主義の信奉者たちによって過剰なまでに精神性を喪失した批評」への言及を次第にしなくなってゆく。そうした言及が自分の一貫したニーチェ思想の利用の文脈において、何の意味も持たないと分かったからである。(72) ブルームのニーチェは、メタファーの機動部隊というテクスト観を裏付けるものではない。むしろ、言葉だけでは死せる作り物、「それであった」ものの遺物にすぎず、「私が成る」ものという心の活動領域ではない、と警告を発する存在である。ブルームは、脱構築主義者の「ニーチェ」が正しいニーチェであり、最良のものではなくとも悪いものではないと考える理由はない、と述べる。なぜなら、このドイツ人の青年は、言葉をめぐる誤りを犯すことのないアメリカの先達の知恵に、目を向けているからである。エマソンのためにみなが「遅れてきた者」になったということを、ニーチェは示したのである。

ニーチェよりも前に、その大陸の末裔たちよりも前に、エマソンが存在していた。アメリカはすでにその「内的な雄弁家」を備えていた。その人間はアメリカの真実を語った。ニーチェの天才とは、このアメリカの声を傾聴する能力である。別の言い方をするなら、神を持たない自己の、すなわち絶対的なもののない意味、過去のない現在、永遠なもののない超越の企ての、恐ろしさと喜びとにエマソンは声を与えたのである。それを知ることなしには、アメリカ人は「自己の知を決して知りえない」であろう、とブルームは述べる。(73) それは人間の声であり、テクストではない。所与の神話と、それが心に訴える力と格闘する人間の声、過去の専制からの解放を切望する人間の声、継承した言葉を「詩神たちの墓所」や「詩の化石」とみなす人間の声である。読者が知性と想像力の作品に目を向けるのは、学びを期待しているのではなく、挑発のためであるということ、それらの作品を読むからこそそれらは読まれることになるということを、エマソンは理解していた。エマソンこそが絶対的なものから意味を引き離し、永遠なものから崇高さを引き離し、神から自分自身を引き離したのである。その努力の中で必然的に生まれる諸問題を、エマソンは先取りしていた。エマソンは存在を生成に変えようとする。「私が成る」によって「それであった」を否定する。所与の存在しない世界において、人間は自身の「命名者」であらねばならない、とエマソンは主張する。「内心にひそむ確信をひとたび語れば、きっと普遍的な意味をそなえたものになる」。ニーチェが人類の始原の詩について思い巡らすのに対して、アメリカは人間の想像力と創造力の所産として考えるのが最良であろう、とエマソンは考察する。「われわれの眼にはアメリカは一編の詩である[74]」。エマソンは「アメリカ的な背行」に声を与えたとブルームは述べる。そこでは「伝統は最後まですっかり権威をそがれ、われわれの内なる大きな声が湧き上がってくる」。

> 役に立つのは生のみであって、生きてきたという事実ではない。力は休止した瞬間に消えうせるものだ。力が息づくのは過去から新生面へ移行する瞬間、深い裂け目を射ち、目的に投げ槍を撃つその時だけだ[75]。

ブルームはエマソンから学ぶ。「力とは横断の問題、境界ないし変移の瞬間、回避、代償作用、精神的ディレンマなど、ただ意志の専断行為によってのみ解決できる問題である」。これは何ら比喩の認識論でも修辞の哲学でもなく、強い誤読による詩的批評である。それは基礎づけのない批評である。けれども、この批評においては「落下とはすべて前方への落下、幸でも不幸でもなく、努力する必要もない、ただアメリカ的真実に向かって弾みのついた前進落下である。これは生命の川となって流れ込んでくる力と知恵の流れが雄弁を意味することを示している。そして、そう言うエマソンこそ、われわれの意志の泉である。なぜなら彼はアメリカにおいて、西洋において雄弁こそすべてであることをよく知っていた。声のイメージは流入と〈新しさ〉のイメージであるが、承知の上で言うなら、それは常にとぎれとぎれのイメージ、あるいは断続性のイメージである[76]」。ブルームにとって、エマソンの声とはアメリカの「知」の声である。エマソンの声は偽りを暴いたり、神秘を取り除いたり、観念を排したりする言葉を語るのではない。苦闘する自己の内から外へ向かって発し、拡大し続ける円の言葉を語るのである。エマソンは円について書くが、それは何ら中心を持たないことを知っている。中心を持たない世界において、権威の、意味の唯一の根源は、自力で生まれた自己だけである。これは決して容易な仕事ではなく、重い「アメリカの負荷[77]」であることをエマソンは示す。けれどもエマソンはニーチェと同じく、遅れてくる者すべてに「何事も無償では得られない」ということを教えたのである。

天才がなすべきであるとエマソンが言ったことを、ブルームのニーチェはアメリカに対してなした。すなわち、アメリカが疎外された主権という新しい意味をもって自己の思想を傾聴することを可能にしたのである。ニーチェはブルームに、遅れてくる者の不安について気づかせる。そして歴史的に継承された知的伝統の中で、自己の外部の偽りの権威に抵抗するために、自身のアンチテーゼの戦略を示すが、そのときはブルームのニーチェもまた必ず、アメリカに内的な雄弁家を傾聴しているのである。ロゴス中心主義を追求するあまり、アメリカの批評はテクストではなく声がアメリカの知であるということを忘れてしまった。アメリカ人は自分たちのエマソンを、自分たちの根源的な知を知るまでは、「アメリカ的な差異」を理解できないであろう、とブルームは述べる。「エマソンのアメリカ的〈グノーシス〉は伝統に耳を傾けないことを説き、それによってわれわれの遅れてくることを否定する」。それゆえに、アメリカ人は自分たちの知を知るためには、エマソンを知らなければならない、と。[78]

レオン・トロツキーと野生の蘭は互いにどのような関係にあるのか。一九四六年シカゴ大学で勉強を始めたとき、一五歳のリチャード・ローティの関心を占めていた問題がこれであった。「社会的福音」派の神学者ウォルター・ラウシェンブッシュの孫であり、反スターリン主義社会主義者の作家ジェームズ・ローティとウィニフレッド・ラウシェンブッシュのただ一人の子どもは、家族の社会正義へのコミットメントを吸収しながら成長した。けれども、ローティにはまた、ニュージャージーの自宅近くの野生の蘭に「私的で、一風変わった、スノビッシュな」関心もあった。この非常に美しいが「社会的には何の役にも立たない」花が社会主義的政治活動とどのような関係にあるのかは分からなかった。けれども、大学はそれを知るために存在しているのだろうとローティは考えた。イェーツの言葉で言えば、「実在と正義を単一のヴィジョンのうちに捉える」ことを可能にする、超越的世界観に自分を近づけるためにあるのだ、と。[79]

確実性を探究する人間のための完璧なプログラムをローティは選ぶ。シカゴ大学のハッチンズ・カレッジは学長のロバート・メイナード・ハッチンズとモーティマー・アドラー、リチャード・マッキーオンら新アリストテレス主義の哲学者たちの牙城であった。ローティはまたドイツから亡命してきた政治哲学者レオ・シュトラウスの下でアラン・ブルームと肩を並べて学んだ。したがってローティは道徳的確実性について確信を持つ学者たちの厳しいが建設的な環境に包み込まれる。このことは「十五歳のわたしには至極もっともなことにおもわれた」とローティは回想する。「というのも、道徳的・哲学的に絶対なるものというのは、わたしが大好きだった蘭——容易に見つからず、選ばれたわずかの人にしか知られることがない聖なるもの——にどこか似ているように思われたからである」。ローティは続く五年間をプラトン主義者となるべく努力をしたが、トロツキーと野生の蘭を単一の道徳的枠組みに押し込もうとする苦労は報われなかった。ローティがプラトン主義も一緒に問題にするようになってからも──反駁の余地のない議論を提起しうるのか、いかなる疑いも鎮めることができるのか、なぜある一つのものがアプリオリに他のものよりも良いことを証明できるのか──効果はなかった。だが、事態をより悪化させたのは、区別を設けることで矛盾を解決しようとする新トマス主義である。それは哲学者が鋭く研いだ精神のナイフで議論を一枚一枚薄切りにしてゆくような、見事な腕前を示威することができるかもしれない。だが、ローティは刃物のように鋭利な知性を応用することで、自分が「より賢明になったり、有徳になったりするだろう」という考え方に疑いを抱くようになる。五年後ローティは、普遍的な観点という「お伽の場所」を見つける企図を断念する。そしてシカゴ大学を離れてイェール大学で哲学の博士号を得る。けれども、「哲学がもし何かのためになるとすれば、それは何であるのか」という自己の問いを置き去りにしたわけではない。(80)

一九五〇年代後半に、分析哲学者としてのキャリアを開始する。けれども、ローティは反基礎づけ主義の中に、自己の問いの解決の可能性を見出すようになる。反基礎づけ主義を通じて、西洋の哲学的伝統が長い間得意としてきたものが──その主張は道徳的絶対性に基礎づけられていたので──もはや十分に機能していない、ということをローティは理解するようになる。哲学が最もよくなしうるのは、主知主義的なディレンマを解決することでは**ない**。「それらを乗り越える」ことである、ということをローティはジョン・デューイを通じて理解するようになる。(81) そしてフリードリッヒ・ニーチェを通じて「哲学者たちの特異体質」の一つは、自分が使いこなしていると信じている絶対的なものが、「概念のミイラ」以外の何ものでもないということを、ローティは受け容れるようになる。(82) デューイもニーチェも、哲学は理性の審判でも世俗の宗教でもなく、それらなしで生を営むやり方を近代人に示す方法である、と考えていたからである。
ローティは画期的な研究『哲学と自然の鏡』（一九七九）において、先例に倣い、近代の認識論で作用している基礎づけ主義という虚構について探究する。とりわけ、自然の「巨大な鏡としての心」という概念の不毛性に焦点を当てる。その概念は世界の正確な表象を追求するものだからである。この著書の主要な登場人物はデューイ、ハイデガー、ウィトゲンシュタインであるが、ローティはニーチェとジェイムズを反基礎づけ主義の同志として援用する。この二人は「基礎づける」「文化」「知識の資格請求」などのカント的概念への批判を共有していたからである。ローティはこれらすべての思想家のうちに、自己の闘いの盟友を見出す。その闘いとは、知識がまさしく「社会的実践」にほかならず、その反対を証明しようとする努力はみな錯覚に囚われているにすぎないことを、言い換えれば、発見とは実は創造にすぎず、知るとは実は観念を働かせるだけであり、世界を写し取るとは実はたんなる生への対処である、という錯覚を例証しようとするものである[83]。ローティによれば、確実性の探求の中で多くの職業的哲学者——とりわけ分析哲学者——は、はるか昔に有効性を失った知的・文化的パラダイムの中で謎解きをしているにすぎない。それゆえローティは自らの企てを、未実現の可能性を持つ「プラグマティズム」と認定する。そして残りのキャリアを認識論的・形而上学的基礎づけ主義の代替物として、プラグマティズムを回復させる企図に費やす。プラグマティズムは、時代遅れの永遠性への熱狂を、乗り越える力を哲学に与える。それによって、哲学的探究を再び時代に即したものとすることができる、とローティは述べる。

一九八〇年代初頭から二〇〇七年の死に至るまで、ローティは反基礎づけ主義プラグマティズムの唱道者であった。国内でも国際的にも卓越したアメリカの哲学者として、アメリカ社会において「傑出した」公共の知識人として、「世界で最も影響力のある……思想家の一人」として認められている。けれども、一般読者においてもアカデミズムにおいても、専門領域を超えて評価が高まるにつれて、ローティの企てに異を唱える人々もまた増えていった。[84] ローティは四方八方から批判を受けた。哲学者や科学者は、説得ではなく証明が真理の主張を支える最良の方法であることを認めないローティを訝しんだ。保守主義者はローティが無造作に宗教を否定することに嫌悪した。左翼はローティの社会理論の政治的独善性や無抵抗主義にあきれ果てた。けれども、最も強力な批判はプラグマティストの陣営からのものであった。ローティが「プラグマティズムの知的威信を高める」のに貢献したと称賛するよりもむしろ、一九八〇年代初頭からプラグマティズムに関心を持つ哲学者、精神史家は――リチャード・バーンスタインが述べるように――「ローティを物語に出てくる悪党のようにみなした。……自分が絶えず引き合いに出している伝統を裏切った悪党のごとくに」[85]。自分はアメリカの古典的プラグマティズムの伝統の中にいる（あるいはその伝統を評価している）と考えている読者群を代弁して、ジェームズ・クロッペンバーグはローティのプラグマティズムを「新しい思考法に古い名称」と特徴づけている。[86]

プラグマティストたちの批判の主要な理由は、ローティがニーチェのような反ヒューマニズム、反リベラリズムの思想傾向を安易にプラグマティズムの中に包摂するという点にあった。その思想傾向はアメリカの哲学者の道徳的コミットメントとあまりに食い違うからである。懸念はたんなる名称の問題ではなかった。プラグマティズムは初めから「あいまいで多義的な、しかも濫用されてきたことば」である、というローティの主張を誰も否定しないからである。[87] ローティ自身もニーチェの哲学に、アメリカのプラグマティストの本質である「社会的希望の精神」がまったく欠けていることを認める。けれども、ニーチェの認識論とアメリカのプラグマティストのそれとはきわめて類似しているので、どちらも一つの大きな哲学的運動を構成する部分をなすと規定することができる、とローティは主張する。実際この類似性のゆえに、一九八〇年初頭ニーチェを利用して、ローティは古典的プラグマティストの哲学的厳密さの擁護論を展開したのである。まず最初に『プラグマティズムの帰結』(一九八二)の中で、真理についてのプラグマティズムの理論の持つ可能性を復元しようとする。そして分析哲学で「軽視されている」二人の著述家ジェイムズとデューイを、「より一般に人気のある」ニーチェの哲学(ニーチェの哲学はプリンストン大学の同僚ウォルター・カウフマンの尽力で時流に乗っていた)との強い類縁性を示し、この二人の哲学に再び注目させようとする。プラグマティズムは「地域的に限定された」「時代遅れの哲学的運動」であるという一般的認識にもかかわらず、ローティは、真理は偶発的で暫定的なものというニーチェの真理観とプラグマティズムのそれとの類似性を強調する。(88)こうしてローティはニーチェという資本を利用して、アメリカのプラグマティズムへのテコ入れを行なったのである。同じようなことをヨーロッパの哲学者や社会理論家も大西洋の反対側でやがて始めるようになる。「ニーチェは、ジェイムズとデューイがアメリカ人に与えた学説を、ヨーロッパの知識人に確信させるべく全力を傾けた人物である」。(89)ローティはプラグマティズムの復元を開始する。ニーチェを「ドイツのプラグマティスト」として示し、ニーチェととりわけジェイムズは「互いの文章に養分を与え合っているのである。それぞれのメタファーが互いに出会うという恵みが与えられている」と論ずるやり方によって。またデューイを「嘲笑」しないニーチェとして描き出すというやり方によって。(90)

プラグマティズムを「わが国の知的伝統の最高の栄誉」と揚言する愛国者的素振りを示すこともあるとはいえ、八〇年代・九〇年代を通じ一貫してローティはニーチェ、ジェイムズ、デューイの間の認識論的類似性を強調する。(91)それによって、完全に故郷を喪失したニーチェを、すなわちコスモポリタンのプラグマティズムをローティは提示する。いずれにせよ、「我々」と「彼ら」との間の、「固有の」思想と「外来の」思想との間の、「アメリカの」反基礎づけ主義と「大陸の」それとの間の、国家に囚われた区別を忌避する。二つの地平を融合させるなかで、ローティはニーチェとプラグマティズム双方のヴィジョンを提起する。それは国家的起源に無頓着なものであり、また認識論と政治との窮屈な結びつきを緩めようとするものである。

ローティの著作においてそのような形で中心人物として登場するので、ニーチェが独演する機会もたくさんある。ローティはニーチェを遠近法主義者として、また反本質主義者として、「驚きの感覚のために……余地」を空けておく「啓発的哲学者」として提示する。また、「創造的に自己の力で運命を切り拓くこと」が高く評価される社会を、ローティが予見するうえで役立つ「多様性の預言者」としても。(92) ニーチェは、哲学者の可能性を示すローティの規範的モデルの一人となる。この哲学者は専門化に抵抗し、「哲学」を独立した専門領域として認めることを拒む。そのような「哲学」は文学、心理学、社会批評から隔離されていなければならない、と信じているからである。さらに重要なのは、ニーチェがローティの「強い詩人」であること、すなわち真理が偶発的なメタファーにすぎないと理解される、神亡き後の世界を称揚する強い詩人であると述べられていることである。(93) ローティがポスト哲学的文化を思い描くうえで力となったのは、まさにこの強い詩人ニーチェである。ローティが述べるように、「ニーチェ的なメタファーが字義どおりにとられるような文化があるとすれば、それは、哲学の問題は詩の問題と同様に一時的なものであること……を当然視するような文化であろう。……(そのような文化を考えてみれば)私たちは詩人を、新しい言葉をつくる人、新しい言語を形成する人の総称という意味で、人間という種の前衛だとみなすことができるのである」。(94) ローティのニーチェはそのような新しい言葉の作り手であり、したがって新しい世界を形成する人である。実際ローティは、ニーチェの哲学が精神史において記念碑的な、革命的なものであると考えていたので、精神史を「ニーチェ以前」の哲学と「ニーチェ以後」の哲学とに分けているくらいである。(95)ローティ曰く、ニーチェは言葉を作った、ニーチェは歴史を作った、のである。

ニーチェが寄与した歴史の一つに、プラグマティズムの歴史がある。ルネ・ベルトレの『功利主義的ロマン主義』（一九一一）に従い、プラグマティズムの思想が（ベルクソン、ポアンカレ、カトリック・モダニストと並んで）同じ十九世紀後半の大西洋を横断する哲学上の沸騰から成長してきたこと、その沸騰の起源はドイツ・ロマン主義とイギリス進化論の功利主義まで遡ること、をローティは主張する。(96)十九世紀のロマン主義と功利主義の総合の試みは、一貫した歴史的精神的運動を構築してきた。それだけでなく、ローティ自身の「プラグマティストの歩み」において重要な役割を果たした、とローティは述べる。この「半自叙伝的な物語」のなかで、若き「悟りの探究者」が厄介な二元論の山に出くわし、そしてデューイ流のやり方でそれらが「すべて不要なのではないか」と気づくことを、ローティは描き出す。次の「悟り」の初期の段階は、ニーチェを読んで、ああした二元論が結局のところすべて絶対的権力・勝利・支配という仮想的状態と、現在の自分の無力さとの対比を表す隠喩なのだと考えるようになる頃に訪れる」。けれども、ローティはそこで止まらなかった。「次の段階では『このようにツァラトゥストラは語った』を再読してクスクス笑うようになる」。ただ、ローティが笑ったのは、最初の読みがいささか高ぶった余り、いかに重苦しいものであったかが二度目の時に分かったからであるのか、それともたんにプラグマティズムの自覚の「最終段階」が「昇りつめてゆく過程」ではなく「単にたまたま手にした様々な本との出会いが引き起こした偶然の産物」であることに気づいたことを強調したいからなのか、さらにはクスクス笑いがこのイニシエーションの過程の重要な部分であるのかどうか、ローティの意図は明確ではない。[97] いずれにせよ、歴史的にも個人的にも、ニーチェ、ジェイムズ、デューイはみなプラグマティズムのコスモポリタンな会話に参加していると、ローティには意義深く理解できたのである。

『偶然性・アイロニー・連帯』（一九八九）の中では、プラグマティズムの再生に成功したからであろう、ニーチェ以降の西欧哲学に現われる思想傾向の名称として、またこのドイツ人哲学者その人を描き出すために「プラグマティズム」の語を使用するのを、ローティは一時的にひかえている。けれども、この本の中でのローティのプラグマティズム概念について、またその概念に対するニーチェの有効性について理解するためには、いかにローティがニーチェを援用しているのかを見る必要がある。ニーチェの地平とアメリカ・プラグマティズムの地平とを融合させようとするローティの努力が——個人的価値観の地平と公的コミットメントの地平とは融合させない（野生の蘭とトロツキーのような）のに対して——なぜそれほどまでに批判されるのかを理解するうえでも、この本は重要である。

後の著作の中でもニーチェとジェイムズは大西洋を横断する対話のパートナーとして繰り返し登場する。けれども、この著作では、アメリカ・プラグマティストにはそれほど注意が払われず、新しい仲間、ヨーロッパの著作家たちのためにより多くの頁が割かれている。『偶然性・アイロニー・連帯』の中でニーチェは舞台の中心を占め、ミル、フロイト、プルースト、ハイデガーと共演しながら、自己や言葉、共同体の偶然性についての会話に参加している。世界は我々にいかなる道徳的ライトモチーフも与えていない、というのがこれらの会話のライトモチーフである。この会話を進行させているのは、ローティによれば、ニーチェに他ならない。「「真理を知る」という考えをまるごと棄ててしまうべきだ、という歯に衣着せぬ提案を最初におこなったのがニーチェであった」。ローティは「道徳外の意味における真理と虚偽について」からよく知られた一節（そして脱構築主義者にとってもきわめて重要な一節）を新たに援用する。「［ニーチェは］真理を「メタファーの動的な一群」と定義したが、それは言語によって「実在を再現する」という考えを、したがってすべての人間の生にとって単一のコンテクストを発見するという考えを、まるごと棄て去るべきだと述べているに等しい(98)」。

ローティのアイロニーの概念において、偶然性の帰結が全面的に提示される。基礎づけのない世界は不確定性をもたらす。けれども、怖れや絶望を生み出すとは限らない、とローティは述べる。基礎づけのない世界とは、人間が形而上学的快適さなしに、独力でやってゆかなければならないことを意味する。しかしそれはまた、「偶然性を承認することとしての自由」とローティが呼ぶものをも約束する、と。ニーチェ曰く、偶然性を承認することがアイロニーを涵養する。アイロニーをローティはきわめて平易に、世界についてのただ一つの転写など存在しないということの受容、と定義する。そしてニーチェはこのアイロニカルな遠近法を十全に体現しかつ信奉していた、と。――この遠近法とは、自分の道徳的語彙を他者のそれに対抗して主張するために、より高次の権威を引き合いに出すということなど、いかなる個人にもできはしない。だからそのようなことをする必要はないし、すべきでもない。誰のメタファーであれ、他者のそれに対して「終極の言葉」であることはできない。だからそのようなものであろうとする必要はないし、そうすべきでもない、という観点である。終極の言葉とは、「真である」「善い」「正しい」「美しい」などの遍在する用語であり、また一方「神」「キリスト」「科学」「教会」などの地域特有の用語である。これらの用語は――まさに権威に訴えるものとして利用されるときに――「循環論法に陥らざるをえない」。これらの用語は「私たちが言語を手放さないかぎり、どこまでもついてくる。逆にいえば、こうした用語を手放したとしたら、その先にあるのは、無力な受動性か、暴力への訴えだけである」。それゆえ、アイロニストは「自分の語彙の方が他の語彙よりも実在に近いとは考えていない」ことを、「自分以外の力（たとえば、合理性、神、真理、歴史）に触れているとは考えていない」ことを認めることによって、終極の言葉のもたらす混乱を回避するのである(99)。しかし、だからと言ってアイロニストが他者の語彙を受け継ぐことも借用もしないというわけではない。アイロニストは自分が受け継ぎ借用する語彙が、世界の正体を明らかにするとか超越的意味を解明するのに役立つなどとは考えないだけである。また、アイロニストが他者との対話をやめるというわけでもない。ただ他者のために話をすることはない、というだけである。

ローティの偶然性論に対するニーチェのおそらく最大の影響は、自己の概念にニーチェの真理概念が与えた影響である。ニーチェ以前、哲学者たちは哲学的探究の基礎を、欠陥のある人間概念に置いていた。彼らは「人間」を――ニーチェが述べるように――「永遠の真理」として、「あらゆる渦巻きのなかの恒常なるものとして、事物の確実な尺度として」思い描いていた(100)。ニーチェの登場とともに事態が変わった、とローティは述べる。人間は静的な存在ではなく、むしろ恒常的に生成の過程にある、とニーチェは主張する。そして、今日の自己は今日の真理と同じように、一時的で偶然的なものである、と示す。自己の根源をたどってゆくと、神の介在とか唯物論的必然性など行き着くことはない。我々が自分でそこに置いた（我々が「強い詩人」の場合）あるいは他者が我々のために置いてくれた（そうでない場合）生き生きとした信念や思想にたどり着くだけである。そのことをニーチェは示してみせたのである、とローティは述べる。

このようにローティはニーチェを利用して、自分からあらゆる終極の言葉を取り除き、その代わりに

「自ら創造した偶然性に置き換える」ための探究を、アイロニストの探究を例証する。ローティは自己発見がないところで、自己創造を追求する。ローティ曰く、「自分が現にそうである者」になるというニーチェの言葉は、誤解を招くおそれがある。というのも、この言葉は「「自分が現にこれまでずっとそうであった者」を意味しない。「最終的に自分を裁定・判断するようになった際の趣味判断を創造する過程のなかで、自分を変化させたあり方」を意味している」からである。ニーチェはローティのアイロニストの化身である。すなわち、定められた休息所もなしに「自己再記述」に、より偉大な自立という目的のために「時間と偶然に打ち克とうとはせず、ただそれを利用しようとする」再記述に従事する存在である。けれども、ニーチェを自己完成の探究に必要な範例とみなす一方で、ローティは——ニーチェを「形而上学への逆戻り」と批判したハイデガーに倣い——ニーチェが遠近法主義という自分の最良の洞察を見失っている、と述べる。というのは、ニーチェがひとりの完成した自己をだけでなく、完成した自己なるものを追求するから、芸術作品としてのひとりの美しい自己をだけでなく、崇高なる自己というものを追求するから、歴史的偉大さの点であらゆるパースペクティヴを超越する自己を追い求めるからである、と。ローティによれば、ここにニーチェの道具主義とロマン主義との間の摩擦が見られる。ロイスはニーチェがこの二つを統合してジェイムズよりも大きな影響力を持つと考えたが、ニーチェがうまくやっているわけではない、とローティは述べる。「自らの先行者を相対化し歴史化するというかぎりでは」ニーチェは「確信をもった」反基礎づけ主義の立場にいる。けれども、自己は決して「それ自身に対する特権的なパースペクティヴ」に到達できないということを忘れるなら、純粋に実現された本質的な自己に、「純粋な自己創造、純粋な自発性」に達しうると考えるなら、「ニーチェは自らの遠近法主義に関する一切を忘れている」と。[101]

ローティの「連帯」の定式化においてもニーチェは同じく重要な役割を演じている。なぜなら、ローティがこの問題についてとくに語るべきことを持っていないから――持っていないにもかかわらずではなく――である。ローティはアンチリベラルを自認するが、しかしそれは自分の反基礎づけ主義とは何の関係もないと述べる。ローティのジェイムズもニーチェと同じくらい偉大な反基礎づけ主義者である。もっともジェイムズは偶然性の認識に付随する自由とは別の種類の自由を思い描いていたのだが。偶然性はより大きな自立性を涵養するとニーチェは信じたが、ジェイムズは偶然性がよりよいコミュニティを可能にすると信じた。ニーチェの遠近法主義と同じように、ジェイムズは「人間存在におけるある種の盲目性」を強調する。人間の経験にとって公分母は何一つ存在しないのだから、我々は必ずしも隣人の信念や切望などの「独特な理想」を理解しているわけではない、とジェイムズは述べる。[102] たしかに我々はそうした独特な理想に対し、往々にしてまったく盲目である。しかしニーチェとは違い、ジェイムズはこの認識には鍛錬の効果がある、我々を謙虚にし、我々がリベラルなコミュニティで生きるのによりふさわしくさせる、と考える。この盲目性によって我々は自覚する、誰一人として道徳的権威の独占を主張することはできない、なぜなら道徳的権威は排他的なものではないからである、とジェイムズは述べる。

　こうしてローティは、ニーチェの偶然性の概念とアメリカのプラグマティストのそれとの重要な相違を認める。前者は自立を強調するのに対し、後者は連帯を強調する、と。そしてニーチェをアイロニーの範例として引き合いに出す一方で、ニーチェの哲学は人間の連帯について創造的刺激を得るために依拠するものではない、と正直に打ち明ける。その代わりに、ローティのニーチェは「私的な完成――自己創造的で自立的な人間の生――がどのようなものでありうるか」の範例となる。対照的にデューイは範例と言うよりむしろ、ローティと「肩を並べる市民仲間」の一人である。その違いは、デューイが「私たちの制度や慣行をもっと公正なものとし、より残酷でないものとする」ための「社会的な取り組み」の一環として書いたことである。ニーチェのアイロニカルな自己完成は「社会政策の問題にはとりたてて関係がない」、したがってデューイの政治的進歩主義と特に関係があるわけではない、とローティは断言する。この点についてはローティとプラグマティストのローティ批判者たちとは同意するであろう。ニーチェとアメリカのプラグマティストとはきわめて異なった二つの「精神」においてそれぞれの著作を書いた。前者は社会への無関心と敵意の精神で、後者は社会的希望の精神で[103]。

けれども、この相違点がまさに『偶然性・アイロニー・連帯』の眼目である。そしてまたこの点が、一五歳からいかなる仕方で努力しても、ローティがトロツキーと野生の蘭を一つの視点で捉えることができなかった理由でもある。ローティはニーチェの地平とプラグマティストの地平とを融合させることはできるかもしれない。しかしそれらを、リベラルな社会を建設するために用いられるような仕方で融合することを「あきらめた」。ニーチェの反ヒューマニズム的気質とデューイの進歩主義的気質との違いは、我々が望むものを手にするために異なった著者、異なった道徳的語彙を必要とするということを、端的に示すからこそ重要である。あるときは自己完成についての著作家を必要とするし、そしてまたあるときは社会調和についての著作家を必要とする。一方が他方の仕事をなし得ないからと言って、何ら矛盾ではない。なぜなら「もっと包括的な哲学観があれば、自己創造と正義、私的な完成と人間の連帯を、単一のヴィジョンのうちに包含すると考える場合にのみ、いま述べた二種類の著作家は互いに対立しているのだ、とみなされることになるだろう」からである。けれども、結局のところ、ニーチェもジェイムズもデューイも、鏡としての哲学をすべて棄て去る用意ができるなら、「公共的なものと私的な

ものとを統一する理論への要求を棄て去る」こともまた可能である、と主張したのである。(104)

ここでローティは、プラグマティストの批判者たちがいかがわしいと考える、公的なコミットメントと私的な切望との間のあいまいな状態に至る。公と私の統合への要求を棄て去ろうとする意志、またニーチェの反基礎づけ主義とアメリカのプラグマティストのそれとを明確に区別はするまいという意志、それらのためにローティは、デューイがとりわけ自分の哲学の特徴とみなした道具主義と民主主義との不可欠な結びつきを放棄する。公と私の二つの地平を融合させないことによって、ローティはジェイムズとデューイがプラグマティズムの本質とみなした「社会的希望の精神」を投げ捨てる。そして、ジェイムズとデューイはその精神で書き、自分もまた書いたが、ニーチェはそうではなかったと強調する。ジェイムズとデューイがリベラル社会の前途の明るさを確信していたのと同じくらいに、ニーチェはその社会の危険性を確信していた、と。ニーチェが芸術作品である自己を創造しようとしたのに対し、デューイは「芸術作品である……社会(105)」を創造しようとした、と。だが、ローティによれば、偶然性についてのおのおのの思想の文脈においては、これらの違いは気質的な相違にすぎない。それらは個人個人の違いであって、民族的・知性的相貌の違いの例ではない。個人的な特異性であって、反基礎づけ主義の基盤の対立ではない。それらが示すのは、道徳的絶対性を乗り越えた後に、社会がどのように見えるかについての、著者たちの感受性の相違にすぎない、とローティは断言する。

ニーチェとデューイはきわめて異なる気質の持ち主であったが、二人の良き生についての相対立するヴィジョンには、実は非常に共通するものがある。それはどちらのヴィジョンも二人が形而上学に陥ったことに由来しているということである、とローティは述べる。社会化は「私たちの内部にある何か深遠なものに対立するもの」であり、それゆえに「神とその分身とともに人間的連帯も消えていくのだ」

というのがニーチェの想定であった。[106] けれども、なぜ社会原子論よりも連帯のほうが消えてゆくべきであるのか、とローティは問う。ニーチェがここで何か重要なことを言おうとしていると信ずる理由は何もない。それどころかまったく反対である。反ヒューマニズム的感情に陥っているとき、ニーチェは自分の洞察を、我々の内面の奥底には何一つ存在していない、我々が自分で置いたもの以外には何もない、という洞察を裏切っているだけである。ヒューマニズム、リベラリズム、民主主義に対してニーチェが酷評を浴びせると、アメリカの読者には不愉快であるかもしれないが、しかしそれはニーチェにときおりみられる態度で、患者に対する医者の良くない態度のようなものとしてみればよい。「ニーチェの民主主義蔑視は、偶発的な余計なものであり、彼の哲学的見解の全体にとって本質的なものではなかった」とローティは述べる。[107] キリスト教の基礎づけ主義がなくなれば、後に続くすべての人間主義的理想も消えてゆくだろう、あるいはそうあるべきだ、というニーチェの主張は、あらゆる人間的事物の偶然性について考察するきわめて優れた哲学者の発した、人間の本性についての不出来な理論にすぎない、と。[108]

けれども、ローティはデューイも難問から解放しない。デューイは経験が「民主主義が……社会的諸問題の「調和的」解決……のための前提条件である」[109] ということを論証しようとするときに、民主主義について本質主義的観点をひそかに持ち込んでいる、とローティは述べる。デューイは何ごとかのために、とりわけ社会的諸問題の解決のために、不可欠な前提条件が存在すると主張するが、そのときはいつも形而上学に転向してしまう、と。「経験において……与えられた特別な諸関係が存在する」というデューイの含意をローティは否定する。[110]「というのも、「所与」の概念は……たんにもう一つの「経験論のドグマ」にすぎないからである」。そして同じ論法で、ローティの言う公的自己と私的自己との区別などデューイはしていない、という批判者たちを一蹴する。「デューイは……「共通の善の感覚の所有は、個人の自己実現のために必要とされる」と考えている」という批判にローティは注目する。けれども、自己の生を他者と固く結びつけ、他者への責任を持たせることは、大部分の人間に達成感を与えるという主張と、そうした関係が自己実現のために「必要とされる」という主張とは、まったく別次元のことである（しかもデューイの道具主義と決して調和しない）」とローティは述べる。[111] それゆえ、民主主義についてのニーチェの尊大な主張を取り入れる必要がまったくないのと同じく、デューイの民主主義擁護論を採用する理由もまったくないのである、とローティは述べる。ニーチェであれデューイであれ、アメリカのリベラリズムは形而上学なしには独力でやってゆくことができないとか、アメリカ人の生き方も基礎づけ主義の虚構なしにはやってゆけないということを想定する理由は何一つないのである、と。

ローティはニーチェのプラグマティズムが、全体主義から世界を守り安全にするとは考えない。またジェイムズとデューイが、民主主義の力で世界を安全にするとも考えていない。だからと言って、誰かが世界に「リベラル・ユートピア」における生の期待を、そのための新しいメタファーを与えようとすることを阻んではならない、と。[112]『我々の国を完成させること』（一九九八）での刷新された左翼的愛国主義への熱烈な訴え——プラグマティズムとアメリカ民主主義の関係についてのローティの最も詳細な探究——の中でも、プラグマティズムと政治との間には何ら必然的な適応形態は存在しない、とローティは述べる。アメリカを哲学的に正当化することはできない、と今なお考えている。けれども、何ら「準拠枠」を持たない公正で寛容なアメリカのヴィジョンは、それを実現するために必要とされる人間の努力に値するものであるということを、証明するのではなく説得するうえで、プラグマティズムは力になりうると考えてもいる。[113] ただ、そのようなヴィジョンをこれまで「支持する」可能性はなかった。[114] もっとも、アメリカ人はニーチェやその仲間のプラグマティストたちに倣う必要はない。というのも、アメリカ人が連帯への要求を支持することをやめ、代わりに新しい可能性のヴィジョンをもって前に進みさえすれば、自分たちのアメリカを完成するかもしれないのであるから。

スタンリー・カヴェル——ニーチェ、エマソン、そして故郷への道を見出すアメリカ哲学

「たとえ多くの人が［エマソンとニーチェの間に］つながりがあると言っても、信じられないでしょうし、すぐに忘れてしまうでしょう。自分の耳で二人の声を聞いて初めて、認識するのです。もしニーチェがエマソンの一文を書き改めたら、その変貌したものはどのように耳に響くのか、ということを」。[115] 一九九五年戦後のアメリカ哲学の精神風景を概観して、カヴェルは愕然とする。エマソンが「ニーチェにとって決定的な哲学的重要性を持つことを、哲学者たちははっきり思い出すことができない」ようである。それはいったいなぜなのか、と。[116]「思い出す」という語が示すのは、この消去が忘却に由来するからであり、無知のためにではない、という点である。[117] 哲学者たちが忘れているのは、気にもかけていないからであろう。カウフマン以後、ニーチェは戦後のアカデミズム、アメリカ哲学界において注目を集めるようになった。[118] けれども、エマソンはまだ哲学の専門家の間に自分の「カウフマン」を見出してはいなかった。十九世紀半ばに哲学がアカデミズムの一領域として確立される間に、エマソンはロマン主義的・反科学的でありすぎるとして、すでに退けられていた。一九三〇年代分析哲学がアカデミズムにおいて支配的な勢力として登場してくるころには、エマソンは哲学的に不毛であるとみなされたわけ

ではなく、まったく無視されていたのである。[119]

アカデミズム哲学でのエマソンの不在は、エマソンを無視したアカデミズム文化の中で教育を受けたのではなかったとしたら、カヴェルにはよりいっそう衝撃的だったことであろう。一九四六年バークレー校で音楽の学士号を得、ジュリアードの大学院では作曲の研究をするも放棄し、カリフォルニア大学ロサンゼルス校で哲学と心理学の勉強を始める。その後ハーバード大学院で哲学の研究を続ける。ハーバードに入学したのは、一九五〇年代初めで——ほとんどの主要な大学院での教育プログラムと同じく哲学のプログラムにおいても——論理実証主義が一世を風靡していた時代であった。けれども、一九五五年の春学期はまたオクスフォードの言語哲学者J・L・オースティンの滞在期間と偶然にも一致していた。我々が言葉をもって何をするかについてのオースティンの洞察——我々の発話はそれ自体が行為であること——は、日常生活が哲学の領域であるべきだという考え方を強調する。かくして、カヴェルは実証主義の厳密な経験論と知の科学としての哲学というヴィジョン、そしてオクスフォード学派オースティンによる日常言語の明晰化への志向という正統派哲学の王道を、すなわちハーバードで交差した英米分析哲学の二つの支配的様態を学ぶに至る。相反するとはいえ、両者はカヴェルたちに教えることになる、哲学は道徳や美や知への導き手ではない、と。哲学の本来の役割は、教化することでも創造的霊感を与えることでもなく、知の要求を明確にすることである、と。こうした環境下では、映画や演劇や文学が——後にカヴェルが惹かれてゆく自己の哲学の源泉——哲学探究に何か寄与するものがあるなどと言おうものなら、異端者扱いされるのは必定であった。[120] 根本的に反形而上学的な態度をとるにもかかわらず、分析哲学は厳密であることを誇りとする——哲学の世界に対してではなく、その世界の中において。哲学は道徳的探究を除外することによって危うくはならず、むしろ改善されると主張される風潮の中では、エマソンが――いかに私は生きるべきかと問い、いかにや生きるを言語分析に委ねることはしない思想家が――少しもカヴェルの心に響かなかったとしても不思議ではない。

早晩カヴェルは日常言語哲学にとってのエマソンの持つ可能性を見出すようになる。だが、それは哲学の役割を考えるうえで、オースティン、ウィトゲンシュタインとの対話者としてニーチェを利用することを自覚してからのことである。ニーチェは早くからカヴェルに影響を与えていた。カヴェルが自分の職業を「思想の荒野（哲学者は土地を不毛にして、それを清掃と呼ぶ）」と考えるようになったのも、ニーチェの影響である。発話的実践の中で我々の言葉に強制して、それらの言葉が解釈すべき積み荷を運ぶことができるかどうかを、現代哲学が試みることは正しくかつ有益である、とカヴェルは信じていた。けれども、最初はオースティンから、次にはウィトゲンシュタインから、その試みの目的はそれをすることによって我々の言葉を日常世界から追放することにあるのではない、我々の言葉をその最も日常的な意味に連れ戻すことである、ということを学ぶ。「ウィトゲンシュタインは哲学的手続きについて、それは言葉を形而上学的用法から日常の用法へと連れ戻すことである、と語っている。――あたかも我々の言葉が、本拠地でなく遠征地にあるかのように。また我々の言葉が、いつどこで形而上学にさまよいこんだのかを知るためには、最上の哲学の努力を必要とするとでも言うかのように」。我々が「我々の言葉から遠ざかったところにいる」という啓示は重大であった[121]。そのような認識を持つためには、ツァラトゥストラが教える如く、哲学者は「大地に忠実」であり続け、またあらゆる種類の道徳的言説だけでなく、映画、文学、芸術など――日常生活を構成するものにも精通してゆかなければならない。日常的なものを忘却された何か、喪われた何かとして探究することは、自分の言葉を「ある意味であらたまった形で」見直すうえで役に立つであろうし、また日常生活の中の例外的なもの、平凡なものの中の崇高なものを回復することを可能にするかもしれない。[122] 一九七〇年代に「ニーチェとの結びつき」を見出してからようやく、カヴェルは「エマソンに以前より近づき始めました」と語る。[123] エマソンは日常生活に連れ戻された哲学、故郷に帰った哲学についての自分の問いを発していた。そのことを知るためには、まずニーチェの発見が不可欠であった。

ニーチェがアメリカ人をエマソンへ連れ戻したこと、外国のテクストを読むことによって豊かな哲学文化が、忘却されていた基礎に（あるいはむしろその発見に）立ち戻ることができたこと、こうしたことについて今まで考えたことのあるアメリカの思想家がいるとしたら、それはカヴェルである。けれども、ニーチェのエマソンに対する情熱から学ぶこと、そうした学びに情熱を抱くことは、知的先行性を主張すること、アメリカの優先性を大言壮語に口にすることであるなどとカヴェルは考えなかった。またそれらは、カヴェルの長いキャリアを通じて「別個の永続する関心となるテーマ」であるから、驚くことでもなかった。このテーマは職業的哲学から――実際は哲学それ自体についての考え方から――長いこと追放されていた哲学的実践について熟考し、かつそれにコミットすることを可能にするものであった。[124] もし職業的哲学者から見てエマソンが十分に哲学的でないというのなら、いったい何を基盤として哲学者は思考を「哲学的」と考えるというのか。もしアメリカの哲学の基盤がヨーロッパの伝統の基盤と同じものであるというのなら、なぜヨーロッパの基盤がアメリカの基盤であるのか――またあらねばならないのか。もし哲学とみなされるものすべてが我々の継承したものであるというのなら、それは「アメリカは哲学的に自己を表現したことは一度もなかった？　それとも……あったのか？」ということを意味するのか、とカヴェルは訝しむ。[125]

だが、存在しないかもしれないものを、どのようにして探すというのか。（実際、アメリカとニーチェとの関わりの歴史は、まさしくその問いを追求するアメリカの読者の歴史である。）アメリカ哲学を探究するための基盤は何であるのか。カヴェルはこうした問いを、エマソンが活気あふれる論文「経験」（一八四四）で新しいアメリカ文化に代わって「私たちはどこにいるのだろう」と問うたときのものと同じ問いとして認めるようになる。カヴェル曰く、その問いの内で脈打っている切望、不確かさ、フラストレーションの力は、その問いに対するニーチェの直接的反応の中で解き放たれている、と。カヴェルは『道徳の系譜』の中にエマソンに対するニーチェの答えを見出す。「われわれは、かつてわれわれを探し求めたことがなかった、――されば、われわれがいつかわれわれを見いだすといったことなど起こりようはずがない」。「認識者」は自分自身の思考を知らないがゆえに、とりわけ自分自身のことを知らないとニーチェが嘆く『系譜』の一節全体は、たしかにエマソンの「経験」と親密な対話をしている。それゆえにカヴェルは、この二人の著者の間にある関心の「回路」を提示し、ニーチェのうちに「エマソンが言わんとすることの直接的な転写」を見出す。[126] それぞれが独自の声で語るとはいえ、ニーチェもエマソンも同じような警告を発する。真正の哲学の探究は、確固とした土台の上に見出されるであろうという想定によって、安易に片づけられてはならない、と。かくして、認識論的・道徳的基礎づけ主義に対するニーチェの明確な攻撃を通じて、カヴェルはエマソン自身が探究していたかもしれないものを聞き取ることができた。すなわち、相続遺産もなく過去もない哲学を、――知識の集合としてではなく生き方として構想される哲学を、人間の考えたものでなく人間が考えることを――基礎づけのない哲学の形成を。

カヴェルは、アメリカを思想の「故郷」に連れ戻すエマソン哲学の産婆役を、ニーチェの中に見出す。だが、ずっと以前カヴェルは、ニーチェが自分のような職業的哲学者の企てに挑戦する哲学者であると理解していた。「実存主義と分析哲学」（一九六四）の中でカヴェルは、ニーチェが学問を、知識の集合ではなく「それ自体が生の様式を要求する」探究のスタイルであるというプラトン、アリストテレスの観点へ立ち返らせようとした、と述べている。[127] 自分の仕事は純粋な絶対の真理を把握することである、と信じる近代の哲学者の生の様式は、禁欲主義であるとニーチェは述べる。日常言語哲学についての最初のまとまった研究『いつも本音を言わなければならないのか』（一九六九）の中で、カヴェルはニーチェの述べる禁欲主義的理想の概念を利用して、この理想が現代の分析哲学の自己像のうちに継続していることを考察する。一つには、現代哲学者の自己認識や仕事観が、彼らの身に着けている「仮面」や話しかけているつもりの「聴衆」の中に見られることをカヴェルは見て取る。というのも現代の禁欲主義哲学者は、自分が真理に代わって話していると信じているために、「伝統的な知者の仮面」「すなわち、自分が権威を保つことのできる唯一の形式としての仮面」を身に着けることを余儀なくされているからである。だが、もし現代の分析的知者の方針が、人間の日常生活の道徳的・美的要素は哲学の検討に値せずとして放棄することならば、いったい誰が哲学における主語「我々」を構成するというのか。『悲劇の誕生』におけるニーチェの「聴衆の問題」をめぐる議論によって、カヴェルはこの問いをさらに推し進める。禁欲主義的知者の真理はいったい誰に向けて語られているのか、と。その答えが一般人にではなく専門的哲学者に向けてである、人生の問題にではなく哲学の問題に向けられている、というのであれば、カヴェルはニーチェとともに訝しむであろう、この秘教主義的態度は「哲学の最も古くからの背信行為の一つであり、これはその最新版である。——哲学の名を信仰の隠れ蓑として使おうとする苦心の跡である。信仰を実際に維持しているという思い込みである。空虚さの根源を正視しようとするものではない」と。[128]

『理性の要求』（一九七九）の中で、カヴェルはニーチェの「神の死」を利用して、現代哲学が自らをよりよく知りうるための考察方法として懐疑論を復権させる。カヴェルは現代哲学がある一つの考えに囚われすぎることを問題にする。その考えとは、真理が今ここには存在せず、日々の生の働きのうちにあるのでもなく、どこかよそに存在する、人間の歴史の外部にある絶対的なもののうちにか、あるいはヨーロッパから受け継いだものの中に起源がある、というものである。カヴェルはさらに問いを続ける。絶対的なものに向かって「まっすぐに急いで進む」我々の努力は「まず初めに神々を創造し、次にそれらを破壊しようとする人間の努力と関係があるのではないか。そうした行為の結果に耐えうるためには、人間は自身が神々とならなければならないであろう、とニーチェは言う」と。[129] ニーチェの懐疑論は現代の分析哲学にとって重要な認識論的洞察を提起している、とカヴェルは述べる。道徳的問題を回避しようとする努力は、精神と世界との隔たりは埋めることができるという誤った認識論的想定に基づいている、ということをニーチェは示した。カヴェルによれば、

> 伝統的哲学は、英米のアカデミズムの伝統に関する限り、この隔たりを現実の、実際的な問題として真剣に考えることができなかった。伝統的哲学はこの隔たりを神によって埋めるか、あるいは精神と世界との結託を保証する普遍的実在によって架橋してきた。さもなくば、理論的根拠に基づいて、その隔たりをそもそも埋めたり架橋したりできるということを否定してきた。これは哲学者たちが、生を「謎と知の問題」とみなしたためにニーチェに嘲笑されたときに、言わんとしていたことである。……その含意は、目にすると辛く苦しい思いをしそうなものは探し求めないように、我々は必ずや知ることのできるものだけを問いにする、ということである。もちろん、それは懐疑論が取るに足らないものである、ということではない。

反対に、懐疑論がいかに深遠な精神の立場であるかを示している。自分の人間性を否定しようとする願望、あるいは他者を犠牲にして自分の人間性を擁護しようとする願望、これらの願望ほど人間的なものはない。けれども、懐疑論がそうしたものを伴うとしたら、たんなる「反駁」だけで闘うことはできないであろう。ある一つの哲学的立場をたんに「反駁」できるという考え方は、ニーチェもまた嘲笑するものである。(130)

カヴェルのニーチェ読解では、ニーチェの悲劇的懐疑論は絶対的なものの否定によって無限定性を歓迎する、というわけではない。その懐疑論が示すのは、絶対的なものに拘束された現代哲学の代価である。真理が認識論的隔たりを埋めると主張することによって、現代哲学は、時空間のどこかに設定され、我々の到着を待ち受けている確実性という神を提示する。けれども、時間の中で考えることによって、認識とそれが我々を基礎へ連れ戻すであろうという期待とは峻別される。探究とは、ある概念が正しいとみなされるためには、確実性へ収斂しなければならないという考え方を、放棄することである。それによって、喫緊の真理とは、我々が今ここにいる中での、我々自身と他者との間の、理想と現実生活との間の、辛く苦しい隔たりの中で経験される真理である、という考え方が力を持つようになる。言葉と世界との間の修復しえない隔たりを強調することで、ニーチェの懐疑論は我々を我々の現在性に注目させ、認識論的なものだけではなく道徳的なものでもある我々の諸問題へ連れ戻すのである。

ニーチェはたゆみなく主張する――真理は我々自身の時空間の中に直接に存在するものであり、我々自身のものであるとみなすべきこと、日常生活の不確実性は真理の把握に失敗するからではなく、その真理を我々の真理として認識できないから生じるのであるということ――こうした主張は、アメリカ哲学におけるこれらの問題にカヴェルが立ち戻るきっかけとなる。カヴェルは「ドイツとイギリスの哲学の伝統が互いを避け合い始める以前に位置づけられる」「アメリカ史においてこの前哲学的な時期」に作用していたのと同じ推進力を、ニーチェのうちに認める。(131) そして、自己と他者との、言葉と世界との断絶は科学、論理、神によって充足することはできないというニーチェの問題意識に耳を傾ける。我々はその断絶をふさいで乗り越える通路を作るのではなく、むしろ日常生活の中で我々の思考をその断絶に馴らしていくのである、と。

カヴェルはニーチェを第一級の大陸の著作家と認める。ニーチェによってカヴェルは、エマソンの「アメリカの学者」(一八三七)を――エマソンが「思考の観念について思考している」テクスト――現代の分析哲学者の関心に訴える観点から見ることができた。たしかに認識論の研究は道徳的熟考でもある。思考を生活に、認識論を道徳的探究に復帰させる方法、語りかける――黙らせるのでなく――真理という権威を我々自身の経験の中の権威に復帰させる方法についての熟考である。我々の思考が絶対的なものや別世界を必要としていると考えるなら、我々はまだ思考していないのである。これは、ニーチェによって取り上げられた、他ならぬエマソンの認識である。エマソンの思考の仕方はただ一つ、「嫌悪を示しながら」思考することである、とカヴェルは述べる。いかなる継承物も、我々に起源の観念を植え付け、神の下にか大西洋を横断したヨーロッパにか連れてゆこうとする、偽りの基礎づけであるとして押しのけなければならない、と。(132) 継承された真理が「存在すること」に嫌悪を示す傾向、思考のいかなる前提条件をも拒絶する傾向、そして真理は思考それ自身の過程で創り出されたものであるとみなす傾向、こうした傾向をニーチェはエマソンと共有している、とカヴェルは述べる。

エマソンが継承物から回れ右をするのは、他のテクストや著者を無用の長物とみなしているからではない。正反対である。哲学の他の哲学、他の思想、他の命題に対する鋭敏さとカヴェルが言及するもの

――基礎づけのない道徳的探究という重要な特性――をエマソンは大いに奨励している。カヴェルはこれを完全論の美徳と認める。完全論とは、教育によってではなく、挑発によって他者を活性化させる哲学のことである。カヴェルは不思議に驚嘆する感覚を記している。「一つの精神が別の精神のうちに自らを見出すとき、あるいは見失うとき、時空間は消失するように思われる。――歴史が超越されたかのようにではない。そもそも歴史が始まっていなかったかのようにである」。完全論者の、一見したところ自分の精神的健康状態への過剰なまでの気遣いは、実際には「個体を、その秩序を不活性なものにする力を管理する仕方の」研究であるということを、カヴェルはニーチェによって理解する。「……公的なものと私的なものとの、主体的なものと客体的なものとの区別が、形而上学的道徳的論争のための御馳走が、民主主義の日常の食べ物となる」。「未到達の自己」という要求のために奮闘することによって、人間は他者が必要とするものに対する鋭敏さを涵養する。エマソンのまたニーチェの意味での完全論は、理念であるよりも実践である。完全論の実践とは、自分自身の先駆者たらんと奮闘する実践、その奮闘が生み出しうる偉大さをめぐり互いに範型たらんとする実践である。エマソンは「哲学者のひとりひとり……は、いつの日にかわたしが自分の手でできることを、まるで代理役でもつとめるように、わたしに代わってしてくれただけのことです」という発見を声を大にして訴える。自分自身を未来の自分自身に、いまだ達成されていない自分自身に連れ戻すこと、ニーチェの銘記したエマソンの完全論が我々に示すのはそのことである。「完全論の思考は、道が失われていることに対する応答である」とカヴェルは述べる(133)。

エマソンとともに思考するニーチェ、長い間アメリカの哲学者の中で抑圧されていたものを活性化するニーチェ。そのニーチェの思考によってカヴェルは、土壌というメタファーの相違を、エマソンとニーチェによって使われたときのものと（ここでニーチェは「ヨーロッパ的」でなく「エマソン的」である）、ハイデガーやデリダによって使われたときのものとの、対照的なまでの相違を感知する。エマソンが「経験」の中で「私たちはどこにいるのだろう」と問うたとき、喜びに溢れて答えたわけでも、苦しみながら答えたわけでもない。「自分が生きているのだということを私たちが発見したのはたいへん不幸なことだが、いまさらどうなるものでもない。その発見は「人間の堕落（原罪）」とも呼ばれている。……私は、いますぐにでも、死んでこの世から姿を消し、……この新しい、前人未到のアメリカに、ふたたび生を受けたいと思う」[134]。ニーチェによってカヴェルは、エマソンのうちに陽気な汎神論者ではなく、おそろしく真剣な哲学者を見出す。それは人間が宇宙にかしずかれているのではなく、反対に「窮地に陥っている」ことを知る哲学者である。エマソンのこの敗北感の漂う言葉は、ポストモダンの大陸の思想を先取りしていることを忘れてはならない。それはヘーゲル以後のヨーロッパの哲学者たちの「必然的で統一的な基礎づけ……としての哲学の完全な体系」を受け容れるかそれとも破壊するかという、痛切な決断の認識を指し示すからである[135]。カヴェルがデリダの中に見たのは、基礎づけ主義の力強い拒絶である。「もし私がある文化によって生きているとしたら、それはフランスのである。およそ五世紀にわたり世界的－歴史的文学を生み出し続けてきたその国の首都。そのことを自覚し、公的な地位を占めるようになる若者たちすべてにモデルを与えてきた首都。もしその首都に生きているならば、疑いもなく……自分自身の思想を手にするために私もまた基礎づけを掘り抜くことを、あるいは脱構築を考えていることであろう」[136]と。

カヴェルのエマソンもまた土壌のないことを探究する。けれども、デリダにとっての土壌の喪失は、エマソンにとっては決して存在しなかった、一度たりとも手にしたことのない体系の喪失であった。

「ここ北米においては」とカヴェルは述べる。「まず初めに空間がある。そして我々の声が、こだますることなしに、最も小さな広野さえも越えて互いに伝え合うことができるかどうか……つねに疑わしいのである」[137]。エマソンの反基礎づけ主義の独自性を探究する中で、カヴェルは問う。

基礎づけをするというその主張が除外されると、哲学はどうなるのか。――例えば、道徳性を理性や情熱の中に、社会を契約の中に、科学を超越論的な論理の中に、思想を印象の中に、言語を普遍的特性や規則の形式主義の中に、基礎づけるという主張を除外するならば。ある段階においては、基礎づけの喪失を大きな精神的衝撃であると感じるかもしれない。世界の土台が崩れ去る、事物の底が抜ける、自分たちは沈没する、あるいは階段が崩れて墜落する、と思うかもしれない。けれども、別の段階では、この基礎づけ（またその欠陥）という考え方がそもそも的外れである、昔の世界の時代遅れの考え方であると、感じるかもしれないのである。[138]

ニーチェが教えるように、知識が生の様式を必要とするならば、その逆もまた真である。生の様式は知識を必要とする。エマソンの反基礎づけ主義はアメリカ的生の様式である。それは理論ではなく、基礎づけのない世界における思考と生活の様式である。けれども、脱構築的なものではない。なぜなら、受け継ぐにせよ破壊するにせよ、哲学の「体系」などないことを認識しているからである。アメリカが馴致しえないヨーロッパの過去から、新世界へとエマソンは進んでゆく。男たち女たちが日常生活の中で自分たちの流儀を、今のこの世界を、「ふたたび生を受ける」覚悟のできた文化を考え、見出してゆく新世界へと。[139]

エマソンに倣い、現代アメリカ人も自らのものでない哲学文化に属する哲学的諸問題を継承することはない。けれども、その継承がアメリカ人を来るべき自己へと連れ戻すならば、アメリカ人はその継承をなしとげることができる。エマソンをニーチェと恒常的に対話させることによって、カヴェルは自分のエマソンに到達する。カヴェルのエマソンとカヴェルのニーチェとは互いに思想を完成させ合う。そしてそれは、最も意義深いことに、双方が基礎づけのない思考について思考しているときである。カヴェルは「ニーチェ－エマソン」の結びつきによってまさしく、まだ見出していなかったエマソンに向かって回れ右をすることができた。けれども、この方向転換はただ一度の動きではないし、またそうであるべきだともカヴェルは考えていない。それはアメリカにおける哲学の領域と可能性と考えられたものを、見たり見なかったりすることによる、行きつ戻りつの運動であったし、今なおそうである。カヴェルはニーチェを援用して、エマソンをアメリカ哲学の中心地にしようとするわけではない。ニーチェやハイデガーを使ってエマソンやソローの哲学に権威を持たせようとするのでもない。むしろ「アメリカの哲学探究は間接的に、コロンブスの回り道の大航海を継続している。東洋に固執することによって、西洋を再発見するからである」ことを理解しようとする。アメリカの哲学はまさしく「回り道」によって、ヨーロッパの対話者に向かって進む。それから後、その対話者から遠ざかる（それゆえ乗り越える）。「アメリカにエマソンを取り入れてヨーロッパを無視するよう忠告する人々がいる」とカヴェルは述べる。「私にとって、エマソンの実践が意味するのは、アメリカにおける哲学発見という課題の一つが、ヨーロッパ哲学を継承するために与えられている用語を見出すことにある、ということである」と。(140)

カヴェルが述べるように、基礎づけなしにやってゆこうとするエマソンの努力は「後期ハイデガーと後期ウィトゲンシュタインの仕事が哲学の輪郭を打ち立てる以前には、安定した哲学的企図として提示されることは不可能であった」。この両名ともニーチェの後継者である。加えて、哲学の価値が他の哲学に対する応答性にあるとすれば、アメリカの哲学はそれの代理となりうるテクストによって、高められることはあっても危うくされることはない。けれども、これらのテクストはアメリカの哲学が、幾度も幾度もその身を防衛するような対話者であらねばならない。ニーチェはエマソンの中の、探究の道は確固とした基盤の上に置かれてはいない、という考えを示してみせた。これは開かれた道についての、そして「思想の漂泊者としてのアメリカ哲学者」についての新しい思考方法である。(141)

これは「アメリカの」哲学であるのか？　それともカヴェルの考えるこの唯一のタイプの哲学が、アメリカに故郷を見出しうるというのか？　カヴェルによれば、エマソンの時代にも今日においても、哲学によって意味されるものは、ヨーロッパの哲学者、哲学的考察によって甚だしく屈折させられている。それらの源泉は教えられることはあっても、必ずしもアメリカの経験を表現する声として語られているわけではない。ニーチェはそうした稀な声の一つである。反基礎づけ主義の哲学者は、世界の形而上学的地図など存在しないことを知っている。けれども、なお方向性を求めることはできる。我々が故郷への道を探し出すために、異邦人の手助けが必要になるときがあるのである。

アメリカ的思考についての思考

ハロルド・ブルーム、リチャード・ローティ、スタンリー・カヴェルは、いずれもニーチェを利用して、世紀にわたる実践に身を投じてきた。それは、アメリカ的思考について考察することである。ニーチェは根源的な非決定性、遠近法主義、すべての知と信仰の異種混交性について探究し、三人は各々の仕方でそれらを自らのものにする。とはいえ、いずれもニーチェがロゴス中心主義への攻撃に狭く関心を向けることについては批判する。その代わりに、哲学のより広がりのある啓発的な役割を主張する。それは哲学が最終的に基礎づけ主義の擁護と特殊専門化の追求とを放棄して初めて可能になるものである。彼らは「新しいフランス的」ニーチェとともに到来したポスト構造主義や脱構築主義の言説と対話を交わす。とはいえ、重要なのはこの新しい言説を利用して、二十世紀を通じて合衆国に存在してきたアメリカ的ニーチェの要素を引き出したことである。三人のニーチェは初期の哲学的解釈に耳を傾ける。その解釈とは、基礎づけのない世界においては、真理、言葉、自己について我々が考えているものは、実在の反映ではない。新しい発見の道を、新しい驚きの源泉を探究するための、有用な虚構にすぎないというものである。

ブルーム、ローティ、カヴェルはまた、それぞれ独自の仕方でニーチェを利用して、ヨーロッパの思想との関わりで、アメリカの思考と折り合いをつける。ローティはニーチェを援用して、プラグマティズムの反基礎づけ主義の未開拓の領域を考察する。それに対してブルームとカヴェルはニーチェを利用して、エマソンの預言者的反基礎づけ主義を再検討する。けれどもみな、ニーチェに目を向けたのは、アメリカの土壌から生まれた反基礎づけ主義の表現に立ち返るためである。ブルームのように「アメリカの違い」を強調するにせよ、ローティのように哲学における国家的区分を「乗り越える」にせよ、カヴェルのように「アメリカの」ものと「大陸の」ものという考え方自体、大西洋を横断する関わりの摩擦の中で生まれてきたものであることを考察するにせよ、反基礎づけ主義という「ファミリー・ロマンス」（一族の歴史、系譜、あるいは家族内の血筋の関係）がたえず国境を超えて広がっていることを、みな力強く例証している。

これらの哲学者たちとともに、アメリカの「故郷」は場所としてではなく、一つのプロセスとして考え直される。ブルームは起源の威信を強調するけれども、三人のニーチェ利用が示すものは、思想がどこから由来するのかではなく、思想が読者をどこへ連れてゆくのかが重要だということである。アメリカは他の思想家たちとともに思考しながら、自分自身を基礎づけること founding によって（発見すること finding によってではなく）自己を見出すことができる、と三人は主張する。そしてアメリカの読者がニーチェとともに思考するときには、世紀を超えて未到達の自分自身とアメリカを見出すことができるような仕方を、三人は成立させたのである。

そうした営為の中で三人が見出したのは、古くからアメリカの知の一角を占めてきた反基礎づけ主義の多様性である。哲学がかつてどのように見えたか、また再びどのように見えるだろうか、そして哲学者の役割は挑発によって教える自己の範型である、ということを考察するのをニーチェは援助する。三人はアメリカ哲学の可能性を再発見した。自然や必然性に頼らず個人の意味を探究する哲学、反基礎づけ主義の紛れもない危険性を考慮する一方で、人間主義的期待を決して放棄しない哲学の可能性をである。鉄槌のだけではなく占い棒でもある哲学を再発見したのである。そのなかで基礎づけのない世界における意味と折り合いをつける、古くて新しいやり方を示してみせる。多くの先行者たちと同じように、「ニーチェ後」の世界は必ずしも驚異のない世界であるとは限らない、と三人は信じる。その一方でまた、ニーチェは（ポスト）モダンのアメリカ人に道徳生活のための指針も案内も提供しない。意味のない生は生きるに値しない生である、ということを例証してみせたのである。

エピローグ

ニーチェとは我々のこと

おお、わが魂よ、すでに創造されたものと、いまだ創造されないものとに対する自由を、わたしはおまえに取りもどしてやった。かくて、来たるべきものを孕むことの歓楽を、おまえの知っているように知っている者が、誰があろうか？

……

おお、わが魂よ、むしばむかのようにやって来るのではない軽蔑、最も軽蔑するさいに最も愛するところの、大いなる軽蔑、愛しながらの軽蔑を、わたしはおまえに教えた。

……

おお、わが魂よ、わたしはおまえから、一切の服従、膝を屈すること、主よと言うことを、取り除いた。わたしはおまえ自身に、「窮境の転回」および「運命」という名を与えた。

……

おお、わが魂よ、わたしはおまえに、あらゆる太陽とあらゆる夜とあらゆる沈黙とあらゆる憧憬を、注ぎかけた。——すると、なんと、おまえはブドウの木のように生長したのだ。……

おお、わが魂よ、おまえの微笑は涙にあこがれ、おまえの震える口はすすり泣きにあこがれるのだ。「泣くことはすべて訴えることではないか？　そして、訴えることはすべて弾劾することではないか？」……このようにツァラトゥストラは語った。

フリードリッヒ・ニーチェ「大いなる憧憬について」『このようにツァラトゥストラは語った』（一八八三—八五）より

アラン・ブルームは思いがけずアメリカの有名人への道をまっしぐらに進んでいた。シカゴ大学の社会思想委員会の教授で古典学の学者であるブルームは、プラトンの『国家』とルソーの『エミール』の重要な翻訳と評注でアカデミズムでの地位を確立した。中西部出身のゲイのユダヤ人無神論者であるブルームは、知の愉悦に耽るのと競うように、華美への飽くなき欲求を抱いていた。シカゴの自宅をヨーロッパの油絵や東洋の絨毯で飾り立て、自分は高級腕時計や誂えの衣裳で装い、研究室はエロティックなトーテムのように、古典学のテクスト群を並べ尽くす。何十年ものチェーン・スモーキングのせいでバリトンの声は太くしゃがれ、その声が何かを探すかのように言葉の上を漂っていたかと思うと、いきなり雪崩のように早口で、しかし迂言的な言い回しが次々と繰り出され、深く息継ぎをするときにだけ中断する。ボクシングよりは行儀が良いとはいえ、ブルームの口から飛び出すものはどれも論戦であり、問いはどれも断言であった。アカデミズムの一教授として年月を経るなかで、ブルームは学ぶことに対する自己の敬意と、退屈顔の学生たちの無関心さとのギャップが広がっているのを感じていた。ブルームは一九八二年保守系の雑誌『ナショナル・レヴュー』に現代のアメリカの大学生についての辛辣極まりないレポートを発表し、その不満を吐露した。友人で同僚のソール・ベローはブルームの内心のより高貴な怒りとより知的な痛罵を知り、省略抜きの全面展開をするよう働きかけた。[1] ブルームはベローの助言を受け容れる。そして一九八七年自分もベローも出版社も驚いたことに、『アメリカン・マインドの終焉』は『ニューヨーク・タイムズ』紙のベストセラー・リストのノンフィクション部門で第一位にいちやく躍り出、その年のハードカバーのベストセラーの第二位になる。[2]

『アメリカン・マインドの終焉』は新聞、雑誌、言論誌で、あらゆる政治的立場からの強い関心を呼び起こした。ジョージ・F・ウィルは「自立のための手引書」と賞賛する一方で、ゲーリー・ウィルズは「容赦ない、ユーモアに欠ける、悪意に満ちた書」として批判した。[3] マーサ・ヌスバウムはブルームの「反ソクラテス的」「非民主主義的な展望」に驚き、古典文化の権威を笠に着るそのやり方は、「偉大な古代の哲学者がみな、伝統的権威よりも理性的立論の優先性を主張していることを鑑みれば、実に奇妙な代物である」と裁断した。[4] なぜブルームの本がそれほどまで人気があるのか、不思議に思ったベンジャミン・バーバーは問いかけた、「なぜアメリカ人は、自分たちを無知だとののしる本を、それほど熱烈に歓迎するのか。なぜ自分たちの文学的知性を罵倒する論客を、そんなに進んで受け容れたがるのか」と。[5] 多くの人間がさまざまな解答を示した。けれども、確かなことが一つある、と『エンターテインメント・ウィークリー』誌の記者は述べる。「ブルームは時宜にかなった気難し屋である。この本は当初『熱望なき魂』と題されていた。しかしこの国は情け容赦のない魂からの強烈なパンチを心から望んでいたのだということが明らかになった」と。[6]

それは強烈なパンチのように感じられたかもしれない。けれども、序文によれば、この本の意図は高等教育において教師が見晴らしの利く地点から見た「われわれの魂の状態に関する省察」である。魂の状態は良いものではない、とブルームは述べる。その責任はアメリカ人の知的・文化的生活におけるニーチェの支配的影響力にあると言わねばならない、と。ニーチェ哲学の侵入は、シカゴ大学の同僚たちでドイツ人亡命者の教授陣が原因である。この亡命者たちは、西欧の思想と道徳性における普遍的・超越的真理の破綻についての、ニーチェの恐るべき洞察を携えてやって来た。アカデミズムが学生に難解な思想にうまく対処する方法を教えるのに精一杯であったときには、それもやむを得なかったかもしれない。だが、ニーチェの哲学は一九四〇年代・五〇年代のアカデミズムから一九六〇年代の政治的に急進化した文化へと、また浮世離れしたセミナーからアメリカの市場へと進んでいった。するとこの哲学は、二十世紀後半のアメリカの「価値相対主義」のための白紙委任状に変貌したのである。「魔法にかけられたアメリカの土壌には、このような悲劇的感覚を容れる場があまりない」とブルームは述べる。「左翼革命の……根のない世界主義」が普遍的実在に対するニーチェの攻撃を涵養するための十分肥沃な土壌を用意した。しかし、その攻撃が必要とする道徳的判断については度外視された。多から一を見出しうる共通の道徳的・知的基盤を見つけようとする多元主義文化の中で、神とはグロテスクな人間のフィクションであると、価値観とは道徳的に絶対的なものと何ら対応しない記述にすぎないと、真理とは権力を覆い隠すマントであると、ニーチェは主張する。そうした主張は一九六〇年代の数々の文化革命を保証したが、そのためアメリカの民主主義の実験を活気づけてきた全体性へのヴィジョンに見切りをつけさせ、しかも無価値なものとみなすようにさせた。「突然、伝来の価値に養われたのではない新しい世代」が相対主義を新しい偶像として崇めるようになる。「われわれは、宣教師が発見し、福音を伝えた野蛮人にいささか似ている。野蛮人は、啓示の前がどうだったかも啓示の後がどうなったかも知らないで、キリスト教に改宗したのであった」。現代アメリカ人はその思想がどこからやって来たのか、あるいはまた自分の生にとってその結果は何であるか、という文脈を理解することができない。そのため、有害で、能天気で、頭の弱い「めでたしめでたしで終わるニヒリズム」を採用したのである、と。(7)アメリカの魂の状態についてのブルームの診断は、曰く「我々の生のすべてに対するニーチェの圧倒的な影響」を裏付けている。「ニーチェとは我々のことである」。(8)

ブルームのニーチェは、アメリカの諸問題の原因であるだけではない。その最良の診断医でもある。相対主義の悪影響にきわめて批判的な著者の割には、ブルームは道徳的絶対性の美徳についてほとんど論じていない。それは、ブルームが絶対的なものの喪失それ自体を嘆いているのではなく、絶対的なものへの信仰に伴なう努力が、真理は存在しうるという信念に伴なう努力が消失したことを慨嘆しているからなのである。不確実性への信念と確実なものに到達しうるという信念との間においてこそ、自立した活気あふれる思考が生まれるということを、ブルームは信じていた。ブルームが求めたものは、テクストの真実性ではなく、テクストの快楽である。というのも「書物を伴侶とするという考え方」は、来世など存在しないと考えるよう訓練された学生たちにはまったく「無縁だ」ということを懸念したからである。ブルームにすれば、この書物を伴侶とする考え方は「秀才教育の試み」としてのアカデミズムが可能にするはずのものであった。(9)ブルームは真理を伝えることではなく、真理に到達するための闘志を養うことを強調したのである。

ブルームのニーチェは、そうした課題の緊急性を理解していた。ニーチェの著作は、不確実性とともにやって来る知的創造性についての恐ろしい責任と要求とを理解した「一人の人間の魂の、絢爛たる展示場である」。ブルームは、探究の休止点としての相対主義とともに起こる「精神の生き血を大量に吸い取られる」ことへの警告を、ニーチェから引き出す。

精神のエントロピーは増大し、魂は次第に血をわきたたせる力を失いかねない。私の覚えるこうした懸念は、ニーチェが正当と見なし、彼の全思想の中心に据えた懸念に通じる。かつてニーチェは、精神の弓が張りを失い、永久に緩んだままとなる危険について論じた。彼の信じるところ、精神の活動は文化に由来し、文化の衰退はその文化の人間の衰退だけでなく、人間そのものの衰退を意味している。ニーチェが決然と立ち向かおうとした危機こそ、この衰退であった。人が人間として存在する、すなわち高貴な存在者として存在する、というまさにこの事実……今日のエリート学生たちは昔よりもはるかに知識が貧しく、伝統からさらに切り離され、知的にずっと沈滞していて……土壌はますますやせ衰える一方である。私は、もっと大きな草木を今後育てることができるか怪しく思う(10)。

その本の中でブルームが共通の土壌を気遣っていることを示すものはほとんどない。ブルームは超越性を欲している。イデオロギーへと硬化した思想の松葉杖なしに、自立して思考することを欲している。探究がどこで終わるかを気にしている形跡はどこにもない。だが、旅を始めるのに、人間の条件が十分であるかどうかを気にかけていたのである。

一九八七年ブルームが思いがけず公衆の知識人になった理由の一つは、アメリカの知的生活やニーチェについてのブルームの主張が、目新しいものであったからではない。アメリカの知的伝統の大部を占める言説に混然一体となっていたからである。一九八七年『ウィルソン・クウォータリー』誌の論文「いかにニーチェはアメリカを征服したか」の冒頭の概略のなかで「思想には帰結がある。思想にはまた系譜がある。けれども、一つの思想が広く受容されるころには、その起源はあいまいになり、まったく分からなくなることとさえあるだろう」とブルームは述べる。[11] ブルーム自身の主張についても同じことが言える。実際ブルームの慨嘆をくまなく分析してみると、――道徳的・認識論的相対主義の危険性への警告、挑戦的なヨーロッパの思想に汚染されたアメリカン・マインドの診断、反知性主義への批判、透徹した思考や道徳的諸問題との格闘に必要な苦しみの意識をアメリカ人が欠いているという懸念などであるが、これらによってブルームは同じ問題について憂慮してきた幾世代もの論者たちと対話を交わすことになる。たしかに、ニーチェが道徳的基礎づけに対する自分の挑戦の帰結について予告していたという結論、しかしアメリカは知的に貧弱すぎてその予告の深い意味を理解することができなかったという結論、それらの結論は目新しいものではない。ブルームの生き生きとした問いですら、偽りのものではないにせよ、長い歴史がある。ブルームが目を見開いて「それならば、アメリカの理念にそれほどまでに対立する思想が、なぜそれほどまでに容易に根を下ろすことができたのか」と問いかけるとき、世紀を超えて繰り返し取り上げられてきた問いを反復していたのである。[12] そしてその問いが取り上げられるときにはつねに――日曜日に会衆席がまばらになってゆくのはなぜかをいぶかるリベラル・プロテスタントの牧師、反基礎づけ主義をヨーロッパの問題とみなすリベラル・ヒューマニスト、まったく反民主主義的な思想家が左翼に取り入れられているのに驚く保守の論客、いずれに取り上げられたものであれ――問いを発した者は、ニーチェに対する自分の関心の内部を探究するのではなく、どこかよそに答えを探すために、正しい針路から外れてしまうのである。他の多くの者たちと同じくブルームも、もしアメリカ人が自分と同じように自己のニーチェを知るならば、アメリカの思想におけるニーチェの中心的役割はそれほど悪いものではないであろう、と主張する。

ブルームの『アメリカン・マインドの終焉』が驚くほど例外的できわめて象徴的であったことを示す側面があるとすれば、それはアメリカにおいては不足しているとブルームが危惧していた、ニーチェの切望に対する畏敬の念の表わし方である。ニーチェに対するブルームの敬意は紛れもない。ニーチェは文化相対主義者であったが、絶対的なものに挑戦することには「怖るべき知的および道徳的な危機がともなうことを認識していた」。ブルームのニーチェは、自己の超越を追求することが文化の基盤である、と理解している。価値観の徹底的究明は、一人一人が新しい価値観の創出のために自分自身に向き合うことを要求する、ということをニーチェはブルームに教える。「自己は張りつめた弓でなければならない。敵対者たちと和合したり……する代わりに、敵対者たちと戦わねばならない。……自己もまた、その憧れから矢を生み出さねばならない。ともに人間に属している弓と矢、これらは人間を導くべき星を天空へ射ることができる」。ニーチェは自分の相対主義のニヒリズム的含意と闘うために、自己の内なる源泉に目を向けるが、その仕方をブルームは称賛する。神の死を告げて回ったが、にもかかわらず「ニーチェはわれわれが「現代の」人間を理解するために、魂に似たものを回復させた」のである、と。(13)

ブルームは正しかった。――ニーチェはアメリカの「我々」となっていた。もっともそれはブルームがニーチェの影響力について考察したからではなく、ニーチェの影響力を制定したという点においてである。ブルームのニーチェとの関わりは、初期の数多くのアメリカ人たちがニーチェを利用してきたように、憧憬の証言である。個人用のニーチェというブルームの感覚、自分を決して理解しようとしない文化に対抗するブルームのニーチェ、その「距離のパトス」は、実際アメリカ人のニーチェである。無知な人間たちの国に住む孤独な思想家というブルームのこの姿勢は、ブルーム以前にも多くの者たちが採用した姿勢である。それはニーチェが採用してきた姿勢であったし、ニーチェ自身が最初に愛読した哲学者エマソンが多くの機会に採用したものである。

ブルームは言う、アメリカ人が自分の知を知る必要があるならば、ニーチェが文化的英雄であったこと、同時に不可視の知的な力であったことを知らなければならない、と。ブルームは思想の、危険だが表に現われない重要性について情熱にあふれる主張を繰り広げる。「ニーチェが言ったように、「最も偉大な行為は思想である」こと、「世界は新たな価値を発明した者の回りを巡る、黙って巡る」ということを……納得させることが必要である」。ニーチェの力点は「外国の影響をノーナッシング党[*1]のように毛嫌いする」ことではなく、むしろ「われわれがいま何を言い、何を考えているかを理解したいなら、どの点に目をつけなくてはならないか、それをもっとよく自覚」することの呼びかけである、と。ニーチェはアメリカの精神を無能に見せるような、とてつもない影響力を行使したとブルームは考える。けれども、ブルームが「われわれをこうした袋小路に導いた知的依存性の意味を徹底して考えること」をアメリカ人に要求したとき、実はアメリカ式のニーチェ理解を、あるいはエマソン流の思考方法を自分が実行していることには気づいていなかったようである。これらの言葉は、エマソンの「アメリカの学者」からそのまま持ってきたものであってもおかしくはない[14]。精神史家は当然二十世紀後半のアメリカの知的・文化的生活について、ブルームの診断が正確であるかについて、あれこれとあげつらうかもしれない。たしかに、ブルームの歴史観に異議を唱えることはできる。アメリカの思想と文化に対するニーチェの衝撃は、ブルームが問題にするドイツ亡命者教授陣たちの生まれる以前に始まっている。また自分も教師である者は、ニーチェの相対主義の教室における帰結についてブルームに反駁することもできる。ブルームの精神生活についてのヴィジョンがいかに雑駁なものであるかを問うこともできるし、自分の学生をそれほどまでに酷評する教師が、学生の知性を責任もって涵養することができるのか、を問題にすることもできる。ニーチェはエマソンを教育者として受け容れたが、絶対的なものの亡き後の教育がどのようなものとなるかを理解していた。それは若き魂を教えるのではなく、挑発するものとなる。知の領域で遅れてきた者の退屈顔のルサンチマンを超えて、反基礎づけ主義という深淵をも越えて、憧憬の矢を放つように、と挑発する。その憧憬はエマソンからニーチェへ、さらに言えばブルームにまでも受け継がれているが、憧憬するに値する憧憬なのである。

謝辞

本を書くのは最も孤独な営みであろう。とはいえ、私の場合には同僚、友人、家族そして研究組織の一貫した支えがあったからこそ可能となった。寄せられた知的・物質的支援のおかげで、本書のプロジェクトの遂行はそれほど孤独な作業にならず、楽しみながら進めることができた。

本書は私がブランダイス大学で歴史学専攻の博士課程の学生であった時に始まった。指導教授でかつ友人であるという関係はそれほど目にするものではない。けれども、ジェームズ・クロッペンバーグは私にとってそうした存在であった。大学院生として共に研究していたころもそれ以後も、ジムは私にとって、思想とそのコンテクストの細心な研究を通して過去と折り合いをつける、比類なき学者のモデルであった。ジムは驚くべき多才さで私に知的な刺激と激励を与え、温かく熱心に私を支えてくれた。ルドルフ・ビニョンは大学院でのヨーロッパ思想・文化の授業で、ニーチェを歴史的パースペクティブの中で考察するよう私を促した張本人である。ルディはいつも、私がアメリカ精神史を研究することを訝しんでいた。飢え死にする羽目になるのがおちなのに、と。ヨーロッパの研究者として再出発するよう私を説得したことは一度もなかったが、該博な知識と議論のニュアンスを掴むセンスによって、私が早くからこの研究に乗り出すのをルディは導いてくれた。リチャード・ワイトマン・フォックスとジェーン・カメンスキーがこのプロジェクトにどれほど貢献してくれたか、言葉ではとても言い表わすことはできない。畏れ多くも、この二人の優れた歴史家かつ敬愛する友人によって、私は歴史学に文学的想像力を導入することとの意義を学んだ。彼らの草稿へのコメント、即座に返信されたメールを読むこと、彼らと話をすること、それは言葉の豊かな可能性のうちに身を浸すことであった。本書の中に範とすべき二人の言葉遣いの片鱗だけでも表わせたなら、範とすべき友情の一片だけでも彷彿とさせることができたなら、素晴らしい成果であると思わずにはいられない。

二つの素晴らしい歴史学科が私を仲間として迎えてくれたこと、学問的経験と温かい友情を示してくれた同僚たちに恵まれたこと、それは大きな幸運であった。マイアミ大学では、エドワード・バプティスト、リチャード・ゴッドビアー、ジョシュア・グリーンバーグ、メアリー・リンデマン、マイケル・ミラー、グウィド・ルッギエロ、エリカ・ウィンドラーが、草稿の初期の部分を読み、高次元の思想とユーモアとが併行して進みうることを示してくれた。ウィスコンシン大学マディソン校の歴史学科への移動は本書執筆の終わりの頃であった。モッセ人文科学館の歴史学棟で多くの素晴らしい隣人たちに出会えたことに感謝する。とりわけ次の同僚たちが草稿に、私の精神状態に、あるいはその双方に決定的に重要な関わりをしてくれたことに、心から感謝したい。スザンヌ・デサン、フランク・M・グローヴァー、フランシーヌ・ハーシュ、パーニル・イプセン、ウィリアム・ジョーンズ、スティーブン・カントロウィッツ、ルディ・コシャー、ゲルダ・ラーナー、フロレンシア・マロン、トニー・マイケルズ、デイヴィッド・マクドナルド、ウィリアム・リース、スタンリー・シュルツ、デイヴィッド・ソーキン、スティーブ・スターン、サラ・タール、リー・ウォンデル、アンドレ・ウィンク、故ジャンヌ・ボイドストン。この歴史学科のスタッフたちの助力とユーモアがなければ、執筆最後の数年間を難破せずに乗り切ることができたか、想像もできない。エイミー・シュルツ、ニコル・オージェ、テリ・トビアス、キャリー・トービン、レスリー・アバディ、スコット・ブルクハルト、ジョン・ペルシケ、マイク・ブルマイスター、ジェーン・ウィリアムズが数えきれないほどの有形無形の援助をしてくれたことに、心からの感謝を述べたい。チャールズ・L・コーエンの着実なフィードバックとガイダンスは、言葉で言い表わせないが、決して忘れることのできない仕方で、原稿の質と著者の生活の質を改善してくれた。組織内の指導者、編集者、賢明な助言者として辛抱強く手を貸してくれたことに、即座に反応する情熱的知性から知恵を拝借できたことに、そうしたことに一度たりとも嫌な顔を見せなかったことに、そして何よりあなたがあなたでいてくれたことに、ありがとうと言いたい。

このプロジェクトを遂行するうえで、多くの研究機関が寛大に資金を提供してくれた。「高等ドイツ・ヨーロッパ研究のためのベルリン・プログラム」と「ゴットリープ・ダイムラー／カール・ベンツ財団」からの奨学金によって、ニーチェ文庫での初期の研究は可能となり、ドイツの学者たち、研究者たちと知り合うことができた。彼らはこのプロジェクトの大西洋をまたぐ概略について批判的に考察することを助力してくれた。「ハーバード大学奨学金」のおかげで私の研究は続き、ハーバード大学図書館の比類のない資料の宝庫が利用可能になった。「ウッドロー・ウィルソン研究所のシャーロット・W・ニューカムフェローシップ」は丸一年執筆に専念できるための、不可欠な支えとなった。教育と研究という、ときに両立しがたい要求を調整するために、「国家人文基金」、マイアミ大学大学院、ウィスコンシン大学マディソン校の大学院は、著作に専念するための貴重な夏季休暇を提供してくれた。またマディソン校の「ヨーロッパ研究センター」はワイマールのニーチェ文庫での追加の調査費用を快く負担してくれた。本書出版のためのウィスコンシン大学マディソン校の学務局と大学院からの助成金については、心から感謝を捧げる。

「アメリカ芸術科学アカデミーの客員教授プログラム」の奨学金によって、原稿の初期の改訂作業のための時間、資金、刺激的な環境が可能になった。チャールズ・ウォレン・センターの「アメリカの知識人と大西洋世界の文化」セミナーに参加することを快く了解してくれたおかげで、卓越した歴史学者たちの新しく生まれた輪に加わることができた。この学者たちの集まりと会話の中で、本書の原稿は大なり小なり改善された。このプロジェクトに形と実質とを与えるうえで力になった、ケンブリッジの二つの学会に心から感謝する。とりわけ、キャロル・アンダーソン、キャリー・タイラード・ブラーメン、チャールズ・キャッパー、チップ・コルウェル＝シャンサフォノー、ロバート・ショーダット、ジェニー・デイヴィッドソン、ディーン・グロージンズ、デイヴィッド・ホール、エリザベス・ライマン、ジェニファー・マーシャル、アレクサンドラ・オレソン、ジェイソン・パスカー、ジェフリー・スクランスキー、サラ・ソング、リサ・セーフェル、シャロン・ウィーナーに。

ごくわずかな発行部数の、地味な書籍や百年も前の雑誌を追跡するのを助けてくれた大西洋両側の、有能で辛抱強い図書館員たちの一人一人の名前を挙げることができればよいのだが。ワイマール国立ドイツ古典文学研究所兼記念館「ゲーテ・シラー文書館」の並外れた腕前のスタッフたちに満腔のかつ永遠の感謝を表明せずにはいられない。ニーチェ文庫の収蔵品を通じて研究を進めるとき、また数多くの調査旅行の過程で、私の研究を容易にしてくれたからである。調査を手配するうえで手助けをしてくれ、文献類を思いもよらぬ仕方でかき分けて合衆国からの数々の書簡を発見するのに力を貸してくれ、ズュターリーン書体（文字）の解読法を教えてくれ、新しい書簡を発見するたびに喜びの声を上げるのを許してくれ、こうした謎解きのごとき仕事の純粋な面白さを私と共有してくれたからである。カリン・エラーマン、バルバラ・ハンペ、シルケ・ヘンケ、マリータ・プレル、ヘドヴィッヒ・フェルカーリング、スーザン・ワグネルに心から感謝する。ワイマール国立ドイツ古典文学研究所兼記念館「アンナ・アマーリア公妃図書館」のエルドマン・フォン・ヴィラモーヴィッツ＝メーレンドルフにも大きな感謝を表明しなくてはならない。ニーチェ蔵書のエマソンを調べるうえで卓抜な導き手となり、ニーチェのプフォルタ学院時代の写真を見つけてくれ、ヨーロッパの学会でニーチェとエマソンの関係への関心が高まりつつあることを教えてくれたからである。

調査の重要な節目節目で様々な学会に私の仕事を示す機会があったので、新しい着想を問うてみることができ、本書の読者層の広がりを把握できた。「ニューヨーク精神文化史エリアセミナー」のメンバーたち、とりわけリチャード・ウォーリンとジェロルド・ジーゲルに感謝したい。アメリカ文化におけるニーチェのイメージを、概念化の初期の段階で発表する機会を与えてくれたからである。リチャードは当時も今も、私へのアドバイスと理解の点でかけがえのない存在である。ジェロルドは西欧の自我の哲学のコンテクストにおけるニーチェ哲学について、快く貴重な意見を提供してくれた。故ジョン・パトリック・ディギンズのおかげで、私はいつも元気づけられた。センチュリー・クラブでの忘れ難いランチで、彼のお気に入りのアメリカのニーチェ主義者たちについての話に耳を傾け、栄養補給に臨むことができた。ニューヨークを拠点とする精神史家たちの気前の良い贈与が懐かしく思い出される。けれども、故トニー・ジャットに目を転じなければならない。二〇〇七年のレマルク協会のカンデルステーク・セミナーに参加するよう招いてくれたからである。当時の刺激に満ちた会話の喜びを決して忘れることはないだろう。そこから生まれた長い間の友情に深く感謝したい。ブランダイス大学のアメリカ史プログラムに謝意を表するのは、この研究のためにこのうえない訓練を私に施してくれただけでなく、レイ・ジンジャー・レクチャーをするためにオリン・サンに戻ることを快く受け容れてくれたからでもある。そしてニック・ウィザムにも深甚なる感謝を。ノッティンガム大学での「アメリカ思想のコンテクスト」会議で、私の研究を発表するよう招いてくれたからである。そのおかげで、この近年のアメリカ人の思考についてあらためて考えることができた。

二〇〇九年プリンストン大学のシェルビー・カロム・デイヴィス歴史研究センターでのワークショップ「運動する思想」に参加したことで、同じように知的受容の問題について研究している注目すべき学者たちのグループの影響下に身を置くことになった。とりわけダニエル・T・ロジャースとアンソン・ラビンバックに謝意を表したい。この会合に参加するよう要請してくれたからである。トーマス・ベンダーとナディア・ウルビナーティには私の論文を鋭く巧みな眼で読んでもらい、スザンヌ・マーチャンドとエリック・ワイツには力強く支持する論評と活気に満ちた会話を与えてもらい、リチャード・キングには本書の実に多くの主題に関する該博な知識をもって私のプロジェクトを発展させ、その気高さで勇気づけてもらった。

メロン財団に助成されたウィスコンシン大学マディソンセンターの人文科学系「処女出版」プログラムでは、私の原稿に活力を与えるセミナーを、そして改稿の終わりの段階では学問的フィードバックを有り余るほど提供してくれた。センターの所長サラ・ガイヤーと理事たちであるマイケル・グッドマン、サンディ・ナズバックにこのイベントを実現してくれたことを感謝したい。原稿のすべてを快く読み論評してくれたマディソン校の同僚たち、ラス・カストロノーヴォ、チャック・コーエン、ルディ・コシャー、デイヴィッド・マクドナルド、ルー・ロバーツ、イヴァン・ゾル、デイヴィッド・ツィンマーマンにも感謝を捧げる。ジュリア・マイケンバーグには討論の最終段階に加わり、その声を反映させてくれたことにも。ジャクソン・リアーズとロバート・ウェストブロックにはどのように感謝してもしきれない。真冬にマディソンまでやってきてくれたこと、原稿を隅から隅まで入念に読んでくれたこと、トレードマークの聡明さを発揮してくれたこと、プロジェクトを完遂するうえで賢明なアドバイスをしてくれたこと、これらのために生涯にわたって感謝し続けることができるよう祈りを捧げる。いかなる本もこれほどまで多くの多彩な学者たちの、競い合うような洞察、方法論的介入、修正提案を、満足のゆくように取り入れることはできないであろう。彼らのフィードバックによって原稿の力が引き出され、どんな欠点が残っていてもそれほど重大なものにはならないようになった。

多くの学者たち、同僚たち、友人たちが本書の発展のさまざまな段階で力を貸してくれた。プロジェクトが始まったばかりの頃、建設的なフィードバックと成長の糧となる交友を幸運にも手にすることができた。キャロライン・フィッシャー、ジェニファー・グリーン、ジョナサン・ハンセン、ダーラ・マルデリー、チュラシ・スリニヴァアス、アンドレア・ヴォルペたちである。ドイツでの初期の調査ではローラン・アップルバウム、カリン・ゴイール、ディートリッヒ・ヘルマン、モリー・ウィルキンソン・ジョンソン、サビーネ・クリーベル、リーザ・ヴァンデルリンデン、ペーター・ヴォークトの教訓に満ちた洞察から学んだ。実り豊かな探究の道への力強い励ましと提案のゆえに、ケイシー・ブレイク、ローレンス・ビューエル、デイヴィッド・エンガーマン、ダニエル・ホロヴィッツ、ハンス・ヨアス、ロバート・ホーラブに感謝する。原稿は、ポール・ボイヤー、スティーブ・キャントリー、ジョージ・コトキン、マイケル・ゴメツ、アンドリュー・ハートマン、デイヴィッド・ピッカス、ジェフリー・スクランスキー、そしてロバート・ウェストブロックの批判的論評とつねに変わらない知的寛大さから、計り知れないほどの恩恵をこうむった。ジョナサン・リーヴィは本書で提起した着想の初期に発表した論文に熱烈に反応を示してくれ、思いがけなく送られてきたメールによって私を精神的に後押ししてくれた。生涯忘れずに感謝する。シアン・ハンター、アリソン・カレット、ロブ・テンピオとの会話、彼らからのフィードバックは本書の読者層を考えるうえで役に立った。他方、エリン・クルーン、ジェニーン・マギル、ロニット・スタール、ケント・ウィリアムズ、レイチェル・ホワイトは素晴らしく調和する目、着実な腕前、編集者のメスをふるう機敏さで、原稿の様々な部分を改善する手助けをしてくれた。原稿の最終段階で提起されたニール・デイヴィッドソンとサラ・ルースの調査協力は、文献目録が最新のものであり、統計調査の記録は十分に渉猟されており、ウィリアム・ジェイムズ蔵書のニーチェ本への覚書は正確であることを確かめるうえで力となった。「調査による協力」では、本書の推敲の最後の段階で、ヴァネッサ・クックがこのプロジェクトに対して果たしてくれたことを何と表現してよいか分からない。粘り強い研究者、呑み込みが早く、注意深い読者であるヴァネッサは、その着実なインプットと安定した存在感でこのプロジェクトを優美に推進してくれた。私の謝辞はいささか過剰であるかもしれない。けれども、このプロジェクトに対して強靭でかつ思いやりのあるフィードバックを、そして著者にとって名誉ある交友を尽きることなく提供してくれた方々に対しては、いかように感謝しても感謝しきれない。ダニエル・グリーン、マシュー・ヘイル、クリスティン・ジョイナー、クリスティン・フィリップス＝コート、マーティン・ウェスナー、そしてリサ・セーフェルである。これほどまでに多くの非凡な思想家、著作家、人々との知的関係と友誼が持続することに私が値するかどうかわからない。けれども、そうした人々とつながっていることに、はっきりと感謝したい。ダグラス・ミッチェルをこのプロジェクトに導いてくれたこと、ダグラスの助力で本書を世に問うことができたこと、この私の幸運を感謝しない日は一日たりともない。私のヴィジョンにすぐ関心を抱き、誠実に遂行してくれたおかげで、私は計画通りに続けることができた。ダグがチームの一員であるだけで、このプロジェクトは価値があると思わせてくれた。これだけにしておくが、ダグが名誉に思ってくれることを望む。本書は幸いにもシカゴ大学出版局に身を寄せることになったが、ダグのおかげだけでなく、ダグが参加している非凡なチームのおかげでもある。またティム・マクガヴァーンにはこのプロジェクトを出版に導くうえで快く力を貸してくれたことに、リーヴァイ・シュタールには本書についての広汎な構想力の点で、サンディ・ヘーゼルには散文に対するその鋭敏なセンスで私の散文を注意深く精細に吟味し、編集の過程を通じて専門的アドバイスをしてくれたことに、深く感謝する。デレク・ゴットリープの索引を作る素晴らしい技術は称賛に値する。匿名の校正者たちも、詳細な論評と啓発に満ちた問題提起で深い感謝に値する。彼らのおかげで本書もより良い本になったからである。

非常に異なった形で、わたしに精神史の世界を開いてくれた二人の重要な人物がいる。ロチェスター大学の大学生であった時の教授クリストファー・ラッシュから私は「精神史」という言葉を知り、そこから得られるものとその課題とに初めて近づいていった。ラッシュ先生は（「キット」と呼べるようになるにはまだ若すぎた）最初にこの研究における多数の思想家たちを紹介し、その思想家たちにふさわしい集中力をもって的確に読む方法を教えてくれた。私が先生の指示と例をどのように生かしているかについて、先生がどう思われているか定かではないが、先生の透徹する洞察力を思い浮かべることによって、本書で書いたことを改善する力となったのは確かである。本書が形を成す十年前に祖母アイダ・ラヴィネ・ワイマンが亡くなった。アルツハイマー病を長く患った後に。けれども、祖母の影響はどのページの中にも表れている。善良な南部の貴婦人のごとく、祖母アイダはその心の内の満たされぬ実存的憧憬と哲学的懐疑のほとばしりを決して覗かせはしなかったが、幸いなことに彼女の本棚が明らかにしてくれた。祖母の個人蔵書の中に、子どもの頃の私はウィル・デュラントの『哲学の物語』と多数の「偉大な哲学者」の必携シリーズを発見した。私たちは一度も哲学について話す機会はなかった。私は幼すぎたし、祖母は寡黙すぎた。けれども、私が哲学に惹かれる背後には、祖母が真の力として存在していると思わずにはいられない。

ここで私の家族に目を向けよう。謝辞ではなく、弁明がふさわしいかもしれない。私たちの家庭に物静かな礼儀正しさ、居心地の良さがあるとしたら、義母アルベルト・エリカ・ローゼンハーゲンのおかげである。ドレスデンからマールブルク、マイアミからマディソンへと引越のたびにやってきては家事育児の一切を担い、この義理の娘を仕事に集中させてくれた。この学者という奇妙な存在に敬意を払い、学者の仕事への献身を称賛するけれども、「精神生活」の「生活」の部分を忘れないようにとの配慮から、ときには眉を顰め言葉を選びながら戒めてくれたことは、ありがたかった。義理の両親と遠慮なしに話すことの意義は、彼らが無条件に自分を愛さなければならないわけではない、ということを思い出させてくれることである。後でとやかく言うことを心の底から嫌うエリカは、いつも私の精神状態を刺激してくれ、おかげで私は学者‐文筆家‐母親として強くなった。私の兄弟たち、ハル・ラトナー、サリ・ジャッジ、マーニ・ホエラン、彼らの連れ合いのジャニーヌ・マーギル、マイケル・ジャッジ、カイル・ホエラン、可愛い甥や姪たち。変わらない暖かさと楽しいユーモアに感謝を。休暇の集まりに遅くやってきては早々に帰ってしまったときも、疲労のため無愛想なときも、いやな顔一つ見せなかったことに感謝を。とりわけ姉のサリが絶えず知恵を貸してくれたことに、その安定したプラグマティズムに対して。そして私がいつ「卒業する」のかといつも尋ねてくれた祖母アンス・ラトナーにも。本書は私の両親に捧げる。出版するまでの長い間私を支持してくれただけでなく、自分の仕事に献身することの意義を、自らの例で示してくれたから。フィリップ・ラトナーは娘の職業を喜んでくれた。継母エレン・ラトナーは広い読書嗜好によって読んでいる小説や雑誌にニーチェの名前が登場するたびに教えてくれた。私の母への気持ちを表現するのに、賛嘆というのがふさわしいかどうかは分からない。ソーシャルワーカーであるにもかかわらず、ミリアム・ラヴィネ・ラトナーは快く（無報酬で）本書の編集者として夜遅くまで働いてくれた。校正刷りを読み、このプロジェクトの初めから終わりまですべてのヴァージョンを文字どおり一語一語に論評を加えてくれた。毎夜遅くの打ち合わせで絶えず私を励ましてくれたこと、多忙な時には自分の仕事を後に回しても私に着想を話させたり、新しい定式を試させたりしてくれたこと、そして何よりも母に託した要求を、本当に楽しみながら行っているのだと私に思わせてくれたこと。母の恩は生涯忘れない。

最後にかけがえのない三人にふれよう。その中の二人によって生み出される、感動するほど巨大な騒音を背後に聞きながら。このプロジェクトはまだ小さな二人、アメリー・シャルロッテとヨナ・フリードリッヒ・ローゼンハーゲンにとても大きな負担をかけた。しかし、この二人は自分たちのママを何とか乗り切らせてくれた。溢れんばかりの愛情と精神の軽やかさをもって、何とか耐え抜いてくれた。そしてウルリッヒ。彼なくして執筆は可能ではなかったし、耐え難いものとなっていたであろう。このプロジェクトの最初のひらめきを目撃してからは、絶えずその炎を掻き立て、けれども夜には自分の妻を促して残光を放つ知的余燼を消し止めさせ、コンピューターをシャットダウンさせる潮時を知っていた。聡明なウルリッヒは、私の支えであり避難所である。仕事や研究について私に思い出させる必要があるときを、また忘れている必要があるときを、いつもなぜか分かっている。だからこそ、ウルリッヒを素晴らしく思い、尊敬し、彼のために祈る。愛は決して問いただす必要のない「基礎づけ」であると、アメリーとヨナとウルリッヒは私に教えてくれたのである。

訳者あとがき

すぐれた思想というものは根こぎにされて弱ったり枯れたりしてしまうのではなく、新しい地盤と環境とのなかに移植されることによって却って生気を得、成長が旺盛になり、その根は一層よく土につくものを言うのではなかろうか。

林達夫『思想の運命』

アメリカ的受容の「メカニズム」

本書にも登場する（第六章）フランソワ・キュセは『フレンチ・セオリー』のなかで、フランス現代思想（ポスト構造主義）がアメリカに移入され、受容されてゆくプロセスとそこで働いている「メカニズム」を、およそ次の三つの段階で説明している。第一段階は、フランス現代思想がアメリカの知識人層に大きな衝撃を与えたことである。キャンパスを中心として、哲学や文学だけではなく、政治や経済、社会や教育などのさまざまな分野に波及してゆき、百家争鳴の論争がまき起こった段階である。第二段階は、受容され波及してゆくなかで、フランス現代思想がラディカルな変容を被ったことである。キュセ自身の言葉（「日本語版序」）によれば、「移動がもたらすパラドクス」（桑田他訳、以下同）、「ひとつのテクストをこれまでになかったコンテクストのなかで再利用すること」に伴なう〈背信〉とも言えるほどの「活用のパラドクス」、そのようなパラドクスが生じる段階である。そして第三段階は、そのように変容したフランス現代思想が世界中に伝播してゆき、そこでまたさらなる変容を被ったことである。ここでは第二段階における、アメリカに内在する受容の「メカニズム」について、キュセの述べるところに従って、さらに考えてみたい。それは、ニーチェのアメリカでの受容、アメリカン・ニーチェの誕生を理解するうえでも参考になるところがあると思われるからである。

キュセはアメリカにおける受容の第一の特徴として「哲学の文学化」を挙げる。それはたんに大学の文学部にまず移入され、そこを経由してフランス現代思想が普及したからだけではない。「文学は物語分析的な相対主義」によって、あらゆるディスクールを〈物語〉として読むことを可能にしたからなのである。「(フーコー、デリダ、ドゥルーズ、ラカンの)テクストを文学研究の領域へと引き寄せ、テクスト(またはそのテクスト性)の分析を前面に押し出し、さらに、彼らの哲学的命題を文学化したのである」とキュセは述べる。他の学問の領域を文学の領域に取り込んでゆき、「文学」の領域が拡大してゆく。それはポストモダン的相対主義の普及であった。けれどもまたそれは、フレンチ・セオリーに基づく「普遍的な批評方法」が生み出され、定着してゆくプロセスでもあった。

第二の特徴として、理論的言説を生み出す際の「アメリカ式の翻訳のメカニズム」をキュセは詳述する。乱暴を承知の上で要約してみよう。フーコーやデリダたちはそのテクストにおいてきわめて独特の、翻訳の困難な用語を次々と創案しては駆使するため、翻訳者はつねに用語・文献解説者の役目を負わざるを得ない。そこでは、原テクストの錯綜する主題群、諸問題を「忠実に」再現するのがきわめて困難なので、「自由に・恣意的に」選別して「ひとつのモチーフ、ひとつの表現を抽出し」「操作や批評が可能な指標へ」と移行させることが当然のごとくおこなわれる。すなわち、複雑なテクストを断片化し、単純化し、再編集して、それを汎用性の高いものに作り変える。（端的に言えば通俗化と商品化である。）その結果「援用した元のテクストとはもはや何の関係もないものが生み出される」という事態になる。

こうした特徴のために、確かに「フレンチ・セオリーは平板化」し、「アウラは喪失」し、「カリスマは〈ルーチン化〉」してゆく。けれども、アメリカ的受容のメカニズムは、そうした負の側面だけをもたらしたわけではない。作り変えられた「汎用性の高い」テクストは、テクストの再編、新たな関係づけという変形作業を（「批判的再占有化」と呼ばれる）可能にする。言い換えれば、新しくアメリカナイズされたテクストは豊かで多様な解釈を付与すること（「積極的異種混淆性」と呼ばれる）が可能なテクストに変わる。「フレンチ・セオリー」はその結果、さまざまな領域への普及、浸透が容易になる。元のテクストよりも大きな波及力、影響力をもたらすようになる。アメリカではJ・バトラー、G・C・スピヴァク、E・サイード、S・フィッシュ、R・ローティなど独自の思想を展開し、大きな影響力を持つようになる思想家たちが登場する土壌が形成されていったのである。こうしたアメリカ的受容の「メカニズム」のもたらす帰結は（アメリカ文化産業の介在によるが）たしかに汎用性を備えたフレンチ・セオリーの商品化であり、世界化である。それは市場原理に左右されるものとなる。しかしそれだけではない。新しいものを積極的に開発し、普及させてゆこうとする原動力でもある。フランス語からの翻訳の影響が限定的なものであったのに比べて、英訳されたフレンチ・セオリーはアメリカ国内で独自の思想を生み出しただけでなく、カルチュラル・スタディーズ、ポストコロニアリズムへ移行、発展しながら、世界的な広がりをもってゆく。

こうした受容の仕方は、テクストの意味内容の伝達を本義とする通常の翻訳観からすると、もはや翻訳とは呼べない行為であろう。しかしおそらく程度の差はあれ、〈翻訳〉という営為＝運動が本来的に持たざるを得ないアポリアを示している。アメリカの受容の「メカニズム」はその問題を拡大・増幅して我々に見せるのである。

アメリカのニーチェ受容の推移

フレンチ・セオリーの例に倣い、ニーチェの受容の歴史を大きく三つの段階に分けて考えてみたい。第一段階に相当するのは、ニーチェの「翻案」の時代である（第一章〜第四章）。第二段階に相当するのが、ニーチェの「翻訳」の時代である（第五章）。そして第三段階を、ニーチェ解釈の創造的発展の時代（第六章）と考える。そこでどのような「メカニズム」が作用していたのか、第二段階を中心に考えてみる。

「翻案」の時代というのは、この時期のアメリカでのニーチェの紹介がきわめて「物語的」で「恣意的」なものだからである。ニーチェの翻訳は部分的で、ひどく出来が悪く、しかも哲学的著作としてきちんと翻訳されたものはほとんどなかった。反面、それを補うかのようにニーチェの伝記的エピソードが過剰なまでに紹介され、読者の想像に基づいた解釈やニーチェとの自己同一化を促すような受容のされ方が一般的であった。アナーキストからキリスト教徒まで、作家、詩人も哲学者も、みなが限られたテクストに基づいて思い思いに自己のニーチェ像を形成していった時代である。最初はアナーキストなどの急進派がニーチェに注目し、ヨーロッパの革新的な思潮として紹介を始めたが、少数派であったため、ニーチェはそれほど普及しなかった。逆説的ではあるが、ニーチェの普及に大きな役割を果たしたのがキリスト教徒である。彼らはキリスト教を批判するニーチェを必死になって叩いたが、そのことがかえってニーチェに対する注目を集めることになったのである。カトリックは（一部の例外を除き）ニーチェの系譜学の危険性を察知し、ニーチェをプロテスタントと同一視して排除しようとしたのに対し、プロテスタントはニーチェとイエスを類比するなど、キリスト教の普及におけるニーチェの「有効性」に着目するようになる。（その意味でプロテスタントのニーチェ解釈はプラグマティズムに接近してゆく側面を持っていた。）ところが、本来キリスト教の強化、普及という目的に寄与する手段であるはずのニーチェが、逆に権威を帯びてくるというパラドクスが生じる。合衆国ではプロテスタントが多数派であったので、彼らがアメリカの思想界へのニーチェの浸透の主要な契機となる。それに対して、E・L・メンケン、R・ボーン、V・W・ブルックスなどの知識人やジャーナリストたちは、アメリカのピューリタニズムを、とりわけその反知性主義を批判してゆくために、ニーチェの系譜学を活用する。ニーチェは、すべての理念が歴史的構築物にすぎないことを明らかにしたが、そうした思想家ニーチェを吸収し広めてゆくだけでなく、キリスト教による個人の内面の支配のプロセスを分析する心理学者ニーチェに着目して批判を行なっていった。また、文献資料的にも情報的にも大きな制約のあった「翻案」の時代ではあるが、限られたテクストからニーチェ哲学の本質を捉えた者たちも存在していた。第一次世界大戦をきっかけにして、サンタヤナなど反ドイツ主義的解釈に基づきニーチェを非難する哲学者や神学者も増えるが、他方哲学者のJ・ロイスのように、エマソン、ホイットマンの系譜に連なる、全ての基礎づけを相対化する自己主権の哲学者としてニーチェを捉える者も出てくる。とりわけロイスはニーチェとW・ジェイムズとの類似性に着目して、ニーチェ哲学の本質の理解に近づいてゆく。それは翻訳を通したものではなく、ロイスがニーチェのドイツ語の原テクストを読みこなしたからである。（ただし、ドイツ語を解する学者たちがみなニーチェに関心を持ち、読んでいたというわけではない。）こうした「翻案」の時代の、カウフマン登場以前のニーチェ解釈、ニーチェ像の形成は、ドイツ語のテクストで読まれたケースを除き、ニーチェ哲学のテクストのきちんとした読解に基づくものではなかった（著者がデータを示していないので正確なところは不明だが、不十分な翻訳という制約はあれ、敵味方を問わず当時最も真剣に読まれ、利用されたニーチェの著作は『道徳の系譜』ではないかと思われる。ニーチェといえば「超人」や『ツァラトゥストラ』のイメージが強く、本書でも数多く言及されているのだが）。そこで重要な役割を果たしたのは、とりわけニーチェの人生の物語、伝記的事実の断片であり、「哲学を文学として受容する」というアメリカの受容の「メカニズム」の第一段階の一端を見ることができると思われる。

ウォルター・カウフマンの登場により、ニーチェの解釈、研究は第二段階、「翻訳」の時代を迎える。カウフマンの翻訳群の出現が、ニーチェ受容の歴史の分水嶺となる。カウフマンはニーチェの主要なほとんどのテクストを英語に翻訳し、ニーチェを哲学者として、そのテクストを哲学的著作として読むことを可能にしたという意味で、ニーチェ受容の画期をなす存在である。カウフマンはドイツ人亡命者であり、ドイツ語英語双方に通暁する点で、従来の翻訳者の不十分性を乗り越えたというだけではない。カウフマン自身が哲学者、神学者であり、まず何よりもニーチェの哲学としての意義を理解し、紹介・普及に努めたのである。ニーチェをナチスの悪用から解放したという政治的意義だけではない。カウフマンは西欧の哲学の伝統を俯瞰し、ニーチェをその中に位置づける。当時アメリカの主流であった分析哲学との関連性を（強引に）示したり、ウィリアム・ジェイムズなどのプラグマティズムと比較したりするなど、哲学思想の領域においても八面六臂の活躍をして、アメリカにニーチェの存在の大きさを改めて知らしめたのである。むろん第二次世界大戦後の世界という時代的条件に規定されて、いささか実存主義的傾向の強いニーチェ像の提示となったようではあるが。しかし、カウフマンの考える「実存的」とは「真理、信念、本性についての問いは人間の生にとって適切なものである限りにおいて価値がある、ということを意味する」(三四八頁)。すなわち、きわめてプラグマティズムに接近した思想として理解されており、アメリカに受容されやすい解釈がほどこされているのである。ともあれ、カウフマンの出現が、アメリカのニーチェ受容史において重要な転換点となることは間違いないであろう。それゆえ、カウフマンの仕事の評価が問題になる。実際、カウフマンに焦点を当てた第五章は本書の白眉である。

カウフマンの最大の功績は「翻訳」であると著者も述べている。ニーチェを「物語的」「恣意的な」翻案から解放したのは、ニーチェを「哲学者」として普及させたのは、そしてニーチェ流儀のニーチェ解釈法を知らしめたのは、まさしくカウフマンの「翻訳」である。では、カウフマンの翻訳はいったいどのようなものであったのか。

カウフマンの翻訳について

「カウフマンの耳は英語とドイツ語のニュアンスに敏感で、思想の世界におけるそれらの語彙の微妙な差異や類似性を鋭く察知した」と著者は述べる。一例として「超人 Übermensch」をどのように訳すかで、従来 beyondman, superman, over human being などと訳されてきた中で、カウフマンの結論は、文字どおりに訳すならば over human being である。Über は over であり、beyond でも super でもない。ただし、それでは Übermensch という語の持つ音楽性が失われてしまうので、それを回避するために overman とする、というものである。(むろん Mensch と man は同一ではないし、そのことがまた別の問題を引き起こすことになるのだが。)このように、語彙のレベルでの言及はあるものの、しかし翻訳全体についてのより深い分析や特徴づけなどが本書でなされているわけではない。著者の翻訳に関するコメントは「アメリカの一般読者に分かりやすい言葉で翻訳している」とか「一貫して簡潔明瞭な語彙」で「何ら矛盾のない」「人生肯定的な」ニーチェを提示している、という漠然としたものである。アメリカ人の耳になじみやすいプラグマティズム（とりわけW・ジェイムズ）を思い出させる用語法である、などとも述べられている。要するに著者は「翻訳」が最大の功績と言いつつも、カウフマンの翻訳の様態にそれほどの注意を払っているわけではない。（受容史、受容理論において、翻訳の問題は決して小さくはないはずである。）カウフマンの翻訳が長年君臨してきたのはなぜであろうか。おそらくカウフマンの翻訳が期せずしてアメリカの受容メカニズムに適合したやり方をとってきたから、すなわち平易で明晰な言葉で翻訳することで、単純化し通俗化する危険を伴いつつも、優れた思想が潜在的に持つ汎用性（というよりも繁殖性）を顕在化させるような翻訳手法がとられていたからではないか、と思われる。そしてこの翻訳手法は、「背後にいかなる歴史も持たない若き思想家」カウフマン、ドイツの文化的伝統にとらわれず新しくアメリカで学者として自立してゆこうとするカウフマンにとって、ごく自然なやり方ではなかったかと考えられる。

別の角度からカウフマンの翻訳について考えてみたい。著者は本書に見られるニーチェ受容が例証しているのは、「思想が出来合いのものではなく、あつらえるものだということである。ニーチェの思想は読者に何かを可能にしたというだけではない。読者もまたニーチェのテクストやイメージの内にある、何ものかを可能にしたのである。読者にとってニーチェは存在なのではなく、生成なのであった。ニーチェとは、テクストと読者の間の、テクストとコンテクストの間の協働による意味形成の産物なのである」と述べる。解釈学や受容理論の専門家には周知のことであろう。ただ翻訳理論研究に携わる訳者としては「読者もまたニーチェのテクスト、、、、やイメージ、、、、の内にある何ものか、、、、を可能にした、、、、、のである」の一文に注意を促しておきたい。これが「翻訳」の本質的機能であると、テクストの持つ潜在的可能性を引き出すこと（たんなる意味内容の伝達だけではなく）が「翻訳」の働きであると考えているからである。

翻訳とは何か。フランスの翻訳学者アントワーヌ・ベルマンは「他者という試練としての翻訳」（一九八五）の中で、次のように述べる。「（翻訳とは）異邦の作品の最も本源的な核を露わにすることである。その作品の最も深い奥底に隠されており、最も固有なものでありながら、同時に最も「遥かなところにある」ものを明らかにすることである」。翻訳とは、まず原作が変容すること、その隠れていたものが姿を現わすことである、と。

ではカウフマンの翻訳が顕在化させたものは何であろうか。アメリカの受容の「メカニズム」にカウフマン自身が適合したことによって、汎用性（繁殖性）の高いニーチェを、新しい地盤に移植されてよく根付き、いっそう成長するニーチェを生み出した、と先に述べたが、それは何かというと、（カウフマンが自覚していたような）実存主義者ニーチェでもなく、ディオニュソス的啓蒙主義者ニーチェでもなく、「プラグマティスト」ニーチェである。カウフマンは自立した思想家を提示すると述べ、プラグマティストと比較しつつも、ニーチェの先行性、優先性を強調し、両者の間に影響関係はないと否定する。たしかにジェイムズやデューイの持つ社会的希望の精神こそ持たないものの、⑴反基礎づけ主義⑵多元的視点、⑶影響や効果の重視という、プラグマティズムの本質的特性を有する点で、カウフマン（の翻訳）が生み出したニーチェは、紛れもなくプラグマティストである。プラグマティストとしてのニーチェを顕在化させたからこそ、ニーチェが「高い汎用性」に基づいてさまざまに利用されるようになった。カウフマンはニーチェをナチスのシンボルというデマゴギーから解放しただけではない。プラグマティストとして復活させたからこそ、当時の分析哲学中心の思想界において、時代遅れとみなされていたプラグマティズムを復権させることが可能となったのである。

カウフマンの翻訳は、ニーチェの「プラグマティズム」を浮き彫りにしたが、それはウィリアム・ジェイムズと比較考察することによって、期せずして浮かびあがってきたものである。そしてまた、ジェイムズとの違いを明らかにしようとしたことが、同時にジェイムズのプラグマティズムの本質を、アメリカの読者に感じ取らせることにもなった。その本質とは、ルイ・メナンドの言葉を借りれば、プロテスタントの宗教改革にも匹敵するほどの「アメリカ文化の中の脱制度的衝動――あらゆる社会制度の偶然性の洞察や制度、画一性への敵意――を現わしている」ものである（『メタフィジカル・クラブ』）。まさにこのジェイムズが、ニーチェのもつ反制度性、反体系性ならびに自己主権性に対する理解を容易にしたのである。リチャード・ホーフスタッターが『アメリカの反知性主義』で述べているように、プラグマティズムの元祖は福音主義者である。それゆえに、プラグマティズムはニーチェに内在していたものであり、そのプラグマティズムをカウフマンの翻訳が顕在化したのであると考えることは必ずしも暴論とは言えないであろう。

むろんその翻訳はまた、ニーチェのもつ分かりにくさ、比喩やアイロニーの形でしかニーチェも表現できなかったもの、「ある伝えがたい真理の絶対的な伝達不可能性」（西尾幹二『ニーチェ』）を捨象することになったかもしれない。けれども、フランス現代思想の受容において「哲学を文学化」したように、アメリカの受容の「メカニズム」は分かりにくいニーチェ哲学を「反基礎づけ主義のプラグマティズム」として、すなわち「なじみ深い」言葉遣いの哲学者として普及させていく。そしてニーチェの「プラグマティズム」が例えばR・ローティなどの仕事を生み出す土壌をつくり出していったのである。

この「アメリカ化したニーチェ」によって、神学者から黒人解放運動まで（さらには『プレイボーイ』誌まで）それぞれの流儀でニーチェの哲学を理解し、独自の哲学を形成することを可能にしたのである。

こうしてアメリカのニーチェ受容は第三段階を迎える。新しいニーチェを土壌とした自生の哲学、思想が生まれてくるのである。豊かで多様なニーチェ解釈に基づいた自生の思想は、「積極的異種混淆性」というよりはむしろ、ニーチェ解釈の新しい地平において「エマソンの系譜の再発見」「アメリカ的土壌の豊饒さの再確認」がなされるようになる。というのも、エマソンこそが「プラグマティズム」の出発点であると捉えられているからである。フレンチ・セオリーが世界に伝播し、そこでまた変容したように、受け入れ先では〈世界化〉の裏面）外来の思想を契機として、土着の自生の思想が発掘され、両者は融合してゆく。そこで生まれた自生の新しい思想、哲学としてH・ブルーム、R・ローティ、S・カヴェルが紹介される。ただしそれらは従来の意味での哲学というよりは、「文学と融合した哲学」であるかもしれない。「フレンチ・セオリー」やその後の展開を経験し、「対話」を重ねてきたからである。こうして「反基礎づけ主義」は領域横断的なものとなり、相対主義が徹底されてゆくのである（とりわけローティにおいて）。

本書はJennifer Ratner-Rosenhagen, *American Nietzsche : A History of An Icon and His Ideas*（Chicago: The University of Chicago Press, 2012）の全訳である。著者ジェニファー・ラトナー゠ローゼンハーゲンは精神史を専門とするウィスコンシン大学マディソン校の教授で（二〇一九年現在）、本書は著者の

処女作である。異例な長さの「謝辞」を読むと、本書の刊行に対する著者の深い喜びが非常によく伝わってくる。著作としては、第二作目として

The Ideas That Made America : A Brief History（Oxford University Press 2019）

編著書として（共編）

Protest on the Page: Essays in Print and the Cultures of Dissent（Wisconsin University Press 2015）

The Worlds of American Intellectual History（Oxford University Press 2017）

論文として

"Dionysian Enlightenment: Walter Kaufmann's Nietzsche in Historical Perspective" *Modern Intellectual History*, Vol. 3, No. 2, August 2006（Cambridge University Press）

"Conventional Iconoclasm: The Cultural Work of the Nietzsche Image in Twentieth-Century America." *Journal of American History* 93, December 2006

"Anti-Intellectualism as Romantic Discourse" *Daedalus: Journal of the American Academy of Arts & Sciences*, Spring 2009

がある。

本書の訳出には多くの先行研究や翻訳書を参考にさせていただいた。とりわけ原注に引用した諸翻訳にはできる限り目を通し、原則としてそのまま引用させていただいた。そのため、本文の流れがいささかぎこちなくなったところもあるかもしれないが、それは訳者の責任である。ここで一人一人の名を挙げることはしないが、改めてこの場で先輩の翻訳者の方々に感謝を表したい。こうした先達の仕事の上

に自分の今の仕事があるということを忘れないためにも。むろん複数の翻訳があるものも多く、そのすべてを紹介できなかったのは残念であり、訳者の怠慢であると言われれば甘んじて受けるしかないが、二〇一九年の現時点で「入手しやすいもの」（金銭的にも）、「閲覧しやすいもの」をなるべく優先したつもりである。

ニーチェのテクストには二つの全集があり、現在ではコリ・モンティナーリ版の全集が標準とされているため、この全集に依拠した白水社版の全集の方がふさわしいのかもしれないが、一部を除き原則としてちくま文庫版全集（旧理想社版）を参照の基準とした。何より悪名高き『権力への意志』が訳出されているからである。本書でも見られるように、カウフマンの翻訳においても他のアメリカ人読者への影響の点でも『力への意志』は重要な仕事となっているので、参照のしやすさを考慮して優先させていただいた。

本書の訳出は、訳者の家庭の事情のため、大幅に遅れてしまった。法政大学出版局ならびに担当編集者の郷間雅俊さんにご迷惑をおかけしたことを深くお詫びをしたい。訳者を信頼して最後まで遂行させていただけたことを改めてこの場を借りて感謝したい。

二〇一九年二月

岸　正樹

文献一覧

一次文献

アーカイブ資料

Förster-Nietzsche/Nietzsche-Archiv Collections. Klassik Stiftung Weimar, Goethe- und Schiller-Archiv, Weimar, Germany.

Josiah Royce Papers. Harvard University Archives, Cambridge, MA.

Nietzsche's Personal Library. Klassik Stiftung Weimar, Herzogin Anna Amalia Bibliothek, Weimar, Germany.

William James Collection. Houghton Library, Harvard University, Cambridge, MA

ニーチェ著作

Friedrich Nietzsche: Werke und Briefe; Historisch-Kritische Gesamtausgabe. Vol. 2, edited by Hans Joachim Mette. Munich: Beck, 1983.

Nietzsche Briefwechsel. Kritische Gesamtausgabe. Edited by Giorgio Colli and Mazzino Montinari. 25 vols. Berlin: Walter de Gruyer, 1975–2004.

Sämtliche Werke: Kritische Studienausgabe. Edited by Georgio Colli and Mazzino Montinari. 15 vols. Berlin: Walter de Gruyter, 1999.

Werke in drei Bänden. Edited by Karl Schlechta. 3 vols. Munich: Carl Hanser Verlag, 1954–56.

ニーチェ著作の英語訳

The Antichrist. Translated with an introduction by H. L. Mencken. New York: Knopf, 1920.

Beyond Good and Evil. Translated by Walter Kaufmann. New York: Vintage Books, 1989.

Beyond Good & Evil. Translated by Helen Zimmern. New York: Macmillan, 1907.
"*The Birth of Tragedy" and "The Case of Wagner.*" Translated by Walter Kaufmann. New York: Vintage Books, 1967.
The Complete Works of Friedrich Nietzsche. Edited by Oscar Levy. 18 vols. New York: Macmillan, 1909–13.
Daybreak. Translated by R. J. Hollingdale. Cambridge: Cambridge University Press, 1996.
The Gay Science. Translated by Walter Kaufmann. New York: Vintage Books, 1974.
"*On the Genealogy of Morals" and "Ecce Homo.*" Translated by Walter Kaufmann and R. J. Hollingdale. New York: Vintage Books, 1989.
Human, All Too Human. Translated by R. J. Hollingdale. Cambridge: Cambridge University Press, 1996.
The Nietzsche Reader. Edited by Keith Ansell Pearson and Duncan Large. Malden, MA: Blackwell, 2006.
The Portable Nietzsche. Translated, edited, and with an introduction by Walter Kaufmann. New York: Viking, 1954.
Selected Letters of Friedrich Nietzsche. Edited by Oscar Levy. New York: Macmillan, 1921.
Selected Letters of Friedrich Nietzsche. Translated and edited by Christopher Middleton. Chicago: University of Chicago Press, 1960.
Thus Spoke Zarathustra. Translated and with a preface by Walter Kaufmann. New York: Modern Library, 1995.
"*Twilight of the Idols" and "The Anti-Christ.*" Translated by R. J. Hollingdale. New York: Penguin, 1990.
Untimely Meditations. Translated by R. J. Hollingdale. Edited by Daniel Breazeale. Cambridge: Cambridge University Press, 1997.
The Will to Power. Edited by Walter Kaufmann. Translated by Walter Kaufmann and R. J. Hollingdale. New York: Vintage Books, 1968.

書籍と論文

Abbott, Lyman. "Are the Ethics of Jesus Practicable?" *Biblical World* 17 (April 1901): 256–64.
Abraham, Gerald. *Nietzsche*. New York: Macmillan, 1933.
Adams, Maurice. "The Ethics of Tolstoy and Nietzsche." *International Journal of*

Ethics 11 (October 1911): 82–105.

Adler, Ruth. “Speaking as One Superman to Another.” *New York Times*, October 17, 1943, SM27.

Adorno, Theodor. *Minima Moralia: Reflections from Damaged Life*. Translated by E. F. N. Jephcott. 1951. London: Verso, 2002.

——. *Negative Dialectics*. Translated by E. B. Ashton, 1966. London: Routledge, 1973.

——. *Prisms*. Translated by Samuel and Shierry Weber, 1967. Cambridge, MA: MIT Press, 1981.

——. “Wagner, Nietzsche and Hitler.” *Kenyon Review* 9 (Winter 1947): 155–62.

Adorno, Theodor, Else Frenkel-Brunswik, Daniel Levinson, and Nevitt Sanford. *The Authoritarian Personality*. New York: Harper & Row, 1950.

Allison, David B., ed. *The New Nietzsche: Contemporary Styles of Interpretation*. 1977. Cambridge, MA: MIT Press, 1985.

Altizer, Thomas J. J. *The Gospel of Christian Atheism*. Philadelphia: Westminster Press, 1966.

Altizer, Thomas J. J., and William Hamilton, eds. *Radical Theology and the Death of God*. Indianapolis: Bobbs-Merrill, 1966.

Anderson, Margaret. *My Thirty Years War*. New York: Covici, Friede, 1930.

——, ed. *The Little Review Anthology*. New York: Hermitage House, 1953.

Antrim, Ernest, and Heinrich Goebel. “Friedrich Nietzsche’s Übermensch.” *Monist* 9 (July 1899): 563–71.

Archer, William. “Fighting a Philosophy. *North American Review* 201 (January 1915): 30–44.

——. *501 Gems of German Thought*. London: T. Fisher Unwin, 1916.

Arendt, Hannah. *Hannah Arendt / Karl Jaspers Correspondence*, 1926–69. Edited by Lotte Köhler and Hans Saner. Translated by Robert and Rita Kimber. New York: Harcourt Brace, 1992.

——. “We Refugees.” *Menorah Journal*, January–March 1943, 69–77.

Aveling, F. “The Neo-Scholastic Movement.” *American Catholic Quarterly Review* 31 (January 1906): 19–33.

Babbitt, Irving. “The Breakdown of Internationalism. Part I and II.” *Nation* 100 (June 17 and June 24, 1915): 677–80, 704–6.

——. *Literature and the American College*. Boston: Houghton Mifflin, 1908.

——. *The New Laokoon: An Essay on the Confusion in the Arts*. Boston: Houghton Mifflin, 1910.

——. *Rousseau and Romanticism*. Boston: Houghton Mifflin, 1919.

Badcock, John, Jr. *Slaves to Duty*. New York: Benjamin R. Tucker, 1906.

Bailey, Thomas. “Nietzsche as a Tonic in War Time.” *Sewanee Review* 26 (July 1918): 364–74.

Baker, Thomas Stockham. “Contemporary Criticism of Friedrich Nietzsche.” *Journal of Philosophy, Psychology and Scientiftc Methods* 4 (July 18, 1907): 406–19.

——. “What Is the Superman?” *Independent* 65 (December 1908): 1613–16.

Bakewell, Charles M. “Nietzsche: A Modern Stoic.” *Yale Review* 5 (October 1915) 6: 6–81.

——. “The Philosophy of War and Peace.” *Bookman*, May 1917, 225–30.

——. “Review of The Philosophy of Friedrich Nietzsche.” *Philosophical Review* 10 (May 1901): 327.

——. “The Teachings of Friedrich Nietzsche.” *International Journal of Ethics* 9 (April 1899): 314–31.

——. “The Tragic Philosopher.” *Saturday Review of Literature*, April 24, 1926, 733–35.

Barker, Ernst. *Nietzsche and Treitschke: The Worship of Power in Modern Germany*. Oxford: Oxford University Press, 1914.

Barrett, William. *Irrational Man: A Study in Existential Philosophy*. New York: Doubleday Anchor, 1958.

Barry, William. “Friedrich Nietzsche.” In *Heralds of Revolt: Studies in Modern Literature and Dogma*, 343–78. London: Hodder and Stoughton, 1904.

——. “The Ideals of Anarchy.” *Littel's Living Age* 211 (December 1896): 616–36.

Barthes, Roland. “Death of the Author.” In *Image, Music, Text*, translated by Stephen Heath, 142–48. New York: Hill and Wang, 1977.

Beck, Lewis White. “Philosophy in War Time.” *Journal of Philosophy* 39 (January 29, 1942): 71–75.

Bell, Daniel. “A Parable of Alienation.” *Jewish Frontier*, November 1946, 12–19.

Benedict, Ruth. *Patterns of Culture*. 1934. New York: Mariner Books, 2005.

Benn, Alfred M. “The Morals of an Immoralist—Friedrich Nietzsche.” *International Journal of Ethics* 19 (October 1908, January 1909): 1–23, 192–211.

Bentley, Eric. *A Century of Hero-Worship: A Study of the Idea of Heroism in Carlyle and Nietzsche*. 1944. Boston: Beacon, 1957.

Berg, Leo. *The Superman in Modern Literature*. Philadelphia: John C. Winston, 1917.

Blakeslee, George H., ed. *The Problems and Lessons of the War*. New York: G. P. Putnam's Sons, 1916.
"Blaming Nietzsche for It All." *Literary Digest*, October 17, 1914, 743–44.
Bloom, Allan. *The Closing of the American Mind: How Higher Education Has Failed Democracy and Impoverished the Souls of Today's Students*. New York: Simon and Schuster, 1987.
——. "How Nietzsche Conquered America." *Wilson Quarterly* II (Summer 1987): 80–93.
——. "Our Listless Universities." *National Review*, December 10, 1982, 1537–48.
Bloom, Harold. *Agon: Towards a Theory of Revisionism*. New York: Oxford University Press, 1982.
——. *The Anxiety of Influence: A Theory of Poetry*. 1973. 2nd ed., New York: Oxford University Press, 1997.
——. *The Breaking of the Vessels*. Chicago: University of Chicago Press, 1982.
——, ed. *Friedrich Nietzsche*. New York: Chelsea House, 1987.
——. *Genius: A Mosaic of One Hundred Exemplary Creative Minds*. New York: Warner Books, 2002.
——. *Kabbalah and Criticism*. New York: Continuum, 1975.
——. *A Map of Misreading*. 1975. 2nd ed., Oxford: Oxford University Press, 2003.
——. *Poetics of Inftuence*. New Haven, CT: Schwab, 1988.
——. *Poetry and Repression: Revisionism from Blake and Stevens*. New Haven, CT: Yale University Press, 1976.
——. *Shakespeare: The Invention of the Human*. New York: Riverhead Books, 1998.
——. *The Western Canon: The Books and School of the Ages*. New York: Riverhead Books, 1994.
Bloom, Harold, Paul de Man, Jacques Derrida, Geoffrey H. Hartman, and J. Hillis Miller. *Deconstruction and Criticism*. London: Continuum Group, 1979.
Boas, George. "Germany from Luther to Nietzsche." In *The Major Traditions of European Philosophy*, chap. 8. New York: Harper and Brothers, 1929.
Bourne, Randolph. "Denatured Nietzsche." *Dial*, October 12, 1917, 389–91.
——. *"The History of a Literary Radical" and Other Essays*. Edited with an introduction by Van Wyck Brooks. 1920. New York: S. A. Russell, 1956.
——. *The Letters of Randolph Bourne: A Comprehensive Edition*. Edited by Eric J. Sandeen. Troy, NY: Whitston, 1981.

——. *The Radical Will, Selected Writings, 1911–1918*. Preface by Christopher Lasch. Selection and introductions by Olaf Hansen. New York: Urizen Books, 1977.
——. "Randolph Bourne: Letters (1913–1914)." *Twice a Year* 5–6 (Fall–Winter 1940, Spring–Summer 1941): 76–90.
——. Review of *Nietzsche*, by Paul Elmer More. *Journal of Philosophy, Psychology and Scientific Methods* 9 (August 15, 1912) 2: 471–73.
——. *Untimely Papers*. New York: B. W. Huebsch, 1919.
Brandes, Georg. "Aristokratischer Radikalismus: Eine Abhandlung über Friedrich Nietzsche." *Deutsche Rundschau* 63 (April 1900): 52–89.
——. *Friedrich Nietzsche*. New York: Macmillan, 1914.
Brann, Henry Walter. "Hegel, Nietzsche, and the Nazi Lesson." *Humanist* 12 (1952): 11–115, 179–82.
——. "A Reply to Walter Kaufmann." *Journal of the History of Philosophy* 3 (October 1965): 246–50.
Brewster, Chauncey. "Ethics Made in Germany." *North American Review* 201 (March 1915): 398–401.
Brinton, Crane. "Heir of Socrates?" *Saturday Review of Literature*, January 13, 1951, 32–33.
——. "The National Socialists' Use of Nietzsche." *Journal of the History of Ideas* 1 (April 1940): 131–50.
——. *Nietzsche*. Cambridge, MA: Harvard University Press, 1941.
Broene, Johannes. "Nietzsche's Educational Ideas and Ideals." *Educational Review* 37 (January 1909): 55–70.
——. "The Philosophy of Friedrich Nietzsche." *American Journal of Religious Psychology and Education* 4 (March 1910): 68–170.
Brooks, Hildegard. "Friedrich Nietzsche's Philosophy." *Book Reviews* 6 (May 1898): 11–14.
Brooks, Van Wyck. *America's Coming of Age*. New York: B. W. Huebsch, 1915.
——. *The Confident Years, 1885–1915*, New York: E. P. Dutton, 1952.
——. "The Critics and Young America." In *Criticism in America: Its Function and Status*, edited by Irving Babbitt, 116–51. New York: Harcourt, Brace, 1924.
——. *Days of the Phoenix: The Nineteen-Twenties I Remember*. New York: Dutton, 1957.
——. *The Writer in America*. New York: Dutton, 1953.
Brown, William Adams. *Is Christianity Practicable?* New York: Charles Scribner's

Sons, 1919.
Bryan, William Jennings. “Brother or Brute?” *Commoner* 20 (November 1920): 11–12.
Butler, Judith. *Gender Trouble: Feminism and the Subversion of Identity*. 1990. New York: Routledge, 1999.
“Cannonading the Temple of Nietzsche.” *Current Literature* 47 (December 1909): 818–24.
Carus, Paul. “Friedrich Nietzsche.” *Monist* 17 (April 1907): 231–51.
——. “Immorality as a Philosophic Principle.” *Monist* 9 (July 1899): 572–616.
——. *Friedrich Nietzsche and Other Exponents of Individualism*. Chicago: Open Court, 1914.
——. *Philosophy as a Science*. Chicago: Open Court, 1909.
Cathrein, V. “Ethics.” In *The Catholic Encyclopedia*, edited by Charles G. Herbermann et al, 5: 556–66. New York: Robert Appleton, 1909.
Cavell, Stanley. *Cities of Words: Pedagogical Letters on a Register of the Moral Life*. Cambridge, MA: Harvard University Press, Belknap Press, 2004.
——. *The Claim of Reason: Wittgenstein, Skepticism, Morality, and Tragedy*. Oxford: Oxford University Press, 1979.
——. *Conditions Handsome and Unhandsome: The Constitution of Emersonian Perfectionism*. Chicago: University of Chicago Press, 1990.
——. “The Division of Talent.” *Critical Inquiry* 11 (June 1985) 5: 19–38.
——. *Emerson’s Transcendental Etudes.* Stanford, CA: Stanford University Press, 2003.
——. “Existentialism and Analytic Philosophy.” *Daedalus: Journal of the American Academy of Arts and Sciences* 93 (Summer 1964): 946–74.
——. *Must We Mean What We Say?* New York: Charles Scribner’s Sons, 1969.
——. *Philosophical Passages: Wittgenstein, Emerson, Austin, Derrida*. Cambridge: Blackwell, 1995.
——. *Philosophy the Day after Tomorrow*. Cambridge, MA: Harvard University Press, Belknap Press, 2005.
——. *A Pitch of Philosophy: Autobiographical Exercises*. Cambridge, MA: Harvard University Press, 1996.
——. *The Senses of Walden*. 1972. Chicago: University of Chicago Press, 1992.
——. *Themes Out of School. Effects and Causes*. Chicago: University of Chicago Press, 1988.
——. *This New Yet Unapproachable America: Lectures after Emerson after Wittgen-*

stein. Albuquerque, NM: Living Batch Press, 1989.

Cerf, Walter. "Philosophy and This War." *Philosophy of Science* 9 (April 1942): 166–82.

——. Review of *Nietzsche, Philosopher, Psychologist, Antichrist*, by Walter Kaufmann. *Philosophy and Phenomenological Research* 12 (December 1951): 287–91.

"The Christian Reply to Nietzsche." *Current Literature* 45 (July 1908): 64–65.

"The Christianization of Nietzsche's 'Blond Beast.'" *Current Literature* 51 (September 1911): 5–10.

Collins, James. *The Existentialists: A Critical Study*. Chicago: Henry Regnery, 1952.

Common, Thomas. "Nietzsche's Works in English." *Nation*, March 29, 1906, 259.

Cook, George Cram. *The Chasm*. New York: Frederick A. Stokes, 1911.

——. *Greek Coins*. New York: George H. Doran, 1925.

——. "Socialism the Issue in 1912." *Masses* 2 (July 1912): 7.

Cowley, Malcolm. *Exile's Return: A Literary Odyssey of the 1920s*. 1934. New York: Viking, 1951.

Crane, Hart. "The Case against Nietzsche." *Pagan* 4 (April–May 1918): 31–35.

Cushman, Herbert Ernst. "Friedrich Nietzsche." In *A Beginner's History of Philosophy*, vol. 2, *Modern Philosophy*, 375–76. 190. Rev. ed., Boston: Houghton Mifflin, 1918.

Danto, Arthur C. *Nietzsche as Philosopher*. New York: Macmillan, 1965.

Darrow, Clarence. *Clarence Darrow's Plea for the Defense of Loeb and Leopold (August 22, 23, 25)*. Girard, KS: Haldeman-Julius, 1925.

——. *The Story of My Life*. New York: C. Scribner, 1932.

Davis, Helen E. *Tolstoy and Nietzsche*. New York: New Republic, 1929.

de Huszar, George. "The Essence of Nietzsche." *South Atlantic Quarterly* 18 (1944): 368–74.

——. "Nietzsche's Theory of Decadence and the Transvaluation of All Values." *Journal of the History of Ideas* 6 (July 1945): 259–72.

Dell, Floyd. *Homecoming: An Autobiography*. New York: Farrar and Rinehart, 1933.

——. *Moon-Calf*. New York: Knopf, 1920.

de Man, Paul. *Allegories of Reading: Figural Language in Rousseau, Nietzsche, Rilke, and Proust*. New Haven, CT: Yale University Press, 1979.

——. "Genesis and Genealogy in Nietzsche's *The Birth of Tragedy*." *Diacritics* 2

(Winter 1972): 44–53.
Derrida, Jacques. "Declarations of Independence." *New Political Science* 15 (1986): 7–15.
——. "Freud and the Scene of Writing." In *Writing and Difference*, translated by Alan Bass, 196–231. Chicago: University of Chicago Press, 1978.
——. *Of Grammatology*. Translated by Gayatri Chakravorty Spivak. Baltimore: Johns Hopkins University Press, 1976.
——. "Otobiographies: The Teaching of Nietzsche and the Politics of the Proper Name." Translated by Avital Ronell, 1–40. In *The Ear of the Other: Otobiography, Transference, Translation*. Edited by Christie McDonald. New York: Schocken Books, 1985.
Derry, George H. "Unlocking the Medieval Mind." *America* 17 (Sept. 15, 1917): 579–80.
Descaves, P., and Jean Bloch. "Nietzsche the Good European." *Living Age*, August 14, 1926, 355–58.
Dewey, John. Foreword to *Tolstoy and Nietzsche*, by Helen E. Davis. New York: New Republic, 1929.
——. *German Philosophy and Politics*. New York: Henry Holt, 1915.
——. "The Influence of Darwinism on Philosophy." In *The Essential Dewey: Pragmatism Education, and Democracy*, vol. 1, edited by Larry Hickman and Thomas M. Alexander, 39–45. Bloomington: Indiana University Press, 1998.
——. "The Tragedy of the German Soul." *New Republic*, December 9, 1916, 155–156.
——. "On Understanding the Mind of Germany." *Atlantic Monthly*, February 1916, 251–62.
Dhons, Illian. "About Nietzsche." *Little Review* 1 (April 1914): 19–24.
"Did Nietzsche Cause the War?" *Educational Review* 48 (November 194): 353–57-
"Did Nietzsche Predict the Superwoman as Well as the Superman?" *Current Literature* 43 (December 1907): 643–44.
Dolson, Grace Neal. *The Philosophy of Friedrich Nietzsche*. New York: Macmillan, 1901.
"Dr. George B. Foster Replies to His Critics." *Standard* 53 (April 14, 1906): 573–75.
Duncan, Isadora. "Dionysian Art." *Dionysian* 1 (October 1914): 1–4.
——. *My Life*. New York: Boni and Liveright, 1927.
Durant, Will. *Nietzsche: Who He Was and What He Stood For*. Girard, KS: Halde-

man-Julius, 1923.
——. "Philosophy and the Social Problem." PhD diss., Columbia University, 1917.
——. *Philosophy and the Social Problem*. New York: Macmillan, 1917.
——. *Review of Nietzsche, the Thinker*, by William M. Salter. *Political Science Quarterly* 33 (June 1918): 266–68.
——. *Socialism and Anarchism*. New York: *Mother Earth* Publishing Association, 1914.
——. *The Story of Nietzsche's Philosophy*. Little Blue Books 19. Girard, KS: Haldeman-Julius, 1925.
——. *The Story of Philosophy*. New York: Simon and Schuster, 1926.
Duvall, Trumbull, "Life Is a Task to Be Done—Not Understood. Schopenhauer and Nietzsche." Chap. 15 in *Great Thinkers: The Quest of Life for Its Meaning*. New York: Oxford University Press, 1937.
Eastman, Max. "Nietzsche, Plato, and Bertrand Russell." *Liberator*, September 1920, 5–10.
——. "A Note on Nietzsche." *Everybody's Magazine*, January 1915, 60–68.
——. *"Understanding Germany: The Only Way to End War" and Other Essays*. New York: Mitchell Kennerley, 1916.
——. "What Nietzsche Really Taught." *Everybody's Magazine*, November 1914, 703–4.
Eckstein, Walter. "Discussion by Walter Eckstein." *Journal of the History of Ideas* 6 (July 1945): 304–6.
——. "Friedrich Nietzsche in the Judgement of Posterity." *Journal of the History of Ideas* 6 (June 1945): 3 10–24.
——. "Friedrich Nietzsche and Modern Germany." *Standard* 31 (1944): 44–50.
"Editorials." *Seven Arts* 1 (November 1916): 52–56.
Edman, Irwin. "The Nietzsche the Nazis Don't Know." *New York Times*, October 15, 1944.
"The Education of the Superman." *Current Literature* 44 (January 1908): 73–74.
Eliot, T. S. Review of *The Philosophy of Nietzsche*, by A. Wolf. *International Journal of Ethics* 26 (April 1916): 426–27.
Elkin, William Baird. "The Kultur of Germany: The Worship of the 'Superman' as Taught by Nietzsche." In *The Great Events of the Great War*, edited by George F. Horne, 1: 21–43. New York: Little and Ives, 1920.
Ellis, Edith M. O. "Nietzsche and Morals." *Forum* 44 (October 1910): 425–38.

——. *Three Modern Seers*. New York: M. Kennerley, 1910.

Ellis, Havelock. "Friedrich Nietzsche." *Savoy* 1 (April, July, August 1896): 79–94, 68–82, 57–63.

——. "The Genius of Nietzsche." *Weekly Critical Review*, April 30, 1903. In *Views and Reviews*, 147–53. London: Desmond, Harmsworth, 1932.

Ely, Richard T. *The World War and Leadership in a Democracy*. New York: Macmillan, 1918.

Emerson, Ralph Waldo. *The Collected Works of Ralph Waldo Emerson*. Edited by Alfred R. Ferguson et al. 9 vols. Cambridge, MA: Harvard University Press, Belknap Press, 1971–.

——. *The Early Lectures of Ralph Waldo Emerson*. Vol. 3. Edited by Robert E. Spiller and Wallace E. Williams. Cambridge, MA: Harvard University Press, Belknap Press, 1970.

——. *The Journals and Miscellaneous Notebooks of Ralph Waldo Emerson*. Vol. 8. Edited by William Gilman and J. E. Pearsons. Cambridge, MA: Harvard University Press, Belknap Press, 1970.

Evans, John. "Nietzsche Held Nazis' Prophet in War on Christ." *Chicago Daily Tribune*, May 4, 1935, 23.

Everett, Charles C. "Beyond Good and Evil: A Study of the Philosophy of Friedrich Nietzsche." *New Worlds* (December 1898): 684–703.

——. "Beyond Good and Evil." In *Essays Theological and Literary*, 99–129. Boston: Houghton Mifflin, 1901.

"Extracts from the Works of Nietzsche." *Liberty*, December 17, 1892, 4.

"A Feminist Disciple of Nietzsche." *Current Opinion* 54 (January 1913): 47–48.

Figgis, John Neville. *The Will to Freedom; or, The Gospel of Nietzsche and the Gospel of Christ*. London: Longmans, Green, 1917.

Fletcher, John Gould. *Life Is My Song*. New York: Farrar and Rinehart, 1937.

——. *Selected Letters of John Gould Fletcher*. Fayetteville: University of Arkansas Press, 1996.

Fogel, Philip H. "Nietzsche's Jewish Obsession." *Sewanee Review* 23 (October 1915): 449–57.

Forde, P. A. "Is Dogma Out of Date?" *American Catholic Quarterly Review*, January 1915, 22–32.

Forster, Charles Hancock. "Thus Spake Zarathustra—Against Democracy." *Overland Monthly* 70 (September 1917): 284–87.

Förster-Nietzsche, Elisabeth. *The Lonely Nietzsche*. Translated by P. Cohn. Vol. 2

of The Life of Nietzsche. New York: Sturgis and Walton, 1915.
——. "Nietzsche, France, and England." *Open Court* 34 (February 1920): 147–54.
——, ed. *The Nietzsche-Wagner Correspondence*. Translated by Caroline Kerr. New York: Boni and Liveright, 1921.
——. "Wagner and Nietzsche: The Beginning and End of Their Friendship." *Musical Quarterly* 4 (July 1918): 466–89.
——. *The Young Nietzsche*. Translated by Anthony Ludovici. Vol. 1 of *The Life of Nietzsche*. New York: Sturgis and Walton, 1912.
Foster, George Burman. "Art and Life." *Little Review* 1 (April 1914): 19–24.
——. "The Bestowing Virtue." *Little Review* 1 (January, 1915): 25–31.
——. *The Finality of the Christian Religion*. Chicago: University of Chicago Press, 1906.
——. *Friedrich Nietzsche*. New York: Macmillan, 1931.
——. *The Function of Religion in Man's Struggle for Existence*. Chicago: University of Chicago Press, 1909.
——. "A Hard Bed." *Little Review* 1 (February 1915): 39–45.
——. "Longing." *Little Review* 1 (October 1914): 22–26.
——. "Man and Superman." *Little Review* 1 (April 1914): 3–7.
——. "The New Loyalty." *Little Review* 1 (July 1914): 22–31, 66.
——. "Nietzsche and the Great War." *Sewanee Review* 28 (April 1920): 139–51.
——. "Nietzsche and Wagner." *Sewanee Review* 32 (January 1924): 15–29.
——. "The Nietzschean Love of Eternity." *Little Review* 1 (September 1914): 25–30.
——. "Noise." *Little Review* 1 (November 1914) 3: 2–39.
——. "Personality." *Little Review* 1 (December 1914): 40–45.
——. "The Prophet of a New Culture." *Little Review* 1 (March 1914): 14–18.
——. "The Schoolmaster." *Little Review* 2 (March 1915): 26–30.
——. "The Will to Live." *Little Review* 1 (June 1914): 23–27.
"The Foster Incident." *Standard* 53 (February 24, 1906): 706.
Foucault, Michel. *The Foucault Reader*. Edited by Paul Rabinow. New York: Pantheon, 1984.
Fouillee, Alfred. "The Ethics of Nietzsche and Guyea." *International Journal of Ethics* 13 (October 1902): 13–27.
——. "Nietzsche and Darwinism." *International Monthly* 3 (September 1901): 134–65.

Francke, Kuno. *The German Spirit*. New York: Henry Holt, 1916.
"Friedrich Wilhelm Nietzsche." *Popular Science Monthly*, October 1900, 668.
Fromm, Erich. *Escape from Freedom*. New York: Farrar & Rinehart, 1941.
Frye, Prosser Hall. "Nietzsche." *Midwest Quarterly* 2 (July 1915): 312–42.
——. *Romance and Tragedy*. 1922. Lincoln: University of Nebraska Press, 1961.
Fukuyama, Francis. "The End of History ?" *National Interest* 16 (Summer 1989): 3–18.
——. *The End of History and the Last Man*. New York: Avon Books, 1992.
"F. W. Nietzsche." *Bookman: A Journal of Literature and Life*, October 1900, 99–100.
Gerrard, Rev. Thomas J. "Eugenics and Catholic Teaching." *Catholic World*, June 1912, 289–304.
——. "Modern Theories and Moral Disaster." *Catholic World*, July 1912, 433–45.
Gibran, Kahlil. *The Forerunner*. 1920. London: Heinemann Press, 1963.
——. *The Madman*. 1918. In *The Collected Works*, 1–48. New York: Everyman's Library, 2007.
——. *Kahlil Gibran: A Self-Portrait*. Translated by Anthony R. Ferris. New York: Citadel Press, 1959.
——. *The Prophet*. 1923. New York: Knopf, 1986.
Gillis, James Martin. *False Prophets*. New York: Macmillan, 1925.
——. "Nietzsche." *Catholic World*, May 1924, 226–34.
Gilman, Benjamin Ives. "Nietzsche's Melancholia." *Johns Hopkins Alumni Magazine*, January 1920, 129–35.
Gilman, Lawrence. "Two Supermen." *North American Review* 216 (August 1922): 259–72.
Gladden, Washington. *The Forks of the Road*. New York: Macmillan, 1916.
——. Letter to the editor. *New York Times*, April 15, 1915, 12.
——. "Nietzsche and Christianity." *New York Times*, April 15, 1915, 12.
——. "Nietzsche on Peace." *New York Times*, March 21, 1915, sec. 1.
——. "The Theology of Militarism." Chap. 6 in *The Forks of the Road*.
Glaspell, Susan. *The Road to the Temple*. New York: Frederick A. Stokes, 1927.
Godkin, E. L. "Chromo-Civilization." *Nation*, September 24, 1874, 192–205.
Goethe, Johann Wolfgang von. *Faust*. Part 1. 1808. Munich: Hugo Schmidt Verlag, 1923.
——. *Faust*. Translated by Abraham Hayward. London: Edward Maxon, 1838.
——. *Faust*. Translated by Anna Swanwick. London: George Bell and Sons, 1870.

——. *Faust: A Drama in Verse*. Translated by Francis Leveson Gower. London: Murray, 1823.
——. *Faust*: A Tragedy. Translated by Captain Knox. London: John Olliver, 1841.
——. *Faust*: A Tragedy. Translated by Bayard Taylor. 1871. Boston: Houghton Mifflin, 1898.
——. *Faustus from the German of Goethe*. Translated by Samuel Taylor Coleridge. Edited by Frederick Burwick and James C. McKusick. Oxford: Oxford University Press, 2007.
——. "Scenes from the Faust of Goethe." Translated by Percy Bysshe Shelley. In *The Works of Percy Bysshe Shelley in Verse and Prose*, vol. 7, edited by Henry Buxton Forman. London: Reaves and Turner, 1880.
Goldman, Emma. *"Anarchism" and Other Essays*. 1910. Port Washington, NY: Kennicat Press, 1969.
——. "The Failure of Christianity." *Mother Earth*, April 1913, 41–43.
——. *Living My Life*. Vol. 1. 1931. New York: Dover Publications, 1970.
——. *Red Emma Speaks: Selected Writings and Speeches*. Edited by Alix Kates Shulman. New York: Random House, 1972.
Gorren, Aline. "The New Criticism of Genius." *Atlantic Monthly*, December 1894, 794–800.
Gould, George M. *Biographical Clinics*. Vol. 2. Philadelphia: P. Blakiston's Son, 1904.
——. "Eyestrain and Civilization." *American Medicine*, October 10, 1903.
——. "The Origin of the Ill Health of Nietzsche." *Biographic Clinics* 2 (1903): 285–322.
Gray, J. Glenn. "Heidegger Evaluates Nietzsche." *Journal of the History of Ideas* 14 (April 1953): 304–9.
"The Greatest European Event since Goethe," *Current Literature* 43 (July 1907): 65–67.
Gregg, Frederick James. "The War among the Intellectuals: Is Nietzsche to Blame for the Chaos in Europe? Or Treitschke? Or Carlyle?" *Vanity Fair*, December 1914, 45, 82.
Grene, Marjorie. *Dreadful Freedom. A Critique of Existentialism*. Chicago: University of Chicago Press, 1948.
——. *Introduction to Existentialism*. Chicago: University of Chicago Press, 1959.
Halevy, Daniel. *The Life of Nietzsche*. New York: Macmillan, 1911.
Hamblen, Emily S. *Friedrich Nietzsche and His New Gospel*. Boston: R. G.

Badger, 1911.
——. *A Guide to Nietzsche*. Little Blue Books. Girard, KS: Haldeman-Julius, 1923.
——. *How to Understand the Philosophy of Nietzsche*. Little Blue Books 11. Girard, KS: Haldeman-Julius, 1919.
Hardin, Edwin Dodge. "Nietzsche's Service to Christianity." *American Journal of Theology* 18 (October 1914): 545–52.
Harrison, Hubert. *The Negro and the Nation*. New York: Cosmo-Advocate, 1917.
Hatfield, James Taft. "Christianity's Fiercest Antagonist." *Dial*, September 2, 1915, 144–46.
——. "The Younger Life of Friedrich Nietzsche." *Dial*, September 1, 1912, 127–29.
Hefner, Hugh. Editor's comment. *Playboy*, December 1953.
Heller, Otto. "Friedrich Nietzsche: A Study in Exaltation." In *Prophets of Dissent: Essays on Maeterlinck, Strindberg, Nietzsche, and Tolstoy*, 109–60. New York: Knopf, 1918.
Hess, Mary Whitcomb. "The Nazi Cult of Nietzsche." *Catholic World*, January 1943, 434–37.
Hitch, Marcus. "Marxian versus Nietzschean." *International Socialist Review* 10 (May 1910): 1021–27.
Horkheimer, Max, and Theodor Adorno. *Dialectic of Enlightenment*. Translated by John Cumming. 1944. New York: Continuum, 2002.
Huneker, James. "The Case of Dr. Nordau." *Forum* 54 (November 1915): 571–87.
——. *Egoists: A Book of Supermen*. New York: Charles Scribner's Sons, 1909.
——. *Essays by James Huneker*. 1929. Reprint, New York: A. MS Press, 1976.
——. "Friedrich Nietzsche." *Musical Courier*. 41 (September 5, 1900): 18–20.
——. "Friedrich Nietzsche." *New York Sun*, January 12, 1908: 8.
——. "Friedrich Nietzsche's Teachings." *Musical Courier* 34 (May 6, 1896): 21–23.
——. *Iconoclasts*. New York: Charles Scribner's Sons, 1905.
——. *Ivory, Apes and Peacocks*. New York: Charles Scribner's Sons, 1915.
——. *The Letters of James Gibbons Huneker*. Edited by Josephine Huneker. New York: Charles Scribner's Sons, 1922.
——. "A Literary Scandal" *New York Sun*, May 3, 1908: 8.
——. *Melomaniacs*. New York: Charles Scribner's Sons, 1902.
——. *Mezzotints in Modern Music*. New York: Charles Scribner's Sons, 1899.

——. "Nietzsche's Apostacy." *New York Sun*, September 21, 1908: 4.
——. *Overtones: A Book of Temperaments*. New York: Charles Scribner's Sons, 1904.
——. *Painted Veils*. New York: Boni and Liveright, 1920.
——. *The Pathos of Distance*. New York: Charles Scribner's Sons, 1913.
——. *Steeplejack*. 2 vols. New York: Charles Scribner's Sons, 1918–20.
——. *Unicorns*. New York: Charles Scribner's Sons, 1917.
——. *Variations*. New York: Charles Scribner's Sons, 1921.
——. *Visionaries*. New York: Charles Scribner's Sons, 1905.
——. "The Will to Suffer." *New York Sun*, November 29, 1908: 8.
Jacobi, Joseph B. "The Nietzschean Idea and the Christian Ideal. "*American Catholic Quarterly Review* 41 (July 1916): 463–91.
James, William. *The Correspondence of William James*. Edited by Ignas K. Skrupskelis and Elizabeth M. Berkeley. 12 vols. Charlottesville: University Press of Virginia, 2002.
——. *Essays, Comments, and Reviews*. Cambridge, MA: Harvard University Press, 1987.
——. *Letters of William James*. Vol. 2. Edited by Henry James. Boston: *Atlantic Monthly* Press, 1920.
——. *Manuscript Essays and Notes*. Edited by Ignas K. Skrupskelis. Cambridge, MA: Harvard University Press, 1988.
——. *Pragmatism: A New Name for Some Old Ways of Thinking*. New York: Longman Green, 1907, Cambridge, MA: Harvard University Press, 1975.
——. *Talks to Teachers on Psychology: and to Students on Some of Life's Ideals*. 1899. Cambridge, MA: Harvard University Press, 1983.
——. *The Varieties of Religious Experience: A Study in Human Nature*. 1902. New York: Longmans, Green, 1911.
Johnson, Thomas Cary. *Some Modern Isms*. Richmond, VA: Presbyterian Committee of Publication, 1919.
Johnston, G. A. "German Philosophy in Relation to the War." *International Journal of Ethics* 26 (October 1915) 1: 21–31.
Johnston, Mercer. "First Impressions of Nietzsche." In *Patriotism and Radicalism*, 77–122. Boston: Sherman, French, 1917.
Kallen, H[orace] M. "The Lyric Philosopher." *Journal of Philosophy, Psychology and Scientific Methods* 7 (October 27, 1910): 589–94.
——. "Nietzsche—Without Prejudice." *Dial*, September 20, 1919, 251–52.

——. "Remarks on R. B. Perry's Portrait of William James." *Philosophical Review* 46 (January 1937): 68–78.
——. Review of *Nietzsche the Thinker: A Study*, by William M. Salter. *Harvard Theological Review* 13 (July 1920): 306–10.
Kaufmann, Walter, ed. and trans. *Basic Writings of Nietzsche*. New York: Random House, 1968.
——. *Critique of Religion and Philosophy*. New York: Harper and Brothers, 1958. Princeton, NJ: Princeton University Press, 1978.
——. *Existentialism from Dostoyevsky to Sartre*. New York: Meridian Books, 1956.
——. "Existentialism, New and Old." *New York Times*, July 30, 1967, 204.
——. "The Faith of a Heretic." *Harper's Magazine*, February 1959, 33–39.
——. *The Faith of a Heretic*. Garden City, NY: Doubleday, 1961.
——. *Foreword to Frau Lou*, by Rudolph Binion. Princeton, NJ: Princeton University Press, 1968.
——. *From Shakespeare to Existentialism*. New York: Doubleday, 1960.
——. *The Future of the Humanities*. New York: Reader's Digest Press, 1977.
——. "Goethe and the History of Ideas." *Journal of the History of Ideas* 10 (October 1949): 503–16.
——. "Nietzsche and Existentialism." *Symposium* 28 (Spring 1974): 7–16.
——. *Nietzsche: Philosopher, Psychologist, Antichrist*. Princeton, NJ: Princeton University Press, 1950.
——. *Nietzsche: Philosopher, Psychologist, Antichrist*. 1950. Princeton, NJ: Princeton University Press, 1974.
——. "Nietzsche's Admiration for Socrates." *Journal of the History of Ideas* 9 (October 1948): 472–91.
——. "Nietzsche and the Seven Sirens." *Parisian Review* 19 (May–June 1952) 3: 72–76.
——. "The Reception of Existentialism in the United States." *Midway* 9 (Summer 1968): 97–126.
——. Review of *My Sister and I*, by Friedrich Nietzsche. Translated by Oscar Levy. *Philosophical Review* 65 (January 1955) 1: 52–53.
——. *Tragedy and Philosophy*. Garden City, NY: Doubleday, 1968.
Kaye, F. B. "Puritanism, Literature, and War." *New Republic*, December 15, 1920, 65.
Kennedy, J. M. *The Quintessence of Nietzsche*. New York: Duffield, 1910.
Klenze, Camillo von. "A Philosopher Decadent." *Dial*, June 16, 1897, 356–59.

Knortz, Karl. *Amerikanische Gedichte der Neuzeit*. Leipzig: Wartig, 1883.

Koch, Ernst. "Review of Walter Kaufmann, Nietzsche." *Modern Language Journal* 37 (January 1953): 60.

Kohn, Hans. "The Eve of German Nationalism (1789–1812)." *Journal of the History of Ideas* 12 (April 1951) 2: 56–84.

——. *The Mind of Germany*. New York: 1960.

La Monte, Robert Rives. *Socialism: Positive and Negative*. Chicago: Charles H. Kerr, 1914.

"Leader." *M'lle New York*, November-December 1898, 82, 89–91, 198.

Leigh, James. Introduction. In "Nietzsche's Return," special issue, *Semiotext(e)* 3 (1978): 4–5.

Lerch, Charles. "Nietzsche Madness." *Bibliotheca Sacra* 69 (January 1912): 71–87.

Lerner, Max. "Randolph Bourne and Two Generations." *Twice a Year* 5 (Fall-Winter 1940): 54–78.

Levy, Oscar. *The Idiocy of Idealism*. London: H. Hodge, 1940.

——. "Mussolini Says: 'Live Dangerously.'" *New York Times*, November 9, 1924.

——. "Nietzsche and the Crisis: Reply." *Commonweal* 24 (1936): 78.

——. "Nietzsche to Mussolini." *New York Times*, August 22, 1943, 4, 8.

Libby, Walter. "Two Fictitious Ethical Types." *International Journal of Ethics* 18 (July 1908): 466–75.

Lindsay, James." A Critical Estimate of Nietzsche's Philosophy." *Bibliotheca Sacra* 72 (January 1915) 6: 7–82.

——. "Eugenics and the Doctrine of the Superman." *Eugenics Review*, January 1916, 247–62.

Lippmann, Walter. *Drift and Mastery*. 1914. Madison: University of Wisconsin Press, 1985.

——. *A Preface to Politics*. New York: Mitchell Kennerley, 1913.

Lloyd, J. William." The Case of Nietzsche." *Modern School* 3, 4 (February, March, April, May. June–July, September 1917): 176–79, 195–200, 233–36, 246–49, 12–17, 82–87.

Lochner, Louis P. "The Goebbels Diaries 1942–43." In *Nazism 1919–1954*. Vol. 2, *State, Economy and Society, 1933–39: A Documentary Reader*, ed. Jeremy Noakes and Geoffrey Pridham, 207–8. Exeter, UK: University of Exeter Press, 1998.

London, Charmian. *The Book of Jack London*. Vol. 2. New York: Century, 1921.

London, Jack. *The Call of the Wild*. New York: Macmillan, 1903.

——. "How I Became a Socialist." *Comrade* 2 (March 1903): 122–23.

——. *The Iron Heel*. New York: Macmillan, 1907.

——. *Martin Eden*. New York: Macmillan, 1909.

——. *"Revolution" and Other Essays*. New York: Macmillan, 1910.

——. *The Sea Wolf*. New York: Macmillan, 1904.

——. "Wanted: A New Law of Development." *International Socialist Review* 3 (August 1902): 65–78.

——. *War of the Classes*. New York: Regent Press, 1905.

Loring, Robert S. *Thoughts from Nietzsche*. Milwaukee: Printed for Free Distribution by Members of the Milwaukee Unitarian Church, 1919.

Lowell, James Russell. "The Present Crisis." In *Early Poems of James Russell Lowell*, edited by Nathan Haskell Dole. 1892. New York: Thomas Y. Crowell, 1898.

Löwith, Karl. *From Hegel to Nietzsche: the Revolution in Nineteenth-Century Thought*. Translated by David E. Green. New York: Holt, Rinehart and Winston, 1964.

——. *Meaning in History: The Theological Implications of the Philosophy of History*. 1949. Chicago: University of Chicago Press, 1962.

——. "Nietzsche's Doctrine of Eternal Recurrence," *Journal of the History of Ideas* 6 (July 1945): 273–84

Luhan, Mabel Dodge. *Movers and Shakers*. 1936. Albuquerque: University of New Mexico Press, 1984.

Lyotard, Jean-François. *The Postmodern Condition: A Report on Knowledge*. Translated by Geoff Bennington and Brian Massumi. Minneapolis: University of Minnesota Press, 1984.

Mann, Thomas. *Doctor Faustus: The Life of the German Composer Adrian Leverkühn, as Told by a Friend*. Translated by H. T. Lowe-Porter. 1948. New York: Vintage Books, 1971.

——. "German Letter." *Dial*, July 1928, 56–58.

——. *Nietzsche's Philosophy in the Light of Contemporary Events*. Washington, DC: Library of Congress, 1947.

——. *"Past Masters" and Other Papers*. New York: 1933.

——. *Thomas Mann: Briefe 1937–1947*. Edited by Erika Mann. Frankfurt: S. Fischer, 1963.

Manthey-Zorn, Otto. *Dionysus: The Tragedy of Nietzsche*. Amherst, MA: Amherst College Press, 1956.

——, ed. and trans. *Nietzsche: An Anthology of His Work*. New York: Washington Square Press, 1964.

Marcuse, Ludwig. "Nietzsche in America." *South Atlantic Quarterly* 50 (July 1951) 3: 30–39.

——. "Was Nietzsche a Nazi ?" *American Mercury*, December 1944, 737–40.

Mather, Frank. "Nietzsche in Action." *Unpopular Review* 3 (January–March 1915): 31–42.

Mathews, Shailer. *The Faith of Modenism*. New York: Macmillan, 1924.

——. *The Gospel and the Modern Man*. New York: Macmillan, 1910.

——. *New Faith for Old: An Autobiography*. New York: Macmillan, 1936.

McClure, Edmund. *Germany's War-Inspirers, Nietzsche and Treitschke*. New York: E. S. Gorham, 1915.

McGinley, A. A. "The Testimony of Science to Religion." *Catholic World*, November 1900, 235–40.

McGovern, William. *From Luther to Hitler: The History of Fascist-Nazi Political Philosophy*. New York: Houghton Mifflin, 1941.

Mecklin, John H. "The Tyranny of the Average Man." *International Journal of Ethics* 28 (January 1918): 240–52.

Mencken, H. L. *A Book of Prefaces*. New York: Knopf, 1917.

——. *Friedrich Nietzsche*. 1913. New Brunswick, NJ: Transaction, 1997.

——. *George Bernard Shaw: His Plays*. Boston: Luce, 1905.

——. *The Gist of Nietzsche*. Boston: Luce, 1910.

——. *Letters of H. L. Mencken*. Edited by Guy J. Forgue. New York: Knopf, 1961.

——. "The Literary Heavyweight Champion." *Smart Set*, March 1910, 155–57.

——. "The Mailed Fist and Its Prophet." *Atlantic Monthly*, November 1914, 602–4.

——. "Nietzscheans" *Baltimore Sun*, November 3, 1910.

——. *The Philosophy of Friedrich Nietzsche*. Boston: Luce, 1908.

——. "The Prophet of the Superman." *Smart Set*, March 1912, 153–58.

——. "What About Nietzsche?" *Smart Set*, November 1909, 153–57.

Mills, Lawrence. "Zarathustrian Analogies in Daniel, Revelations, and in Some Other Books of the Old and New Testaments." *Monist* 17 (1907): 23–32.

"Ministers' Meeting." *Standard* 53 (March 10, 1906): 841–42.

"The Modern Assault on the Christian Virtues." *Current Literature* 47 (July 1909):

68–70.
More, Paul Elmer. *The Drift of Romanticism*. Boston: Houghton Mifflin, 1913.
——. "The Lust of Empire." *Nation*, October 22, 1914, 493–95.
——. "Nietzsche." *Nation*, September 21 and 28, 1911, 259–62, 284–87.
——. *Nietzsche*. Boston: Houghton Mifflin, 1912.
——. "Nietzsche in England." *Nation*, June 12, 1913, 589–90.
Morgan, George A. *What Nietzsche Means*. Cambridge, MA: Harvard University Press, 1941.
Mosse, George L. "The Mystical Origins of National Socialism." *Journal of the History of Ideas* 22 (January–March 1961): 81–96.
"The Most Revolutionary System of Thought Ever Presented to Men." *Current Literature* 40 (March 1906): 282–84, Mozley, J. Kenneth. "Modern Attacks on Christian Ethics." *Living Age* 257 (May 9, 1908): 353–62.
Mugge, M. A. "Eugenics and the Superman: A Racial Science, and a Racial Religion." *Eugenics Review* 1 (April 1909–January 1910): 184–93.
——. *Friedrich Nietzsche*. New York: Brentano, 1915.
Muirhead, J. H. *German Philosophy in Relation to the War*. London: J. Murray, 1915.
Myers, Johnston. "About the Protest." *Standard* 53 (March 24, 1906): 894.
Nehamas, Alexander. *Nietzsche: Life as Literature*. Cambridge, MA: Harvard University Press, 1985.
Neumann, Franz L. *Behemoth: The Structure and Practice of National Socialism, 1933–1944*. [1942]. Toronto: Oxford University Press, 1944.
"The New Edition of Nietzsche." *Critic* 33 (September 1898): 202–3.
"New Life of Nietzsche." *Bookman*, August 1912, 573–74.
"New Light on Nietzsche and His Friends." *Current Literature* 50 (June 1911): 628–40.
"New Revelations of Nietzsche." *Current Literature* 40 (June 1906): 644–46.
Newton, Huey P. "The Mind Is Flesh." In *The Huey P. Newton Reader*, edited by David Hilliard and Donald Weise. New York: Seven Stories Press, 2002.
——. *Revolutionary Suicide*. New York: Harcourt Brace Jovanovich, 1973.
Nicolas, M. P. *From Nietzsche Down to Hitler*. London: W. Hodge, 1938.
Niebuhr, H. Richard. *The Kingdom of God in America*. 1937. Middletown, CT: Wesleyan University Press, 1988.
"Nietzsche — the Antichrist." *Current Literature* 44 (April 1908): 404–7.
"Nietzsche Breviary." *Bookman*, October 1898, 153.

"Nietzsche and His Philosophy." *Current Literature* 20 (October 1896): 299–300.
"Nietzsche Interest." *Bookman*, November 1907, 246.
"Nietzsche, The New Idol." *Mother Earth*, February 1913, 409–11.
"Nietzsche on War." *Mother Earth*, October 1914, 260–64.
"Nietzsche's Death." *Outlook* 66 (September 8, 1900): 94
"Nietzsche's Letter." *New York Times*, March 23, 1901, Books, 19.
"Nietzsche's Philosophy." *Athenaeum*, November 7, 1896, 632–33.
"Nietzsche's Swan Song." *Current Literature* 46 (March 1909): 297–98.
Nordau, Max. *Degeneration*. 1895. New York: H. Fertig, 1968.
Northcote, Rev. P. M. "The Catholic Apologist." *American Catholic Quarterly Review*, January 1923, 1–14.
"Not Up On Nietzsche." *Literary Digest*, November 7, 1914, 260–64.
Nussbaum, Martha. "Undemocratic Vistas." *New York Review of Books*, November 5, 1987, 20–26.
O'Brien, Coner Cruise. "The Gentle Nietzscheans." *New York Review of Books*, November 5, 1970, 12–16.
Odell, Joseph H. "Peter Sat by the Fire Warming Himself" *Atlantic Monthly*, February 1918, 145–54.
O'Hara, Daniel T. *Preface to Why Nietzsche Now?* Indianapolis: Indiana University Press, 1985.
O'Hara, Thomas. "Nietzsche and the Crisis." *Commonweal*, March 13, 1936, 537–39.
O'Neill, Eugene. *Complete Plays of Eugene O'Neill*. New York: Literary Classics of the United States, 1988.
——. *Selected Letters of Eugene O'Neill*. Edited by Travis Bogard and Jackson R. Bryer. New Haven, CT: Yale University Press, 1988.
"The Pathological Aspects of Nietzsche's Superman." *Current Literature* 44 (May 1908): 551–53.
Patten, Simon Nelson. "The German Way of Thinking." *Forum* 54 (July 1915): 18–26.
Patton, George S. "Beyond Good and Evil" Princeton *Theological Review* 6 (July 1908): 392–436.
Peabody, Francis Greenwood. *The Approach to the Social Question: An Introduction to the Study of Social Ethics*. New York: Macmillan, 1909.
——. *Jesus Christ and the Christian Character*. 1905. New York: Macmillan, 1913.
——. "The Practicability of the Christian Life." *Harvard Theological Review* 6

(April 1913) 1: 29.

Peck, Harry Thurston. "A Mad Philosopher." *Bookman*, September 1898, 25–32.

Perkins, J. R. "What Christianity Has to Say on the Subject." *Christian Century* 34 (1917): 13–4.

Perry, Ralph Barton. *The Free Man and the Soldier: Essays on the Reconciliation of Liberty and Discipline*. New York: Charles Scribner's Sons, 1916.

——. *The Moral Economy*. New York: Macmillan, 1909.

——. "Pragmatism in Italy and Germany." In *The Thought and Character of William James*, chap. 34. Cambridge, MA: Harvard University Press, 1948.

——. *The Present Conflict of Ideals: A Study of the Philosophical Background of the World War*. London: Longmans, Green, 1918.

Petre, M[aude] D. *Modernism: Its Failure and Its Fruit*. London: T. C. & E. C. Jack, 1918.

——. "Studies on Friedrich Nietzsche: A Life Militant." *Catholic World*, December 1905, 317–30.

——. "Studies on Friedrich Nietzsche: Nietzsche the Anti-Christian." *Catholic World*, June 1906, 345–55.

——. "Studies on Friedrich Nietzsche: Nietzsche the Anti-Feminist." *Catholic World*, May 1906, 159–70.

——. "Studies on Friedrich Nietzsche: Nietzsche the Anti-Moralist." *Catholic World*, February 1906, 610–21.

——. "Studies on Friedrich Nietzsche: The Poet." *Catholic World*, January 1906, 516–26.

——. "Studies on Friedrich Nietzsche: The Superman." *Catholic World*, March 1906, 773–84.

"A Philosophic 'Mr. Hyde.'" *Nation*, June 11, 1896, 459–60.

Podach, Erich. *The Madness of Nietzsche*. London: Putnam, 1931.

Porter Reinke, Margaret. "I Married a Nazi!: American Girl's Romance Wrecked by Hitlerism." *Chicago Daily Tribune*, February 26, 1939, G4.

Powys, John Cowper. *Autobiography*. 1934. Hamilton, NY: Colgate University Press, 1968.

——. *Enjoyment of Literature*. New York: Simon and Schuster, 1938.

——. *Visions and Revisions: A Book of Literary Devotions*. 1915. London: Macdonald, 1955.

Pritchard, William H. "The Hermeneutical Mafia; or, After Strange Gods at Yale." *Hudson Review* 28 (Winter 1975–76): 601–10.

Rascoe, Burton. *Before I Forget*. Garden City, NY: Doubleday Doran, 1937.
——. *A Bookman's Daybook*. New York: Horace Liveright, 1929.
——. *Prometheans: Ancient and Modern*. New York: G. P. Putnam's Sons, 1933.
Rauschenbusch, Walter. *Christianity and the Social Crisis*. New York: Macmillan, 1907.
Reinhardt, Kurt. *The Existential Revolt: The Main Themes and Phases of Existentialism*. New York: Frederick Unger, 1952.
Reitzel, Robert. *Des "Armen Teufel." Gesammelte Schriften*. Edited by Max Baginski. Detroit: Reitzel Klub, 1913.
——. "Predigten aus der Neuen Bibel: *Also Sprach Zarathustra*, I." *Der Arme Teufel*, September 17, 1892, 337–38.
——. "Predigten aus der Neuen Bibel: *Also Sprach Zarathustra*, V." *Der Arme Teufel*, October 15, 1892, 369–70.
——. "Predigten aus der Neuen Bibel: *Also Sprach Zarathustra*, VIII." *Der Arme Teufel*, October 29, 1892, 385–86.
"Religion and Government." *Liberty*, January 7, 1893, 1.
Reuter, Gabriele. "A Meeting with Nietzsche." *Living Age* 310 (August 13, 1921): 393–94.
Riesman, David, with Nathan Glazer and Reuel Denney. *The Lonely Crowd*. 1950. New Haven, CT: Yale University Press, 2001.
"Roman Catholic Appreciation." *Current Literature* 41 (August 1906): 198–200.
"The Roots of Decadence." *Outlook* 54 (September 12, 1898): 475–76.
Rorty, Richard. *Achieving Our Country: Leftist Thought in Twentieth-Century America*. Cambridge, MA: Harvard University Press, 1998.
——. *Consequences of Pragmatism. Essays 1972–1980*. Minneapolis: University of Minnesota Press, 1982.
——. *Contingency, Irony, and Solidarity*. Cambridge: Cambridge University Press, 1989.
——. "Dewey between Hegel and Darwin." In *Rorty and Pragmatism: the Philosopher Responds to His Critics*, edited by Herman J. Saatkamp Jr., 1–15. Nashville: Vanderbilt University Press, 1995.
——. "Ein Prophet der Viel falt." *Die Zeit*, August 24, 2000, 41.
——. *Essays on Heidegger and Others Philosophical Papers*. Vol. 2. Cambridge, MA: Harvard University Press, 1991.
——. "Nietzsche and the Pragmatists." *New Leader*, May 19, 1997, 9.
——. *Philosophy and the Mirror of Nature*. Princeton, NJ: Princeton University

Press, 1979.
——. *Philosophy and Social Hope*. New York: Penguin, 1999.
——. "Pragmatism as Romantic Polytheism." In *Philosophy as Cultural Politics*, 4: 27–41. Cambridge: Cambridge University Press, 2007.
Ross, G. R. T. "Beyond Good and Evil." *Internatianal Journal of Ethics* 18 (July 1908): 517–18.
Royce, Josiah. *The Hope of the Great Community*. New York: Macmillan, 1916.
——. "The Moral Burden of the Individual." In *The Problem of Christianity*, edited by John E. Smith, chap. 3. Chicago: University of Chicago Press, 1968.
——. "Nietzsche." *Atlantic Monthly*, March 1917, 321–31.
——. *The Philosophy of Loyalty*. 1908. Nashville: Vanderbilt University Press, 1995.
——. *William James and Other Essays on the Philosophy of Life*. 1911. Freeport, NY: Books for Libraries Press, 1969.
Rubenstein, Richard. *After Auschwitz: Radical Theology and Contemporary Judaism*. Indianapolis: Bobbs-Merrill, 1966.
Salter, William M. "William M. Salter" and "The Basis of the Ethical Movement." In *The Fiftieth Anniversary of the Ethical Movement: 1876–1926*, edited by Felix Adler, 37–43, 44–50. New York: D. Appleton, 1926.
——. "An Introductory Word on Nietzsche." *Harvard Theological Review* 6 (October 1913): 358.
——. "Nietzsche's Individualism." *Nation*, April 11, 1912, 361.
——. "Nietzsche's Madness." *Nation*, October 6, 1910, 313.
——. "Nietzsche's Superman." *Journal of Philosophy, Psychology and Scientific Methods* 12 (1915): 421–38.
——. *Nietzsche the Thinker: A Study*. 1917. New York: Frederick Unger, 1968.
——. "Nietzsche and the War." *International Journal of Ethics* 27 (April 1917): 357–79.
Sanger, Margaret. *Margaret Sanger: An Autobiography*. New York: W. W. Norton, 1938.
——. *The Pivot of Civilization in Historical Perspective*. Edited by Michael W. Perry. 1922. Seattle: Inkling Books, 2001.
——. *The Selected Papers of Margaret Sanger: The Woman Rebel, 1900–1928*. Vol. 1. Edited by Esther Katz. Urbana: University of Illinois Press, 2003.
——. *Woman and the New Race*. New York: Brentano's, 1921.
Santayana, George. *Egotism in German Philosophy*. 1916. London: J. M. Dent &

Sons, 1940.
——. "The Genteel Tradition in American Philosophy." In *Winds of Doctrine*, 186–215. London: J. M. Dent, 1913.
——. "Philosophical Heresy." *Journal of Philosophy, Psychology and Scientific Methods* 12 (October 14, 1915): 561–68.
——. "Philosophic Sanction of Ambition." *Journal of Philosophy, Psychology and Scientific Methods* 12 (March 4, 1915): 113–16.
Scheffauer, Herman. "A Correspondence between Nietzsche and Strindberg." *North American Review* 198 (1913): 197–205.
——. "Nietzsche the Man." *Edinburgh Review* 218 (July 1913): 163–79.
Schiedt, R. C. "Ernst Haeckel and Friedrich Nietzsche." In two parts. *Reformed Church Review* 12 (January and April 1908): 29–48, 213–34
——. "Nietzsche and the Great Problems of Modern Thought." *Reformed Church Review* 16 (April 1912): 145–76.
Schiller, F. C. S. "Nietzsche and His Philosophy." *Book Buyer*, August 1896, 406–9.
——. "On Nietzsche Translations." *Nation*, April 26, 1906, 343.
——. "The Philosophy of Friedrich Nietzsche." *Quarterly Review* 218 (January 1913): 148–67.
Schultz, Sigrid. "Pagan Customs Revived for Nazi Weddings: Blood Purity Is Stressed." *Chicago Daily Tribune*, May 1, 1938, G11.
Schuman, Frederick L. "The Political Theory of German Fascism." *American Political Science Review* 28 (April 1934): 210–32.
Schumm, George. "Friedrich Nietzsche." *Book Reviews* 3 (February 1896): 275–80.
Scudder, Vida Dutton. *On Journey*. New York: E. P. Dutton, 1937.
——. *Socialism and Character*. Boston: Houghton Mifflin, 1912.
Sedgwick, Eve Kosofsky. *Epistemology of the Closet*. Berkeley: University of California Press, 1992.
Seldes, Gilbert. "Nietzsche after an Interval." *New Republic*, August 12, 1925, 320–21.
Shaw, Allanson. "Mussolini's Three Political Saints: Machiavelli, Mazzini, and Nietzsche Influence the Thought of Italy's 'Man of Destiny.'" *New York Times*, February 15, 1925, SM9.
Shaw, Charles Gray. "Emerson the Nihilist." *International Journal of Ethics* 25 (October 1914): 68–86.

Shaw, George Bernard. "Giving the Devil His Due." *Saturday Review*, May 13, 1899, Supplement, iii.

——. "Letter on Nietzsche." *ES*, April 15, 1898, 27.

——. *Man and Superman*. Cambridge, MA: Harvard University Press, 1903.

——. "Nietzsche in English." *Saturday Review*, April 11, 1896, 373–74.

Sinclair, Upton. *The Autobiography of Upton Sinclair*. New York: Harcourt, Brace & World, 1962.

——. *The Journal of Arthur Stirling*. New York: D. Appleton, 1903.

——. *My Lifetime in Letters*. Columbia: University of Missouri Press, 1958.

——. "The Overman." In *Mammonart: An Essay in Economic Interpretation*, 291–94. Pasadena, CA: Published by the author, 1924.

Sinclair, Upton, and Jack London, eds. *The Cry for Justice*. Philadelphia: John C. Winston, 1915.

Singer, Edgar. "Friedrich Nietzsche." In *Modern Thinkers and Present Problems*, 183–210. New York: Holt, 1923.

Slosson, Edwin. "The Philosopher with the Hammer." *Independent* 65 (1908): 693–97.

Smith, Lewis Worthington. "Ibsen, Emerson, and Nietzsche: The Individualists." *Popular Science Monthly*, February 1911, 147–57.

"Some American Criticisms of Nietzsche." *Current Literature* 44 (February 1908): 295–96.

Sorely, William R. *Recent Tendencies in Ethics*. Edinburgh: W. Blackwood and Sons, 1904.

Stace, Walter. *The Destiny of Modern Man*. New York: Reynal and Hitchcock, 1941.

Stampfer, Friedrich. "Nazism: Its Spiritual Roots." In *European Ideologies*, edited by Felix Gross, 763–804. New York: Philosophical Library, 1948.

Stearns, Harold. *America and the Young Intellectual*. New York: George Doran, 1921.

Steiner, Rudolf. "Friedrich Nietzsche: Ein Kampfer gegen Seine Zeit." *Philosophical Review* 5 (January 1896): 100.

Stewart, Herbert L. "An Exposition of Nietzsche." *American Journal of Theology* 24 (April 1920): 309–14.

——. "Some Criticisms of the Nietzsche Revival." *International Journal of Ethics* 19 (July 1909): 427–43.

Stewart, William Kilborne." The Mentors of Mussolini. "*American Political*

Science Review 22 (November 1928): 843–69.
Stoddard, Lothrop. *The Revolt against Civilization: The Menace of the Under Man*. New York: Charles Scribner's Sons, 1922.
Strauss, Leo. *Natural Right and History*. Chicago: University of Chicago Press, 1953.
Strickland, Francis. "Weird Genius." *Christian Century*, May 2, 1951, 561.
Stringer, Arthur." The Superman." *Forum* 44 (October 1910): 463.
"Superman." *Living Age* 273 (June 29, 1912): 782–87.
"Superman in Germany." *Christian Science Monitor*, November 15, 1948, 18.
Thayer, William Roscoe. *The Collapse of the Superman*. Boston: Houghton Mifflin, 1918.
——, ed. *Germany vs. Civilization*. Boston: Houghton Mifflin, 1916.
——, ed. *Out of Their Own Mouths*. New York: D. Appleton, 1917.
Thilly, Frank. "Nietzsche and the Ideals of Modern Germany." *Philosophical Review* 25 (March 1916): 188–92.
——. "The Philosophy of Friedrich Nietzsche." *Popular Science* 67 (1905): 707–27.
Thomas, W. H. Griffith. "German Moral Abnormality." *Bibliotheca Sacra* 76 (January 1919): 84–104.
——. "Germany and the Bible." *Bibliotheca Sacra* 72 (January 1915): 49–66.
Thompson, Vance. "Boyesen-Brandes-Nietzsche." *M'lle New York*, October 1895, 43–45.
——. "Democracy is Bankrupt." *M'lle New York*, August 1895, 9–14.
——. "The Doomed Republic." *M'lle New York*, August 1895, 1–7.
——. Editorial. *M'lle New York*, August 1895, 1.
——. *French Portraits*. Boston: Richard Badger, 1900.
——. "Leader." *M'lle New York*, November 1898, 1–3.
Tillich, Paul. *The Caurage to Be*. New Haven, CT: Yale University Press, 1952.
——. *The Protestant Era*. Translated by James Luther Adams. Chicago: University of Chicago Press, 1948.
——. *The Shaking of the Foundations*. New York: Charles Scribner's Sons, 1948.
"Toward a Hidden God." *Time*, April 8, 1966, 82–87.
"Tragedy of a Thinker." Macmillan Magazine, December 1899, 106–13.
Trilling, Lionel. *Beyond Culture: Essays on Literature and Learning*. New York: Viking, 1965.
——. *The Liberal Imaginafion: Essays on Literature and Society*. 1950. New York:

New York Review of Books, 2008.
——. *The Moral Obligation to Be Intelligent: Selected Essays*. Edited by Leon Wieseltier. New York: Farrar, Straus and Giroux, 2000.
——. *Sincerity and Authenticity*. Cambridge, MA: Harvard University Press, 1972.
Trotter, W. F. "The Works of Friedrich Nietzsche." *International Journal of Ethics* 7 (January 1897): 258–60.
Tucker, Benjamin. "Aphorisms from Nietzsche." *Liberty*, July 1899, 6.
——. "Freer Banking vs. Greenbackism." *Liberty*, October 1, 1892, 3.
——. *Instead of a Book by a Man Too Busy to Write One: A Fragmentary Exposition of Philosophical Anarchism, Culled from the Writings of Benj. R. Tucker*. New York: B. R. Tucker, 1897.
——. "On Picket Duty." *Liberty*, December 3, 1892, 1.
——. "On Picket Duty." *Liberty*, December 1897, 1.
——. "A Radical Publication Fund." *Liberty*, June 17, 1893, 2.
Tupper, Frederick. "The Avatar of the Hun." *Nation*, June 21, 1917, 729–30.
Untermeyer, Louis. *From Another World*. New York: Harcourt, Brace, 1939.
——. "The Heretic." *Moods* 1 (March 1909): 144.
Urban, Wilbur M. *The Intelligible World: Metaphysics and Value*. Westport, CT: Greenwood Press, 1977.
——. "On Intolerables: A Study in the Logic of Valuation." *Philosophical Review* 24 (September 1915): 477–500.
——. "Knowledge of Value and the Value-Judgement." *Journal of Philosophy, Psychology and Scientific Methods* 13 (December 1916): 673–87.
——. "Metaphysics and Value." In *Comtemporary American Philosophy: Personal Statements*, edited by George P. Adams and William P. Montague, 2: 356–84. New York: Russell & Russell, 1962.
——. "The Nature of the Community: A Defense of Philosophic Orthodoxy." *Philosophical Review* 28 (November 1919): 547–61.
——. "Ontological Problems of Value." *Journal of Philosophy, Psychology and Scientific Methods* 14 (June 1917): 309–27.
——. "Origin and Value." *Philosophical Review* 32 (September 1923): 451–69.
——. "Progress in Philosophy in the Last Quarter Century." *Philosophical Review* 35 (March 1926): 93–123.
——. "The Relation of the Individual to the Social Value Series." *Philosophical Review* 11 (March 1902): 303–9.

——. Review of Nietzsche the Thinker, by William M. Salter. *Philosophical Review* 27 (May 1918): 303–9.
——. “Tubal Cain: The Philosophy of Labor.” *Atlantic Monthly*, December 1912, 789.
——. “What Is the Function of a General Theory of Values ?” *Philosophical Review* 17 (January 1908): 42–62.
Vahanian, Gabriel. *The Death of God: The Culture of Our Post-Christian Era*. New York: George Braziller, 1961.
Vedder, Henry C. *Socialism and the Ethics of Jesus*. New York: Macmillan, 1912.
Viereck, George S. “Humanizing the Superman.” *International* 7 (May 1913): 120–21.
Viereck, Peter. *The Unadjusted Man: A New Hero for Americans; Reflections on the Distinction between Conforming and Conserving*. Boston: Beacon Press, 1956.
Voegelin, Eric. “Nietzsche, the Crisis and the War.” *Journal of Politics* 6 (May 1944): 177–212.
Walker, James. *The Philosophy of Egoism*. Denver: K. Walker, 1905.
Wallace, William. “Thus Spake Zarathustra: A Book for All and None.” *International Journal of Ethics* 7 (April 1897): 360–69.
Wallar, W. C. A. “A Preacher's Interest in Nietzsche.” *American Journal of Theology* 19 (January 1915): 74–91.
Walling, Anna Strunsky. “Nietzsche.” *New Review* 3 (August 1915): 166–67.
——. “Emma Goldman in Washington.” *Mother Earth*, May 1916, 517–18.
Walling, William English. *The Larger Aspects of Socialism*. New York: Macmillan, 1913.
——. *Progressivism and After*. New York: Macmillan, 1914.
——. *Socialism as It Is*. New York: Macmillan, 1912.
Warbeke, Jobn M. “Friedrich Nietzsche, Antichrist, Superman, and Pragmatist.” *Harvard Theological Review* 2 (July 1909): 366–85.
“Was Nietzsche a Madman or a Genius?” *Current Literature* 44 (June 1908): 641–44.
Watt, Lewis. “Nietzsche, Tolstoi, and the Sermon on the Mount.” *Catholic World*, August 1920, 577–89.
West, Cornel. *The American Evasion of Phihsophy: A Genealogy of Pragmatism*. Madison: University of Wisconsin Press, 1989.
——. *The Cornel West Reader*. New York: Basic Civitas Books, 1999.

——. “Nietzsche's Prefiguration of Postmodern Amecican Philosophy.” In *Why Nietzsche Now?* edited by Daniel T. O'Hara, 241–69. Indianapolis: Indiana University Press, 1985.

“What Is the Superman?” *Current Literature* 46 (February 1909): 176–77.

“What Might Makes Right?” *Independent* 77 (October 19, 1914): 79–80.

“Why Nietzsche Now?” *Symposium in boundary 2, a journal of postmodern literature* 9/10 (Spring/Fall 1981).

Will, George F. “A How-To-Book for the Independent.” *Washington Post*, July 30, 1987, A19.

Willcox, Louise Collier. “Nietzsche: A Doctor for Sick Souls.” *North American Review* 194 (November 1911): 765–74.

Williams, Herbert P. “Nietzsche's Works in English.” *Nation*, February 22, 1906, 157.

“Will Nietzsche Come into Vogue in America?” *Current Literature* 49 (July 1910): 65–68.

Wood, James N. *Democracy and the Will to Power*. With an introduction by H. L. Mencken. New York: Knopf, Free Lance Books, 1922.

Woolf, Leonard. *Quack, Quack!* New York: Harcourt, Brace, 1935.

“The Works of Friedrich Nietzsche.” *Literary World* 27 (October 3, 1896): 326–27.

Wright, Willard Huntington. *What Nietzsche Taught*. New York: B. W. Huebsch, 1915.

Yarros, Victor S. “Theoretical and Practical Nietzscheism.” *American Journal of Sociology* 6 (March 1901): 682–94.

——. “What Shall We Do with the State? I.” *American Journal of Sociology* 25 (March 1920): 572–83.

Zangwill, Israel. *The Melting Pot*. New York: Macmillan, 1914.

Zeisler, Sigmund. “Nietzsche and His Philosophy.” *Dial*, October 1, 1900, 219–22.

Zueblin, Charles. *Democracy and the Overman*. New York: B. W. Huebsch, 1910.

二次文献

Abbey, Ruth. *Nietzsche's Middle Period*. New York: Oxford University Press, 2000.

Allen, Gay Wilson. *Waldo Emerson: A Biography*. New York: Viking Press, 1981.

Allen, Graham, and Roy Sellars. *The Salt Companion to Harold Bloom*. Cambridge: Salt, 2007.

Anderson, Benedict. *Imagined Communities: Reflections on the Origin and Spread of Nationalism*. London: Verso, 1983.

Andreas-Salomé, Lou. *Friedrich Nietzsche in Seinen Werken*. 1894. Redding Ridge, CT: Black Swan Books, 1988.

Ansell Pearson, Keith, ed. *A Companion to Nietzsche*. Malden, MA: Blackwell, 2006.

——. *Nietzsche Contra Rousseau: A Study of Nietzsche's Moral and Political Thought*. Cambridge: Cambridge University Press, 1991.

Appelo, Tim. "Legacy: Allan Bloom." *Entertainment Weekly*, October 23, 1992. Online at http: //www.ew.com/ew/article/o.20183503,oo.html (accessed March 6, 2011).

Armitage, David. *The Declaration of Independence: A Global History*. Cambridge, MA: Harvard University Press, 2007.

Arnold, Harvey. "Death of God —'06." *Foundations* 10 (October–December 1967): 331–53.

Aschheim, Steven E. *Culture and Catastrophe: German and Jewish Confrontations with National Socialism and Other Crises*. New York: New York University Press, 1996.

——. *The Nietzsche Legacy in Germany, 1890–1990*. Berkeley: University of California Press, 1992.

Avrich, Paul. *Anarchist Voices: An Oral History of Anarchism in America*. Princeton, NJ: Princeton University Press, 1995.

Bahr, Ehrhard. *Weimar on the Pacific: German Exile Culture in Los Angeles and the Crisis of Modernism*. Berkeley: University of California Press, 2007.

Bannister, Robert C. *Social Darwinism: Science and Myth in Anglo-American Social Thought*. Philadelphia: Temple University Press, 1979.

Barber, Benjamin. "The Philosopher Despot." *Harper's Magazine*, January 1988, 61–65.

Barclay, David E., and Elisabeth Glaser-Schmidt, eds. *Transatlantic Images and Perceptions: Germany and America since 1776*. Washington, DC: German Historical Institute, 1997.

Barzun, Jacques. *House of intellect*. New York: Harper, 1959.

Baumgarten, Eduard. "Mitteilungen und Bemerkungen über den Einfluss Emersons auf Nietzsche." *Jahrbuch für Armerikastudien* 1 (1956): 93–152.

Bauschinger, Sigrid, Susan L. Cocalis, and Sara Lennox, eds. *Nietzsche Heute: Die Rezeption seines Werkes nach 1968*. Bern: Francke Verlag, 1988.

Bederman, Gail. *Manliness and Civilization: A Cultural History of Gender and Race in the United States, 1880–1917*. Chicago: University of Chicago Press, 1995.

Beidler, Philip. *Scriptures for a Generation: What We Were Reading in the '60s*. Athens: University of Georgia Press, 1994.

Bender, Thomas. *New York Intellect: A History of Intellectual Life in New York City, from 1750 to the Beginnings of Our Own Time*. New York: Knopf, 1987.

Benders, Raymond J., and Stephan Oettennann, comps. *Friedrich Nietzsche: Chronik in Bildern und Texten*. Munich: Carl Hanser Verlag; Vienna: Deutschen Taschenbuch Verlag, 2000.

Bennett, Tony, and Lawrence Grossberg et al., eds. *New Keywords: A Revised Vocabulary of Culture and Society*. Malden, MA: Blackwell, 2005.

Ben-Zvi, Linda. *Susan Glaspell. Her Life and Times*. New York: Oxford University Press, 2005.

Bergmann, Peter. *Nietzsche, "The Last Antipolitical German."* Bloomington: Indiana University Press, 1987.

Berkowitz, Peter. *Nietzsche: The Ethics of an Immoralist*. Cambridge, MA: Harvard University Press, 1995.

Biel, Steven. *American Gothic: A Life of America's Most Famous Painting*. New York: Norton, 2006.

——. *Independent Intellectuals in the United States, 1910–1945*. New York: New York University Press, 1992.

Black, Stephen A. *Eugene O'Neill: Beyond Mourning and Tragedy*. New Haven, CT: Yale University Press, 1999.

Blake, Casey Nelson. *Beloved Community: The Cultural Criticism of Randolph Bourne. Van Wyck Brooks, Waldo Frank, and Lewis Mumford*. Chapel Hill: University of North Carolina Press, 1990.

——. "The Young Intellectuals and the Culture of Personility." *American Literary History* 1 (Fall 1989): 510–34.

Blake, David Haven. *Walt Whitman and the Culture of American Celebrity*. New Haven, CT: Yale University Press, 2006.

Bledstein, Burton. *The Culture of Professionalism. The Middle Class and the Development of Higher Education in America*. New York: Norton, 1976.

Bluhm, Heinz. "Nietzsche's Early Religious Development." *GR* 11 (1936):

164–83.
——. "Nietzsche's Religious Development as a Student at the University of Bonn." *PMLA* 52 (1937): 880–91.
——. "Nietzsche's Religious Development as a Student at the University of Leipzig." *Journal of English and German Philosophy* 41 (1942): 490–507.
Bode, Carl. *Mencken*. Carbondale: Southern Illinois University Press, 1969.
Booth, Wayne. "Implied Authors as Friends and Pretenders." In *The Company We Keep: An Ethics of Fiction*, 169–98. Berkeley: University of California Press, 1988.
Borradori, Giovanna. *The American Philosopher Conversations with Quine, Davidson, Putnam, Nozick, Danto, Rorty, Cavell, MacIntyre, and Kuhn*. Translated by Rossana Crocitto. Chicago: University of Chicago Press, 1994.
Boulton, Agnes. *Part of a Long Srory*. New York: Doubleday, 1958.
Bozeman, Theodore Dwight. *Protestants in an Age of Science: The Baconian Ideal and Antebellum American Religious Thought*. Chapel Hill: University of North Carolina Press, 1977.
Brennan, Stephen C., and Stephen R. Yarbrough. *Irving Babbitt*. Boston: Twayne, 1987.
Brennecke, Detlev. "Die blond Bestie: Vom Misverstaendnis eines Schlagworts." *Nietzsche-Studien* 5 (1976): 113–45.
Bridgwater, Patrik. *Nietzsche in Anglosaxony: A Study of Nietzsche's Impact on English and American Literature*. Leicester, UK: University of Leicester Press, 1972.
Brobjer, Thomas H. *Nietzsche and the "English": The Influence of British and American Thinking on His Philosophy*. Amherst, NY: Humanity Books, 2008.
Brooke, John Hedley. *Science and Religion: Some Historical Perspectives*. Cambridge: Cambridge University Press, 1991.
Brooks, Frank H. *The Individualist Anarchists: An Anthology of Liberty, 1881–1908*. New Brunswick, NJ: Transaction, 1994.
Brown, David S. *Richard Hofstadter: An Intellectual Biography*. Chicago: University of Chicago Press, 2006.
Buell, Lawrence. *Emerson*. Cambridge, MA: Harvard University Press, Belknap Press, 2003.
Bushrui, Suheil, and Joe Jenkins. *Kahlil Gibran: Man and Poet*. Boston: One World, 1998.
Butler, Leslie. *Critical Americans: Victorian Intellectuals and Transatlantic*

Liberal Reform. Chapel Hill: University of North Carolina Press, 2007.
Butsch, Richard. *The Making of American Audiences: From Stage to Television, 1750–1990*. Cambridge: Cambridge University Press, 2000.
Cadello, James Peter. "Nietzsche in America: The Spectrum of Perspectives, 1895–1925." PhD diss., Purdue University, 1990.
Campbell, James. *A Thoughtful Profession: The Early Years of the American Philosophical Association*. Peru, IL: Open Court, 2006.
Cantor, Milton. *Max Eastman*. New York: Twayne, 1970.
Carey, John J. "Letters to Thomas Altizer." In *The Death of God Debate*, edited by Jack Lee Ice and John J. Carey. Philadelphia: Westminster Press, 1967.
Cate, Curtis. *Friedrich Nietzsche*. Woodstock, NY: Overlook Press, 2005.
Cavicchi, Daniel. *Tramps Like Us: Music and Meaning among Springsteen Fans*. New York: Oxford University Press, 1998.
Ceaser, James W. *Reconstructing America: The Symbol of America in Modern Thought*. New Haven, CT: Yale University Press, 1997.
Chaplin, Tamara. *Turning on the Mind: French Philosophers on Television*. Chicago: University of Chicago Press, 2007.
Chapman, A. H. "The Influence of Nietzsche on Freud's Ideas." *British Journal of Psychiatry* 166 (1995): 251–53.
Chesler, Ellen. *Woman of Valor: Margaret Sanger and the Birth Control Movement in America*. 1992. New York: Simon and Schuster, 2007.
Churchill, Suzanne W., and Adam McKible, eds. *Little Magazines & Modernism: New Approaches*. Aldershot, UK: Ashgate, 2007.
Collini, Stefan. *Absent Minds: Intellectuals in Britain*. Oxford: Oxford University Press, 2006.
Collins, H. P. *John Cowper Powys, Old Earth Man*. London: Barrie and Rockliff, 1966.
Conant. James. "Emerson as Educator." In "Emerson/Nietzsche; special issue, *ESQ: A Joumal of the American Renaissance* 43 (1997): 181–206.
Condren, Conal, Stephen Gaukroger, and Ian Hunter, eds. *The Philosopher in Early Modern Europe: The Nature of a Contested Identity*. Cambridge: Cambridge University Press, 2006.
Conser, Walter H. *God and the Natural World: Religion and Science in Antebellum America*. Columbia: University of South Carolina Press, 1993.
Cotkin, George. *Existential America*. Baltimore: Johns Hopkins University Press, 2003.

——. "Middle-Ground Pragmatists: The Popularization of Philosophy in American Culture." *Journal of the History of Ideas* 55 (April 1994): 283–302.

——. *Reluctant Modernism: American Thought and Culture, 1880–1900*. New York: Twayne, 1992.

——. *William James: Public Philosopher*. Baltimore: Johns Hopkins University Press, 1990.

Crews, Clyde F. "Maude Petre's Modernism." *America* 144 (May 16, 1981): 403–6.

Crockett, Clayton. *Introduction to Secular Theology: American Radical Theological Thought*, edited by Clayton Crockett. New York: Routledge, 2001.

Crunden, Robert M. *American Salons: Encounter with European Modernism, 1885–1917*. New York: Oxford University Press, 1993.

Curti, Merle. *Human Nature in American Thought. A History*. Madison: University of Wisconsin Press, 1980.

Cusset, François. *French Theory: How Foucault, Derrida, Deleuze, & Co. Transformed the Intellectual Life of the United States*. Translated by Jeff Fort. Minneapolis: University of Minnesota Press, 2008.

Dakin, Arthur H. *Paul Elmer More*. Princeton, NJ: Princeton University Press, 1960.

Daly, Gabriel. *Transcendence and Immanence: A Study in Catholic Modernism and Integralism*. Oxford: Clarendon Press, 1980.

Darnton Robert. *The Business of Enlightenment: A Publishing History of the Encyclopedie, 1775–1800*. Cambridge, MA: Harvard University Press, 1979.

——. *The Great Cat Massacre: And Other Episodes in French Cultural History*. 1984. New York: Basic Books, 1999.

——. "What Is the History of Books?" In *Books and Society in History*, edited by Kenneth E. Carpenter, 3–26. New York: R. R. Bowker, 1983.

Davidson, Cathy N. "Towards a History of Books and Readers." *American Quarterly* 40 (March 1988): 7–17.

Dawidoff, Robert. *The Genteel Tradition and the Sacred Rage: High Culture vs. Democracy in Adams, James, and Santayana*. Chapel Hill: University of North Carolina Press, 1992.

Dickstein, Morris, ed. *The Revival of Pragmatism: New Essays on Social Thought, Law, and Culture*. Durham, NC: Duke University Press, 1998.

Diehl, Carl. *Americans and German Scholarship, 1770–1870*. New Haven, CT: Yale University Press, 1978.

Diethe, Carol. *Nietzsche's Sister and the Will to Power: A Biography of Elisabeth Förster-Nietzsche*. Urbana: University of Illinois Press, 2003.

Diggins. John Pattrick. *Eugene O'Neill, America: Desire under Democracy*. Chicago: University of Chicago Press, 2007.

——. "From Pragmatism to Natural Law: Walter Lippmann's Quest for the Foundations of Legitimacy." *Political Theory* 19 (November 1991): 519–38.

Diner, Dan. *America in the Eyes of the Germans: An Essay on Anti-Americanism*. Princeton, NJ: Markus Wiener, 1996.

Donaldson, Randall P. *The Literary Legacy of a "Poor Devil." The Life and Work of Robert Reizel (1849–1898)*. New York: Lang, 2002.

Dorrien, Gary. *The Making of American Liberal Theology*. Vol. 2, *Idealism, Realism and Modernity (1900–1950)*. Louisville: Westminster/John Knox Press, 2003.

Doss, Erika. *Elvis Culture: Fans, Faith, and Image*. Lawrence: University Press of Kansas, 1999.

Douglas, Ann. *The Feminization of American Culture*. 1977. New York: Doubleday, 1988.

——. *Terrible Honesty: Mongrel Manhattan in the 1920s*. New York: Noonday Press, 1996.

——. "Periodizing the American Century: Modernism, Postmodernism, and Postcolonialism in the Cold War Context." *Modernism/Modernity* 5 (September 1998): 71–98.

Drimmer, Melvin. "Nietzsche in American Thought, 1895–1925." PhD diss., University of Rochester, 1965.

Drinnon, Richard. *Rebel in Paradise: A Biography of Emma Goldman*. Chicago: University of Chicago Press, 1961.

Drury, Shadia B. *The Political Ideas of Leo Strauss*. 1988. New York: Palgrave Macmillan, 2005.

Dyer, Richard. *Stars*. London: British Film Institute, 1998.

Evans, Christopher H. *The Kingdom Is Always but Coming: A Life of Walter Rauschenbuch*. Grand Rapids, MI: William B. Eerdmans, 2004.

Fass, Paula. "Making and Remaking an Event: The Leopold and Loeb Case in American Culture." *Journal of American History* 80 (December 1993): 919–51.

Festenstein, Matthew, and Simon Thompson, eds. *Richard Rorty: Critical Dialogues*. Cambridge: Polity, 2001.

Fink, Leon. *Progressive Intellectuals and the Dilemmas of Democratic Commitment*. Cambridge, MA: Harvard University Press, 1997.

Fish, Stanley E. "Literature in the Reader: Affective Stylistics." In *Reader Response Criticism: From Formalism to Post-Structuralism*, edited by Jane P. Tompkins, 70–100. Baltimore: Johns Hopkins University Press, 1980.

Fishbein, Leslie. *Rebels in Bohemia: The Radicals of the Masses, 1911–1917*. Chapel Hill: University of North Carolina Press, 1982.

Fite, David. *Harold Bloom: The Rhetoric of Romantic Vision*. Amherst: U Diversity of Massachusetts Press, 1985.

Flaccus, Louis William. *Artists and Thinkers*. New York: Longmans, Green, 1916.

Forth, Christopher E. "Intellectuals, Crowds, and the Body Politics of the Dreyfus Affair." *Historical Reflections / Réflexions Historique* 24 (Spring 1998): 63–92.

——. *Zarathustra in Paris: The Nietzsche Vogue in France, 1891–1918*. De Kalb: Northern Illinois University Press, 2001.

Fox, Richard Wightman. *Jesus in America: Personal Savior, Cultural Hero, National Obsession*. New York: Harper San Francisco, 2004.

Frederick, Peter J. *Knights of the Golden Rule: The Intellectual as Social Reformer in the 1890s*. Lexington: University Press of Kentucky, 1967.

Frenzel, Ivo. *Nietzsche*. Hamburg: Rowohlt, 1966.

Freud, Sigmund. *An Autobiographical Study*. Translated by James Strachey. New York: Norton, 1935.

Friedl, Herwig. "Emerson and Nietzsche: 1862–1874." In *Religion and Philosophy in the United States of America*. Vol. 1, edited by Peter Freese, 267–87. Essen: Die Blaue Eule Verlag, 1987.

——. "Fate, Power, and History in Emerson and Nietzsche." In "Emerson/Nietzsche," special issue, *ESQ: A Journal of the American Renaissance* 43 (1997): 267–93.

Friedman, Michael. *A Parting of the Ways: Carnap, Cassirer, and Heidegger*. Chicago: Open Court, 2000.

Fulton, Ann. *Apostles of Sartre: Existentialism in America, 1945–1963*. Evanston, IL: Northwestern University Press, 1999.

Furniss, Norman F. *The Fundamentalist Controversy, 1918–1931*. New Haven, CT: Yale University Press, 1954.

Galindo, Martha Zapata. *Triumph des Willens zur Macht: Zur Nietzsche Rezeption im NS-Staat*. Hamburg: Argument, 1995.

Gans, Herbert. *Popular Culture and High Culture: An Analysis and Evaluation of*

Taste. New York: Basic Books, 1974.
Geis, Gilbert, and Leigh Bienen. *Crimes of the Century: From Leopold and Laeb to O. J. Simpson*. Boston: Northeastern University Press, 1998.
Gelb, Arthur, and Barbara Gelb. *O'Neill*. New York: Simon and Schuster, 1962.
Gilbert, James. *Writers and Partisans: A History of Literary Radicalism in America*. 1968. New York: Columbia University Press, 1992.
Gilman, Sander. *Difference and Pathology: Stereotypes of Sexuality, Race, and Madness*. Ithaca, NY: Cornell University Press, 1985.
Gilroy, Paul. *Black Atlantic: Modernity and Double-Consciousness*. Cambridge, MA: Harvard University Press, 1993.
Ginzburg, Carlo. *The Cheese and the Worms: The Cosmos of a Sixteenth-Century Miller*. Translated by John Tedeschi and Anne Tedeschi. Baltimore: Johns Hopkins University Press, 1980.
Gitlin, Todd. "Postmodernism: The Stenography of Surfaces." *New Perspectives Quarterly*, Spring 1989, 55–59.
Glass, Loren. *Authors Inc.: Literary Celebrity in the Modern United States, 1880–1980*. New York: New York University Press, 2004.
Goldstein, Philip, and James L. Machor, eds. *New Directions in American Reception Study*. New York: Oxford University Press, 2008.
Goldstein, William. "The Story behind the Best Seller: Allan Bloom's *Closing of the American Mind*." *Publishers Weekly*, July 3, 1987, 25.
Golomb, Jacob. *Nietzsche, Godfather of Fascism? On the Uses and Abuses of a Philosophy*. Princeton, NJ: Princeton University Press, 2002.
Goodman, Russell B., ed. *Contending with Stanley Cavell*. Oxford: Oxford University Press, 2005.
Gorman, Paul R. *Left Intellectuals and Popular Culture in Twentieth-Century America*. Chapel Hill: University of North Carolina Press, 1996.
Graff, Gerald. *Professing Literature: An Institutional History*. Chicago: University of Chicago Press, 1987.
Gragg, Alan. "George Burman Foster." In *Dictionary of Heresy Trials in American Christianity*, edited by George H. Shriver, 142–49. Westport, CT: Greenwood Press, 1997.
——. *George Burman Foster: Religious Humanist. Perspectives in Religious Studies*. Danville, VA: Association of Baptist Professors of Religion, 1978.
Grefe, Maxine. "Apollo in the Wilderness." *An Analysis of the Critical Reception of Goethe in America, 1806–1840*. New York: Garland, 1988.

Gregory, Frederick "The Impact of Darwinian Evolution on Protestant Theology in the Nineteenth Century." In *God and Nature: Historical Essays on the Encounter between Christianity and Science*, edited by David C. Lindberg and Ronald L. Numbers, 369–90. Berkeley: University of California Press, 1986.

Gribble, Richard. *Guardian of America: The Life of James Martin Gillis, CSP*. New York: Paulist Press, 1998.

Grillaert, Nel. *What the God-Seekers Found in Nietzsche: The Reception of Nietzsche's Übermensch by Philosophers of the Russian Religious Renaissance*. Amsterdam: Rodopi, 2008.

Gross, Neil. *Richard Rorty: The Making of an American Philosopher*. Chicago: University of Chicago Press, 2008.

Groth, J. H. "Wilamowitz-Möllendorf on Nietzsche's *Birth of Tragedy*." *Journal of the History of Ideas* II (April 1950): 179–90.

Gullace, Giovanni." The Pragmatist Movement in Italy." *Journal of the History of Ideas* 23 (January–March 1962): 91–105.

Hadot, Pierre. *Philosophy as a Way of Life: Spiritual Exercises from Socrates to Foucault*. Malden, MA: Blackwell, 1995.

Hale, Nathan G., Jr. *The Beginnings of Psychoanalysis in the United States, 1876–1917*. Vol. 1 of *Freud and the Americans*. New York: Oxford University Press, 1971.

——. *The Rise and Crisis of Psychoanalysis in the United States, 1917–1985*. Vol. 2 of *Freud and the Americans*. New York: Oxford University Press, 1995.

Hall, David D. "Readers and Reading in America: Historical and Critical Perspectives." *American Antiquarian Society Proceedings* 103 (1993): 337–57.

Hanighen, Frank C. "Vance Thompson and *M'lle New York*." *Bookman*, September 1932, 78–84.

Hargreaves, Raymond. "Friedrich Nietzsche, 1844–1900." In *Encyclopedia of Literary Translations into English*, edited by Olive Classe, 2: 1001–5. Chicago: Fitzroy Dearborn, 2000.

Harrison, Thomas, ed. *Nietzsche in Italy*. Stanford, CA: Stanford University Press, 1988.

Hathaway, Lillie V. *German Literature in the Mid-Nineteenth Century in England and America as Reflected in the Journals, 1840–1914*. Boston: Chapman and Grimes, 1935.

Hauhart, William Frederic. "The Reception of Goethe's Faust in England in the First Half of the Nineteenth Century." PhD diss., Columbia University, 1909.

Hayden, Deborah. *Pox: Genius, Madness, and the Mysteries of Syphilis*. New York: Basic Books, 2003.

Heider, Ulrike. *Der "Arme Teufel": Robert Reitzel vom Vormärz zum Haymarket*. Bühl-Moos: Elster, 1986.

Heilbut, Anthony. *Exiled in Paradise: German Refugee Artists and Intellectuals in America, from the 1930s to the Present*. 1983. Berkeley: University of California Press, 1997.

Hennesey, James. *American Catholics: A History of the Roman Catholic Community in the United States*. New York: Oxford University Press, 1981.

Herbst, Jurgen. *The German Historical School in American Scholarship: A Study in the Transfer of Culture*. Ithaca, NY: Cornell University Press, 1965.

Herrick, Genevieve Forbes, and John Origen Herrick. *The Life of William Jennings Bryan*. Chicago: Kessinger Publication, 2005.

Higdon, Hal. *The Crime of The Century: The Leopold and Loeb Case*. New York: G. P. Putnam's Sons, 1975.

Higham, John. "The Matrix of Specialization." In *The Organization of Knowledge in Modern America, 1860–1920*, edited by Alexandra Oleson and John Voss, 3–18. Baltimore: Johns Hopkins University Press, 1976.

Hillier, Bevis. *Victorian Studio Photographs*. Boston: David R. Godine, 1976.

Hills, Matt. *Fan Cultures*. London: Routledge, 2002.

Hilu, Virginia, ed. *Beloved Prophet: The Love Letters of Kahlil Gibran and Mary Haskell and Her Private Journal*. New York: Knopf, 1972.

Hobson, Fred. *Mencken: A Life*. New York: Random House, 1994.

Hoeveler, J. David, Jr. *The New Humanism: A Critique of Modern America, 1900–1940*. Charlottesville: University Press of Virginia, 1977.

——. *The Postmodernist Turn: American Thought and Culture in the 1970s*. New York: Twayne, 1996.

Hoffman, Frederick J. *Freudianism and the Literary Mind*. Baton Rouge: Louisiana State University Press, 1945.

——. "Philistine and Puritan in the 1920s." *American Quarterly* 1 (Autumn 1949): 247–263.

Hoffman, Frederick, Charles Allen, and Carolyn Ulrich. *The Little Magazine: A History and a Bibliography*. Princeton, NJ: Princeton University Press, 1946.

Hoffmann, David Marc. *Zur Geschichte des Nietzsche-Archivs*. Berlin: Walter de Gruyter, 1991.

Hofstadter, Richard. *Anti-Intellectualism in American Life*. New York: Knopf,

1963.
——. *Social Darwinism in American Thought*. 1944. Rev. ed. New York: George Braziller, 1959.
Hoganson, Kristin. *Consumers' Imperium. The Global Production of American Domesticity, 1865–1920*. Chapel Hill: University of North Carolina Press, 2007.
Holifield, E. Brooks. *God's Ambassadors: A History of Christian Clergy in America*. Grand Rapids, MI: William B. Eerdmans, 2007.
——. *Theology in America: Christian Thought from the Age of The Puritans to the Civill War*. New Haven, CT: Yale University Press, 2005.
Hollingdale, R. J. *Nietzsche: The Man and His Philosophy*. Rev. ed. Cambridge: Cambridge University Press, 1999.
——. Review of *My Sister and I*, by Friedrich Nietzsche, trans. Oscar Levy. *Journal of Nietzsche Studies* (Autumn 1991): 95–102.
Hollinger, David A., ed. *The Humanities and the Dynamics of Inclusion after World War II*. Baltimore: Johns Hopkins University Press, 2006.
——. "Inquiry and Uplift: Late-Nineteenth-Century American Academics and the Moral Efficacy of Scientific Practice." In *The Authority of Experts: Studies in History and Theory*, edited by Thomas L. Haskell, 142–56. Bloomington: Indiana University Press, 1984.
——. "Justification by Verification: The Scientific Challenge to the Moral Authority of Christianity in Modern America." In *Religion and Twentieth Century American Life*, edited by Michael Lacey, 116–35. New York: Cambridge University Press, 1989.
——. "The Knower and the Artificer." *American Quarterly* 39 (Spring 1987): 37–55.
——. "The Problem of Pragmatism in American History." *Journal of American History* 67 (June 1980): 88–107.
Holub, Robert C. *Reception Theory: A Critical Introduction*. London: Metheun, 1984.
Honeycutt, Dwight A. *Henry Clay Vedder: His Life and Thought*. Atlanta: Baptist History and Heritage Society, 2008.
Hoslett, Schuyler. "The Superman in Nietzsche's Philosophy and in Goethe's Faust." *MFDU* 31 (1939): 294–300.
Hubbard, Stanley. *Nietzsche und Emerson*. Basel: Verlag fur Recht und Gesellschaft AG, 1958.

Hughes, H. Stuart. *Consciousness and Society: The Reorientation of European Social Thought, 1890–1930*. New York: Knopf, 1958.

——. *The Sea Change: The Migration of Social Thought, 1930–1965*. New York: Harper & Row, 1975.

Hummel, Hermann. "Emerson and Nietzsche." *New England Quarterly* 19 (March 1946): 63–84.

Hutchison, William R. "Liberal Protestantism and the 'End of Innocence.'" *American Quarterly* 15 (Summer 1963): 126–39.

——. *The Modernist Impulse in American Protestantism*. Cambridge, MA: Harvard University Press, 1976.

Jackman, Jarrell C., and Carla M. Borden, eds. *The Muses Flee Hitler: Cultural Transfer and Adaptation, 1930–1945*. Washington, DC: Smithsonian Institute Press, 1983.

Jackson, H. J. *Marginalia: Readers Writing in Books*. New Haven, CT: Yale University Press, 2001.

Jacoby, Susan, *The Age of American Unreason*. New York: Pantheon, 2008.

Janz, Curt Paul. *Friedrich Nietzsche Biographie in drei Bänden*. Munich: Hanser, 1978–79.

Jaspers, Karl. *Nietzsche and Christianity*. Translated by E. B. Ashton. Chicago: Regnery, 1961.

——. *Nietzsche: An Introduction to the Understanding of His Philosophical Activity*. Translated by Charles F. Wallraff and Frederick J. Schmitz, 1965. Baltimore: Johns Hopkins University Press, 1997.

Jay, Martin. "Adorno in America." In *Permanent Exiles: Essays on the Intellectual Migration from Germany to America*, 120–37. New York: Columbia University Press, 1986.

——. *The Dialectical Imagination: A History of the Frankfort School and the Institute for Social Research, 1923–1950*. 1973. Berkeley: University of California Press, 1996.

Jenemann, David. *Adorno in America*. Minneapolis: University of Minnesota Press, 2007.

Jennings. Jeremy, and Tony Kemp-Welch, eds. *Intellectuals in Politics: From the Dreyfus Affair to Salman Rushdie*. New York: Routledge, 1997.

Joas, Hans. *Pragmatism and Social Theory*. Chicago: University of Chicago Press, 1993.

Johnson, Linck. "Emerson: America's First Public Intellectual?" *Modern Intellec-*

tual History 2 (April 2005): 135–51.

Johnson, Pauline. "Nierzsche Reception Today." *Radical Philosophy* 80 (1996): 24–33.

Joll, James. "The English, Friedrich Nietzsche and the First World War." In *Deutschland in der Weltpolitik des 19 and 20 Jahrhunderts*, edited by Imanuel Geiss and Bernd Jürgen Wendt, 287–306. Düsseldorf: Bertelsmann Universitatsverlag, 1973.

Jones, Ernest. *Sigmund Freud: Life and Work*. Vol. 3. London: Hogarth Press, 1953–57.

Kateb, George. *Emerson and Self-Reliance*. Thousand Oaks, Ca: Sage, 1995.

Kaufmann, LeRoy. "The Influence of Friedrich Nietzsche on American Literature." PhD diss., University of Pennsylvania, 1963.

Kazin, Alfred. *On Native Grounds: An Interpretation of Modern American Prose Literature*. 1942. San Diego: Harvest, 1995.

Keller, Phyllis. *States of Belonging: German-American Intellectuals and the First World War*. Cambridge, MA: Harvard University Press, 1979.

Kellogg, Walter G. "Harry Thurston Peck." *American Mercury*, September 1933, 83–88.

Kennedy, David M. *Birth Control in America*. New Haven, CT: Yale University Press, 1970.

Kimball, Roger. *Tenured Radicals: How Politics Has Corrupted Our Higher Education*. 1990. 3rd ed., Chicago: Ivan R. Dee, 2008.

King, Richard. *The Party of Eros: Radical Social Thought and the Realm of Freedom*. 1972. Chapel Hill: University of North Carolina Press, 2009.

Kloppenberg, James T. *Uncertain Victory: Social Democracy nd Progressivism in European and American Thought, 1870–1920*. New York: Oxford University Press, 1986.

——. "Pragmatism: An Old Name for Some New Ways of Thinking?" *Journal of American History* 83 (June 1996): 100–138.

Koelb, Clayton, ed. *Nietzsche as Postmodernist. Essays Pro and Contra*. Albany: State University of New York Press, 1990.

Köhnke, Klaus C. *The Rise of Neo-Kantianism: German Academic Philosophy between Idealism and Positivism*. Translated by R. J. Hollingdale. Cambridge: Cambridge University Press, 1991.

Köster, Peter. "Nietzsche-Kritik und Nietzsche Rezeption in der Theologie des 20 Jahrhunderts." *Nietzsche-Studien* 10/11 (1981/1982), 615–85.

Krohn, Claus-Dieter. *Intellectuals in Exile: Refugee Scholars and the New School for Social Research*. Translated by Rita and Robert Kimber. Amherst: University of Massachusetts Press, 1993.

Krummel, Richard Frank. *Nietzsche und der Deutsche Geist*. 2 vols. Berlin: Walter de Gruyter, 1974, 1983.

Kuklick, Bruce. *Churchmen and Philosophers: From Jonathan Edwards to John Dewey*. New Haven, CT: Yale University Press, 1985.

——. *A History of Philosophy in America, 1720–2000*. Oxford: Oxford University Press, 2001.

——. *Josiah Royce: An lntellecttlal Biography*. 1972. Indianapolis: Hackett, 1985.

——. *The Rise of American Philosophy*. New Haven, CT: Yale University Press, 1977.

Lampert, Laurence. *Leo Strauss and Nietzsche*. Chicago: University of Chicago Press, 1996.

Lasch, Christopher. *The New Radicalism in America, 1889–1963: The Intellectual as a Social Type*. New York: Knopf, 1965.

Leach, William. *Land of Desire: Merchants, Power, and the Rise of a New American Culture*. New York: Pantheon, 1993.

Lears, Jackson. *No Place of Grace: Antimodernism and the Transformation of American Culture, 1880–1920*. New York: Pantheon Books, 1981.

——. *Rebirth of a Nation: The Making of Modern America, 1877–1920*. New York: HarperCollins, 2009.

Leitch, Vincent B. *American Literary Criticism from the Thirties to the Eighties*. New York: Columbia University Press, 1988.

Levine, Lawrence. *Highbrow / Low brow: The Emergence of Cultural Hierarchy in America*. Cambridge, MA: Harvard University Press, 1988.

Little, Katherine M. “The ‘Nietzschean’ and the Individualist in Jack London’s Socialist Writings.” *Amerikastudien* 22 (1977): 309–23.

Lopez, Michael, ed. “Emerson / Nietzsche.” Special issue, *ESQ: A Journal of the American Renaissance* 43 (1997).

Lotringer, Sylvère, and Sande Cohen, eds. *French Theory in America*. New York: Routledge, 2001.

Luebke, Frederick C. *Bonds of Loyalty: German-Americans and World War I*. De Kalb: Northern Illinois University Press, 1974.

Luedtke, Luther S. “German Criticism and Reception of Ralph Waldo Emerson.” PhD diss., Brown University, 1971.

Machor, James, and Philip Goldstein, eds. *Reception Study from Literary Theory to Cultural Studies*. New York: Routledge, 2001.

Macksey, Richard, and Eugenio Donato, eds. *The Structuralist Controversy: The Languages of Criticism and the Sciences of Man*. Baltimore: Johns Hopkins University Press, 1970.

Magnus, Bernd. "Nietzsche Today: A View from America." *Intertnational Studies in Philosophy* 15 (1983): 95–103.

——. "Nietzsche and Postmodern Criticism." *Nietzsche-Studien* 18 (1989): 301–16.

Magnus, Bernd, and Kathleen M. Higgins, eds. *The Cambridge Companion to Nietzsche*. Cambridge: Cambridge University Press, 1996.

Malachowski, Alan, ed. *Reading Rorty: Critical Responses to "Philosophy and the Mirror of Nature" (and Beyond)*. Cambridge: Basil Blackwell, 1990.

Manguel, Alberto. *A History of Reading*. New York: Viking, 1996.

Manz, Stefan. "Translating Nietzsche, Mediating Literature: Alexander Tille and the Limits of Anglo-German Intercultural Transfer." *Neophilologus* 91 (January 2007): 117–34.

Marcuse, Ludwig. "Nietzsche in America." *South Atlantic Quarterly* 50 (July 1951): 330–39.

Martin, John E. "Martin Eden, a London Superman Adventurer: A Case Study of the Americanization of European Ideology." In *Die amerikanische Literatur in der Weltliterattur: Themen und Aspekte*, edited by Claus Uhlig and Volker Bischoff, 218–30. Berlin: E. Schmidt, 1982.

Matthews, F. H. "The Americanization of Sigmund Freud: Adaptations of Psychoanalysis before 1917. *Journal of American Studies* I (1967): 39–62.

Matthiessen, F. O. "Irving Babbitt." In *Responsibilities of the Critic: Essays and Reviews*, edited by John Rackliffe, 161–65. New York: Oxford University Press, 1952.

May, Henry F. *The End of American Innocence: A Study of the First Years of Our Own Time, 1912–1917*. New York: Knopf, 1959.

Mayer, Milton. *Robert Maynard Hutchins: A Memoir*. Berkeley: University of California Press, 1993.

Mazlish, Bruce. "Freud and Nietzsche." *Psychoanalytic Review* 55 (1968): 360–75.

McCarraher, Eugene. "Heal Me: 'Personality,' Religion, and the Therapeutic Ethic in Modern America." *Intellectual History Newsletter* 21 (1999): 31–40.

McClay, Wilfred M. *The Masterless: Self & Society in Modern America*. Chapel

Hill: University of North Carolina Press, 1994.
McCormick, John. *George Santayana: A Biography*. New York: Knopf, 1987.
McCumber, John. *Time in the Ditch: American Philosophy and the McCarthy Era*. Evanston, IL: Northwestern University Press, 2001.
McEachran, Frank. "On Translating Nietzsche into English." *Nietzsche-Studien* 6 (1977): 295–99.
McElroy, Wendy. *The Debates of Liberty: An Overview of Individualist Anarchism*. Lanham, NID: Rowman & Littlefield, 2003.
——, ed. *Liberty, 1881–1908: A Comprehensive Index*. St. Paul, MN: Michael E. Coughlin, 1982.
McGrath, William J. *Dionysian Art and Populist Politics in Austria*. New Haven, CT: Yale University Press, 1974.
McKernan, Maureen. *The Amazing Crime and Trial of Leopold and Loeb*. 1924. New York: Signet, 1957.
Menand, Louis. *The Metaphysical Club: A Story of Ideas in America*. New York: Farrar, Straus and Giroux, 2001.
Miller, James. "The Prophet and the Dandy: Philosophy as a Way of Life in Nietzsche and Foucault." *Social Research* 65 (1998): 871–96.
Moore, R. Laurence. "Religion, Secularization, and the Shaping of the Culture Industry in Antebellum America." *American Quarterly* 41 (June 1989): 216–42.
Morgan, Bayard Quincy. *A Critical Bibliography of German Literature in English Translation, 1481–1927*. 2nd ed. Stanford, CA: Stanford University Press, 1938.
Murphy, Brenda. *The Provincetown Players and the Culture of Modernity*. Cambridge: Cambridge University Press, 2005.
Naimy, Mikhail. *Kahlil Gibran: A Biography*. New York: Philosophical Library, 1950.
Nevin, Thomas. *Irving Babbitt: An Intellectual Study*. Chapel Hill: University of North Carolina Press, 1984.
Nicholls, R A. "The Beginnings of the Nietzsche Vogue in Germany." *Modern Philology* 56 (August 1958): 24–37.
Nolte, Ernst. *Nietzsche und der Nietzscheanismus*. Frankfurt am Main: Propylaen, 1990.
Novick, Peter. *That Noble Dream: The 'Objectivity Question' and the American Historical Profession*. Cambridge: Cambridge University Press, 1988.

O'Hara, Daniel. "The Genius of Irony: Nietzsche in Bloom." In *The Yale Critics: Deconstruction in America*, edited by Jonathan Arac, Wlad Godzich, and Wallace Martin, 109–32. Minneapolis: University of Minneapolis Press, 1983.

Orvell, Miles. *The Real Thing: Imitation and Authenticity in American Culture, 1880–1940*. Chapel Hill: University of North Carolina Press, 1989.

Pawlik, Joanna. " 'Various Kinds of Madness': The French Nietzscheans inside America." *Atlantic Studies* 3 (October 2006): 225–44.

Pells, Richard. *The Liberal Mind in a Conservative Age: American Intellectuals in the 1940s and 1950s*. New York: Harper & Row, 1985.

Perry, Jeffrey. *Hubert Harrison: The Voice of Harlem Radicalism, 1883–1918*. New York: Columbia University Press, 2009.

Persons, Stow, ed. *Evolutionary Thought in America*. New Haven, CT: Yale University Press, 1950.

Peters, H. F. *Zarathustras Sister: The Case of Elisabeth and Friedrich Nietzsche*. New York: Crown, 1977.

Pettegrew, John, ed. *A Pragmatists Progress?: Richard Rorty and American Intellectual History*. Lanham, MD: Rowman & Littlefield, 2000.

Pickus, David. "Paperback Authenticity: Walter Kaufmann and Existentialism." *Philosophy and Literature* 34 (April 2010): 17–31.

——. "The Walter Kaufmann Myth: A Study in Academic Judgment." *Nietzsche-Studien* 32 (2003): 226–58.

Pletsch, Carl. *Young Nietzsche: Becoming a Genius*. New York: Free Press, 1991.

Pochmann, Henry A. *German Culture in America: Philosophical and Literary Influences, 1600–1900*. Madison: University of Wisconsin Press, 1957.

Ponce de Leon, Charles L. *Fortunate Son: The Life of Elvis Presley*. New York: Hill and Wang, 2007.

——. *Self-Exposure: Human Interest Journalism and the Emergence of Celebrity in America, 1890–1940*. Chapel Hill: University of North Carolina Press, 2002.

Posnock, Ross. "The Politics of Pragmatism and the Fortunes of the Public Intellectual." *American Literary History* 3 (1991): 566–87.

Price, Kenneth M. "George Santayana and Germany: An Uneasy Relationship." In *Germany and German Thought in American Literature and Cultural Criticism*, edited by Peter Freese, 159–69. Essen: Verlag die Blaue Eule, 1990.

Purcell, Edward A., Jr. *The Crisis of Democratic Theory: Scientific Naturalism and the Problem of Value*. Lexington: University Press of Kentucky, 1973.

Putnam, Hilary. "A Reconsideration of Deweyan Democracy." In *The Pragmatism*

Reader: From Peirce through the Present, ed. Robert B. Talisse and Scott F. Aikin, 331–52. Princeton, NJ: Princeton University Press, 2011.

Putney, Clifford. *Muscular Christianity: Manhood and Sports in Protestant America, 1880–1920*. Cambridge; MA: Harvard University Press, 2001.

Pütz, Manfred, ed. *Nietzsche in American Literature and Thought*. Columbia, SC: Camden House, 1995.

Quigley, John M. *The Superman of Nazareth: Towards a More Jesuan Christianity after Nietzsche*. Sussex: Book Guild, 2000.

Rabinbach, Anson. *In the Shadow of Catastrophe: German Intellectuals between Apocalypse and Enlightenment*. Berkeley: University of California Press, 1997.

Radway, Janice. A, *Feeling for Books: Book-of-the-Month Club, Literary Taste, and Middle-Class Desire*. Chapel Hill: University of North Carolina Press, 1997.

——. "Reading Is Not Eating: Mass-Produced Literarure and the Theoretical, Methodological, and Political Consequences of a Metaphor." *Book Research Quarterly* 2 (Fall 1986): 7–29.

——. *Reading the Romance: Women, Patriarchy, and Popular Literature*. Chapel Hill: University of North Carolina Press, 1984.

Ranchetti, Michele. *The Catholic Modernists: A Study of the Religious Reform Movement, 1864–1907*. Translated by Isabel Quigly. London: Oxford University Press, 1969.

Ratner-Rosenhagen, Jennifer. "Anti-Intellectualisms as Romantic Discourse." *Daedalus: Journal of the American Academy of Arts and Sciences* 138 (Spring 2009): 41–52.

——. "Conventional Iconoclasm: The Cultural Work of the Nietzsche Image in Twentieth-Cenrury America." *Journal of American History* 93 (December 2006): 728–54.

Reichert, Herbert W. "The Present Status of Nietzsche: Nietzsche Literature in the Post-War Era." *Monatshefte* 51 (March 1959): 103–20.

Reichert, Herbert, and Karl Schlechta, eds. *The International Nietzsche Bibliography*. 1960. Chapel Hill: University of North Carolina Press, 1968.

Reuben, Julie A. *The Making of the Modern University: Intellechtal Transformation and the Marginalization of Morality*. Chicago: University of Chicago Press, 1996.

Reynolds, Larry J. *European Revolutions and the American Literary Renaissance*. New Haven, CT: Yale University Press, 1988.

Richardson, Robert D., Jr. *Emerson: The Mind on Fire*. Berkeley: University of California Press, 1995.

Rockmore, Tom, and Beth J. Singer, eds. *Antifoundationalism Old and New*. Philadelphia: Temple University Press, 1992.

Rodgers, Daniel T. *Atlantic Crossings: Social Politics in a Progressive Age*. Cambridge, MA: Harvard University Press, Belknap Press, 1998.

Rodgers, Marion Elizabeth. *Mencken: The American Iconoclast*. New York: Oxford University Press, 2005.

Rosenthal, Bernice Glatzer, ed. *Nietzsche in Russia*. Princeton, NJ: Princeton University Press, 1986.

Rosenzweig, Roy. *Eight Hours for What We Will. Workers and Leisure in an Industrial City, 1870–1920*. Cambridge: Cambridge University Press, 1983.

Ross, Andrew. *No Respect: Intellectuals and Popular Culture*. New York: Routledge, 1998.

Ross, Dorothy, ed. *Modernist Impulses in the Human Sciences, 1870–1930*. Baltimore: Johns Hopkins University Press, 1994.

——. *The Origins of American Social Science*. Cambridge: Cambridge University Press, 1991.

Rubin, Joan Shelley. *The Making of Middlebrow Culture*. Chapel Hill: University of North Carolina Press, 1992.

Rusk, Ralph L. *The Life of Ralph Waldo Emerson*. New York: C. Scribner, 1949.

Saatkamp, Hennan J., Jr. *Rorty and Pragmatism. The Philosopher Responds to His Critics*. Nashville: Vanderbilt University Press, 1995.

Safranski, Rüdiger. *Nietzsche: A Philosophical Biography*. Translated by Shelley Frisch. New York: Norton, 2002.

Said, Edward. "The Franco-American Dialogue." In *Traveling Theory: France and the United States*, edited by Ieme Van der Poel, Sophie Bertho, and Ton Hoenselaars, 134–56. Madison, NJ: Fairleigh Dickinson University Press, 1999.

Santaniello, Weaver, ed. *Nietzsche and the Gods*. Albany: State University of New York Press, 2001.

Schaberg, William H. *The Nietzsche Canon: A Publication History and Bibliography*. Chicago: University of Chicago Press, 1995.

Schacht, Richard. "Nietzsche and Nihilism." *Journal of the History of Philosophy* 11 (January 1973): 65–90.

——. "Nietzsche's Gay Science; or, How to Naturalize Cheerfully." in *Reading*

Nietzsche, edited by Robert C. Solomon and Kathleen M. Higgins, 68–86. Oxford: Oxford University Press, 1988.

——. "Philosophy as Linguistic Analysis: A Nietzschean Critic." *Philosophical Studies* 25 (1973): 153–71.

Schlesinger Arthur M., Jr., and Morton White, eds. *Paths of American Thought*. Boston: Houghton Mifflin, 1963.

Schottlaender, Rudolf. "Two Dionysians: Emerson and Nietzsche." *South Atlantic Quarterly* 39 (July 1940): 330–43.

Schrift, Alan D. *Nietzsche's French Legacy: A Genealogy of Poststructuralism*. New York: Routledge, 1995.

Schwab, Arnold T. *James Gibbons Huneker: Critic of the Seven Arts*. Stanford, CA: Stanford University Press, 1963.

Schwarke, Christian. *Jesus kam nach Washington: Die Legitimation der amerikanischen Demokratie aus den Geist des Protestantismus*. Gütersloh: Gütersloher Verlag, 1991.

Shaw, Daniel. "Rorty and Nietzsche: Some Elective Affinities." *International Studies in Philosophy* 21 (1989): 3–4.

Shore, Elliott, Ken Fones-Wolf, and James P. Danky, eds. *The German-American Radical Press: The Shaping of a Left Political Culture, 1850–1940*. Urbana: University of Illinois Press, 1992.

Sicherman, Barbara. *Well-Read Lives: How Books Inspired a Generation of American Women*. Chapel Hill: University of North Carolina Press, 2010.

Simon, Julius. *Über Emerson Einfluss in Deutschland (1851–1932)*. Berlin: Junker & Dünnhaupt, 1937.

Smith, Barry, ed. *European Philosophy and the American Academy*. La Salle, IL: Hegeler Institute, 1994.

Smith, Gregory Bruce. *Nietzsche, Heidegger and the Transition to Postmodernity*. Chicago: University of Chicago Press, 1996.

Smith, Steven B., ed. *The Cambridge Companion to Leo Strauss*. Cambridge: Cambridge University Press, 2009.

Snider, Nancy V. "An Annotated Bibliography of English Works on Friedrich Nietzsche." PhD diss., University of Michigan, 1962.

Sobejano, Gonzalo. *Nietzsche en España*. Madrid: Editorial Gredos, 1967.

Sokel, Walter. "Political Uses and Abuses of Nietzsche in Walter Kaufmann's Image of Nietzsche." *Nietzsche-Studien* 12 (1983): 436–42.

Soll, Ivan. "Walter Kaufmann and the Advocacy of German Thought in America."

Paedagogica Historica 33 (1997): 117–33.
Sollors, Werner. *Beyond Ethnicity: Consent and Descent in American Culture*. New York: Oxford University Press, 1986.
Solomon, Robert C., ed. *Nietzsche: A Collection of Critical Essays*. Garden City, NY: Anchor Press, 1973.
Stack, George J. *Nietzsche and Emerson: An Elective Affinity*. Athens: Ohio University Press, 1992.
——. "Nietzsche's Influence on Pragmatic Humanism." *Journal of the History of Philosophy* 20 (1982): 369–406.
Stambaugh, Joan. *Nietzsche's Thought of Eternal Return*. Baltimore: Johns Hopkins University Press, 1972.
Stanislawski, Michael. *Zionism and the Fin de Siecle: Cosmopolitanism and Nationalism from Nordau to Jabotinsky*. Berkeley: University of California Press, 2001.
Stansell, Christine. *American Moderns: Bohemian New York and the Creation of a New Century*. New York: Henry Holt, Metropolitan Books, 2000.
Steel, Ronald. *Walter Lippmann and the American Century*. Boston: Little, Brown, 1980.
Steilberg, Hays Alan. *Die amerikanische Nietzsche-Rezeption von 1896 bis 1950*. Berlin: Walter de Gruyter, 1996.
Stewart, Walter. "My Sister and I: The Disputed Nietzsche." *Thought* 61 (1986): 321–25.
Stone, Dan. *Breeding Superman: Nietzsche, Race and Eugenics in Edwardian and Interwar Britain*. Liverpool: Liverpool University Press, 2002.
Strong, Bryan. "Images of Nietzsche in America, 1900–1970." *South Atlantic Quarterly* 70 (Autumn 1971): 575–94.
Strong, Tracy B. *Friedrich Nietzsche and the Politics of Transfiguration*. 1975. Exp. ed. Urbana: University of Illinois Press, 2000.
Susman, Warren. *Culture as History: The Transformation of American Society in the Twentieth Century*. New York: Pantheon Books, 1973.
Tanner, Michael. *Nietzsche*. Oxford: Oxford University Press, 1994.
Tanselle, G. Thomas. *The History of Books as a Field of Study*. Chapel Hill: University of North Carolina Press, 1981.
Tatlock, Lynne, and Matt Erlin. *German Culture in Nineteenth-Century America: Reception, Adaptation, Transformation. Rochester*, NY: Camden House, 2005.
Taubeneck, Steven. "Nietzsche in North America: Walter Kaufmann and After."

Translator's afterword to *Confrontations: Derrida / Heidegger / Nietzsche*, by Ernst Behler, 159–77. Stanford, CA: Stanford University Press, 1991.

Thatcher, David S. *Nietzsche in England, 1890–1914: The Growth of a Reputation*. Toronto: University of Toronto Press, 1970.

Thomas, R. Hinton. *Nietzsche in German Politics and Society, 1890–1918*. Manchester: Manchester University Press, 1983.

Tolzmann, Don Heinrich. *The German-American Experience*. Amherst, MA: Humanity, 2000.

Turner, James. *Without God, Without Creed: The Origins of Unbelief in America*. Baltimore: Johns Hopkins University Press, 1986.

Vance, Norman. *The Sinews of the Spirit: The Ideal of Christian Manliness in Victorian Literature and Religious Thought*. Cambridge: Cambridge University Press, 1985.

Van der Will, Wilfried. "Nietzsche in America: Fashion and Fascination." *History of European Ideas* 11 (1989): 1015–23.

Veysey, Laurence R. *The Emergence of the American University*. Chicago: University of Chicago Press, 1965.

Vivarelli, Vivetta. "Nietzsche und Emerson: Über einige Pfade in Zarathustras metaphorischer Landschaft." *Nietzsche-Studien* 16 (1987): 227–63.

Von Eschen, Penny. *Race against Empire: Black Americans and Anticolonialism, 1937–1957*. Ithaca, NY: Cornell University Press, 1997.

Von Grueningen, John Paul. "Goethe in American Periodicals from 1860–1900." PhD diss., University of Wisconsin, 1931.

Von Petzold, Gertrud. "Nietzsche in englisch-amerikanischer Beurteilung bis zum Ausgang des Weltkrieges." *Anglia* 53 (1929): 134–217.

Waite, Robert G. L. *The Psychopathic God: Adolf Hitler*. New York: Basic Books, 1977.

Waterfield, Robin. *Prophet: The Life and Times of Kahlil Gibran*. New York: St. Martin's Press, 1998.

Watson, James R., ed. *Portraits of American Continental Philosophers*. Bloomington: Indiana University Press, 1999.

Weber, Paul C. *America in Imaginative German Literature in the First Half of the Nineteenth Century*. New York: Columbia University Press, 1926.

Weir, David. *Decadent Culture in the United States: Art and Literature against the American Grain, 1890–1926*. Albany: State University of New York Press, 2008.

Weiss-Rosmarin, Trude. "An Interview with Walter Kaufmann." *Judaism* 30 (Winter, 1981): 120–28.

Welter, Barbara. "The Feminization of American Religion, 1800–1860." in *Dimity Convictions: The American Woman in the Nineteenth Century*, 83–102. Athens: Ohio University Press, 1976.

Westbrook, Robert B. *Democratic Hope: Pragmatism and the Politics of Truth*. Ithaca, NY: Cornell University Press, 2005.

——. *John Dewey and American Democracy*. Ithaca, NY: Cornell University Press, 1991.

Wetzsteon, Ross. *Republic of Dreams: Greenwich Village, the American Bohemia, 1910–1960*. New York: Simon and Schuster, 2002.

White, Morton. *Social Thought in America: The Revolt against Formalism*. 1949. Rev. ed., Boston: Beacon., 1957.

Wiebe, Robert H. *The Search for Order, 1877–1920*. 1967, New York: Hill and Wang, 1994.

Wilcox, John T. *Truth and Value in Nietzsche: A Study of His Metaethics and Epistemology*. Ann Arbor: University of Michigan Press, 1974.

Williams, Linda. *Nietzsches Mirror: The World as Will to Power*. Lanham, MD: Rowman and Littlefield, 2001.

Williams, Raymond. *Keywords: A Vacabulary of Culture and Society*. London: Fontana, Croom, Helm, 1976.

Williamson, George S. *The Longing for Myth in Germany: Religion and Aesthetic Culture from Romanticism to Nietzsche*. Chicago: University of Chicago Press, 2004.

Wilson, Daniel J. *Science, Community, and the Transformation of American Philosophy, 1860–1930*. Chicago: University of Chicago Press, 1990.

Winterer, Caroline. *Mirror of Antiquity: American Women and the Classical Tradition, 1750–1900*. Ithaca, NY: Cornell University Press, 2007.

Woessner, Martin. "Being Here: Heidegger in America." PhD diss., City University of New York, 2006.

Wolin, Richard. *Heidegger's Children: Hannah Arendt, Karl Löwith, Hans Jonas, and Herbert Marcuse*. Princeton, NJ: Princeton University Press, 2001.

——. *The Seduction of Unreason: The Intellectual Romance with Fascism from Nietzsche to Postmodernism*. Princeton, NJ: Princeton University Press, 2004.

Woods, Thomas E., Jr. *The Church Confronts Modernity: Catholic Intellectuals and the Progressive Era*. New York: Columbia University Press, 2004.

Yack, Bernard. *The Longing for Total Revolution: Philosophical Sources of Social Discontent: From Rousseau to Marx and Nietzsche*. Princeton, NJ: Princeton University Press, 1986.

原　注

プロローグ

(1)　フリードリッヒ・ニーチェ。R. J. Hollingdale, *Nietzsche: The Man and His Philosophy*, rev. ed. (Cambridge: Cambridge University Press, 1999), 132 からの引用〔ペーター・ガスト宛，ジルス・マリーア発，1881年8月14日付書簡。邦訳『ニーチェ全集別巻1　ニーチェ書簡集Ⅰ』塚越敏訳，筑摩書房，1994年，502頁〕。

(2)　Elise Fincke to Friedrich Nietzsche, 1881, in *Briefwechsel: Kritische Gesamtausgabe* III.2 ed. Giorgio Colli and Mazzino Montinari (Berlin: Walter de Gruyer, 1975–2004), 204（以下 *KGB* と表記）。この翻訳ならびに他のすべての翻訳は，特記された場合を除き，著者（ラトナー＝ローゼンハーゲン）による。題辞はすべてみな書誌で挙げるニーチェの翻訳からの引用である。

(3)　Friedrich Nietzsche to Elise Fincke, March 20, 1882. in ibid., III.1, 181.

(4)　フリードリッヒ・ニーチェ（Elise Fincke to Nietzsche, 1881 の裏側のメモ，1881年），Klassik Stiftung Weimar, Goethe- und Schiller-Archiv, Weimar, Germany（以下 GSA と表記），71/BW48。

(5)　Gustav Dannreuther to Friedrich Nietzsche, May 29, 1882, *KGB* III.2, 256.

(6)　フリードリッヒ・ニーチェ『悦ばしき知識』(1882)。英訳は *The Gay Science*, ウォルター・カウフマン訳（New York: Vintage Books, 1974), 303〔『ニーチェ全集8　悦ばしき知識』信太正三訳，筑摩書房，1993年，399頁〕。ヨーロッパ思想の中のアメリカの全体像については，以下の文献を参照のこと。James W. Ceaser, *Reconstructing America: The Symbol of America in Modern Thought*, (New Haven, CT: Yale University Press, 1999); Melvin Lasky, "America and Europe: Transatlantic Images", ならびに Marcus Cunliffe, "European Images of America", in *Paths of American Thought,* ed. Arthur M. Schlesinger Jr. and Morton White (New York: Houghton Mifflin, 1963) 465–514. アメリカに対するドイツ独特の観点については，次の文献で論じられている。Dan Diner, *America in the Eyes of the Germans: An Essay on Anti-Americanism* (Princeton, NJ: Markus Wiener, 1996); Paul C. Weber,

America in Imaginative German Literature in the First Half of the Nineteenth Century (New York: Columbia University Press, 1926).

(7) Friedrich Nietzsche, *Sämtliche Werke: Kritische Studienausgabe*, ed. Georgio Colli and Mazzino Montinari (Berlin: Walter de Gruyter, 1999), 9, 7 [229], 365(以下 *KSA*〔批判的学習版〕と表記)。Friedrich Nietzsche to Paul Rée, June 1877, in *KGB* II.5, 246. Nietzsche, *KSA* 9, 7 [100], 338.

(8) Nietzsche, *Gay Science*, 258–59.〔前掲『悦ばしき知識』, 341–42 頁〕

(9) フリードリッヒ・ニーチェ『人間的な，あまりに人間的な』(1878) 英訳 *Human, All Too Human*, R. J. ホリングデール訳 (Cambridge: Cambridge University Press, 1996), 132〔『ニーチェ全集5 人間的，あまりに人間的 I』池尾健一訳，筑摩書房，1994 年，300 頁，『ニーチェ全集6 人間的，あまりに人間的 II』中島義生訳，筑摩書房，1994 年〕。1884 年にニーチェは「アメリカ人は余りに速く使い果たされている。未来の世界の力というのはおそらく見かけだけである」と考えている。Nietzsche, *KSA*, 11, 26〔247〕, 215.

(10) Friedrich Nietzsche to Franz Overbeck, December, 24, 1883, in *KGB* III.1, 463.

(11) Ralph Waldo Emerson, *The Journals and Miscellaneous Notebooks of Ralph Waldo Emerson*, vol. 8, ed. William Gilman and J. E. Pearsons (Cambridge, MA: Harvard University Press, Belknap Press 1970), 368. 次も参照のこと。Ralph Waldo Emerson, "Prospects", in *The Early Lectures of Ralph Waldo Emerson*, vol. 3, ed. Robert E. Spiller and Wallace E. Williams (Cambridge, MA: Harvard University Press, Belknap Press, 1970), 368.

(12) ニーチェはドイツ語訳の言葉遣いを少し変えている。エマソンの論文「歴史」(1841) は原文では次のようになっている。「詩人にとって，哲学者にとって，聖人にとって，いかなるものも親しげでかつ貴い。あらゆる出来事が有益であり，一日一日が神聖であり，全ての人間が神々しい」，ラルフ・ウォルド・エマソン「歴史」より。『エッセー第一集』(1841) 所収。*The Collected Works of Ralph Waldo Emerson*, vol. 2, ed. Alfred R. Ferguson and Jean Ferguson Carr, (Cambridge, MA: Harvard University Press, Belknap Press, 1979) 8〔『エマソン選集2 精神について』所収，入江勇起男訳，日本教文社，1961 年，12 頁〕. あらゆる喜び，痛み，そして苦しみをあたかも自ら欲したもののごとく扱う，個人個人にとって有益なものであるかのごとく扱うという考え方は，後にニーチェの「運命愛」の土台を形作る。またニーチェが哲学者の仕事を理解する仕方ともなる。1882 年のクリスマスに，ニーチェはフランツ・オーヴァーベックへ書き送っている。「錬金術師の

芸当でも考案して，この泥から金でも造りださないなら，僕はだめになってしまう。――僕にとって「あらゆる体験が役立ち，毎日が聖なる日で，すべての人間が神々しく」見える !!! とこう論証する世にも素晴らしいチャンスが僕にはあるのだ」(Friedrich Nietzsche to Franz Overbeck, December, 25, 1882, in *KGB* III.1, 312)〔前掲『ニーチェ全集別巻 1　ニーチェ書簡集 I』所収，597 頁〕。

(13)　Ralph Waldo Emerson, "Fate," from *The Conduct of Life* (1860), *The Collected Works of Ralph Waldo Emerson,* vol. 6, ed. Douglas Emory Wilson (Cambridge, MA: Harvard University Press, Belknap Press, 2003), 1〔『エマソン論文集』下，酒本雅之訳，岩波書店，1973 年，185 頁 ;『エマソン選集 3　生活について』小泉一郎訳，日本教文社，1961 年，3 頁〕。

(14)　Friedrich Nietzsche to Carl von Gersdorff, September 24, 1874, *KGB* II.3, 258. Ludwig Marcuse, "Nietzsche in America," *South Atlantic Quarterly* 50 (July 1951), 332.

(15)　Harold Bloom, *Genius: A Mosaic of One Hundred Exemplary Creative Minds*, (New York: Warner Books, 2002), 195.

(16)　フリードリッヒ・ニーチェ『偶像の黄昏』(1889)，英訳は "*Twilight of the Idols and The Anti-Christ*", R. J. ホリングデール訳 (New York: Penguin 1990), 86〔『ニーチェ全集 14　偶像の黄昏　反キリスト者』原佑訳，筑摩書房，1994 年，100 頁〕。

(17)　Nietzsche, *Gay Science*, 146〔前掲『悦ばしき知識』，170 頁〕. Nietzsche, *KSA*, 9, 12 [151], 602.

(18)　ニーチェの作品群の時期区分については，Keith Ansell Pearson ed. "*A Companion to Nietzsche*" (Malden, MA: Blackwell 2006) 所収の Pearson "Friedrich Nietzsche: An Introduction to His Life, Thought and Work" 1–21 参照。Linda L. Williams, *Nietzsche's Mirror: The World as Will to Power* (Lanham, MD: Rowman and Littlefield 2001) 3 ; Ruth Abbey, *Nietzsche's Middle Period* (New York: Oxford University Press, 2000), xi–xvii. アビーはルー・アンドレアス・ザロメが最初に *Friedrich Nietzsche in seinen Werken* (1894: Redding Ridge, CT: Black Swan Books, 1988) の中で，三期の図式を広めたと指摘している〔『ルー・ザロメ著作集 3　ニーチェ　人と作品』原佑訳，以文社，1974 年〕。

(19)　ニーチェに対するエマソンの影響についての，最も包括的な研究は George J. Stack, *Nietzsche and Emerson: An Elective Affinity* (Athens: Ohio University Press, 1992) である。エマソンに対するニーチェの関心についての系統的な研究は，1930 年代に Eduard Baumgarten のニーチェ文庫での

研究に始まった。後にバウムガルテンは“Mitteilungen und Bemerkungen über den Einfluss Emersons auf Nietzsche”と題して出版した（*Jahrbuch für Amerikastudien* 1, 1956: 93–152）。ニーチェによるエマソンの読書についての研究で，他の重要なものは以下のとおりである。Herwig Friedl, “Emerson and Nietzsche: 1862–1874”, Peter Freese ed., *Religion and Philosophy in the United States of America*（Essen: Die Blaue Eule Verlag, 1987），1: 267–87; Stanley Hubbard, *Nietzsche und Emerson*（Basel: Verlag für Recht und Gesellschaft, 1958）; Hermann Hummel, “Emerson and Nietzsche “, *New England Quarterly* 19（March 1946）63–84; Rudolf Schottlaender, “Two Dionysians: Emerson and Nietzsche”, *South Atlantic Quarterly* 39（July 1940），330–43; Thomas H. Brobjer, *Nietzsche and the “English”: The Influence of British and American Thinking on His Philosophy*（Amherst, NY: Humanity Books, 2008），155–66; Vivetta Vivarelli, “Nietzsche und Emerson: Über einige Pfade in Zarathustras metaphorischer Landschaft”, *Nietzsche Studien* 16（1987），227–63, また Michael Lopez ed. *ESQ: A Journal of the American Renaissance* 43（1997）の「エマソン・ニーチェ特集号」所収の諸論文など。ドイツの思想へのエマソンの影響についてはJulius Simon, *Über Emersons Einfluss in Deutschland (1851–1932)*（Berlin: Junker und Dünnhaupt, 1937）ならびにLuther S. Luedtke, “German Criticism and Reception of Ralph Waldo Emerson”（PhD. diss, Brown University, 1971）を参照のこと。

(20) ニーチェが所有していたエマソンのテクストは次のとおりである。Ralph Waldo Emerson, *Die Führung des Lebens: Gedanken und Studien*, trans. E. S. v. Mühlenberg（Leipzig: Steinacker, 1862）; Ralph Waldo Emerson, “Historic Notes of Life and Letters in Massachusettes”, *Atlantic Monthly*, October 1883, 529–43; Ralph Waldo Emerson, *New Essays*（Letters and Social Aims）1875, trans. Julian Schmidt（Stuttgart: Abenheim, 1876）; Ralph Waldo Emerson, *Über Goethe und Shakespeare: Aus dem Englischen nebst einer Kritik der Schriften Emersons von Hermann Grimm*（Hannover: Rümpler, 1857）; Ralph Waldo Emerson, *Versuche*（Essays, 1841），ed. G. Fabricius（Hannover: C.Meyer, 1858）。Brobjer, *Nietzsche and the “English,”* 159–60, 282–83 を参照のこと。

(21) Brobjer, Nietzsche and the “English,” 162, 293–325.

(22) フリードリッヒ・ニーチェ「休み中の勉強プラン」Autobiographisches aus den Jahren 1856–1869, *Werke in drei Bänden*, vol. 3, ed. Karl Schlechta（München: Carl Hanser Verlag, 1954–1956），106–7〔「1862年の記録」『ニー

チェ全集15　この人を見よ　自伝集』川原栄峰訳，筑摩書房，1994年，358頁〕.

(23)　Nietzsche to Gersdorff, *KGB* II.3, 258.

(24)　Baumgarten, "Mitteilungen und Bemerkungen", 110, 112.

(25)　George Kateb, *Emerson and Self-Reliance* (Thousand Oaks, CA: Sage, 1995), xxix.

(26)　Friedl, "Emerson and Nietzsche", 267–68, 283.

(27)　Ralph Waldo Emerson, *Representative Men* (1850), in *The Collected Works of Ralph Waldo Emerson*, vol. 4, ed. Douglas Emory Wilson (Cambridge, MA: Harvard University Press, Belknap Press 1987), 4〔『エマソン選集6　代表的人間像』酒本雅之訳，1961年，日本教文社，255頁〕.

(28)　Nietzsche, Autobiographisches aus den Jahren 1856–1869 (Aus den Jahren 1868–69), *Werke in drei Bänden*, 3: 151〔「1868–69年の記録」，前掲『ニーチェ全集15　この人を見よ　自伝集』，436–37頁〕.

(29)　ニーチェのプフォルタ学院での経験については次のものを参照のこと。Carl Pletsch, *Young Nietzsche: Becoming a Genius* (New York: Free Press, 1991), 46–62; Curtis Cate, *Friedrich Nietzsche* (Woodstock, NY: Overlook Press, 2005), 17–39そしてHollingdale, *Nietzsche*, 18–27.

(30)　Nietzsche, *Werke in drei Bänden,* 3: 75. Aus den Jahren 1859, Pforta V.〔「1859年の記録」，前掲『ニーチェ全集15　この人を見よ　自伝集』，306頁〕.

(31)　プフォルタ学院時代以降の，ニーチェのキリスト教への関わりの——そしてキリスト教についての考え方の——変化については以下を参照のこと。Jörg Salaquarda, "Nietzsche and the Judeo-Christian Tradition", in *The Cambridge Companion to Nietzsche*, ed. Bernd Magnus and Kathleen M. Higgins (Cambridge: Cambridge University Press, 1996), 90–118ならびにThomas Brobjer, "Nietzsche's Changing Relation with Christianity: Nietzsche as Christian, Atheist, and Antichrist," in *Nietzsche and the Gods*, ed. Weaver Santaniello (Albany: State University of New York Press, 2001), 137–58。

(32)　Friedrich Nietzsche, *Friedrich Nietzsche: Werke und Briefe; Historisch-Kritische Gesammtausgabe*, vol. 2, ed. Hans Joachim Mette (Munich: Beck, 1933), 68（以下*HKG*〔ヒストーリッシュ・クリティッシェ版全集〕と表記）.〔現在は*Friedrich Nietzsche Jugendschriften 2 1861–1864*, ed. Hans Joachim Mette, München, Deutscher Taschenbuch Verlag 1994に所収〕

(33)　Nietzsche, *Werke in drei Bänden*, vol. 3, 151〔「1868–69年の記録」，前掲『ニーチェ全集15　この人を見よ　自伝集』，437頁〕. ニーチェの青春期の危機と「ゲルマニア」への避難についてはPletsch, *Young Nietzsche*, 51–58

を参照のこと。

（34） Brobjer, *Nietzsche and the "English,"* 155.

（35） Nietzsche, *HKG* 2: 221〔「休み中の勉強プラン」，前掲『ニーチェ全集15 この人を見よ　自伝集』，358頁〕.

（36） Friedrich Nietzsche, "Fate and History: Thoughts," in *The Nietzsche Reader*, ed. Keith Ansell Pearson and Duncan Large（Malden, MA: Blackwell, 2006）, 14.

（37） Ralph Waldo Emerson, "Quotation and Originality," *Letters and Social Aims*（1875）, in *The Collected Works of Ralph Waldo Emerson,* vol. 8, ed. Joel Myerson（Cambridge, MA: Harvard University Press, Belknap Press, 2010）94. 107.

（38） Herwig Friedl はこの点を指摘している。それだけでなく，ニーチェが哲学的関心に向けて諸概念を形成し始めたとき，ニーチェにとってエマソンがいかに重要であったかをも示している。Friedl "Emerson and Nietzsche" を参照のこと。

（39） Nietzsche, "Fate and History," 12–13.

（40） Emerson, "Fate," 5〔「運命」『エマソン論文集』下巻，酒本雅之訳，岩波書店，1973年，192頁〕。

（41） Nietzsche, "Fate and History," 14.

（42） Emerson, "Fate," 5〔邦訳前掲，191–92頁〕.

（43） Nietzsche, "Fate and History," 14.

（44） Emerson, "Fate," 26〔邦訳前掲，232–33頁〕.

（45） Nietzsche, "Fate and History," 14.

（46） Emerson, "Fate," 2〔邦訳前掲，186頁〕.

（47） Nietzsche, "Fate and History," 14.

（48） Emerson, "Fate," 26〔邦訳前掲，232頁〕.

（49） Emerson, "Fate," 25, 17〔邦訳前掲，231, 214頁〕.

（50） Nietzsche, "Freedom of Will and Fate," 16–17. ニーチェはエマソンの「運命」の巻頭詩からの詩行（「思考の表現として姿を現わす／事物はつねに思考と合致する」）を，自分の所蔵するE. S. v. ミューレンベルクのドイツ語訳版から引用している。エマソンの原作では次のようにある。「こんなふうに兆となって現われたものには／予知が固いきずなで結びついているからだ」〔邦訳前掲，183頁〕

（51） Emerson, "Fate," 26〔邦訳前掲，232頁〕.

（52） Nietzsche, "Fate and History," 12–13.「この一つの事実を世人は忌み嫌う，すなわち，精神はなるものであることを」。Emerson, "Self-Reliance," *Essays:*

First Series, in *Collected Works of Ralph Waldo Emerson,* vol. 2, 40〔「自己信頼」『エマソン選集 2　精神について』入江勇起男訳，日本教文社，1961 年，62 頁；『エマソン論文集』上，酒本雅之訳，岩波書店，1972 年，218 頁〕.

(53)　Nietzsche, "Fate and History," 12–13.

(54)　Nietzsche, *HKG* 2: 334.

(55)　この点を発見したのはエドゥアルト・バウムガルテンである。ニーチェは自分の所有する「精神の法則」の余白に「この人を見よ」と書いている。ニーチェが下線を引いている次の一節の隣に。「こそこそと忍び歩きをして廻り，自分の名を否認しようと，自分の作品を天体の運行と一体のものとして天の蒼穹に表したものと見ようとも，世界は確かにその人が自分自身の行動と生活に対して持つ見解を受け容れるものである。これと同じ事実があらゆる教育に行きわたっている。人は行動によって教えるものであって，ほかに教える方法はない」。Baumgarten, "Mitteilungen und Bemerkungen," Table III, 142〔「精神の法則」『エマソン選集 2　精神について』入江勇起男訳，日本教文社，1961 年，136–37 頁；「霊の法則」『エマソン論文集』上，酒本雅之訳，岩波書店，1972 年，305 頁〕.

(56)　Nietzsche, *KSA* 14: 476–77.

(57)　Walter Kaufmann, 翻訳者による序文, Nietzsche, *Gay Science*, 10–11.

(58)　Emerson, "Fate," 16〔邦訳前掲，212 頁〕; Friedrich Nietzsche, "On the Uses and Disadvantages of History for Life" (1874) in *Untimely Meditations*, trans. R. J. Hollingdale and ed. Daniel Breazeale (Cambridge: Cambridge University Press, 1997), 62〔『ニーチェ全集 4　反時代的考察』小倉志祥訳，筑摩書房，1993 年，125 頁〕; Emerson, "Fate," 14〔邦訳前掲，208 頁〕; Nietzsche, "On the Uses and Disadvantages," 106〔邦訳前掲，194 頁〕.

(59)　Emerson, "Power," in *Conduct of Life*, 28〔「力」『エマソン選集 3　生活について』小泉一郎訳，日本教文社，1961 年，51 頁〕; Nietzsche, *Beyond Good and Evil* (1886) trans. Walter Kaufmann (New York: Vintage, 1989), 203〔『善悪の彼岸』『ニーチェ全集第二巻（第II期）』吉村博次訳，白水社，1983 年，294 頁。前掲筑摩書房版『ニーチェ全集 11　善悪の彼岸　道徳の系譜』，304–05 頁においては，ニーチェの原文の強調（傍点）がなされていない〕.

(60)　Emerson, "Self-Reliance," 40〔「自己信頼」，前掲『エマソン選集 2　精神について』，61–62 頁，前掲『エマソン論文集』上，218 頁〕.

(61)　Nietzsche, "On the Uses and Disadvantages of History for Life," 62〔邦訳前掲，125 頁〕.

(62)　Emerson, "Divinity School Address" (1838), in *The Collected Works of*

Ralph Waldo Emerson, vol. 1, ed. Alfred R. Ferguson (Cambridge, MA: Harvard University Press, Belknap Press, 1971), 84〔「神学部講演」, 前掲『エマソン論文集』上, 169 頁,『エマソン選集 1　自然について』斉藤光訳, 日本教文社, 1960 年, 164 頁〕; Nietzsche, *Gay Science*, 181〔邦訳前掲, 220 頁〕.

(63)　Emerson, "Compensation" (1841), in *The Collected Works of Ralph Waldo Emerson*, vol. 2, 69〔「償い」, 前掲『エマソン論文集』上, 269 頁, 前掲『エマソン選集 2　精神について』, 105–06 頁〕; Nietzsche, *Twilight of the Idols,* 33〔邦訳前掲, 16 頁〕.

(64)　Baumgarten, "Mitteilungen und Bemerkungen," 105.

(65)　Friedrich Nietzsche to Carl von Gersdorff, April 7, 1866, *HKG* 2: 960〔前掲『ニーチェ全集別巻 1　ニーチェ書簡集 I』, 81 頁〕.

(66)　Nietzsche, *Twilight of the Idols,* 76–77〔前掲『ニーチェ全集 14　偶像の黄昏　反キリスト者』, 85 頁〕.

(67)　Emerson, "History," *The Collected Works*. vol. 2, 13.(原文ではエマソンは「知的ノマディズム」と言及している。) Nietzsche, *Human, All Too Human*, 6〔「歴史」, 前掲『エマソン選集 2　精神について』, 20 頁。選集の訳者は「知的遊牧生活」と訳している。前掲『ニーチェ全集 5　人間的, あまりに人間的 I』, 20 頁〕.

(68)　Nietzsche, "Schopenhauer as Educator" (1874), *Untimely Meditations*, 193〔前掲『ニーチェ全集 4　反時代的考察』, 348 頁〕. エマソンの引用は *Essays, first series*, X, Circles, Centinary edition, 308–310〔「円」, 前掲『エマソン論文集』下, 53 頁所収,『エマソン選集 2　精神について』所収, 241–42 頁〕.

(69)　Ibid., 129〔邦訳前掲, 238 頁〕. エマソンの引用も同書より〔前掲, 66–67 頁〕。

(70)　まず手始めにクノルツはニーチェの関心を惹くことを期待して, 自分の著書を二冊送ってきた。一冊はウォルト・ホイットマンについてのもの, もう一冊はアメリカの現代詩に関するものであった。Karl Knortz, *Amerikanische Gedichte der Neuzeit* (Leipzig: Wartig, 1883) ならびに Karl Knortz, *Walt Whitman: Vortrag* (New York: Vorträge des Gesellig Wissenschaften Vereins, no. 14, 1886)

(71)　Friedrich Nietzsche to Karl Knortz, June 21, 1888, in *Selected Letters of Friedrich Nietzsche*, trans. and ed. Christopher Middleton (Chicago: University of Chicago Press, 1960), 298–99. 原文のドイツ語の書簡については *KGB* III.5, 339–41 を参照のこと〔『ニーチェ全集別巻 2　ニーチェ書簡集 II　詩集』塚越敏・中島義生訳, 筑摩書房, 1994 年, 175–76 頁〕。

(72) Friedrich Nietzsche to Ernst Wilhelm Fritzsch, April 14, 1888, in *KGB* III.5, 296 ; Nietzsche to Reinhart von Seydlitz, May 13, 1888, ibid., 314 ; Nietzsche to Malwida von Meysenbug, July 1888, ibid., 378. 他の同様の書簡は，Nietzsche to Heinrich Köselitz, May 17, 1888, ibid., 315–17 ; Nietzsche to Carl Fuchs, July 29, 1888, ibid., 374–76 ; Nietzsche to Emily Fynn, August 11, 1888, ibid., 387〔邦訳は「ザイドリッツ宛」「マイゼンブーク宛」「フクス宛」のみ前掲『ニーチェ全集別巻2　ニーチェ書簡集II　詩集』に所収，165，185，189頁〕。

(73) Nietzsche, *KSA*, 9, 12 [68], 588〔『ニーチェ全集12（第I期）』三島憲一訳，白水社，1981年，200頁〕.

序

(1) Sigmund Zeisler, “Nietzsche and His Philosophy”, *Dial*, October 1, 1900, 219.

(2) 20世紀アメリカの思想と文化にとって，ニーチェが重要な役割を果たしていたにもかかわらず，歴史学者がその影響を系統だてて追跡することはほとんどなかった。例外はニーチェの受容についての，ヘイズ・シュタイルベルクとメルヴィン・ドリマーの二人の研究である。両者とも受容史の伝統的アプローチの手法をとり，ニーチェ思想の著名な知識人への影響に焦点をあてている。Hays Alan Steilberg, *Die Amerikanische Nietzsche-Rezeption von 1896 bis 1950*（Berlin: Walter de Gruyter 1996）; Melvin Drimmer, “Nietzsche in American Thought, 1895–1925”（PhD. diss. University of Rochester, 1965）を参照のこと。個々の思想家や作家へのニーチェの影響についての優れた論文集にはマンフレッド・ピュッツ編の『アメリカ文学・思想の中のニーチェ』がある。Manfred Pütz ed. *Nietzsche in American Literature and Thought*（Columbia, SC: Camden House, 1995）.

(3) 西欧哲学における反基礎づけ主義の歴史については次を参照のこと。Tom Rockmore and Beth J. Singer ed. *Antifoundationalism Old and New*（Philadelphia: Temple University Press, 1992）

(4) 基礎づけ主義に対する20世紀の挑戦の様相を扱った歴史学もいくつかある。古典的な研究では，アメリカの文脈においては，Morton White. *Social Thought in America: The Revolt against Formalism*（1949; rev. ed., Boston: Beacon, 1957），ヨーロッパの文脈に関しては，H. Stuart Hughes, *Conciousness and Society: The Reorientation of European Social Thought, 1890–1930*

(New York: Knopf, 1958) の二つがある〔スチュアート・ヒューズ『意識と社会』生松敬三・荒川幾男訳，みすず書房，1970 年〕。Edward A. Purcell Jr., *The Crisis of Democratic Theory: Scientific Naturalism and the Problem of Value* (Lexington: University Press of Kentucky, 1973) は，社会科学や法学，民主制理論に対する相対主義的思考の影響を取り上げている。James Kloppenberg, *Uncertain Victory: Social Democracy and Progressivism in European and American Thought, 1870–1920* (New York: Oxford University Press, 1986) は，中道の哲学者，社会思想家たちの間の大西洋を横断するネットワークを検討している。また Merle Curti, *Human Nature in American Thought: A History* (Madison: University of Wisconsin Press, 1980) は，19 世紀後半のダイナミックな無意識の「発見」が，人間の本性についての，これまでの安定したカテゴリーをいかに覆したかを検討している。アメリカ哲学における基礎づけ主義に対する挑戦を考察する諸研究については，以下を参照のこと。Robert B. Westbrook, *John Dewey and American Democracy* (Ithaca, NY: Cornell University Press, 1991); Bruce Kuklick, *A History of Philosophy in America, 1720–2000* (Oxford: Oxford University Press, 2001); Cornel West, *The American Evasion of Philosophy: A Genealogy of Pragmatism* (Madison: University of Wisconsin Press, 1989)〔コーネル・ウェスト『哲学を回避するアメリカ知識人——プラグマティズムの系譜』村山淳彦・堀智弘・権田建二訳，未來社，2014 年〕。高等教育一般における，また特殊には社会科学における基礎づけ主義に対する挑戦に関しては，以下を参照のこと。Drothy Ross ed., *Modernist Impulses in the Human Sciences, 1870–1930* (Baltimore: Johns Hopkins University Press, 1994); Peter Novick, *That Noble Dream: The "Objectivity Question" and the American Historical Profession* (Cambridge: Cambridge University Press, 1988); Julie A. Reuben, *The Making of the Modern University: Intellectual Transformation and the Marginalisation of Morality* (Chicago: University of Chicago Press, 1996). 社会思想の新たな方向づけに対する文化面での諸反応に注目する歴史学に関しては，次を参照のこと。Jackson Lears, *No Place of Grace: Antimodernism and the Transformation of American Culture, 1880–1920* (New York: Pantheon Books, 1981); George Cotkin, *Reluctant Modernism: American Thought and Culture, 1880–1900*, (New York: Twayne, 1992).

(5) 問題が多いニーチェの伝記の使われ方の分析は，アメリカの文化生活における議論の多い知識人のイメージについての，重要であるがまだ探究されていない側面への糸口となる。哲学者の人物像を（近代初期のヨーロッパのではあるが）とりわけ考察の対象にした重要な研究は，Conal Condren,

Stephen Gaukroger and Ian Hunter eds., *The Philosopher in Early Modern Europe: The Nature of a Contested Identity* (Cambridge: Cambridge University Press, 2006).

(6) ニーチェの人格についての論評は，絶えず何らかの形で流通しているが，本書はそれらを検討し，この哲学者に対するさまざまなイメージが，いかに著作の解釈に影響を及ぼしているかを分析する。それによって精神史と文化史とを架橋し，そしてまた，ある思想家の思想とその人物の公的な人格との関係を，より包括的に理解する必要性を示す。文学者の人物像と名声とについては，以下を参照のこと。Loren Glass, *Authors Inc.: Literary Celebrity in the Modern United States, 1880–1980* (New York: New York University Press, 2004), and David Haven Blake, *Walt Whitman and the Culture of American Celebrity* (New Haven, CT: Yale University Press, 2006).

(7) 言及した国家的あるいは文化的文脈について，まとまった物語を創出している受容史には以下のものがある。James W. Ceaser, *Reconstructing America: The Symbol of America in Modern Thought* (New Haven, CT: Yale University Press, 1997); Richard Wightman Fox, *Jesus in America: Personal Savior, Cultural Hero, National Obsession* (New York: Harper San Francisco, 2004); David Armitage, *The Declaration of Independence: A Global History* (Cambridge, MA: Harvard University Press, 2007)〔デイヴィッド・アーミテイジ『独立宣言の世界史』平田雅博・岩井淳・菅原秀・細川道久訳，ミネルヴァ書房，2012 年〕. Caroline Winterer, *Mirror of Antiquity: American Women and the Classical Tradition, 1750–1900* (Ithaca, NY: Cornell University Press, 2007); and Steven Biel, *American Gothic: A Life of America's Most Famous Painting* (New York: Norton, 2006). 受容史への寄与を概観するのに役立つのは James Machor and Philip Goldstein, eds., *Reception Study from Literary Theory to Cultural Studies* (New York: Routledge, 2001). 本書では，書物や読者についての歴史家たちの関心をいくつか直接取り上げている。書物の中の思想を日常生活の問題と結びつけた古典的研究は次の二つである。Carlo Ginzburg, *The Cheese and the Worms: The Cosmos of a Sixteenth-Century Miller,* trans. John Tedeschi and Anne Tedeschi (Baltimore: Johns Hopkins University Press, 1980)〔カルロ・ギンズブルグ『チーズとうじ虫』杉山三信訳，みすず書房，2003 年〕。ならびに Robert Darnton, "Readers Respond to Rousseau: The Fabrication of Romantic Sensitivity," in *The Great Cat Massacre: And Other Episodes in French Cultural History* (1984; New York: Basic Books, 1999), 215–56〔ロバート・ダーントン『猫の大虐

殺』海保眞夫・鷲見洋一訳，岩波書店，2007 年〕。読書の経験と読者の解釈の働きについての，洞察力に満ちた考察をまとめたものとしては次を参照のこと。Alberto Manguel, *A History of Reading* (New York: Viking, 1996)〔アルベルト・マングェル『読書の歴史——あるいは読者の歴史』原田範行訳，柏書房，2013 年〕。

(8) ジャクソン・リアーズは歴史を憧憬の歴史として検討するための，大胆な説得力ある事例を示している。Jackson Lears, *Rebirth of a Nation: The Making of Modern America, 1877–1920* (New York: Harper-Collins, 2009). 精神史を知の移動の感情的次元の研究にまで広げることについては，本書の著者が「因襲的な偶像破壊—— 20 世紀アメリカにおけるニーチェイメージの文化的働き」で論じている。*Journal of American History* 93 (December, 2006), 728–54. ニーチェへの憧憬のロマン主義的源泉については，次の二つを参照のこと。Bernard Yack, *The Longing for Total Revolution: Philosophical Sources of Social Discontent from Rousseau to Marx and Nietzsche* (Princeton, NJ: Princeton University Press, 1986); George S. Williamson, *The Longing for Myth in Germany: Religion and Aesthetic Culture from Romanticism to Nietzsche* (Chicago: University of Chicago Press, 2004). 読書に伴う感情のダイナミクスにとりわけ鋭敏な著作は，以下を参照のこと。Janice Radway, *Reading the Romance: Women, Patriarchy, and Popular Literature* (Chapel Hill: University of North Carolina Press, 1991); Barbara Sicherman, *Well-Read Lives: How Books Inspired a Generation of American Women* (Chapel Hill: University of North Carolina Press, 2010); Wayne Booth, "Implied Authors as Friends and Pretenders," in *The Company We keep: An Ethics of Fiction* (Berkley: University of California Press, 1988), 169–98.

(9) 国境を越えたグローバルな視点から，アメリカの知的・文化的生活の推移を考察した重要な研究には以下のものがある。Kloppenberg, *Uncertain Victory*; Daniel T. Rodgers, *Atlantic Crossings: Social Politics in a Progressive Age* (Cambridge, MA: Harvard University Press, Belknap Press, 1998); Paul Gilroy, *Black Atlantic: Modernity and Double-Conciousness* (Cambridge, MA: Harvard University Press, 1993)〔ポール・ギルロイ『ブラック・アトランティック』上野俊哉・鈴木慎一郎・毛利嘉孝訳，月曜社，2006 年〕。Larry Reynolds, *European Revolution and the American Literary Renaissance* (New Haven, CT: Yale University Press, 1988); Leslie Butler, *Critical Americans: Victorian Intellectuals and Transatlantic Liberal Reform* (Chapel Hill: University of North Carolina Press, 2007); Penny von Eschen, *Race against Empire: Black Americans and Anticolonialism, 1937–1957* (Ithaca,

NY: Cornell University Press, 1997); Anthony Heilbut, *Exiled in Paradise: German Refugee Artists and Intellectuals in America, from the 1930s to the Present* (1983; Berkley: University of California Press, 1997); Martin Jay, *The Dialectical Imagination: A History of the Frankfurt School and the Institute for Social Research, 1923–1950* (1973; Berkley: University of California Press, 1996),〔マーティン・ジェイ『弁証法的想像力』荒川幾男訳，みすず書房，2004 年〕. George Cotkin, *Existential America* (Baltimore: Johns Hopkins University Press, 2003). 国境横断の歴史の近年の議論については，次を参照のこと。"AHR Conversation: On Transnational History" in *American Historical Review 3* (December 2006): 1441–64.

(10) かくしてアメリカでのニーチェの履歴は，アメリカ人の生における反知性主義の思考の歴史をたどることにもなる。この「反知性主義」というレトリックの起源や初期の履歴については，本書の著者が「ロマン主義の言説としての反知性主義」において論じている。*Daedalus: Journal of the American Academy of Arts and Sciences*, 138 (Spring 2009), 41–52. アメリカの反知性主義については以下を参照のこと。Richard Hofstadter, *Anti-Intellectualism in American Life* (New York: Knopf, 1963)〔リチャード・ホフスタッター『アメリカの反知性主義』田村哲夫訳，みすず書房，2003 年〕。Susan Jacoby, *Age of American Unreason* (New York: Pantheon, 2008); and Jacques Barzun, *House of Intellect* (New York: Harper, 1959). 自分の仕事に無関心な文化の中に生きていることを嘆くのはアメリカの知識人だけではない。そのことを思い出させる重要な著作は次のものである。Stefan Collini, *Absent Minds: Intellectuals in Britain* (Oxford: Oxford University Press, 2006).

(11) それにもかかわらず，こうしたそれぞれの国家的文脈での「ニーチェ」の甚だしい多様性のために，大雑把な一般化以上のものはほとんど不可能なままになっている。様々な国家的文脈におけるニーチェ研究については，以下を参照のこと。Patrick Bridgwater, *Nietzsche in Anglosaxony: A Study of Nietzsche's Impact on English and American Literature* (Leicester, UK: University of Leicester, 1972); Steven E. Aschheim, *The Nietzsche Legacy in Germany, 1890–1990* (Berkley: University of California Press, 1992); R. Hinton Thomas, *Nietzsche in German Politics and Society, 1890–1918* (Manchester: Manchester University Press, 1983); David S. Thatcher, *Nietzsche in England, 1890–1914: The Growth of a Reputation* (Toronto: University of Tronto Press, 1970); Christopher E. Forth, *Zarathustra in Paris: The Nietzsche Vogue in France, 1891–1918* (De Kalb: Northern Illinois

University Press, 2001); Thomas Harrison ed.: *Nietzsche in Italy* (Stanford, CA: Stanford University press, 1988); Gonzalo Sobejano, *Nietzsche en España* (Madrid: Editorial Grados, 1967); and Bernice Glotzer Rosenthal, ed., *Nietzsche in Russia* (Princeton, NJ: Princeton University Press, 1986).

(12) 20世紀アメリカの知的生活における文化的階層構造については，以下を参照のこと。Joan Shelly Rubin, *The Making of Middlebrow Culture* (Chapel Hill: University of North Carolina Press, 1992); Joan Shelly Rubin, "The Scholar and the World: Academic Humanists and General Readers in Postwar America," in *The Humanities and the Dynamics of Inclusion Since WW* II, ed. David Hollinger (Baltimore: Johns Hopkins University Press, 2006), 73–103; Lawrence Levine, *Highbrow / Lowbrow: The Emergence of Cultural Hierarchy in America* (Cambridge, MA: Harvard University Press, 1988)〔ローレンス・W. レヴィーン『ハイブラウ／ロウブラウ――アメリカにおける文化ヒエラルキーの出現』常山菜穂子訳，慶應義塾大学出版会，2005年〕. Janice Radway, *A Feeling for Books: Book-of-the-Month Club, Literary Taste, and Middle-Class Desire* (Chapel Hill: University of North Carolina Press, 1997); Andrew Ross, *No Respect: Intellectuals and Popular Culture* (New York: Routledge, 1998); Paul R. Gorman, *Left Intellectuals and Popular Culture in Twentieth-Century America* (Chapel Hill: University of North Carolina Press, 1996); and Herbert Gans, *Popular Culture and High Culture: An Analysis and Evaluation of Taste* (New York: Basic Books, 1974). この側面の研究は，書物についての歴史家たちの主要な関心を検討してゆくことにつながる。次を参照のこと。Robert Darnton, *The Business of the Enlightenment: A Publishing History of the Encyclopedie, 1775–1800* (Cambridge, MA: Harvard University Press, 1979). この領域の概説については，以下を参照のこと。Robert Darnton, "What Is the History of Books?," in *Books and Society in History,* ed. Kenneth E. Carpenter, (New York: R. R. Bowker, 1983), 3–26; G. Thomas Tanselle, *The History of Books as a Field of Study* (Chapel Hill: University of North Carolina Press, 1981); Carhy N. Davidson, "Towards a History of Books and Readers," *American Quarterly 40* (March 1988): 7–17; and David D. Hall, "Readers and Reading in America: Historical and Critical Perspectives," *American Antiquarian Society Proceedings* 103 (1993): 337–57.

(13) 「想像の共同体」という表現の初出については，ベネディクト・アンダーソンの次の本を参照のこと。Benedict Anderson, *Imagined Communites: Reflections on the Origin and Spread of Nationalism* (London: Verso, 1983)

〔ベネディクト・アンダーソン『想像の共同体』白石隆・白石さや訳，NTT出版，1997，書籍工房早山，2007年〕.

第一章

(1) Wilbur M. Urban, "Metaphysics and Value," in *Contemporary American Philosophy: Personal Statements*, ed. George P. Adams and William P. Montague (New York: Russel and Russel, 1962), 2: 358–59（強調は引用者）. アーバンのニーチェ発見は，ニーチェのアルトゥール・ショーペンハウアー発見の反復である。21歳の学生であった1865年に，ニーチェはライプツィヒのとある古書店でショーペンハウアーの『意志と表象としての世界』（1818）に出会う。衝動に駆られてニーチェはその本を買い，帰宅する。そしてその本を読み，直ちにショーペンハウアーが自分の思考を変えるに違いないことを認識する。ニーチェのこの発見についての説明は，Friedrich Nietzsche, *Werke in Drei Bänden*, 3: 133–34を参照のこと〔「二年間にわたる私のライプツィヒ遊学の回顧」より。前掲『ニーチェ全集15　この人を見よ　自伝集』所収，406–07頁〕。

(2) ドイツで教育された経済学者や社会科学者に，もっぱら研究の焦点が当てられているものの，Rodgers, *Atlantic Crossings* は20世紀の初めのドイツ・アカデミズムの世界における若きアメリカ人学者たちの姿を，うまく描き出している。アメリカの思想家に対する19世紀ドイツの学問的影響については，次を参照のこと。Carl Diehl, *Americans and German Scholarship, 1770–1870* (New Haven, CT: Yale University Press, 1978). アメリカの高等教育と学問のモデルとしてのドイツの研究大学の役割を論じているものには，以下のものがある。Lawrence R. Veysey, *The Emergence of the American University* (Chicago: University of Chicago Press, 1965); Dorothy Ross, *The Origins of American Social Science* (Cambridge: Cambridge University Press, 1991); Jurgen Herbst, *The German Historical School in American Scholarship: A Study in the Transfer of Culture* (Ithaca, NY: Cornell University Press, 1965). ドイツの大学の魅力とドイツの学者の公的地位については，Burton Bledstein, *The Culture of Professionalism: The Middle Class and the Development of Higher Education in America* (New York: Norton, 1976) の第7章と第8章を参照のこと。

(3) Urban, "Metaphysics and Value," 358–59. ニーチェの『道徳の系譜』との遭遇に加えて，アーバンはアレクシウス・マイノングの *Psychologische-eth-*

ische Untersuchung zur Werttheorie（1894）をも発見していた。この本はアーバンに価値形成の心理学的次元について示唆を与えるものであった。

（4） Ibid., 357.

（5） 自然科学ならびに人文科学における19世紀実証主義の研究については，以下を参照のこと。Klaus Christian Köhnke, *The Rise of Neo-Kantianism: German Academic Philosophy between Idealism and Positivism*, trans. R. J. Hollingdale（Cambridge: Cambridege University Press 1991）; Ross ed., *Modernist Impulses in the Human Sciences;* Bruce Kuklick, *The Rise of American Philosophy*（New Haven, CT: Yale University Press, 1977）and *A History of Philosophy in America*; and Daniel J. Wilson, *Science, Community, and the Transformation of American Philosophy, 1860–1930*（Chicago: University of Chicago Press, 1990）.

（6） Urban, "Metaphysics and Value," 359.

（7） ニーチェの病との闘いは，以下の著作で詳述されている。C. Cate, *Fiedrich Nietzsche*; Rüdiger Safranski, *Nietzsche: A Philosophical Biography*, trans. Shelley Frisch（New York: Norton, 2002）〔『ニーチェ――その思考の伝記』山本尤訳，法政大学出版局，2001年〕; Hollingdale, *Nietzsche: The Man and His Philosophy*. ニーチェの生前すでに医師たちは，ニーチェの最も重大な疾患の原因，ニーチェの最終的な精神的疾患の原因は，梅毒であったと推測していた。梅毒をめぐる学説の手短な歴史とその論拠については，次を参照のこと。Deborah Haydon, *Pox: Genius, Madness, and the Mysteries of Syphilis*（New York: Basic Books, 2003）, 172–99.

（8） Friedrich Nietzsche to Ernst Schmeitzner, February 13, 1883, in *KGB*, III.1,［375］, 327–28. ニーチェの出版の歴史におけるこうした様々なエピソードについては，次の著作で詳説されている。Willam H. Schaberg, *The Nietzsche Canon: A Publication History and Bibliography*（Chicago: University of Chicago Press, 1995）.

（9） 1918年までのドイツにおける初期のニーチェ受容については，次を参照のこと。Richard Frank Krummel, *Nietzsche und der Deutsche Geist*, 2 vols.（1974; Berlin: Walter de Gruyter, 1983）.

（10） ゲオルク・ブランデスの講演は二年後ドイツで "Aristokratischer Radikalismus: Eine Abhandlung über Friedrich Nietzsche" と題して発表された。*Deutsche Rundschau* 63（April 1890）, 52–89.

（11） ブランデスはその全四冊に及ぶ百科全書的概観 *Main Currents in the Literature of the Nineteenth Century*（1872–85）によって評価を確立した。この本は1906年に英語訳された。

(12) George Brandes to Friedrich Nietzsche, November 26, 1887, *KGB* III.6, 120. Nietzsche to Brandes, December 2, 1887, *KGB* II.5, 206〔前掲『ニーチェ全集別巻2　ニーチェ書簡集II　詩集』所収，127頁〕。

(13) 「いかにして人は鉄槌をもって哲学するか」がニーチェの『偶像の黄昏』(1889) の副題である。

(14) Friedrich Nietzsche, *Ecce Homo* (1908), in *On the Genealogy of Morals and Ecce Homo*, trans. Walter Kaufmann (New York: Vintage Books, 1989), 333〔前掲『ニーチェ全集15　この人を見よ　自伝集』所収，183頁〕。

(15) Friedrich Nietzsche to Heinrich Köselitz, December 31, 1888, in *KGB* III.5, 567. ニーチェが「ニーチェ・カエサル」，「ディオニュソス」，「十字架にかけられし者」とさまざまな形で署名し，1888年12月の終わりから1889年1月初めにかけて送った多くの手紙の中からいくつかの見本を挙げるならば，以下のものを参照のこと。Friedrich Nietzsche to August Strindberg, December 31, 1888, *KGB* III.5, 567–68. Friedrich Nietzsche to Catulle Mendès, January 1, 1889, in *KGB* III.5, 571. Friedrich Nietzsche to Meta von Salis, January 3, 1889, in *KGB* III.5, 572.

(16) Franz Overbeck to Heinrich Köselitz, January 14, 1889, in *Friedrich Nietzsche: Chronik in Bildern und Texten*, 732. これはワイマール古典文学研究所のために，レイモンド・J．ベンダースとシュテファン・エッテルマンによって編纂されたものである (Munich: Carl Hanser Verlag; Vienna: Deutschen Taschenbuch Verlag, 2000)。

(17) フェルスター＝ニーチェについては以下を参照のこと。Heinz Frederick Peters, *Zarathustra's Sister: The Case of Elisabeth and Friedrich Nietzsche* (New York: Crown, 1977); Carol Diethe, *Nietzsche's Sister and the Will to Power: A Biography of Elisabeth Förster-Nietzsche* (Urbana: University of Illinois Press 2003). ニーチェ文庫の歴史に関しては，次を参照のこと。David Marc Hoffmann, *Zur Geschichite des Nietzsche-Archivs* (Berlin: Walter de Gruyter, 1991).

(18) ドイツにおける初期のニーチェ受容については次の2点を参照のこと。Aschheim, *The Nietzsche Legacy in Germany*; Thomas, *Nietzsche in German Politics and Society*. フランスにおける初期のニーチェ受容については次を参照のこと。Forth, *Zarathustra in Paris*. イギリスにおけるものについては次を参照のこと。Dan Stone, *Breeding Superman: Nietzsche, Race and Eugenics in Edwardian and Interwar Britain* (Liverpool: Liverpool University Press 2002).

(19) ベークウェルは後に，これら哲学者たちの同僚としてハーバード大学に

戻り，その後カリフォルニア大学，イェール大学で教授職に就くことになる。

(20) Charles M. Bakewell, “Nietzsche: A Modern Stoic,” *Yale Review* 5 (October, 1915), 67.

(21) Urban, “Metaphysics and Value,” 358.

(22) エマ・ゴールドマンはライツェルの重要性を，アメリカ人が容易にヨーロッパの急進的思想に触れる機会を与えたこと，と述べている。ライツェルは素晴らしい作家であるとゴールドマンは言い，その『哀れな悪魔』を「ヨーロッパの新しき文学精神を読者に欠かさず提供する，合衆国唯一のドイツ語新聞」と述べている。ゴールドマンの発言は次の著作からの引用である。Randall P. Donaldson, *The Literary Legacy of a “Poor Devil”: The Life and Work of Robert Reitzel (1849–1898)* (NewYork: Lang, 2002), 50–51.

(23) Eugene O’Neill to Benjamin De Casseres, June 22, 1927, in *Selected Letters of Eugene O’Neill*, eds. Travis Bogard and Jackson R. Bryer (New Haven, CT: Yale University Press, 1988), 245–46. オニールの知的仲介者であったタッカーの役割について，より詳しくは次を参照のこと。Stephen A. Black, *Eugene O’Neill: Beyond Mourning and Tragedy* (New Haven, CT: Yale University Press, 1999). ジョン・パトリック・ディギンズはタッカーの書店が，オニールにマックス・シュティルナーやアルトゥール・ショーペンハウアーなども紹介し，オニールの初期の哲学的・アナーキスト的思考における「ドイツ的転回」を鼓舞したと評価している。同じくディギンズの次の著作も参照のこと。John Patrick Diggins, *Eugene O’Neill’s America: Desire under Democracy* (Chicago: University of Chicago Press, 2007), 62.

(24) 1917年メンケンはハネッカーを「ニーチェという上りゆく星を捉えた最初の人間」と述べている。H, L. Mencken, *A Book of Prefaces* (New York: Knopf, 1917), 162.

(25) ライツェルについては，以下を参照のこと。Ulrike Heider, *Der “Arme Teufel”: Robert Reitzel vom Vormärz zum Haymarket* (Bühl-Moos: Elster, 1986); Richard Oestreicher, “Robert Reitzel, Der Arme Teufel” in *The German-American Radical Press: The Shaping of a Left Political Culture, 1850–1940*, eds. Elliot Shore, Ken Fones-Wolf, and James P. Danky (Urbana; University of Illinois Press, 1992), 145–67.

(26) 『ニューヨーク・タイムズ』紙1887年11月14日付，1面。「アナーキストたちの最期」。ライツェルの称揚演説（の写し）については次を参照のこと。Robert Reitzel, “Am Grabe” in *Des “Armen Teufel”: Gesammelte Schriften*, ed. Max Baginski (Detroit: Reitzel Klub, 1913), 142–44.

(27) Robert Reitzel, “Predigten aus der Neuen Bibel: *Also Sprach Zarathustra*,

VIII," *Der Arme Teufel*, October 29, 1892, 385. Reitzel, "Predigten aus der Neuen Bibel, I," *Der Arme Teufel*, September 17, 1892, 337. Reitzel, "Predigten aus der Neuen Bibel, V," *Der Arme Teufel*, October 15, 1892, 369. Reitzel, "Predigten aus der Neuen Bibel, I," *Der Arme Teufel*, September 17, 1892, 337.

(28) アメリカのアナーキズムにおけるタッカーの役割については，以下を参照のこと。Wendy McElroy, *The Debates of Liberty: An Overview of Individualist Anarchism* (Lanham, MD: Rowman and Littlefield, 2003), 1–16; Frank H. Brooks, *The Individualist Anarchists: An Anthology of Liberty, 1881–1908* (New Brunswick, NJ: Transaction, 1994)

(29) Benjamin Tucker, "Freer Banking vs. Greenbackism," *Liberty*, October 1, 1892, 3.

(30) Benjamin Tucker, "A Radical Publication fund," *Liberty*, June 17, 1893, 2.

(31) Tucker, "Freer Banking vs. Greenbackism."

(32) ジョージ・シュームはまたドイツ系アメリカ人アナーキスト，マックス・ベージンスキーの義理の兄弟で，後にタッカーの伝記作者として，またアナーキストのドイツ語のテクスト例えばジョン・ヘンリー・マッケイの『アナーキスト』(1891) やマックス・シュティルナーの『唯一者とその所有』(1907) の翻訳者として，重要な存在であった〔マックス・シュティルナー『唯一者とその所有』上・下，片岡啓治訳，現代思潮社，1967, 1968 年〕。シュームに関しては，次を参照のこと。Paul Avrich, *Anarchist Voices: An Oral History of Anarchism in America* (Princeton, NJ: Princeton University Press, 1995).

(33) Nietzsche, "Extracts from the Works of Nietzsche," *Liberty*, December 17, 1892, 4 からの引用による。

(34) Nietzsche, "Religion and Government," *Liberty*, January 7, 1893, 1 からの引用による。

(35) そのことがよく分かる事例は，『自由』紙上のニーチェの抜粋の一節がジョン・バドコック・ジュニアの 1894 年の講演「義務の奴隷たち」に着想を与えたことに見られる。後にタッカーはこの講演を，急進的思想の出版の一環として刊行する。バドコックがニーチェから学んだのは，人間の善悪の判断なるものが，外部の権威に過大な影響を受けている場合には，自分自身のものとは言えない，という断言であった。バドコックは「義務」のいかなる形式も——宗教的，経済的，政治的，家族的なものに至るまで——奴隷制度である，と結論する。ニーチェの言を繰り返して，バドコックは述べる。「義務の信奉者は……狡猾な者によって，さもなくばその人間

が自分の「良心」と呼ぶものによって，奴隷にされるであろう。……状況が変わると，汝の道徳的規範など試練に耐えられまい。義務の代わりに何を置くのかというと――何も置かない。迷信は決して置き換えてはならない。さもなければ，我々は決して自由に向かって前進することはないであろう。汝の活力を浪費するなかれ。しかして，それらすべてを汝自身の利益に振り向けよ」。Badcock, *Slaves to Duty* (New York: Benjamin R. Tucker, 1906), 37. バドコックの着想の源泉としてのニーチェについては，『自由』1894 年 11 月 17 日付，第 4 号におけるタッカーの解説を参照のこと。

(36) Benjamin Tucker, "Aphorisms from Nietzsche," *Liberty*, July 17, 1899, 6n.

(37) Benjamin Tucker, "On Picket Duty," *Liberty*, December 1897, 1.

(38) Nietzsche, "Aphorisms from Nietzsche" からの引用。〔ニーチェの出典は不明。文意に近い内容のものとしては『善悪の彼岸』第八章「民族と祖国」，第二四二節が考えられる。邦訳前掲 266 頁。〕

(39) Benjamin Tucker, *Instead of a Book by a Man Too Busy to Write One: A Fragmentary Exposition of Philosophical Anarchism, Culled from the Writings of Benj. R. Tucker* (New York: B. R. Tucker, 1897), 14.

(40) 『自由』の題辞には「秩序の娘でなく，母であれ」と書かれている。

(41) E. Horn, "The Liberty of Egoism" 中の翻訳による。*Liberty*, April 7, 1894, 7.

(42) George Schumm, "Friedrich Nietzsche," *Book Reviews*, 3 (February 1896): 275–80.

(43) James Huneker to H. L. Mencken, April 11, 1916, in *The Letters of James Gibbons Huneker*, ed. Josephine Huneker (New York: Charles Scribner's Sons, 1922), 211.

(44) James Huneker to Elisabeth Förster-Nietzsche, September 1904, GSA 72/BW3475.

(45) H. L. Mencken, *Book of Prefaces*, 163–64.

(46) H. L. Mencken, James Huneker, *Essays by James Huneker* (1929; reprint New York: AMS Press, 1976), xi.

(47) James Huneker, "Friedrich Nietzsche," *Musical Courier*, 41 (September 5, 1900): 19.

(48) James Huneker, "Nietzsche the Rhapsodist," in *Overtones: A Book of Temperaments* (New York: Charles Scribner's Sons, 1904), 117, 131–32.

(49) Huneker, "Friedrich Nietzsche," 18–19.

(50) Huneker, *Letters*, 213.

(51) 『距離のパトス』に関して，ハネッカーは天才の要件についてニーチェを引用する。そしてそれを題辞として利用し，自分自身を説明している。「信

念とは牢獄である。……新しい音楽には新しい耳を。最も遠いものには新しい目を。……距離のパトス」。Huneker, *The Pathos of Distance* (New York: Charles Scribner's Sons, 1913).

(52) Huneker, *Letters*, 213.

(53) James Huneker, *Egoists: A Book of Supermen* (New York: Charles Scribner's Sons, 1909), 257; Huneker, "Nietzsche the Rhapsodist," 126; Huneker, *Egoists*, 238–39.

(54) James Huneker, *Steeplejack* (New York: Charles Scribner's Sons, 1918–20), 2: 191. 短命に終わった『マドモアゼル・ニューヨーク』誌の卓抜な歴史については，次を参照のこと。David Weir, *Decadent Culture in the United States: Art and Literature against the American Grain, 1890–1926* (Albany: State University of New York Press, 2008), 42–47.

(55) Huneker, *Steeplejack*, 2: 190.

(56) Vance Thompson, "Boyesen-Brandes-Nietzsche," *M'lle New York*, October 1895, 43.

(57) Ibid., 44.

(58) Vance Thompson, "Leader," *M'lle New York*, November 1898, 1–2. デイヴィッド・ウィアーが指摘するように「トンプソンが望んでいたのは，明らかに外国の影響力の注入を通して，アメリカ文化を若返らせることであり，アメリカの国土の上に現実に外国人が存在することではなかった」。Weir, *Decadent Culture in the United States*, 47.

(59) Vance Thompson, "The Doomed Republic," *M'lle New York*, August 1895, 6–8.

(60) Thompson, "Leader," 1.

(61) Vance Thompson, "Democracy Is Bankrupt," *M'lle New York*, August 1895, 9–14.

(62) "F. W. Nietzsche," *Bookman: a Journal of Literature and Life*, October 1900, 99–100.

(63) "Friedrich Wilhelm Nietzsche," *Popular Science Monthly*, October 1900, 668. "F. W. Nietzsche," *Outlook*, September 8, 1900, 94.

(64) "Prof. Nietzsche Dead," *New York Times*, August 26, 1900, 7.

(65) William L. Alden, "London Literary Letter," *New York Times Saturday Review*, September 22, 1900, BR16.

(66) 初期の翻訳の出版史については，サッチャーの『イギリスのニーチェ』に詳述されている。アレクサンダー・ティレによるニーチェのダーウィン主義的読解については，その研究に見ることができる。Alexander Tille, *Von Darwin bis Nietzsche: Ein Buch Entwicklungsethik* (Leipzig: C. G. Naumann,

1895). 国境を越えるニーチェの使節としてのティレの尽力に関しては，次を参照のこと。Stefan Manz, “Translating Nietzsche, Mediating Literature: Alexander Tille and the Limits of Anglo-German Intercultural Transfer,” *Neophilologus* 91 (January 2007): 117–34.

(67) “A Philosophic ‘Mr. Hyde,’ ” *Nation*, June 11, 1896, 459.

(68) Charles M. Bakewell, “Review of *The Philosophy of Friedrich Nietzsche*,” *Philosophical Review* 10 (May 1901): 327.

(69) “Was Nietzsche a Madman or a Genius?,” 641.

(70) “The Greatest European Event since Goethe,” *Current Literature* 43 (July 1907): 65.

(71) ティレとコモン訳による *Collected Works of Nietzsche* の宣伝広告 (London: Henry & Co., 1896)。GSA, 72/BW2368.

(72) Ernst Antrim and Heinrich Goebel, “Friedrich Nietzsche’s Uebermensch,” *Monist* 9, (July 1899): 571. ヨーロッパの時代精神にアメリカが遅れて順応することへの批判については，大衆的科学ライターの Edwin E. Slosson, “The Philosopher with the Hammer,” *Independent* 65 (September 24, 1908): 693–97.

(73) “Will Nietzsche Come into Vogue in America?,” *Current Literature* 49 (July 1910): 65.

(74) Havelock Ellis, “The Genius of Nietzsche,” reprint from *Weekly Critical Review*, April 30, 1903, in *Views and Reviews* (London: Desmond, Harmsworth, 1932), 147–48. 同様にハネッカーもまた『ワグナーの場合』という，ニーチェに狂気が忍び寄っていた時に書かれた最晩年の一著作が，英語圏の読者のために翻訳された最初の著作群の中にあったことは，「遺憾」であったと考えている。この本が「まばゆく，言葉にし難い観念の作用のきらめき」を含む「非凡な」著書であることを指摘しつつも，「あまりにとっぴで，均衡を崩しすぎている」ために，ニーチェの哲学の全体を理解するのに，ふさわしいスタイルを保つことができていない，とハネッカーは述べている。Huneker, “Nietzsche the Rhapsodist,” 11–12 を参照のこと。

(75) “A Philosophic ‘Mr. Hyde,’ ” 460.

(76) William Wallace, “Thus Spake Zarathustra: A Book for All and None,” *International Journal of Ethics* 7 (April 1897): 369.

(77) G. R. T. Ross, “Beyond Good and Evil,” *International Journal of Ethics* 18 (July 1908): 518.

(78) F. C. S. Schiller, “Nietzsche and His Philosophy,” *Book Buyer* 13 (August 1896): 408. ヴァンス・トンプソンがニーチェを「ポーランドのアウトロー

伯爵」と描き出す一方で，ジェームズ・ハネッカーはニーチェの「ポーランド的個人主義」を強調する。Vance Thompson, *French Portraits* (Boston; Richard Badger, 1900), 222. そして Huneker, "Friedrich Nietzsche," 18–20. アメリカの出版物におけるシラーの評論は，ニーチェに関する合衆国の論評が，国家横断的なものであることを想起させる。最初の英訳者たちはイギリス出身であったのに対し，アメリカで出版された数多くの学術的解説はイギリスの学者たちによって書かれたものか，ドイツ人の学者によって書かれたものの翻訳であった。実際，「超人」概念の初期の普及でさえも，部分的ではあるが，アイルランド人ジョージ・バーナード・ショーの『人と超人』(1903) の力によるものでもあった。

(79) "A Philosophic 'Mr. Hyde,'" 460.

(80) "New Revelations of Nietzsche," *Current Literature* 40 (June 1906): 644. "New Light on Nietzsche and His Friends," *Current Literature* 50 (June 1911): 638. また Herbert L. Stewart, "Some Criticisms of the Nietzsche Revival," *International Journal of Ethics* 19 (July 1909): 443.

(81) "Anti-Morality of Fr. Nietzsche," *New York Times*, January 4, 1908, BR4. Alfred Rau, "Nietzsche's Morality," *New York Times Saturday Review of Books*, January 18, 1908, BR32.

(82) Grace Neal Dolson, *The Philosophy of Friedrich Nietzsche* (New York: Macmillan, 1901), iv, 102.

(83) Joseph Jacobs, "Works of Friedrich Nietzsche," *New York Times*, May 7, 1910, BR8.

(84) Victor S. Yarros, "Theoretical and Practical Nietzscheism," *American Journal of Sociology* 6 (March 1901): 682.

(85) Huneker, "The New English Nietzsche," in *Pathos of Distance*, 320–21.

(86) Camillo Von Klenze, "A Philosopher Decadent," *Dial*, June 16, 1897, 356.

(87) Schiller, "Nietzsche and His Philosophy," 407–8.

(88) 哲学の歴史における諸発展の相互依存関係については，また哲学者たちの競い合う人格については，Condren et al., *The Philosopher in Early Modern Europe* を参照のこと。この中の論文は，知的な営みとしての哲学についての考え方と，その営みを企てる人間のタイプとのつながりを指摘している。

(89) Zeisler, "Nietzsche and His Philosophy," 219.

(90) "The Most Revolutionary System of Thought Ever Presented to Men," *Current Literature* 40 (March 1906): 282.

(91) Nietzsche, *Ecce Homo*, 323〔前掲『ニーチェ全集 15　この人を見よ　自伝

集』, 168 頁, 「……私はときたら一個のニュアンスそのものなのだ」]。

(92) H. L. Mencken, *The Philosophy of Friedrich Nietzsche* (Boston: Luce, 1908), 28.

(93) 『スマートセット』誌の寄稿仲間ウィラード・ハンチントン・ライトもまた, ニーチェの著作がその人間像の解説であると, 1915 年のニーチェ哲学の研究 *What Nietzsche Taught* の中で述べている (New York: B. W. Huebsch, 1915)。

(94) H. L. メンケン, Marion Elizabeth Rodgers, *Mencken: The American Iconoclast* からの引用 (New York: Oxford University Press, 2005), 105.

(95) H.L. メンケン, Carl Bode, *Mencken* (Carbondale: Southern Illinois University Press, 1969), 54 からの引用。

(96) H. L. Mencken, *George Bernard Shaw: His Plays* (Boston: Luce, 1905).

(97) Mencken, *The Philosophy of Friedrich Nietzsche*, 9. 知性が近代アメリカに欠けている特性である, というメンケンの強迫観念は, 冒険的な事業として始めた最初の雑誌のタイトル「スマートセット (ハイカラ人士)」に見ることができる。1914 年 9 月の創刊号の題辞には「一人の教養ある読者は千人の愚者どもに値する」とある。

(98) これらの引用は 1913 年の改訂版からのものである。H. L. Mencken, *Friedrich Nietzsche* (Boston: Luce, 1913), 288.

(99) *The Philosophy of Friedrich Nietzsche*, 118.

(100) Ibid., 3, 4, 48, 58.

(101) Huneker, *Egoists*, 240, 243.

(102) Huneker, "Friedrich Nietzsche," 19.

(103) "Was Nietzsche a Madman or a Genius?," 641.

(104) "Interesting Revolutionary Theories from a Writer Now in a Madhouse," *New York Times*, March 5, 1898, RBA158.

(105) Hays Steilberg, "First Steps in the New World: Early Popular Reception of Nietzsche in America," in Pütz, *Nietzsche in American Literature and Thought*, 22–23.

(106) William James による Max Nordau, *Degeneration* (New York: Appleton, 1895) 書評, *Essays, Comments, and Reviews* 所収 (Cambridge, MA: Harvard University Press, 1987), 507–8. ノルダウの肯定的な取り扱いについては, Aline Gorren, "The New Criticism of Genius," *Atlantic Manthly*, December 1894, 794–800. また "A Philosophic 'Mr. Hyde,'" 459 を参照のこと。初期のアメリカでの医学的所見は, 同様にニーチェの身体的状態とその哲学とを結びつけているが, それについては George M. Gould, *Biographical*

Clinics（Philadelphia: P. Blakiston's Son, 1904）, vol, 2を参照のこと。グールドは医者で，次のように述べている。ニーチェはそのアフォリズムの形式を散歩の最中に発展させたが，それはニーチェが病のために長い間机に向かっていることができなかったからである，と。ノルダウとは違い，グールドは病のため衰弱しながら，その哲学を生み出すニーチェの力はまさに英雄的行為に他ならない，と主張する。

（107） George Mosse による Max Nordau, *Degeneration* の序文（1895; New York: H. Fertig, 1968）, 16. ノルダウについては，Michael Stanislawski, *Zionism and the Fin de Siècle: Cosmopolitanism and Nationalism from Nordau to Jabotinsky*（Berkley: University of California Press, 2001）を参照のこと。

（108） Nordau, *Degeneration*, 415, 451, 416, 445–46, 432.

（109） Elizabeth Förster-Nietzsche, *Das Leben Nietzsches*, 2 vols.（Leipzig: Naumann, 1895）. Elizabeth Förster-Nietzsche, *The Life of Nietzsche*, vol. 1, *The Young Nietzsche*, trans. Anthony Ludovici（New York: Sturgis and Walton, 1912）, *The Life of Nietzsche*, vol. 2, *The Lonely Nietzsche*, trans. P. Cohn（New York: Sturgis and Walton, 1915）〔エリーザベト・フェルスター＝ニーチェ『ニーチェの生涯〈上〉 若きニーチェ』『ニーチェの生涯〈下〉 孤独なるニーチェ』浅井真男監訳，河出書房新社，1983年〕.

（110） Förster-Nietzsche, *The Life of Nietzsche*, 2: v. フェルスター＝ニーチェのニーチェ解釈者としての権威はアメリカの解説者たちに認められ，支えられた。エリーザベトのニーチェ伝記の肯定的書評の中で，ジェームズ・タフト・ハットフィールド（ノースウェスタン大学の哲学教授で，フェルスター＝ニーチェと文通していた）はエリーザベトを「兄の使命の最も一貫した擁護者にして促進者であり，彼女がよく知る人間の生涯を，二人の親密な物語において（その人の）最も優れたところを示している」と評価する。同様にウィリアム・バリーも「ニーチェについての我々の知識は，フェルスター＝ニーチェ夫人によって提示されたその家庭の綿密で詳細な描写に，負うところ大である」ことを認める。そしてジェームズ・ハネッカーはエリーザベトを「美貌の知的な女性で，兄の名声の擁護に献身し，ニーチェについてたくさん書いている」と描いている。James Taft Hatfield, "The Younger Life of Friedrich Nietzsche," *Dial*, September 1, 1912, 127; William Barry, "The Ideals of Anarchy," *Littel's Living Age* 211（December 1896）, 618. そして Huneker, *Steeplejack*, 2: 224.

（111） Elisabeth Förster-Nietzsche, *The Lonely Nietzsche*, v; *The Young Nietzsche*, 71–72, 82, *Lonely Nietzsche*, 294; *Young Nietzsche*, vii.

（112） Paul Carus, *Philosophy as a Science*（Chicago: Open Court, 1909）, 1. Paul

Carus, *Friedrich Nietzsche and Other Exponents of Individualism* (Chicago: Open Court, 1914), 1.

(113) 例えばケイラスのプラグマティズムに対する批判 *Truth on Trial* (Chicago: Open Court, 1911) を参照のこと。

(114) Paul Carus, "Immorality as a Philosophical Principle," *Monist* 9 (July 1899), 581. この論文は *Friedrich Nietzsche and Other Exponents of Individualism* (1914) の中に加筆され，収録されている。

(115) Carus, "Immorality as a Philosophical Principle," 596.

(116) Ibid., 596–97n.

(117) ニーチェの写真のケイラスによる読解は，後期ヴィクトリア朝の肖像写真の知覚的リアリズムのあり方を示している。19 世紀後半の写真の模写と技巧については，以下を参照のこと。Miles Orvell, *The Real Thing: Imitation and Authenticity in American Culture, 1880–1940* (Chapel Hill: University of North Carolina Press, 1989); Bevis Hillier, *Victorian Studio Photographs* (Boston: David R. Godine, 1976).

(118) Paul Carus, "Friedrich Nietzsche," *Monist* 17 (April 1907): 247–48. Carus, *Friedrich Nietzsche and Other Exponents* 所収。

(119) Carus, *Friedrich Nietzsche and Other Exponents*, 65–66.

(120) Ibid., 64.

(121) フロイトのクラーク大学訪問については，Nathan G. Hale Jr., *The Beginnings of Psychoanalysis in the United States, 1876–1917*, vol. 1 of *Freud and the Americans* (New York: Oxford Univerdsity Press, 1971) I: 1–22 を参照のこと。フロイトの初期のアメリカ化については，F. H. Matthews, "The Americanization of Sigmund Freud: Adaptations of Psychoanalysis before 1917," *Journal of American Studies* I (1967), 39–62 を参照のこと。1910 年代にフロイトの初期の読者がニーチェの心理学の理論を，フロイトのそれを解釈するために利用したことの例については，Emily Hamblen, *Friedrich Nietzsche and His New Gospel* (Boston: R. G. Badger, 1911)。

(122) Johannes Broene, "The Philosophy of Friedrich Nietzsche," *American Journal of Religious Psychology and Education* 4 (March 1910), 78–79, 131. ブレーネはニーチェが現代の心理学者にとっては多大な「客観的教訓」を与えるが，しかし形成途上の若い精神にとっては危険であると考えた。「いかなる少年少女にもニーチェを読むことが許されるべきではない。……未熟な人間にニーチェを読ませることは，いわばある植物を引き抜いて，その根が育っているかどうかを確かめようとするものである」(同論文 165)。ニーチェは道を誤ったヒューマニストである，というブレーネの評価につ

いては，Johannes Broene, “Nietzsche's Educational Ideas and Ideals,” *Educational Review* 37（January 1909）; 55–70 を参照のこと。

（123） Louise Collier Willcox, “Nietzsche: A Doctor for Sick Souls,” *North American Review* 194（November 1911）; 773, 770.

（124） Ibid., 768, 766.

（125） “Will Nietzsche Come into Vogue in America?,” 65. その二年前の特徴づけもまた参照のこと。「ニーチェの名前はあらゆる種類の結びつきの内に，つねに姿を現わしている。……そしてひとたびニーチェの魅力に囚われた者は，そこから脱け出せそうにない」。“Some American Criticisms of Nietzsche,” *Current Literature* 44（February 1908）, 295.

（126） Wilbur Urban による William M. Salter, *Nietzsche, the Thinker* の書評，*Philosophical Review* 27（May 1918）: 307–8.

第二章

（1） Friedrich Nietzsche, *The Antichrist*（1895）, in “*Twilight of the Idols*” *and* “*The Anti-Christ*,” trans. R. J. Hollingdale（New York: Viking Penguin, 1990）, 181, 140, 175, 161, 178, 161, 178〔前掲『ニーチェ全集 14　偶像の黄昏　反キリスト者』，250, 186, 241, 220, 246, 220, 246 頁〕.

（2） Nietzsche, *Ecce Homo*, 326〔前掲『ニーチェ全集 15　この人を見よ　自伝集』，171 頁〕。

（3） プロテスタンティズムの神学の権威に対する 19 世紀後半の知的挑戦については，以下を参照のこと。Bruce Kuklick, *Churchmen and Philosophers: From Jonathan Edwards to John Dewey*（New Haven, CT: Yale University Press, 1985）, 191–261; James Campbell, *A Thoughtful Profession: The Early Years of the American Philosophical Association*（Peru, IL: Open Court, 2006）, 1–38.

（4） Roy Rozenzweig, *Eight Hours for What We Will*（Cambridge: Cambridge University Press, 1983）, 57; William Leach, *Land of Desire: Merchants, Power, and the Rise of a New American Culture*（New York: Pantheon, 1991）, 135, 144; E. Brooks Holifield, *God's Ambassadors: A History of Christian Clergy in America*（Grand Rapids, MI: Willam B. Eerdmans, 2007）, 145–82; and R. Laurence Moore, “Religion, Secularization, and the Shaping of the Culture Industry in Antebellum America,” *American Quarterly* 41（June 1989）: 216–42.

(5) James Turner, *Without God, Without Creed: The Origins of Unbelief in America* (Baltimore: Johns Hopkins University Press 1986).

(6) Shailer Mathews, *The Faith of Modernism* (New York: Macmillan, 1924), 4, 2, 4. リベラルなプロテスタント神学における広汎な転換については，次を参照のこと。Gary Dorrien, *The Making of American Liberal Theology*. Vol. 2, *Idealism, Realism, and Modernity (1900–1950)* (Westminster: John Knox Press, 2003)

(7) E. Brooks Holifield, *Theology in America: Christian Thought from the Age of the Puritans to the Civil War* (New Haven, CT: Yale University Press, 2005), 506–7.

(8) Rev. James Lindsay, "A Critical Estimate of Nietzsche's Philosophy," *Bibliotheca Sacra* 72 (January 1915): 67.

(9) Charles Lerch, "Nietzsche Madness," *Bibliotheca Sacra* 69 (January 1912): 71–87.

(10) アメリカにおける最初のニーチェの宗教的利用は，ドイツにおける大半はプロテスタントのニーチェ受容と，制度的キリスト教を再活性化するための信仰運動としての受容と，ほとんど軌を一にする。その主な理由は，第一次世界大戦までの合衆国における神学と哲学が，ドイツの神学と哲学に強く影響されていたからである。それはロシアでの宗教的受容と著しい対照をなしていた。ロシアでの受容は概して，教会に属さない知識人や宗教的経験に憧憬を抱く芸術的「神の探求者」たちの間に顕著な支持者を見出したからである。ドイツでの宗教的受容については，以下を参照のこと。Aschheim, *The Nietzsche Legacy in Germany*; Peter Koester, "Nietzsche Kritik und Nietzsche Rezeption in der Theologie des 20 Jahrhunderts," *Nietzsche Studien* 10/11 (1981/1982): 615–85. ロシアでの宗教的受容については，以下を参照のこと。Rosenthal ed. *Nietzsche in Russia*, 51–145; Nel Grillaert, *What the God Seekers Found in Nietzsche: The Reception of Nietzsche's Übermensch by Philosophers of the Russian Religions Renaissance* (Amsterdam: Rodori 2008)

(11) William R. Sorley, *Recent Tendencies in Ethics* (Edinburgh: W. Blackwood and Sons, 1904), 32; "The Christian Reply to Nietzsche," *Current Literature*45 (July 1908): 64; J. L. Raschen, "The Apostle of the Superman," *Methodist Review*, May 1910, 385.

(12) デイヴィッド・ホーリンジャーが示すように，「近代主義」の歴史家たちによる多様な用法は，同じように概念的な定義のしにくさを示している。以下を参照のこと。Hollinger, "The Knower and the Artificer," *American*

Quarterly 39 (Spring 1987): 37–55; Ann Douglas, "Periodizing the American Century: Modernism, Postmodernism, and Postcolonialism in the Cold War Context," *Modernism / Modernity* 5 (September 1998): 71–98. また「近代」の意味の多様性については『新キーワード集――文化と社会の改訂された語彙』の項目を参照のこと。*Keywords: A Revised Vocabulary of Culture and Society*, ed. Tony Bennett and Lawrence Grossberg et. al (Malden, MA: Blackwell, 2005), 219–23.

(13) R. C. Schiedt, "Nietzsche and the Great Problems of Modern Thought," *Reformed Church Review* 16 (April 1912): 148; "Ernst Haeckel and Friedrich Nietzsche: First Part," *Reformed Church Review* 12 (January 1908): 29–48; "Ernst Haeckel and Friedrich Nietzsche: Second Part," *Reformed Church Review* 12 (April 1908): 213–34.

(14) 科学の発達と宗教改革との間の対応については, John Hedley Brooke, "The Parallel between Scientific and Religious Reform," chap. 3 in *Science and Religion: Some Historical Perspectives* (Cambridge: Cambridge University Press, 1991).

(15) プロテスタントたちの間での, キリスト教の信仰と, 力動的な宇宙を提起する科学理論とを和解させるための最も一般的な戦略は, 神の創造を神と自然との間の進行中の関係としてとらえること, その関係を明らかにする唯一の方法として解釈や実験を理解すること, であった。聖書批判に関する哲学の影響については, 以下のものを参照のこと。Walter H. Conser, *God and the Natural World: Religion and Science in Antebellum America* (Columbia: University of South Carolina Press 1993); Theodore Dwight Bozeman, *Protestants in an Age of Science: The Baconian Ideal and Antebellum American Religious Thought* (Chapel Hill: University of North Carolina Press 1977). ダーウィニズムに対する19世紀中期から後期にかけての反応はとりわけ重要である。フレデリック・グレゴリーが主張するように, 歴史家たちは19世紀プロテスタンティズムに対するダーウィニズムのストレートな衝撃という面を誇張しすぎている。グレゴリーによれば, ダーウィンの理論はたんに科学的諸発見と聖書の史実性ならびに年代記との関係についての, 進行中の宗教的論争を改めて取り上げただけである。グレゴリーの論文 "The Impact of Darwinian Evolution on Protestant Theology in the Nineteenth Century," In *God and Nature: Historical Essays on the Encounter between Christianity and Science*, ed. David C. Lindberg and Ronald L. Numbers (Berkeley: University of California Press, 1986), 369–90 を参照のこと。世紀の転換期における宗教的使命としての知の探究については,

David Hollinger, “Justification by Verification: The Scientific Challenge to the Moral Authority of Christianity in Modern America,” in *Religion and Twentieth-Century American Life*, ed. Michael Lacey (New York: Cambridge University Press, 1989), 116–35.

(16) George S. Patton, “Beyond Good and Evil,” *Princeton Theological Review* 6 (July 1908): 393, 394, 428, 411.

(17) Charles C. Everett, “Beyond Good and Evil: A Study of the Philosophy of Friedrich Nietzsche,” *New World* 8 (December 1898): 690, 688.

(18) J. Kenneth Mozley, “Modern Attacks on Christian Ethics,” *Living Age* 257 (May 9, 1908): 353.

(19) Thomas Cary Johnson, *Some Modern Isms* (Richmond, VA: Presbyterian Committee of Publication, 1919), 152, 170, 173, 190, 192.

(20) Patton, “Beyond Good and Evil,” 392–93.

(21) Nietzsche, *Twilight of the Idols*, 33〔『ニーチェ全集 14　偶像の黄昏　反キリスト者』, 16 頁〕.

(22) P. A. Forde, “Is Dogma Out of Date?,” *American Catholic Quarterly Review*, January 1915, 22.

(23) Rev. P. M. Northcote, “The Catholic Apologist,” *American Catholic Quarterly Review*, January 1923, 5.

(24) Rev. Thomas J. Gerrard, “Modern Theories and Moral Disaster,” *Catholic World*, July 1912, 433.

(25) Northcote, “Catholic Apologist,” 5, 1. 同様に以下のものを参照のこと。V. Cathrein, “Ethics,” *The Catholic Encyclopedia,* ed. Charles G. Herbermann et al. (New York: Robert Appleton, 1909), 5: 561; A. A. McGinley,” The Testimony of Science to Religion,” *Catholic World*, November 1900, 235–36; Rev. Thomas J. Gerrard, “Eugenics and Catholic Teaching,” *Catholic World*, June 1912, 292. 世俗の知識の危険性を見定めるという使命は，一般のカトリック教徒にも降りかかってきた。著名な例は，ハリー・サーストン・ペックに見出すことができる。ペックはコロンビア大学のラテン語と文学の教授にして，大衆的な文学雑誌『ブックマン』の編集主幹であり，プロテスタントの世俗知識の探求が，ニーチェの狂気の根源にある，と診断した。Peck, “A Mad Philosopher,” *Bookman,* September 1898, 25–32.「革新の時代」におけるカトリックの思想については次を参照のこと。Thomas E. Woods Jr., *The Church Confronts Modernity: Catholic Intellectuals and the Progressive Era* (New York: Columbia University Press, 2004)

(26) M. D. Petre, “Studies on Friedrich Nietzsche: A Life Militant,” *Catholic*

World, December 1905, 317–30; M. D. Petre, "Studies on Friedrich Nietzsche: The Poet," *Catholic World* , January 1906, 516–26; M. D. Petre, "Studies on Friedrich Nietzsche: Nietzsche the Anti-Moralist," *Catholic World*, February 1906, 610–21; M. D. Petre, "Studies on Friedrich Nietzsche: The Superman," *Catholic World*, March 1906, 773–84; M. D. Petre, "Studies on Friedrich Nietzsche: Nietzsche the Anti-Feminist," *Catholic World*, May 1906, 159–70; M. D. Petre, "Studies on Friedrich Nietzsche: Nietzsche the Anti-Christian," *Catholic World*, June 1906, 345–55.

(27) Mencken, *Friedrich Nietzsche*, 295.

(28) Petre, "Nietzsche the Anti-Moralist," 618–20.

(29) Pope Pius X, *Pascendi dominici gregis: On the Doctrine of the Modernists,* Encyclicalletter, September 8, 1907, http://www.papalencyclicals.net/Piustro/piopasce.htm. 近代主義論争の卓越した報告，ならびに主体的思考に対する教会の抵抗に関する歴史的視角については，次を参照のこと。Gabriel Daly, *Transcendence and Immanence: A Study in Catholic Modernism and Integralism*（Oxford: Clarendon Press, 1980）. カトリック近代主義に関して同様に役に立つのは，次である。Michele Ranchetti, *The Catholic Modernists: A Study of the Religious Reform Movement 1864–1907*, trans. Isabel Quigly（London: Oxford University Press, 1969）. 20 世紀初頭の論争をアメリカの視点からとらえた，アメリカ・カトリシズムに関する有益な研究については，次を参照のこと。James Hennesey, *American Catholics: A History of the Roman Catholic Community in the United States*（New York: Oxford University Press, 1981）.

(30) George H. Derry, "Unlocking the Medieval Mind," *America* 17（September 15, 1917）: 579; F. Aveling, "The Neo-Scholastic Movement," *American Catholic Quarterly Review* 31（January 1906）: 33.

(31) Petre, "A Life Militant," 317.

(32) Petre, "Nietzsche the Anti-Moralist," 620.

(33) Petre, "Nietzsche the Anti-Feminist" 162, Quoting Nietzsche, 165〔ニーチェの出典は不明。ピーターが要約しているためであろうか。文言は異なるが，『偶像の黄昏』には次のような表現がある。「……（恋愛結婚の）基礎は「恋愛」にあるのではなく，——その基礎は，性欲に，所有欲に（所有物としての妻や子供），支配欲にあるのであって，……」邦訳前掲，131 頁〕.

(34) Petre, "Nietzsche the Anti-Christian," 355.

(35) ピーターの近代主義的思考については，次を参照のこと。Clyde F. Crews, "Maude Petre's Modernism," *America* 144（May 16, 1981）: 403–6.

カトリック近代主義に対するピーターの評価については，次を参照のこと。M. D. Petre, *Modernism: Its Failure and Its Fruits* (London: T. C. & E. C. Jack, 1918)

(36) 同様の議論がカトリックの無神論者（そして自称「審美的カトリック」の）ジョージ・サンタヤナの『ドイツ哲学の自己本位性』の中でなされている。それについては第三章で論じる。George Santayana, *Egotism in German Philosophy* (1916; London: J. M. Dent & Sons, 1939).

(37) Joseph B. Jacobi, "The Nietzschean Idea and the Christian Ideal-Superman and Saint," *American Catholic Quarterly Review* 41 (July 1916): 489. 491.

(38) James Martin Gillis, *False Prophets* (New York: Macmillan, 1925), 88–89. ギリスの公人としての長いキャリアに関する注目すべき議論については，次を参照のこと。Richard Gribble, *Guardian of America: The Life of James Martin Gillis, CSP* (New York: Paulist Press, 1998).

(39) Gillis, *False Prophets*, 100, 186, 187, 191, 184.

(40) Petre, "A Life Militant," 330.

(41) William R. Hutchison, *The Modernist Impulse in American Protestantism* (Cambridge, MA: Harvard Unniversity Press, 1976), 145.

(42) William Adams Brown, *Is Christianity Practicable?* (New York: Charles Scribner's Sons, 1919), 95.

(43) Shailer Mathews, *The Gospel and the Modern Man* (New York: Macmillan, 1910), 251.

(44) Walter Rauschenbusch, *Christianity and the Social Crisis* (New York: Macmillan, 1907), 315–16.

(45) Walter Rauschenbusch，次の著作からの引用。Christopher H. Evans, *The Kingdom is Always but Coming: A Life of Walter Rauschenbusch* (Grand Rapids, MI: William B. Eerdmans, 2004), 309.

(46) H. Richard Niebuhr, *The Kingdom of God in America* (1937; Middletown, CT: Wesleyan University Press, 1988), 193.

(47) Rauschenbusch, *Christianity and the Social Crisis*, 342.

(48) Francis Greenwood Peabody, "The Practicability of the Christian Life," *Harvard Theological Review* 6 (April 1913): 129.

(49) Ibid.; Lyman Abbott, "Are the Ethics of Jesus Practicable?," *Biblical World* 17 (April 1901): 256–64; Brown, *Is Christianity Practicable?*

(50) Mathews, *Gospel and the Modern Man*, 240.

(51) Francis Greenwood Peabody, "Ethics and the Social Question," in *The Approach to the Social Question: An Introduction to the Study of Social Ethics*

(New York: Macmillan, 1909), 96–135.

(52) Abbott, "Are the Ethics of Jesus Practicable?" 258, 256.

(53) Francis Greenwood Peabody, *Jesus Christ and the Christian Character* (1905; New York: Macmillan, 1913), 161, 154, 156, 159–60.

(54) Peabody, *Approach to the Social Question* , 113, 116–18.

(55) Mathews, *Gospel and the Modern Man*, 249.

(56) Vida Dutton Scudder, *Socialism and Character* (Boston: Houghton Mifflin, 1912), 26, 6, 50, 3. スカッダーの神学的ヴィジョンについては，以下を参照のこと。Peter J. Frederick, *Knights of the Golden Rule: The Intellectual as Social Reformer in the 1890s* (Lexington: University Press of Kentucky, 1967), 113–40.; Lears, *No Place of Grace*, 209–15. 道徳の導き手としてのニーチェに価値があるというスカッダーの評価に，キリスト教的社会主義者のすべてが同意したわけではなかった。ニーチェの倫理学に対する批判的拒絶の一例としては，キリスト教社会主義者でクロージャー神学校の教会史家ヘンリー・C. ヴェッダーの次の著作を参照のこと。Henry C. Vedder, *Socialism and the Ethics of Jesus* (New York: Macmillan, 1912). ヴェッダーについては，次を参照のこと。Dwight A. Honeycutt, *Henry Clay Vedder: His Life and Thought* (Atlanta: Baptist History and Heritage Society, 2008).

(57) Scudder, *Socialism and Character*, 298

(58) Vida Dutton Scudder, *On Journey* (New York: E. P. Dutton, 1937).

(59) Scudder, *Socialism and Character*, 43, 33–36.

(60) Ibid., 298, 205–6, 299.

(61) Mathews, *Gospel and the Modern Man*, 270–71.

(62) Edwin Dodge Hardin, "Nietzsche's Service to Christianity," *American Journal of Theology* 18 (October 1914): 546.

(63) Rev. Robert S. Loring, *Thought from Nietzsche* (Milwaukee: Printed for Free Distribution by Members of the Milwaukee Unitarian Church, 1919), 3–4.

(64) Jacobi, "The Nietzschean Idea," 472–73.

(65) Lears, *No Place of Grace*, 45, 177–78.

(66) 世紀の転換期のプロテスタントのたくましさへの憧れについて，その「女性的」起源に関しては，次を参照のこと。Ann Douglas, *The Feminization of American Culture* (1977; New York: Doubleday, 1988); Barbara Welter, "The Feminization of American Religion, 1800–1860," in her *Dimity Convictions: The American Woman in the Nienteenth Century* (Athens: Ohio University Press, 1976): 83–102. 男性的経験への希求とヴィクトリア朝文化にお

けるイコノグラフィについては, 次を参照のこと。Norman Vance, *The Sinews of the Spirit: The Ideal of Christian Manliness in Victorian Literature and Religious Thought* (Cambridge: Cambridge University Press, 1985). Cliford Putney's *Muscular Christianity: Manhood and Sports in Protestant America, 1880–1920* (Cambridge, MA: Harvard University Press, 2001) は宗教的危機の広がりが「革新の時代」のアメリカにおいて, さまざまな文化的形式をとったことを例証している。

(67) John Neville Figgis, *The Will to Freedom; or, The Gospel of Nietzsche and the Gospel of Christ* (London: Longmans, Green, 1917), 92, 313.

(68) Ibid., 316, 309, 315, 312, 313.

(69) Lindsay, "A Critical Estimate of Nietzsche's Philosophy," 75.

(70) John M. Warbeke, "Friedrich Nietzsche, Antichrist, Superman, and Pragmatist," *Harvard Theological Review* 2 (July 1909): 378–79.

(71) Hardin, "Nietzsche's Service to Christianity," 548–49.

(72) Loring, *Thoughts from Nietzsche*, 28.

(73) Ibid., 29–30.

(74) Warbeke, "Friedrich Nietzsche," 375.

(75) Loring, *Thoughts from Nietzsche*, 7.

(76) Figgis, *Will to Freedom*, 74.

(77) Hardin, "Nietzsche's Service to Christianity," 551, 550.

(78) Warbeke, "Friedrich Nietzsche," 381. イエスとニーチェとの類似性に関する近年の研究については, 次を参照のこと。John M. Quigley, *The Superman of Nazareth: Towards a More Jesuan Christianity after Nietzsche* (Sussex: Book Guild, 2000). ほぼ一世紀前のリベラル・プロテスタントの前任者たちのように, クウィグリーもその「因襲的なキリスト教の止まり木から, ニーチェの魅惑的な傑作によって, 叩き落された」。クウィグリーは自分の研究を—— 50 年に及ぶ断続的なニーチェ読書の集積——「キリストとツァラトゥストラとの間に協定を結ぶ」努力として描いている (同書, 序 11)。

(79) Lindsay, "A Critical Estimate of Nietzsche's Philosophy," 78. 超人という人格の内在性に対する同様の非難については, 以下を参照のこと。Mozley, "Modern Attacks," 362; Lerch, "Nietzsche Madness," 87.

(80) Loring, *Thoughts from Nietzsche*, 24–25.

(81) Figgis, *Will to Freedom*, 129.

(82) George Burman Foster, "The Prophet of a New Culture," *Little Review* 1 (March 1914): 14.

(83) フォスターの伝記ならびに彼をめぐる論争に関して，より詳しくは次を参照のこと。Alan Gragg, *George Burman Foster: Religious Humanist*, Perspectives in Religious Studies (Danville, VA: Association of Baptest Professors of Religion, 1978). フォスターの生涯と思想の卓抜な記述については，次を参照のこと。Dorrien, *Making of American Liberal Theology*, 156–81.

(84) George Burman Foster, *The Finality of the Christian Religion* (Chicago: University of Chicago Press, 1906), xii, 185, 177. フォスターのモダニズムならびに1960年代の神学における「神の死」運動については，次を参照のこと。Harvey Arnold, "Death of God — '06," *Foundations* 10 (October-December 1967): 331–53.

(85) William Rainey Harper, as quoted in Dorrien, *Making of American Liberal Theology*, 156.

(86) George Burman Foster, シェイラー・マシューズの回想からの引用。Mathews, *New Faith for Old: An Autobiography* (New York: Macmillan, 1936), 68.

(87) Foster, *Finality of the Christian Religion*, 260, 187.

(88) "Ministers' Meeting," *Standard* 53 (March 10, 1906): 841–42. 同様に以下を参照のこと。"The Foster Incident," *Standard* 53 (February 24, 1906): 706; Johnston Myers, "About the Protest," *Standard* 53 (March 24, 1906): 894; "Dr, George B. Foster Replies to His Critics," *Standard* 53 (April 14, 1906): 573–75.

(89) George Burman Foster, *The Function of Religion in Man's Struggle for Existence* (Chicago: University of Chicago Press, 1909), xi, 142–43.

(90) "Baptists after Row Expel Prof. Foster," *New York Times* , June 22, 1909, 3.『ニューヨーク・タイムズ』紙は，自分の宗教的探究は教会の防衛のためである，というフォスターの主張を掲載している。"Foster Still a Baptist," *New York Times*, June 9, 1909, 5. "George Burman Foster," s.v. in *Dictionary of Heresy Trials in American Christianity*, ed. George H. Shriver (Westport, CT: Greenwood Press, 1997), 142–49.

(91) 一例として，アイオワ州ダベンポートの図書館評議会はフォスターの『キリスト教の終極性』の購入を拒否した。評議会にとって不運なことに，ジョージ・クラム・クック，フロイド・デル，スーザン・グラスペルなどの「モニスト・ソサエティ」（第四章で論じる）の他のメンバーたちが，後援者の中にいた。これらの作家たちは評議会の決定に激怒して，フォスターの重要な新宗教思想に触れるのを阻もうとする動きに抗議するキャンペー

ンを始めた。Susan Glaspell, *The Road to the Temple* (New York: Frederick A. Stokes, 1927), 193.

(92) George Burman Foster, “Longing,” *Little Review* 1 (July 1914): 24–25.

(93) Foster, *Function of Religion*, 63.

(94) Foster, “Prophet of a New Culture,” 14.

(95) Ibid., 17, 15.

(96) Foster, “Longing,” 23.

(97) Foster , *Function of Religion*, 22, 170.

(98) George Burman Foster, “The New Loyalty,” *Little Review* 1 (July 1914): 24–25.

(99) Foster, *Function of Religion*, 184.

(100) Foster, “Man and Superman,” *Little Review* 1 (April 1914): 7.

(101) Foster, “Prophet of a New Culture,” 15.

(102) フォスターの大学でのニーチェ講義は没後出版された。George Burman Foster, *Friedrich Nietzsche* (New York: Macmillan, 1931)

(103) Ibid., 211–12.

(104) W. C. A. Wallar, “A Preacher's Interest,” *American Journal of Theology* 19 (January 1915): 89–90.

(105) Ibid., 90.

(106) 「自由への意志」と「愛への意志」とはフィギスの表現である。

第三章

(1) 19 世紀のアメリカ文学と文化におけるゲーテについては，以下を参照のこと。Maxine Grefe, *“Apollo in the Wilderness”: An Analysis of the Critical Reception of Goethe in America, 1806–1840* (New York: Garland, 1988); John Paul von Grueningen, “Goethe in American Periodicals from 1860–1900” (PhD Diss., University of Wisconsin, 1931). イギリスでの『ファウスト』受容に関する有益な資料は，次を参照のこと。William Frederic Hauhart, “The Reception of Goethe's Faust in England in the First Half of the Nineteenth Century” (PhD Diss., Columbia University, 1909). アメリカ文化におけるドイツ空想文学のより広汎なコンテクストについては，次を参照のこと。Lynne Tatlock and Matt Erlin, *German Culture in Nineteenth-Century America: Reception, Adaptation, Transformation* (Rochester, NY: Camden House, 2005).

(2) Johann Wolfgang von Goethe, *Faust* (1808), part 1 (Munich: Hugo Schmidt Verlag, 1923), 31〔ゲーテ『ファウスト (1)』高橋義孝訳, 新潮社, 1967 年〕。

(3) Goethe, *Faustus from the German of Goethe*, trans. Samuel Taylor Coleridge, ed. Frederick Burwick and James C. McKusick (Oxford: Oxford University Press, 2007), 12. フランシス・リーヴソン・ガウアーもその 1823 年の翻訳で同じことをしている。Francis Leveson Gower (London: Murray, 1823).

(4) Goethe, *Faust*, trans. Abraham Hayward (London: Edward Moxon, 1838), 21. アンナ・スワンヴィックの翻訳は 1914 年までいくつかの版を重ねたが, やはり「超人」を「半神半人」と訳している。Goethe, *Faust*, trans. Anna Swanwick (London: George Bell and Sons, 1870).

(5) Goethe, *Faust: A Tragedy*, trans. Bayard Taylor (1871; Boston: Houghton, Mifflin, 1898) 22. パーシー・ビッシュ・シェリーの 1832 年の翻訳, またキャプテン・ノックスの 1841 年の翻訳も同じく「超人間」を選んでいる。Goethe, *Faust, A Tragedy*, trans. Captain Knox (London: John Olliver, 1841); Goethe, as translated by Percy Bysshe Shelley, *The Works of Percy Bysshe Shelley in Verse and Prose*, ed. Henry Buxton Forman, vol. 7 (London: Reaves and Turner, 1880).

(6) Friedrich Nietzsche, *Thus Spoke Zarathustra* (1883–85), trans. Walter Kaufmann (New York: Modern Library, 1995), 12–13〔前掲『ニーチェ全集 9 ツァラトゥストラ 上』, 21–23 頁〕。

(7) ハーバード大学のドイツ美術・文学の教授クーノー・フランケは, ニーチェの超人がゲーテ起源であることを認識し, そもそも「ゲーテこそがドイツ人の生活に超人のモティーフを刻印したのだ」と論じている。フランケの評価では, ニーチェとワグナーという, 19 世紀ドイツ文学の「代表的人物」の二人は「ファウスト的な何ものかを, そして……巨匠らしき何ものかを」表現した。それぞれの「絶え間ない苦闘を通じた救済というゲーテ的福音」の中で, それぞれの「激烈さ」の称揚において, それぞれの実験的人生観の中で, それぞれの「経験から経験への大胆な歩み」の中で……「それぞれの, 自分自身の存在を完全なものにしようとする絶え間ない努力の中で」。フランケによれば,「この苦闘の伝統」の「光景」は「ドイツ精神」の基底をなす特徴であった。次を参照のこと。Kuno Francke, *The German Spirit*, (New York: Henry Holt, 1916), 65–66. フランケの (とりわけ戦時中の) 著作の大半は, 精神の国民的特性の相違に特に焦点を当てている。そして繰り返し,「ドイツ」精神と「アメリカ」精神との違いを強調している。

(8) John H. Mecklin, "The Tyranny of the Average Man," *International Journal of Ethics* 28 (January 1918): 240–52; Charles Zueblin, *Democracy and the Overman* (New York: B. W. Huebsch, 1910); Lothrop Stoddard, *The Revolt against Civilization: The Menace of the Under Man* (New York: Charles Scribner's Sons, 1922)

(9) George Bernard Shaw, *Man and Superman* (Cambridge, MA: Harvard University Press, 1903)〔『人と超人』市川又彦訳，岩波書店，1958年〕.

(10) ロンドンの自然主義的ニーチェ読解については次を参照のこと。John E. Martin, "Martin Eden, a London Superman Adventurer: A Case Study of the Americanization of European Ideology," in *Die amerikanische Literatur in der Weltliteratur: Themen und Aspekte*, ed, Claus Uhlig and Volker Bischoff (Berlin: E. Schmidt, 1982), 218–30; Katherine M. Little, " 'The Nietzschean' and the Individualist in Jack London's Socialist Writings," *Amerikastudien* 22 (1977): 309–23.

(11) Mencken, *Friedrich Nietzsche,* 102, 105–6, 108.

(12) Antrim and Goebel, "Friedrich Nietzsche's Übermensch," 566–67; Hunecker, *Egoist*, 167.

(13) Carus, "Immorality as a Philosophical Principle," 588–89; Carus, "Friedrich Nietzsche," 231.

(14) Thomas Stockham Baker, "What Is the Superman?," *Independent* 65 (December 1908): 1615. ベイカーはドイツ文学研究者としての経歴の初期，アメリカ文化におけるドイツロマン主義の影響を考察した（*Lenau and Young Germany in America* [1897]）。またアメリカの読者のために，近代ドイツ文学の状況を解説した（ベイカーはゲルハルト・ハウプトマンの戯曲『沈鐘』を1900年にヘンリー・ホルト書店から出版している）。同様に次も参照のこと。Thomas Stockham Baker, "Contemporary Criticism of Friedrich Nietzsche," *Journal of Philosophy, Psychology, and Scientific Methods* 4 (July 18, 1907): 406–19.

(15) これは20世紀の最も重要なニーチェの翻訳者ウォルター・カウフマンの結論である。とはいえ，カウフマンは「over human being 人間を超越した存在」では，Übermensch の持つ音楽性が失われると考え，20世紀半ばの世評の高い数々の翻訳の中では「overman 超人」という語を選択したのであるが。

(16) "Did Nietzsche Predict the Superwoman as Well as the Superman?," *Current Literature* 43 (December 1907): 643–44.

(17) Nietzsche, *Thus Spoke Zarathustra*, 66–67〔邦訳前掲，119–21頁〕.

(18)　“Did Nietzsche Predict the Superwoman as Well as the Superman?” 644. 同様に次も参照のこと。“A Feminist Disciple of Nietzsche,” *Current Opinion* 54 (January 1913): 47–48.

(19)　Margaret Sanger, journal entry of November 3–4, 1914. 次からの引用。David M. Kennedy, *Birth Control in America* (New Haven, CT; Yale University Press, 1970). 同様に次も参照のこと。Ellen Chesler, *Woman of Valor: Margaret Sanger and the Birth Control Movement in America* (1992; New York: Simon and Schuster, 2007).

(20)　Margaret Sanger, “Friedrich Nietzsche,” Margaret Sanger Papers, US Library of Congress, Washington, DC (LCM130: 356); online at http://www.nyu,edu/projects/sanger/webedition/app/documents/show.php?sangerDoc=143705.xml

(21)　Margaret Sanger, *Selected Papers of Margaret Sanger,* ed. Esther Katz (Urbana: University of Illinois Press, 2003), 1: 78–79.

(22)　W. Fergus Kernan, editorial introduction to Josiah Royce, “Nietzsche,” *Atlantic Monthly*, March 1917, 321.

(23)　Josiah Royce, “The Teaching of Friedrich Nietzsche”, HUG1755/5, box 97, Josiah Royce Papers, Harvard University Archives, Cambridge, MA.

(24)　Josiah Royce, *The Philosophy of Loyalty* (1908; Nashville: Vanderbilt University Press, 1995), 3–4. ジェームズ・ラッセル・ローウェルが，引用句「時がたてば，いにしえの善きものも，見苦しきものとなる」の原作者である。次を参照のこと。James Russell Lowell, “The Present Crisis,” in *Early Poems of James Russell Lowell*, ed. Nathan Haskell Dole (1892; New York: Thomas Y. Crowell, 1898), 203.

(25)　Josiah Royce, “The Moral Burden of the Individual,” in *The Problem of Christianity*, ed. John E. Smith (Chicago: University of Chicago Press, 1968), 117.

(26)　Royce, *Philosophy of Loyalty*, 41; Royce, “Nietzsche,” 327.

(27)　Royce, “Nietzsche,” 321–22.

(28)　Ibid., 322, 324.

(29)　Josiah Royce, “The Problem of Truth in the Light of Recent Discussion,” in *William James and Other Essays on the Philosophy of Life* (1911; Freeport, NY; Books for Libraries Press, 1969), 190.

(30)　Royce, *Philosophy of Loyalty,* 4; Royce, “The Problem of Truth,” 196, 198–99.

(31)　Royce, “The Problem of Truth,” 230–31.

(32) ロイスはジェイムズが生前，相対主義と個人主義を融合することに絶えず批判を加えていたが，死後ジェイムズの「信ずることへの意志」をニーチェの力への意志と同じように，すなわち，偶然的だが絶対的な観念論の例として，考え始める。次を参照のこと。Josiah Royce, "William James and the Philosophy of Life," in Royce, *William James and Other Essays on the Philosophy of Life*, 3–45. ジェイムズのプラグマティズムとロイスの「絶対的プラグマティズム」との相違の分析については，次を参照のこと。Bruce Kuklick, *Josiah Royce: An Intellectual Biography* (1972; Indianapolis: Hackett, 1985), 119–35.

(33) Royce, "Nietzsche," 324; Royce, *Philosophy of Loyalty*, 177.

(34) William James to Thomas Sargeant Perry, August 24, 1905, in *The Letters of William James*, ed. Henry James (Boston: Atlantic Monthly Press, 1920), 2: 232–33.

(35) William James, "Calendar," in *The Correspondence of William James*, ed. Ignas K. Skrupskelis and Elizabeth M. Berkeley (Charlottesville: University Press of Virginia, 2002), 10: 614.

(36) William James to Alice Howe Gibbens, May 12, 1910, in ibid., 12: 510.

(37) William James's personal copy of Friedrich Nietzsche, *Jenseits von Gut und Böse*, 2nd ed. (Leipzig: C. G. Naumann, 1891), WJ760. 25, Houghton Library, Harvard University, Cambridge, MA.

(38) ウィリアム・ジェイムズ「マックス・ノルダウ『退化』の書評」, James, *Essays, Comments, and Reviews* (Cambridge, MA: Harvard University Press, 1987), 508. 例えば，ジェイムズは1905年にEmile Faguet, *En lisant Nietzsche* (1903) を，またジュリアス・ゴールドスタインのニーチェを評価する『精神』誌 (1902) の記事を読んだことを述べている。William James to Alice Howe Gibbens James, March14, 1905, in *Correspondence*, 10: 567, and William James to Julius Goldstein, June 1, 1910, in ibid., 12: 540.

(39) 『善悪の彼岸』に加えて，ホートン図書館はジェイムズの蔵書であるフリードリッヒ・ニーチェ『道徳の系譜』も所蔵している。Friedrich Nietzsche, *Zur Genealogie der Moral,* 3rd ed. (Leipzig: C. G. Naumann, 1894), AC85 J2376 Zz894n.

(40) James's copy of Nietzsche, *Jenseits*, Houghton Library, Harvard University.

(41) ジェイムズが初めて『善悪の彼岸』を読んだのはいつかを示す，さらなる文書の裏付けができなかったので，ジェイムズがこの文を本当に1892年に（ジェイムズが1896年に「信ずる意志」を書いた4年前に）読んだのか，

1896年より後に読んで類似点を書き留めたのか，それともたんに，この挑発的な文と観念，あるいはそのいずれかを見出したにすぎず，自分自身の著作と何ら結びつけているわけではないのかは判断不可能である。

(42) William James to Elizabeth Glendower Evans, April 13, 1900, in *Correspondence*, 9: 188. この書簡はフランスの「コストベル・ホテル」で書かれている。蔵書の『道徳の系譜』の題扉に「ウィリアム・ジェイムズ，ホテルコストベル」と書いてある。一週間後ジェイムズはフランスのコストベルからアリス・スミスに宛てて書いている。「近ごろ，実に立派な聖人たちの生涯を読んでいるところです！――ギフォード講義のための資料です」と。William James to Alice Smith, April 17, 1900, in ibid., 190.

(43) William James, "Notes on Ethics Ⅲ," in *Manuscript Essays and Notes,* ed. Ignas K. Skrupskelis (Cambridge, MA: Harvard University Press, 1988), 312–13.

(44) William James, "What Makes a Life Significant," in *Talks to Teachers on Psychology: And to Students on Some of Life's Ideals* (1899; Cambridge, MA: Harvard University Press, 1983), 154. 最初の講義は1892年にブリンマー・カレッジで行なわれた〔『ウィリアム・ジェイムズ著作集1　心理学について――教師と学生に語る』大坪重明訳，日本教文社，1960年，300頁〕。

(45) James, "Notes on Ethics III," 312–13.

(46) William James, *The Varieties of Religious Experience: A Study in Human Nature* (1902; New York: Longmans, Green, 1911), 371–75〔『宗教的経験の諸相』下，桝田啓三郎訳，岩波書店，1970年，172–77頁〕。

(47) Ibid., 38〔『宗教的経験の諸相』上，1969，62頁〕.

(48) Royce, "Nietzsche," 328, 322, 327–28.

(49) Friedrich Nietzsche, *Daybreak* (1881), trans. R. J. Hollingdale (Cambridge: Cambridge University Press, 1996), 139〔前掲『ニーチェ全集7　曙光』茅野良男訳，168頁〕。

(50) Nietzsche, *Human, All Too Human,* 9〔前掲『ニーチェ全集5　人間的，あまりに人間的Ⅰ』池尾健一訳，18頁〕.

(51) J. David Hoeveler Jr., *The New Humanism: A Critique of Modern America* (Charlottesville: University Press of Virginia, 1977), 3.

(52) J. デイヴィッド・ヘーヴェラー・ジュニアがその「新ヒューマニズム」の研究で示すように，ごく少数の大学教授たちだけが，自らを「新ヒューマニスト」と名乗っていたか，あるいは1920年代の終わりまでその運動の立場を支持していた。バビットとモアがこの運動の中心人物であった。フライに加えて，イリノイ大学のスチュアート・シャーマン，プリンストン

大学のフランク・ジュイット・マザー・ジュニアとケニヨン・コックス，そして後にノースカロライナ大学のノーマン・フェルスターが1920年代の終わりにこの運動に貢献した。たしかにこれだけ数の少ない思想家たちのグループを運動として言及するのは，いくぶん無理がある。だが，少数ではあるが，新ヒューマニズムの二人の指導者が，その思想によって注目を集めていたことは，否定できない。それは著名な大学の教授という彼らの立場によるものであり，また20世紀の初めの数十年間，重要な論壇誌であった『ネーション』の文学面をモアが支配していたことによるものであった。彼らの思想は，当時の自然主義的なまたプラグマティズムの思想の潮流に逆らう確固とした思想集団を形作っていた。それだけではない。ヘーヴェラーが説得力をもって述べるように，南部農業運動，新正統主義の運動，新保守主義の運動などに影響を与えたのである。

(53) バビットはギリシアの古典主義を，手本とすべき最良の古典主義であるとして称賛している。ロマン主義者は17世紀「新古典主義」の純粋に形式主義的な側面を，真の古典的思想であると誤解した，とバビットは論じる。ロマン主義はたんに，新古典主義を転倒したものである。「新古典主義者が良識に比べて想像力を軽んじたので，ロマン主義的反逆者たちが想像力に比べて良識を軽んずるようになったのである。ロマン主義的な見方は要するに，新古典主義的な見方を逆転させたものにすぎない」とバビットは述べる。Irving Babbitt, *Rousseau and Romanticism* (Boston: Houghton Mifflin, 1919), 14.

(54) Ibid., 4.

(55) Ibid., 250, 198–99.〔ニーチェの引用については出典不明〕

(56) Ibid., 199, 245, 198.

(57) Ibid., 263, 245, 246, 260, 261 (最後のはニーチェ『このようにツァラトゥストラは語った』からの引用で，バビットの著作に引用されていたものである〔邦訳前掲，下，247–48頁〕).

(58) Ibid., 263, 251, 263. バビットは信仰をもたない者に対してさえも，堅固な信仰の誘惑についてのツァラトゥストラの警告を引用する。「そなたのような定めなき身の上の者たちには，結局は牢獄でさえも至福に思われるのだ。囚われの身となった犯罪者たちが眠っているさまを，そなたはかって見たことがあるか？　彼らは安らかに眠っているのだ，彼らはその新しい安心を楽しんでいるのだ。／そなたが最後にはやはり何か狭い信仰や堅固で厳格な妄想にとらえられることにならないよう，気をつけよ！というのは，今やそなたは，狭くて確固としたものなら，どんなものにでも誘惑され，そそのかされるからだ」(ニーチェ『このようにツァラトゥストラは語った』

から〔邦訳前掲，下，248頁〕，バビットの『ルソーとロマン主義』からの引用，263)。アイロニカルなロマン主義者，超人に対するバビットの攻撃には，その仲間の新ヒューマニスト，プロッサー・ホール・フライの『ロマンスと悲劇』(1922) が援軍に加わった。フライはニーチェの哲学を，社会の紐帯への攻撃とみなす。だが，その解体的傾向はニーチェの超人という再構築的ヴィジョンによって，バランスがとられている。というのも，超人は世界と自己を「美学的産物」とみなそうとするからである，と述べる。ニーチェは，世界が「道徳的存在の作品」であったはずはない，むしろ「世界の起源は芸術家・創造者によってのみ，説明することができる」と考えていた，と。自己の基礎づけのない，道徳から解放されたニーチェ主義的主体は，自己をあたかも芸術作品であるかのようにみなす以外に何の道もない，とフライは主張する。Prosser Hall Frye, *Romance and Tragedy* (1922; Lincoln: University of Nebraska Press, 1961), 116, 123.

(59) Paul Elmer More, *The Drift of Romanticism* (Boston: Houghton Mifflin, 1913), 255, 263.

(60) Paul Elmer More, *Nietzsche* (Boston: Houghton Mifflin, 1912), 71, 61, 68.

(61) Babbitt, *Rousseau and Romanticism*, 24.

(62) Ibid., 250–51.

(63) George Santayana, *Egotism in German Philosophy* (1916; London: J. M. Dent & Sons, 1940), 5. 実際サンタヤナは，アメリカ精神を古典的に定式化した1911年の『アメリカ哲学の優美なる伝統』では，ドイツの「先験的」主観性を非難している。

(64) Ibid., 5, 3, 7, 6. 長年にわたるドイツ思想と文化に対するサンタヤナのアンビヴァレンスについては，以下を参照のこと。Kenneth M. Price, "George Santayana and Germany: An Uneasy Relationship," in *Germany and German Thought in American Literature and Cultural Criticism*, ed. Peter Freese (Essen: Verlag die Blaue Eule, 1990), 159–69, and John McCormick, *George Santayana: A Biography* (New York: Knopf, 1987). 社会批評家としてのサンタヤナについては，次を参照のこと。Robert Dawidoff, *The Genteel Tradition and the Sacred Rage: High Culture vs. Democracy in Adams, James, and Santayana* (Chapel Hill: University of North Carolina Press, 1992)

(65) Santayana, *Egotism in Philosophy*, 28.

(66) Ibid. 137–38, 143.

(67) Ibid. 137, 126.

(68) Ibid. 132–32.

(69) Ibid. 136, 134.

(70) Ibid. 13–14, 28.

(71) Paul Elmer More, "The Lust of Empire," *Nation*, October 22, 1914, 493–95; and Irving Babbitt, "The Breakdown of Internationalism. Part I and II," *Nation*, June 17 and June 24, 1915, 677–80, 704–6. バビットのロマン主義への批判はすでに，以下の著書で明らかである。*Literature and the American College*（Boston: Houghton Mifflin, 1908）and *The New Laokoon: An Essay on the Confusion in the Arts*（Boston: Houghton Mifflin, 1910）.

(72) 次からの引用。James Joll, "The English, Friedrich Nietzsche and the First World War," in *Deutschland in der Weltpolitik des 19 und 20 Jahrhunderts*, ed. Imanuel Geiss and Bernd Jürgen Wendt（Düsseldorf: Bertelsmann Universitätsverlag, 1973）, 305.

(73) 超人を「ドイツ精神」の哲学的精華と，そしてドイツ精神を力の奔放な追求の発現とみなす傾向については，以下を参照のこと。Edmund McClure, *Germany's War-Inspirers, Nietzsche and Treitschke*（New York: E. S. Gorham, 1915）; J. H. Muirhead, *German Philosophy in Relation to the War*（London: J. Murray, 1915）; and Ernst Barker, *Nietzsche and Treitschke: The Worship of Power in Modern Germany*（Oxford: Oxford University Press, 1914）.

(74) William Archer, "Fighting a Philosophy," *North American Review*（January 1915）: 44, 39, 32.; William Archer, *501 Gems of German Thought*（London: T. Fisher Unwin, 1916）〔ニーチェの引用は邦訳前掲，上 86 頁〕. 戦時中の『ツァラトゥストラ』の売れ行きは，アーチャーの主張を裏付けている。すなわち，塹壕の兵士も居間でくつろぐブルジョワジーも，ニーチェを読んで鼓舞されている，と。H. F. ペータースによれば，1917 年には 4 万部の『ツァラトゥストラ』が売れた。次を参照のこと。Peters, *Zarathustra's Sister: The Case of Elisabeth and Friedrich Nietzsche*（New York: Crown, 1977）, 279. ロバート・G. L. ウェイトは『ツァラトゥストラ』の「戦時版が特別に印刷され，丈夫なフィールド・グレーの用紙で製本されて，幾万ものドイツの兵士に売られた」と記している。Robert G. L. Waite, *The Psychopathic God: Adolf Hitler*（New York: Basic Books, 1977）, 279.

(75) Archer, "Fighting a Philosophy," 42, 43; Archer, *501 Gems*, xvi–xvii.

(76) William Mackintire Salter, *The Fiftieth Anniversary of the Ethical Movement, 1876–1926*（New York: D. Appleton, 1926）, 39.

(77) William Mackintire Salter, *Nietzsche the Thinker: A Study*（1917; New York: Frederick Unger, 1968）. ソルターはニーチェの思想の発展を段階的に示している。——その初期のショーペンハウアーとワグナーに対する熱

狂，その中期の「批判的」時代，そしてニーチェの最終的な「建設的」段階。ここでニーチェは「包括的な世界観」を創り出そうとしている，と。Salter, *Nietzsche,* 98, 149.

(78) Salter, *Nietzsche*, xxvii. すでに1912年の『ネーション』誌の論説において，ソルターはニーチェの抑制された倫理的かつ審美的な「個人主義」のヴィジョンを提示していた。この本の重要なライトモチーフとなるものを予感させながら。「真実のところは，ニーチェがモラリストである，ということだ。本能や衝動のではなく，完全に文化と規律に基づいたところの，である」。Salter, "Nietzche's Individualism," *Nation*, April 11, 1912, 361.

(79) Salter, *Nietzsche*, xxvii. ソルターの『ニーチェ』は総じて好意的な書評を多く得たとはいえ，この本が戦時中の論評に目に見える影響を与えたわけでも，論争の観点を変化させたわけでもない。注目すべき書評としては，以下を参照のこと。Will Durant, review of *Nietzsche The Thinker: A Study*, by William W. Salter, *Political Science Quarterly* 33 (June 1918): 266–68; Herbert L. Stewart, "An Exposition of Nietzsche," *American Journal of Theology* 24 (April 1920): 309–14; and H[orace] M. Kallen, review of *Nietzsche The Thinker: A Study,* by William M. Salter, *Harvard Theological Review* 13 (July 1920): 306–10.

(80) Salter, *Nietzsche*, 340, 350, 416, 396, 397, 24, xxvii.

(81) Chauncey Brewster, "Ethics Made in Germany," *North American Review* 201 (March 1915), 398.

(82) W. H. Griffith Thomas, "German Moral Abnormality," *Bibliotheca Sacra* 76 (January 1919): 84–104.

(83) Joseph H. Odell, "Peter Sat by the Fire Warming Himself," *Atlantic Monthly*, February 1918, 147.

(84) Thomas, "German Moral Abnormality," 103. 次も参照のこと。W. H. Griffith Thomas, "Germany and the Bible," *Bibliotheca Sacra* 72 (January 1915): 49–66.

(85) G. Stanley Hall, foreword to *The Problem and Lessons of the War,* ed. George H. Blakeslee (New York: G. P. Putnam's Sons, 1916), xi.

(86) Richard T. Ely, *The World War and Leadership in a Democracy* (New York: Macmillan, 1918), 4, 174.

(87) Hall, foreword to Blakeslee, *Problem and Lessons of the War,* xiv, xv, xxiii. ホール自身の人種的再生への切望については，次を参照のこと。Gail Bederman, *Manliness and Civilization: A Cultural History of Gender and Race in the United States, 1880–1917* (Chicago: University of Chicago Press,

1995).

(88) Ralph Barton Perry, *The Present Conflict of Ideals: A Study of the Philosophical Background of the World War* (London: Longmans, Green, 1918), 9, 150, 171; Ralph Barton Perry, *The Free Man and the Soldier: Essays on the Reconciliation of Liberty and Discipline* (New York: Charles Scribner's Sons, 1916), 61. and Perry, *Present Conflict of Ideals*, 155. 第一次世界大戦中のドイツ系アメリカ知識人たちについては，次を参照のこと。Phyllis Keller, *States of Belonging: German-American Intellectuals and the First World War* (Cambridge, MA: Harvard University Press, 1979).

(89) Perry, *Present Conflict of Ideals,* 162, 168, 171. ペリーの評価は議論の余地のないものではない。ニーチェのドイツ文化への批判が，容易にその是認へと転換してゆくわけではない。その点をとらえて，『ニューヨーク・タイムズ・レヴュー・オブ・ブックス』のある筆者は次のように記している。「[ニーチェの超人が] まさしくドイツの貴族に多大な影響を与え，彼らを超人の一族とみなすように仕向けた，とされている。これは実に奇妙なことであろう。というのも，ニーチェはドイツ人を俗物の典型として，卑屈な階級とみなしており，それらに対して超人は闘わねばならないと考えていたからである」。同様に，ニーチェは「ドイツの「文化」自慢」を「軽蔑」を持って眺めていたのである。Joseph Jacobs, "Nietzsche's Life and Work," *New York Times Review of Books*, April 4, 1915, sec. 6, p. 1.

(90) Perry, *Present Conflict of Ideals*, 171; Perry, *Free Man and the Soldier*, 59.

(91) Simon Nelson Patten, "The German Way of Thinking," *Forum* 54 (July 1915): 26.

(92) Ibid., 22, 26.

(93) ニーチェの哲学をドイツの帝国主義から切り離そうとする急進派の努力の例としては，次を参照のこと。"Nietzsche on War," *Mother Earth*, October 1914, 260–64.

(94) Max Eastman, "What Nietzsche Really Taught," *Everybody's Magazine*, November 1914, 703. ニーチェのコスモポリタニズムに関するさらなる論評については，次を参照のこと。Hart Crane, "The Case against Nietzsche," *Pagan*, April-May 1918, 34–35.

(95) Max Eastman, "*Understanding Germany: The Only Way to End War*" *and Other Essays* (New York: Mitchell Kennerley, 1916), 110, 61, 62, 65, 68. ニーチェのコスモポリタニズムとナショナリズム批判に対するイーストマンの称賛はトマス・ベイリーに称賛された。Thomas Bailey, "Nietzsche as a Tonic in War Time, "*Sewanee Review* 26 (July 1918): 364–74.

(96) ニーチェと戦争との結びつきは，ニーチェを読んでいないか，正しく理解していない人間によってなされている，とグラッデンは主張した。グラッデンは自分の直接の経験からこのことを学んでいる。そのちょうど一年前，グラッデンは『ニューヨーク・タイムズ』に書簡を送り，その中でニーチェがドイツの人々を戦争にそそのかした，と主張した。翌週エミリー・ハンブレンがそれに応える手紙を書き，グラッデンはニーチェの著作物を詩として読むのでなく，文字どおりに読んだために，誤読していると述べた。グラッデンはそれに対してさらに返信を送り，自分が二次的資料からニーチェを引用するという「ずさんな方法」を用いていたことを認めた。一年後グラッデンは「軍国主義の神学」の中で，ニーチェに関する自分の態度を完全に改めた。Gladden, "The Theology of Militarism"（Gladden, *The Forks of the Road* [New York: Macmillan, 1916]）. Washington Gladden, "Nietzsche on Peace," *New York Times*, March 21, 1915, sec. 1; Gladden, letter to the editor, *New York Times*, April 15, 1915, p. 12; Emily S. Hamblen, "Nietzsche Defended," *New York Times,* April 4, 1915, sec. 6. 引用はグラッデンの「編集部への書簡」およびグラッデン『分かれ道』より。

(97) Gladden, "The Theology of Militarism," 83, 85〔ニーチェの引用は邦訳前掲II，471–72 頁〕.

(98) Clarence Darrow, *Clarence Darrow's Plea for the Defense of Loeb and Leopold*（August 22, 23, 25）（Girard, KS: Haldeman-Julius, 1925）, 17.

(99) 次を参照のこと。From phrenological diagrams of Leopold's and Loeb's heads; reproductions in *Chicago Daily Tribune*, July 28, 1924, 3. 公判中の証拠としての科学理論については，次を参照のこと。Paula Fass, "Making and Remaking an Event: The Leopold and Loeb Case in American Culture," *Journal of American History* 80（December 1993）: 919–51. 殺人と裁判については，以下を参照のこと。Hal Higdon, *The Crime of the Century: The Leopold and Loeb Case*（New York: G. P. Putnam's Sons, 1975）; Maureen McKernan, *The Amazing Crime and Trial of Leopold and Loeb*（1924; New York: Signet, 1957）; and Gilbert Geis and Leigh Bienen, *Crimes of the Century: From Leopold and Loeb to O. J. Simpson*（Boston: Northeastern University Press, 1998）.

(100) Billy Sunday, as quoted in *Chicago Herald and Examiner*, June 5, 1924, 3. ブライアンのニーチェ的「ダーウィン的」学説に反対する運動はすでに戦争直後に始まっていた。次を参照のこと。William Jennings Bryan, "Brother or Brute?" *Commoner* 20（November 1920）: 11. だが，かりにボビー・フランクスの殺人が，ニーチェの危険性をブライアンに確信させるのに十分

でなかったとしても，ダローによる二人の弁護はそれを確信させるものであった。そしてブライアンは1925年のスコープス裁判における告発の中で，この問題を利用した。「レオポルドとローブがニーチェを読み……そして超人というその哲学を利用したためで，ニーチェには人間の生命を奪ったことの責任はない。これが進化論の理論とともに彼らが法廷に持ち込もうとする教説である」。Bryan, as quoted in Genevieve Forbes Herrick and John Origen Herrick, *The Life of William Jennings Bryan*（Chicago: Kessinger Publication, 2005）, 357.

（101） Darrow, *Clarence Darrow's Plea*, 44–45, 48, 47, 45.

第四章

（1） John Cowper Powys, *Enjoyment of Literature*（New York: Simon and Schuster, 1938）, 468.

（2） Isadora Duncan, *My Life*（New York: Boni and Liveright, 1927）, 141.

（3） Henry F. May, *The End of American Innocence: A Study of the First Years of Our Own Time, 1912–1917*（New York: Knopf, 1959）, 206, 209.

（4） 急進派のイノセントという性格づけについては，次を参照のこと。Leslie Fishbein, *Rebels in Bohemia: The Radicals of the Masses, 1911–1917*（Chapel Hill: University of North Carolina Press, 1982）.

（5） 本章で扱われる多くの知識人たちについて概観するには，以下を参照のこと。Christine Stansell, *American Moderns: Bohemian New York and the Creation of a New Century*（New York: Metropolitan Books, 2000）; Brenda Murphy, *The Provincetown Players and the Culture of Modernity*（Cambridge: Cambridge University Press, 2006）; Casey Nelson Blake, *Beloved Community: The Cultural Criticism of Randolf Bourne, Van Wyck Brooks, Waldo Frank, and Lewis Mumford*（Chapel Hill: University of North Carolina Press, 1990）; Suzanne W. Churchill and Adam McKible, eds., *Little Magazines & Modernism: New Approaches*（Aldershot, UK: Ashgate, 2007）; Ann Douglas, *Terrible Honestly: Mongrel Manhattan in the 1920s*（New York: Noonday Press, 1997）; Ross Wetzsteon, *Republic of Dreams: Greenwich Village, the American Bohemia, 1910–1960*（New York: Simon and Schuster, 2002）; and James Gilbert, *Writers and Partisans: A History of Literary Radicalism in America*（1968; New York: Columbia University Press, 1992）.

（6） アメリカにおける近代知識人の概念の最も有益な歴史書は今なお次の二点

である。Christopher Lasch, *The New Radicalism in America, 1889–1963: The Intellectual as a Social Type* (New York: Norton, 1965), and Thomas Bender, *New York Intellect: A History of Intellectual Life in the New York City, from 1750 to the Beginnings of Our Own Time* (New York: Knopf, 1987). しばしば主張されてきたが——著者の知る限り十分に裏付けられていないが，しかし誤りであると証明されてもいない——アメリカ英語に「知識人 intellectual」の用語を初めて持ち込んだのは，ウィリアム・ジェイムズである。この用語が1890年代にドレフュス事件のさなかにフランスで使用された後のことである。「知識人」の語の輸入者としてのジェイムズについては以下を参照のこと。George Cotkin, *William James: Public Philosopher* (Baltimore: Johns Hopkins University Press, 1990), 124, and Ross Posnock, "The Politics of Pragmatism and the Fortunes of the Public Intellectual," *American Literary History* 3 (1991): 566–87. 近代知識人の概念の起源としてのドレフュス事件については，以下を参照のこと。Christopher E. Forth, "Intellectuals, Crowds, and the Body Politics of the Dreyfus Affair, "*Historical Reflections / Reflexions Historiques* 24 (Spring 1998): 63–92; Raymond Williams, "Intellectual," in *Keywords: A Vocabulary of Culture and Society* (London: Fontana, Croom, Helm, 1976), 169–71〔『完訳キーワード辞典』椎名美智・武田ちあき・越智博美・松井優子訳，平凡社，2002年〕; Jeremy Jennings and Tony Kemp-Welch, "The Century of the Intellectual: From the Dreyfus Affair to Salman Rushdie," in *Intellectuals in Politics: From the Dreyfus Affair to Salman Rushdie*, ed. Jennings and Kemp-Welch (New York: Routledge, 1997), 1–21.

(7) 20世紀初頭の若き野心に満ちた作家たちの知的独立の探究については，次を参照のこと。Steven Biel, *Independent Intellectuals in the United States, 1910–1945* (New York: New York University Press, 1992).

(8) Nietzsche, *Gay Science*, 322〔邦訳前掲，424頁〕.

(9) William English Walling, *The Larger Aspects of Socialism* (New York: Macmillan, 1913), 107.

(10) Walter Lippmann, *Drift and Mastery* (1914; Madison: University of Wisconsin Press, 1985), 93.

(11) アメリカにおける反知性主義の古典的定式化はホフスタッターの『アメリカの反知性主義』(前掲) である。反知性主義批判のロマン主義的起源については，本書の著者の次を参照のこと。"Anti-Intellectualism as Romantic Discourse," *Daedalus: Journal of the American Academy of Arts and Sciences* 138 (Spring 2009): 41–52. 反知性主義への嘆きがアメリカに特有のもので

はないことを，非常によく思い出させてくれるのは次である。Stefan Collini, *Absent Minds: Intellectuals in Britain*（Oxford: Oxford University Press, 2006）.

（12） ロストジェネレーションの集合的評伝については，次を参照のこと。Malcolm Cowley, *Exile's Return: A Literary Odyssey of the 1920s*（1934; New York: Viking, 1951）〔『ロスト・ジェネレーション――異郷からの帰還』吉田朋正・笠原一郎・坂下健太郎訳，みすず書房，2008 年〕。現代文学による自生の文化の探究に関する古典的著作は次である。Alfred Kazin, *On Native Grounds: An Interpretation of Modern American Prose Literature*（1942; San Diego: Harvest, 1995）〔『現代アメリカ文学史――現代アメリカ散文文学の一解釈』刈田元司他訳，南雲堂，1964 年〕.

（13） Nietzsche, *Ecce Homo*, 333, 326, 333, 326, 333〔邦訳前掲，183 頁〕.

（14） Ibid., 265〔邦訳前掲，86 頁〕.

（15） Lippmann, *Drift and Mastery*, 175. 読者がその思想を「感じる」ことのできる芸術家・哲学者ニーチェについての同時代のアカデミックな評価に関しては，次を参照のこと。Louis William Flaccus, *Artists and Thinkers*（New York: Longmans, Green, 1916）, 161–200.

（16） Ralph Waldo Emerson, "The Poet"（1844）, from *Essays: Second Series*, in *The Collected Works of Ralph Waldo Emerson,* vol. 3, ed. Joseph Slater（Cambridge, MA: Harvard University Press, Belknap Press, 1983）, 4–6〔邦訳前掲，110–13 頁〕。

（17） Walling, *Larger Aspects of Socialism,* 191–92.

（18） Max Eastman, "What Nietzsche Really Taught, "*Everybody's Magazine*, November 1914, 704; Max Eastman, "Nietzsche, Plato, and Bertrand Russell," *Liberator*, September 1920, 6.

（19） ウィル・デュラント（「スクール」の校長），エマ・ゴールドマン，マーガレット・サンガー，アプトン・シンクレア，ジャック・ロンドンたちは（みな「スクール」と関係していたが）ニーチェ主義者を自称していた。

（20） Hubert Harrison, as quoted in Jeffrey Perry, *Hurbert Harrison: The Voice of Harlem Radicalism, 1883–1918*（New York: Columbia University Press, 2009）, 82. 社会主義者の，創造的かつ批判的思想家としての自己理解について，また知的運動としての社会主義という彼らの概念については，次を参照のこと。Robert Rives La Monte, *Socialism: Positive and Negative*（Chicago: Charles H. Kerr, 1914）

（21） Upton Sinclair, *The Journal of Arthur Stirling*（New York: D. Appleton, 1903）, 211.

(22) Eugene O'Neill to Benjamin De Casserea, June 22, 1927, in *Selected Letters of Eugene O'Neill*, ed. Travis Bogard and Jackson R. Bryer (New Haven, CT.: Yale University Press, 1988), 245–46. オニールの知的仲介者であるタッカーの役割について，より詳しくは，次を参照のこと。Stephen A. Black, *Eugene O'Neill: Beyond Mourning and Tragedy* (New Haven, CT: Yale University Press, 1999).

(23) John Gould Fletcher, *Life Is My Song* (New York: Farrar and Rinehart, 1937), 20–21; and John Gould Fletcher, *Selected Letters of John Gould Fletcher* (Fayetteville: University of Arkansas Press, 1996), 233. 1920年代に成年に達した若き作家，芸術家たちにとって，「詩人」ニーチェを読むことは「陶酔的な」経験であったという点については，以下を参照のこと。Burton Rascoe, *A Bookman's Daybook* (New York, Horace Liveright, 1929); Burton Rascoe, *Prometheans: Ancient and Modern* (New York: G. P. Putnam's Sons, 1933); and Burton Rascoe, *Before I Forget* (Garden City, NY: Doubleday Doran, 1937).

(24) Susan Glaspell, *The Road to the Temple* (New York: Frederick A. Stokes, 1927), 138; George Cram Cook, as quoted in ibid.

(25) Floyd Dell, *Moon-Calf* (New York: Knopf, 1920), 295. 「モニスト・ソサエティ」やダヴェンポートの知識人たちについては，次を参照のこと。Linda Ben-Zvi, *Susan Glaspell: Her Life and Times* (New York: Oxford University Press, 2005).

(26) Mabel Dodge Luhan, *Movers and Shakers* (1936; Albuquerque: University of New Mexico Press, 1984), 153.

(27) Dell, *Moon-Calf*, 318.

(28) Milton Cantor, *Max Eastman* (New York: Twayne, 1970), 45.

(29) Emma Goldman, *Living My Life* (1931; New York: Dover Publications, 1970), 1: 172, 193–95.

(30) Charmian London, *The Book of Jack London* (New York: Century, 1921), 2: 31–32〔ニーチェの引用は邦訳前掲，上，267頁〕.

(31) John Cowper Powys, *Visions and Revisions: A Book of Literary Devotions* (1915; Lonfon: Macdonald, 1955), 158. 急進派の作家たちがニーチェの芸術的才能を評価したからといって，ニーチェのスタイルを模倣したというわけではない。ポーイスが良い例である。生い茂るような冗長で過剰なまでの言葉を操り，とてつもない小説を通して数々のイメージを宙返りさせながら進んでゆく，そういうポーイスがニーチェの野心「他の誰でもが一冊の書物の中で言うこと，……それを十の文章で言うこと」(ニーチェ『偶像

の黄昏』前掲，146 頁）を何ら気にかけていないことは明らかである。

(32) John Cowper Powys, *Autobiography* (1934; Hamilton, NY: Colgate University Press, 1968), 431, 386–99. ジェイムズ・ハネッカーは 1904 年ワイマールの「ニーチェ文庫」に詣でたもう一人のアメリカの批評家である〔J. C. ポーイスはアメリカ人ではなく，イギリスの作家・批評家〕。ハネッカーはエリーザベト・フェルスター＝ニーチェと親密な交友関係をすぐに結び，二人はその後何年も手紙のやりとりをした。H. L. メンケンがフェルスター＝ニーチェと個人的に会ったことがあるかどうか定かではないが，二人は 20 年以上もの間文通している。フェルスター＝ニーチェと手紙のやりとりをした他のアメリカの著名な学者は，ウィリアム・ソルターとヨハネス・ブレーネである。

(33) Ibid., 398–99. 余白の書き込みから精神史また文学理論を抽出しようとする卓抜な研究については，次を参照のこと。H. J. Jackson, *Marginalia: Readers Writing in Books* (New Haven, CT: Yale University Press, 2001).

(34) Ibid., 403.

(35) Ibid., 432, 395.

(36) ジブラーンの生涯と思想に関しては，以下を参照のこと。Robin Waterfield, *Prophet: The Life and Times of Kahlil Gibra*n (New York: St. Martin's Press, 1998); Suheil Bushrui and Joe Jenkins, *Kahlil Gibran: Man and Poet* (Boston: One World, 1998); and Mikhail Naimy, *Kahlil Gibran: A Biography* (New York: Philosophical Library, 1950).

(37) Kahlil Gibran, *Kahlil Gibran: A Self-Portrait*, trans. Anthony R. Ferris (New York: Citadel Press, 1959), 22.

(38) Kahlil Gibran, as quoted in Naimy, *Kahlil Gibran*, 124, 119.

(39) "Editorials, "*Seven Arts* 1 (November 1916): 53.

(40) Gibran, as quoted in Naimy, *Kahlil Gibran*, 119.

(41) Kahlil Gibran, *The Forerunner* (1920; London: Heinemann Press, 1963), 7.

(42) Kahlil Gibran, *The Prophet* (1923; New York: Knopf, 1986), 77, 78, 64〔『預言者』佐久間彪訳，至光社，1984 年，83，100 頁〕.

(43) Naimy, *Kahlil Gibran*, 142.

(44) Gibran, as quoted in Virginia Hilu, ed., *Beloved Prophet: The Love Letters of Kahlil Gibran and Mary Haskell and Her Private Journal* (New York: Knopf, 1972), 137.

(45) George Cram Cook, as quoted in Graspell, *Road to the Temple,* 171. クックは超人理念の中に「未来の人間」のイメージを見出している。とりわけ

「新しき救世主を……親が子どものために自らを擲つように，人類のために自らを犠牲にしなければならないような救世主を」。この救世主は現世の救済者であり，神の子ではなく，経済的公平さと社会的連帯という未来をしるしづける「人間の子」であった（Ibid., 205）。

（46） Kazin, preface to *On Native Grounds*, xxiii–xxiv〔邦訳前掲〕.

（47） Harold Stearns, *America and the Young Intellectual*（New York: George Doran, 1921）, 46.

（48） Pletsch, *Young Nietzsche*, 1–3, 8, 7, 5.

（49） Stearns, *America and the Young Intellectual*, 21.

（50） この英雄崇拝のもう一つの系譜が，トマス・カーライルの『英雄と英雄崇拝，そして歴史における英雄的なものについて』（1841）にまで遡るのは確かである。この書はニーチェがきわめて軽蔑すべきものと考えていた，まさに19世紀ヴィクトリア朝のセンチメンタリズムを表現している。カーライルのロマン主義的な天才賛美からも，「偉大な人間」は人類の歴史の主体的行為者であるというカーライルの考え方からも，ニーチェは距離を置いていたが，にもかかわらず絶えずカーライルと比較されている。今や古典的となったこの比較の例は，次に見出すことができる。Eric Bentley, *A Century of Hero-Worship*（1944; Boston: Beacon, 1957）.

（51） R. J. Hollingdale, "The Hero as Outsider," in *The Cambridge Companion to Nietzsche*, eds. Bernd Magnus and Kathleen M. Higgins（Cambridge: Cambridge University Press, 1996）, 73–75. エマソンは今日我々が「公衆の知識人」と呼ぶ存在の成功例である。エマソンは教会やアカデミズムの制度的支えなしに知的生活を営んできたが，1930年代・40年代になってようやく，急進派は自国で生まれた末裔たちに注意を向けるようになった。公衆の知識人エマソンについては，以下を参照のこと。Lawrence Buell, *Emerson*（Cambridge, MA: Harvard University Press, Belknap Press, 2003）, and Linck Johnson, "Emerson: America's First Public Intellectual?," *Modern Intellectual History* 2（April 2005）: 135–51.

（52） ホリングデールは1848年がそれ以後の思想と知識人の社会学に与える意味について述べるが，それはまたニーチェがショーペンハウアーに惹かれたこと（幻滅する以前），またニーチェが終生ゲーテとエマソンに対抗意識を持っていたことを，歴史的に捉え返すうえで有益である。

（53） Nietzsche, *Human, All Too Human*, 111〔邦訳前掲，251–52頁〕.

（54） Nietzsche, *Twilight of the Idols*, 109〔邦訳前掲，136–37頁〕.

（55） Will Durant, *Philosophy and the Social Problem*（New York: Macmillan, 1917）, 173.

(56) Horace Kallen, "Nietzsche—Without Prejudice," *Dial*, September 20, 1919, 252.

(57) Durant, Philosophy and the Social Problem, 178. Nietzsche, as quoted in ibid.〔邦訳前掲，17 頁〕

(58) George Cram Cook, quoted in Glaspell, *Road to the Temple*, 170–71.

(59) Ibid., 171, 197–98.

(60) Upton Sinclair, "The Overman," in *Mammonart: An Essay in Economic Interpretation* (Pasadena, CA: Published by the author, 1924), 291.

(61) ニーチェ＝ハムレットのイメージは20世紀を通じてニーチェ解釈を刺激し続けることになる。トーマス・マンの特徴づけは，しばしば引き合いに出されるイメージをよく示している。「これは，認識という使命を負わされはしたが，元来その天稟に欠けていて，ハムレットのようにそのために破滅した，過大な負担，過大な課題を負わされたひとつの魂に対する悲劇的な同情の感情である。優しく，繊細で，善良で，愛情に飢え，高貴な友情なしではやっていけない，孤独にはとうてい向かない魂に対する同情である。選りにえってこの魂が，もっとも深い，冷たい孤独，犯罪者の孤独を負わされたのである。野蛮にあふれる力，良心の硬化，悪を説き，あらゆる敬虔を拒否し，自己の本性に逆らって荒れ狂う，荒々しい，陶酔した予言者的存在へと，運命の手によって，いわば髪の毛を引っぱられるようにして，むりやり引きずりこまれた，元来は深い信仰心に満ち，崇敬すべく定められ，敬虔なる伝統と結びついた知性に対する同情である」。Thomas Mann, *Nietzsche's Philosophy in the Light of Contemporary Events* (Washington, DC: Library of Congress, 1947), 4〔「われわれの経験から見たニーチェの哲学」三城満禧訳『トーマス・マン全集 9　評論 1』所収，新潮社，1971 年，529–30 頁〕.

(62) Huneker, *Egoists*, 255.

(63) Friedrich Nietzsche, The Birth of Tragedy (1872), in "*The Birth of Tragedy*" *and* "*The Case of Wagner,*" trans. Walter Kaufmann (New York: Vintage Books, 1967), 60〔邦訳前掲，72–73 頁〕.

(64) Randolph Bourne to Carl Zigrosser, November 16, 1913, quoted in *The Letters of Randolph Bourne: A Comprehensive Edition*, ed. Eric J. Sandeen (Troy, NY: Whitston, 1981), 172–73.

(65) Van Wyck Brooks, "The Critics and Young America," in *Criticism in America: Its Function and Status,* ed. Irving Babbitt (New York: Harcourt, Brace, 1924), 145.

(66) Durant, *Philosophy and the Social Problem*, 173–74.

(67) Upton Sinclair, *The Autobiography of Upton Sinclair* (New York: Harcourt, Brace & World, 1962), 45.

(68) Emma Goldman, preface to *"Anarchism" and Other Essays* (1910; Port Washington, NY: Kennikat Press, 1969), 50.

(69) Nietzsche, *Untimely Meditations*, 7, 9〔邦訳前掲, 16–17, 19 頁〕.

(70) Randolph Bourne, "Traps for the Unwary," in *The Radical Will: Selected Writings, 1911–1918*, ed. Olaf Hansen (New York: Urizen Books, 1977), 481. ボーンは民主主義的芸術家というヴィジョンを口にしていたけれども，民主主義に対する信念や嗜好は持ち合わせていない，と告白している。

(71) Huneker, *Egoists*, 241; Walling, *Larger Aspects of Socialism*, 194.

(72) Nietzsche, *Twilight of the Idols*, 45〔邦訳前掲, 38 頁〕.

(73) Van Wyck Brooks, introduction to Randolph Bourne, *"The History of a Literary Radical" and Other Essays* (New York: B. W. Huebsch, 1920), xiii, xxxiii.

(74) Nietzsche, *Twilight of the Idols*, 32〔邦訳前掲, 12 頁〕.

(75) Walling, *Larger Aspects of Socialism*, 192.

(76) Walter Lippmann, *A Preface to Politics* (New York: Mitchell Kennerley, 1913), 235, 200, 234 (Nietzsche, as quoted in Lippmann).

(77) Ibid., 169, 236.

(78) Ibid., 235, 202, 235.

(79) Nietzsche, *The Birth of Tragedy*, 22〔邦訳前掲, 20 頁〕.

(80) Lippmann, *Preface to Politics*, 200, 245.

(81) Goldman, *"Anarchism" and Other Essays*, 56, 61, 56, 81, 201 (Nietzsche, as quoted in Goldman), 209, 201–2.

(82) Ibid., 133–150.

(83) Durant, *Philosophy and the Social Problem*, 173.

(84) Hubert Harrison, "On a Certain Conservatism in Negroes," in *The Negro and the Nation* (New York: Cosmo-Advocate, 1917), 42, 44. これはハリソンの論文「保守主義的な黒人——キリスト教は長い間身体を拘束してきた者たちの精神を今なお奴隷状態にしている」に修正を加えたものである。*Truth Seeker*, September 12, 1914, 41–47.

(85) E. L. Godkin, "Chromo-Civilization," *Nation*, September 24, 1874, 201–2.

(86) Van Wyck Brooks, " 'Highbrow' and 'Lowbrow' ", in *America's Coming of Age* (New York: B. W. Huebsch, 1915), 9, 34〔邦訳「アメリカ成年期に達す」第一章「高踏派」と「通俗派」,『アメリカ古典文庫 20　社会的批評』所収, 井上謙治・國重純二訳, 研究社, 1975 年, 113, 116 頁〕.

(87) Friedrich Nietzsche, On the Genealogy of Morals (1887), in "*On the Genealogy of Morals" and "Ecce Homo,*" trans. Walter Kaufmann and R. J. Hollingdale (New York: Vintage Books, 1989), 117–18〔邦訳前掲，517–18 頁〕.

(88) Emma Goldman, "Victims of Morality," in *Red Emma Speaks: Selected Writings and Speeches*, ed. Alix Kates Shulman (New York: Random House, 1972), 127–28.

(89) H. L. Mencken, "Puritanism as a Literary Force," in *A Book of Prefaces* (New York: Knopf, 1917), 210–11, 235, 211, 213〔邦訳「文学的勢力としてのピューリタニズム」(抄)，前掲『アメリカ古典文庫 20　社会的批評』所収，96–98 頁。ただしこの評論については抄訳のため，(90) の部分は訳出されていない〕.

(90) Ibid., 233, 236, 237.

(91) F. B. Kaye, "Puritanism, Literature, and War," *New Republic*, December 15, 1920, 65.

(92) Max Lerner, "Randolph Bourne and Two Generations," *Twice a Year* 5 (Fall-Winter 1940): 58.

(93) Randolph Bourne, review of Paul Elmer More, *Nietzsche* (1911), *Journal of Philosophy, Psychology and Scientific Methods* 9 (August 15, 1912): 471.

(94) Randolph Bourne, "The State," in *Radical Will,* 363〔邦訳「国家論」(抄)，前掲『アメリカ古典文庫 20　社会的批評』所収〕; and Randolph Bourne, "Trans-National America," in ibid., 259.

(95) Randolph Bourne, "Denatured Nietzsche," *Dial*, October 12, 1917, 389.

(96) Randolph Bourne, "H. L. Mencken," in *Radical Will,* 474.

(97) Randolph Bourne, "The Puritan's Will to Power," in ibid., 301〔邦訳「ピューリタンの権力志向」，前掲『アメリカ古典文庫 20　社会的批評』所収，265 頁〕.

(98) Randolph Bourne, "This Older Generation," in ibid., 161.

(99) Brooks, "The Critics and Young America," 136.

(100) Randolph Bourne, "Paul Elmer More," in *Radical Will*, 468.

(101) Bourne, "This Older Generation," 163.

(102) Bourne, "The Puritan's Will to Power," 304〔邦訳前掲，269 頁〕.

(103) Ibid., 301–302, 305, 302〔邦訳前掲，266，267，270，267 頁〕.

(104) Randolph Bourne to Elizabeth Shepley Sergeant, August 30, 1915, in *The Letters of Randolph Bourne*, 325.

(105) Randolph Bourne, "Old Tyrannies," in *Radical Will*, 169–72.

(106) Bourne, "Trans-National America," 255; Bourne, "Old Tyrannies," 169.

(107) Walling, *Larger Aspects of Socialism*, 203. ボーンやローティのプラグマティズムにとって「重要な参照点」であるニーチェについての優れた議論に関しては，次を参照のこと。John Pettegrew, "Lives of Irony: Randolph Bourne, Richard Rorty, and a New Genealogy of Critical Pragmatism," in *A Pragmatist's Progress?: Richard Rorty and American Intellectual History*, ed. Pettegrew (Lanham, MD: Rowman & Liilefield, 2000), 103–34.

(108) Randolph Bourne, "Twilight of Idols," in *Radical Will*, 344, 347, 344.

(109) Lippmann, *Drift and Mastery*, 92.

(110) Randolph Bourne, quoted in William E. Leuchtenburg, introduction to ibid., 1

(111) Lippmann, *Drift and Mastery*, 100, 16, 111.

(112) Brooks, "The Critics and Young America," 118; Bourne, "Trans-National America," 260.

(113) Louis Untermeyer, "The Heretic," *Moods* 1 (March 1909): 144.

(114) Nietzsche, *Beyond Good and Evil*, 13〔邦訳前掲，23 頁〕.

(115) Kahlil Gibran, "The Great Longing," from *The Madman* (1918), in *The Collected Works* (New York: Everyman's Library, 2007), 41〔『狂い者』佐久間彪訳，至光社，2008 年，102 頁〕.

(116) Margaret Anderson, ed., *The Little Review Anthology* (New York: Hermitage House, 1953), 18; Margaret Anderson, *My Thirty Years War* (New York: Covici, Friede, 1930), 48; Agnes Boulton, *Part of a Long Story* (New York: Doubleday, 1958), 61.

(117) Randolph Bourne, "Traps for the Unwary," in *Radical Will,* 483–84.

(118) Ralph Waldo Emerson, "Circles," from *Essays: First Series*, in *Collected Works of Ralph Waldo Emerson*, 2: 183〔邦訳前掲，53 頁〕.

(119) Nietzsche, *Thus Spoke Zarathustra*, 86〔邦訳前掲，151 頁〕.

(120) Ibid., 72〔邦訳前掲，130 頁〕.

幕間

(1) Jennie E. Hintz to Elizabeth Förster-Nietzsche, April 27, 1913, GSA 72/BW2311. 以下に引用する書簡はすべて，特記のない限り，この GSA（ゲーテ・シラー文書館）のコレクションからのものである。

(2) Ibid.

(3) Ibid.

(4) Jennie E. Hintz to Elizabeth Förster-Nietzsche, June 18, 1913, GSA 72/BW2311.

(5) Elise Fincke to Friedrich Nietzsche, in *KGB* III.2, 204.

(6) Gustav Dannreuther to Friedrich Nietzsche, in ibid., 255–56.

(7) ニーチェの1888年6月21日付の返信のみ現存している。次を参照のこと。Nietzsche to Knortz, June 21, 1888, in Middleton, ed., *Selected Letters of Friedrich Nietzsche*, 298–99. クノルツはさらに1895年，96年，そして1905年に手紙をエリーザベト・フェルスター＝ニーチェに送っている。GSA 72/BW2822.

(8) フェルスター＝ニーチェについては，以下を参照のこと。Peters, *Zarathustra's Sister*, and Diethe, *Nietzsche's Sister and the Will to Power*. ニーチェ文庫の歴史については，次を参照のこと。Hoffmann, *Zur Geschichte des Nietzsche-Archivs*.

(9) "Will Nietzsche Come into Vogue in America?," 65.

(10) Antrim and Goebel, "Friedrich Nietzsche's Übermensch," 571.

(11) アメリカにおける哲学の大衆化については，以下を参照のこと。Cotkin, *Existential America*, and George Cotkin, "Middle-Ground Pragmatists: The Popularization of Philosophy in American Culture," *Journal of the History of Ideas* 55 (April 1994): 283–302. 戦後フランスにおける哲学の大衆化については，次を参照のこと。Tamara Chaplin, *Turning on the Mind: French Philosophers on Television* (Chicago: University of Chicago Press, 2007).

(12) 20世紀アメリカの知的生活における文化的階層化の歴史については，以下を参照のこと。Rubin, *The Making of Middlebrow Culture*; Levine, *Highbrow / Lowbrow*〔邦訳前掲〕; Radway, *A Feeling for Books*; and Gans, *Popular Culture and High Culture*.

(13) 有名人の文化については，以下を参照のこと。Charles L. Ponce de Leon, *Self-Exposure: Human Interest Journalism and the Emergence of Celebrity in America, 1890–1940* (Chapel Hill: University of North Carolina Press, 2002), and *Fortunate Son: The Life of Elvis Presley* (New York: Hill and Wang, 2007). スターとそのファンとの関係については，以下を参照のこと。Erika Doss, *Elvis Culture: Fans, Faith, and Image* (Lawrence: University Press of Kansas, 1999), and Daniel Cavicchi, *Tramps Like Us: Music and Meaning among Springsteen Fans* (New York: Oxford University Press, 1998). スターダムの概念については，次を参照のこと。Richard Dyer, *Stars* (London: British Film Institute, 1998). アメリカの観客のあり方の長い歴史については，次を参照のこと。Richard Butsch, *The Making of American Audiences:*

From Stage to Television, 1750–1990 (Cambridge: Cambridge University Press, 2000).

(14) 哲学的有名人としてのニーチェは，文学的有名人としてのニーチェのとはまた違った問題を提起する。とはいえ，後者についての研究が増大する反面，前者についての研究の乏しさは，いくつかの問題に手がかりを与える。以下を参照のこと。Glass, *Authors Inc.*, and Blake, *Walt Whitman and the Culture of American Celebrity*.

(15) 全体としておよそ70名の書簡を検討した。ただ一通送っただけの人間もいれば，一人で21通送ったアメリカ人もいた。短いものは電報で，最も長いものは手書きで10枚も書いていた。ごくわずかを除き，文庫にはフェルスター＝ニーチェの返信は記録されていない。ある一人の人間が手紙を何通も出している。フェルスター＝ニーチェに返信を感謝したものもあれば，返信のないことを問いただすものもある。そうしたものの検討を重ねてゆくうちに，少しずつ事情が明らかになってきた。また文庫には合衆国から総計何通の手紙が届いたのか，収蔵されている現存の書簡群は全体のうちでどれくらいの割合を占めているのか，それらが分かる手がかりは何もない。

(16) 国境を越える消費において中流のアメリカ人の果たした役割についての卓抜な研究は，次を参照のこと。Kristin Horganson, *Consumer's Imperium: The Global Production of American Domesticity, 1865–1920* (Chapel Hill: University of North Carolina Press, 2007).

(17) より広汎な文化史，政治史を生み出した受容研究の諸例としては，以下のものが挙げられる。Robert Darnton, *The Great Cat Massacre: And Other Episodes in French Cultural History* (1984; New York: Basic Books, 1999)〔ロバート・ダーントン『猫の大虐殺』海保眞夫・鷲見洋一訳，岩波書店，2007年〕; Aschheim, *The Nietzsche Legacy in Germany*; Ceaser, *Reconstructing America*; Fox, *Jesus in America*; Armitage, *The Declaration of Independence*; and Winterer, *Mirror of Antiquity*.

(18) Dannreuther to Nietzsche, *KGB* III.2, 256–57 (強調は引用者).

(19) Emerson, "Uses of Great Men," in *Representative Men*, 4: 8〔前掲『エマソン選集』にはこの章は訳出されていない〕.

(20) Janice A. Radway," Reading Is Not Eating: Mass-Produced Literature and the Theoretical, Methodological, and Political Consequences of a Metaphor," *Book Research Quarterly* 2 (Fall 1986): 7–29. 受容史のさらなる研究については次を参照のこと。Philip Goldstein and James L. Machor, eds. *New Direction in American Reception Study* (New York: Oxford University Press, 2008). 受容理論の哲学と文学の双方の歴史については次を参照のこと。

Robert C. Holub, *Reception Theory: A Critical Introduction* (London: Metheun, 1984). テクストが何を意味するかと，テクストが何をするかとの違いについては，次を参照のこと。Stanley E. Fish, "Literature in the Reader: Affective Stylistics," in *Reader-Response Criticism: From Formalism to Post-Structuralism,* ed. Jane P. Tompkins (Baltimore: Johns Hopkins University Press, 1980), 70–100.

(21) Joseph Jacobs, quoted in "Will Nietzsche Come into Vogue in America?," 65.

(22) John Boogher Jr. to Elizabeth Förster-Nietzsche, July 29, 1926, GSA 72/BW609.

(23) Stanley Kimmel to Elizabeth Förster-Nietzsche, June 1, 1927, GSA 72/BW3821.

(24) W. H. Amerland to Elizabeth Förster-Nietzsche, March 30, 1922, GSA 72/BW61. アマーランドはフェルスター＝ニーチェに，自分のコレクションにあるサインの目録を提供している。そこにはヴィクトル・ユゴー，チャールズ・ダーウィン，ラルフ・ウォルド・エマソン，アルバート・アインシュタイン，ビスマルク，エイブラハム・リンカーン，ジョージ・ワシントンなどの名が見られる。フェルスター＝ニーチェ夫人はアマーランドのサインの所望を聞き入れなかった。1922年5月19日付の書簡で，文庫のスタッフメンバーがアマーランドに伝えている，ニーチェ文庫の定款はフリードリッヒ・ニーチェの肉筆の「一行たりとも」贈与されることを認めていない，と。とはいえ，フェルスター＝ニーチェは実際には，いくつかの機会で贈与をしている。Nietzsche Archive To William H. Amerland, May, 19, 1922, Minnesota Historical Society, William Amerland Papers, A. A512, box2. 老練なサイン蒐集家はサインの要求だけではうまくゆかないだろうと認識していた。ニューヨーク州コクサッキー・オン・ハドソンのチャールズ・ギャラップは1914年12月フェルスター＝ニーチェに書いている。そこで彼女の「惜しむべき亡き」兄上のサインをだけでなく「サイン入りの，個人に言及していない（ニーチェの）何かメモや手紙の類い」を，そして自分の「いささか有名な」コレクションのために真正であることを証明するフェルスター＝ニーチェの一筆をも入手しようとしている。本物の哲学者のサインはもちろん真正のものでなければならない，と。Charles Gallup to Elizabeth Förster-Nietzsche, December 4, 1914, GSA 72/BW1568. ギャラップの要求に対するフェルスター＝ニーチェの返答の記録は存在していない。

(25) S. T. Frame to the Nietzsche Archive, September 14, 1926, GSA/BW1448. フレームによるニーチェについての出版物を発見することはでき

なかった。それゆえ，文庫がフレームの要望に応えたかどうかは，そしてフレームがニーチェに関して何かを出版したことが一体あるのかどうかも不明である。

(26) 他の問い合わせには，どこで特別なニーチェの出版物を入手できるかについてのものや，地方のニーチェ協会について，またニーチェの音楽作品の一つについて，などがある。1924年ケンタッキー州リッチモンドの弁護士スティーブン・D. パリッシュは「私はニーチェの研究に多大な関心を抱いております。――ニーチェの生涯とそのライフワークに」と書き送り，「ニーチェ協会」が「個人と共同体」という題に関する年一度の賞を，誰に授与したのかを尋ねている。Steven D. Parrish to Nietzsche Society, Weimar, July 21, 1924, GSA 72/BW4050.

(27) Christoph J. Hofmann to Elizabeth Förster-Nietzsche, February 28, 1923, GSA 72/BW2384.

(28) Elizabeth Förster-Nietzsche, ed., *The Nietzsche-Wagner Correspondence*, trans. Caroline Kerr (New York: Boni and Liveright, 1921).

(29) Helene Bachmueller to Elizabeth Förster-Nietzsche, January 5. 1922, GSA 721/BW131.

(30) George E. Nitzsche to Elizabeth Förster-Nietzsche, October 16, 1931, GSA 72/BW3872. フェルスター＝ニーチェはニッチェに返信し，彼に献辞入りではあるが署名のない自著を送っている。1932年1月4日付の返信の中で，ニッチェはフェルスター＝ニーチェに著書の贈呈を感謝し，「あなた様の名声ある兄上のサインの類いは，そのままにしておかねばならない，ということは理解いたします」と述べている。George E. Nitzsche to Elizabeth Förster-Nietzsche, January 4, 1932, GSA 72/BW3872.

(31) Werner Sollors, *Beyond Ethnicity: Consent and Descent in American Culture* (New York: Oxford University Press, 1986), 31.

(32) Francis Langer to Elizabeth Förster-Nietzsche, January 16, 1896, GSA 72/BW3074.

(33) Francis Langer to Elizabeth Förster-Nietzsche, September 8, 1896, GSA 72/BW3074.

(34) John I. Bush to Elizabeth Förster-Nietzsche, December 9, 1919, GSA 72/BW816.

(35) John I. Bush to Elizabeth Förster-Nietzsche, December 16, 1919, GSA 72/BW816.

(36) John I. Bush to Nietzsche Archive, January 26, 1920, GSA 72/BW816.

(37) Nietzsche, *Thus Spoke Zarathustra*, 214〔邦訳前掲,， 134–35頁〕.

(38) Edward Evans to Nietzsche Archive, n. d., GSA 72/BW254.

(39) Elmer Schreiner to Elizabeth Förster-Nietzsche, December 8, 1921, GSA 72/Schreiner.

(40) Elmer Schreiner to Elizabeth Förster-Nietzsche, December 20, 1924, GSA 72/Schreiner

(41) Ibid; Nietzsche, as quoted in ibid.〔邦訳前掲『ニーチェ書簡集 I』, 1869 年 5 月 22 日付, 166 頁。「……私の職業という不快な鎖でバーゼルの犬小舎に私が引き留められる……」とある〕

(42) Schreiner to Förster-Nietzsche, December 8, 1921〔邦訳前掲『この人を見よ』, 138 頁。「……初めて私の生の中へと輝き入って来たニースのおだやかな空のもとで, 私は『ツァラトゥストラ』第三部の構想を得——書きあげた。……しばしば踊っている私を見た人があるかもしれない。……」〕.

(43) Hintz to Förster-Nietzsche, April27, 1913, and June 18, 1913.

(44) Hellmut Marx to Elizabeth Förster-Nietzsche, March 3, 1929, GSA 72/BW3434.

(45) Jossie Farmer to Elizabeth Förster-Nietzsche, January 17, 1923, GSA 72/BW142a.

(46) Otto Manthey-Zorn to Elizabeth Förster-Nietzsche, n. d., GSA 72/BW3401.

(47) Edwards Bobo Murray to Elizabeth Förster-Nietzsche, April1, 1910, GSA 72/BW3752. メルカー・ジョンソンがニーチェ文庫での「研究」の時間をフェルスター＝ニーチェに感謝しているが, それもまた参照のこと。Melker Johnson to Elizabeth Förster-Nietzsche, August 8, 1929, GSA 72/BWJohnson. 他の文庫訪問の言及については, 以下を参照のこと。Detlev Jessen to Elizabeth Förster-Nietzsche, September 2, 1903; March 23, 1904; December 15, 1908; May 12, 1911; June 14, 1911; and December 13, 1911, GSA 72/BW2568（ジェッセンは文庫への訪問を「自分の人生の最上の時間」と述べている）. J. A. C. Hildner to Elizabeth Förster-Nietzsche, November 6, 1925, GSA 72/BW2299（ヒルドナーはミシガン大学のドイツ文学の教授として, 自分は『ツァラトゥストラ』と『この人を見よ』を満場の教室で講義をし続けていると, フェルスター＝ニーチェに伝えて, 自分の訪問を正当化している）. W[alter?] Wadepuhl to Max Oehler, June 20, 1932, GSA 72/BW1776; and Helene Mueller Schlenkkopf to Elizabeth Förster-Nietzsche, n. d., GSA101/BW197.（この中でシュレンコップフは 1934 年にカール・シュルツ旅行社を通じて「アメリカ人の教授たち［男性と女性］」と一緒に行った旅行について言及している）。

(48) Gottfried Betz to Elizabeth Förster-Nietzsche, July 12, 1927, GSA 72/BW457.

(49) Lydia Lois Tilley to Elizabeth Förster-Nietzsche, June 7, 1910, GSA 72/BW5503.

(50) Lydia Lois Tilley to Elizabeth Förster-Nietzsche, July 7, 1910, GSA/BW5503.

(51) Elmer Schreiner to Elizabeth Förster-Nietzsche, June 24, 1920, GSA 72/Schreiner

(52) Schreiner to Förster-Nietzsche, December 8, 1921. シュライナーがそもそもこの本を書いたのかどうかは定かでない。その本の出版の記録を見つけることはできなかった。

(53) 最初の翻訳をめぐる物語については，次を参照のこと。Thatcher, *Nietzsche in England*. ニーチェを英語話者のために翻訳することの難しさについては，次を参照のこと。Frank McEachran, "On Translating Nietzsche into English," *Nietzsche-Studien* 6 (1977): 295–99. 主要なニーチェ翻訳の概要は，次に見出すことができる。Raymond Hargreaves, "Friedrich Nietzsche, 1844–1900," in *Encyclopedia of Literary Translations into English*, ed. Olive Classe (Chicago: Fitzroy Dearborn, 2000), 2: 1001–5.

(54) Preston A. Barba to Elizabeth Förster-Nietzsche, January 11, 1927, GSA 72/BW158.

(55) Marx to Förster-Nietzsche, March 3, 1929.

(56) James Taft Hatfield to Elizabeth Förster-Nietzsche, January 8, 1913, GSA 72/BW2080. その書簡の中で，ハットフィールドは要望している。「立派なハーバード大学図書館の精華がゲーテの著作の献呈版であることは，よく知られております。……あなたの出版された［ニーチェの］著作を「ノースウェスタン大学図書館へ」と署名入りの献辞を添えて送っていただくことを望むのは，厚かましすぎるお願いでしょうか」と。

(57) Hofmann to Förster-Nietzsche, February 28, 1923.

(58) Herman George Scheffauer to Elizabeth Förster-Nietzsche, June 3, 1924, GSA 72/BW Scheffauer.

(59) Herman George Scheffauer to Elizabeth Förster-Nietzsche, October 30, 1924, GSA 72/BW Scheffauer.

(60) Herman George Scheffauer to Elizabeth Förster-Nietzsche, December 1, 1924, GSA 72/BW Scheffauer.

(61) Herman George Scheffauer to Elizabeth Förster-Nietzsche, June 14, 1924, GSA 72/BW Scheffauer.

(62) Gottfried Betz to Elizabeth Förster-Nietzsche, October 28, 1926GSA 72/BW457.
(63) Theodore N. Van Derlyn to Elizabeth Förster-Nietzsche, December 12, 1915, GSA 72/BW972.
(64) T. D. Kriton to Elizabeth Förster-Nietzsche, September 1933, GSA 72/BW2951. クリトンはE. Roidisの『女教皇ヨハンナ』の自分の英訳本（1931：出版は1935）をH. L. メンケンに献呈している。メンケンに対して「心からの敬意」を抱いていたからである。
(65) Ibid.

第五章

(1) Allanson Shaw, "Mussolini's Three Political Saints: Machiavelli, Mazzini, and Nietzsche Influence the Thought of Italy's 'Man of Destiny,'" *New York Times*, February 15, 1925, SM9; William Kilborne Stewart, "The Mentors of Mussolini," *American Political Science Review* 22 (November 1928): 843–69; and Leonard Woolf, *Quack, Quack!* (New York: Harcourt, Brace, 1935).
(2) Benito Mussolini, as quoted in Thomas A. O'Hara, "Nietzsche and the Crisis," *Commonweal*, March 13, 1936, 537.
(3) Tracy Strong, *Friedrich Nietzsche and the Politics of Transfiguration* (1975; exp. ed., Urbana: University of Illinois Press, 2000), 312–13, 強調は原文。
(4) 1950年代のアメリカの保守的な知的風潮については，以下を参照のこと。Richard Pells, *The Liberal Mind in a Conservative Age: American Intellectuals in the 1940s and 1950s* (New York: Harper & Row, 1985); Purcell, *The Crisis of Democratic Theory*, 235–66; and John McCumber, *Time in the Ditch: American Philosophy and the McCarthy Era* (Evanston, IL: Northwestern University Press, 2001).
(5) ヘイズ・シュタイルベルクがこの点を指摘している。Hays Steilberg, *Die amerikanische Nietzsche-Rezeption von 1896 bis 1950* (Berlin: Walter de Gruyter, 1996).
(6) Walter Kaufmann, *Nietzsche: Philosopher, Psychologist, Antichrist* (1950; Princeton, NJ: Princeton University Press, 1974), vii; 1974年第四版を参照のこと。
(7) Michael Friedman, *A Parting of the Ways: Carnap, Cassirer, and Heidegger* (Chicago: Open Court, 2000).

(8) Bruce Kuklick, *A History of Philosophy in America, 1720–2000*, 227; Bruce Kuklick, "Philosophy and Inclusion in the United States, 1929–2001," in Hollinger, *Humanities and the Dynamics of Inclusion*, 159–88.

(9) Nietzsche, *Thus Spoke Zarathustra*〔邦訳前掲上，7頁，下，7頁〕.

(10) ドイツの知的伝統に対するカウフマンの関心については，次を参照のこと。Ivan Soll, "Walter Kaufmann and the Advocacy of German Thought in America," *Paedagogica Historica* 33 (1997): 117–33.

(11) Kaufmann, *Nietzsche*, 269, 252, 266, 264. これらの言及ならびに以下の言及については，特に断わりのない限り，1950版の『ニーチェ』による。

(12) Ibid., 249–50.

(13) 24年間にカウフマンの『ニーチェ』は四つの版を重ねている。第二版は1956年に，改訂増補された第三版は1968年に，そして第四版が1974年に出版されている。

(14) 実際近年では――歴史家デイヴィッド・ピッカスが述べるように――カウフマンのニーチェの扱い方は，ナチズムの重要な知的源泉とみなされていた哲学者についての，きわめて問題の多い弁明である，と特徴づけるのが「業界標準」となっている。現代のカウフマン批判についての卓越した分析に関しては，次を参照のこと。David Pickus, "The Walter Kaufmann Myth: A Study in Academic Judgment," *Nietzsche-Studien* 32 (2003): 226–58.

(15) Robert Ackermann, "Current American Thought on Nietzsche," in *Nietzsche Heute: Die Rezeption seines Werkes nach 1968*, ed. Sigrid Bauschinger, Susan L. Cocalis, and Sara Lennox (Bern: Francke Verlag, 1988), 129–6; quotation is from p. 129. アッカーマンはカウフマンの名前に言及しているわけではない。より広汎に戦後の「翻訳と論評」について言及しており，その最も著名な人間がカウフマンなのである。カウフマンについての論評に関しては，以下を参照のこと。Aschheim, *The Nietzsche Legacy in Germany*, 315; Michael Tanner, "Organizing the Self and the World," *Times Literary Supplement*, May 16, 1986, 519; Walter Sokel, "Political Uses and Abuses of Nietzsche in Walter Kaufmann's Image of Nietzsche," *Nietzsche-Studien* 12 (1983): 436–42; Gregory Bruce Smith, *Nietzsche, Heidegger, and the Transition to Postmodernity* (Chicago: University of Chicago Press, 1996), 69; Richard Wolin, *The Seduction of Unreason: The Intellectual Romance with Fascism from Nietzsche to Postmodernism* (Princeton, NJ: Princeton University Press, 2004), 27–62; and Peter Bergmann, "The Anti-Motif," in *Nietzsche, "The Last Antipolitical German"* (Bloomington: Indiana University Press, 1987), 1–8.

(16) フランス実存主義のアメリカでの受容については，次を参照のこと。Ann Fulton, *Apostles of Sartre: Existentialism in America, 1945–1963*（Evanston, IL: Northwestern University Press, 1999）. サルトル以前と以後の合衆国における実存主義的思想の多様性についての，より広汎な研究については，次を参照のこと。George Cotkin, *Existential America*（Baltimore: Johns Hopkins University Press, 2003）.

(17) Walter Cerf, review of *Nietzsche: Philosopher, Psychologist, Antichrist*, by Walter Kaufmann, *Philosophy and Phenomenological Research* 12（December 1951）: 287.

(18) カウフマンの個人文書については，プリンストン大学に収蔵されているわずかな草稿類を除いて，まとまったものは存在していない。以下の伝記的情報はカウフマンに関するイヴァン・ゾルの二本の論文からの引用である。イヴァン・ゾルはウィスコンシン大学マディソン校の哲学の教授で，かつてプリンストン大学の大学院生時代，カウフマンの学生であった。Ivan Soll, "Walter Kaufmann and the Advocacy of German Thought in America," and "Walter Arnold Kaufmann", in *American National Biography*, ed, John A. Garraty and Mark C. Carnes（NewYork: Oxford University Press, 1999）, 403–5. カウフマンの自伝的言及については，以下を参照のこと。Walter Kaufmann, *The Faith of a Heretic*（Garden City, NY: Doubleday, 1961）, x and "An Interview with Walter Kaufmann," with Trude Weiss-Rosmarin, *Judaism* 30（Winter, 1981）: 120–28.

(19) Walter Kaufmann, "The Faith of a Heretic," *Harper's Magazine*, February 1959, 33.

(20) カウフマンは後に，自分の改宗の決心はナチズムに対する抗議でも，自分の受け継いできたものに対するノスタルジックな信奉でもなく，もっぱら宗教上の理由に基づくものである，と主張している。

(21) 当初の名称が「ユダヤ教学大学」で，1934年にナチスがその名称を変更した。

(22) ドイツの亡命知識人たちについては，膨大な文献がある。アメリカの知的思潮への衝撃を最も包括的な視点で描き出しているものをいくつか挙げるならば，以下のものがある。Anthony Heilbut, *Exiled in Paradise: German Refugee Artists and Intellectuals in America, from the 1930s to the Present*（1983; Berkeley: University of California Press, 1997）; Jarrell C. Jackman and Carla M. Borden, eds., *The Muses Flee Hitler: Cultural Transfer and Adaptation, 1930–1945*（Washington, DC: Smithsonian Institute Press, 1983）; Claus-Dieter Krohn, *Intellectuals in Exile: Refugee Scholars and the*

New School for Social Research (Amherst: University of Massachusetts Press, 1993); Martin Jay, *The Dialectical Imagination: A History of the Frankfurt School and the Institute of Social Research, 1923–1950* (Berkeley: University of California Press, 1973)〔マーティン・ジェイ『弁証法的想像力——フランクフルト学派と社会研究所の歴史 1923–1950』荒川幾男訳，みすず書房，1975 年〕; H. Stuart Hughes, *The Sea Change: The Migration of Social Thought, 1930–1965* (New York: Harper and Row, 1975)〔スチュアート・ヒューズ『大変貌　社会思想の大移動 1930–1965』荒川幾男・生松敬三訳，みすず書房，1997 年〕; and Ehrhard Bahr, *Weimar on the Pacific: German Exile Culture in Los Angeles and the Crisis of Modernism* (Berkeley: University of California Press, 2007).

(23) Kaufmann, "Faith of a Heretic," 33.

(24) Joseph Goebbels, as quoted by Louis P. Lochner; reprinted in Jeremy Noakes and Geoffrey Pridham, eds., *Nazism, 1919–1945*, vol. 2, *State, Economy and Society 1933–1939* (Exeter: University of Exeter Press, 1998), 401.

(25) Hannah Arendt, "We Refugees," *Menorah Journal*, January-March 1943, 69, 77〔ハンナ・アレント「われら亡命者」寺島俊穂・藤原隆裕宜訳，『パーリアとしてのユダヤ人』所収，未來社，1989 年，10，29 頁〕。

(26) Leo Strauss, as quoted in Laurence Lampert, *Leo Strauss and Nietzsche* (Chicago: University of Chicago Press, 1996), 5. レオ・シュトラウスは1937 年に合衆国に到着したときも，ニーチェに「秘かな」関心を抱いており，1938 年から 1948 年までのニュースクール・フォー・ソーシャル・リサーチでの政治学の授業に，ニーチェの哲学を組み込んだ。次の 20 年間シカゴ大学においても同様であった。生に不可欠なものとしての幻想というニーチェの概念，19 世紀の歴史主義に対するニーチェの攻撃，有神論と世俗の合理主義との道徳的起源を対照させるニーチェの思想，そしてニーチェ自身による本物の哲学者の体現，こうしたシュトラウスの読解は，さまざまにシュトラウスの思想を活気づけ，その主要な対比概念を特徴づけている。例えば，テクストの秘教的な意味と公教的な意味との相違，自然権と歴史主義，「アテネ対エルサレム」，有益な真正の哲学者の「距離のパトス」と因襲的な相対主義的科学との対比などである。『自然権と歴史』(1953)の中でシュトラウスは19 世紀歴史主義に対するニーチェの攻撃は，相対主義の皮相な理解とニーチェの深い把握との分岐を意味するものである，と主張している。「ニーチェによれば，一切の包括的見解の相対性を認識し，そのことによってそれらの価値を低下させるような人間的生の理論的分析

は，人間的生そのものを不可能にするだろう。なぜならそれは生や文化や活動がその中でのみ可能である庇護的雰囲気を破壊すると思われるからである。それに加えて，理論的分析はその基盤を生の外側にもつのだから，それは生を決して理解できないであろう。生の理論的分析はコミットすることがなく，しかもコミットメントに対して致命的であるのに。生はそもそもコミットメントを意味するのである。生の危機を回避するために，ニーチェは次の二つの方法のうちの一方を選ぶことができた。すなわち彼は生の理論的分析の厳密に秘教的な性格を強調すること――つまりプラトンの気高い作り話という考えを復活させること――ができたか，あるいはそうでなければ，理論そのものの可能性を否定して，思想を本質的に生ないし運命に従属あるいは依存するものとして考えることができたであろう。ニーチェその人ではないにせよ，ともかく彼の後継者たちは第二の選択肢を採用したのであった」。Leo Strauss, *Natural Right and History* (Chicago: University of Chicago Press, 1953), 26〔レオ•シュトラウス『自然権と歴史』塚崎智・石崎嘉彦訳，筑摩書房，2013年，48頁〕.

シュトラウスはニーチェを自分のように第一の選択肢を選んだ，稀な現代哲学者であると考えていた。シュトラウスは政治哲学の復権における重要人物であり，戦後ニーチェを保守的政治思想に利用するうえで重要な出発点であった。けれども，アメリカのニーチェ解釈に対するシュトラウスの主要な影響力は，アラン・ブルームやブルームの学生フランシス・フクヤマなどの「シュトラウス派」の学生たちや信奉者たちに見られ，彼らの師としてまた哲学的表看板としてのものであった。ブルームとフクヤマはそれぞれ1980年代と1990年代に，ニーチェ流新保守主義（ネオコンサーヴァティズム）の最も著名な論客として登場する。この二人については第六章とエピローグで取り上げる。シュトラウスの政治哲学におけるニーチェの中心性については，以下を参照のこと。Lampert, *Leo Strauss and Nietzsche*; Shadia B. Drury, *The Political Ideas of Leo Strauss* (1988; New York: Palgrave Macmillan, 2005); and Catherine Zuckert, "Strauss's Return to Premodern Thought," in *The Cambridge Companion to Leo Strauss*, ed. Stephen B. Smith (Cambridge: Cambridge University Press, 2009), 119–36.

(27) Mann, Nietzsche's *Philosophy in the Light of Contemporary Events*, 19, 17〔邦訳前掲，540頁〕; and Thomas Mann, *Thomas Mann: Briefe 1937–1947*, ed. Erika Mann (Frankfurt: S. Fischer, 1963), 23〔前掲『トーマス・マン全集12　書簡』にはこの書簡は収録されていない〕.

(28) Erich Fromm, *Escape from Freedom* (New York: Farrar & Rinehart, 1941)〔エーリッヒ・フロム『自由からの逃走』日高六郎訳，創元社，1951年〕.

(29) Paul Tillich, *The Shaking of the Foundations* (New York: Charles Scribner's Sons, 1948)〔パウル・ティリッヒ『地の基は震え動く』茂洋訳，新教出版社，2010 年〕; Paul Tillich, *The Protestant Era,* trans. James Luther Adams (Chicago: University of Chicago Press, 1948); and Paul Tillich, *The Courage to Be* (New Haven, CT: Yale University Press, 1952), 189–90〔パウル・ティリッヒ『存在への勇気』谷口美智雄訳，新教出版社，1954 年，『生きる勇気』大木英夫訳，平凡社，1995 年〕.

(30) Karl Löwith, *Meaning in History: The Theological Implications of the Philosophy of History* (1949; Chicago: University of Chicago Press, 1962), v〔カール・レーヴィット『歴史の意味』佐藤明雄訳，未來社，1989 年。ただしこの邦訳には英語版の序文は収録されていない〕.

(31) ドイツにおいては，ニーチェを解釈するユダヤ人も非ユダヤ人も，ユダヤ教徒・ユダヤ人に対するニーチェの相反する言説を，首尾一貫させようと努力した。それに対して，合衆国ではニーチェへの関心はようやくこの時期になって重要な主題として登場してくる。近代文化におけるヘブライズムとヘレニズムについてのニーチェの考え方に関心を抱くアメリカ人はいたし，奴隷道徳がユダヤ教のうちにすでに胚胎していたのか，それとも初期キリスト教の組織においてはじめて生じたものであるのかに興味を抱くアメリカ人も存在していた。だが，何よりも反ユダヤの理論がユダヤ人絶滅へとナチスを駆り立てたことが，アメリカではニーチェのテクストに潜在する反ユダヤ主義（あるいは逆に潜在的な親ユダヤ主義）への注目を集めることになった。けれども，反ユダヤ主義との結びつきが注目されたのは，1940 年代においてであり，それ以前にはほとんど問題になっていなかったものが，1950 年にはカウフマンの直面するきわめて重大な問題となっていたのである。

(32) Martha Zapata Galindo, *Triumph des Willens zur Macht: Zur Nietzsche-Rezeption im NS-Staat* (Hamburg: Argument, 1995), 186.

(33) Elisabeth Förster-Nietzsche, as quoted in H. F. Peters, *Zarathustra's Sister: The Case of Elisabeth and Friedrich Nietzsche* (New York: Crown, 1977), 220. ニーチェと国家社会主義とを結びつけるうえでの「文庫」の役割については，次を参照のこと。Aschheim, *Nietzsche Legacy*, 239–40.

(34) Kaufmann, *Nietzsche,* 39.

(35) Nietzsche to Förster-Nietzsche, quoted in ibid., 40; Kaufmann, ibid.; and Nietzsche to Franz Overbeck, quoted in ibid〔いずれも邦訳全集には未収録。最後のものは Letter ではなく note であるため，と思われる〕.

(36) Hannah Arendt to Karl Jaspers, March 4, 1961, in *Hannah Arendt / Karl*

Jaspers Correspondence, 1926–69, ed. Lotte Köhler and Hans Saner（New York: Harcourt Brace, 1992）, 166〔『アーレント／ヤスパース往復書簡』全3巻，大島かおり訳，みすず書房，2004年〕。ナチスの系譜からニーチェを免罪しようとするのは，アレントだけではなかった。しかしドイツ文化をまるごとその嫌疑から放免しようとするアレントは，他の理論家たちと対立する。ナチズムはドイツ思想の中の反ブルジョワ的，反ユダヤ主義的，観念論的諸要素から発達してきたものとみなされていたからである。次を参照のこと。Steven E. Aschheim, *Culture and Catastrophe: German and Jewish Confrontations with National Socialism and Other Crises*（New York: New York University Press, 1996）, chap. 1. リチャード・ウォーリンは，アレントがともにマルティン・ハイデガーの下で学んだ仲間の亡命者たちと――カール・レーヴィット，ハンス・ヨナス，ヘルベルト・マルクーゼ――ハイデガーのナチズム支持に応える形で，全体主義やドイツの反ユダヤ主義についての思想を調整していったことを示している。ドイツのユダヤ人亡命者たちの思考におけるハイデガー的弁証法については，次を参照のこと。Richard Wolin, *Heidegger's Children: Hannah Arendt, Karl Löwith, Hans Jonas, and Herbert Marcuse*（Princeton, NJ: Princeton University Press, 2001）〔リチャード・ウォーリン『ハイデガーの子どもたち』村岡晋・小須田健・平田裕之・木田元訳，新書館，2004年〕.

(37) Franz Neumann, *Behemoth: The Structure and Practice of National Socialism, 1933–1944*（1942; rev. ed., Toronto: Oxford University Press, 1944）, 127–28〔フランツ・ノイマン『ビヒモス』岡本友孝・小野英祐・加藤栄一訳，みすず書房，1963年，115頁〕.

(38) アドルノの合衆国時代については，次を参照のこと。David Jenemann, *Adorno in America*（Minneapolis: University of Minnesota Press, 2007）.

(39) Max Horkheimer and Theodor Adorno, *Dialectic of Enlightenment*（1944）, trans. John Cumming（New York: Continuum, 2002）, 3, x, 6, 44, 120〔マックス・ホルクハイマー／テオドール・アドルノ『啓蒙の弁証法――哲学的断想』徳永恂訳，岩波書店，2007年，105, 11, 187, 104, 249頁〕。今日では亡命者たちによって書かれ出版された最も秀逸な著作の一つと，また実際20世紀の哲学・文化研究における最も重要な著作の一つとみなされているが，『啓蒙の弁証法』が1944年にニューヨークで最初に（ドイツ語で）出版された時，そのような反応は皆無であった。1960年代に新左翼が徐々にアドルノを再発見するようになって初めて，アドルノたちの哲学的著作がアメリカの思想にインパクトを与えることになったのである。マーティン・ジェイの「アメリカのアドルノ」を参照のこと。Martin Jay, "Adorno in

America," in *Permanent Exiles: Essays on the Intellectual Migration from Germany to America* (New York: Columbia University Press, 1986), 127–29〔マーティン・ジェイ『永遠の亡命者たち』今村仁司・藤澤賢一郎・竹村喜一郎・笹田直人訳, 新曜社, 1989 年〕.

(40) Theodor Adorno, *Negative Dialectics* (1966), trans. E. B. Ashton (London: Routledge, 1973)〔テオドール・W. アドルノ『否定弁証法』木田元・徳永恂・渡辺祐邦・三島憲一・須田朗・宮武昭訳, 作品社, 1996 年〕. アドルノのドイツ語を英語に翻訳することに伴う困難についての卓抜な考察は, アシュトンの「翻訳者の注記」を参照のこと。ix–xv.

(41) Theodor Adorno, *Minima Moralia: Reflections from Damaged Life* (1951), trans. E. F. N. Jephcott (London: Verso, 2002), 33〔T. W. アドルノ『ミニマ・モラリア――傷ついた生活裡の省察』三光長治訳, 法政大学出版局, 1979 年, 31 頁〕.

(42) 唯一の例外はアドルノの最も社会科学的な（そしてまた最も広く受け容れられた）著作『権威主義的パーソナリティ』(1950) である〔T. W. アドルノ『権威主義的パーソナリティ』田中義久・矢沢修次郎・小林修一訳, 青木書店, 1980 年〕。

(43) Theodor Adorno, "Cultural Criticism and Society," in *Prisms* (1955), trans. Samuel and Shierry Weber (Cambridge, MA: MIT Press, 1981), 34〔アドルノ『プリズム――文化批判と社会』竹内豊治訳, 法政大学出版局, 1970 年 ;『プリズメン――文化批判と社会』渡辺祐邦・三原弟平訳, 筑摩書房, 1996 年, 36 頁〕.

(44) Theodor Adorno, "Wagner, Nietzsche, and Hitler," *Kenyon Review* 9 (Winter 1947): 161.

(45) Horkheimer and Adorno, *Dialectic*, 128〔邦訳前掲, 267 頁〕; and Kaufmann, *Nietzsche*, 206; 強調は原文。

(46) Kaufmann, *Nietzsche*, vii, 368; 強調は原文〔前掲『悦ばしき知識』, 302–03 頁〕。

(47) Ibid., 320, 7, 14–15. ニーチェをロマン主義者として読むというドイツにおけるニーチェ解釈の支配的傾向（とりわけカール・ヨエルとエルンスト・ベルトラム）に逆らって, カウフマンは一貫して主張した。ニーチェの文学的スタイル, 主観性そして美学と, ドイツロマン主義のそれとの間の「表面的な」類似は, 両者の道徳的見解における深遠な差異を覆い隠している, と。「ディオニュソス的」倫理や美学と, ロマン主義のそれとの間の区別を強調しようとするカウフマンの努力については, その主張を参照のこと。101–3, 113–17, 282–84, 327–29, and 333–37.

(48) Ibid., 52; Nietzsche as quoted in ibid., 53〔前掲『偶像の黄昏　反キリスト者』より，309 頁〕.

(49) Ibid., 68, 61, 69–70.

(50) Cotkin, *Existential America*, 91–104.

(51) Kaufmann, *Nietzsche*, 141.

(52) カウフマンの『実存主義――ドストエフスキーからサルトルまで』(New York: Meridian Books, 1956) はヨーロッパの思想家たちを，初めて英語圏の読者に直接経験させた。それまで英語に翻訳されたことのないハイデガー，サルトル，カミュなどを紹介している。フランスの実存主義への関心は，カウフマンの『ニーチェ』の成功と入れ替わるように早々と衰退していったが，しかしこの『ニーチェ』の成功が 1956 年の自身のアンソロジーを可能にしたのである。同じ主題を扱う他の主要な著作も，突風のごとくまた生み出されていった。とりわけカート・ラインハルトの *The Existentialist Revolt* (1952) やウィリアム・バレットの *Irrational Man* (1958) などである。

(53) Kaufmann, *Nietzsche*, 133.

(54) Francis Strickland, "Weird Genius," *Christian Century,* May 2, 1951, 561; Ernst Koch, "Review of Walter Kaufmann, *Nietzsche*," *Modern Language Journal* 37 (January 1953): 60; and H. R. Smart, "Review of Walter Kaufmann, *Nietzsche*," *Philosophical Review* 61 (January 1952): 125.

(55) 合衆国における職業としての哲学の 20 世紀半ばの展開については，以下を参照のこと。Kuklick, *A History of Philosophy in America*; Friedman, *Parting of the Ways*; Soll, "Walter Kaufmann and the Advocacy of German Thought," 117–21; and McCumber, *Time in the Ditch.*

(56) 哲学における大陸との分断についての観察に関しては，次を参照のこと。William Barrett's introductory remarks in his *Irrational Man: A Study in Existential Philosophy* (New York: Doubleday Anchor, 1958), 3–19.

(57) Kaufmann, *Nietzsche,* 422 (1974 edition).

(58) Kaufmann, *Existentialism*, 51.

(59) Walter Kaufmann, ed. and trans., *The Portable Nietzsche* (New York: Viking Press, 1954), 18–19.

(60) O'Hara, "Nietzsche and the Crisis," 539; and John Evans, "Niezsche Held Nazis' Prophet in War on Christ," *Chicago Daily Tribune*, May 4, 1935, 23.

(61) Margaret Porter Reinke, "I Married a Nazi!: American Girl's Romance Wrecked by Hitlerism," *Chicago Daily Tribune*, February 26, 1939, G4; and Sigrid Schultz, "Pagan Customs Revived for Nazi Weddings: Blood Purity Is Stressed," *Chicago Daily Tribune*, May 1, 1938, G11.

(62) Ruth Adler, "Speaking as One Superman to Another," *New York Times*, October 17, 1943, SM27.

(63) Crane Brinton, *Nietzsche* (Cambridge, MA: Harvard University Press, 1941), 184–85, 230.

(64) Kaufmann, *Nietzsche*, 337.

(65) Nietzsche, *Human, All Too Human*, 380〔邦訳前掲, 471–72 頁〕: Kaufmann, *Nietzsche*, 338.

(66) Kaufmann, *Nietzsche,* 295, 339.

(67) Ibid., 364, 366, vii.

(68) Walter A. Kaufmann, "Goethe and the History of Ideas," *Journal of the History of Ideas* 10 (October 1949): 511. ニーチェの哲学についてのまったく異なった二つのイメージを提示するだけでなく，カウフマンの研究とブリントンのそれとは，思想史についても相対立する二つのアプローチの仕方を提起している。カウフマンは哲学者であり，ブリントンは歴史学者で，精神史が合衆国でようやく形成されつつあった頃，*Journal of the History of Ideas* 誌の創刊編集者であった。二人は思想の働きをどこにおいてまたいかにして理解するかについて，まったく相反する見方を提起する——著者の意図にあるのかそれとも影響力にあるのか，知的生産物にあるのかそれとも文化的受容においてか，というものである。「国家社会主義者たちのニーチェ利用」と題された論文の中で（それは 1940 年に *Journal of the History of Ideas* 誌の第一号に発表されたが）ブリントンは記している。「*Journal of the History of Ideas* 誌は今日思想——とりわけ抽象的な思想——と，この世界で進行中の出来事との関係という壮大な問題，そこから派生するさまざまな問題に積極的にかかわらざるをえない。そこで，この壮大な問題についてはさておくとして，ドイツの国家社会主義者たちがニーチェをいかに利用したかを考えることはできるかもしれない」。Crane Brinton, "The National Socialists' Use of Nietzsche," *Journal of the History of Ideas* 1 (April 1940: 131; 強調は原文).

(69) Cerf, review of *Nietzsche*, 287.

(70) Crane Brinton, "Heir of Socrates?" *Saturday Review of Literature*, January 13, 1951, 32–33.

(71) カウフマンによれば，ニーチェの死後の影響力で（それをカウフマンは「ニーチェの遺産」と呼んでいる）考察に値する唯一のものは，「教育者としてのニーチェ」である。けれども，ここでさえもニーチェが教えるのは，読者が「自分自身になること」である。すなわち，ニーチェが自分の哲学に忠実な読者に与えることができた唯一の「影響」は，皮肉なことに，自

分の思想によって説得されないようにと読者を説得するものであった。Kaufmann, "Nietzsche's Heritage," in *Nietzsche*, 361–68.

(72) もしカウフマンのニーチェ解釈の一貫した目的の一つが，現代哲学へのニーチェの有用性を確立することにあったとすれば，1950年に『ニーチェ』を書いたときにも，1974年に『悦ばしき知識』の翻訳にあまり熱意の見られない序文を書いたときにも，アカデミズム哲学においてエマソンは事実上不在であったことを考慮すると，この問題を深く掘り下げようとする動機がカウフマンにはほとんどなかったのも，当然のことかもしれない。

(73) Kaufmann, *Nietzsche*, 352.

(74) William James, as quoted in ibid., 59〔W. ジェイムズ『多元的宇宙』より。『ウィリアム・ジェイムズ著作集 6』吉田夏彦訳, 日本教文社, 1961年, 17頁〕.

(75) William James, "The Present Dilemma in Philosophy," in *Pragmatism: A New Name for Some Old Ways of Thinking* (1907; Cambridge, MA: Harvard University Press, 1975), 13〔W. ジェイムズ『プラグマティズム』桝田啓三郎訳，岩波書店，1957年，15頁〕.

(76) Kaufmann, *Nietzsche*, 59n.「哲学における今日のディレンマ」の中から，カウフマンはジェイムズの「硬い心」の人格と「軟らかい心」の人格との区別を引用している。ただしジェイムズは自身の「蕪雑な選言」の「殺伐な戯画」を自ら笑いものにしており，それが思想における諸傾向を検討するうえでの概念的便宜以外の何ものでもない，ということを認めている。確かにこの区別は哲学の「硬さ」を裏書きするものではない。ニーチェの価値がジェイムズの価値よりも上であると思わせようとする努力の中で，カウフマンは二つの重要な点を見落としている。「硬い心」も「軟らかい心」もいずれも十分に満足させられないというジェイムズの主張を，カウフマンは認識できていない。それだけではなく，ニーチェがきわめて問題視する体系的思考を批判することが，ジェイムズのここでのポイントであることを，無視しているのである。

(77) Ibid., 204, 235, 204.

(78) とはいえカウフマンは，チャールズ・パースの哲学を例外として，ニーチェの定式化が他のプラグマティストたちに先んじていることを強調する。もっとも，ニーチェとアメリカのプラグマティストとの類似性を指摘するとはいえ，両者の影響関係について主張しているわけではない。

(79) Ibid., 66, 68.

(80) William James, as quoted in Kaufmann, *Nietzsche*, 240. 強調は原文〔「決定論のディレンマ」福鎌達夫訳，『ウィリアム・ジェイムズ著作集 2　信ずる意志』日本教文社，1961年，218–19頁〕. ジェイムズが人間の経験の終極

に快楽を置くことを厳しく拒絶していること，生を「極限において」経験することを熱望していることに関しては，次を参照のこと。James, “What Makes a Life Significant,” 646–48〔「生活を意義あらしめるものは何か」大坪重明訳,『ウィリアム・ジェイムズ著作集1　心理学について』日本教文社，1960年〕.

(81)　Kaufmann, *Nietzsche*, 240〔前掲『ツァラトゥストラ』，32頁〕.

(82)　William James, as quoted in ibid., 67.

(83)　Kaufmann, *Nietzsche*, 311–12.　ニーチェの思考とジェイムズの思考における神の役割については相対立する見解がある。それらに関しては，次を参照のこと。Cotkin, *William James: Public Philosopher*, 103.

(84)　Kaufmann, *Nietzsche*, 312–14〔前掲『悦ばしき知識』，371頁〕.

(85)　Ibid., 314–15〔前掲『善悪の彼岸』，78頁〕.

(86)　Ibid., 67.

(87)　Ibid., 167, 173, 246, 285; 強調は原文〔前掲『ツァラトゥストラ』上，203–10頁〕。

(88)　リースマンの「他人指向の」アメリカ人は『ツァラトゥストラ』に述べられているニーチェの「末人」の要素を強く持っているが――現状維持の中で摩擦のない合意形成に快適さを求める者たち――その「内部指向」型と「他人指向」型という人間類型にヒントを与えたのは，他ならぬニーチェの『悲劇の誕生』を盗用した人類学者ルース・ベネディクトであった。『文化の型』(1934) の中で，ベネディクトはこのニーチェ的人間類型を使って，平和的・順応的で規律正しいニューメキシコのプエブロ族を「アポロ的」文化の個性と呼び，騒々しく，好色で自己賛美的な北西海岸部のクワキトル族を「ディオニュソス的」文化の個性と呼んで区別する。主として北米の土着文化の研究であったが，ベネディクトはこれらの型がより一般的なアメリカ文化において見られることを示している。1930年代の合衆国の文化はアポロ主義の否定的な面を映し出している，とベネディクトは述べる。「(そこでは) 風変わりであることは，寄生虫的生活以上にこわがられている。他と違っていることに対する恐怖がすべての行動の支配的な動機となるのである」。『孤独な群衆』の第二部「アメリカ人とクワキトル族」の中で，リースマンも，確固たる個人主義を誇る文化にもかかわらず，アメリカ人はアポロ主義者である，と嘆く。アメリカ人は自分たちを「競争心のはげしいクワキトル・インディアンのごときもの」と考えている。だが事実は，その大勢順応主義への願望，対立からの安易な逃避，偉大な人間であるよりも同類であろうとする嗜好という点で，アメリカ人はむしろ「他人指向の」「平和で協力的なプエブロ・インディアン」のようである，

と。リースマンにおいては，思想の興味深い推移が見て取れる。――古代ギリシア人の視点が19世紀のドイツ人に媒介されて再登場し，アメリカの人類学者によってネイティブアメリカンに始まりアメリカ人を描写するために応用され，そして今度はアメリカの社会学者が戦後のアメリカ文化を描写するために流用している，という点である。Ruth Benedict, *Patterns of Culture*（1934; New York: Mariner Books, 2005）, 273〔ルース・ベネディクト『文化の型』米山俊直訳，講談社，2008年，363頁〕。David Riesman with Nathan Glazer and Reuel Denney, *The Lonely Crowd: A Study of the Changing American Character*（1950; New Haven, CT: Yale University Press, 2001）, 225〔デイヴィッド・リースマン『孤独な群衆』加藤秀俊訳，みすず書房，1964年，209頁〕。

（89） Peter Viereck, *The Unadjusted Man: A New Hero for Americans; Reflections on the Distinction between Conforming and Conserving*（Boston: Beacon Press, 1956）, 63, 3.

（90） Lionel Trilling, *The Liberal Imagination: Essays on Literature and Society*（1950; New York: New York Review of Books, 2008）, 197, 195, 強調は引用者。

（91） カウフマンははっきりとニーチェの思想の，分析哲学の次元よりもむしろ大陸哲学の次元を強調している。分析哲学者にとってのニーチェの有用性というカウフマンの主張は例証されてはおらず，大部分がジェスチャーのままである。けれどもその主張は，分析哲学の中にニーチェが入ってゆくためのドアを開いた。ニーチェによる分析哲学の主題の先取りを検討する最初の包括的な企ては，アーサー・ダントの『哲学者としてのニーチェ』（1965）であった〔『哲学者としてのニーチェ』眞田収一郎訳，風涛社，2014〕。この本はニーチェの哲学的ニヒリズム（真理照応理論のたんなる芝居がかった拒絶）やニーチェの言語中心主義，そして――現代の論理実証主義と同じく――哲学的命題の反駁ならぬ破壊を狙うニーチェの方法論について述べている。後にカウフマンがダントを，偏狭な言語分析哲学者にニーチェを変質させたかどで非難したのも，驚くべきことではない。

（92） Cotkin, *Existential America*, 1. コトキンは「実存主義の正典」についてのカウフマンの著書の衝撃の大きさを検討し，この著作の多大な影響力を記している。例えば出版後のつづく12年間の間に，この本は28刷もの版を重ねている，と。147.

（93） Kaufmann, *Existentialism*, 11.

（94） カウフマンのアンソロジーについては，次を参照のこと。David Pickus, "Paperback Authenticity: Walter Kaufmann and Existentialism," *Philosophy*

*and Literature*34 (April 2010): 17–31. ヨーロッパの実存主義のアメリカにおける受容についてのカウフマン自身の考察は，次を参照のこと。Walter Kaufmann, “The Reception of Existentialism in the United States,” *Midway* 9 (Summer 1968): 97–126.

(95) Hugh Hefner, editor’s comment, *Playboy,* December 1953.

(96) Walter Kaufmann, “Preface to the 1972 Edition,” in *Critique of Religion and Philosophy* (1958; Princeton, NJ: Princeton University Press, 1978), xv–xvi.

(97) Kaufmann, *Nietzsche*, 78, 81.

(98) 「神の死」の神学者として分類された者たちは多様性に富んでいた。テンプル大学の神学者で聖職位を授けられていたポール・ヴァン・ビュレンは，言語分析哲学の教育を受けており，説明不可能な信仰に訴えるいかなる「神の言葉」も排除しようとする。他方で，超越性を引き合いに出さずに福音を解釈する方法を見出そうとする。また神学者でシラキューズ大学の宗教社会学者ガブリエル・ヴァハニアンは主著『神の死――我々のポストキリスト教時代の文化』(*The Death of God: The Culture of Our Post-Christian Era*, 1961) の中で，現代人の精神から聖なる世界の概念は失われたが，しかし神性を経験する能力は失われていないと主張する。ウィリアム・ハミルトンはラインホルト・ニーバーに教育を受け，ディートリッヒ・ボンヘッファーの倫理学の影響を受けたが，絶対的なものにいかなる基礎ももたない倫理的行為としてのキリスト教の劇的な再概念化をもくろむ。キリスト教の信仰は道徳的真理の土台でなく，人間の行ないの導きの役割を果たす，と述べるのである。トマス・アルタイザーとウィリアム・ハミルトンの『ラディカル神学と神の死』(*Radical Theology and the Death of God*, 1966) の参考文献一覧は，ラディカル神学の展開に関連する広汎な著作のリストである。そこにはルートヴィッヒ・フォイエルバッハ，ダーフィット・フリードリッヒ・シュトラウス，レフ・トルストイやさらにはジョセフ・ウッド・クラッチやジョージ・サンタヤナのような現代人さえも含まれている。しかしジョージ・バーマン・フォスターの名前はない。Thomas J. J. Altizer and William Hamilton, eds., *Radical Theology and the Death of God* (Indianapolis: Bobbs-Merrill, 1966), 193–202.

(99) Thomas J. J. Altizer, “Theology and the Death of God,” in ibid., 102.

(100) Thomas J. J. Altizer, “America and the Future of Theology,” in ibid., 11.

(101) “A Letter from the Publisher,” *Time,* April 8, 1966; online at http://www.time.com/time/magazine/article/0,9171,835257,00.html; William Grimes, “John T. Elson, Editor Who Asked ‘Is God Dead?’ at *Time* Dies at

78," *New York Times*, September 18, 2009; online at http://www.nytimes.com/2009/09/18/business/media/18elson.html

(102) "Toward a Hidden God," *Time,* April 8, 1966; online at http://www.time.com/time/magazine/article/0,9171,835309,00.html

(103) "A Letter from the Publisher," *Time*, May 20, 1966; online at http://www.time.com/time/magazine/article/0,9171,835548,00.html

(104) Kaufmann, preface to the 1972 edition, in *Critique of Religion and Philosophy*, xvi.

(105) Richard Rubenstein, *After Auschwitz: Radical Theology and Contemporary Judaism* (Indianapolis: Bobbs-Merrill, 1966), 220.

(106) Daniel Bell, "A Parable of Alienation," *Jewish Frontier,* November 1946, 12, 18–19〔前掲『悦ばしき知識』, 445 頁〕.

(107) カウフマンの『ニーチェ』は 1968 年と 1974 年に改版された。カウンターカルチャーの「半公式の著作家たち」の間におけるニーチェの役割については, 次を参照のこと。Philip Beidler, *Scriptures for a Generation: What We Were Reading in the '60s* (Athens: University of Georgia Press, 1994).

(108) Huey P. Newton, *Revolutionary Suicide* (New York: Harcourt Brace Jovanovich, 1973), 163.

(109) Huey P. Newton, "The Mind Is Flesh," in *The Huey P. Newton Reader*, ed. David Hillard and Donald Weise (New York: Seven Stories Press, 2002), 324.

(110) Newton, *Revolutinary Suicide*, 168–69.

(111) Nietzsche, *Thus Spoke Zarathustra*, 13〔邦訳前掲, 23 頁〕; Newton, *Revolutinary Suicide,* 168–69.

(112) Newton, *Revolutinary Suicide,* 168.

(113) Ibid., 332; Nietzsche, as quoted in ibid.〔前掲『ツァラトゥストラ』下, 136 頁〕

(114) Kaufmann, *Nietzsche,* 217, 133, 130.

(115) Kaufmann, "Faith of a Heretic," 38–39.

第六章

(1) Jacques Derrida, "Declarations of Independence," *New Political Science* 15 (1986): 7, 10, 13.

(2) Ibid., 11, 7, 13. 1976 年のヴァージニア大学での講義の全体については,

次を参照のこと。Jacques Derrida, *Otobiographies: L'enseignement de Nietzsche et la politique du nom propre* (Paris: Editions Galilée, 1984).

(3) Jacques Derrida, "Otobiographies: The Teaching of Nietzsche and the Politics of the Proper Name," trans. Avital Ronell, in Derrida *The Ear of the Other: Otobiography, Transference, Translation,* ed. Christie V. McDonald (New York: Schocken Books, 1985), 4〔Cl. レヴェック，C. V. マクドナルド編『他者の耳——デリダ「ニーチェの耳伝」・自伝・翻訳』浜名優美・庄田常勝訳，産業図書，1988年，5–6頁〕.

(4) 「作者の死」の概念を最初に定式化したのは，ロラン・バルトである。ロラン・バルト「作者の死」を参照のこと。*Image, Music, Text*, trans. Stephen Heath (New York: Hill and Wang, 1977), 142–48〔『物語の構造分析』所収，花輪光訳，みすず書房，1979年〕.

(5) Jacques Derrida, *Of Grammatology*, trans. Gayatri Chakravorty Spivak (Baltimore: Johns Hopkins University Press, 1976), 158〔『根源の彼方に——グラマトロジーについて』上，足立和浩訳，現代思潮社，1972年，68–134頁〕.

(6) 本章では混乱を避けるために，より広義の用語としての「ポストモダニズム」に言及する。この用語が，解釈の二つのスタイルを要約するために使われる，典型的に総称的な呼称だからである。ただし，脱構築やポスト構造主義と区別することが特に必要な場合には，あらためて説明をする。ポストモダニズムの観点からのニーチェ哲学の再評価については，次を参照のこと。Clayton koelb, ed., *Nietzsche as Postmodernist: Essays Pro and Contra* (Albany: SUNY Press, 1990).

(7) 合衆国におけるフレンチ・セオリーの歴史については，次を参照のこと。Francois Cusset, *French Theory: How Foucault, Derrida, Deleuze, & Co. Transformed the Intellectual Life of the United States*, trans. Jeff Fort (Minneapolis: University of Minnesota Press, 2008)〔『フレンチ・セオリー——アメリカにおけるフランス現代思想』桑田光平・鈴木哲平・畠山達・本田貴之訳，NTT出版，2010年〕. アカデミズムにおける文学研究の進展の歴史については，以下を参照のこと。Vincent B. Leitch, *American Literary Criticism from the Thirties to the Eighties* (New York: Columbia University Press, 1988), and Gerald Graff, *Professing Literature: An Institutional History* (Chicago: University of Chicago Press, 1987).

(8) Jean-François Lyotard, *The Postmodern Condition: A Report on Knowledge*, trans. Geoff Bennington and Brian Massumi (Mineapolis: University of Minnesota Press, 1984), xxiv〔『ポスト・モダンの条件——知，社会，言語

ゲーム』小林康夫訳，書肆風の薔薇，1986 年〕.

(9) ポスト構造主義に対するニーチェの影響については，次を参照のこと。Alan D. Schrift, *Nietzsche's French Legacy: A Genealogy of Poststructuralism* (New York: Routledge, 1995).

(10) Sylvère Lotringer, "Doing Theory," in *French Theory in America*, ed. Sylvère Lotringer and Sande Cohen (New York: Routledge, 2001), 141.

(11) Edward Said, "The Franco-American Dialogue," in *Traveling Theory: France and the United States*, ed. Ieme van der Poel, Sophie Bertho, and Ton Hoenselaars (Madison, NJ: Dickinson University Press, 1999), 136.

(12) この会議の議事録については，次を参照のこと。*The Structuralist Controversy: The Languages of Criticism and the Sciences of Man*, ed. Richard Macksey and Eugenio Donato (Baltimore: Johns Hopkins University Press, 1970). 引用は序文 18 頁より。

(13) Cusset, *French Theory*, 31〔邦訳前掲，16 頁〕. 現実には，ポスト構造主義のニーチェを論じるためにも，「誕生」「新しい」「フランスの」といった言葉を継続して使用せざるを得ない。それは，起源に対して最も懐疑的な者たちでさえも，起源への依拠が不可避であることを示している。

(14) Sylvère Lotringer and Sande Cohen, "Introduction: A Few Theses on French Theory in America," in Lotringer and Cohen, *French Theory in America*, 7. フレンチ・セオリーをアカデミズムとアメリカのカウンターカルチャーへ移入するうえでの「スキゾ文化」会議の役割についての卓抜な考察については，次を参照のこと。Joanna Pawlik, "Various Kinds of Madness: The French Nietzscheans inside America," *Atlantic Studies* 3 (October 2006): 225–44.

(15) フランス版ニーチェとの関わりにおいて，やがて「通関」となる著名な雑誌には以下のものがある。*Diacritics* at Cornell in 1971, *Critical Inquiry* at University of Chicago in 1974, *Glyph* at Johns Hopkins in 1976, *Social Text* at Duke in 1979, and *Semiotext(e)*. 最後のものはコロンビア大学で教授となったロラン・バルトの弟子シルヴェール・ロトランジェの草案になる。Cusset, *French Theory*, 59–65〔邦訳前掲，44–50 頁〕.

(16) David B. Allison, ed., *The New Nietzsche: Contemporary Styles of Interpretation* (1977; Cambridge, MA: MIT Press, 1985), xxiv, x, ix.

(17) James Leigh, introduction to "Nietzsche's Return," *Semiotext(e)* 3 (1978): 4–5.

(18) 引用はマックス・フォン・アヴィレツ「わが生涯」に登場するニーチェからのものである。『セミオテクスト』誌，154 頁。この漫画はニーチェ作

とされる本『妹と私』を原作としている。それによると，この本は1890年の初め，イエナの精神病院に入院している間に書かれたとされ，1951年にニューヨークの「ボアズヘッドブックス」から出版されている。

この漫画は『妹と私』の正統性に賛意を表明するところから始まる。それはこの本が偽書であると一般にみなされているからである。とりわけウォルター・カウフマンは広く読まれた二編の書評の中で，この本のいかがわしさを明確にしている（アヴィレツ「わが生涯」同前150頁）。以下を参照のこと。Walter Kaufmann, "Nietzsche and the Seven Sirens," *Partisan Review* 19 (May/June 1952): 372–76; and Kaufmann, review of *My Sister and I*, by Friedrich Nietzsche, trans. Oscar Levy, *Philosophical Review* 65 (January 1955): 152–53. この本の正統性を吟味したものについては，次を参照のこと。Walter Stewart, "My Sister and I: The Disputed Nietzsche," *Thought* 61 (1986): 321–35. またこの本が捏造であると主張するものは，次を参照のこと。R. J. Hollingdale, review of *My Sister and I*, by Nietzsche, trans. Levy, *Journal of Nietzsche Studies* (Autumn 1991): 95–102.

(19) "Why Nietzsche Now?," Symposium in *boundary 2, a journal of postmodern literature* 9/10 (Spring/Fall 1981).

(20) Daniel T. O'Hara, preface to *Why Nietzsche Now?* (Indianapolis: Indiana University Press, 1985), viii, vii, x. 『バウンダリー2』誌特別号へのコーネル・ウェストの寄稿「ニーチェによるポストモダンのアメリカ哲学の予示」は，ウェストが新しい「ポストモダンのアメリカ哲学」と呼ぶ，W. V. クワイン，ネルソン・グッドマン，ウィルフレッド・セラーズ，トマス・クーン，そしてリチャード・ローティの哲学を，ニーチェがすでに先取りしていたことを論じている。ウェスト曰く，ニーチェはアメリカのポストモダニズムの新しいとされる動きをすべて「予示していた」。――「存在論における反実在主義あるいはコンヴェンショナリズムへの動き」，「所与という神話に対する脱神話化あるいは反基礎づけ主義への動き」，そして「主体の超越性の否定あるいは研究をつかさどるものとしての精神の放棄への動き」である。問題は，アメリカのポストモダニストたちが，この最初の三つのニーチェ的動きだけを取り入れて，最後の最も重要な「対抗運動」は取り入れなかったことである，とウェストは述べる。――「対抗運動」とは基礎づけ主義の回避に伴なって到来するニヒリズムを乗り越える努力である。ウェストは『力への意志』からの引用をもって，アメリカのポストモダンの哲学を批判する。「辺境に停滞している，哲学的には重要だが文化的には無機質のレトリックが文化を映し出すごとく……科学的エートスが充満し，人種差別的，家父長制的，資本主義的規範に制約され，腐敗物の残滓がい

たるところに散らばっている」と。この反基礎づけ主義の探究が——それはニヒリズムを乗り越えるための「対抗運動」を取り入れる——ウェストの『哲学を回避するアメリカ知識人』(1989) における，アメリカ・プラグマティズムの先駆的研究の土台をなしている。ここでは表現が少し変わり，登場人物が増え，そして社会正義のための闘いに使用できる反基礎づけ主義へのウェストの関心が説明される。だが今やエマソンこそが——「アメリカのプラグマティズムの主要なテーマを予示する」「有機的知識人」こそが——「米国のプラグマティストたちがヨーロッパの主流哲学からそれていくことを可能にし，それを促すような文化批評の知的様式を具現している」。エマソンは「フリードリッヒ・ニーチェのように何よりもまず，権力の形式を生み出すことに取りつかれた文化批評家である」。ウェストは反基礎づけ主義者たちの，国家を横断する対話にではなく，「アメリカの気質」に合った「預言的プラグマティズム」に関心を持つ。にもかかわらず，ニーチェの伝統的形而上学を乗り越える試み，その反認識論的スタンス，「対抗運動」についてのウェストの記述は，どれもみなアメリカのプラグマティズムの特徴づけを予示している。すなわち，ニーチェの「運動」はエマソンの「回避」に，ニーチェの「対抗運動」はエマソンの「預言」になる。ウェスト自身の論理に従うならば，ウェストはニーチェを，エマソンのようにアメリカの有機的知識人とみなしているのかもしれない。West, "Nietzsche's Prefiguration of Postmodern American Philosophy," 241–42, 265; Cornel West, *The American Evasion of Philosophy: A Genealogy of Pragmatism* (Madison: University of Wisconsin Press, 1989), 11, 9, 211, 239〔コーネル・ウェスト『哲学を回避するアメリカ知識人——プラグマティズムの系譜』村山淳彦・堀智弘・権田建二訳，未來社，2014 年，21–22，84，467，525 頁〕.

(21) Nietzsche, *On the Genealogy of Morals*, 45〔邦訳前掲，405 頁〕. この箇所は 20 世紀の初頭から英訳で広汎に目にしうるものであったが，特別な関心や論争をかき立てたことは一度もない。この箇所に関心が高まったことは，ニーチェの反本質主義が，新しい形で利用されるようになったことを意味する。それはポストモダニズムの出現と密接に結びついている。『善悪の彼岸』はオスカー・リーヴィ編『フリードリッヒ・ニーチェ全集』(1909) の第 12 巻として入手できたのが，最初である。

(22) Eve Kosofsky Sedgwick, *Epistemology of the Closet* (Berkeley: University of California Press, 1992)〔イヴ・コゾフスキー・セジウィック『クローゼットの認識論——セクシュアリティの 20 世紀』外岡尚美訳，青土社，1999 年〕.

(23) Judith Butler, *Gender Trouble: Feminism and the Subversion of Identity*

(1990; New York: Routledge, 1999), 33, 6, 43, 33〔ジュディス・バトラー『ジェンダー・トラブル——フェミニズムとアイデンティティの攪乱』竹村和子訳，青土社，1999年，58, 34, 71, 58–59頁〕.

(24) Allan Bloom, *The Closing of the American Mind: How Higher Education Has Failed Democracy and Impoverished the Souls of Today's Students* (New York: Simon and Schuster, 1987), 217, 141. ブルームの著作については，エピローグでより詳細に論じる〔アラン・ブルーム『アメリカン・マインドの終焉——文化と教育の危機』菅野盾樹訳，みすず書房，1988年，297, 147頁〕。

(25) Milton Mayer, *Robert Maynard Hutchins: A Memoir* (Berkeley: University of California Press, 1993), 186; Bloom, *Closing of the American Mind*, 152, 148〔前掲邦訳，160, 155頁〕.

(26) Roger Kimball, *Tenured Radicals: How Politics Has Corrupted Our Higher Education* (1990; 3rd ed., Chicago: Ivan R. Dee, 2008), 304.

(27) Bloom, *Closing of the American Mind*, 144〔前掲，150頁〕.

(28) Francis Fukuyama, *The End of History and the Last Man* (New York: Avon Books, 1992), xi, xxi, 310, xxii, 162〔フランシス・フクヤマ『歴史の終わり——歴史の「終点」に立つ最後の人間』渡部昇一訳，三笠書房，1992年，上，13, 22, 31, 271頁，下，220頁〕.

(29) Ibid., xxii〔邦訳前掲，上，30頁〕.

(30) Graham Allen and Roy Sellars, "Preface: Harold Bloom and Critical Responsibility," in *The Salt Companion to Harold Bloom* (Cambridge: Salt, 2007), xiii.

(31) Harold Bloom, afterword to *Salt Companion to Harold Bloom*, 487–89.

(32) ブルームのニーチェ利用については，以下を参照のこと。Daniel O'Hara, "The Genius of Irony: Nietzsche in Bloom," in *The Yale Critics: Deconstruction in America*, ed. Jonathan Arac et al. (Minneapolis: University of Minnesota Press, 1983), 109–32, and Hubert Zapf, "Elective Affinities and American Differences: Nietzsche and Harold Bloom," in Pütz, *Nietzsche in American Literature and Thought*, 337–55. ブルームの批評の展開については，次を参照のこと。David Fite, *Harold Bloom: The Rhetoric of Romantic Vision* (Amherst: University of Massachusetts Press, 1985).

(33) Harold Bloom, *The Anxiety of Influence: A Theory of Poetry* (1973; 2nd ed., New York: Oxford University Press, 1997), 49〔ハロルド・ブルーム『影響の不安——詩の理論のために』小谷野敦・アルヴィ宮本なほ子訳，新曜社，2004年，82頁〕. ブルームは学問的批評の偏狭な専門性を批判するために，ニーチェを利用した。それだけではなく，ニーチェの先例に倣って，アカ

デミズムの因襲を嘲笑する批評を生み出した。ブルームは学問的装置に対する軽蔑を表現すること，すなわち脚注も参考文献も索引も何ひとつ付けないことによって，自分の文学への愛を表現したのである。

(34) Bloom, *Genius,* 814, 194.

(35) Bloom, *Anxiety of Influence*, 43, 5〔邦訳前掲，77, 22 頁〕.

(36) Ibid., 8〔同前，27 頁〕.

(37) Friedrich Nietzsche, as quoted in ibid., 55〔同前，90–91 頁〕.

(38) Bloom, ibid., 94–95〔同前，142 頁〕.

(39) Bloom, *Genius*, 195.

(40) Bloom, *Anxiety of Influence*, 117–18〔邦訳前掲，170–71 頁〕.

(41) Ibid., 117〔同前，171 頁〕; Nietzsche, *On the Genealogy of Morals*, 88〔邦訳前掲，469 頁〕.

(42) Nietzsche as quoted in Bloom, *Anxiety of Influence*, 55〔邦訳前掲，90 頁〕.

(43) Bloom, ibid., 50〔邦訳前掲，83 頁〕.

(44) Ralph Waldo Emerson, as quoted in ibid., 102〔同前，152 頁〕.

(45) Bloom, ibid., 107〔同前，158 頁〕.

(46) Emerson, as quoted in ibid., 103〔同前，152 頁〕.

(47) Harold Bloom, *Agon: Towards a Theory of Revisionism* (New York: Oxford University Press, 1982), 171〔『アゴーン――《逆構築批評》の超克』高市順一郎訳，晶文社，1986 年，218 頁〕.

(48) Bloom, *Anxiety of Influence*, 103, 12–13〔邦訳前掲，34 頁〕.

(49) Harold Bloom, *A Map of Misreading* (1975; 2nd ed., Oxford University Press, 2003); Harold Bloom, *Kabbalah and Criticism* (New York: Continuum, 1975)〔『カバラーと批評』島弘之訳，国書刊行会，1986〕; and Harold Bloom, *Poetry and Repression: Revisionism from Blake and Stevens* (New Haven, CT: Yale University Press, 1976).

(50) Bloom, *Agon*; Harold Bloom, *The Breaking of the Vessels* (Chicago: University of Chicago Press, 1982).

(51) William H. Pritchard, "The Hermeneutical Mafia; or, After Strange Gods at Yale," *Hudson Review* 28 (Winter 1975–76): 601–10.

(52) Geoffrey Hartman, preface to *Deconstruction and Criticism,* by Harold Bloom, Paul de Man, Jacques Derrida, Geoffrey H. Hartman, and J. Hillis Miller (London: Continuum, 1979), ix.

(53) Bloom, *Breaking of the Vessels*, 3.

(54) Bloom, *Agon*, 31〔邦訳前掲，52 頁〕.

(55) Harold Bloom, introduction to Bloom ed., *Friedrich Nietzsche* (New York:

Chelsea House, 1987), 6.

(56) Bloom, *Map of Misreading*, 29; Bloom, *Breaking of the Vessels*, 29.

(57) Bloom, "The Primal Scene of Instruction," in *Map of Misreading,* 41–62; Jacques Derrida, "Freud and the Scene of Writing," in *Writing and Difference*, trans. Alan Bass (Chicago: University of Chicago Press, 1978), 196–231〔前掲『エクリチュールと差異』下, 53–118 頁〕.

(58) Bloom, *Poetry and Repression*, 2.

(59) Paul de Man, *Allegories of Reading: Figural Language in Rousseau, Nietzsche, Rilke, and Proust* (New Haven, CT: Yale University Press, 1979), 106〔ポール・ド・マン『読むことのアレゴリー――ルソー, ニーチェ, リルケ, プルーストにおける比喩的言語』土田知則訳, 岩波書店, 2012 年〕.

(60) Nietzsche, *On the Genealogy of Morals*, 163〔邦訳前掲, 584 頁〕.

(61) Friedrich Nietzsche, as quoted in the epigraph to Harold Bloom's *Shakespeare: The Invention of the Human* (New York: Riverhead Books, 1998)〔邦訳前掲, 112 頁〕.

(62) Bloom, *Anxiety of Influence*, 43〔邦訳前掲, 76–77 頁〕.

(63) Harold Bloom, *The Western Canon: The Books and School of the Ages* (New York: Riverhead Books, 1994), 11.

(64) Bloom, *Agon*, 43〔邦訳前掲, 66 頁〕.

(65) Bloom, *Breaking of the Vessels,* 30–31.

(66) Bloom, *Agon*, 43, 37〔邦訳前掲, 66, 59 頁〕.

(67) Bloom, *Map of Misreading,* 46–47.

(68) Bloom, *Agon*, 43, 41〔邦訳前掲, 66, 64 頁〕.

(69) Bloom, *Breaking of the Vessels*, 25.

(70) Bloom, *Map of Misreading*, 85.

(71) Bloom, *Breaking of the Vessels*, 39–40.

(72) Bloom, *Map of Misreading*, 85, 79.

(73) Bloom, *Agon*, 178〔邦訳前掲, 226 頁〕.

(74) Emerson, as quoted in Bloom, *Breaking of the Vessels*, 73, 33, 73.

(75) Bloom, *Agon*, 171; Emerson, as quoted in ibid.〔邦訳前掲, 218 頁〕.

(76) Emerson, as quoted in ibid.; Bloom, ibid., 172〔同前, 219–20 頁〕.

(77) Bloom, *Map of Misreading,* 167.

(78) Bloom, *Agon*, 32, 177〔邦訳前掲, 53, 225 頁〕.

(79) Richard Rorty, *Philosophy and Social Hope* (New York: Penguin, 1999), 6–8〔リチャード・ローティ『リベラル・ユートピアという希望』須藤訓任・渡辺啓真訳, 岩波書店, 2002 年, 49–51 頁。ただしこの翻訳は抄訳である〕.

(80) Ibid. 8, 10–11〔邦訳前掲，53, 56–57 頁〕．ローティの知的伝記については，以下を参照のこと。Neil Gross, *Richard Rorty: The Making of an American Philosopher* (Chicago: University of Chicago Press, 2008), and Casey Nelson Blake, "Private Life and Public Commitment: From Walter Rauschenbusch to Richard Rorty," in Pettegrew, *A Pragmatist's Progress?,* 85–101.

(81) John Dewey, "The Influence of Darwinism on Philosophy," in *The Essential Dewey: Pragmatism, Education, and Democracy,* ed. Larry Hickman and Thomas M. Alexander (Bloomington: Indiana University Press, 1998, 1: 44〔「ダーウィニズムの哲学への影響」，八杉龍一編訳『ダーウィニズム論集』岩波書店，1994〕.

(82) Nietzsche, *Twilight of the Idols,* 45〔邦訳前掲，38 頁〕.

(83) Richard Rorty, *Philosophy and the Mirror of Nature* (Princeton, NJ: Princeton University Press, 1979), 12, 4, 96〔リチャード・ローティ『哲学と自然の鏡』野家啓一監訳，伊藤春樹・須藤訓任・野家伸也・柴田正良訳，産業図書，1993 年，31, 22, 96 頁〕.

(84) Russel Berman, as quoted in John Sanford, "Richard M. Rorty, Distinguished Public Intellectual, Dead at 75," *Stanford Report*, June 11, 2007; Patricia Cohen, "Richard Rorty, Contemporary Philosopher, Dies at 75," *New York Times*, June 11, 2007.

(85) Richard Bernstein, "The Conflict of Narratives," in *Rorty and Pragmatism: The Philosopher Responds to His Critics,* ed. Herman J. Saatkamp Jr. (Nashville: Vanderbilt University Press, 1995), 62.

(86) James T. Kloppenberg, "Pragmatism: An Old Name for Some New Ways of Thinking", *Journal of American History* 83 (June 1996): 100. ローティへの批評は一大産業をなすほどだが，ローティのニーチェとの関わりを考察するうえで，とりわけ役に立つ追加の典拠としては，以下のものを参照のこと。Matthew Festenstein and Simon Thompson, eds., *Richard Rorty: Critical Dialogues* (Cambridge: Polity, 2001); Alan Malachowski, ed., *Reading Rorty: Critical Responses to "Philosophy and the Mirror of Nature" (and Beyond)* (Cambridge: Basil Blackwell, 1990); West, T*he American Evasion of Philosophy;* and Robert Westbrook, "A Dream Country," in *Democratic Hope: Pragmatism and the Politics of Truth* (Ithaca, NY: Cornell University Press, 2005), 139–74.

(87) Richard Rorty, *Consequences of Pragmatism: Essays 1972–1980* (Minneaplis: University of Minnesota Press, 1982), 160〔リチャード・ローティ『プラグマティズムの帰結』室井尚・吉岡洋・浜日出夫・庁茂訳，筑摩書房，2014 年，

442頁。同訳者による『哲学の脱構築』御茶の水書房，1985年の改題〕．実際，思想史家や哲学者たちが「プラグマティズム」というときに含めるのは，チャールズ・サンダース・パース（本人自身はプラグマティズムに対抗して「プラグマティシズム」と呼んでいる），ウィリアム・ジェイムズ，ジョン・デューイ，ホレス・カレン，シドニー・フックであるが，それだけではなく，ラルフ・ウォルド・エマソン，ラインホルト・ニーバー，ライオネル・トリリング（コーネル・ウェストが含めている），ジェーン・アダムズやアラン・ロック（ルイ・メナンドが含めている），まで含まれることもある。認識論から道徳哲学へ，そして社会理論に及ぶさまざまな領域に関与する，途方もなく多様な思想家の面々を指している。バーンスタインが注意を促すように，パース，ジェイムズ，そしてデューイでさえもが，プラグマティズムの創設と展開について，「物語と物語との闘い」を抱えていたのである。West, *American Evasion of Philosophy*; Louis Menand, *The Metaphysical Club: A Story of Ideas in America*（New York: Farrar, Straus and Giroux, 2001）〔ルイ・メナンド『メタフィジカル・クラブ——米国100年の精神史』野口良平・那須耕介・石井素子訳，みすず書房，2011年〕; Bernstein, “The Conflict of Narratives,” 59.

（88） Rorty, *Consequences of Pragmatism*, 160–61, xvii〔邦訳前掲，442–44, 31頁〕.

（89） Richard Rorty, *Essays on Heidegger and Others: Philosophical Papers*（Cambridge: Cambridge University Press, 1991）2: 2. ゲオルグ・ジンメルが，プラグマティズムは「アメリカ人が採用したニーチェの部分」であると語ったと，引用されている。Simmel, as quoted in Hans Joas, “American Pragmatism and German Thought,” in *Pragmatism and Social Theory*（Chicago: University of Chicago Press, 1993）, 99.

（90） Rorty, *philosophy and Social Hope*, 269〔邦訳前掲，312頁〕; Richard Rorty, *Contingency, Irony and Solidarity*（Cambridge: Cambridge University Press, 1989）, 39〔『偶然性・アイロニー・連帯』齋藤純一・山岡龍一・大川正彦訳，岩波書店，2000年，82–83頁〕; Rorty, *Essays on Heidegger and Others*, 2. アメリカの哲学に向けてプラグマティズムを復元したローティの役割については，キュークリック『アメリカ哲学史』（前掲）275–80を参照のこと。1980年に（ローティの『プラグマティズムの帰結』のちょうど2年前である）明敏な思想史家の眼にはプラグマティズムが，アメリカの思想において忘れられた歴史的エピソードのように見えていたことの意味については，次を参照のこと。David Hollinger, “The Problem of Pragmatism in American History,” *Journal of American History* 67（June 1980）: 88–107. 社会，政治，法の理論におけるプラグマティズムの再出現に関しては，次を参照のこと。

Morris Dickstein, ed., *The Revival of Pragmatism: New Essays on Social Thought, Law, and Culture* (Durham, NC: Duke University Press, 1998).

(91) Rorty, *Consequences of Pragmatism*, 160〔邦訳前掲, 442 頁〕.

(92) Rorty, *Philosophy and the Mirror of Nature*, 369–70〔邦訳前掲, 428–29 頁〕; Richard Rorty, "Ein Prophet der Vielfalt, 2 *Die Zeit*, September 19, 2007 (org. pub. August 24, 2000) online at http://www.zeit.de/2000/35/200035_nietzsche_rorty.xml　ローティとニーチェに関しては, 次を参照のこと。Daniel Shaw, "Rorty and Nietzsche: Some Elective Affinities," *International Studies in Philosophy* 21 (1989): 3–14.

(93) ローティは「強い詩人」という概念をハロルド・ブルームの『影響の不安』(1973) から借用している。ローティとブルームは, ローティが『哲学と自然の鏡』の中で『不安』に最初の言及をしたのを皮切りに, 互いの仕事に言及している。ローティは「教育の原光景」としての文学というブルームの概念を『誤読の地図』(1975) から借用し, その後も自著の中でブルームを引用し続けている。一方ブルームは, ローティのプラグマティズムのための言葉を『アゴーン』(1982) の中で借用し始める――アメリカの批評と大陸の批評の差異を表現するためにではあるが――。ブルームはまた『叡智はどこに見出されるか』(2004) をローティに捧げている。

(94) Rorty, *Contingency, Irony, and Solidarity*, 20〔邦訳前掲, 44–45 頁〕.

(95) Rorty, *Essays on Heidegger and Others*, 1. ここでローティはニーチェの主張, すなわちニーチェが「人類の歴史を両断する。つまり人は彼以前に生きるか, 彼以後に生きるかのどちらかになる」を実践しているのである。Nietzsche, *Ecce Homo*, 333〔邦訳前掲, 183 頁〕.

(96) Richard Rorty, "Pragmatism as Romantic Polytheism," in *Philosophy as Cultural Politics* (Cambridge: Cambridge University Press, 2007), 4: 27–41〔『文化政治としての哲学』冨田恭彦・戸田剛文訳, 岩波書店, 2011 年, 43–49 頁〕.

(97) Rorty, *Philosophy and Social Hope*, 133〔この論文の邦訳は前掲の『リベラル・ユートピアという希望』には未収録である (完訳ではなく, 抄訳のため)。ただし,「プラグマティストの歩み」として翻訳され, ウンベルト・エーコ他『エーコの読みと深読み』の第四章として収録されている。柳谷啓子・具島靖訳, 岩波書店, 2013 年, 140–41 頁〕.

(98) Rorty, *Contingency, Irony, and Solidarity*, 27〔邦訳前掲, 59 頁〕.

(99) Ibid., 46, 73〔邦訳前掲, 101, 153 頁〕. ローティの「終極の語彙」はジェイムズの「(謎を解こうとする) 魔術の言葉」を思い出させる (ウィリアム・ジェイムズ「プラグマティズムの意味」を参照のこと。前掲『プラグマテ

ィズム——ある古い考えをあらわす新しい名前』，27–44 頁)。『偶然性・アイロニー・連帯』の中でローティはアイロニストを「強い詩人」として描き出している。『哲学と自然の鏡』の中でローティはアイロニストを「啓発的哲学者」と認定している（「体系的哲学者」と相対立するものとして)。用語は変わっているが，概念は同じである。アイロニカルで啓発的な強い詩人は「いずれ自分たちの語彙が制度化されれば……という考えに怖気をふるう」(ローティ『哲学と自然の鏡』369 頁)。これらの類型論が引き合いに出されるとき，つねにニーチェが例として引用されるのは，注目に値する。

(100) Nietzsche, *Human, All Too Human*, 12〔邦訳前掲，26 頁〕.

(101) Rorty, *Contingency, Irony, and Solidarity*, 98–99, 106–7〔邦訳前掲，200–04，216–18 頁〕. 芸術作品としてのニーチェ的自己というローティの考え方に重要な影響を与えたのは，次の著作である。Alexander Nehamas, *Nietzsche: Life as Literature*（Cambridge, MA: Harvard University Press, 1985)〔アレクサンダー・ネハマス『ニーチェ——文学表象としての生』湯浅弘・堀邦維訳，理想社，2005〕.

(102) William James, as quoted in Rorty, *Contingency, Irony, and Solidarity*, 38〔邦訳前掲，80–81 頁〕.

(103) Rorty, ibid., xiv, 99〔邦訳前掲，2–5，202–04 頁〕.

(104) Ibid., xiv, xv〔同前，3，5 頁〕.

(105) Richard Rorty, "Nietzsche and the Pragmatists," *New Leader*, May 19, 1997, 9.

(106) Rorty, *Contingency, Irony, and Solidarity*, xiv〔邦訳前掲，2 頁〕; Rorty, *Consequences of Pragmatism*, 207〔邦訳前掲，544 頁〕.

(107) Rorty, "Pragmatism as Romantic Polytheism," 31.

(108) この主張のさらなる展開については，次を参照のこと。Rorty, "Nietzsche and the Pragmatists," 9.

(109) Hilary Putnam, "A Reconsideration of Deweyian Democracy," in *The Pragmatism Reader: From Peirce through the Present*, ed. Robert B. Talisse and Scott F. Aikin（Princeton, NJ: Princeton University Press, 2011), 331.

(110) Richard Rorty, "Dewey between Hegel and Darwin," in Saatkamp, *Rorty and Pragmatism*, 2.

(111) Richard Rorty, "Response to Matthew Festenstein," in Festenstein and Thompson, *Richard Rorty*, 221.

(112) Rorty, *Contingency, Irony, and Solidarity*, xvi〔邦訳前掲，8–9 頁〕.

(113) Richard Rorty, Achieving Our Country: Leftist Thought in Twentieth-Century America（Cambridge, MA: Harvard University Press, 1998),

20〔『アメリカ　未完のプロジェクト』小澤照彦訳, 晃洋書房, 2000年, 21頁〕.

(114)　Rorty, *Contingency, Irony, and Solidarity*, xvi〔邦訳前掲, 8頁〕.

(115)　Stanley Cavell, as quoted in Giovanna Borradori, *The American Philosopher: Conversations with Quine, Davidson, Putnam, Nozick, Danto, Rorty, Cavell, MacIntyre, and Kuhn*, trans. Rossana Crocitto (Chicago: University of Chicago Press, 1994), 132.

(116)　Stanley Cavell, *Philosophical Passages: Wittgenstein, Emerson, Austin, Derrida* (Cambridge: Blackwell, 1995), 95.

(117)　この記憶喪失を乗り越えるための努力の卓抜な紹介は，次を参照のこと。Michael Lopez, "Emerson and Nietzsche: An Introduction," in "Emerson/Nietzsche," special issue, *ESQ*: 1–35.

(118)　ニーチェがアメリカの分析的思考の中に入っていったとりわけ重要な経路は，次の二つである。Danto, *Nietzsche as Philosopher,* and John T. Wilcox, *Truth and Value in Nietzsche: A Study of His Metaethics and Epistemology* (Ann Arbor: University of Michigan Press, 1974)

(119)　Kuklick, *The Rise of American Philosophy*, 7–10, 46–47, 102.

(120)　カヴェルのハーバードでの大学院生時代の回想については，次を参照のこと。Stanley Cavell, *A Pitch of Philosophy: Autobiographical Exercises* (Cambridge, MA: Harvard University Press, 1996)〔スタンリー・カヴェル『哲学の〈声〉』中川雄一訳，春秋社，2008年〕.

(121)　Stanley Cavell, *Themes Out of School: Effects and Causes* (Chicago: University of Chicago Press, 1988), 199, 33–34.

(122)　Nietzsche, *Thus Spoke Zarathustra,* 13〔邦訳前掲，23頁〕; Emerson, "Self-Reliance," 2; 27〔邦訳前掲上，194頁〕.

(123)　Cavell, as quoted in Borradori, *The American Philosopher*, 131.

(124)　Cavell, *Philosophical Passages*, 95.

(125)　Stanley Cavell, *The Senses of Walden* (1972; exp. ed., Chicago: University of Chicago Press, 1992), 33〔『センス・オブ・ウォールデン』齋藤直子訳，法政大学出版局，2005，42頁〕. これらの問いに対するカヴェルの構想については，次を参照のこと。James Conant, "Cavell and the Concept of America," in *Contending with Stanley Cavell,* ed, Russel B. Goodman (Oxford: Oxford University Press, 2005), 55–81.

(126)　Stanley Cavell, *This New Yet Unapproachable America: Lectures after Emerson after Wittgenstein* (Albuquerque, NM: Living Batch Press, 1989)〔邦訳には抄訳として次のものがある。スタンリー・カヴェル『この新しくも近づきえないアメリカ』第一章「没落に抵抗すること：文化の哲学者と

してのウィトゲンシュタイン」齋藤直子訳，『現代思想』1998年1月号，特集ウィトゲンシュタイン，青土社〕, 25 (Emerson, as quoted in Cavell)〔邦訳前掲『エマソン選集3　生活について』，177頁〕，24–25 (Nietzsche, as quoted in Cavell)〔邦訳前掲，359頁〕.

(127)　Stanley Cavell, "Existentialism and Analytic Philosophy," *Daedalus: Journal of the American Academy of Arts and Sciences* 93 (Summmer 1964): 961.

(128)　Stanley Cavell, *Must We Mean What We Say?* (New York: Charles Scribner's Sons, 1969), 112, 157, xxviii. 哲学者の異なる文化的人格は，異なる知的理想を反映している可能性がある，とカヴェルは考え続ける。「オースティンはイギリスの教授の作法（manners）に気どりすぎ（mannerism）と言えるほどまでに身を捧げる。フランスの知識人が才気煥発な外観に身を捧げるように。それはアメリカの思想家や芸術家なら，押し黙ったままでいるように思われる次元である。つまり，粗野な田舎者のように見えることをあえてする，ということである。これらはみな，権威を装った者の特徴である。思うに，賢者の特徴を――ニーチェが暴露したような――思想家が利用するヴァリエーションの数々である」(Cavell, *Themes Out of School*, 29)。

(129)　Cavell, *This New Yet Unapproachable America*, 25; Cavell, *Must We Mean What We Say?*, 162.

(130)　Stanley Cavell, *The Claim of Reason: Wittgenstein, Skepticism, Morality, and Tragedy* (Oxford: Oxford University Press, 1979), 109.

(131)　Cavell, *The Senses of Walden*, xiv〔邦訳前掲，xiii頁〕.

(132)　Stanley Cavell, *Conditions Handsome and Unhandsome: The Constitution of Emersonian Perfectionism* (Chicago: University of Chicago Press, 1990), 33.

(133)　Ibid., 41, 31, 49, 54 (Emerson, as quoted in Cavell), 55〔「アメリカの学者」より，邦訳前掲，上，141頁〕.

(134)　Emerson, as quoted in Cavell, *This New Yet Unapproachable America*, 90〔前掲『エマソン選集3　生活について』，177，206，203頁〕.

(135)　Cavell, ibid., 90, 108.

(136)　Stanley Cavell, "The Division of Talent," *Critical Inquiry* 11 (June 1985): 531.

(137)　Ibid., 531.

(138)　Cavell, *This New Yet Unapproachable America*, 109.

(139)　Emerson, as quoted in ibid., 91〔前掲『エマソン選集3　生活について』，203頁〕.

(140) Cavell, *This New Yet Unapproachable America*, 109, 70.
(141) Ibid., 116.

エピローグ

(1) Allan Bloom, "Our Listless Universities," *National Review*, December 10, 1982, 1537–48.
(2) William Goldstein, "The Story behind the Best Seller: Allan Bloom's *Closing of the American Mind*," *Publishers Weekly*, July 3, 1987, 25.
(3) George Will, "A How-To-Book for the Independent," *Washington Post*, July 30, 1987, A19; Garry Wills, as quoted in Michael Miner, "Wrestling in the Halls of Academe / Digging for Meaning," *Chicago Reader*, online at http://www.chicagoreader.com/chicago/wrestling-in-the-halls-of-academedigging-for-meaning/Content?oid=902427.
(4) Martha Nussbaum, "Undemocratic Vistas," *New York Review of Books*, November 5, 1987, 21.
(5) Benjamin Barber, "The Philosopher Despot," *Harper's Magazine*, January 1988, 61.
(6) Tim Appelo, "Legacy: Allan Bloom," *Entertainment Weekly*, October 23, 1992; online at http://www.ew.com/ew/article/0,20183503,00.html.
(7) Allan Bloom, *The Closing of the American Mind: How Higher Education Has Failed Democracy and Impoverished the Soul of Today's Students* (New York: Simon and Schuster, 1987), 19, 141, 151, 202, 151, 156, 147〔邦訳前掲，11，147，158，220，158，165，154 頁〕.
(8) "Allan Bloom Discusses the 'Difficulty of Nietzsche' 1" Youtube, http://www.youtube.com/watch?v=a8QxMe 16b38&feature=fvst.
(9) Bloom, *Closing of the American Mind*, 62, 50〔邦訳前掲，57，43 頁〕.
(10) Ibid., 198, 51〔同前，216，43–44 頁〕.
(11) Allan Bloom, "How Nietzsche Conquered America," *Wilson Quarterly* 11 (Summer 1987): 80.
(12) Ibid., 92.
(13) Bloom, *Closing of the American Mind*, 203, 198, 207〔邦訳前掲，222，216，226 頁〕.
(14) Ibid., 148, 152, 156〔同前，155，160，165 頁〕.

訳注

プロローグ

＊1　Lambert Adolphe Jacques Quetelet（1796–1874）　ベルギーの天文学者，統計学者。人間の心身の発達に関する統計調査を行なった。

＊2　ニーチェの引用する，エマソンの「円」の中のオリヴァー・クロムウェルの言葉の出典を，「筑摩書房版全集」も「白水社版全集」もゲーテ『箴言と省察』としているが，*KSA* では，エマソンからの引用，クロムウェルの言葉となっている。

＊3　英語の本文では強調がなされていない。だが，ドイツ語の原文ならびに邦訳では強調がなされている。

第一章

＊1　原文では「即座の効果をもたらすでしょう」とある。

＊2　筑摩書房，ちくま学芸文庫版の『全集』所収の邦訳では，一文が訳し忘れられているので，本文中〔　〕によって脱落部分を補足した。

＊3　ヘイマーケット事件。1886年5月4日イリノイ州シカゴのヘイマーケット広場で，8時間労働を求める労働者と警察が衝突し，何者かが投げた爆弾で死傷者を多数出した事件。これにより労働運動の指揮権が「労働騎士団」（1869年設立のアメリカ初期の急進的労働団体）からAFL（米国労働総同盟）へと変わった。

＊4　イギリスの小説家，詩人ジョージ・メレディス（1828–1909）の代表作『我意の人 *Egoist*』（1879）が念頭に置かれている。

＊5　引用となっているが，シュームの「翻訳」（翻案？）であるため，出典は不明。

＊6　前掲『ニーチェ全集5　人間的，あまりに人間的 I』所収，490頁。

＊7　「距離のパトス」。「ニーチェのどのテクストの使用例でも，距離のパトスで言う距離とは，まぎれもなく身分間，階層間の差別という意味を含んで

いる。平等への意志や同情道徳，隣人愛などと対極にあるものが，このパトスにほかならない。何よりもまず強き者，高貴な者，高い階層に属する者の最内奥に潜んだ感情こそが，距離のパトスというものである」（『ニーチェ事典』より。弘文堂，1995年）。

第二章

＊1　20世紀初頭の工業化・都市化したアメリカで，プロテスタントが社会秩序をイエスの教えに一致させようとした運動。

＊2　「神はサイコロ遊びをしない」。これはアインシュタインが，確率的にしか物理世界の出来事を予言できない量子力学は，不完全な理論だと主張するときに語った，有名な言葉である（自然科学研究機構長・佐藤勝彦氏による）。

＊3　ジョージ・ティレルはアイルランド人である。

＊4　カトリック教会で，ローマ教皇が信仰，道徳，社会問題について，司教を通じて，信徒全体に与える書簡。

＊5　神の恩寵を信徒に与える主要な宗教儀式。カトリック教会では，「洗礼」「堅信」「聖体」「告解」「終油」「叙階」「婚姻」の七つ。

＊6　プロテスタント各派の極端な分裂・分派に対し，1920年以後起こった，キリストの愛による教派を超えた連帯の必要性を主張した運動。

＊7　殉教はしなかったが，迫害に屈せず，信仰を守った信者。

＊8　「わたしのために命を失う者は，かえってそれを得るのである」（マタイによる福音書第10章39節）。

第三章

＊1　生命現象の根底には，物理化学の法則だけでは説明できない，独特な生命の原理（活力）がある，という説。

＊2　「ましな人間」とも訳される。「最低の軽蔑すべき者」と言われる人間類型の「末人（おしまいの人間）」よりはましだが，「超人」ではない。人間の現実に苦悩する点で自覚的だが，中途半端に揺れているのが「高人」である。一方で永遠回帰の思想を伝えることができ……ながら，神の死に耐えられず，驢馬を「我らが神」と見立てて，驢馬祭りに酔いしれる。そうした存在が『ツァラトゥストラ』の中で描かれている（『ニーチェ事典』より。弘

文堂，1995年）。

＊3　ロイスが提唱した理念。それに基づいて，the Fellowship of Reconciliation（和解のための集まり）を創設しようとするもの。これはライオンと羊とが牧歌的な調和のなかで共存するという，平穏な王国のイメージと一体となった，はるか彼方のユートピア的な目標であった。マーティン・ルーサー・キングJr. 牧師のとなえたものとは別の理念である。

＊4　「いろんな中身をどっさり詰めこんでいる」『草の葉』所収「ぼく自身の歌」より（杉本喬・鍋島能弘・酒本雅之訳，岩波書店，1969年）。

＊5　ルソーは（フランス語圏の）スイス人である。

＊6　著者も参考文献にあげているスティーヴン・E. アシュハイムは『ドイツにおけるニーチェの遺産 1890–1990』の中で，原注（74）の数字が誇張されており，実際にそれほど普及したり読まれたりしたわけではない，と述べている。またキャロル・ディースも『ニーチェ百科』の中で，このエピソードは神話にすぎない，と一蹴している。

＊7　哲学で，経験や認識を総合・統一する作用。知覚の把捉による経験の意識の作用と純粋な反省意識の作用とから成る。統覚作用。

第四章

＊1　1909年から1917年の間に，ロマン主義に対抗して起きた，英米詩人グループの理論と実践。詩における日常語の使用，新しいリズムの創造，題材選択の完全な自由，明確で凝縮された的確なイメージの形成を目指した。T. E. ヒューム，エズラ・パウンド，エイミー・ローウェルなどが有名。

＊2　1916年に結成された，アメリカの俳優・劇作家のグループ。スーザン・グラスペルらが中心となって，オニールの作品などを上演する。18年から専用の劇場で上演活動をするが，21年に解散。

＊3　1888年エドワード・C. ヘーゲラーによって創刊された『モニスト』誌（アメリカのアカデミズムにおいて専門としての哲学を確立するうえで大きな寄与をした哲学雑誌）にちなんだ名称であろうか。同雑誌とは無関係である。

＊4　ニーチェの出典は不明。該当する文言はないが，近い内容のものとして考えられるのは，『人間的な，あまりに人間的なⅠ』のアフォリズム608番「原因と結果をとりちがえる」であろうか。邦訳前掲，466頁。

第五章

＊1　ユダヤ教の成人式。ユダヤ教に関する正規の課程を修得した13歳の男子を社会の一員として正式に受け入れる儀式。

＊2　マンが自分の課題にしていた「ニーチェの文化観」について，同じ論文の中でマンは次のように述べている。「文化という概念……それは生とほとんど同列に置かれている。文化とは生の高貴性にほかならないのであり，文化の源泉，条件として，芸術と本能とがそれと結びついている（ものである）」。邦訳前掲，537頁。

＊3　カウフマンの批判の後，ブリントンは1965年の改訂版では自分の見解を次のように修正している。「（私は）ニーチェは「プロト（原）ファシスト」であるとか，ナチズムのイデオロギーに直接の責任があるなどとは，当時主張したことはなかったし，今も同様である。ニーチェがナチスの権力掌握に手を貸すことはさらさらなく，当時生きていれば，ナチスを憎悪したことであろう」と。この改訂版の記述を信じて，ドイツの哲学者マンフリート・リーデルは「クレイン・ブリントンの分別ある判断」と『ニーチェ思想の歪曲』（白水社，2000年）のなかで，ブリントンを称賛している。

＊4　情動に関する，別個に提唱された二つの理論の総称で，一つの理論ではない。1884年にW. ジェイムズ（米）が情動は知覚に続いて起こる身体的変化の体験であると，1885年にC. G. ランゲ（デンマーク）が脈管における変化の体験であると規定した。俗に「悲しいから泣くのではなく，泣くから悲しいのだ」という説。

第六章

＊1　「歴史の使用と濫用」は，『反時代的考察』第二編「生に対する歴史の利害について」の英語圏での翻訳のタイトルである。

エピローグ

＊1　1850年代に，偏狭な愛国主義を唱えた政党。

人名索引

ア 行

アーチャー　William Archer　200–01, (100)
アーノルド　Matthew Arnold　265
アーバン　Wilbur Urban　43–46, 51–53, 99, (71)–(72)
アインシュタイン　Albert Einstein　107, (116)
アドラー　Felix Adler　202
アドラー　Mortimer Adler　425
アドルノ　Theodor Adorno　342–46, (126)–(127)
アボット　Lyman Abbott　131, 133,
アマーランド　W. H. Amerland　298–99, (116)
アリソン　David B Allison　397–98
アルタイザー　Thomas J. J. Altizer　377, (133)
アレント　Hannah Arendt　336, 341, (126)
アンダーソン　Margaret Anderson　153, 281
イーストマン　Max Eastman　165, 170, 209, 221, 227, 233, (102)
イーリー　Richard T. Ely　205
イプセン　Heinrich Ibsen　58, 61
ヴァハニアン　Gabriel Vahanian　(133)
ヴァン・ダーリン　Theodore Van Derlyn　320–21
ヴィーレック　Peter Viereck　372
ウィトゲンシュタイン　Ludwig Wittgenstein　427, 443, 453
ウィル　George F. Will　459
ウィルコックス　Louise Collier Willcox　96–97
ウィルズ　Gary Wills　459
ウィルソン　Woodrow Wilson　112
ウェスト　Cornel West　(137), (138), (143)
ウォービーク　John Warbeke　142–43, 145, 147
ウォーリング　William English Walling　221, 223, 227, 257, 259, 277
ウォラー　W. C. A. Wallar　157
ウンターマイヤー　Louis Untermeyer　239, 280
エヴァンズ　Edward Evans　308–09
エヴェレット　Charles C. Everett　113
エマソン　Ralph Waldo Emerson　3, 9–14, 16–28, 30–31, 33, 39, 59–60, 71, 173, 223, 226–27, 231, 240, 244–45, 275, 282, 295, 362, 388, 407, 408, 411, 414–15, 417, 422–24, 441–45, 449–55, 465–66, (58), (59), (60), (62), (64), (109), (116), (130), (138), (143)
エーラー　Max Oehler　340
エリクソン　Erik Erikson　336
エリス　Havelock Ellis　70
オーヴァーベック　Franz Overbeck

49–50, 341, (58)
オースティン　J. L. Austin　442–43, (147)
オッペンハイム　James Oppenheim　239
オニール　Eugene O'Neill　52, 218, 230, 281, (74), (107), (151)
オハラ　Daniel T. O'Hara　400–01
オルデ　Hans Olde　79, 401

カ 行

カヴェル　Stanley Cavell　407, 441–55, (146), (147)
カウフマン　Walter Arnold Kaufmann　24, 317, 327–42, 345–56, 358–76, 378, 380–89, 395, 398, 429, 441, (121), (122), (125), (127), (128), (129), (130), (132), (133), (134), (137), (152)
ガスト　Peter Gast　49
カッシーラー　Ernst Cassirer　336
カーナン　W. Fergus Kernan　170–71
カミュ　Albert Camus　350, 373, (128)
カレン　Horace Kallen　248, (143)
カント　Immanuel Kant　23, 49, 103, 196, 205, 346–47, 365, 427
キトリッジ　Charmain Kittredge　234–35
キュークリック　Bruce Kuklick　330, (143)
キュセ　François Cusset　397
ギリス　James Martin Gillis　126–27, (88)
キンボール　Roger Kimball　403–04
キンメル　Stanley Kimmel　297–98
クーン　Thomas Kuhn　(137)
クック　George Cram Cook　221, 231–32, 242–43, 249–50, (91), (108), (109)
グッドマン　Nelson Goodman　(137)
クノルツ　Karl Knortz　29–30, 290, (64), (114)
クライン　M. Klein　93
グラスペル　Susan Glaspell　231, (91), (151)
グラッデン　Washington Gladden　209–10, (103)
グラント　Madison Grant　362
クリトン　T. D. Kriton (Kourkoulakis, Timokheon Dimilriou)　321–24, (120)
クリンガー　Max Klinger　79, 81
クルーク　Gustav Krug　15
クロソウスキー　Pierre Klossowski　398
クロッペンバーグ　James T. Kloppenberg　428
クワイン　W. V. Quine　(137)
ケイジン　Alfred Kazin　244
ケイテブ　George Kateb　11
ケイラス　Paul Carus　89–94, 166–67, (82)
ケージ　John Cage　398
ゲーテ　Johann Wolfgang von Goethe　23, 69, 160–62, 174, 196, 246, 313, 346, 355, 387, (92), (93), (109), (119)
ゲッベルス　Joseph Goebbels　335
ゲルスドルフ　Carl von Gersdorff　27
ゴールドマン　Emma Goldman　52, 221, 233–34, 242, 255, 261–63, 267–68, (74), (106)
コールリッジ　Samuel Taylor Coleridge　161
ゴドキン　E. L. Godkin　265
コトキン　George Cotkin　373, (132)
コモン　Thomas Common　68, 70, 161, (78)

サ 行

サーフ　Walter Cerf　360
サイード　Edward Said　396
サルトル　Jean-Paul Sartre　350–51, 353, 373, (122), (128)
ザロメ　Lou Andreas-Salomé　(59)
サンガー　Margaret Sanger　168–70, (106)
サンタヤナ　George Santayana　51, 195–99, 268, 362, (88), (99), (133)
ジェイムズ　William James　39, 51, 86, 142, 159, 175–84, 202, 206, 258, 276–77, 362–69, 407, 427, 429, 432, 435–38, 440, (96), (97), (105), (130), (131), (143), (144), (152)
シェファウアー　Herman George Scheffauer　316–17, 319
ジェラード　Thomas J. Gerrard　118
シェリー　Percy Bisshe Shelley　174, (93)
ジブラーン　Kahlil Gibran　221, 237–42, 281, (108)
ジャコビ　Joseph B. Jacobi　125, 139
シャフ　Harrison Hale Schaff　82
シューム　George Schumm　55–56, 59–60, (75)
シュティルナー　Max Stirner　58, 228, (74), (75)
シュトラウス　David Strauss　3, (133)
シュトラウス　Leo Strauss　336–37, 425, (123), (124)
シュマイツナー　Ernst Schmeitzner　47
シュライナー　Elmer Schreiner　303, 309–11, 313, (119)
シュルツェ　Gustav Schultze　78
ショー　George Bernard Shaw　82, 165–66, 172, (79)
ショーペンハウアー　Arthur Schopenhauer　3, 5, 16, 23, 28, 183, 217, 247, 346, (71), (74), (100), (109)
ジョンソン　Thomas Cary Johnson　114–15
シラー　F. C. S. Schiller　72, 77–78
シンクレア　Upton Sinclair　221, 229, 251, 252, 255, (106)
スカッダー　Vida Scudder　135–37, (89)
スティアーンズ　Harold Stearns　245–46
ストッダード　Lothrop Stoddard　362
ストランスキー　Anna Strunsky　232
ストリンドベリ　August Strindberg　61, 63
ストロング　Tracy Strong　328
セジウィック　Eve Kosofsky Sedgwick　400, 402
セラーズ　Wilfred Sellars　(137)
ソラーズ　Werner Sollors　304
ゾル　Ivan Soll　(122)
ソルター　William Mackintire Salter　202–03, 362, (100), (101), (108)

タ 行

ダーウィン　Charles Darwin　67–68, 103, 161, 165, 174–75, 192, 207, 277, 346, 354, 365, 368, (77), (85), (103), (116)
タッカー　Benjamin Tucker　53, 55, 57–58, 61, 64, 75, 230, (74), (75), (107)
ダロー　Clarence Darrow　211–13, (104)
ダンカン　Isadora Duncan　218
ダント　Arthur Danto　(132)

タンネンバウム　Frank Tannenbaum　232
ダンルーサー　Gustav Dannreuther　5, 9, 290, 294, 295, 299
デイ　Fred Holland Day　238
テイラー　Bayard Taylor　161
ティリッヒ　Paul Tillich　336, 339, 376
ティレ　Alexander Tille　68, 70, 161, 166,（77),（78)
ティレル　George Tyrrell　121,（150)
デューイ　John Dewey　253, 258, 276–78, 363–65, 407, 426–27, 429, 431–32, 436–40,（143)
デュラント　Will Durant　248, 253–54, 263, 297,（106)
デリダ　Jacques Derrida　389, 392–97, 400, 415, 417, 419, 451
デル　Floyd Dell　231, 233,（91)
ド・マン　Paul de Man　415, 417
トウェイン　Mark Twain　8
ドゥルーズ　Gilles Deleuze　398
トーマス　W. H. Griffith Thomas　204–05
トリリング　Lionel Trilling　373,（143)
トルストイ　Leo Tolstoy　136, 250,（133)
ドルソン　Grace Neal Dolson　74, 95
トロツキー　Leon Trotsky　425, 432, 437
トンプソン　Vance Thompson　63–65,（77),（78)

ナ 行

ニーバー　H. Richard Niebuhr　130
ニッチェ　George E. Nitzsche　302–04,（117)
ニュートン　Huey P. Newton　382–86
ヌスバウム　Martha Nussbaum　459
ノイマン　Franz Neumann　336, 341
ノルダウ　Max Nordau　86–87, 89, 179,（80),（81)

ハ 行

パース　Charles Sanders Peirce　258,（130),（143)
ハーディン　Edwin Dodge Hardin　138, 143, 147
ハートマン　Geoffrey Hartman　415
バーバ　Preston Barba　315
バーバー　Benjamin Barber　459
ハーパー　William Rainey Harper　150
バーンスタイン　Richard Bernstein　428,（143)
ハイデガー　Martin Heidegger　353, 373, 400, 427, 432, 435, 451, 453,（126),（128)
バウムガルテン　Eduard Baumgarten　(60),（63)
ハチソン　William R. Hutchison　128
ハッチンズ　Robert Maynard Hutchins　403, 425
パッテン　Simon Nelson Patten　208
ハットフィールド　James Taft Hatfield　315,（81),（119)
パットン　Francis Landey Patton　112
パットン　George S. Patton　112–13, 116
バッハミュラー　Helene Bachmüller　301–02, 304
バトラー　Judith Butler　400–02
ハネッカー　James Gibbons Huneker　53, 60–63, 82, 84–86, 252, 257,（74),（76),（78),（79),（81),（108)
バビット　Irving Babbitt　169, 185–91, 193, 200, 214, 403,（97),（98),（99),（100)

ハミルトン　William Hamilton　(133)
ハリソン　Hubert Harrison　221, 228–29, 263–65, (111)
バルト　Karl Barth　376
バルト　Roland Barthes　(135), (136)
バレット　William Barrett　(128)
ピーター　Maude D. Petre　119–24, 127, (87), (88)
ピーボディ　Francis Peabody　131–32, 134
ピウス十世　Pius X (pope)　121
ヒトラー　Adolf Hitler　322, 326, 333–35, 337, 340, 356, 359
ピンダー　Wilhelm Pinder　15
ヒンツ　Jennie Hintz　286–92, 310, 321
フィギス　John Neville Figgis　140–42, 147–48, (92)
フィンケ　Elise Fincke　4–5, 290, 294
ブーガー　John Boogher Jr.　296–97
フーコー　Michel Foucault　396–97, 400–01, 419
フェルスター　Bernhard Förster　340
フェルスター＝ニーチェ　Elisabeth Förster-Nietzsche　50, 60, 72, 87–89, 236, 286, 288–91, 296–98, 300–02, 304–07, 311–12, 315–17, 319–20, 322, 340, (73), (81), (108), (114), (115), (116), (117), (118)
フォスター　George Burman Foster　149–57, 376, (91), (92), (133)
フクヤマ　Francis Fukuyama　404–06, (124)
フッサール　Edmund Husserl　353
ブッシュ　John I. Bush　305–08
ブライアン　William Jennings Bryan　212, (103)–(104)
ブラウン　William Adams Brown　129, 131
プラトン　Plato　16, 23, 321, 346, 425–26, 446, 458, (124)
フランク　Waldo Frank　239
フランクス　Bobby Franks　211, (103)
フランケ　Kuno Francke　(93)
ブランデス　Georg Brandes　29, 48, 50, 229, (72)
フリードル　Herwig Friedl　11
ブリントン　Crane Brinton　356–60, 363, (129), (152)
プルースト　Marcel Proust　432
プルードン　Pierre-Joseph Proudhon　58
ブルーム　Allan Bloom　402–04, 425, 458–66, (124), (139)
ブルーム　Harold Bloom　9, 407–24, 454–56, (139), (140), (144)
ブルックス　Van Wyck Brooks　221, 239, 253, 258, 265–66, 268, 273, 280
ブルトン　Agnes Boulton　281
フレーム　S. T. Frame　299, (116), (117)
フレッチャー　John Gould Fletcher　230
プレッチュ　Carl Pletsch　16, 245–46
ブレーディ　Ed Brady　233–34
ブレーネ　Johannes Broene　95–96, (82), (108)
フロイト　Sigmund Freud　95, 211, 335, 412, 421, 432, (82)
フロム　Erich Fromm　336, 338
ベイカー　Thomas Stockham Baker　167, (94)
ヘイワード　Abraham Hayward　161
ヘーヴェラー　J. David Hoeveler Jr.　186, (97), (98)
ベークウェル　Charles Bakewell　51, (73)

マ 行

ヤ 行

ラ 行

ワ 行

《叢書・ウニベルシタス　1102》
アメリカのニーチェ
ある偶像をめぐる物語

2019年 10月 1日　初版第 1 刷発行

ジェニファー・ラトナー=ローゼンハーゲン
岸 正樹 訳

発行所　一般財団法人　法政大学出版局
〒102-0071 東京都千代田区富士見 2-17-1
電話 03(5214)5540 振替 00160-6-95814
組版: HUP　印刷: 三和印刷　製本: 積信堂

Printed in Japan

ISBN978-4-588-01102-3

著　者

ジェニファー・ラトナー＝ローゼンハーゲン

(Jennifer Ratner-Rosenhagen)

ウィスコンシン大学マディソン校の歴史学教授。専門はアメリカ精神史。著書には他に『アメリカを形成した思想』（オクスフォード大学出版局），共編著として『ページの上の異議申し立て』（ウィスコンシン大学出版局），『アメリカ精神史の世界』（オクスフォード大学出版局）がある。本書『アメリカのニーチェ』は処女作でありながら注目され，各方面で話題を呼んでいる。

訳　者

岸　正樹（きし・まさき）

1955年生まれ。アテネフランセ，日仏学院にて学ぶ。英米仏の批評理論，翻訳理論を研究。現在，翻訳家，河合塾講師。訳書にA. ベルマン『翻訳の時代――ベンヤミン『翻訳者の使命』註解』，J.-J. ルセルクル『言葉の暴力――「よけいなもの」の言語学』（いずれも法政大学出版局）。

—— 叢書・ウニベルシタスより ——

（表示価格は税別です）

990 ルーマニアの変容
シオラン／金井裕訳 3800円

991 ヘーゲルの実践哲学 人倫としての理性的行為者性
R. B. ピピン／星野勉監訳，大橋・大藪・小井沼訳 5200円

992 倫理学と対話 道徳的判断をめぐるカントと討議倫理学
A. ヴェルマー／加藤泰史監訳 3600円

993 哲学の犯罪計画 ヘーゲル『精神現象学』を読む
J.-C. マルタン／信友建志訳 3600円

994 文学的自叙伝 文学者としての我が人生と意見の伝記的素描
S. T. コウルリッジ／東京コウルリッジ研究会訳 9000円

995 道徳から応用倫理へ 公正の探求2
P. リクール／久米博・越門勝彦訳 3500円

996 限界の試練 デリダ、アンリ、レヴィナスと現象学
F.-D. セバー／合田正人訳 4700円

997 導きとしてのユダヤ哲学
H. パトナム／佐藤貴史訳 2500円

998 複数的人間 行為のさまざまな原動力
B. ライール／鈴木智之訳 4600円

999 解放された観客
J. ランシエール／梶田裕訳 2600円

1000 エクリチュールと差異〈新訳〉
J. デリダ／合田正人・谷口博史訳 5600円

1001 なぜ哲学するのか？
J.-F. リオタール／松葉祥一訳 2000円

1002 自然美学
M. ゼール／加藤泰史・平山敬二監訳 5000円

1003 翻訳の時代 ベンヤミン『翻訳者の使命』註解
A. ベルマン／岸正樹訳 3500円

叢書・ウニベルシタスより

(表示価格は税別です)

1018 自然主義と宗教の間　哲学論集
J. ハーバーマス／庄司・日暮・池田・福山訳　4800円

1019 われわれが生きている現実　技術・芸術・修辞学
H. ブルーメンベルク／村井則夫訳　2900円

1020 現代革命の新たな考察
E. ラクラウ／山本圭訳　4200円

1021 知恵と女性性
L. ビバール／堅田研一訳　6200円

1022 イメージとしての女性
S. ボーヴェンシェン／渡邉洋子・田邊玲子訳　4800円

1023 思想のグローバル・ヒストリー
D. アーミテイジ／平田・山田・細川・岡本訳　4600円

1024 人間の尊厳と人格の自律　生命科学と民主主義的価値
M. クヴァンテ／加藤泰史監訳　3600円

1025 見えないこと　相互主体性理論の諸段階について
A. ホネット／宮本真也・日暮雅夫・水上英徳訳　2800円

1026 市民の共同体　国民という近代的概念について
D. シュナペール／中嶋洋平訳　3500円

1027 目に見えるものの署名　ジェイムソン映画論
F. ジェイムソン／椎名美智・武田ちあき・末廣幹訳　5500円

1028 無神論
A. コジェーヴ／今村真介訳　3600円

1029 都市と人間
L. シュトラウス／ 石崎・飯島・小高・近藤・佐々木訳　4400円

1030 世界戦争
M. セール／秋枝茂夫訳　2800円

1031 中欧の詩学　歴史の困難
J. クロウトヴォル／石川達夫訳　3000円

—— 叢書・ウニベルシタスより ——
(表示価格は税別です)

1032 フランスという坩堝　一九世紀から二〇世紀の移民史
G. ノワリエル／大中一彌・川﨑亜紀子・太田悠介訳 4800円

1033 技術の道徳化　事物の道徳性を理解し設計する
P.-P. フェルベーク／鈴木 俊洋訳 3200円

1034 他者のための一者　レヴィナスと意義
D. フランク／米虫正巳・服部敬弘訳 4800円

1035 ライプニッツのデカルト批判　下
Y. ベラヴァル／岡部英男・伊豆藏好美訳 4000円

1036 熱のない人間　治癒せざるものの治療のために
C. マラン／鈴木智之訳 3800円

1037 哲学的急進主義の成立 I　ベンサムの青年期
E. アレヴィ／永井義雄訳 7600円

1038 哲学的急進主義の成立 II　最大幸福主義理論の進展
E. アレヴィ／永井義雄訳 6800円

1039 哲学的急進主義の成立 III　哲学的急進主義
E. アレヴィ／永井義雄訳 9000円

1040 核の脅威　原子力時代についての徹底的考察
G. アンダース／青木隆嘉訳 3400円

1041 基本の色彩語　普遍性と進化について
B. バーリン，P. ケイ／日髙杏子訳 3500円

1042 社会の宗教
N. ルーマン／土方透・森川剛光・渡曾知子・畠中茉莉子訳 5800円

1043 セリーナへの手紙　スピノザ駁論
J. トーランド／三井礼子訳 4600円

1044 真理と正当化　哲学論文集
J. ハーバーマス／三島憲一・大竹弘二・木前利秋・鈴木直訳 4800円

1045 実在論を立て直す
H. ドレイファス，C. テイラー／村田純一監訳 3400円

叢書・ウニベルシタスより
（表示価格は税別です）

叢書・ウニベルシタスより

（表示価格は税別です）

1060 カントの自由論
H. E. アリソン／城戸淳訳 6500円

1061 反教養の理論 大学改革の錯誤
K. P. リースマン／斎藤成夫・齋藤直樹訳 2800円

1062 ラディカル無神論 デリダと生の時間
M. ヘグルンド／吉松覚・島田貴史・松田智裕訳 5500円

1063 ベルクソニズム〈新訳〉
G. ドゥルーズ／檜垣立哉・小林卓也訳 2100円

1064 ヘーゲルとハイチ 普遍史の可能性にむけて
S. バック＝モース／岩崎稔・高橋明史訳 3600円

1065 映画と経験 クラカウアー、ベンヤミン、アドルノ
M. B. ハンセン／竹峰義和・滝浪佑紀訳 6800円

1066 図像の哲学 いかにイメージは意味をつくるか
G. ベーム／塩川千夏・村井則夫訳 5000円

1067 憲法パトリオティズム
J.-W. ミュラー／斎藤一久・田畑真一・小池洋平監訳 2700円

1068 カフカ マイナー文学のために〈新訳〉
G. ドゥルーズ, F. ガタリ／宇野邦一訳 2700円

1069 エリアス回想録
N. エリアス／大平章訳 3400円

1070 リベラルな学びの声
M. オークショット／T. フラー編／野田裕久・中金聡訳 3400円

1071 問いと答え ハイデガーについて
G. フィガール／齋藤・陶久・関口・渡辺監訳 4000円

1072 啓蒙
D. ウートラム／田中秀夫監訳 4300円

1073 うつむく眼 二〇世紀フランス思想における視覚の失墜
M. ジェイ／亀井・神田・青柳・佐藤・小林・田邉訳 6400円

―――― 叢書・ウニベルシタスより ――――

（表示価格は税別です）

1088 アドルノ音楽論集　幻想曲風に
Th. W. アドルノ／岡田暁生・藤井俊之訳　4000円

1089 資本の亡霊
J. フォーグル／羽田功訳　3400円

1090 社会的なものを組み直す　アクターネットワーク理論入門
B. ラトゥール／伊藤嘉高訳　5400円

1091 チチスベオ　イタリアにおける私的モラルと国家のアイデンティティ
R. ビッツォッキ／宮坂真紀訳　4800円

1092 スポーツの文化史　古代オリンピックから21世紀まで
W. ベーリンガー／髙木葉子訳　6200円

1093 理性の病理　批判理論の歴史と現在
A. ホネット／出口・宮本・日暮・片上・長澤訳　3800円

1094 ハイデガー=レーヴィット往復書簡　1919-1973
A. デンカー編／後藤嘉也・小松恵一訳　4000円

1095 神性と経験　ディンカ人の宗教
G. リーンハート／出口顯監訳／坂井信三・佐々木重洋訳　7300円

1096 遺産の概念
J.-P. バブロン，A. シャステル／中津海裕子・湯浅茉衣訳　2800円

1097 ヨーロッパ憲法論
J. ハーバーマス／三島憲一・速水淑子訳　2800円

1098 オーストリア文学の社会史　かつての大国の文化
W. クリークレーダー／斎藤成夫訳　7000円

1099 ベニカルロの夜会　スペインの戦争についての対話
M. アサーニャ／深澤安博訳　3800円

1100 ラカン　反哲学3 セミネール 1994-1995
A. バディウ／V. ピノー校訂／原和之訳　3600円

1101 フューチャビリティー　不能の時代と可能性の地平
F. ベラルディ（ビフォ）／杉村昌昭訳　3600円